UTB **2595**

W0012715

Eine Arbeitsgemeinschaft der Verlage

Beltz Verlag Weinheim · Basel
Böhlau Verlag Köln · Weimar · Wien
Wilhelm Fink Verlag München
A. Francke Verlag Tübingen und Basel
Haupt Verlag Bern · Stuttgart · Wien
Lucius & Lucius Verlagsgesellschaft Stuttgart
Mohr Siebeck Tübingen
C.F. Müller Verlag Heidelberg
Ernst Reinhardt Verlag München und Basel
Ferdinand Schöningh Verlag Paderborn · München · Wien · Zürich
Eugen Ulmer Verlag Stuttgart
UVK Verlagsgesellschaft Konstanz
Vandenhoeck & Ruprecht Göttingen
Verlag Recht und Wirtschaft Frankfurt am Main
VS Verlag für Sozialwissenschaften Wiesbaden
WUV Facultas Wien

Eine Arbeitsgemeinschaft der Verlage

Matthias Luserke-Jaqui

Friedrich Schiller

A. Francke Verlag Tübingen und Basel

Matthias Luserke-Jaqui, geb. 1959, Professor für Neuere deutsche Literaturwissenschaft an der TU Darmstadt, ist Herausgeber des *Schiller-Handbuchs* (2005) und Mitherausgeber der *Frankfurter Schiller-Ausgabe*.

Für

Silvia, Yolanda, Seraphina, Rahel und Sarai

Bibliografische Information der Deutschen Bibliothek

Die Deutsche Bibliothek verzeichnet diese Publikation in der Deutschen Nationalbibliografie; detaillierte bibliografische Daten sind im Internet über <http://dnb.ddb.de> abrufbar.

© 2005 · Narr Francke Attempto Verlag GmbH + Co. KG
Dischingerweg 5 · D-72070 Tübingen
ISBN 3–7720–3368–7

Das Werk einschließlich aller seiner Teile ist urheberrechtlich geschützt. Jede Verwertung außerhalb der engen Grenzen des Urheberrechtsgesetzes ist ohne Zustimmung des Verlages unzulässig und strafbar. Das gilt insbesondere für Vervielfältigungen, Übersetzungen, Mikroverfilmungen und die Einspeicherung und Verarbeitung in elektronischen Systemen.
Gedruckt auf chlorfrei gebleichtem und säurefreiem Werkdruckpapier.

Internet: http://www.francke.de
E-Mail: info@francke.de

Einbandgestaltung: Atelier Reichert, Stuttgart
Satz: NagelSatz, Reutlingen
Druck: Gulde, Tübingen
Verarbeitung: Nädele, Nehren
Printed in Germany

ISBN 3–8252–2595–X (UTB Bestellnummer)

*„ich möchte gern
in dieser holperichten Welt
einige Sprünge machen,
von denen man erzählen soll"*

(Friedrich Schiller, 8. Januar 1783; NA 23, S. 60)

Inhalt

Vorwort

200 Jahre nach dem Tod Friedrich Schillers ist es an der Zeit, neue Fragen an sein Werk zu stellen, um auf diese Weise Aktualität und Zeitlosigkeit seiner Dichtung gleichermaßen zu begreifen. Das hier vorgelegte Schiller-Buch enthält eine Vielzahl neuer Detailbeobachtungen zu Schillers Werken. Es ist aus einer langen, gründlichen Auseinandersetzung mit den Quellen und der Forschungsliteratur entstanden und will den Leser mitnehmen auf eine Tour d'Horizon durch das Werk. Dies schließt eine kritische Lektüre aller Dramen, der Erzählungen, ausgewählter Gedichte und der philosophisch-ästhetischen Schriften ein. Das Buch geht von der These aus, dass Schillers Werk ein Medium anthropologischer Selbstreflexion darstellt und insofern Nachdenken über den geschichtlichen Menschen bedeutet. Es lädt zu einer intensiven Lektüre des schillerschen Werks ein, das ein ums andere Mal zeigt, welche Bedeutung der Mensch für die Literatur und welchen Nutzen die Literatur für den Menschen hat – in Schillers Worten: Es ist „der Mensch, von welchem die Rede ist" (FA 7, S. 563).[1]

Im Sinne eines Werkkommentars habe ich mich für eine systematische Anordnung entschieden, wonach die frühen und späten Dramen, die Gedichte und das essayistische (philosophische, publizistische, ästhetische), das erzählerische und das lyrische Werk Schillers in einzelnen Kapiteln zusammengefasst dargestellt werden. Innerhalb dieser grobkörnigen Einteilung folge ich auf der Ebene der Feingliederung strikt dem chronologischen Prinzip, das sich – bis auf wenige Ausnahmen, die als solche deutlich hervorgehoben sind – wiederum eng an den Daten der Erstveröffentlichung orientiert. Daten der Entstehungsgeschichte oder der Uraufführungen bei Dramen sind demgegenüber nachgeordnet.

Die Konzentration auf Schillers eigenes Dramenwerk steht in diesem Buch im Vordergrund. Von seinen Bühnenbearbeitungen fremder Stücke (z.B. *Macbeth* von Shakespeare) und seinen Übersetzungen (z.B. *Iphigenie* von Euripides, *Phädra* von Racine) wird nicht

---

1 Zitiergrundlage ist in der Regel die *Frankfurter Ausgabe* von Schillers Werken (abgekürzt zitiert als FA mit Band- und Seitenangabe). Die Briefe von und an Schiller und die Essays werden größtenteils nach der *Nationalausgabe* wiedergegeben (abgekürzt zitiert als NA mit Band- und Seitenangabe). Zu den genauen bibliographischen Angaben siehe das Kap. *Literaturverzeichnis*.

die Rede sein. Unerwähnt bleiben auch die historiographischen Schriften. Wer sich über diese zweifelsohne nicht uninteressanten Aspekte der schriftstellerischen Tätigkeit Schillers genauer informieren möchte, sei auf das *Schiller-Handbuch* (hgg. von Matthias Luserke-Jaqui unter Mitarbeit von Grit Dommes. Stuttgart, Weimar: Metzler Verlag 2005) verwiesen.

Einen Wunsch Schillers können wir nur zum Teil erfüllen. „Beurteilen Sie mich nach meinen eigenen Worten" (NA 22, S. 15). Erst aus der Begegnung eigener Worte mit fremden erwächst jenes Verstehen, das jede Generation, jeder Leser und jede Leserin aufs Neue aufsuchen und versuchen sollte, will man sich ernsthaft mit einem Teil der Geschichte unserer Kultur auseinander setzen. Schiller lässt seine Königin Elisabeth im Drama *Maria Stuart* sagen:

> Nichtswürdiger! Du wagst es, meine Worte
> zu deuten? Deinen eigenen blutgen Sinn
> Hinein zu legen? (V. 3982ff.)

Schwer vorzustellen, dass dies auch für den Autor Friedrich Schiller selbst gelten sollte und wir Leser und Philologen gänzlich auf Deutungsarbeit verzichteten. Worte, mithin Texte deuten sei daher auch das Geschäft dieses Buches. Es geht darin um das, was Schiller an anderer Stelle in einem Brief an Goethe vom 23. Juni 1797 einmal „die Foderung an eine Symbolische Bedeutsamkeit" (NA 29, S. 87) von Texten genannt hat. Die Texte sind – ich schließe mich jetzt dem Wortlaut von Schillers *Geisterseher* an – „in Chiffern verfaßt; dies schreckte mich aber nicht ab, weil ich mich auf das Dechiffrieren verstehe" (FA 7, S. 724).

Die Arbeit an diesem Buch erwuchs aus einer langjährigen Beschäftigung mit den Schriften Schillers, die unter anderem in der Mitarbeit an der *Frankfurter Ausgabe* der *Werke und Briefe Schillers*, in Aufsätzen und in der Herausgabe des *Schiller-Handbuchs* ihren Ausdruck fand. Ich weiß mich der Schiller-Forschung dankbar verpflichtet; das Literaturverzeichnis gibt darüber Auskunft. Das Buch stützt sich auf die Ergebnisse der Forschung, diskutiert sie aber nur dort ausführlicher, wo es dem Argumentationsgang förderlich ist, wo es konträre Positionen darzustellen gilt oder wo ein bibliographischer Hinweis zur weiteren Beschäftigung nützlich sein kann (insofern stellt auch die Bibliographie im Anhang lediglich eine Auswahlbibliographie dar). Wer Vollständigkeit sucht, sei auf die regelmäßig erscheinenden Schiller-Bibliographien im *Jahrbuch der Deutschen Schillergesellschaft* verwiesen.

Bei all der Mühsal, die ein solches Buchprojekt mit sich bringt, ist es mir ein besonders großes Bedürfnis, den unermüdlichen Mitarbeiterinnen Grit Dommes, Vanessa Geuen, Catherine Janssen, Johanna May und Dr. Nikola Roßbach ausdrücklich meinen Dank für ihre großartige Unterstützung auszusprechen. Schiller ist, nicht nur in seiner Selbsteinschätzung, *„ein Dichter* vom ersten Rang" (NA 23, S. 63), der Wirkungskreis seiner Dichtung ist „das Total der menschlichen Natur" (NA 20, S. 219), seine Poesie zielt „auf den Menschen" (NA 20, S. 219). Während unserer gemeinsamen Schiller-Arbeit haben wir daher eines nie bestätigt gefunden, seine „natürliche Faulheit" (NA 31, S. 159), von der ,unser Autor' in einem Brief an Körner vom 9. September 1802 spricht. Was Schiller über die Arbeit an seinem *Wallenstein* bemerkte und was sicherlich auch von seinem Gesamtwerk gilt, hat unsere Arbeit begleitet: „Es ist ein Meer auszutrinken, und ich sehe manchmal das Ende nicht" (NA 29, S. 194). Umso mehr freut es mich, mit diesem Autor bilanzieren zu können: „Wir sind glücklich und bei ziemlich guter Zeit hier eingetroffen" (NA 27, S. 33).

Dr. Silke Henke vom Goethe- und Schiller-Archiv Weimar, den Mitarbeiterinnen und Mitarbeitern des Schiller-Nationalmuseums Marbach a.N. und der Universitäts- und Landesbibliothek Darmstadt gilt mein Dank für ihre Mithilfe. Der Lektor Dr. Stephan Dietrich hat das Buch von Beginn an mit großem Engagement begleitet.

Schiller ließ Goethe einmal wissen, „meine Frau [...] verhindert mich heute mehr zu schreiben" (NA 29, S. 87). Dieses Urteil vermag ich mir nicht zu eigen zu machen. Dank an Silvia, sie hat die Arbeit an diesem Buch mit Interesse, Geduld, Langmut, Verständnis begleitet, ich danke ihr für dies und vieles mehr ... Ihr und den Töchtern widme ich das Buch.

Schiller wusste, „weil es ein wenig viel von dem Leser gefodert ist, in ein paar Stunden aus einem Buche herauszufinden, was der Verfaßer in 3 Jahren hineingelegt hat" (NA 25, S. 208). So bleibt mir zu guter Letzt nur noch ein neuzeitlicher Hinweis zur Lektüre: „Lassen Sie sich Zeit, aber tun Sie es schnell, denn Sie wissen nicht, was Sie erwartet."[2]

Darmstadt / Kusel, im Sommer 2004   Matthias Luserke-Jaqui

---

2   Jacques Derrida: Die unbedingte Universität. Aus dem Französischen v. Stefan Lorenzer. Frankfurt a.M. 2001, S. 78.

1 Einleitung

1.1 Was heißt und zu welchem Ende studiert man Literaturgeschichte oder Warum Schiller?

Als Friedrich Schiller am 26. und 27. Mai 1789 seine Jenaer Antrittsvorlesung zu dem Thema *Was heißt und zu welchem Ende studiert man Universalgeschichte?* hält, ahnen nur wenige, welche grundlegenden politischen Änderungen in Europa kurze Zeit später erfolgen sollen. Schiller befasst sich in dieser Vorlesung mit der Frage, wie die Beschäftigung mit Geschichte wissenschaftlich begründet und gelehrt werden kann und was die Aufgabe der Geschichtsforschung ist. Am Beginn eines Buches über Friedrich Schiller, einen Autor, zu dessen Person und Werk schon mehrere hundert Bücher – nicht zu reden von den Myriaden von wissenschaftlichen Aufsätzen – geschrieben worden sind, mag es erlaubt sein, auf das Anliegen von Schillers Antrittsvorlesung zurückzugreifen und es ein klein wenig zu variieren.[1] Ich werde also im folgenden Absatz anstelle von Schillers Begriff der Geschichte oder der Universalgeschichte – das bedeutet der allgemeinen Menschheitsgeschichte – das Wort Literaturgeschichte setzen, um so Licht auf die Frage fallen zu lassen, weshalb wir uns heute am Beginn des 21. Jahrhunderts mit Literaturgeschichte, gar mit dem Werk Friedrich Schillers beschäftigen sollen.[2] Dieses Vorgehen stellt einen Versuch auf der Grundlage von Schillers Antrittsvorlesung (vgl. FA 6, S. 411–431) dar zur Beantwortung der Frage, wozu man

---

1 Die Schiller-Forschung hat bis heute nur wenige Ecken im Leben Friedrich Schillers unausgekehrt gelassen, so liegt beispielsweise nun auch das Kochbuch von Schillers Schwiegermutter in einem Neudruck vor, vgl. 150 nützliche Rezepte. Das Kochbuch von Schillers Chère-mère, Louise von Lengefeld. Hgg. v. Viktoria Fuchs u. Ursula Weigl. Mit einem Vorwort v. Norbert Oellers u. Anmerkungen zur Lengefeldschen Küche v. Vincent Klink. Marbach a.N. 1997.

2 Selbstverständlich wird dieses unwissenschaftliche Zitationsverfahren nach dem Ende dieses Absatzes wieder aufgegeben, auch auf die Gefahr hin, sich damit Schillers Verdacht eines ‚Brotgelehrtentums' auszusetzen.

Literaturgeschichte studieren solle: „Jedem von Ihnen hat Literaturgeschichte etwas Wichtiges zu sagen. Auch wenn Ihre Lebensplanung und Berufswege noch so verschieden sein mögen, immer wird sich irgendwann und irgendwo ein Punkt zu erkennen geben, woran Literaturgeschichte geknüpft sein wird. Wozu taugt Literaturgeschichte? Literaturgeschichte dient wesentlich dazu, sich als Mensch auszubilden. Und Ausbildung meint Bildung.[3] Insofern enthält die Beschäftigung mit dem Werk Schillers als Teil dieser Literaturgeschichte eine Einladung an die Bildung des Menschen. Die Literaturgeschichte redet nicht zu Büchern, sondern zu Menschen. Sie befasst sich mit der kulturellen Entwicklung des Menschen, mit den Problemen von Mündlichkeit und Schriftlichkeit der Überlieferung, indem sie über Bücher spricht. Literaturgeschichte erklärt uns die Geschichtlichkeit der Gegenwart durch die Gegenwärtigkeit der Geschichte.‘

Schiller schließt seine Rede mit diesem Appell ab, der wörtlich zitiert sein möge: „Wie verschieden auch die Bestimmung sei, die in der bürgerlichen Gesellschaft Sie erwartet – etwas dazu steuern können Sie alle!" (FA 6, S. 431)

Als Schiller einige Gedichte für den *Musen-Almanach für das Jahr 1796* vorbereitet, teilt er Körner mit: „Närrisch genug komme ich mir damit vor" (NA 28, S. 2). Narretei oder nicht – dieser Mann hat einen literarischen Kosmos geschaffen, dessen kultureller Mehrwert sich in den vergangenen 200 Jahren behauptet hat, da er allenthalben zeigt: Der Mensch weiß aus der Literatur, dass er Mensch ist. Schillers Werk ist das unvergleichliche Medium einer anthropologischen Selbstvergewisserung. Davon handelt dieses Buch. Wir wissen nun: Die Frage ‚Warum Schiller?‘ impliziert die unausgesprochene Frage ‚Wozu Literatur?‘ Ich will darauf kurz und präzise mit einem Xenion Schillers, das 1840 erstmals veröffentlicht wurde, antworten:

> Wozu nützt denn die ganze Erdichtung? Ich will es dir sagen
> Leser sagst du mir erst, wozu die Wirklichkeit nützt. (FA 1, S. 712)

Im Goethe-Jahr 1999 erschien eine Karikatur, auf der zwei Herren zu sehen sind, die sich im Haus am Frauenplan in Weimar, Goethes Wohnhaus, gegenüberstehen. Der eine fragt den anderen: „Auf ein Wort: Was fällt Ihnen zu Goethe ein?" Sagt der andere: „Schiller".

---

3   Zur Genese und Bedeutung des Bildungsbegriffs im 18. Jahrhundert vgl. Georg Bollenbeck: Bildung und Kultur. Glanz und Elend eines deutschen Deutungsmusters. Frankfurt a.M. 1996, bes. S. 96–159.

„Auf ein Wort!" Cartoon. Roter Kalender 1999 Göte gegen den grauen Alltag.
Hamburg 1999, S. [1].

Dies konnte man gleich auf der ersten Seite betrachtend lesen im – ohne ‚h' geschriebenen – *Roten Göte-Kalender 1999 gegen den grauen Alltag*.[4] In frappanter Umkehr dieser Anekdote – historisch gesehen müsste man von einer Vorwegnahme des Goethe-Jahres 1999 sprechen – hatte am 12. September 1788 Caroline Herder an ihren Mann geschrieben, „Schiller war auch da; Goethe betrug sich gut gegen ihn" (NA 25, S. 543). Das macht eines deutlich: Wer sich mit Schiller beschäftigen will, wird auf Goethe stoßen und umgekehrt, wer sich Goethes Leben und Werk widmen möchte, wird Schiller begegnen. So klar uns dies vor Augen steht, so strikt sollten wir die jeweilige Eigenständigkeit von Schillers und Goethes Werk respektieren. Das in Erinnerung zu rufen tut Not am Beginn eines Buches über Friedrich Schiller. „Das Einzelne verallgemeinern, darauf beruht der ganze Schiller"[5] – ist es wirklich so einfach, wie es diese Formel suggerieren will?

Was soll man von einem Schriftsteller halten, der schon als noch nicht ganz Sechsundzwanzigjähriger von sich sagt, „daß vielleicht in 100 und mehr Jahren – wenn auch mein Staub schon lange verweht ist, man mein Andenken seegnet, und mir noch im Grabe Tränen und Bewunderung zollt – dann […] freue ich mich meines Dichterberufes" (NA 23, S. 147)? Tränen werden wir heute nicht mehr vergießen, Bewunderung indes insgeheim oder offen immer noch zollen. Dieses Buch soll aber jenseits der Begeisterung für einen Autor oder sein Werk seinen Ort finden als Auseinandersetzung mit einem Werk, dem in der europäischen Literaturgeschichte nur wenig Vergleichbares an die Seite zu stellen ist. Nicht, was die Menge der Schriften betrifft, da können andere durchaus als schreibfleißiger gelten, sondern was die Zahl jener Texte angeht, die für 200 Jahre Kultur- und Literaturgeschichte so prägend geworden sind. „Für die Ewigkeit" (NA 26, S. 117) wolle er schreiben – zumindest hat diese Ewigkeit schon zwei Jahrhunderte angehalten. Natürlich ist die Wirkungsgeschichte der schillerschen Schriften auch eine Geschichte der Missverständnisse, der willentlichen und der wohlmeinenden

---

4   Roter Kalender 1999 Göte gegen den grauen Alltag. Hamburg 1999, S. [1]. – Vgl. dazu ausführlicher: Matthias Luserke: Über das Goethe-Jahr 1999. Versuch eines Rückblicks, in: Goethe nach 1999. Positionen und Perspektiven. Hgg. v. Matthias Luserke. Göttingen 2001, S. 133–143 u. 174f.

5   Edmont und Jules de Goncourt: Tagebücher. Aufzeichnungen aus den Jahren 1851–1870. Nach der ersten Gesamtausgabe der Académie Goncourt ausgewählt, übertragen u. hgg. v. Justus Franz Wittkop. Frankfurt a.M. 1983, S. 280, Bemerkung vom 21. Dezember 1863.

Glaubens entsprungenen. Die politische Funktionalisierung musste der zum Klassiker geadelte Dichter, der gegen diese Erhebung in den deutschen Parnass mit Sicherheit nur wenig einzuwenden gehabt hätte, ebenso erfahren wie seine strikte und nachgerade ungerechte Ablehnung etwa durch Friedrich Schlegel (1772–1829) oder durch die jungdeutschen Dichter. ‚Das Schillern' wurde zum geflügelten Wort, Karl Marx (1818–1883) verstand darunter „das Verwandeln von Individuen in bloße Sprachröhren des Zeitgeistes".[6] Oder hat etwa Eduard Mörike (1804–1875) immer noch Recht mit seinem Urteil, Schiller sei „in unsrer Mitte / Ein hoher Fremdling"?[7] Die Schiller-Rezeptionsgeschichte ist voll von kuriosen Devotionalien und kulturgeschichtlich bedeutsamen Zeugnissen. Über die diversen Schiller-Denkmale und Schiller-Vereine können ganze Bücher geschrieben werden.[8] Anlässlich der Säkularfeier im Jahre 1859 fanden sich Menschen aus allen gesellschaftlichen Schichten zu öffentlichen Veranstaltungen und Festumzügen zusammen, allein in Berlin bis zu 50.000 Personen. Mindestens 440 deutsche und 50 ausländische Städte veranstalteten Feiern.[9] Stellvertretend für viele ähnliche Reden und Bekenntnisse sei die nachfolgende Äußerung des Stuttgarter Schulrats Hermann Mosapp zitiert: „Der 9. Mai 1905 ist einer der großen Gedenktage unseres deutschen Volkes, das mit dankbarer Bewunderung aufsieht zu Schiller als einem seiner auserwählten großen Geister, als einem Lehrer und Erzieher der Menschheit aller Jahrhunderte."[10] In dem vorangestellten *Huldigungsgruß* dichtet der Verfasser:

> Soweit nur deutscher Zunge Laute reichen,
> Flicht heute dir dein Volk den Ehrenkranz,
> Der Dankbarkeit und der Bewundrung Zeichen
> Die, wenn je einer, du verdientest ganz.

6 Karl Marx, Friedrich Engels: Über Literatur. Ausgewählt u. hgg. v. Cornelius Sommer. Stuttgart 1979, S. 85, Brief an Ferdinand Lasalle vom 19. April 1859.

7 Eduard Mörike: Werke in einem Band. Hgg. v. Herbert G. Göpfert. 4., durchgesehene Aufl. München, Wien 1993, S. 118.

8 Vgl. beispielsweise Ute Gerhard: Schiller als „Religion". Literarische Signaturen des 19. Jahrhunderts. München 1994.

9 Angaben nach: Ute Gerhard: Schiller im 19. Jahrhundert, in: Schiller-Handbuch. Hgg. v. Helmut Koopmann in Zusammenarbeit mit der Deutschen Schillergesellschaft Marbach. Stuttgart 1998, S. 758–772, hier S. 771.

10 Hermann Mosapp: Friedrich Schiller. Zur 100. Wiederkehr seines Todestages, 9. Mai 1905, für Deutschlands Jugend und Volk dargestellt. Stuttgart 1905, S. 9.

Ja, nun und nimmer kann bei uns erbleichen
Des Namens *Friedrich Schiller* hehrer Glanz
Ob Jahre, ob Jahrhunderte entschwinden,
Dein Ruhmeslied wird stets die Nachwelt künden.[11]

Diese Broschüre gab der württembergische evangelische Lehrer-Unterstützungverein heraus, sie wurde in einer Auflage von über 70.000 Stück verbreitet.[12] Eine *Kantate bei Enthüllung der Statue Schillers* in Stuttgart werden wir heute (möglicherweise) nicht mehr dichten, wie dies noch Mörike 1839 getan hatte.[13] Als Apostel des ewigen Geistes wurde Schiller benannt, als deutscher Shakespeare, Fürsprecher der Nation, Fürst der Geister, Heros, Herrscher im Reiche des Geistes, als Lieblingsdichter und Nationaldichter, als Prediger und Prophet bezeichnet.[14] Der österreichische Schriftsteller Robert Musil (1880–1942) allerdings hat von seiner Frau Martha berichtet, sie habe schon im Kindesalter den ganzen Schiller gelesen.[15] Wer mag das heute noch für sich in Anspruch nehmen? Wer kann auch nur einigermaßen vollständig *Die Glocke* oder *Die Kraniche des Ibycus* rezitieren?

Schiller selbst hat seinen Klassikerkollegen und Weimarer ‚Nachbarn' Johann Gottfried Herder (1744–1803) für dessen Umgang mit der Literaturgeschichte scharf kritisiert. „Dieses erbärmliche Hervorklauben der frühern und abgelebten Litteratur, um nur die Gegenwart zu ignorieren oder hämische Vergleichungen anzustellen!" (NA

---

11 Mosapp: Friedrich Schiller, S. 7.
12 Zu weiteren Beispielen und einer exakten rezeptionsgeschichtlichen Analyse vgl. Rainer Noltenius: Dichterfeiern in Deutschland. Rezeptionsgeschichte als Sozialgeschichte am Beispiel der Schiller- und Freiligrath-Feiern. München 1984, bes. S. 88ff.
13 Vgl. Mörike: Werke in einem Band, S. 118. – Wenigstens am Rande sei auf eine sehr frühe Schiller-Kantate hingewiesen, welche jubelte: „Dies Denkmal soll dem Ausland es verkünden, / Was Teutschland Geistesgröße gilt! –" (Wilhelmine Müller: Schillers Andenken. Eine Kantate. Verfaßt von Wilhelmine Müller, geb. Maisch und in Musik gesetzt durch Herrn Musikdirektor Brandl. Gefeyert von seinen Verehrern in Karlsruhe den 25. März 1806. Karlsruhe 1806, S. 15). Einen mehr als informativen Überblick mit weiterführenden Literaturhinweisen bietet das Kapitel *Vertonungen von Schillers Gedichten durch Komponisten seiner Zeit* in: NA 2/II B, S. 357–420.
14 Vgl. die vollständige Liste dieser Titulierungen mit den entsprechenden Belegen in: Schiller – Zeitgenosse aller Epochen, Dokumente zur Wirkungsgeschichte Schillers in Deutschland. Teil I: 1782–1859. Hgg., eingeleitet u. kommentiert v. Norbert Oellers. Frankfurt a.M. 1970, S. 607f.
15 Vgl. Robert Musil: Tagebücher. Hgg. v. Adolf Frisé. Neu durchgesehene u. ergänzte Aufl. Reinbek b. Hamburg 1983, Bd. 1, S. 922.

31, S. 20, an Goethe vom 20. März 1801). Zum Verständnis muss eine frühere Textstelle herangezogen werden. In einem Brief ebenfalls an Goethe hatte sich Schiller schon am 18. Juni 1796 über Herder beschwert: „Seine Verehrung [...] überhaupt gegen alles verstorbene und vermoderte hält gleichen Schritt mit seiner Kälte gegen das Lebendige" (NA 28, S. 228).[16] Natürlich verbirgt sich hinter diesem Urteil die Verärgerung über Herders moralisierende Kritik an Goethes *Wilhelm Meisters Lehrjahren*, an seiner entschiedenen Ablehnung der kantischen Philosophie und auch ein wenig der Ärger darüber, von dem Kollegen nicht gebührend und nicht genug wahrgenommen worden zu sein.[17] Aber die grundsätzliche Frage sei erlaubt: Ist das, was wir in Lehre und Forschung, in Schule und Hochschule tun, Literaturgeschichte zu lehren, dann das Geschäft der hämischen Vergleichung? Wie auch immer man diese Frage beantworten will, „einen gutsitzenden Schiller",[18] wie es Thomas Bernhard ironisch genannt hat, kann und will dieses Buch jedenfalls nicht liefern. Auch das Urteil über Schillers Werk und über seine Person muss dann etwas differenzierter ausfallen, als jene Bemerkung des französischen Philosophen Hippolythe Taine (1828–1893) vom 21. Dezember 1863, die von den Brüdern Goncourt überliefert ist, der in einer Diskussionsrunde gesagt haben soll: „Das Einzelne verallgemeinern, darauf beruht der ganze Schiller" (s.o.). Man muss in der Beurteilung Schillers andererseits aber auch nicht gleich Eduard Mörikes Urteil beipflichten, für den Schiller „dieser wahrhafte Christus unter den Poeten"[19] war.

---

16 Dem Freund Körner gegenüber wird Schiller noch deutlicher. Herder sei „eine ganz pathologische Natur", „wie ein KrankheitsStoff", „fatal und wirklich ekelhaft", voll „giftigen Neid auf alles Gute und Energische und affektiert, das Mittelmäßige zu protegieren" (NA 29, S. 71, Brief vom 1. Mai 1797).

17 Zu einem besonders heiklen Beispiel von Herders moralisierender Entschiedenheit vgl. Matthias Luserke-Jaqui: Medea. Studien zur Kulturgeschichte der Literatur. Tübingen, Basel 2002, S. 106f. Hier geht es um das Thema der vorehelichen Sexualität in Weimar. – 1799 veröffentlichte Herder seine Kant-Kritik in dem Buch *Eine Metacritik zur Critik der reinen Vernunft.*

18 Thomas Bernhard: Claus Peymann kauft sich eine Hose und geht mit mir essen. Drei Dramolette. Frankfurt a.M. 1990, S. 30.

19 Eduard Mörike: Werke und Briefe. Historisch-Kritische Gesamtausgabe im Auftrag des Kultusministeriums Baden-Württemberg u. in Zusammenarbeit mit dem Schiller-Nationalmuseum Marbach a.N. hgg. v. Hans-Henrik Krummacher, Herbert Meyer, Bernhard Zeller. Bd. 12: Briefe 1833–1838. Hgg. v. Hans-Ulrich Simon. Stuttgart 1986, S. 202.

1.2 Biographische Skizze

„Das Leben der Dichter, sagte er selbst, kann kein bedeutendes Interesse haben, da es nur ein innerliches ist." (NA 42, S. 118) Diese Bemerkung Schillers ist von seiner Schwägerin Caroline von Wolzogen (1763–1847) überliefert. Doch man muss nicht des Dichters eigene Worte bemühen, um die Ansicht zu vertreten, dass nur die Chronologie Leben und Werk eines Dichters angemessen erklären kann. Von dieser Grundeinsicht geht das vorliegende Buch aus und versucht ihr in der systematischen Anordnung gerecht zu werden. Die Biographie eines Autors und ihre Deutung mögen selbstredend ebenso interessant sein wie die Lektüre und Interpretation seines Werks. In diesem Buch wird aber nur so viel Biographie geboten, wie eben nötig ist, um die Werke und deren kultur- und literaturgeschichtlichen Zusammenhang erkennen und verstehen zu können. Gotthold Ephraim Lessing (1729–1781) hat diesen Sachverhalt, das so genannte Biographieproblem, bereits vor über 200 Jahren erkannt und die provozierende, aber um nichts weniger einfache Frage im siebten *Literaturbrief* (1759) gestellt: „Was geht uns das Privatleben eines Schriftstellers an? Ich halte nichts davon, aus diesem die Erläuterungen seiner Werke herzuholen".[20] Insofern ist das vorliegende Buch als ein Werkkommentar zu verstehen, womit zugleich eine programmatische Entscheidung über dessen Anlage und Struktur getroffen wird. Im vorliegenden Fall bedeutet Werkkommentar die Konzentration auf das Werk als ein Zusammenspiel von Text und Kontext. Wer also eine ausführliche Biographie Schillers sucht, sei auf die nachfolgend genannten Bücher verwiesen, deren Lektüre an Ausführlichkeit, Darstellungsdichte oder biographischer Sättigung nichts zu wünschen übrig lässt. Gleichwohl sei die Bitte Friedrich Schillers aus dem Jahr 1789 in Erinnerung gerufen: „Wenn mich je das Unglück oder Glück träfe, sehr berühmt zu werden (und das ist in sofern möglich, als man es jezt wohl werden kann und wird, ohne es zu verdienen) wenn mir dieses je passirt […] Lesen Sie alsdann meine Schriften, und lassen den *Menschen* übrigens laufen." (NA 25, S. 209)

---

20 Gotthold Ephraim Lessing: Werke und Briefe in zwölf Bänden. Hgg. v. Wilfried Barner u.a. Bd. 4: Werke 1758–1759. Hgg. v. Gunter E. Grimm. Frankfurt a.M. 1997, S. 468.

Johann Friedrich Bolt, Friedrich Schiller, um 1792 [Schillers Leben und Werk in Daten und Bildern. Hgg. von Bernhard Zeller. Frankfurt a.M. 1966, Abb. 279].

Die augenblicklich umfassendste Darstellung von Leben und Werk Friedrich Schillers schrieb Peter-André Alt (2000).[21] Er stützt seinen Werkkommentar auf eine breit angelegte, über 1.300 Seiten umfassende Beschreibung biographischer Details und literaturgeschichtlicher Zusammenhänge und verzichtet bei der Werkbeschreibung weitgehend auf eine ausführliche Diskussion einschlägiger Forschungspositionen. In diesem Buch erhält der Leser alle wünschenswerten Auskünfte über Schillers Leben. Gleichsam als Präludium zu Alts epochalem Werk, das sich selbstbewusst in die Reihe der voluminösen Schiller-Biographien von Jacob Minor (1890) über Karl Berger (1904/1908), Herbert Cysarz (1934) bis zu Reinhard Buchwald (1953/54), Benno von Wiese (1959), Gerhard Storz (1959) und Emil Staiger (1967) stellen kann,[22] lässt sich die von Claudia Pilling, Diana Schilling und Mirjam Springer gemeinsam verfasste Schiller-Biographie in der Reihe der Rowohlt-Monographien lesen (2002).[23] Die Darstellung ist an Prägnanz und Kürze kaum zu übertreffen und kann zum ersten Einstieg in Schillers Leben und die Zeitumstände nur empfohlen werden. Eine denkbar knappe und konzise Einführung hat auch Norbert Oellers mit seinem Büchlein *Schiller* vorgelegt (1993). Dem Autor gelingt es, fun-

---

21 Vgl. Peter-André Alt: Schiller. Leben – Werk – Zeit. 2 Bde. München 2000. – Eine Sammlung eindrucksvoller Bilddokumente bietet der Band Friedrich Schiller. Eine Dokumentation in Bildern. Ausgewählt u. erläutert v. Bernhard Zeller u. Walter Scheffler. Frankfurt a.M. 1977. Vgl. auch die Zusammenstellung: Schillers Leben und Werk in Daten und Bildern. Hgg. v. Bernhard Zeller. Frankfurt a.M. 1966. – Einer eher feuilletonistischen Darstellung entspricht die Biographie von Oliver Bernhardt: „Eines Freundes Freund zu seyn." Friedrich Schiller. Eine Biographie. 2., durchgesehene Aufl. Münster 2002.

22 Vgl. J[akob] Minor: Schiller. Sein Leben und seine Werke. 2 Bde. Berlin 1890. – Karl Berger: Schiller. Sein Leben und seine Werke. Bd. 1, 13. Aufl. [¹1904]. Bd. 2, 12. Aufl. [¹1908]. München 1921. – Herbert Cysarz: Schiller. Halle 1934. – Reinhard Buchwald: Schiller. Bd. 1: Der junge Schiller. Neue, bearbeitete Ausgabe. Wiesbaden 1956. Bd. 2: Der Weg zur Vollendung. Neue, bearbeitete Ausgabe. Wiesbaden 1954. – Benno von Wiese: Friedrich Schiller. 3. durchgesehene Aufl. Stuttgart 1963. – Gerhard Storz: Der Dichter Friedrich Schiller. Stuttgart 1959. – Emil Staiger: Friedrich Schiller. Zürich 1967. Allerdings nennt Staiger zu Recht seine Arbeit weder Biographie noch chronologische Interpretationsfolge. Ihn interessiert allein das Verhältnis von höchster Freiheit und gültigster Dichtung (vgl. ebd., S. 9). Bereits an dieser Fragestellung ist zu erkennen, welch außergewöhnlich anachronistische Thematik Staiger noch 1967 verfolgte.

23 Vgl. Claudia Pilling, Diana Schilling u. Mirjam Springer: Friedrich Schiller. Reinbek b. Hamburg 2002. – Eine umfassende, sehr nützliche Bildbiographie bieten Axel Gellhaus u. Georg Kurscheidt (Hg.): Schiller. Bilder und Fakten zu seinem Leben. Köln u.a. 1999.

dierte Fachkenntnis mit einer anschaulichen Schreibweise zu verbinden. Ergänzend sollte aber zu diesem Reclam-Bändchen das Buch
Friedrich Schiller. Zur Modernität eines Klassikers (1996) desselben Verfassers in die Hand genommen werden.[24] Es enthält neben dem
Abdruck wissenschaftlicher Aufsätze auch zwei bis dahin nicht
veröffentlichte Beiträge und dokumentiert insgesamt auf eindrück-
liche Weise, weshalb Norbert Oellers den Ruf als einer der bedeutendsten Schiller-Forscher der Gegenwart genießt. In diesem Zusammenhang sei auf eine außerordentlich nützliche *Schiller-Chronik*
hingewiesen, die erstmals 1958 erschienen war und im Jahr 2000 als
Reclam-Bändchen neu aufgelegt wurde.[25] Gero von Wilpert stellte
die Fakten sachlich zusammen und enthält sich jeglicher Deutungsarbeit. Die *Chronik* erlaubt entlang der Tages- und Jahresereignisse
Schillers Leben und Arbeiten minutiös zu rekonstruieren. Einen
umfassenden Forschungsüberblick versucht die Monographie von
Götz-Lothar Darsow aus der Reihe *Sammlung Metzler* zu bieten.[26] Dass
dieser Überblick angesichts der unübersehbaren Fülle an Einzelver-
öffentlichungen unvollständig bleiben muss, liegt auf der Hand. Das
Buch dient aber dazu, in aktuelle Forschungsfragen einzuführen.

Vereinzelt wird immer noch Karl Bergers zweibändige Schiller-
Biographie zur Lektüre empfohlen. Zwar findet sich in dieser sprach-
gewaltigen Darstellung die durchaus zeitlose Aufforderung: „Es gilt,
nicht Schiller zu loben, sondern ihn zu lesen".[27] Jedoch werden
solche Einsichten überlagert von deutschnationalen Tönen, die das
Lied von Schiller als Volkserzieher intonieren, das ‚Deutschtum'
seiner Schriften beschwören und den Dichter als „Führer zu den
Höhen einer idealen Kunst und harmonischen Kultur"[28] begreifen.
„Aus den Tiefen deutscher Volkskraft in schwäbischer Artung hat
Friedrich Schiller sein Wesen geschöpft".[29] Vor dem Hintergrund
solcher Sätze muss es plausibel scheinen, Bergers Buch nur noch
unter dem Aspekt der Wissenschaftsgeschichte der Schiller-Forschung und der Germanistik zu lesen.

---

24 Vgl. Norbert Oellers: Friedrich Schiller. Zur Modernität eines Klassikers. Hgg.
v. Michael Hofmann. Frankfurt a.M., Leipzig 1996.
25 Vgl. Gero von Wilpert: Schiller-Chronik. Sein Leben und Schaffen. Stuttgart
2000 [¹1958].
26 Vgl. Götz-Lothar Darsow: Friedrich Schiller. Stuttgart 2000.
27 Berger: Schiller, Bd. 2, S. V.
28 Berger: Schiller, Bd. 2, S. V.
29 Berger: Schiller, Bd. 1, S. 6.

Johann Christoph Friedrich Schiller wird am 10. November 1759 in Marbach am Neckar geboren. Bis 1765, dem Jahr seines Eintritts in die Elementarschule, zieht die Familie dreimal um. Ludwigsburg, Schwäbisch Gmünd und Lorch heißen die Stationen. Ab 1767 geht Schiller in die Lateinschule in Ludwigsburg, dort soll er auf die Laufbahn eines württembergischen Pfarrers vorbereitet werden. Anfang 1773 wird er auf den Befehl des württembergischen Herzogs Karl Eugen (1728–1793) für die 1770 gegründete *Militär-Pflanzschule* auf der Solitude bei Stuttgart rekrutiert.[30] 1774 beginnt er mit dem Jurastudium. Seine Eltern bestätigen dem Herzog gezwungenermaßen nun schriftlich die Übereignung ihres Sohnes Friedrich Schiller auf Lebenszeit. Im November 1775 wird die *Militär-Pflanzschule* – auch Karlsschule genannt – nach Stuttgart verlegt. Mit dem Jahresbeginn 1776 nimmt Schiller nun das Studium der Medizin auf, seine bis dahin dritte berufliche Neuorientierung. Insgesamt verbringt Schiller die Jahre vom 16. Januar 1773 bis zum 15. Dezember 1780 in dieser Schule. Er wird dort unter anderem von dem aufgeklärten Philosophen Jakob Friedrich Abel (1751–1829) im Fach Philosophie unterrichtet.[31] Schiller empfängt durch ihn wesentliche Kenntnisse der Philosophiegeschichte und der aktuellen zeitgenössischen Philosophie. Zwischen 1774, also dem Erscheinungsjahr des *Werthers*, und 1776 liest Schiller diesen Roman Goethes, ferner Shakespeare-Dramen in der Übersetzung von Christoph Martin Wieland (1733–1813), *Die Zwillinge* (1776) von Friedrich Maximilian Klinger (1752–1831) und das Drama *Julius von Tarent* (1776) von Johann Anton Leisewitz (1752–1806). Vergleicht man die Erscheinungsjahre dieser Bücher mit dem Zeitpunkt ihrer Lektüre, muss man Schiller ein starkes Interesse an der zeitgenössischen avantgardistischen Literatur des Sturm und Drang bescheinigen.[32] Über die Lesebedingungen in der Karlsschule berichtet 1783 August Friedrich Batz in seinem Buch *Beschreibung der Hohen Karls-Schule*:

> Damit aber der in den Jünglingen angefachte Trieb zu gründlichen Studien, den der *Herzog* mit so unermüdetem Eifer in Seinem Institut weckt

---

30 Über diese Praxis und die Geschichte der Karlsschule informiert ausführlich Robert Uhland: Geschichte der Hohen Karlsschule in Stuttgart. Stuttgart 1953.

31 Vgl. die vorzügliche Textsammlung Jacob Friedrich Abel: Eine Quellenedition zum Philosophieunterricht an der Stuttgarter Karlsschule (1773–1782). Mit Einleitung, Kommentar und Bibliographie hgg. v. Wolfgang Riedel. Würzburg 1995.

32 Vgl. zum Thema der Literatur des Sturm und Drang Matthias Luserke: Sturm und Drang. Autoren – Texte – Themen. 3. Aufl. Stuttgart 2003.

und ernährt, nicht durch eine oft eben so anziehende als schädliche Neben-Lektüre unterdrückt, und mancher Zögling von guter Anlage kein trauriges Opfer jener verderblichen Grundsäze werde, die in der schönsten und reizendsten Hülle unvermerkt ihr Gift in seine Seele streuen, und Warheit und Tugend zugleich rauben, so wird über die Lektüre der Eleven in und ausser den Lehrsaälen ein sehr wachsames Auge gehalten, ihre Bücher in den Schlafsaälen öfters, und ohne daß sie es vermuthen, genau durchsucht, gefährliche Schriften entfernt, die Besizer derselben in der Stille zur Rede gesezt, und für Werken der Art aus überzeugenden Gründen gewarnt.[33]

Schillers erstes Gedicht, das auch gedruckt wird, trägt den Titel *Der Abend* und ist mutmaßlich 1776 entstanden. Im *Schwäbischen Magazin von gelehrten Sachen auf das Jahr 1776*, das von Balthasar Haug (1731–1792) herausgegeben wird, wird Schillers Erstling veröffentlicht. Dieses Gedicht hat er später nicht in seine Gedichtausgabe von 1800/03 (2. Aufl. 1804/05) aufgenommen. Das Vorbild Klopstock ist deutlich zu erkennen, die Orientierung an zeitgenössischen gängigen Odenmustern ist unübersehbar. Erwartungsgemäß ist es in Form und Inhalt konventionell, enthält aber auch einen bemerkenswerten autopoetologischen Willen. So wird beispielsweise Gott direkt aufgefordert die Welt zu teilen und dem lyrischen Ich, das unschwer mit dem Autor-Ich Friedrich Schiller zu identifizieren ist, „Gesänge" (FA 1, S. 465) zuzuteilen. Schiller reklamiert also die poetische Potenz, um als Sänger bzw. Dichter gelten zu können. Doch angesichts des schöpferischen Mikrokosmos, der in unvergleichlicher Weise den Makrokosmos spiegle, müsse der Dichter schweigen, sei „totes Nichts [s]ein feurigster Gesang" (FA 1, S. 467). Gottesglaube und der Glaube an die eigene, aufkeimende Schöpferkraft kennzeichnen Schillers Gedicht. In Haugs *Schwäbischem Magazin* werden 1777 und 1780 noch zwei weitere Gedichte Schillers abgedruckt. Allerdings opponiert der junge Dichter bald gegen Haugs Anspruch, in seinem *Magazin* die moderne schwäbische Poesie zu repräsentieren. Das führt in der Folge zu Schillers erstem Publikationsprojekt, der *Anthologie auf das Jahr 1782*.

Am 10. Januar 1779 feiert die herzogliche Mätresse Franziska von Hohenheim (1748–1811) ihren 31. Geburtstag. Schiller muss als Eleve der Karlsschule die Festrede halten über das Thema *Gehört allzuviel Güte, Leutseeligkeit und grosse Freigebigkeit im engsten Verstande*

---

33 [August Friedrich Batz:] Beschreibung der Hohen Karls-Schule zu Stuttgart. Nachdruck der Ausgabe Stuttgart 1783. Stuttgart 1987, S. 215.

zur Tugend? (vgl. FA 8, S. 29ff.).[34] Der katholische Herzog Karl Eugen war seit 1748 rechtmäßig mit Herzogin Elisabeth Sophie Friederike von Württemberg (1732–1780) verheiratet. 1774 ging er mit der in den Reichsgrafenstand erhobenen protestantischen Franziska von Hohenheim eine morganatische Ehe ein (Ehe ‚linker Hand'), die 1785 kirchlich legitimiert wurde.

In ihrem Tagebuch nun beschreibt Franziska von Hohenheim sehr genau den Verlauf dieser Geburtstagsfeier. Vor vier Uhr in der Frühe wird sie geweckt, um sieben Uhr soll sie aufstehen, „mit zidernden Fiesen u. mit Angst auf den heidigen Tag".[35] In einem Zimmer ist unter einem Tempel ein silbernes Service aufgestellt, „15 Von die Junge leide in der academie haben die Girrlanden, die angemachtwharen, gehalden, wordurch ich gehen muste; [...] ich war gantz beteibt von aller der Gnadt Ihro Durchleicht u. konde Ihnen kein word von den rierungen meines Hertzens sagen".[36] Danach zieht sie sich um, die Sprach- und Wortlosigkeit bleibt. Die Festgesellschaft besteigt die bereit stehenden Kutschen, „nach deme von der academie u. Ecol angeredet wurde u. mir von Ihnen Ferse übergeben wurden; [...] ich konde Kein word mer sagen. [...] sprechen konte ich niechts. Wie dieses zu End wahr, so fuhr man in die academie, wo zuerst frie gestiegdt wurde und dan mit einer allerliebsten Fete surpreniert wurde".[37] „[...] dan geng es es zu dem Essen von der academie, wo zu vor noch von dem Elev. Schieller eine Rede im Examinacions Sahl gehalden wurde".[38]

Noch im Herbst 1779 schließt Schiller die erste Fassung seiner medizinischen Dissertation ab.[39] Zunächst in Deutsch geschrieben (*Idee einer Physiologie*) übersetzt er sie ins Lateinische (*Philosophia Physiologiae*) und reicht sie unter dem Titel *Philosophie der Physiologie* – eine „philosophische Pathologie" (NA 34/I, S. 2) wird sie später Schillers Vater nennen – ein. Die Arbeit wird von den Gutachtern abgelehnt. Lediglich eine Abschrift des ersten Kapitels ist von dieser

---

34 Siehe dazu das Kapitel 5.1 in diesem Buch.
35 Tagbuch der Gräfin Franziska von Hohenheim späteren Herzogin von Württemberg. Faksimile-Ausgabe mit einem Vorwort v. Peter Lahnstein. Reutlingen 1981, S. 14.
36 Tagbuch der Gräfin Franziska von Hohenheim, S. 15.
37 Tagbuch der Gräfin Franziska von Hohenheim, S. 15.
38 Tagbuch der Gräfin Franziska von Hohenheim, S. 16.
39 Zu den medizinischen Schriften insgesamt vgl. Alt 2000, I, S. 156–188; Riedel 1985; Kenneth Dewhurst u. Nigel Reeves: Friedrich Schiller: Medicine, Psychology and Literature with the first English edition of his complete medical and psychological writings. Oxford 1978.

Arbeit erhalten geblieben. Anfang November 1780 reicht Schiller einen zweiten Versuch ein, die lateinische Abhandlung *De discrimine febrium inflammatoriarum et putridarum*.[40] Sie referiert die auf Galen zurückgehenden Lehrmeinungen der Medizin des 18. Jahrhunderts über die Ursachen und den Unterschied zwischen fauligen und entzündlichen Fiebern. Die Gutachter lehnen auch diese Schrift als Dissertation ab. Der dritte Dissertationsversuch trägt den Titel *Versuch über den Zusammenhang der thierischen Natur des Menschen mit seiner geistigen* (1780), der schließlich von den gutachtenden Lehrern akzeptiert wird.

Ebenfalls 1780 hält Schiller erneut die Geburtstagsrede der Karlsschüler auf Franziska von Hohenheim, diesmal unter dem Titel *Die Tugend in ihren Folgen betrachtet* (vgl. FA 8, S. 73ff.). Im Dezember dieses Jahres besteht der Karlsschüler Schiller die Abschlussexamina und wird in Stuttgart als Regimentsarzt beim „löblichen General-Feldzeugmeister vom Augéischen Grenadierregiment" (NA 23, S. 38) eingestellt.

Im Jahr 1781 lernt Schiller drei für sein weiteres Leben wichtige Personen kennen. Andreas Streicher (1761–1833), der ihn nach Mannheim und Frankfurt auf der Flucht aus Stuttgart begleiten wird, Henriette von Wolzogen (1745–1788), die Mutter eines ehemaligen Mitschülers und Tante seiner späteren Frau Louise Antoinette Charlotte von Lengefeld (1766–1826) und Christian Friedrich Daniel Schubart (1739–1791), der zu dieser Zeit noch ohne Prozess in Haft auf dem Hohenasperg bei Ludwigsburg sitzt und der zu den bedeutendsten Publizisten des Sturm und Drang zählt. In diesen Monaten nimmt Schiller auch die Arbeiten zu seinem ersten Drama *Die Räuber* auf und schließt sie bis Ende 1780 ab. 1781 erscheinen *Die Räuber* im Druck. Im März 1782 gründet Schiller zusammen mit Jakob Friedrich Abel, Johann Jakob Atzel (1754–1816) und Johann Wilhelm Petersen (1758–1815) seine erste Zeitschrift *Wirtembergisches Repertorium der Litteratur*. Sie erscheint nur in drei Stücken ein knappes Jahr lang bis Frühjahr 1783. Die meisten Beiträge stammen aus der Feder der Herausgeber.

Im Mai 1782 reist Schiller ohne Erlaubnis nach Mannheim und erhält daraufhin Arrest und Schreibverbot. Am 22. September 1782 erfolgt die spektakuläre Flucht Schillers aus Stuttgart nach Mannheim. Der Freund Andreas Streicher begleitet ihn. Sein Weg führt ihn weiter die Bergstraße entlang nach Frankfurt, von da zurück

---

40 Eine Übersetzung dieser Abhandlung findet sich in FA 8, S. 1174–1216.

nach Oggersheim in der Nähe von Mannheim, wo er zunächst Un-
terkunft in einem Gasthof findet und die Arbeiten an seinem zweiten Drama *Die Verschwörung des Fiesko von Genua* (1783) beenden
kann. Zeitgleich arbeitet er Pläne zu dem Drama *Kabale und Liebe* –
zunächst unter dem Titel *Louise Millerin* – aus, das 1784 veröffentlicht wird. Zum Jahresende 1782 zieht er ins thüringische Bauerbach
bei Meiningen auf das Gut Frau von Wolzogens um und beginnt im
Januar 1783 dort mit den Arbeiten am *Don Karlos*. Im Sommer kehrt
er nach Mannheim zurück, wo er ab September zunächst eine An-
stellung als Theaterdichter für zwölf Monate am dortigen Nationaltheater findet. Sympathie und Unterstützung durch den Intendanten
des Theaters Wolfgang Heribert Freiherr von Dalberg (1750–1806)
sind äußerst ungewiss und erlauben dem Dichter keine mittelfristige
Planung und keine finanzielle Sicherheit. Am 26. Juni 1784 hält
Schiller vor der kurfürstlichen Mannheimer *Deutschen Gesellschaft*
seine berühmte, 1785 unter dem Titel *Was kann eine gute stehende
Schaubühne eigentlich wirken?* erschienene Rede. Ende August ist
Schillers Vertrag als Theaterdichter abgelaufen. Am 26. Dezember
liest er den ersten Akt aus seinem Drama *Don Karlos* dem Darmstädter Hof vor. Anderntags bittet Schiller den anwesenden Herzog
Karl August von Weimar um die Verleihung des Titels eines ‚Weimarischen Rates'. Dem Wunsch wird entsprochen (vgl. NA 33/I, S. 48
u. NA 33/II, S. 116).

Im Jahr 1785 erscheint Schillers erstes alleine konzipiertes und
durchgeführtes Zeitschriftenprojekt *Rheinische Thalia* (1786 fortge-
setzt als *Thalia*, von 1792 bis 1795 als *Neue Thalia*). Mehr als eine
Nummer erscheint jedoch nicht. Mit der Aufführung seines Stücks
Kabale und Liebe in Mannheim ist Schiller nicht zufrieden. Ende
Februar stellt er fest, dass er nicht länger dort bleiben könne. Am
9. April 1785 bricht er nach Leipzig auf, nun entschlossen, sein
Jurastudium wieder aufzunehmen oder ein Auskommen als nieder-
gelassener Arzt zu finden. Nach acht Tagen Kutschenfahrt erreicht er
Leipzig. Hier begegnet er zahlreichen Dichtern, Künstlern und Intel-
lektuellen. Schiller lernt den Verleger Georg Joachim Göschen
(1752–1828) kennen. Prägend ist die nun auch persönlich gefestigte
Freundschaft mit Christian Gottfried Körner (1756–1831).[41] Der
Freund unterstützt den Dichter auch finanziell. Im Herbst zieht
Schiller nach Dresden.

---

41 Vgl. Albert J. Camigliano: Friedrich Schiller and Christian Gottfried Körner.
   A critical relationship. Stuttgart 1976.

Im Sommer 1787 erscheint das Drama *Don Karlos. Infant von Spanien*. Schiller lernt in diesem Jahr Herder und Wieland kennen und ist ab Oktober Mitarbeiter der Jenaer *Allgemeinen Literatur-Zeitung*, eines der führenden zeitgenössischen Rezensionsorgane. Zugleich beschäftigt er sich intensiv mit historischen Themen. Am 7. September 1788 kommt es endlich zu der von Schiller schon lange erwarteten Begegnung mit Goethe in Rudolstadt. Die Wege beider Dichter hatten sich zwar schon flüchtig nahezu ein Jahrzehnt zuvor gekreuzt. Schiller war da noch Karlsschüler und Goethe begleitete den Herzog Karl August auf einer Reise, die ihn auch über Stuttgart geführt und in deren Zusammenhang er am 12. und 14. Dezember 1779 die Karlsschule besucht hatte. Schiller kannte zu diesem Zeitpunkt schon Goethes *Werther*, den er gleich nach Erscheinen 1774 gelesen hatte (zeitweise dachte er sogar über einen eigenen, zweiten *Werther*-Roman nach), ebenso den *Götz* (dessen markantestes Zitat sich noch in einem Brief an Körner vom 9. März 1789 wiederfindet: „die Academie in Jena möchte mich dann im Asch [!] lecken" [NA 25, S. 220]), den *Clavigo* und die *Stella*.[42] Schiller berichtet über eine neuerliche längere Begegnung mit Goethe seinem Freund Körner wenig später in einem Brief vom 12. September 1788:

> Sein erster Anblick stimmte die hohe Meinung ziemlich tief herunter, die man mir von dieser anziehenden und schönen Figur beigebracht hatte. Er ist von mittlerer Größe, trägt sich steif und geht auch so, sein Gesicht ist verschloßen, aber sein Auge sehr ausdrucksvoll, lebhaft und man hängt mit Vergnügen an seinem Blick. Bei vielem Ernst hat seine Miene doch viel wohlwollendes und gutes. Er ist brünett, und schien mir älter auszusehen als er meiner Berechnung nach wirklich seyn kann. Seine Stimme ist überaus angenehm, seine Erzählung fließend, geistvoll und belebt, man hört ihn mit überaus viel Vergnügen; und wenn er bei gutem Humor ist, welches dißmal so ziemlich der Fall war, spricht er gern und mit Interesse. Unsere Bekanntschaft war bald gemacht, und ohne den mindesten Zwang; freilich war die Gesellschaft zu groß und alles auf seinen Umgang zu eifersüchtig, als daß ich viel allein mit ihm hätte seyn oder etwas anders als allgemeine Dinge mit ihm sprechen können. [...]
> Im ganzen genommen ist meine in der That große Idee von ihm nach dieser persönlichen Bekanntschaft nicht vermindert worden, aber ich zweifle, ob wir einander je sehr nahe rücken werden. Vieles was *mir* jezt noch interessant ist, was ich noch zu wünschen und zu hoffen habe, hat

---

42 Vgl. in diesem Zusammenhang mein Buch Matthias Luserke: Der junge Goethe. Ich weis nicht warum ich Narr soviel schreibe. Göttingen 1999.

seine Epoche bei ihm durchlebt, er ist mir, (an Jahren weniger als an Lebenserfahrungen und Selbstentwicklung) so weit voraus, daß wir unterwegs nie mehr zusammen kommen werden, und sein ganzes Wesen ist schon von anfang her anders angelegt als das meinige, seine Welt ist nicht die meinige, unsere Vorstellungsarten scheinen wesentlich verschieden. Indeßen schließt sichs aus einer solchen Zusammenkunft nicht sicher und gründlich. Die Zeit wird das weitere lehren. (NA 25, S. 106f.)

Im Oktober des Jahres 1788 erscheint Schillers erste historische Schrift *Geschichte des Abfalls der vereinigten Niederlande von der Spanischen Regierung*. Im Dezember wird er von Goethe für eine unbesoldete außerordentliche Professur an der Universität Jena vorgeschlagen. Im März 1789 erfolgt die offizielle Berufung an die Philosophische Fakultät, jedoch „ohne Angabe eines bestimmten Lehrfachs".[43] Allerdings kann man annehmen, dass sowohl Schiller als auch Herzog Karl August davon ausgingen, der Berufene solle im Fach Geschichte lesen, Schiller durfte sich lediglich nicht als Professor der Geschichte bezeichnen. Im Mai zieht Schiller nach Jena um. Seine Antrittsvorlesung hält er am 26. und 27. Mai 1789 (*Was heißt und zu welchem Ende studiert man Universalgeschichte?*). Infolge des großen Andrangs der Studierenden und eines Umzugs durch die Stadt in ein größeres Gebäude wird versehentlich Feueralarm ausgelöst. Am Abend wird Schiller zu Ehren öffentlich musiziert und ihm ein dreifaches Vivat ausgebracht.

Durch den Geschichtsprofessor Joachim Christoph Friedrich Schulz erhält Schiller Ende Oktober ausführliche Berichte über die Französische Revolution. Sein Briefkommentar zu den aktuellen politischen Vorgängen ist allerdings weit von einer differenzierten Analyse entfernt. Lediglich Anekdotisches wird den beiden Briefempfängerinnen Charlotte und Caroline mitgeteilt (vgl. NA 25, S. 312f.). Galt bislang seine anfängliche Sympathie für die Revolution als ausgemacht, so wird dies seit einiger Zeit in Frage gestellt, da sich Belege für Schillers Haltung nur schwer finden ließen.[44] Aller-

---

43 Hans Tümmler: „Signore Schiller". Der zunftfremde Geschichtsprofessor und die Jenaer Philosophische Fakultät 1798, in: Archiv für Kulturgeschichte 58 (1976), S. 444–458, hier S. 445. – Diese etwas verwickelten Hintergründe, die allein den akademischen Regularien, aber auch Empfindlichkeiten von Schillers Jenaer Kollegen geschuldet waren, mögen erklären, weshalb in der Schiller-Literatur immer vor einer ‚Professur für Geschichte' oder auch von einer ‚Professur für Philosophie' die Rede ist.

44 Vgl. Ulrich Karthaus: Schiller und die Französische Revolution, in: JbDSG 33 (1989), S. 210–239. – Dem widerspricht Alt mit guten Argumenten, Schillers

dings prallen hier auch zwei unterschiedliche Positionen der Schiller-Forschung aufeinander, je nachdem, ob man Schillers später so wichtig werdenden Freiheitsbegriff als politisch aufgeladen oder als entpolitisiert denkt. Für die Zeit während des Terreurs, zumal nach der Hinrichtung Ludwig XVI. am 21. Januar 1793, ist Schillers strikte Ablehnung der politischen Ereignisse in Frankreich indes belegt. Jedoch ist Peter-André Alt darin zuzustimmen, dass Schiller auch in der Periode nach 1793 „ein politischer Autor" bleibe, „der sein Bewußtsein für die brennenden Probleme der Zeit nicht verloren hat".[45] Dem Freund Körner schreibt Schiller am 8. Februar 1793: „Ich kann seit 14 Tagen keine franz. Zeitungen mehr lesen, so ekeln diese elenden Schindersknechte mich an" (NA 26, S. 183). Durch Beschluss der französischen Nationalversammlung vom 26. August 1792 hat Schiller das Bürgerrecht verliehen bekommen, allerdings erhält er die Urkunde erst sechs Jahre später.[46]

Von Januar 1790 an wird Schiller für seine Lehrtätigkeit bezahlt. Dies ermöglicht ihm und seiner Verlobten Charlotte von Lengefeld am 22. Februar 1790 zu heiraten. Die erste flüchtige Begegnung mit Charlotte vollzog sich bereits am 6. Juni 1784 in Mannheim. Doch erst bei einem Wiedersehen in Rudolstadt am 6. Dezember 1787 sprang der Funke über.[47] Im Februar des darauf folgenden Jahres entspinnt sich ein reger Briefwechsel. Zur Vorgeschichte dieser Ehe gehört, dass Schiller lange Zeit hindurch beiden Schwestern Charlotte und Caroline Hoffnungen gemacht und beiden Liebesbriefe geschrieben hat. Eine tatsächliche Ménage à trois wurde aber stets durch empfindsame Sublimierungen vermieden, indem Schiller den Gleichklang der Seelen, die Harmonie der Anschauungen und das tiefe gegenseitige Verständnis hervorhob. Dem Freund Körner ge-

---

Sympathie dürfte „fraglos den Aufständischen, nicht aber der Krone gegolten haben" (Alt: Schiller. Bd. 1, S. 662).

45 Peter-André Alt: „Arbeit für mehr als ein Jahrhundert". Schillers Verständnis von Ästhetik und Politik in der Periode der Französischen Revolution (1790–1800), in: JbDSG 46 (2002), S. 102–133, hier S. 109. Alt argumentiert nicht nur grundsätzlich, sondern auch sehr differenziert und ausführlich.

46 Vgl. NA 37/II, S. 332, Abdruck des Briefes vom 29. Februar 1793 (mit der Mitteilung der Verleihung des französischen Bürgerrechts bzw. des Einbürgerungserlasses) mit deutscher Übersetzung. Vgl. dazu Gerhard Schmid: Die Verleihung des Bürgerrechts der Französischen Republik an Friedrich Schiller im Jahre 1792, in: Archivmitteilungen 39/3 (1989), S. 79–83.

47 Es wäre an der Zeit eine Psychographie der Beziehung zwischen Friedrich Schiller und Charlotte von Lengefeld zu schreiben. Leider hat sich die Schiller-Forschung darum bislang erstaunlicherweise nicht gekümmert.

genüber vermag er da schon deutlicher zu werden, „dabei bleibt es, daß ich heirathe" (NA 25, S. 4), hatte er im Januar 1788 verlauten lassen – nur wer sollte es sein? Alle seine Triebe seien abgenutzt, den einen der Verheiratung (und damit meint Schiller wohl der monogamen Beziehung) habe er noch nicht versucht. Weiter schreibt Schiller in diesem Brief:

> Ich muß ein Geschöpf um mich haben, das *mir* gehört, das ich glücklich machen *kann* und *muß*, an dessen Daseyn mein eigenes sich erfrischen kann. Du weißt nicht, wie verwüstet mein Gemüth, wie verfinstert mein Kopf ist […] durch inneres Abarbeiten meiner Empfindungen. […] Eine philosophische Hypochondrie verzehrt meine Seele, alle ihre Blüthen drohen abzufallen. […]
> Ich bedarf eines Mediums, durch das ich die anderen Freuden genieße. […] Ich sehne mich nach einer bürgerlichen und häußlichen Existenz, und das ist das Einzige, was ich jezt noch hoffe.
> Glaube nicht, daß ich gewählt habe. […] Uebrigens bin ich noch ganz frei und das ganze Weibergeschlecht steht mir offen; […] halte mich nicht im geringsten für *gefesselt,* aber *fest entschlossen* es zu werden. (NA 25, S. 4f.)

Schiller setzt seine historischen Studien fort, unter anderem die *Geschichte des Dreyßigjährigen Kriegs.* Im Mai 1790 spricht er erstmals über das Thema ‚Theorie der Tragödie'. Daraus gehen später die Aufsätze *Über den Grund des Vergnügens an tragischen Gegenständen* (1792) und *Über die tragische Kunst* (1792) hervor. Am 31. Oktober 1790 besucht Goethe zum ersten Mal Schiller in Jena. „Komme ich je wieder in die tragische Laufbahn" (NA 26, S. 58) – so weiß Schiller am 26. November 1790 Körner zu berichten –, so wolle er sicher sein, dass sich der tragische Stoff auch für eine dramatische Bearbeitung eigne. Fast schon resigniert fügt er an: „Das Arbeiten im dramatischen Fache dürfte überhaupt noch auf eine ziemlich lange Zeit hinausgerückt werden. […] Ich sehe nicht ein, warum ich nicht, wenn ich ernstlich will, der erste Geschichtschreiber in Deutschland werden kann" (NA 26, S. 58). Die Gründe für diese Einschätzung liegen freilich weniger bei Schillers historiographischem Ehrgeiz als vielmehr in seiner ökonomischen Situation. Er erhofft sich von den Einnahmen aus dem Verkauf seiner historischen Schriften eine deutliche Verbesserung seiner finanziellen Lage. Die Hoffnungen, in Mainz eine philosophische Professur mit einem regelmäßigen Gehalt übernehmen zu können, zerschlagen sich im Dezember 1790.

Im Januar 1791 erkrankt Schiller. Es sind die ersten Symptome der späteren, dauerhaften Erkrankung, einer kruppösen Pneumonie und trockenen Rippenfellentzündung. In diesen Tagen trifft Schiller die Entscheidung, kein historischer Schriftsteller werden zu wollen. Erstmals wird der Plan zu einem *Wallenstein*-Drama erwähnt. Ende Februar beschäftigt er sich ausführlich mit der kantischen Philosophie. Er liest Kants *Kritik der Urteilskraft* (1790). Sein Gesundheitszustand bessert sich nur unwesentlich. Am 13. Dezember 1791 erhält Schiller den Brief des Herzogs Friedrich Christian von Schleswig-Holstein-Augustenburg – ein glühender Verehrer des Dichters –, worin dieser und ein kleiner Freundeskreis eine jährliche Zahlung von 1.000 Talern für die Dauer von drei Jahren zusagen. Schiller schreibt noch am gleichen Tag an Körner:

> Das, wonach ich mich schon so lange ich lebe auf's Feurigste gesehnt habe, wird jetzt erfüllt. Ich bin auf lange, vielleicht auf immer aller Sorgen los; ich habe die längst gewünschte Unabhängigkeit des Geistes. […]
>
> Ich habe die nahe Aussicht, mich ganz zu arrangiren, meine Schulden zu tilgen und, unabhängig von Nahrungssorgen, ganz den Entwürfen meines Geistes zu leben. Ich habe endlich einmal Muße zu lernen und zu sammeln, und für die Ewigkeit zu arbeiten. (NA 26, S. 117)

Am 26. August 1792 erhält Schiller von der Pariser Nationalversammlung den Titel eines ‚Citoyen français' verliehen. Der erste Band der *Kleineren prosaischen Schriften* erscheint. Im Wintersemester 1792/93 setzt Schiller die im Sommer ausgesetzten Vorlesungen über Ästhetik fort. Am 28. Dezember wird *Kabale und Liebe* erstmals in Stuttgart aufgeführt und sofort vom württembergischen Hof verboten. Am 14. September 1793 – Schiller weilt mit seiner Frau in der schwäbischen Heimat und kehrt von dort erst im Mai 1794 nach Jena zurück – kommt sein Sohn Karl Friedrich Ludwig (gest. 1857) zur Welt. Ende dieses Monats begegnen sich Hölderlin und Schiller erstmals. Seine fortwährenden krampfartigen Anfälle halten an. „Nie war ich reicher an Entwürfen zu schriftstellerischen Arbeiten, und nie konnt ich, wegen des elendesten aller Hindernisse, wegen körperlichen Druckes, weniger ausharren" (NA 26, S. 288), schreibt er am 4. Oktober 1793 Körner.

In Jena bildet sich um Schiller eine Art Musenhof, den man als die bürgerliche Antwort auf die aristokratischen Kulturbemühungen Karl Augusts in Weimar verstehen könnte. Goethe, Matthisson, der Verleger Cotta und viele andere besuchen den Dichter in Jena, der nun keine Vorlesungen mehr hält. Mit Fichte, Wilhelm von Humboldt und seinem Nachfolger auf der Professur Woltmann berät Schiller seinen Plan einer eigenen Zeitschrift, die *Horen*. Im Juni 1794 wird die gemeinsame Einladung zur Mitarbeit an den *Horen* gedruckt und verschickt, unter anderem an die Philosophen Kant, Christian Garve und Johann Jakob Engel sowie an Goethe und Herder (vgl. NA 27, S. 10 u. S. 384ff.). 1794 schreibt Schiller seinen ersten Brief an Goethe. Der Ton ist freundlich, devot-geschäftsmäßig gehalten und unterzeichnet mit den Worten „Euer Hochwohlgeborhren [/] gehorsamster Diener und aufrichtigster [/] Verehrer" (NA 27, S. 14).[48] Nach einer persönlichen Begegnung und der Einschätzung Goethes, dass nun „eine Epoche" (NA 35, S. 42)[49] in ihrem Leben beginne, entwickelt sich ein intensiver und umfassender Briefwechsel vom August 1794 an.

Im Januar 1795 erscheint das erste Heft der *Horen* im Verlag von Johann Friedrich Cotta (1764–1832), welche unter anderem die ersten neun Briefe von Schillers *Über die ästhetische Erziehung des Menschen* enthalten. Einen Ruf an die Universität auf eine Professur für Philosophie muss Schiller ablehnen, da er wegen seines angegriffenen Gesundheitszustandes keine Vorlesungen mehr halten kann. Das Angebot, auf alle öffentlichen Verpflichtungen verzichten zu können, veranlasst Schiller, mit dem Weimarer Herzog eine solide Existenzsicherung auszuhandeln. Für den Fall seiner Schreibunfähigkeit würde Schiller doppeltes Gehalt erhalten. Der Herzog geht auf Schillers Forderung ein. Neben dem ökonomischen Aspekt ist für Schiller aber auch die unmittelbare Kommunikationsmöglichkeit mit Goethe ausschlaggebend für seinen Verbleib in Jena. Im März 1795 erscheint Schillers letzter historischer Aufsatz *Merkwürdige Belagerung von Antwerpen*. Nach fast siebenjähriger Pause schreibt er im Juni sein erstes Gedicht (*Poesie des Lebens*). Ende 1795 erscheint der erste Band des von ihm herausgegebenen *Musen-Almanachs*. Darin sind etliche Gedichte Schillers abgedruckt. Die Startauflage beträgt 3.000 Stück.

---

48 Dem zeitgenössischen Duktus entsprechend ist eine solche selbstcharakterisierende Schlussformel natürlich nichts Außergewöhnliches. Sie wird an Unterwürfigkeit bei weitem von jener Formulierung übertroffen, die Lessing in einem Brief an den braunschweigischen Herzog Ferdinand zu gebrauchen beliebte: „Ich ersterbe mit tiefster Devotion, Ewr. [= Euer] Durchlaucht untertäniger Knecht" (28. Juli 1778).

49 Es mag Zufall sein, dass Schiller just diese Formulierung in seinem *Verbrecher aus Infamie* (1786) verwendet hat, wo es über den Wilddieb und Sonnenwirt heißt, als er zum dritten Mal gefangen genommen wird: „Hier fängt eine neue Epoche in seinem Leben an" (FA 7, S. 568).

Am 11. Juli 1796 wird Schillers zweiter Sohn Ernst Friedrich Wilhelm (1796–1841) geboren, der später wissen wird: „Die Leute hier haben eine [!] gewaltiges Interesse für den Schillerschen Namen".[50] Im selben Jahr sterben Schillers Schwester Nanette und sein Vater. Die mit Goethe gemeinsam geschriebenen *Xenien* erscheinen im *Musen-Almanach*. Das ganze Jahr über beschäftigt sich Schiller immer wieder mit dem *Wallenstein*-Stoff. Am Jahresende konzipiert er den ersten Akt. Auch 1797 setzt sich die Arbeit am *Wallenstein* fort. Daneben entstehen zahlreiche Balladen, u.a. *Die Kraniche des Ibycus*. Im Oktober 1798 wird das umgebaute Theater in Weimar mit *Wallensteins Lager* wiedereröffnet. 1799 erfolgt die Uraufführung der *Piccolomini* und *Wallensteins Tod*. Zugleich nimmt Schiller die Arbeit an der *Maria Stuart* auf und erwidert die zahlreichen Besuche Goethes in Jena durch einen Gegenbesuch in Weimar. Schillers Gehalt als Hofrat wird auf 400 Taler verdoppelt, wobei 1 Taler etwa 30 Euro heutiger Währung entspricht. Am 11. Oktober 1799 wird die Tochter Caroline Henriette Luise geboren (gest. 1850). *Das Lied von der Glocke* entsteht und erscheint im *Musenalmanach für das Jahr 1800*. Im Dezember 1799 erfolgt der endgültige Umzug nach Weimar. „Daß Weimar in seinen Mauern *Wieland, Göthe* und *Herder* einschließt, bedarf kaum einer Erwähnung, und ihre Namen keines Kommentars".[51] Mit diesen Worten eröffnet Friedrich Albrecht Klebe das Kapitel *Gelehrte zu Weimar* seines Buches *Historisch-statistische Nachrichten von der berühmten Residenzstadt Weimar* (1800). Joseph Rückert sekundiert ihm in seinem *Weimar*-Buch: „Diese Geisterstadt gehört seit mehreren Jahren unter die merkwürdigsten und anziehendsten Städte Deutschlands. Sie bildet den Gipfel des deutschen Parnasses mit seinen obersten Göttern, die sich hier zu einem glänzenden Kreis versammelt haben."[52] Wieland, Goethe und Herder sind auch für ihn die „strahlende poetische Dreieinigkeit auf dem deutschen Parnasse".[53] Etwa 30 Dichter und Dichterinnen kann er in

---

50 Schillers Sohn Ernst. Ein Psychogramm in Briefen. Hgg. u. mit einem Vorwort versehen v. Hilde Lermann. Frankfurt a.M., Leipzig 2002, S. 180 (27. September 1826).

51 Friedrich Albrecht Klebe: Historisch-statistische Nachrichten von der berühmten Residenzstadt Weimar. Fotomechanischer Neudruck der Originalausgabe Elberfeld 1800. Leipzig 1975, S. 69.

52 Joseph Rückert: Bemerkungen über Weimar 1799. Hgg. u. mit einem Nachwort versehen v. Eberhard Haufe. [Nachdruck der Ausgabe von 1800]. Weimar o.J. [ca. 1975], S. 5.

53 Rückert: Bemerkungen über Weimar, S. 9.

dieser Stadt, dem *„deutsche[n] Parnaß* schlechthin",[54] nachweisen.[55] „Die Schriftstellerei wütet in dieser kleinen Stadt gleich einer Seuche, die beide Geschlechter angesteckt hat und niemand verschonet, der Finger und Feder rühren kann".[56] Hierher also zieht Friedrich Schiller und er verknüpft damit keinen geringen Anspruch, denn er definiert als den höchsten Genuss eines denkenden Geistes – und hat sich selbst dabei vor Augen – „Größe, Hervorragung, Einfluß auf die Welt und Unsterblichkeit des Namens […]. Jahre schon hab ich mich mit diesem Gedanken getragen" (NA 24, S. 141). Das hatte er bereits 1787 geschrieben.

Anfang des Jahres 1800 erkrankt Schiller schwer. Ein Nervenfieber verhindert jegliches Arbeiten, „eine schwere Krankheit, die mich nun schon 4 Wochen in die völligste Unthätigkeit versezt und von der ich mich noch nicht erhohlt habe" (NA 30, S. 143). Andere berichten von lebensbedrohlichen „gefährlichsten Krampfzufälle[n]" (NA 30, S. 357). Im Juni 1800 erscheinen die *Wallenstein*-Trilogie, der erste Teil der gesammelten *Gedichte* und der zweite Band der *Kleineren prosaischen Schriften*. Im Frühjahr 1801 zieht sich Schiller aus Weimar in sein Jenaer Gartenhaus zurück, um ungestört die Arbeiten an der *Jungfrau von Orleans* abschließen zu können.[57] Im April 1801 erscheinen die *Maria Stuart* und seine *Macbeth*-Bearbeitung, im Oktober folgt die *Jungfrau von Orleans*. Daneben ist Schiller mit der erneuten Herausgabe einiger seiner bereits erschienenen historischen und philosophischen Schriften beschäftigt. Der dritte Band der *Kleineren prosaischen Schriften* erscheint.

Im Februar muss Schiller die Einladungen bei Hof in Weimar aus gesundheitlichen Gründen förmlich absagen. Schiller nimmt bei seinem Verleger Cotta einen Kredit auf (auch Goethe gibt einen Vorschuss), um ein Haus in Weimar zu kaufen. Der Kaufpreis beträgt 4.200 Taler. Am 29. April 1802 zieht die Familie Schiller in das neu erworbene Haus in Weimar an der Esplanade ein. Am gleichen Tag stirbt Schillers Mutter. Der schwäbische Dichterkollege Eduard Mörike wird 1835, als er das Grab von Schillers Mutter auf dem Friedhof in Cleversulzbach entdeckt, wo er gerade Pfarrvikar ist, das Gedicht *Auf das Grab von Schillers Mutter* schreiben:

---

54 Rückert: Bemerkungen über Weimar, S. 97.
55 Vgl. Rückert: Bemerkungen über Weimar, S. 10.
56 Rückert: Bemerkungen über Weimar, S. 97.
57 Allerdings musste Schiller das 1797 erworbene Gartenhaus 1802 wieder verkaufen (s. die faksimilierte Verkaufsanzeige), vgl. Thomas Pester: Schillers Gartenhaus in Jena und der historische Gartenplan von 1799. Jena 2003.

In alhiesiger Vorstadt auf dem Jüdens graben hinter dem gelben Engel, zwischen Lamprechts Garten und Beyers Krautländern ist zu verkaufen ein Garten mit guten Obstbäumen und Grabeland versehen, in welchem ein wohnbares Haus von zwey Etagen und einer Mansard, mit zwey tapezirten heizbaren Zimmern und drey Cabinets, einer Bedientenstube mit einem Ofen und Kammer, ferner eine Küche in einem abgesonderten massiven Gebäude, und ein Belveder von zwey Stock, wo unten und oben ein Zimmer. —

Die nähern Bedingungen hiervon erfährt man alhier bey dem Conducteur

J. G. P. Götze.

Annonce: Verkauf des Gartenhauses in Jena [Jenaische Wöchentliche Anzeigen 13, 17.2.1802, S. 51].

Nach der Seite des Dorfs, wo jener alternde Zaun dort
Ländliche Gräber umschließt, wall ich in Einsamkeit oft.
Sieh den gesunkenen Hügel; es kennen die ältesten Greise
Kaum ihn noch, und es ahnt niemand ein Heiligtum hier.
Jegliche Zierde gebricht und jedes deutende Zeichen;
Dürftig breitet ein Baum schützende Arme umher.
Wilde Rose! dich find ich allein statt anderer Blumen;
Ja, beschäme sie nur, brich als ein Wunder hervor!
Tausendblättrig eröffne dein Herz! entzünde dich herrlich
Am begeisternden Duft, den aus der Tiefe du ziehst!
Eines Unsterblichen Mutter liegt hier bestattet; es richten
Deutschlands Männer und Fraun eben den Marmor ihm auf.[58]

1802 erscheint schließlich auch der vierte und letzte Band der *Kleineren prosaischen Schriften*. 1803 veröffentlicht Schiller den zweiten Teil der *Gedichte* sowie die *Braut von Messina*. Dieses und das darauf folgende Jahr sind – neben umfassenden Lektüren und neben weiteren Theaterbearbeitungen – vor allem gekennzeichnet durch Schillers Bemühen, das Drama *Wilhelm Tell* voran und zu einem Abschluss zu bringen, das am 17. März 1804 in Weimar uraufgeführt wird. Ende April tritt er eine Reise nach Berlin an, die mit zahlreichen gesellschaftlichen Verpflichtungen verbunden ist. Dem angeschlagenen Gesundheitszustand Schillers ist diese Belastung nicht förderlich. Aus Berlin liegt Schiller ein lukratives Angebot vor, das den Weimarer Herzog wiederum zur Verdopplung von Schillers Gehalt auf 800 Taler jährlich veranlasst. Im Sommer beschäftigt sich Schiller schon mit weiteren Dramenplänen. Am 25. Juli 1804 kommt seine Tochter Emilie Henriette Luise zur Welt (gest. 1872). Wieder erkrankt er lebensgefährlich. Die Erholung geht „sehr langsam [...] meine ganze Thätigkeit stockt noch" (NA 32, S. 160), heißt es Ende August. Seine Gesundheit sei „sehr schwach", schreibt er einige Tage später Körner, „es ist mir nach der schwersten Krankheit nicht so übel zu Muth gewesen, wenigstens hat es nicht so lang gedauert" (NA 32, S. 161), er „vegetiere nur so hin" (NA 32, S. 162).

Im Oktober 1804 erscheint der *Wilhelm Tell*. Innerhalb von vier Tagen erledigt Schiller nun eine Auftragsarbeit – ein Dramolett mit dem Titel *Die Huldigung der Künste* – zum Empfang des Weimarer Erbprinzen. Die Verpflichtungen bei Hof und eine neu auftretende

---

58 Mörike: Werke in einem Band, S. 76. – Vgl. auch die kleine Dokumentation von Else Schäfer: „Das größte Epitaphium". Die Gräber der Dichtermütter in Cleversulzbach. Marbach a.N. 1989.

Erkältung schwächen seinen Gesundheitszustand weiter. Im Oktober war bereits die Nachricht seines Ablebens versehentlich in der Presse verbreitet worden. Nur selten konnte Schiller so erleichtert wie am 22. November 1804 an Körner schreiben: „Die Finanzen stehen übrigens gut, wenn ich nur diesen Winter fleißig seyn kann so ist Geld genug zu erwerben" (NA 32, S. 171). Die ständige Sorge um die Lebenssicherung der Familie auch über seinen Tod hinaus erzeugt einen enormen Arbeitsdruck, der wiederum der Gesundheit abträglich ist. Davon sind die letzten Lebensmonate gezeichnet. Die Übersetzung von Racines *Phädra* und deren Einrichtung für das Weimarer Theater, die gesellschaftlichen Verpflichtungen bei Hof und im Theater, die Erkrankungen der Kinder – all das führt dazu, dass Schiller am 20. Januar 1805 bitter bemerkt, die schlechte Gesundheit habe ihm „fast allen Lebensmuth ertödet" (NA 32, S. 187). Auch die zeitgenössische Literatur erscheint ihm in einem schlechten Licht. Fünf Wochen vor seinem Tod heißt es an Wilhelm von Humboldt am 2. April 1805: „Um die poetische Production in Deutschland sieht es aber höchst kläglich aus, und man sieht wirklich nicht, wo eine Litteratur für die nächsten 30 Jahre herkommen soll" (NA 32, S. 208). Es klingt wie ein Abgesang auf die, auf seine Literatur der ‚Weimarer Klassik', wenn er in demselben Brief an Humboldt von „unserer litterarischen Welt" schreibt: „ich lebe wenig mehr in ihr" (NA 32, S. 208).

Am 9. Mai 1805 gegen 17.45 Uhr ist Friedrich Schiller in Folge einer akuten Lungenentzündung gestorben.[59] Die Nachricht Goethe zu überbringen wagt zunächst niemand. Am 11. Mai um Mitternacht wird er beigesetzt. Am 16. Dezember 1827 werden die sterblichen Überreste in die Weimarer Fürstengruft überführt. Da hat das Nachleben Schillers und seines Werks längst begonnen.[60] Zwischenzeitlich aber hatte Goethe den Schädel seines Freundes einige Zeit auf seinem Schreibtisch stehen. Auf großherzoglichen Wunsch hin sollte Schillers Schädel in der großherzoglichen Bibliothek ausgestellt werden. Für Schillers Sohn Ernst war dieser Vorgang eine Auszeich-

---

59 Eine ausführliche Dokumentation zu Schillers Tod findet sich in dem Buch: Schillers Tod und Bestattung. Nach den Zeugnissen der Zeit im Auftrag der Goethe-Gesellschaft dargestellt v. Max Hecker. Leipzig 1935. Eine neuere medizinische Beschreibung von Schillers Krankheit und Todesursache stammt aus der Feder des Pathologen H.H. Jansen: Schillers Krankheit und Tod aus pathologisch-anatomischer und klinischer Sicht, in: Der Pathologe 9 (1988), S. 187–191.
60 Vgl. Norbert Oellers: Schiller. Geschichte seiner Wirkung bis zu Goethes Tod 1805–1832. Bonn 1967.

nung, wenngleich sich auch ein leichtes Unbehagen in seiner *Rede zur Eröffnung des feierlichen Akts in Weimar* heraushören lässt:

> Vielgeliebter Freund! Verehrungswürdige Versammlung! Nachdem es der rastlosen Bemühung hiesiger Freunde meines verstorbenen Vaters, Friedrich von Schiller, insonderheit dem dabei an den Tag gelegten schätzbaren Eifer des Herrn Hofraths und Bürgermeisters Schwabe, gelungen war, von den durch die Zeit in Verwirrung und Unkenntlichkeit gerathenen irdischen Ueberresten meines Vaters vor der Hand diesen Schädel heraufzubringen und nachdem aus dem Zusammentreffen vieler Umstände durch die Untersuchung und den Ausspruch kunstverständiger Männer, sowie auch durch das Zeugnis deren mehrerer, welche meinem Vater im Leben nahe gewesen, die Identität dieses Schädels als unzweifelhaft herausgestellt zu betrachten sein dürfte, da entstand die Frage, wo und auf welche Weise dieser theure Ueberrest aufbewahrt und erhalten werden sollte. Wenn auch ein natürliches Gefühl sowohl der hinterbliebenen Angehörigen Schillers, als auch dessen Freunden es anfänglich wünschenswerth erscheinen ließ, das Haupt dem Schoß der Erde wiederzugeben, so mußten doch diese Empfindungen der erhabeneren Ansicht des Großherzogs weichen, nach welcher dieser merkwürdige und uns theure Schädel der gänzlichen Zerstörung entzogen und der Mit- und Nachwelt dauernd erhalten werden sollte … Ich bin demnach von der hinterbliebenen Familie Schillers beauftragt, Dir, theurer Jugendfreund, als dem stellvertretenden Sohne des vieljährigen und geliebtesten Freundes meines Vaters, dessen verehrtes Haupt zu überreichen, damit Du den gnädigsten Befehl, welchen Se. Königl. Hoheit der Großherzog über die fernere Bestimmung zu erlassen geruhte, ausführen mögest.[61]

Die Suche nach Schillers Gebeinen hält Goethe im September 1826 in einem Gedicht fest, das später den Titel *Bei Betrachtung von Schillers Schädel* erhalten hat:

> Im ernsten Beinhaus war's wo ich beschaute
> Wie Schädel Schädeln angeordnet paßten;
> Die alte Zeit gedacht' ich, die ergraute.
> Sie stehn in Reih' geklemmt die sonst sich haßten,
> Und derbe Knochen die sich tödtlich schlugen
> Sie liegen kreuzweis zahm allhier zu rasten.
> Entrenkte Schulterblätter! was sie trugen
> Fragt niemand mehr, und zierlich thät'ge Glieder,
> Die Hand, der Fuß zerstreut aus Lebensfugen.
> Ihr Müden also lagt vergebens nieder,

---

61 Schillers Sohn Ernst. Ein Psychogramm in Briefen, S. 177f.

Nicht Ruh im Grabe ließ man euch, vertrieben
Seid ihr herauf zum lichten Tage wieder,
Und niemand kann die dürre Schale lieben,
Welch herrlich edlen Kern sie auch bewahrte.
Doch mir Adepten war die Schrift geschrieben
Die heil'gen Sinn nicht jedem offenbarte,
Als ich in Mitten solcher starren Menge
Unschätzbar herrlich ein Gebild gewahrte,
Daß in des Raumes Moderkält' und Enge
Ich frei und wärmefühlend mich erquickte,
Als ob ein Lebensquell dem Tod entspränge.
Wie mich geheimnißvoll die Form entzückte!
Die gottgedachte Spur die sich erhalten!
Ein Blick der mich an jenes Meer entrückte
Das fluthend strömt gesteigerte Gestalten.
Geheim Gefäß! Orakelsprüche spendend,
Wie bin ich werth dich in der Hand zu halten,
Dich höchsten Schatz aus Moder fromm entwendend
Und in die freie Luft, zu freiem Sinnen,
Zum Sonnenlicht andächtig hin mich wendend.
Was kann der Mensch im Leben mehr gewinnen,
Als dass sich Gott-Natur ihm offenbare?
Wie sie das Feste läßt zu Geist verrinnen.
Wie sie das Geisterzeugte fest bewahre.[62]

In einer etwas anderen, nicht ganz ernst zu nehmenden Literaturgeschichte von Kay Borowsky findet sich dazu folgende Anekdote:

> Als Schiller tot war, blieb nur noch der Schädel von ihm übrig, der Körper
> verschwand irgendwohin, wahrscheinlich haben ihn die Freimaurer
> gestohlen. Zur Totenfeier lud man Goethe ein, die Rede zu halten. Als
> Goethe den Rest des armen Schiller sah, konnte er nur ‚o je' sagen, mehr
> brachte er nicht heraus. Er soll eine ganze Stunde stumm dagestanden
> sein, sich am Kopf gekratzt und ‚o je' gemurmelt haben. Erst später, im
> Wirtshaus, als er mehrere Flaschen seines Lieblingsweins, des ‚Eilfers' von
> 1811, auch ‚Kometenwein' genannt, getrunken hatte, entrang sich ihm
> ein Stoßseufzer, der ein wenig deutlicher war: ‚Der arme Schiller!'
>   Trotzdem berichten uns die Literaturwissenschaftler von einer Goethe-
> schen ‚Rede auf Schillers Schädel' – immer müssen diese Leute aus einer
> Mücke einen Elefanten machen.[63]

---

62 Goethes Werke. Hgg. im Auftrage der Großherzogin Sophie von Sachsen
   [= Weimarer Ausgabe]. Weimar 1890, Bd. I/3, S. 93f.
63 Kay Borowsky: Goethe liebte das Seilhüpfen. Eine sehr vertrackte Literaturgeschichte der Eigenarten von Goethe bis Handke. Tübingen 1980, S. 21.

Wenn man nach einer Art innerem Geheimnis von Schillers Biographie sucht, dann ist es sicherlich das Spiel der wechselnden Insze-
nierungen bei einer sich gleichbleibenden, monomanisch sich gestaltenden Schreibidentität. Äußerlich zeigt sich dies in den verschiedenen Anläufen zur Berufswahl, von dem begonnenen Jurastudium,
über den Wunsch nach einem Theologiestudium bis hin zum Wechsel ins medizinische Fach, um schließlich als Theaterdichter zu re-
üssieren, zwischenzeitlich historischer Schriftsteller und philosophischer Essayist zu werden, sich endgültig als Tragödienschreiber
und immer wieder als Lyriker zu bekennen.[64] Man darf dabei allerdings nicht übersehen, dass der größte Anteil seines Werks, wie es
eindrucksvoll heutzutage in den inzwischen über 40 erschienenen
Bänden der auf insgesamt 43 Bände angelegten *Nationalausgabe* zu
bestaunen ist, aus einer umfangreichen Korrespondenz besteht.[65]
Aus diesen Briefwechseln, die mehr als 2.200 überlieferte Einzelbriefe umfassen, ließe sich manches Buch über philosophische,
ästhetische, theaterspezifische oder dramentheoretische Fragen
destillieren, was eindrucksvoll belegt, welches eigenständige Leben
Schillers Briefe führen. Schiller war kein zurückgezogen lebender,
weltabgewandter Schriftsteller. Er lebte auch von dem intensiven
Gedankenaustausch mit Gleichgesinnten und vielen Briefen ist jenes
Bekenntnis anzumerken, womit er einen Brief an Körner vom 3.
Juli 1785 eröffnet: „Ich habe Lust […] recht viel zu schreiben, denn
mein Herz ist voll" (NA 24, S. 7). Schillers Leben war ein Leben im
Dialog, Kommunikation war dessen Grundlage, wenngleich diese
sehr viel Ähnlichkeit mit Selbstgesprächen hat, die der eigenen
Selbstvergewisserung dienen. Georg Kurscheidt bemerkt zutreffend:
„Schiller schreibt gern und viel […] vor allem, weil er sich mit sich
selbst darüber verständigen will" (FA 11, S. 839).

---

64 Bei Schiller liest sich das in der sehr frühen Schrift *Bericht an Herzog Karl Eugen
über die Mitschüler und sich selbst* (1774) so: „Es ist Ihnen schon bekannt, gnädig-
ster Herzog, mit wie viel Munterkeit ich die Wissenschaft der Rechte angenommen habe, es ist Ihnen bekannt, wie glücklich ich mich schätzen würde,
wann ich durch dieselbe meinem Fürsten, meinem Vaterland dereinsten
dienen könnte, aber weit glücklicher würde ich mich halten, wann ich solches
als Gottesgelehrter ausführen könnte […]" (NA 22, S. 15). Nach der Verlegung
der Karlsschule von der Solitude nach Stuttgart wurde auch eine medizinische
Fakultät eingerichtet und Schiller wechselte unverzüglich das Studienfach.

65 Hier klafft noch eine erstaunliche Forschungslücke. Das Thema ‚Schiller als
Briefschreiber' – jenseits des Briefwechsels mit Goethe und jenseits der reinen
Quellendokumentationen – in einem Netzwerk epistolarer Kommunikation im
18. Jahrhundert gilt es erst noch zu entdecken.

Die Literatur seiner Zeit blieb für Schiller die Literatur eines ‚tintenklecksenden Säkulums', wie es in den *Räubern* heißt. Seine Bemerkung, der dramatische Dichter komme in diesen Zeiten bedauerlicherweise mit der „großen Masse" in Berührung und könne daher „nicht immer rein" (NA 32, S. 206) bleiben, ist nicht Ausdruck einer Sozialphobie, sondern vielmehr entschiedenes Bekenntnis Schillers, sich nicht vom Zeitgeist nötigen, sich nicht zu literarischen Zugeständnissen an den herrschenden Geschmack zwingen zu lassen. Selbstkritisch, geradezu argwöhnisch schreibt er Wilhelm von Humboldt fünf Wochen vor seinem Tod: „Und so kann es leicht geschehen seyn, daß ich, indem ich die deutschen Bühnen mit dem Geräusch meiner Stücke erfüllte, auch von den deutschen Bühnen etwas angenommen habe." (NA 32, S. 206f.) 1787 hatte er noch von den „Weimarischen Riesen" (NA 24, S. 114) gesprochen, respektvoll, aber durchaus mit selbstbewusstem Unterton. Denn den Satz mit diesem Bonmot führt er etwas ironisch fort, die nähere Bekanntschaft mit diesen ‚Riesen', womit Herder, Wieland und die Herzoginmutter Anna Amalia gemeint gewesen sein konnten, möglicherweise auch Goethe, habe seine Meinung von sich selbst verbessert. Später gehörte er dann selbst dazu. Die Weimarer Klassik und ihre Literatur war für ihn „die gute Sache" (NA 29, S. 71), der er sich verpflichtet wusste.[66] Erst später hat man daraus im Laufe der Wirkungsgeschichte jene Attribute gewonnen, die eingangs zu diesem Kapitel zitiert wurden. Eingedenk seines schlechten Gesundheitszustandes offenbart er Goethe 1794: „Eine große und allgemeine Geistesrevolution werde ich schwerlich Zeit haben, in mir zu vollenden aber ich werde thun was ich kann, und wenn endlich das Gebäude zusammenfällt, so habe ich doch vielleicht das Erhaltungswerthe aus dem Brande geflüchtet." (NA 27, S. 32)

„Die gemeinsame Arbeit von Goethe und Schiller – das war auch Schreiben gegen die Literatur ihrer Zeit",[67] wurde bemerkt. Und das gilt ganz besonders für Schillers Verhältnis zu den Romantikern, das mehr als gespannt war.[68] Er hielt schlicht nichts von deren Literatur;

---

66 Zum Begriff ‚Weimarer Klassik' mit all seinen politischen Implikationen, zu den Personen und zur Literatur vgl. das vorzügliche Buch von Dieter Borchmeyer: Weimarer Klassik. Portrait einer Epoche. Weinheim 1994.

67 Pilling, Schilling, Springer: Friedrich Schiller, S. 72.

68 Eine differenzierte Revision des Bildes von der Schiller-Feindschaft der Romantiker hat Norbert Oellers auf der Grundlage einer umfassenden Dokumentation vorgenommen, vgl. Schiller – Zeitgenosse aller Epochen. Dokumente zur Wirkungsgeschichte Schillers in Deutschland Teil I: 1782–1859. Hgg.,

Friedrich Schlegel sprach er schriftstellerisches Talent ab (vgl. NA 28, S. 2). Wilhelm von Humboldt bekennt er noch kurz vor seinem Tod am 2. April 1805 über die Brüder Friedrich und August Wilhelm Schlegel (1767–1845): „[...] das Unheil, was sie in jungen und schwachen Köpfen angerichtet, wird sich doch lange fühlen, und die traurige Unfruchtbarkeit und Verkehrtheit die jetz in unserer Litteratur sich zeigt, ist eine Folge dieses bösen Einflußes." (NA 32, S. 209) Schon zwei Jahre zuvor am 17. Februar 1803 waren an denselben Adressaten die berühmt gewordenen Worte gefallen:

> Es ist jetz ein so kläglicher Zustand in der ganzen Poesie, der Deutschen und Ausländer, daß alle Liebe und aller Glaube dazu gehört, um noch an ein Weiterstreben zu denken, und auf eine bessere Zeit zu hoffen. Die *Schlegel-* und *Tiekische* Schule erscheint immer hohler und frazenhafter, während daß sich ihre Antipoden immer platter und erbärmlicher zeigen, und zwischen diesen beiden Formen schwankt nun das Publicum. An ein Zusammenhalten zu einem guten Zweck ist nicht zu denken, jeder steht für sich und muß sich seiner Haut wie im Naturstande wehren. (NA 32, S. 11f.)

Öffentlich kritisierten zu Lebzeiten Schillers vornehmlich die Brüder Schlegel und Ludwig Tieck den Dichter. Die Bemerkung aber, Schiller sei „der reine Nullpunkt"[69] in der Dichtung, findet sich nur in Friedrich Schlegels *Notizbuch*. Übrigens ist dies nicht die einzige unschmeichelhafte Bemerkung dort. Unter anderem ist zu lesen: „Schillers Blei halten seine Freunde für Tiefe; da er doch als Philos[oph] seicht und als Dichter nur bis zum Calcül gekommen ist."[70] Um diese Bemerkungen historisch und biographisch einschätzen zu können, muss man wissen, dass Friedrich Schlegel fest entschlossen war, zusammen mit seinem Bruder „eine große Autorität in der Kritik" und „kritische Dictatoren Deutschl.[ands]"[71] zu werden und dies

eingeleitet u. kommentiert v. Norbert Oellers. Frankfurt a.M. 1970, bes. S. 24–32.
69 Friedrich Schlegel: Literary Notebooks 1797–1801. Ed. with introduction and commentary by Hans Eichner. London 1957, S. 200, Nr. 2022.
70 Schlegel: Literary Notebooks 1797–1801, S. 30, Nr. 121.
71 Brief an August Wilhelm Schlegel vom 31. Oktober 1797, vgl. Kritische Friedrich-Schlegel-Ausgabe. Hgg. v. Ernst Behler u.a. Bd. 24: Friedrich Schlegel: Die Periode des Athenäums. 25. Juli 1797 – Ende August 1799. Mit Einleitung u. Kommentar hgg. v. Raymond Immerwahr. Paderborn, München, Wien, Zürich 1985, S. 31f. – Pikanterweise hat Schiller selbst etliche Jahre zuvor denselben Anspruch vertreten, wobei der Bericht offen lässt, ob dies seine eigene Formulierung oder die Paraphrase eines Worts von Wieland darstellt. An Körner schreibt Schiller am 14. Oktober 1787, Wieland habe sich

auch publizistisch rigide vertrat, wobei er unter Kritik die „Kunst" verstand, „die Scheinlebendigen in der Literatur zu töten".[72] Die negative Haltung gegenüber Schiller änderte sich erst nach dessen Tod, als diese Romantiker auch in ihrer Literaturanschauung konvertierten. Bei aller begrifflichen Schärfe sei aber nicht ein etwas undifferenziertes Epigramm Friedrich Schlegels auf Friedrich Schiller vorenthalten, das in der Lage ist, den Unterschied zwischen der Dialogunfähigkeit von Klassikern und Romantikern gegenüber der Dialogfähigkeit von Klassik und Romantik herauszustellen. Friedrich Schlegel spottete:

> Geschritten in die Welt kam Schiller,
> Und da ward's still und stiller.
> Erstaunt frug die Natur: ‚Was will er?'
> Und dreimal tönte laut der höchste Triller.[73]

Vielleicht verbirgt sich dahinter auch eine Anspielung Schlegels auf Schillers *Räuber*. Dort fragt in Szene V/1 (vgl. aber auch IV/9) der Bediente Daniel, „sind das ihre hellen Triller?", als Moors Räuberbande das väterliche Schloss erstürmt. Ebenso könnte aber auch *Fiesko* gemeint sein, wo von „Sirenentrillern von Unendlichkeit" (II/19) die Rede ist. In der *Anthologie auf das Jahr 1782* findet sich das Gedicht *Bacchus im Triller* (vgl. FA 1, S. 502f.), allerdings bedeutet hier ‚Triller' eine Art Drehhäuschen, worin Delinquenten gedreht wurden. Wie auch immer, Schlegel und Tieck formulierten diese literaturprogrammatische Differenz in ihrem *Musen-Almanach* von 1802 etwas poetischer und programmatischer: „Hellenisch Leben, du bist uns verlohren, / Drum haben das romant'sche wir erkohren".[74]

---

mit ihm über eine Fusion seines *Teutschen Merkurs* mit der *Thalia* unterhalten (diese Fusion kam aber nicht zustande), der *Teutsche Merkur* sollte auf diese Weise „zu einem herrschenden National-Journal" (NA 24, S. 166) werden.

72 Friedrich Schlegel: Kritische Schriften und Fragmente. Studienausgabe in sechs Bänden. Hgg. v. Ernst Behler u. Hans Eichner. Bd. 2: Kritische Schriften und Fragmente [1798–1801]. Hgg. v. Ernst Behler u. Hans Eichner. Paderborn 1988, S. 259.

73 Friedrich Schlegel: Dichtungen. Hgg. u. eingeleitet v. Hans Eichner. München, Paderborn, Wien 1962, S. 507. (= Kritische Friedrich-Schlegel-Ausgabe Bd. 5).

74 Musen-Almanach für das Jahr 1802. Hgg. v. A. W. Schlegel u. L. Tieck. Faksimiledruck der Originalausgabe mit einem Nachwort v. Gerhard vom Hofe. Heidelberg 1967, S. 229.

Johann Christian Reinhart, Friedrich Schiller (auf einem Esel reitend), lavierte Federzeichnung [Wiederholte Spiegelungen. Weimarer Klassik. 1759–1832. Ständige Ausstellung des Goethe-Nationalmuseums. Hgg. von Gerhard Schuster und Caroline Gille, Abb. XIV].

2 Das dramatische Werk I – Jugenddramen

2.1 Die Räuber

E   (= Entstehung):   bis Ende 1780
D   (= Erstdruck):   Juni 1781
UA (= Uraufführung): 13. Januar 1782 (Mannheim)

Für die Rekonstruktion der Entstehungsgeschichte von Schillers *Räubern* sind die grundlegenden Forschungen von Herbert Stubenrauch aus dem Jahr 1953 im Rahmen der *Nationalausgabe* immer noch maßgebend. Dort finden sich die ausführlichen Belege, Argumente und plausiblen Erwägungen, die in einem halben Jahrhundert kaum modifiziert werden mussten (vgl. NA 3, S. 260–356).

Die *Räuber* sind in Schillers Karlsschulzeit entstanden, also in den Jahren 1773 bis 1780. Zeugnisse seiner Mitschüler liegen darüber nicht vor, einzig der Freund Andreas Streicher, der allerdings nicht die Karlsschule besuchte und den Schiller erst im Frühsommer 1781 kennen lernte, berichtet, Schiller habe sich schon 1776 mit ersten Entwürfen zum Drama beschäftigt. Als Schiller die Karlsschule verlassen konnte, war jedenfalls das Schauspiel größtenteils fertig. „Die eigentliche Entstehung des Dramas fällt zweifellos in die Jahre 1779/80" (NA 3, S. 262). Im Dezember 1780 ist die Handschrift in einer druckreifen Form bereits abgeschlossen. Eigene Zeugnisse des Autors aus der Entstehungszeit sind nicht erhalten geblieben. Insofern ist die Forschung auf die Berichte von Zeitgenossen angewiesen, die allerdings erst im frühen 19. Jahrhundert aus der Erinnerung und Rückschau niedergeschrieben wurden und entsprechend fehlerhaft sind. Diese Aufzeichnungen von Jakob Friedrich Abel, Karl Philipp Conz, Friedrich Wilhelm von Hoven, Johann Wilhelm Petersen und Friedrich Scharffenstein sind dokumentiert in Max Heckers dreibändigem Werk *Schillers Persönlichkeit.*[1] Schillers Jugendfreund Andreas Streicher veröffentlichte 1836 das Buch *Schiller's Flucht von Stuttgart und Aufenthalt in Mannheim von 1782 bis 1785*, worin sich zahlreiche Details zur Entstehungsgeschichte der Jugenddramen finden.

Seinen Schulfreund Wilhelm Petersen beauftragt Schiller mit der Drucklegung der *Räuber*. Er will das Trauerspiel schnell gedruckt sehen und nennt dafür drei Gründe. An erster Stelle steht das Geld. Schiller verspricht sich ein ordentliches Honorar. Petersen soll für ihn einen Verleger suchen. Der zweite Grund dürfte nicht minder authentisch sein. Schiller will wissen, was er als Debütant auf dem literarischen Markt ‚wert' ist. Er stilisiert den Kollektivsingular des Publikums zum „unbestochenen Richter" (NA 23, S. 15), der über den jungen Autor urteilen soll. „Ich möchte natürlicherweise auch wißen, was ich für ein Schiksal als Dramatiker, als Autor zu erwarten habe" (NA 23, S. 15). Schließlich nennt Schiller einen dritten Grund, das Drama sofort gedruckt sehen zu wollen. Alle Hindernisse auf dem Weg, Professor der Physiologie und der Medizin zu werden, sollen rechtzeitig beiseite geräumt werden. Man darf die Ernsthaftigkeit gerade dieses Arguments in Zweifel ziehen, schließt doch der Brief mit der nahezu standardisierten Rede eines Sturm-und-Drang-Dramas: „Höre Kerl! wenns reussiert. Ich will mir ein par Bouteillen Burgunder drauf schmeken laßen" (NA 23, S. 16).

So sehr die *Räuber* von Schillers dichterischer Gestaltungskraft zeugen, so deutlich zeigen sich im Text literarische ‚Ingredienzien' verschiedener Lektüren. Schiller kannte eine kleine Erzählung von Christian Friedrich Daniel Schubart, dem württembergischen Dichter und Journalisten, der von 1777 bis 1787 ohne Prozess auf dem Hohenasperg inhaftiert war und der mit seiner Zeitschrift *Deutsche Chronik* (1774–77), die zweimal in der Woche erschien, maßgeblich zur Publizistik des Sturm und Drang beigetragen hatte. Die meisten Beiträge schrieb er selbst; sein erklärtes Ziel war es, eine nationale Zeitschrift zu schaffen. Mit einer Auflage von zunächst 1.600 Stück im Jahr 1775 wurde die *Deutsche Chronik* ein durchschlagender Publikumserfolg. Die Zahl seiner Leser in ganz Europa wird auf 20.000 geschätzt.[2] Schubarts literarisches Werk im engeren Sinn ist schmal,

---

1 Vgl. Max Hecker u. Julius Petersen (Hg.): Schillers Persönlichkeit. Urtheile seiner Zeitgenossen und Documente. Nachdruck der Ausgabe Weimar 1904–1909. Hildesheim, New York 1976.

2 Vgl. Christian Friedrich Daniel Schubart: Gedichte. Aus der *Deutschen Chronik.* Hgg. v. Ulrich Karthaus. Stuttgart 1978, S. 179.

er war viel eher Publizist. Außerdem verfasste er etliche historische und musikästhetische Schriften. Einige seiner Gedichte, die vorwiegend Gelegenheitsgedichte, Huldigungs- und Widmungsgedichte und Idyllen sind und sich allgemein menschlichen oder religiösen Themen widmen, wurden im 19. Jahrhundert vertont und – dieses Schicksal teilt er mit Schiller – ins Repertoire bürgerlicher Kultur aufgenommen. So beispielsweise sein Gedicht *Die Forelle* (1783), zu dem zuerst von ihm selbst und später von Franz Schubert die Musik komponiert wurde.

Schubarts Erzählung *Zur Geschichte des menschlichen Herzens*, auf die sich nun Schiller bei der Entwicklung seiner *Räuber*-Fabel maßgeblich stützt, erschien im Januar 1775 im *Schwäbischen Magazin von gelehrten Sachen auf das Jahr 1775*.[3] Schiller hat sie gekannt und für seine *Räuber* ausgewertet. Herbert Stubenrauch warnt aber zu Recht vor einer simplen Einflussrechnung, zu deutlich geht Schiller konzeptuell eigene Wege. Einige Übereinstimmungen sind indes frappant. In Schubarts Erzählung heißen die beiden Brüder Wilhelm und Carl. Während Wilhelm den scheinbar moralischen, in Wahrheit aber schlechten Charakter verkörpert, entwickelt sich Carl vom Lebemann zum wiederkehrenden verlorenen Sohn. Seine Erzählung spielt – wie Schillers *Räuber* – in den Zeiten des Siebenjährigen Kriegs (1756–1763). Die Absicht des Autors Schubart bestand darin, „Leute mit Leidenschaften" (FA 2, S. 903) zu zeichnen, die es auch in Deutschland gebe. Der Deutschen Leben bestehe nicht nur aus „Essen, Trinken, Dummarbeiten und Schlafen" (FA 2, S. 903), so Schubart. Ausdrücklich fordert Schubart die Dichter seiner Zeit auf, den von ihm mitgeteilten Stoff dramatisch oder episch zu bearbeiten. „Hier ist ein Geschichtgen, das sich mitten unter uns zugetragen hat; und ich gebe es einem Genie Preiß, eine Comödie oder einen Roman daraus zu machen, wann er nur nicht aus Zaghaftigkeit die Scene in Spanien und Griechenland; sondern auf teutschem Grund und Boden eröfnet" (FA 2, S. 904). Man darf davon ausgehen, dass sich der junge Schiller von diesen Worten durchaus angesprochen fühlte.

In der *Geschichte des menschlichen Herzens* wird Wilhelm als fromm, geradezu bigott, zelotisch, misanthropisch, ordnungsliebend und wirtschaftlich denkend beschrieben. Carl hingegen ist der Antipode

---

3   Vgl. Christian Friedrich Daniel Schubart: Zur Geschichte des menschlichen Herzens, in: Ders.: Gesammelte Schriften und Schicksale. Stuttgart 1839. Reprint Hildesheim, New York. Bd. VI, S. 82–89. – Ein Abdruck findet sich auch in FA 2, S. 903–909.

seines Bruders; beide sind aristokratischer Abstammung. Wein, Sex, Schulden, schließlich ein Duell und seine Flucht zum Militär lassen ihn eine adlige oder bürgerliche Karriere verfehlen. Er landet als Knecht bei einem Bauern in der Nähe seines Vaterhauses. Seine Briefe an den Vater, worin er um Vergebung bittet, werden vom Bruder unterschlagen. Als dieser einen Mordanschlag auf den Vater einfädelt, kann Carl das Leben des Vaters retten und wird schließlich als verlorener Sohn wieder aufgenommen. Wilhelm hingegen gründet eine Sekte der Zeloten. Bemerkenswert ist die Schlussformulierung Schubarts:

> Wann wird einmal der Philosoph auftreten, der sich in die Tiefen des menschlichen Herzens hinabläßt, jeder Handlung bis zur Empfängniß nachspührt, jeden Winkelzug bemerkt, und alsdann eine Geschichte des menschlichen Herzens schreibt, worinn er das trügerische Inkarnat vom Antlize des Heuchlers hinweg wischt, und gegen ihn die Rechte des offenen Herzens behauptet. (FA 2, S. 909)

Kein Philosoph wird es sein, sondern ein junger Dichter, der diesem Anspruch genügt. Man ist geneigt, Schillers Bemerkungen in seiner *Unterdrückten Vorrede* zu den *Räubern* als direkte Antwort auf Schubarts Frage zu lesen. Dort bezeichnet er die dramatische Methode – unabhängig von der Aufführungspraxis oder gar von der Aufführbarkeit eines Stücks – als das beste Verfahren, die Welt gegenwärtig vorzustellen, schildere sie doch „die Leidenschaften und geheimsten Bewegungen des Herzens in *eigenen Äußerungen* der Personen"; das Vorrecht dieser Methode sei es, „die Seele gleichsam bei ihren verstohlensten Operationen zu ertappen" (FA 2, S. 161). Etwas abgeschwächt wird diese Formulierung dann in der veröffentlichten *Vorrede*. Sein Stück sei eine „dramatische Geschichte, die die Vorteile der dramatischen Methode, die Seele gleichsam bei ihren geheimsten Operationen zu ertappen, benutzt […]" (FA 2, S. 15). Damit definiert Schiller Wörtlichkeit im Sinne von Unmittelbarkeit und Echtheit (Authentizität) als unüberbietbaren Vorteil der Literatur im direkten Vergleich mit philosophischer Reflexion und Abstraktion, wie sie Schubart in seiner Bemerkung nahe gelegt hatte. Schillers Anspruch ist kein geringer, „ich denke, ich habe die Natur getroffen" (FA 2, S. 16), „die Natur gleichsam wörtlich abgeschrieben" (FA 2, S. 17), das bedeutet, die Natur des Menschen. Nicht die Philosophie gibt uns Aufschluss über den Menschen, sondern die Literatur. Dass ihm dabei die „allzuenge[n] Palisaden des Aristoteles und Batteux" (FA 2, S. 15) nur hinderlich sind, überrascht nicht.

Allerdings verbirgt sich hinter Schillers Behauptung mehr eine rhetorische Geste, welche Eigenwilligkeiten seines Stücks rechtfertigen soll, denn eine klar abzugrenzende Distanzierung gegenüber einem ‚regelmäßigen', sich an die Lehre der drei Einheiten von Ort, Zeit und Handlung haltenden Drama, waren doch zu diesem Zeitpunkt 1781 schon etliche Sturm-und-Drang-Dramen in der unorthodoxen Form shakespearescher Stücke erschienen. Entscheidend ist für den jungen Schiller: Die Literatur ist das Medium der anthropologischen Selbstreflexion. Mit diesem Programm startet er seine schriftstellerische Laufbahn.

Nach dem Zeugnis von Schillers Philosophielehrer Jakob Friedrich Abel spielte auch die reale württembergische Geschichte des so genannten Sonnenwirts Johann Friedrich Schwan bei der Konzeption der *Räuber* eine Rolle. Schwan war im Jahr 1760 wegen der – um es modern zu formulieren – Bildung einer kriminellen Vereinigung hingerichtet worden. Günther Kraft versuchte in einer minutiösen quellenkundlichen Studie den Nachweis zu führen, dass Schiller außerdem die Protokolle von 1753 aus der so genannten ‚Akte Buttlar' studiert haben müsse, worin es um die Taten einer thüringisch-fränkischen Räuberbande geht.[4] Letztlich schlüssig beweisen lässt sich Schillers Kenntnis dieser Akten indes nicht. In den *Räubern* lassen sich außer den realhistorischen Bezugspunkten auch weitere intertextuelle Referenzen auf europäische Literatur erkennen, so etwa auf Werke von Cervantes – worauf Schiller in seiner *Selbstrezension* der *Räuber* hinweist (vgl. FA 2, S. 298) –, Grimmelshausen, Diderot, Félix de Bourbonne oder Shakespeare (vgl. NA 3, S. 273f.). Die *Frankfurter Ausgabe* weist noch auf einen Moritatentext hin, der im Goethe- und Schiller-Archiv der Stiftung Weimarer Klassik aufbewahrt wird, *Schaudervolle Begebenheit welche sich in der Schweiz unweit Zürk durch Carl Moor, als Anführer einer Räuberbande, zugetragen hat, welcher in Zürk nebst 9 seiner Cameraden durch den Strang hingerichtet wurde* (ca. 1730).[5] Fasst man die Quellenstudien und Ein-

---

4   Günther Kraft: Historische Studien zu Schillers Schauspiel *Die Räuber*. Über eine mitteldeutsch-fränkische Räuberbande des 18. Jahrhunderts. Weimar 1959, bes. S. 119ff.

5   Siehe dazu den vollständigen Abdruck des Textes im Anhang zu diesem Buch. – Im Zusammenhang mit der Frage nach quellenkundlichen Vorbildern oder Prätexten wurde in der Forschung wiederholt auf folgenden Aufsatz hingewiesen: L.E. Genin: Die volkstümlichen deutschen Räuberdichtungen im 18. Jahrhundert als Protest gegen den Feudalismus, in: Weimarer Beiträge 6 (1960), S. 727–746 [zu beachten sind die gravierenden Übersetzungsmängel, die in einem Addendum ebd., S. 747f., korrigiert werden]. Allerdings sind

flussuntersuchungen zusammen, so kommt man zu dem Ergebnis, dass einzig Schubarts Erzählung für die Ausgestaltung der Räuberfabel hilfreich war. Allerdings darf dabei nicht übersehen werden, dass das Thema des Bruderkonflikts gerade für die zeitgenössische avantgardistische Theaterliteratur ein gängiges Motiv darstellt. Klingers *Zwillinge*, Leisewitz' *Julius von Tarent* oder der *Ugolino* von Gerstenberg sind die prominentesten Vertreter. Schiller war mit diesen Dramen bestens vertraut, er hat sie auf der Karlsschule gelesen.[6] In diesem Zusammenhang ist zudem außerordentlich interessant, dass ein kleines Schauspiel gleichen Namens just im Jahr vor Schillers *Räubern* erschienen ist, das bislang in der Forschung nicht beachtet wurde. Es sei hier wenigstens genannt und der weiteren Erforschung anvertraut. Heinrich Keller (1758–1788) ist der Verfasser, der Titel lautet *Die Räuber, eine Scene aus dem Menschenleben* (Frankfurt, Leipzig 1780), der Text umfasst insgesamt 32 Seiten. War das Erscheinen von Kellers gleichnamigem Schauspiel der Grund dafür, dass Schiller dann sein eigenes Schauspiel selbst verlegte, da er nicht schnell genug einen Verleger finden konnte und Heinrich Keller ihm mit seinem *Räuber*-Drama dem Titel nach bereits zuvorgekommen war? Mehr als eine spekulative Überlegung kann diese Frage freilich nicht enthalten.

Schiller fand also zunächst keinen Verleger für die *Räuber*. Kurz entschlossen brachte er das Stück im Selbstverlag heraus und nahm dafür einen Kredit auf. „Dicht vor dem 28. April 1781" (NA 3, S. 289) lag der Text des Dramas gedruckt vor. Der Titelbogen musste noch gedruckt und das Ganze gebunden werden, so dass man heute von einem endgültigen Druckdatum Juli 1781 ausgeht. Insgesamt sollen 800 Exemplare verkauft worden sein. Noch während des eigentlichen Druckvorgangs wechselte Schiller den Wortlaut seiner Vorrede zum Stück aus. Die ursprüngliche Fassung wird in der Forschung als *Unterdrückte Vorrede* bezeichnet (vgl. FA 2, S. 161–165).[7]

Genins Ausführungen insofern problematisch, als er ein marxistisches Geschichtsmodell ins 18. Jahrhundert projiziert, das den quellenkundlichen Tatsachen kaum entspricht. Karl Moor wird auf diese Weise zu einem klassenkämpferischen ‚Modellathleten', der sich in die Reihe anderer Heroen volkstümlicher Räuberdichtung widerspruchslos eingliedern lässt.

6 Vgl. Buchwald: Schiller, Bd. 1, S. 178.
7 Diese *Unterdrückte Vorrede* ist nicht mit dem ‚unterdrückten Bogen B' zu verwechseln (vgl. FA 2, S. 166–176). Die neue Vorrede machte zugleich eine Auswechselung des Titelbogens erforderlich. Allerdings gibt es auch starke inhaltliche Gründe, die für eine Selbstkorrektur des Autors in letzter Minute sprechen, vgl. dazu Bernhard Kytzler: Der unterdrückte Bogen B in den

In erster Linie mildert Schiller seine kleine Apologie des modernen Dramas. In der *Unterdrückten Vorrede* hatte es geheißen: „Ich kann demnach eine Geschichte Dramatisch abhandeln, ohne darum ein Drama schreiben zu wollen. Das heißt: Ich schreibe einen *dramatischen Roman*, und kein theatralisches Drama" (FA 2, S. 162). Vermutlich hatte er den Eindruck, dass diese Passage und andere ähnlichen Wortlauts zu leicht auf Dalbergs Kritik bezogen und seine Aussichten, das Drama in Mannheim erfolgreich zur Aufführung zu bringen, dadurch geschmälert werden könnten. Die eigentliche Wirkung entfalteten die *Räuber* dann tatsächlich als Bühnenstück. Die Uraufführung fand am 13. Januar 1782 in Mannheim durch das 1779 gegründete und hochkarätig besetzte Mannheimer Nationaltheater statt. Die erste Aufführung in Stuttgart, der Residenzstadt jenes Herzogs, dessen absolutistische Herrschaftswillkür Schiller zur Flucht bewogen hatte, erfolgte erst zwei Jahre später.[8] Die Änderungen des Mannheimer Intendanten von Dalberg nahmen auf zeitgenössische Geschmacksvorstellungen und Erwartungen Rücksicht. Proteste der Schauspieler und des Autors ignorierte er und der Erfolg der Inszenierung gab ihm Recht. Die Aufführung geriet zum Triumph. Ein Augenzeuge berichtet:

> Das Theater glich einem Irrenhause, rollende Augen, geballte Fäuste, stampfende Füße, heisere Aufschreie im Zuschauerraum! Fremde Menschen fielen einander schluchzend in die Arme, Frauen wankten, einer Ohnmacht nahe, zur Türe. Es war eine allgemeine Auflösung wie im Chaos, aus dessen Nebeln eine neue Schöpfung hervorbricht! (FA 2, S. 965f.)

Ob es diese kollektive Hysterie, die Identifikation mit dem dargestellten Gegenstand, den Figuren und den Themen tatsächlich in diesem Ausmaße gegeben hat, mag dahingestellt bleiben. Doch hatte Schiller mit seinen *Räubern* etwas unverschämt Neues und Modernes für das damalige Publikum gewagt. Literaturgeschichtlich gesehen befindet sich der Autor mit den *Räubern* freilich am Ende jener literarischen Entwicklung des Sturm und Drang, insbesondere dessen Dramen, die mit Gerstenbergs *Ugolino* beginnt, mit Goethes *Götz von*

    Räubern, in: Hans-Jörg Knobloch u. Helmut Koopmann (Hg.): Schiller heute. Tübingen 1996, S. 75–82.

8 Vgl. Rudolf Krauß: Die Erstaufführungen Schillers Dramen auf dem Stuttgarter Hoftheater, in: Euphorion 12 (1905), S. 599–627. Der Aufsatz von Krauß gibt auch Auskunft über die Erstaufführungen der anderen schillerschen Dramen auf dem Stuttgarter Hoftheater (tabellarische Übersicht ebd., S. 626f.).

Berlichingen einen einmaligen Höhepunkt erfährt, in Johann Anton Leisewitz (1752–1806), Friedrich Maximilian Klinger (1752–1831), Ramond de Carbonnières (1753–1827), Jakob Michael Reinhold Lenz (1751–1792) und Heinrich Leopold Wagner (1747–1779) ihre bedeutendsten Vertreter hat. In der Forschung ist es umstritten, Schillers Jugenddramen *Die Räuber, Fiesko* und *Kabale und Liebe* zur Literatur des Sturm und Drang zu rechnen, doch sind seine Stücke eindeutig im Stil und im Geist der Sturm-und-Drang-Dramen geschrieben.[9] Schiller orientiert sich auch ausdrücklich an einem der normbildenden Texte der Literatur des Sturm und Drang, an Goethes *Götz von Berlichingen* (1773). In seinem Brief an Dalberg vom 12. Oktober 1781, worin er sich gegen Dalbergs Änderungen am Text zugunsten einer geschmeidigeren Aufführung zur Wehr setzt, hebt er die „Simplicitaet" (NA 23, S. 25) des *Götz von Berlichingen* als beispielhaft hervor, die nun durch Dalbergs Änderungen verloren gegangen sei. Allein diese Briefstelle belegt, wie sehr sich der junge Autor Friedrich Schiller an das Vorbild eines Sturm-und-Drang-Dramas angeschlossen hat. Im Februar 1782 nennt Schiller Goethes *Götz* dann noch einmal. Brieflich bekundet er dem Verleger Christian Friedrich Schwan (1733–1815), der die von Schiller für die Mannheimer Bühne veränderte, jedoch nicht gespielte Fassung der *Räuber* 1782 druckte, gegenüber: „Wegen dem *Göz von Berlichingen* will ich an Göthe selbsten schreiben" (NA 23, S. 31). Schwan hatte ihm ein durchschossenes Exemplar der *Räuber* mit zahlreichen Randbemerkungen geschickt. Da weder dieses Exemplar noch der Gegenbrief von Schwan erhalten sind, lässt sich nur erraten, worauf Schiller hier anspielt. Vermutlich hat aber auch Schwan sehr deutlich die Ähnlichkeit der *Räuber* mit Goethes *Götz* erkannt.

In einer ausführlichen, so bezeichneten *Selbstrezension* Schillers, die im *Wirtembergischen Repertorium der Litteratur* 1782 erschien, geht er auf die Mannheimer Aufführung, auf die Kritik Dalbergs, auf zu erwartende Einwände gegen den Plot des Dramas und auf mögliche moralische Bedenken ein. Der Ton ist teils referierend, teils spöttisch ironisch, wenn er sich selbst der „kolossalischen Fehler" (FA 2, S. 311) bezichtigt, die er in einem Brief an Dalberg gerade noch gerechtfertigt hatte. Eine zweite verbesserte Auflage, die so genannte ‚Löwenausgabe', erschien 1782 und zeigt einen Löwen als Titelvignette mit dem Motto ‚in Tirannos' (= gegen die Tyrannen), einem

---

9   Vgl. dazu ausführlicher Matthias Luserke: Sturm und Drang. Autoren – Texte – Themen. 3. Aufl. Stuttgart 2003.

Zitat Ulrichs von Hutten aus der Zeit von dessen Fehde mit dem württembergischen Herzog im 16. Jahrhundert. Der Text enthält bereits zahlreiche Änderungen und Streichungen, die anzubringen Schiller sich aufgrund zeitgenössischer Kritik veranlasst sah. Allerdings verwahrte sich der Autor in einer öffentlichen Anzeige energisch gegen die Löwenvignette und deren Motto. Er fühle sich „betrogen", „beleidigt", spricht von einer „heillose[n] Edition" und einem „höchst elende[n] Kupfer", nennt es eine „Stümperarbeit", das Ganze gleiche einem „herumstreichenden Dieb" (FA 2, S. 312).

Textinterpretation

Schillers *Räuber* spielt, was den dramatischen Zuschnitt betrifft, mit den Regeln der Dramenkonvention. Die Einheit des Orts wird nicht gewährleistet, schon beim Personenverzeichnis heißt es ganz allgemein, der „Ort der Geschichte ist Teutschland". Die Einheit der Zeit wird mit dem Hinweis auf eine dargestellte Zeit von etwa zwei Jahren ebenfalls unterlaufen. Und die Einheit der Handlung wird durch mehrere bedeutende Handlungsstränge ignoriert. Mit den Regeln von Ständeklausel und Fallhöhe spielt Schiller regelrecht. Nach dem historischen Verständnis der Ständeklausel ist diese stets auch eine soziologische Kategorie, wonach die Tragödie gesellschaftlich hoch gestellte Personen und die Komödie gesellschaftlich niedrig stehende Personen darzustellen habe. Das bürgerliche Trauerspiel und mit ihm Schiller ersetzen den soziologischen Parameter durch einen anthropologischen. Nicht Geburtsadel ist für das tragische Schicksal einer Figur und deren ‚Dramentauglichkeit' entscheidend, sondern Seelenadel, nicht ökonomisches Vermögen, sondern moralisches.

Maximilian Graf von Moor, der Vater der Brüder Karl und Franz von Moor, ist Besitzer von sieben Schlössern. Das lässt auf ein insgesamt nicht unbeträchtliches Vermögen schließen. Ihm – wie später seinem Nachfolger Franz – sind Leibeigene untertan, er besitzt auch das Recht zur niederen Gerichtsbarkeit. Das Stammschloss des Geschlechts steht in Franken (vgl. III/2).[10] Das Drama entfaltet diese soziale Dimension, noch bevor die zentralen Themen wie der Konflikt von sozialer Gerechtigkeit und politischer Unterdrückung, die

---

10 Im Folgenden werden direkte oder indirekte Zitate aus den *Räubern* mit römischer Akt- und arabischer Szenenzahl angegeben, um die Auffindbarkeit der Textstellen in unterschiedlichen Textausgaben zu erleichtern.

Liebesgeschichte zwischen Karl von Moor und Amalia von Edelreich, der Bruderkonflikt, der Vaterkonflikt und der allgemein moralische und anthropologische Diskurs figuriert werden. Das erlaubt die Lesart, dass Schiller dem Verständnis seines Stücks als einem sozialkritischen Drama hohe Bedeutung beimisst. So sehr die *Räuber* in der Tradition der Sturm-und-Drang-Dramen stehen und damit diese nahezu schon standardisierten Themen beschwören, so sehr beharren sie auf der kritischen Intention des Inhalts. Der Anspruch, im Stück eine „Kopie der wirklichen Welt" (FA 2, S. 15) liefern zu wollen, wovon Schiller in der *Vorrede* spricht, bedeutet demnach auch die Darstellung der politischen Missverhältnisse dieser Welt.

Dieser Aspekt der – um es allgemein zu nennen – Machtkritik wird gleich in der ersten Szene ergänzt durch das Thema der Kommunikationslosigkeit. Karl hat seinem Vater geschrieben und um Verzeihung gebeten. Doch der Bruder Franz unterschlägt diesen Brief und trägt dem Vater stattdessen den Brief eines Geschäftsfreundes vor. Darin wird über Schulden berichtet, die Karl gemacht habe, die Tochter eines reichen Bankers habe er entjungfert und damit dessen symbolisches Kapital zerstört und in einem Duell einen Mann getötet. Karl werde steckbrieflich gesucht, heißt es weiter. Mit großem rhetorischen Geschick malt Franz seinem Vater die möglichen weiteren Schandtaten des Bruders aus und begründet sie mit einer charakterlichen Veranlagung, die sich schon in früher Jugend gezeigt habe. Mit suggestiver Kraft will Franz den Vater dazu bringen, sich von seinem Sohn Karl loszusagen. Mit dem Entschluss des Vaters, „ich will ihm schreiben, daß ich meine Hand von ihm wende" (I/1), und Franz' Entgegnung „ihr überlaßt das Schreiben mir" (I/1) hat Franz sein Ziel erreicht. Er ist nun Herr über die väterliche Schrift – ein symbolischer Vorgriff auf die bevorstehende Herrschaft über den väterlichen Besitz und das Vermögen – und beherrscht damit jenes Medium, das ursprünglich der anthropologischen Selbstreflexion dienen sollte. Franz verkehrt die Reflexion in Repression, auch sich selbst gegenüber. Er setzt sich zunehmend selbst unter Druck, indem er Entscheidungen trifft und Handlungen vollzieht, die ihn als Repressionssubjekt inszenieren. In einem umfangreichen Monolog am Ende der ersten Szene versucht Franz sein Handeln zu rechtfertigen. Diese Selbstreflexion stellt gewissermaßen die moralische Grundlage des repressiven Handelns dar, deren Kern wesentlich aus einer anti-ethischen Überlegung besteht. Blutsverwandtschaft, Vaterliebe – die Mutter fehlt in diesem Stück, worin ein wesentliches Merkmal eines bürgerlichen Trauerspiels zu erkennen

ist –, Gewissen, Moralität, all das sind für Franz Parameter seiner
instrumentellen Vernunft. Er verdanke seine Existenz lediglich der
Sexualität des Vaters, „ein viehischer Prozeß zur Stillung viehischer
Begierden" (I/1), familiäre und moralische Bande erkennt er nicht
an. Das Ziel seines Handelns definiert er unzweifelhaft: „Ich will alles
um mich her ausrotten, was mich einschränkt daß ich nicht *Herr*
bin" (I/1). Von dieser Machtphantasie ist sein weiteres Handeln im
Stück bestimmt. Willensfreiheit, Selbstbestimmung und die normative Kraft sozialer und religiöser Vorschriften instrumentalisiert er zu
einer naturrechtlich begründeten Philosophie der Autokratie, der
Selbstherrschaft. „Wozu ich mich machen will, das ist nun meine
Sache. Jeder hat gleiches Recht zum Größten und Kleinsten, Anspruch wird an Anspruch, Trieb an Trieb, und Kraft an Kraft zer-
nichtet. Das Recht wohnet beim Überwältiger, und die Schranken
unserer Kraft sind unsere Gesetze." (I/1) Die Aufkündigung jeglicher
familiären und sozialen Rücksichten und die Vorherrschaft der
Gewalt des Mächtigen sind seine Handlungsnormen, auf die er sich
stützen will. Kein Zweifel, Franz ist von Beginn an ein destruktiver
Charakter, der die Benachteiligung des Zweitgeborenen nicht ver-
arbeiten kann und unter seiner ausgesprochenen Hässlichkeit leidet
(vgl. I/1). Seine Vaterrebellion bezieht sich in der Tat nur auf den
familiären Vater, während die Vaterrebellion des Bruders Karl sich
ausschließlich gegen Vaterinstanzen in Gesellschaft und Kirche
richtet.

Die Bedeutung der Medien, der Schrift und der Kommunikation
stellt Karl von Moor in der zweiten Szene heraus. Er liest in einem
Buch Plutarchs, legt es beiseite und spricht die geflügelten Worte,
„mir ekelt vor diesem Tintenklecksenden Sekulum" (I/2). Dieses
tintenklecksende Jahrhundert ist immerhin das Jahrhundert der
Aufklärung, das sich zur Aufgabe gesetzt hat, den Menschen aus
seiner selbst verschuldeten Unmündigkeit zu führen (Kant), ihn
Schreiben und Lesen zu lehren (zunächst durch eine Alphabetisie-
rungskampagne bürgerlicher Schichten, dann durch die so genannte
Volksaufklärung), ihn von religiösen Vorurteilen zu befreien und die
Aufklärung des Verstandes mit der Besserung des Herzens zu verbinden. Dieser Gedanke der Perfektibilität des Menschen, seiner zunehmenden Vervollkommnungsfähigkeit, gründete sich auf die Vorstellung einer besseren Gesellschaft. Wenn Karl also sein Jahrhundert als tintenklecksend, gar als „das schlappe Kastraten-Jahrhundert" (I/2) bezeichnet, dann verschafft sich darin eine harsche Aufklärungskritik Gehör. Karl Moor wird somit zu einem Vertreter

radikaler Aufklärungskritik. Dem aufgeklärten Zeitalter ist – aus der Sicht des Textes – nicht nur die Potenz für ‚große Menschen', sondern auch die Kraft für große Literatur abhanden gekommen. Diese Kulturkritik Moors dient ihm dazu, sein eigenes kriminelles Handeln als Tat eines großen Menschen zu definieren. Unmittelbar nach der grundsätzlichen Kulturkritik erfolgt Moors Herrschaftskritik. Politische und gesellschaftliche Ordnung lehnt er ab, Gesetzlosigkeit ist für ihn unter den gegebenen gesellschaftlichen Verhältnissen Voraussetzung, um eine Verbesserung von Mensch und Gesellschaft einzuleiten. An diesem Punkt ist Moor durchaus Vertreter eines Gedankens der Aufklärung, wenngleich in ungemein radikalisierter Form. „Das Gesetz hat noch keinen großen Mann gebildet, aber die Freiheit brütet Kolosse und Extremitäten aus. […] Stelle mich vor ein Heer Kerls wie ich, und aus Deutschland soll eine Republik werden" (I/2). Moor verfolgt in dieser Aussage ein klares politisches Ziel, das Modell einer republikanischen Gesellschaft, die sich auf individuelle Freiheit und soziale Gerechtigkeit gründet. In dieser radikalen Form hat das bis dahin (1781) noch keiner in der deutschen Literatur des 18. Jahrhunderts gesagt.

Doch „auch die Freiheit muß ihren Herrn haben" (I/2). Nach dem misslungenen Versuch von Spiegelberg, die Führung der Räuberbande zu übernehmen, wird Moor als Anführer bestätigt. Der vermeintliche Bandenrepublikanismus der Räuber ist in Wirklichkeit aber eine autoritäre Alleinherrschaft von Karl von Moor, dem die Räuber mit Leib und Leben unterworfen sind. Das Konkurrenzverhältnis zwischen Moor und Spiegelberg bleibt bis zu Spiegelbergs Tod nur ein Nebenmotiv ohne weitere dramatische Wirkung. Der gefälschte Antwortbrief von Franz, worin sich der Vater von seinem Sohn Karl lossagt, ist eingetroffen und Karl von Moor beschließt „*Räuber* und *Mörder*" (I/2) zu bleiben, nicht erst zu werden. Denn wie die weiteren Rückblenden im Text zeigen, hat die Bande schon einige Zeit geraubt und gemordet. Insofern ist die Einschätzung des alten Moor, Karl sei durch die Intrigen von Franz erst zum Mörder und Räuber geworden (vgl. IV/3), falsch. Das entspricht eher dem Wunschbild eines Vaters oder ist Zeugnis einer dramaturgischen Inkonsequenz. Razmann erzählt in einer Geschichte, wie Moor absolutistisch regierende Landjunker schröpft, reiche Aristokraten ausnimmt, die korrupt sind und das Recht beugen, den Anteil an der Beute sogar an Waisenkinder verschenkt oder einen Zuschuss zum Studium mittelloser Studenten zahlt. Nach Moors eigener Aussage hat er einen Minister beraubt, einen Finanzrat bestohlen und einem

Geistlichen einen diamantenen Ring entwendet. Anders als in Lessings Ringparabel im *Nathan der Weise* (1779) ist bei Schiller Moors Ring Symbol für Ausbeutung und Unterdrückung. Aus dieser Sicht erscheint Karl Moor als ein Robin Hood des Heiligen Römischen Reichs Deutscher Nation. Doch Karls Charakter bleibt ausgesprochen ambivalent und Schiller hütet sich vor einer holzschnittartig vereinfachten Figur. Ihm geht es ja gerade um die psychische Komplexität eines solchen Menschen, wie er in der *Vorrede* dargelegt hat. Den Einsatz von Gewalt rechtfertigt Karl von Moor mit dem Hinweis auf die Wiederherstellung der Gerechtigkeit. So bringt er beispielsweise einen Rechtsanwalt um, der einen Prozess gewonnen hatte. Der Text lässt offen, ob sich der Anwalt unlauterer Mittel bedient hatte oder ob dies Moor nur phantasiert, um den Mord zu rechtfertigen (vgl. II/3).

Vollends wird die charakterliche Ambivalenz Karl Moors in der Roller-Episode deutlich. Das Bandenmitglied Roller ist gefangen genommen worden und soll nun hingerichtet werden. Moor und seine Leute legen die Stadt in Schutt und Asche. Unter der so genannten Zivilbevölkerung gibt es erhebliche Verluste. Moors Parole „Freiheit! Freiheit!" (II/3) erweist sich als Phrase, die auch der Räuber Schweizer übernommen hat („fechten wir nicht für Hals und Freiheit?" II/3), sie meint die eigene Freiheit und nicht die Freiheit der anderen. 83 Tote sind unter der städtischen Bevölkerung zu beklagen, wie Räuber Schufterle sagt „der Bodensatz der Stadt" (II/3), als da sind Kranke und Greise, Kinder und Wöchnerinnen, Hochschwangere und junge Frauen und – eine (selbst)ironische Anspielung Schillers – „arme Poeten" (II/3). Die Reaktion Moors auf diese Mitteilung ist erstaunlich, hat er doch selbst den Befehl zur Einäscherung der Stadt gegeben. „Wie beugt mich diese Tat! Sie hat meine schönsten Werke vergiftet" (II/3), von einer persönlichen Schande spricht er sogar. In der Unterscheidung von ‚guter Gewalt' und ‚schlechter Gewalt', in Notwehr und Vorsatz entfaltet sich demnach das ganze Dilemma des Räubers Moor. Rache und Bestrafung sind die Leitmotive für Moors Handeln. Dabei ist er sich der Unmoralität seines Handelns bewusst und versucht dies auch nicht – anders als sein Bruder Franz – zu kaschieren. „Was ich getan habe werd ich ohne Zweifel einmal im Schuldbuch des Himmels lesen, aber mit seinen erbärmlichern Verwesern will ich kein Wort mehr verlieren. Sag ihnen, mein Handwerk ist Wiedervergeltung – Rache ist mein Gewerbe" (II/3). Und anders als Franz argumentiert Karl Moor auch keineswegs atheistisch und materialistisch.

In I/3 bekennt Amalia in einem Gespräch mit Franz ihre Liebe zu Karl. Franz reagiert mit der Evokation empfindsamer Topik. Er suggeriert die Ähnlichkeit mit Karl, beschwört den Gleichklang ihrer Seelen, die Harmonie zwischen ihnen. Blume, Musik und Klavier werden als empfindsame Requisiten zitiert. Dies alles dient ihm aber zur rhetorischen Strategie, um Amalias Widerstand gegen ihn zu brechen. Die beschworene Gleichheit mit seinem Bruder Karl soll Amalia in die Stimmung versetzen, ihn an seiner Statt als Geliebten anzuerkennen. Diese Textstelle zeigt, dass seine Vorstellung von Liebe und seine Art der Kommunikation instrumentalisiert sind, indem sie seinem Ziel der Herrschaft untergeordnet werden. Am Ende dieser Szene spielt Amalia eine der wichtigsten Erkenntnisse psychohistorischer Reflexion Bürgerlicher im 18. Jahrhundert gegen die adlige Herkunft von Franz und gegen ihre eigene Herkunft aus. Sie misst dem individuellen Seelenadel einen höheren Primat als dem ständischen Geburtsadel zu, moralische Tugendhaftigkeit bedeutet für sie mehr als Macht und Geld. In dieser Hinsicht steht sie in der Folge einer lessingschen Emilia Galotti, die sich lieber durch ihren Vater töten lässt als sich durch den Prinzen verführen zu lassen. Es ist also nicht nur die Ähnlichkeit der Namen Emilia und Amalia, welche die Dauerhaftigkeit dieses bürgerlichen Modells weiblicher Identität beschwört. Amalia wünscht sich nicht die Feinde Brandenburgs in den Staub, wie dies bei Heinrich von Kleist (1777–1811) im Schlussvers seines Stücks *Prinz Friedrich von Homburg* 1811 (gedruckt 1821) zu lesen sein wird, „in Staub mit allen Feinden Brandenburgs!"[11] Vielmehr reißt sich Schillers Amalia ihre Perlen vom Hals und ruft dazu, „in den Staub mit dir, du prangendes Geschmeide! […] Seid verdammt, Gold und Silber und Juwelen zu tragen, ihr Großen und Reichen! Seid verdammt, an üppigen Mahlen zu zechen! Verdammt euren Gliedern wohl zu tun auf weichen Polstern der Wollust! Karl! Karl! so bin ich dein wert –" (I/3). Diese Passage macht deutlich, wie sich der individuelle Anspruch auf tugendhaftes Verhalten plötzlich mit einem entschieden herrschaftskritischen Impetus zusammenschließen kann. Amalia vertritt also, ohne dies konzeptuell zu reflektieren, einen prononcierten Anspruch bürgerlicher Selbstreflexion, der individuelle Glückseligkeit und allgemeine Wohlfahrt im Programm einer aufgeklärten Kultur zu verbinden sucht. Amalia bezieht, wenn man die *Räuber* insgesamt im

---

11 Heinrich von Kleist: Sämtliche Werke und Briefe. Hgg. v. Helmut Sembdner. München 1985, Bd. 1, S. 709.

Hinblick auf die Ereignisse im revolutionären Frankreich 1789 liest, einen prärevolutionären Standpunkt, der freilich folgenlos bleibt, da ihr als Frau im 18. Jahrhundert keine Möglichkeiten gegeben sind, politische Veränderungen zu initiieren. Dieses Thema wird Schiller dann auf eine andere Weise wieder in der Begegnung der beiden Königinnen in der *Maria Stuart* aufgreifen.

Der zweite Akt zeigt Franz wiederum in ein langes Selbstgespräch vertieft, eine Art negativer Moralphilosophie, die Schiller in seiner *Selbstrezension* eine „herzverderbliche Philosophie" und „abscheuliche Philosophie" (FA 2, S. 301) nennt. Der Vater liegt im Sterben, aber Franz dauert es zu lange, bis er endlich wird die Herrschaft übernehmen können. Er spricht vom „Schneckengang der *Materie*" (II/1)[12] und der Text zitiert damit kontrafaktorisch und nicht wissend ein Lenz-Wort aus einem Brief an Goethe vom Februar 1775, worin Lenz die „steife leise Schneckenmoralphilosophie die ihren großmütterlichen Gang fortkriecht"[13] geißelt und damit meint, dass die Moralphilosophie nicht auf der Höhe ihrer Zeit sei. Franz ist der Ansicht „Leidenschaften *mißhandeln* die Lebenskraft" (II/1) und parodiert damit Schillers Lehrer Abel, der in seiner *Einleitung in die Seelenlehre*, die 1786 gedruckt erschien, geschrieben hatte, „Hofnung befördert die Leidenschaft".[14] Denn Franz will ja gerade unter allen Umständen verhindern, dass der sterbende Vater noch einmal Hoffnung schöpft auf die Rückkehr seines verlorenen Sohns Karl.[15] Stattdessen

---

12 Möglicherweise war das Wort ‚Schneckengang' in der Karlsschule aber auch eine Art geflügeltes Wort, zumindest taucht es in Abels *Genie-Rede* auf; dort spricht er von der seelischen Kälte des Genielosen, die „still ihren Schnekengang fortschleicht" (Abel: Eine Quellenedition zum Philosophieunterricht an der Stuttgarter Karlsschule, S. 203).

13 Jakob Michael Reinhold Lenz: Werke und Briefe in drei Bänden. Hgg. v. Sigrid Damm. München, Wien 1987, Bd. 3, S. 306.

14 Jacob Friedrich Abel: Einleitung in die Seelenlehre. Nachdruck der Ausgabe 1786. Hildesheim, Zürich, New York 1985, S. 277 (= § 846).

15 Helmut Koopmann hat in einer motivgeschichtlich-textimmanenten Arbeit versucht, aus den *Räubern* ein „Drama von Joseph und seinem Vater" zu machen und vehement gegen die Annahme votiert, die biblische Parabel vom verlorenen Sohn spiele eine textkonstituierende Rolle (vgl. Helmut Koopmann: Joseph und sein Vater. Zu den biblischen Anspielungen in Schillers *Räubern*, in: Gerald Gillespie [Hg.]: Herkommen und Erneuerung. Essays für Oskar Seidlin. Tübingen 1976, S. 150–167, hier S. 167). Allerdings wird bei dieser Art der Argumentation übersehen, dass das allgemeine theologische Wissen des 18. Jahrhunderts ein völlig anderes war, als es das heutige ist, und insofern ein literarischer Subdiskurs mit der theologischen Tradition geführt werden kann, ohne dies eigens zu extrapolieren. Dann ist es auch nicht mehr erforderlich, das grundsätzlich Mythologische und Menschliche, worin Koop-

will er ihn durch Aufregungen und schlechte Nachrichten in einen
solch labilen Zustand versetzen, dass der plötzliche Tod unvermeidlich ist. Nun denkt er über die Einzelheiten seines „Werk[s] ohne
gleichen" (II/1) nach – übrigens hatte Schiller in der *Unterdrückten
Vorrede* den Teufel den „Mann ohne seines Gleichen" (FA 2, S. 163)
genannt – und bedient sich dabei auch der klassischen Affektenlehre. Zorn, Sorge, Gram, Furcht, Schrecken, Jammer, Reue, Selbst-
beschuldigung und Verzweiflung dekliniert Franz und prüft, ob diese
Affekte für das finale Ziel, des eigenen Vaters Tod, tauglich seien.
Franz entscheidet sich für die Verzweiflung. In seiner Dissertation
*Versuch über den Zusammenhang der thierischen Natur des Menschen mit
seiner geistigen* bemerkt Schiller im § 15 über diesen Affekt: „Furcht,
Unruh, Gewissensangst, Verzweiflung wirken nicht viel weniger als
die hizigsten Fieber" (NA 20, S. 60). Im Kapitel über die *Physiognomik
der Empfindungen* (§ 22 der Dissertation) listet Schiller diese Affekte
auf und versieht sie mit entsprechenden physiognomischen Bildern.
Jeder Affekt habe seine spezifische Äußerung und gewissermaßen
seinen eigenen Dialekt, an dem man ihn erkenne. Dieses Bild der
Affekte als Sprachgemeinschaft impliziert eine allen Dialekten gemeinsam zugrunde liegende Grammatik. Das ist die Grammatik der
Leidenschaften, derer sich handelnde, also sprechende Wesen bedie-
nen. Unabhängig davon, ob sie reale historische Leibwesen sind oder
nur literarische Imaginationen. Wenn Literatur für Schiller das
Medium anthropologischer Selbstreflexion darstellt, dann bedeutet
dies damit auch die kritische Reflexion gängiger Affektmodelle und
Leidenschaftsdiskurse.[16] Wolfgang Riedel hat in seiner wichtigen
Arbeit zur *Anthropologie des jungen Schiller* herausgearbeitet, wie fest
Schiller in der psychopathologischen Diskussion der Medizin seiner
Zeit verwurzelt ist. Die philosophierenden Ärzte der Karlsschule
hatten die Schüler im Unterricht mit den neuesten Theorien vertraut
gemacht.[17] Vor allem Johann Georg Zimmermanns Buch *Von der*

---

mann die Bedeutung der Jakob-und-Joseph-Geschichte sehen will, zu bemühen.

16 Vgl. dazu grundsätzlich Matthias Luserke: Die Bändigung der wilden Seele.
Literatur und Leidenschaft in der Aufklärung. Stuttgart, Weimar 1995.

17 Vgl. Wolfgang Riedel: Die Anthropologie des jungen Schiller. Zur Ideengeschichte der medizinischen Schriften und der *Philosophischen Briefe*. Würzburg
1985, S. 33ff. Insofern ist auch Steinhagen zu widersprechen, der die Gestaltung des Franz Moor unhistorisch auf die kantische Philosophie bezieht
und in Franz „die radikale Trennung von Vernunft und Moral durch Destruktion der Moral und der sie begründenden religiösen und metaphysischen
Instanzen mit den Mitteln der Vernunft" dargestellt sieht (Harald Steinhagen:

Erfahrung in der Arzneykunst (2 Bde., 1763/64) und Albrecht von Hallers *Grundriß der Physiologie für Vorlesungen* (4. Aufl. 1781) galten den Lehrern und Schülern als Standardwerke.[18]

Der alte Moor wird auf den infamen Tötungsversuch seines Sohnes entschieden reagieren. Verzweifeln wolle er, aber nicht sterben (vgl. II/2). Nebenbei zeigt diese Entschiedenheit des Vaters, dass letztlich der menschliche Wille mächtiger ist als ein nicht kontrollierter Affekt. Auch dies ist eine zutiefst ernst gemeinte Reverenz, die der junge Schiller der Anthropologie der Aufklärung erweist.

Ergänzend zur Diskursebene der Herrschaftskritik inszeniert Schiller im dritten Akt Amalia als weibliches Modell empfindsamer Tugendhaftigkeit. Ihre Empfindsamkeit wird durch die entsprechenden Requisiten und Regieanweisungen unterstrichen. Sie hält sich im Garten auf, spielt Laute, singt ein Lied, in dem empfindsame Signalwörter fallen wie ‚Engel', ‚mild', ‚Blick', ‚Sonne', ‚Herz', ‚Küsse', ‚Harfentöne', ‚Harmonie', ‚Seele', ‚Seufzer'.[19] Zugleich enthält dieses Lied, das Amalia singt, auch einige typische Wörter einer Sturm-und-Drang-Rede wie beispielsweise ‚Blick', ‚wütend', ‚Flamme', ‚stürzen', ‚fliegen' und ‚rasen'. Diese empfindsame Topik – und hierin ist Schiller ganz Kind seiner Zeit – schlägt sich auch in der geschlechterspezifischen Zuweisung von Rollen- und Handlungsmustern nieder.[20] Der Leser wird zu Beginn des dritten Aktes in dem Dialog zwischen Franz und Amalia darüber unterrichtet, dass Franz inzwischen die Nachfolge seines Vaters als Hausherr angetreten und damit ein wichtiges Ziel seiner Machtphantasie verwirklicht hat. Am Ende der ersten Szene erfährt Amalia und mit ihr der Leser, dass ihr Geliebter Karl und ihr Onkel Graf von Moor noch leben. Zunächst aber will Franz Amalia, die sich Karl Moor versprochen hatte, gewaltsam zur Liebe zwingen. Franz befiehlt Gehorsam, er will, dass sich ihm Amalia sexuell zur Verfügung stellt und ihn heiratet. Den Widerstand der Frau, den er in völliger Verkennung seiner eigenen

Der junge Schiller zwischen Marquis de Sade und Kant. Aufklärung und Idealismus, in: DVjs 56 [1982], S. 135–157, hier S. 141).

18 Zur weiteren Quellenliteratur zum Leidenschaftsdiskurs im 18. Jahrhundert vgl. Luserke: Die Bändigung der wilden Seele, S. 399ff.

19 Vgl. dazu die ausführliche Textsammlung mit einem umfassenden Begriffsregister von Gerhard Sauder: Empfindsamkeit Bd. III: Quellen und Dokumente. Stuttgart 1980.

20 Dieser Aspekt der empfindsamen Kodierung kommt bei Karen Beyer zu kurz, vgl. Karen Beyer: „Schön wie ein Gott und männlich wie ein Held". Zur Rolle des weiblichen Geschlechtscharakters für die Konstituierung des männlichen Aufklärungshelden in den frühen Dramen Schillers. Stuttgart 1993, S. 81ff.

Möglichkeiten geschlechtstypisch als weiblichen Stolz interpretiert und der sein Begehren steigert, vermag er indes nicht zu brechen. „Mich ergötzt der Grimm eines Weibes, macht dich nur schöner, begehrenswerter. Komm – dieses Sträuben wird meinen Triumph zieren und mir die Wollust in erzwungen Umarmungen würzen – Komm mit in meine Kammer – ich glühe vor Sehnsucht – itzt gleich sollst du mit mir gehn" (III/1). Auch Amalia bedient sich eines zeitgenössischen Geschlechterstereotyps. Ein Weib zwar sei sie, aber „ein rasendes Weib" (III/1), wie ein funkensprühendes Ross und eine Tigerin fühlt sie sich, als sie Franz in die Flucht geschlagen hat. Und was ‚rasende Weiber' bedeuten, darüber könnte sich Franz durch die zeitgenössische Dramenliteratur belehren lassen, ist doch der Topos des rasenden Weibs in der Literatur des Sturm und Drang der 1770er Jahre nahezu unentbehrlich.[21] Eine einmalige Darstellung findet dieser Frauentypus in der Gestalt der Donna Diana in Lenz' *Der neue Menoza* (1774), die fordert: „Laß uns Hosen anziehn und die Männer bei ihren Haaren im Blute herumschleppen. [...] Ein Weib muß nicht sanftmütig sein, oder sie ist eine Hure [...]" (II/3).[22]

In III/2 reflektiert Karl Moor über die Bestimmung des Menschen; die Suche nach Glückseligkeit erscheint ihm wie das „bunte Lotto des Lebens" (II/2), das letztlich ein Nullsummenspiel sei. Schiller setzt damit bereits die Suche nach individuellem Glück als eine anthropologische Bestimmung fest. Genau diesen Gedanken scheint er zu meinen, wenn er seinen Weggang aus Mannheim 1785 in einem Brief an Körner mit den Worten begründet, „für mich spreche [...] Karl Moor an der Donau" (NA 23, S. 175). Auch für den jungen Friedrich Hölderlin (1770–1843) war diese Szene im Übrigen „so gross und tief und ewigwahr" (NA 38/I, S. 155), wie er noch im September 1799 Schiller schrieb. „Warum soll dem Menschen das gelingen was er von der Ameise hat, wenn ihm das fehlschlägt, was ihn den Göttern gleich macht?" (III/2) Diese entscheidende Frage Karl Moors wird als ein wichtiger Beleg für Schillers Anthropologie angesehen, wonach der Mensch gleichermaßen Tierwesen wie Vernunftwesen ist. In der Dissertation heißt es im § 5 *Thierische Empfindungen* über den Menschen, er sei „das unseelige Mittelding von Vieh und Engel" (NA 20, S. 47). Damit ruft Schiller ein gängiges zeitgenössisches Bild auf. Auch in seinem Gedicht *An einen Mora-*

---

21 Auch Lady Milford in *Kabale und Liebe* wird sich selbst als Rasende bezeichnen (vgl. IV/7).
22 Vgl. dazu ausführlich Luserke: Sturm und Drang, S. 284f.

listen, das Schiller in der *Anthologie auf das Jahr 1782* veröffentlichte, greift er auf diesen Topos zurück:

> Wohl! wenn ins Eis des klügelnden Verstandes,
> Das warme Blut ein bißchen muntrer springt!
> Laß den Bewohnern eines *bessern Landes*
> Was ewig nie dem *Erdensohn* gelingt.
>
> Zwingt doch der tierische Gefährte
> Den gottgebornen Geist in Sklavenmauren ein –
> Er wehrt mir, daß ich *Engel* werde;
> Ich will ihm folgen *Mensch* zu sein. (FA 1, S. 398)

Schiller bezieht sich damit auf einen ideengeschichtlichen Kontext, der sich besonders eindrücklich am Beispiel des großen Philosophen der Aufklärung Moses Mendelssohn (1728–1786) skizzieren lässt. Mendelssohn hat neben hebräischen Gelegenheitsgedichten und etlichen Nachdichtungen nur wenige eigene Gedichte verfasst, von denen sieben überliefert sind, die allesamt in Mendelssohns produktive Frühphase fallen.[23] Einem Brief an Lessing vom 29. April 1757 fügte er ein von ihm im Winter 1756 geschriebenes und als Nebensache bezeichnetes Gedicht bei. Es widerruft gleichsam die im so genannten *Trauerspielbriefwechsel* mit Lessing und Nicolai ausgetragenen Positionen der Vernunft. Eher kokett als glaubwürdig versichert er, es solle der halbe Bogen des Briefs nicht unbeschrieben bleiben, und deshalb sei das Gedicht hierher gesetzt. Mendelssohn spricht im Gedicht etwas aus, was in der vernünftigen, aufgeklärten Argumentation ihm auszudrücken noch nicht möglich war. Das Gedicht hat folgenden Wortlaut:

> Itzt liegt der träge Schwarm von steten Qualen matt,
> Nachlässig hingestreckt, auf weicher Lagerstatt.
> Das Thierische ist todt, Empfindung, Sinn, Bestreben
> Hört plötzlich auf, und nur die Pflanze hat noch Leben.
> Der rege Trieb entschläft, der sie durchs Leben jagt.
> Als Pflanze ruht der Mensch, als Mensch ist er geplagt.
> Wer niemals denkt, wer sich [nur so] wie Thiere weidet,
> Verfehlt des Schöpfers Zweck, wer immer denkt, der leidet.
> Die steinerne Vernunft wetzt jenen Stachel ab,
> Der uns zum Fühlen reizt, und wird der Freuden Grab.

---

23 Vgl. Moses Mendelssohn: Gesammelte Schriften. Jubiläumsausgabe. Bd. 6/2: Kleinere Schriften II. Bearbeitet v. Eva J. Engel. Mit einem Beitrag v. Alexander Altmann. Stuttgart-Bad Cannstatt 1981.

Versuchts, o Sterbliche! bekämpft der Thorheit Götzen,
Die Sucht nach eitlem Ruhm, den Durst nach feilen Schätzen.
Besiegt den weichen Trieb, der euren Geist entnervt,
Die Seel' in Schlummer wiegt, den Reiz der Sinne schärft.
Verjagt die Phantasie und ihre Zauberschatten,
Die auch der Wahrheit Glanz mit Rauch umnebelt hatten,
Und sucht in Weisheit Ruh. Doch sagt, erlangt ihr sie?
O zieht die Menschheit aus, seyd Engel oder Vieh,
Wenn ihr die Ruhe liebt. Kein Mittelding von beyden
Frißt unbekümmert Gras, verträgt des Engels Freuden etc.[24]

Das Setting, in dem das Gedicht entsteht, weist bereits auf die erfahrungsseelenkundliche Selbstbeobachtung in der zweiten Hälfte des 18. Jahrhunderts voraus.[25] Der Entdeckung des eigenen Körpers im 18. Jahrhundert als Beobachtungsgegenstand korrespondiert die Thematisierung der Dialektik von Vernunft und Leidenschaft. Was behutsam in der jungen Disziplin der Ästhetik von Baumgarten vorbereitet wurde, der sinnlichen Wahrnehmung ein eigenes Ausdrucksmedium mit erkenntnistheoretischer Bedeutung zu sichern, reklamiert dieses Medium, die Literatur, ohnehin unablässig für sich. Mendelssohns Gedicht ist in diese historisch-schreibstrategische Situation eingebunden. Es skizziert den Zustand des Halbschlafs, Vernunft (das Denken) und Leidenschaft (das Tierische) sind ausgeschaltet, nur noch vegetativ existiert der Körper. Denken wird zwar im theologischen Sinn als Aufgabe des Menschen formuliert, zugleich aber auch als Zwang, als regelrechte Last dargestellt. Die „steinerne Vernunft" als „der Freuden Grab" zu bezeichnen, unterstreicht die Leblosigkeit vernünftigen Tuns, gleich ob Denken oder Handeln. Die Todesmetaphorik betont, dass nur Leidenschaft Leben verspricht, und artikuliert zugleich die Defizienz des selbstbeobachteten Körpers. Kämpferisch, beinahe trotzig fordert Mendelssohn den gesamtgesellschaftlichen Selbstversuch („versuchts, o Sterbliche!"), dem Primat der Vernunft die Leidenschaften zu opfern. Unter dieses Opfer fiele der Trieb, der „den Reiz der Sinne schärft", ebenso wie jenes Medium und genuine Produkt von Leidenschaften, die Literatur („Phantasie"). Der Zustand des Halbschlafs, verwandt mit demjenigen des Tagtraums, erlaubt den gleitenden Übergang von durch das Über-Ich zensierter Bewusstheit zur Artikulation des Unbewuss-

---

24 Mendelssohn: Gesammelte Schriften Bd. 6/2, S. 249. Das Gedicht trägt hier den Titel *Lehrgedicht über die Natur des Menschen (Fragment)*.
25 Vgl. Werner Obermeit: Psychologie um 1800. Diss. masch. Berlin 1978.

ten als dem eigentlichen Ort des Begehrens. Der Tagtraum wie die
Phantasie ermöglichen dem Autor, sich dem Druck der Erfordernisse
des Über-Ichs als Repräsentanz von individueller, familialer und
gesellschaftlicher Repression zu entziehen und Rollen durchzuspielen, die allein dem Lustprinzip gehorchen und unter den Anforderungen des Realitätsprinzips ihm versagt blieben. Im Sinn einer
ichorientierten Psychoanalyse übernehmen der Tagtraum wie der
nächtliche Traum eine Wunscherfüllungsfunktion. Der poetische
Diskurs eröffnet Mendelssohn die Möglichkeit, dem Zwang der
Vernunft und dem Zwang zur Vernünftigkeit auszuweichen und
gegen die Macht der Vernunft aufzubegehren. Am Rande sei angemerkt, dass Mendelssohn ein Jahr später in einem Brief an Nicolai
diesen Widerruf der Vernunft selbst wiederum epistolar-vernünftig
widerruft. Er wählt dazu aber eine eindeutigere, psalmodische Metapher: „Wie der Hirsch schreiet nach frischen Wasser, so schreiet
meine Seele nach vernünftigen Umgang".[26] Das Denken als Auszeichnung des Menschen vor dem Tier innerhalb einer Schöpfungshierarchie ist in Mendelssohns Gedicht nur noch Last und „Plage". In
diesem Gedicht kollidieren regelrecht ein repressiver und ein emanzipativer Wortschatz miteinander, geschickt werden dabei von Mendelssohn die stilistischen Möglichkeiten von Antithese, Parallelismus,
Chiasmus und Anapher in gleichmäßig rhythmisierenden sechshebigen Jamben genutzt, um diese Spannung umzusetzen. Die
Todes- und generell Repressionsmetaphorik setzt sich aus Begriffen
zusammen, die ausnahmslos einen Zustand der Defizienz bezeichnen: ‚Qualen', ‚tot', ‚plötzlich aufhören', ‚entschlafen', ‚geplagt werden' (passivische Verwendung), ‚leiden', ‚steinern', ‚abwetzen',
‚Grab', ‚bekämpfen', ‚Sucht', ‚Durst', ‚entnerven', ‚verjagen', ‚umnebeln'. Dagegen opponieren die Begriffe, die einer weit gestreuten
Semantik der Leidenschaft entstammen und sexualmetaphorisch
denotiert sind: ‚das Tierische', ‚Empfindung', ‚Sinn' (im Sinne von
Sinnlichkeit), ‚Bestreben' (im Sinn von Begehren), ‚reger Trieb',
‚jagen', ‚Stachel', ‚Fühlen', ‚reizen', ‚Freude', ‚weicher Trieb', ‚Reiz',
‚Sinne', ‚schärfen', ‚ausziehen'. Der Appell Mendelssohns, die
Menschheit auszuziehen, kann durchaus wörtlich verstanden werden. Gerade die Nacktheit zeigt, dass Zivilisierung auch ein Vorgang
psychischer Disziplinierung ist und die so genannten Errungen-

---

26 Mendelssohn: Gesammelte Schriften. Jubiläumsausgabe. Bd. 11: Briefwechsel
   I. Bearb. v. Bruno Strauss. Mit Nachträgen v. Alexander Altmann. Stuttgart-
   Bad Cannstatt 1974, S. 543.

schaften des Zivilisationsprozesses Aufklärung möglicherweise nicht
mehr als äußerliche Attribute sind. Dem Menschen, der zwischen
triebhaftem Begehren und abgeforderter Sublimierung changieren
muss, ist keine „Ruhe" vergönnt. Vernunft wirkt als Sedativum auf
die Leidenschaften. Nicht die anthropologische Invariante Leidenschaft erschafft dabei die Unruhe, sondern vielmehr der Zwang, diese
disziplinieren, sie als das Andere der Vernunft begreifen zu müssen.
Mendelssohn kündigt in diesem Gedicht das empfindsame Gleichgewicht von Herz und Verstand, von Geist und Körper, von Trieb
und Vernunft auf. Er klagt den Zwang zur Selbstdisziplinierung an
und nicht die Leidenschaft. Die völlige Verweigerung von Vernünftigkeit kann nur in die restlose Entsexualisierung des Menschen in
Gestalt des Engels als einem geschlechtslosen Wesen oder in die
uneingeschränkte Geschlechtlichkeit in der Betonung der Animalität
als Vieh münden. Damit greift auch Mendelssohn – wie Schiller –
Hallers rigide Antithese ‚Engel oder Vieh' als Zitat auf. Auch der
Philosoph Georg Friedrich Meier hat in seiner *Theoretischen Lehre von
den Gemütsbewegungen überhaupt* (1744) diese Stelle aus Hallers Gedicht zitiert. Dort heißt es im § 37, dass die Leidenschaften „sinnliche
Begierden" seien und somit zum tierischen Teil der Seele gehörten;
„und wenn ich mit Herr Hallern den Menschen ein Unseelig Mittelding von Engeln und von Vieh nennen darf; so werden die Leidenschaften wohl nicht zu den erhabensten Zügen des menschlichen
Characters gehören".[27] Der ursprüngliche Wortlaut in Hallers Gedicht *Gedanken über Vernunft, Aberglauben und Unglauben* von 1729
lautet so:

> Unselig Mittel-Ding von Engeln und von Vieh!
> Du prahlst mit der Vernunft und du gebrauchst sie nie;
> Was helfen dir zuletzt der Weisheit hohe Lehren,
> Zu schwach, sie zu verstehn, zu stolz, sie zu entbehren?
> Dein schwindelnder Verstand zum Irren abgericht',
> Sieht wohl die Wahrheit ein und wählt sie dennoch nicht;
> Du bleibest stets ein Kind, das täglich unrecht wählet,
> Den Fehler bald erkennt und gleich drauf wieder fehlet;
> Du urteilst überall und forschest nie, warum,
> Der Irrtum ist dein Rat und du sein Eigentum.[28]

---

27 Georg Friedrich Meier: Theoretische Lehre von den Gemütsbewegungen
   überhaupt. [1744]. Reprint Frankfurt a.M. 1971, S. 42.
28 Albrecht von Haller: Die Alpen und andere Gedichte. Auswahl u. Nachwort v.
   Adalbert Elschenbroich. Stuttgart 1984, S. 24, V. 17f.

Haller selbst weist in einer eigenen Fußnote später darauf hin, dass auch Pope in seinem *Essay on Man* die Vorstellung einer Stufenleiter der Lebewesen entwickelt habe. Allerdings erschien Popes für das 18. Jahrhundert außerordentlich einflussreiche Schrift im Original erst 1733, deutsche Übersetzungen folgten 1740, 1756, 1772 und 1776.[29] Als am 25. März 1789 Charlotte von Lengefeld an Schiller schreibt, „ich möchte daß es eine gute Uebersezung von Popens Versuch über den Menschen gäbe, es ist erstaunend viel Schönes darin, und so gut gesagt, ich denke es würde Ihnen gefallen, ich las lezt wieder einige stellen die ich möchte gut übersezen können um sie Ihnen mit zu theilen" (NA 33/I, S. 324), antwortet ihr Schiller darauf anderntags: „Von Popens Versuch existiren einige Uebersetzungen, wovon die eine glaube ich von Schloßers Hand ist. Schloßer hat auch einen Antipope gemacht, worinn er den Versuch vom Menschen poetisch widerlegt. Die andre Uebersetzung ist kalt und flach" (NA 25, S. 233). Es ist außerordentlich bemerkenswert, dass sich Schiller 1789 an ein Buch von Johann Georg Schlosser erinnert, das bereits 1776 erschienen war.[30] Das mag noch einmal unterstreichen, welche Bedeutung Popes Text zugesprochen wurde.

In seiner Schrift *Über die Empfindungen* (1755), deren Bedeutung für die Empfindsamkeit in Deutschland hinlänglich erforscht ist,[31] lässt Mendelssohn in Euphranor davor warnen, dass „die Lust verschwindet, wenn wir unsre Empfindung allzusorgfältig aufzuklären suchen".[32] Euphranor vertritt eine radikal sensualistische Position, die zunächst jeglichen Ausgleich zwischen Leidenschaft und Vernunft strikt ablehnt. „Wir fühlen nicht mehr, so bald wir denken. Der Affekt verschwindet, sobald die Begriffe aufgekläret werden. [...] Die Vernunft allein kann kein Wesen beglücken, das nicht lauter Vernunft ist. Wir sollen fühlen, genießen, und glücklich seyn".[33] Theokles, der dialogische Widerpart, warnt davor, „die Vernunft für

---

29 Zur Rezeptionsgeschichte vgl. Heinrich Schweinsteiger: Das Echo von Pope's Essay on Man im Ausland. Leipzig 1913. – Vgl. auch Alt: Schiller, Bd. 1, S. 108ff.
30 Vgl. [Johann Georg Schlosser:] Anti-Pope oder Versuch über den Natürlichen Menschen. Nebst einer neuen prosaischen Uebersetzung von Pope's Versuch über den Menschen. Leipzig 1776. – Vgl. dazu Matthias Luserke: Lenz-Studien. Literaturgeschichte, Werke, Themen. St. Ingbert 2001, S. 261–269.
31 Vgl. Gerhard Sauder: Empfindsamkeit Bd. I. Stuttgart 1974, S. 170ff. u. 187ff.
32 Moses Mendelssohn: Ästhetische Schriften in Auswahl. Hgg. v. Otto F. Best. 2. unveränderte Aufl. Darmstadt 1986, S. 33.
33 Mendelssohn: Ästhetische Schriften, S. 35.

die Stöhrerinn unseres Vergnügens"[34] zu halten. Im 10. Brief muss er allerdings eingestehen, dass die „sinnlichen Lüste" oft „mehr Gewalt über die Seele [haben], als die verständlichen Vergnügungen".[35] Man müsse „den schwarzen Dunst, der aus dem Schlamme der Leidenschaft aufsteigt",[36] zerstreuen um vernünftig Verhältnisse und Gegenstände analysieren zu können. Auf dem Theater sei die Darstellung der „schwärzeste[n] Leidenschaft"[37] statthaft, da das Theater seine eigene Sittlichkeit habe, die sich von derjenigen des sozialen Lebens unterscheide. Es ist sogar alles sittlich, führt Theokles aus, was in heftigen Leidenschaften gründet. „Der Zweck des Trauerspiels ist, Leidenschaft zu erregen, und das schwärzeste Laster, das zu diesem Endzwecke leitet, ist auf der Schaubühne willkommen".[38] Diese Bemerkungen lesen sich wie ein Vorgriff auf Schillers *Vorrede* zu den *Räubern* und können deutlich machen, dass der Jungdramatiker durchaus fest verwurzelt in einem großen, gleichermaßen ästhetisch-literarischen und medizinisch-anthropologischen Diskussionszusammenhang der Aufklärung steht.[39]

Innerhalb der psychischen Entwicklung Karl Moors markiert die Szene III/1 eine Wandlung. Karl erscheint nun melancholisch, sentimental, nachdenklich, er idealisiert das Heldentum ebenso wie seine Kindheit. Die regressive Kraft verleiht ihm einen solchen Schub, dass ihn seine Bandenmitglieder nicht mehr zu erkennen meinen. Karl kontrastiert sich in der Selbsterniedrigung als hässlich, während die Welt schön sei, er habe seine kindliche Unschuld verloren und phantasiert eine Weltfamilie, aus der er ausgestoßen sei (vgl. III/2). Dieses familiäre Phantasma spiegelt den Verlust der eigenen familiären Bindung. Die Räuberbande ist zur Ersatzfamilie geworden; Moor schwört, sie nie zu verlassen. Die Kosinsky-Episode macht besonders augenfällig, wie sehr sich Moor seiner gesellschaftlichen Ächtung und des Verlustes seiner moralischen Tugendwerte bewusst ist. Kosinsky stößt zur Bande dazu und will aufgenommen werden. Er sei bereit jeden Mord zu begehen, der ihm von Moor aufgetragen

---

34 Mendelssohn: Ästhetische Schriften, S. 45.
35 Mendelssohn: Ästhetische Schriften, S. 63.
36 Mendelssohn: Ästhetische Schriften, S. 74.
37 Mendelssohn: Ästhetische Schriften, S. 75.
38 Mendelssohn: Ästhetische Schriften, S. 75.
39 In dieser Hinsicht wären die umfassenden und wichtigen Forschungen von Wolfgang Riedel zur Rezeption medizinischer und psychopathologischer Theorien der Aufklärung bei Schiller zu ergänzen, vgl. Riedel: Anthropologie des jungen Schiller, S. 61ff.

werde. Karl Moor warnt ihn mit den Worten: „Du trittst hier gleichsam aus dem Kreise der Menschheit" (III/2). Karl bedient sich dabei in der Begründung, sich einer solchen kriminellen Vereinigung anzuschließen, einer psychologischen Argumentation, auf die zuvor auch Franz Moor zurückgegriffen hatte. Karl nennt den Affekt der Verzweiflung, der einen Menschen zu einem solchen Schritt veranlassen könne. Damit liefert er auch eine Begründung für sein eigenes Handeln. Die Räuberbande hat er aus Verzweiflung – also im Affekt – gegründet. In einer knappen Erklärung mit dem Titel *Der Autor an das Publikum* – in älteren Schiller-Ausgaben auch als *Avertissement* bezeichnet – nennt Schiller in beispielhafter Kürze den Grund für Karl Moors Verzweiflung und damit für sein Handeln. Der Mannheimer Intendant von Dalberg, von dem auch der Titel stammt, bat Schiller, für die Uraufführung der *Räuber* am 13. Januar 1782 diesen Text zu verfassen, der dann auch auf den Theaterzetteln gedruckt wurde.[40] Darin heißt es, die *Räuber* seien „das Gemälde einer verirrten großen Seele", „die innere Wirtschaft des Lasters" werde im Stück entfaltet und gezeigt, wie „Schrecken, Angst, Reue, Verzweiflung" (FA 2, S. 178) einen solchen Menschen wie Karl Moor stets begleiteten. Am Ende siegen also die Affekte, und der stärkste Affekt ist die Verzweiflung. Nur so ist auch zu verstehen, dass später Franz Moors Verhalten sogar als eine Philosophie der Verzweiflung tituliert wird (vgl. V/1). Woran aber ist Karl Moor verzweifelt? Er ist Räuber geworden, da er verzweifelte, und er verzweifelte, weil er die Dominanz dieses Affekts nicht ausgleichen konnte. Karl Moor ist also keineswegs der ‚Gutmensch', sondern – darauf weist Schiller ja ausdrücklich hin – von Beginn an auch lasterhaft. Der ‚ganze Mensch', wie es in der *Vorrede* heißt, umfasst auch die dunklen Seiten und bei ‚kolossalischer Größe' (vgl. *Vorrede*) vergrößert sich diese lasterhafte Seite. Der Autor Schiller liefert also mit seinem Drama ein Stück der Reflexion über diesen anthropologischen Sachverhalt.

Aus der Kosinsky-Episode erfahren wir, welche Gründe es geben könnte, sich eines solchen desperaten Verhaltens zu befleißigen. Schiller arbeitet mit einem simplen Trick, indem er die Kosinsky-Episode als Spiegelgeschichte zu Moors Leben entfaltet. Kosinsky ist von Herkunft ein böhmischer Adliger und liebte eine bürgerliche

---

40 Über die Bedeutung der Theaterzettel, wie überhaupt über die Theaterpraxis des 18. Jahrhunderts informiert gründlich Sybille Maurer-Schmoock: Deutsches Theater im 18. Jahrhundert. Tübingen 1982, S. 135ff.

Deutsche. Neben den Standesunterschied, der eine von beiden gesellschaftlichen Schichten tolerierte Liebesbeziehung nicht zulässt,
tritt die Nationalitätendifferenz. Trotzdem will Kosinsky das Mädchen heiraten, das gleichfalls – wie Karls Geliebte – Amalia heißt.
Zwei Tage vor der Hochzeit wird Kosinsky infolge einer Intrige an
den Hof zitiert, gefälschte Briefe werden ihm untergeschoben und er
muss ins Gefängnis. Kosinskys Amalia wird erpresst, entweder werde
sie die Mätresse des Fürsten und ihr Verlobter lebe weiter oder er
müsse sterben. Ein solches Schicksal drohte Karl Moors Amalia
hingegen nicht und es bleibt letztendlich rätselhaft, worüber Karl
Moor verzweifelte. Die Entscheidung von Kosinskys Amalia lässt
ihren Geliebten auf freien Fuß kommen, er will sich am intriganten
Minister rächen, wird verraten, seine Güter werden eingezogen und
er wird außer Landes verwiesen. Er hat am eignen Leib „das Joch
des Despotismus" (III/2) erfahren. Fürstenwillkür, Machtmissbrauch,
Korruption, Rechtsbeugung – die Attribute der Kritik ließen sich
fortsetzen; entscheidend ist, dass aus Kosinskys Sicht und damit aus
der Sicht Karl Moors, denn es handelt sich ja um eine Spiegelgeschichte, die zeitgenössische Regierungsform eines duodezfürstlichen aufgeklärten Absolutismus zu solchem Despotismus geradezu
prädestiniert. Bemerkenswert dabei ist, dass diese Einsicht zwei
Adlige, also Repräsentanten der Macht, gewinnen.

Der vierte Akt zeigt Moor mit seinen Räubern in der Nähe des
väterlichen Schlosses. Inkognito kann er das Schloss besuchen und
feststellen, dass Amalia unverbrüchlich an ihrer Liebe zu ihm fest-
hält. Unterdessen verlangt Franz vom alten Diener Daniel absoluten
Gehorsam. Er soll den unbekannten Grafen töten. Schon im zweiten
Akt hatte Franz sinniert: „Die Katastrophe dieser Tragi-Komödie
überlaß mir!" (II/1) Nun will er das Stück als Tragödie beenden. Der
schicksalsbedingte Umschlag vom Glück ins Unglück des Helden
wird in der klassischen Dramentheorie nach Aristoteles als charakte-
ristisches Merkmal einer Tragödie definiert.[41] „Glück und Unglück –
hörst du, verstehst du? das höchste Glück, und das äußerste Unglück! Ich will Wunder tun im Peinigen" (IV/2). Dieses Gemisch aus
Jesusworten (vgl. Apg. 2, 19, „ich will Wunder tun oben im Himmel"), Schöpferanmaßung (als derjenige, der gottähnlich Glück und
Unglück fügt,) und Tragödientheorie soll den Diener zwingen, den
Mordauftrag auszuführen. Der Judaslohn wird von Franz als Glück

---

41 Vgl. Aristoteles: Poetik. Griechisch / Deutsch. Übersetzt u. hgg. v. Manfred
   Fuhrmann. Stuttgart 1986.

dargestellt, der Tod des (noch) unbekannten Grafen ist das Unglück. Massive Bedrohung erzwingt von Daniel schließlich das Zugeständnis zur Tat. Wieder schließt sich an diesen Dialog in symmetrischer Spiegelung zum zweiten Akt ein längerer Monolog von Franz an, worin er sich nochmals Gewissheit verschafft über seine negative Moral, und bildet insofern eine Fortsetzung der dort vorgetragenen Ansichten. Seine Argumentation ist pseudomaterialistisch fundiert. Er leitet die Existenz der meisten Menschen aus spontaner sexueller Befriedigung ab. Dem eigenen Nutzen frommend, bedient sich Franz der aufgeklärten Vorurteilskritik und verflucht familiäre Erziehung und religiöse Prägung, da sie „unsere erwachende Vernunft an Ketten abergläubischer Finsternis legen" (IV/2). Die menschliche Bestimmung erscheint ihm als „der morastige Zirkel" (IV/2), da der Mensch aus Morast entstehe, sein Leib Morast sei und er schließlich wieder zu Morast werde. Auch hier parodiert Franz christlichen Glauben (‚Erde zu Erde, Staub zu Staub'). Franz bezieht eine Haltung der Hybris gegenüber dem Schöpfergott, aber auch gegenüber dem zeitgenössischen Verständnis von Aufklärung. Denn er meint begriffen zu haben, was ‚Aufklärung' bedeutet, und reproduziert doch nichts anderes als verquere, verkehrte Phrasen. Die parodistische Absicht mancher seiner Aussagen, die man durchaus erkennen könnte, bleibt vom Text her aber diffus.

Auch Karl Moor greift seine unterbrochene Reflexion über die Bestimmung des Menschen wieder auf. Die natürliche Umgebung ist für ihn ein verworrenes Labyrinth (vgl. IV/5), obgleich er in dieser Gegend aufgewachsen ist, und spiegelt damit seinen inneren Zustand wider. Die Frage, die ihn nach wie vor quält, lautet: „Wofür der heiße *Hunger* nach *Glückseligkeit*? Wofür das Ideal einer *unerreichten* Vollkommenheit?" (IV/5) Schiller figuriert damit seine schon in den Karlsschulreden zu erkennende, besonders aber in der ersten Fassung seiner medizinischen Dissertation vom Herbst 1779 *Philosophie der Physiologie* dargelegte Fragestellung nach der Bestimmung des Menschen. Schiller hatte dort den zeitgenössischen moralphilosophischen Diskussionsstand – vornehmlich von Ferguson und Garve[42] – bilanziert und geschrieben, „der Mensch ist da, um glüklich zu seyn: oder – Er ist da, um vollkommen zu seyn. Nur dann ist er vollkommen, wann er glüklich ist. Nur dann ist er glüklich, wann er vollkommen ist" (NA 20, S. 11), mit einem Wort: „Gottgleichheit ist die Bestimmung des Menschen" (NA 20, S. 10), heißt es im § 1

---

42 Vgl. ausführlich Riedel: Anthropologie des jungen Schiller, S. 156ff.

Bestimmung des Menschen. Karl Moors Reaktion auf diese Erkenntnis ist ebenso Ausdruck einer Hybris wie dies auch seines Bruders verkehrte Allmachtsphantasie ist. Karl stellt, mit dem Gedanken an Selbstmord spielend, fest, dass er noch nicht glücklich gewesen und sich selbst Himmel und Hölle zugleich ist (vgl. IV/5). Er entdeckt seinen Vater in einem unterirdischen Verließ, befreit ihn und versucht nun, vor diesem Hintergrund der teilfamiliären Wiederherstellung seine bisherigen Verbrechen und Laster zu legitimieren: „Das verworrene Knäul unsers Schicksals ist aufgelöst! Heute, heute hat eine unsichtbare Macht unser Handwerk geadelt" (IV/5). Das sagt er zu jenen, die nur kurze Zeit zuvor noch plündernd und mordend eine Stadt in Schutt und Asche gelegt hatten. Karl Moor bleibt damit bis zuletzt ein höchst ambivalenter Charakter, der die Unrechtmäßigkeit seines Tuns prinzipiell erkennt, gleichwohl individuell-familiär zu rechtfertigen sucht.

Franz Moor hat unterdessen Pastor Moser zu sich gebeten, um sich von ihm in seiner negativen Moral bestätigen zu lassen. Er will vom Pfarrer in seiner atheistischen und materialistischen Lebensanschauung widerlegt werden, um am Ende ex negativo die Richtigkeit seiner Anschauungen bestätigt zu bekommen. Moser nennt Franz' groteske Überlegungen die „Philosophie eurer Verzweiflung" (V/1). Und damit bringt Schiller wieder jenen Begriff ins Spiel, der als Leitbegriff den moralphilosophischen und psychopathologischen Horizont des Stücks *Die Räuber* markiert. Als die Räuber das Schloss schließlich stürmen, bringt sich Franz um. Am Ende ist er an sich selbst verzweifelt.

Karl Moors Schicksal hingegen entwickelt sich noch weiter tragisch. Obgleich er von seinen Räubern fordert, „Erbarmung sei von nun an die Losung" (V/2), ist er weit entfernt von einem erbarmenden Verhalten. Der Umgang mit Amalia zeigt hingegen sein erbärmliches Handeln. Amalia erkennt im Räuberhauptmann ihren ehemaligen Geliebten, der sich für seine neue Identität und für seine Taten schämt. Amalia stilisiert sich wieder empfindsam geschlechterstereotyp und bezeichnet sich als „unschuldiges Lamm" (V/2). Mit verbaler und körperlicher Gewalt will Karl sich Amalias entledigen, sein Gemütszustand wechselt innerhalb kürzester Zeit von größter Aggression zu *„ekstatischer Wonne"* (V/2), die ihn auf die Knie fallen und heftig weinen lässt. Diese Idyllik der liebenden Wiederfindung wird jäh unterbrochen durch den Anspruch der Räuber, Amalia habe sich als Beutegut der Männerbande zur Verfügung zu stellen. Dramaturgisch ist dieser Wechsel von Schiller wenig motiviert, denn waren die Räuber bislang stark auf ihren Anführer fixiert, so bleibt um so dunkler, weshalb sie dieser Wiedererkennung des Liebespaars mit solcher Feindseligkeit begegnen. Sie vermuten, dass Karl Moor seinen Treueschwur vergessen und der Räuberexistenz abschwören könnte. Doch Karl gibt dem Gruppendruck nach und tötet Amalia, das Lamm ist „geschlachtet" (V/2). Erst nach dieser Tat trennt sich Karl Moor von der Räuberbande, da er erkannt hat, *„daß zwei Menschen wie ich den ganzen Bau der sittlichen Welt zu Grund richten würden"* (V/2). Um die gesellschaftliche Ordnung wiederherzustellen, liefert er sich der Justiz aus. Die Räuber quittieren diese Konversion mit dem Vorwurf der „Groß-Mann-Sucht" (V/2).

Deutlicher als jegliches moralphilosophische Lehrgebäude oder jegliche medizinische Seelenkunde vermag die Literatur als Medium der anthropologischen Selbstreflexion zu taugen, indem sie alle weit gespannten Aspekte und Ambivalenzen der menschlichen Seele figurieren und gegeneinander ausspielen kann. Erfrischend ist bei Schillers *Räubern*, dass sich der Autor einer moralisierenden Kommentierung im Stück enthält und so mit der Konvention aufgeklärter Literatur bricht, stets eine moraldidaktisierende Sentenz einem Stück als Botschaft einschreiben zu müssen. So gesehen stehen die *Räuber* in einer literaturgeschichtlichen Linie mit den avantgardistischen Dramen des Sturm und Drang und auch beim jungen Schiller schlägt das Musterbeispiel von Goethes *Götz von Berlichingen* (1773) in diesem Punkt durch.

2.2 *Semele* (1782)[43]

E: Winter 1779/1780
D: Februar 1782
UA: 10. November 1900 (Berlin)

Schillers *Semele*, der Thomas Manns erste literarische Liebe galt,[44] ist während der Examensvorbereitungen im Winter 1779/1780 entstanden, fällt also unmittelbar mit der mutmaßlichen Entstehungs-

43 Den Ausführungen dieses Kapitels liegt folgender Text zugrunde: Matthias Luserke-Jaqui: Über Schillers *Semele* oder Beobachtungen über das Schreiben linker Hand, in: Ders.: Über Literatur und Literaturwissenschaft. Anagrammatische Lektüren. Tübingen, Basel 2003, S. 155–178.
44 Vgl. Thomas Mann: Versuch über Schiller (1959), in: Reden und Aufsätze 1. Oldenburg 1966, hier S. 929 (= Gesammelte Werke in zwölf Bänden, Bd. IX).

zeit der *Räuber* zusammen.[45] Schillers Jugendfreund Andreas Streicher schreibt in seinem Schiller-Buch über diese Phase der Schulzeit:

> Auch dichtete er, ausser vielen andern Sachen, in diesem Zeitpuncte eine Oper *Semele*, die so großartig gedacht war, daß, wenn sie hätte aufgeführt werden sollen, alle Mechanische Kunst des Theaters damaliger Zeit, und man darf sagen, auch der jetzigen, nicht ausgereicht haben würde, um sie gehörig darzustellen.[46]

Veröffentlicht wurde der Text, von dem keine Handschrift erhalten ist, erstmals in der legendären *Anthologie auf das Jahr 1782*. Schillers Verfasserschaft gilt in der Forschung als unstrittig, sie lässt sich auch aus einem Brief Schillers vom 30. April 1789 an Charlotte von Lengefeld schließen. 1800 wurde die *Semele* in dem Frankfurter Raubdruck der *Sämmtlichen Gedichte* des Buchhändlers Behrens nachgedruckt. Daraufhin entschloss sich Schiller, den Text für einen neuen Druck zu bearbeiten. Dies geschah in den Jahren 1800 bis 1803. Das Korrekturexemplar aus Schillers Bibliothek, von dem insgesamt 13 Seiten fehlen, steht heute in der Bibliothek der Stiftung Weimarer Klassik. Als Textgrundlage für die Korrektur diente Schiller also der Raubdruck. 1807 erfolgte ein Abdruck dieser bearbeiteten *Semele* im fünften, von Körner herausgegebenen Band der Ausgabe *Theater von Schiller*. In der ebenfalls von Körner besorgten Ausgabe der *Sämtlichen Werke* (1. Band, 1812) folgte er dieser zweiten Druckfassung. Schiller wollte an dieses Jugendwerk nicht mehr erinnert werden. Als Charlotte von Lengefeld am 29. April 1789 ein Exemplar der *Anthologie* zurückgibt, bemerkt sie dazu: „Semele hat mich auch recht gefreut, es ist gar nicht artig, wie die garstige Juno sie so hintergeht" (NA 33/I, S. 342). Schiller antwortet postwendend am 30. April 1789: „Für die Anthologie danke ich Ihnen recht sehr. Ich lasse einige Gedichte daraus abschreiben. Daß Sie der Semele erwähnten, hat mich ordentlich erschröckt. Mögen mirs Apoll und seine Neun Musen vergeben, daß ich mich so gröblich an ihnen versündigt habe!" (NA 25, S. 251f.). Weshalb dieses Erschrecken?

---

45 Vgl. Alt: Schiller, Bd. 1, S. 236–238, hier S. 236. – Anders der Kommentar zur Entstehungsgeschichte der *Semele* in der *Nationalausgabe* (vgl. NA 5N, S. 499ff.). Die Bearbeiter Pilling und Vonhoff versuchen anhand von Textindizien nachzuweisen, dass das Stück erst nach dem Ende der Karlsschulzeit entstanden sein könne (vgl. NA 5N, S. 501); alles deute auf eine „Entstehung der ‚Semele' spät im Jahr 1780" hin (NA 5N, S. 510).

46 Andreas Streichers Schiller-Biographie. [1836]. Hgg. v. Herbert Kraft. Mannheim 1974, S. 26.

Warum die Titulierung als Jugendsünde? Betrachtete Schiller nun die *Semele* als Jugendarbeit ohne künstlerischen Wert oder erinnerte er sich daran, dass die *Semele* ursprünglich als Parodie, vielleicht sogar als hofkritischer Text angelegt, vielleicht auch aufgeführt worden war? Oder bewegt sich seine Reaktion im Bereich der bloßen Untertreibung der Korrespondentin gegenüber? Das sind Fragen, die sich vollständig nicht mehr beantworten lassen. Wie Schillers Umarbeitung nahe legt, hat er mutmaßlich nicht an eine Aufführung der *Semele* gedacht, was auch durch den Bericht Streichers bestätigt wird. Dies entspräche im Übrigen dem ursprünglichen Publikationsort innerhalb der *Anthologie*. Dennoch wurde, wie Otto Peterson nachweisen konnte, die *Semele* auch aufgeführt, „und zwar von den Gruppen leibeigener Schauspieler, die sich der Adel in Russland auf seinen Gütern hielt und die von einem Gut zum andern zogen. Wie ‚Die Räuber' und ‚Kabale und Liebe' gehörte ‚Semele' zu ihrem Repertoire".[47] 1835 wurde die *Semele* ins Englische und 1837 ins Italienische übersetzt. Erst am 10. November 1900 erfolgte eine Art Uraufführung in Deutschland durch das Königliche Schauspielhaus in Berlin. Die Forschung hat sich bislang äußerst schwer getan mit diesem Dramolett und ins allgemeine literarische Gedächtnis ist die *Semele* beileibe noch nicht gedrungen.

Was die mythologische Geschichte des Semele-Stoffs betrifft, finden sich mehr oder weniger beiläufige Bemerkungen in einigen antiken Quellen, so etwa in Homers *Ilias* (14, 325), in Hesiods *Theogonie* (V. 940ff.), in den *Bakchen* (V. 1ff. u. 88f.) des Euripides und in Pindars *Olympischen Oden* (II, 27).[48] Dort heißt es freilich nur: „Es lebt unter den Olympiern die langhaarige Semele, / die unter dem Krachen des Blitzes starb, Pallas liebt sie für immer / und Vater Zeus, es liebt sie vor allem ihr efeutragender Sohn".[49] Schillers mythopoetische Vorlage findet sich in Ovids *Metamorphosen*. Die Geschichte von Jupiter und Semele, auf die sich Schiller mythologisch bezieht, beschreibt Ovid dort im dritten Buch (V. 253–315). Im Wesentlichen sind dabei zwei Momente hervorzuheben:

1. Bei Ovid ist Semele von Jupiter schwanger. Die Eifersucht der Gattin Juno richtet sich demzufolge nicht nur gegen den Seitensprung, sondern auch dagegen, dass dieser sichtbare Folgen hat.

---

47 Otto P. Peterson: Schiller in Russland 1785–1805. New York 1934, S. 179.

48 Vgl. dazu die entsprechenden Semele-Lemmata im *Großen* und im *Kleinen Pauly*. Zur Ausspracheregelung: Semele wird auf der zweiten Silbe betont.

49 Pindar: Oden. Griechisch/Deutsch. Übersetzt u. hgg. v. Eugen Dönt. Stuttgart 1986, S. 15.

Sie trage, sagt Juno, „ihren vollen Leib und damit ihr Vergehen zur Schau",[50] „so viel bildet sie sich auf ihre Schönheit ein!"[51] Juno verwandelt sich in die alte Amme Beroe und erscheint in dieser Gestalt Semele. Sie beginnt ein Gespräch, und „nach langer Unterhaltung fällt Iuppiters Name".[52] Beroe alias Juno sät Misstrauen, viele Männer erschienen Frauen unter Götternamen, Semele solle daher einen augenscheinlichen Beweis von Jupiter einfordern, dass er wirklich ein Gott sei, nämlich „eine Umarmung in all seiner Größe und Kraft".[53]

2. Noch bevor Jupiter Semele die Lippen verschließen kann, hat sie diese Forderung geäußert, „das übereilte Wort"[54] ist gesprochen. Dies ist übrigens eine Stelle, die sehr an einen Vers der *Ars poetica* des Horaz erinnert, wo es heißt, „das Wort, das du von dir gabst, kennt keine Rückkehr".[55] Nun ist Jupiter gezwungen, sein Versprechen einzulösen und Semele jeden Wunsch zu erfüllen. Um die furchtbare Erscheinung seiner Größe und Kraft zu mildern, wählt er einen leichten Blitz mit weniger Grausamkeit, weniger Feuer und weniger Wut. Doch selbst diese ,sanftere' Version ist für Semele immer noch todbringend. „Der sterbliche Leib [...] verbrannte an den hochzeitlichen Gaben" (V. 308f.). Semeles Kind allerdings wird gerettet. Bei Ovid steht die Eifersucht der Frauen im Mittelpunkt. Juno ist eifersüchtig auf Semele und Semele lässt sich zu einer Art virtuellen Eifersucht auf virtuelle Nichtgötter überreden. Semele wird bei Ovid das Opfer einer Frauenintrige. Hederichs *Gründliches mythologisches Lexicon* (1770) bietet außer dem Hinweis, dass Semele von außergewöhnlicher Schönheit gewesen sei, keinen weiteren Anhaltspunkt, wonach Schiller sich bei seiner Ausarbeitung möglicherweise auf den im 18. Jahrhundert außerordentlich beliebten Hederich hätte stützen können. Unter der Überschrift *Die Eifersucht der Juno* schreibt Karl Philipp Moritz (1757–1793) in seiner *Götterlehre* (1791):

---

50 P. Ovidius Naso: Metamorphosen. Lateinisch/Deutsch. Übersetzt u. hgg. v. Michael von Albrecht. Stuttgart 1998, S. 143 (= V. 268).
51 P. Ovidius Naso: Metamorphosen, S. 143 (= V. 270).
52 P. Ovidius Naso: Metamorphosen, S. 143 (= V. 279f.).
53 P. Ovidius Naso: Metamorphosen, S. 143 (= V. 284).
54 P. Ovidius Naso: Metamorphosen, S. 145 (= V. 296, „vox properata").
55 Quintus Horatius Flaccus: Ars Poetica. Die Dichtkunst. Lateinisch und deutsch. Übersetzt und mit einem Nachwort hgg. v. Eckart Schäfer. Stuttgart 1972, S. 29 („nescit vox missa reverti", V. 390).

Da Semele, die Tochter des Kadmus in Theben, vom Jupiter den Bacchus gebären sollte, so wußte Juno, unter der Gestalt ihrer Amme, sie mit schwarzem Trug zu überreden, sie solle den Jupiter schwören lassen, er wolle ihr ebenso erscheinen, als wenn er der Juno Bett bestiege. Jupiter erschien ihr in Gestalt des Donnergottes, und Semele ward ein Raub der Flammen; den jungen Bacchus rettete Jupiter und verbarg ihn in seiner Hüfte.[56]

Die entscheidende Änderung gegenüber Ovid besteht bei Schiller gerade in der reichen psychologischen Ausgestaltung der Figur Semele. Schiller belegt sie mit Attributen des erzwungenen sozialen Aufstiegs. Das wirft natürlich sofort die Frage auf, inwiefern Schillers Text auch als eine Allegorie oder gar als Parodie rezipiert werden kann.[57] Dies ist in der Schiller-Forschung keineswegs selbstverständlich. Christa Vaerst-Pfarr vermerkte 1979 in ihrer *Semele*-Deutung noch, „Einzeluntersuchungen zu *Semele* konnten nicht ermittelt werden".[58] Wenn die Forschung überhaupt *Semele* als eigenständigen Text wahrgenommen hat, dann allenfalls beiläufig in Schiller-Monographien oder in den großen Editionen der Vollständigkeit halber. Daran hat sich bis heute so gut wie nichts geändert. 1988 konnte Gerhard Kluge feststellen, dass zur *Semele* keine weitere Deutung vorliege (vgl. FA 2, S. 1512). Von musikwissenschaftlicher Seite sind zwei Arbeiten hinzugekommen. Ludwig Finscher widerspricht in einem Beitrag aus dem Jahr 1990 vehement der Auffassung, die *Semele* sei das Beispiel eines deutschen Singspiels.[59] In der zweiten

56 Karl Philipp Moritz: Werke. Hgg. v. Horst Günther. Frankfurt a.M. 1981, Bd. 2, S. 655.
57 John R. Frey gebraucht im Zusammenhang seiner Untersuchung der *Räuber* stattdessen den Begriff der ‚Satire'. Leider geht er nicht auf die *Semele* ein, vgl. John R. Frey: Das Satirische beim frühen Schiller, in: Albert R. Schmitt (Hg.): Festschrift für Detlev W. Schumann zum 70. Geburtstag. München 1970, S. 173–184.
58 Christa Vaerst-Pfarr: *Semele – Die Huldigung der Künste*, in: Schillers Dramen. Neue Interpretationen. Hgg. v. Walter Hinderer. Stuttgart 1979, S. 294–315, bes. S. 294–304, hier Anm. S. 378.
59 Vgl. Ludwig Finscher: Was ist eine lyrische Operette? Anmerkungen zu Schillers *Semele*, in: Schiller und die höfische Welt. Hgg. v. Achim Aurnhammer, Klaus Manger, Friedrich Strack. Tübingen 1990, S. 148–155. – Ethery Inasaridse: Schiller und die italienische Oper. Das Schillerdrama als Libretto des Belcanto. Frankfurt a.M. 1989, S. 39–47, versucht, den Text der *Semele* nach Arien und Rezitativen zu strukturieren und ihm so eine operettenhafte Struktur einzuschreiben. Allerdings bleibt dies höchst spekulativ, im Wesentlichen stützt sich Inasaridse auf folgende Arbeit: Hermann Fähnrich: Schillers Musikalität und Musikanschauung. Gerstenberg 1977, S. 16–23.

Hälfte des 18. Jahrhunderts konkurrierten die Begriffe Operette und Singspiel mit einem weiteren Dutzend anderer Begriffe. Am gebräuchlichsten sei ‚komische Oper'. Schillers Bezeichnung ‚lyrische Operette' sei sonst nirgendwo belegt. Mythologische Stoffe seien beim deutschen Singspiel sehr selten. Da Schillers Kenntnis des deutschen Singspiels vorausgesetzt werden dürfe (immerhin gastierte zwischen Mai und September 1778 die Truppe von Emanuel Schikaneder in Stuttgart), müssten die Textsignale, die sich deutlich vom deutschen Singspiel distanzierten, ernst genommen werden. Finscher kommt zu dem Schluss, dass Schillers Bezeichnung ‚Operette' „die Gattungstradition der höfischen ‚serenata'"[60] meine. *Semele* ist für Finscher eine Oper, die ausschließlich aus Worten komponiert wurde, eine „Wort-Oper".[61] Peter-André Alt ist der Ansicht, Schiller habe mit der *Semele* sein erstes literarisches Meisterstück vorgelegt.[62] Insgesamt ist aber die *Semele* für die Schiller-Forschung immer noch Tabula rasa. Für Vaerst-Pfarr geht es in der *Semele* um „Formen und Wirkung der Repräsentanz des Absoluten in der Welt und um den Dualismus zwischen Materie und Geist, Menschlichem und Göttlichem" und dessen „Versöhnung".[63] Eine solche Betrachtungsweise negiert allerdings die Ergebnisse der sozialgeschichtlich orientierten Literaturwissenschaft und verlässt sich auf eine ausschließlich textimmanente Deutung. Denn der Verzicht auf die Fragen nach den Produktions-, Distributions- und Rezeptionsbedingungen eines Textes ist gerade bei der *Semele* äußerst problematisch. Stattdessen in diesem Stück nach der Emanation des Absoluten in der Welt zu fragen beraubt den Text seiner rezeptiven Ambivalenz. Diese Ambivalenz besteht darin, dass Schiller knapp zwanzigjährig als Karlsschüler unter den Bedingungen des Hofes ein mythologisches Dramolett verfasst, das zahlreiche Möglichkeiten für eine kritische Intention enthält. Denn im Jahre 1779/1780 die Themen Apotheose, Anthropomorphisierung, Hybris des Menschen, Griff zur Göttermacht und „Göttersucht" zu verhandeln, kann nicht ohne Blick auf den höfischen Absolutismus geschehen. Außerdem kann die Konstellation des Herrschers zwischen zwei Frauen, die klare Bevorzugung der unstandesgemäßen (weil ungöttlichen) Geliebten vor der

---

60 Finscher: Was ist eine lyrische Operette?, S. 152.
61 Finscher: Was ist eine lyrische Operette?, S. 155. – Zur musikgeschichtlichen Tradition des Semele-Stoffs vgl. Finscher: Was ist eine lyrische Operette?, S. 152, Anm. 9.
62 Alt: Schiller, Bd. 1, S. 238.
63 Vaerst-Pfarr: *Semele – Die Huldigung der Künste*, S. 294.

eigentlichen Ehefrau im Württemberg dieser Jahre nicht ohne Blick auf den Herzog und seine Mätresse Franziska von Hohenheim gelesen werden. So gesehen scheinen in der *Semele* bereits *Kabale und Liebe* und dessen Lady Milford thematisch exponiert zu werden.

Textinterpretation

Im Untertitel nennt Schiller die *Semele* „eine lyrische Operette von zwo Szenen" (FA 2, S. 787). In der zweiten Fassung heißt es dann nur noch *Semele in zwei Szenen* (vgl. FA 2, S. 809). Die Gattungsbezeichnung ‚lyrische Operette' – für Schiller ausgesprochen ungewöhnlich – weist zumindest auf die Praxis des Singspiels hin, obwohl ein näherer Zusammenhang von Finscher bestritten wird. Das bürgerliche Singspiel stellte die musikalische und textliche Opposition zur höfischen Oper dar. Die Schiller-Kommentare verweisen auf die Tradition des deutschen Singspiels, das mit dem ‚Texter' Christian Felix Weiße normative Verbindlichkeit erreicht hatte. Wielands *Alceste* (1773) setzte ebenfalls Maßstäbe und in seinem *Versuch über das deutsche Singspiel und einige dahin einschlagende Gegenstände* (1775) plädierte Wieland vorbehaltlos für mythologische Sujets. Die Sprache der Götter sei die Sprache der Musik.[64] Musik- und theaterhistorisch gesehen konnte Schiller auf eine reiche Tradition am württembergischen Hof zurückgreifen.[65] Die Arbeit von Matthias Sträßner, der sich ebenfalls aus musikwissenschaftlicher Sicht ausführlicher mit der *Semele* beschäftigt hat, zeigt, dass die *Semele* als Musikstück aufs engste mit dem zeitgenössischen höfischen Funktionszusammenhang verflochten ist.[66]

Der Text selbst liefert nur fünf Hinweise darauf, dass es sich um ein Singspiel handelt. Zunächst der Untertitel mit der Gattungsbezeichnung, dann in der ersten Szene Junos Arie mit Endreimen und mit in der ersten Strophe vierhebigen Trochäen (vgl. FA 2,

64 Vgl. C[hristoph] M[artin] Wieland: Sämmtliche Werke. Reprintausgabe. Hamburg 1984, Bd. 26, S. 229–267.
65 Vgl. dazu das außerordentlich materialreiche Werk: Herzog Karl Eugen von Württemberg und seine Zeit. Hgg. v. Württembergischen Geschichts- und Altertums-Verein. Erster Band. Esslingen 1907, darin das 7. Heft, bes. Rudolf Krauß: Das Theater, S. 485ff., und Hermann Abert: Die dramatische Musik, S. 557ff.
66 Vgl. Matthias Sträßner: Der pantomimische Spiegel. Zu Schillers *Semele*, in: Ders.: Tanzmeister und Dichter. Literatur-Geschichte(n) im Umkreis von Jean Georges Noverre. Lessing, Wieland, Goethe, Schiller. Berlin 1994, S. 198–213.

S. 798), die dann in der zweiten Strophe, zweite Zeile für einen Vers in einen vierhebigen Daktylus übergehen, der metrisch den Inhalt hervorhebt: „Götter gestrudelt der Zauberin zu –" (FA 2, S. 790). Ferner die ‚Zwischenaktmusik' am Ende der ersten Szene, mit _„Simfonie"_ (FA 2, S. 801) überschrieben. Und in der zweiten Szene unterstreicht Musik die Zaubereien von Zeus, „die Musik begleitet die Erscheinung" (FA 2, S. 805) und ähnlich lautend kurz darauf „Musik begleitet hier und in Zukunft den Zauber" (FA 2, S. 806). Kein Zweifel also, der Text enthält die Anlage zu einem Libretto – es sei denn, die Singspielattribute dienten Schiller zur Camouflage. Was als reines Wortkunstwerk hätte in seiner parodistischen Absicht erkannt werden können, bekommt im vermeintlichen oder tatsächlichen Medium des Singspiels die höhere poetische Lizenz zur Doppellektüre als Text der Affirmation und der Kritik gleichermaßen.[67] Insofern ist das Stück mehr als eine „Persiflage auf die Huldigungsspiele", es ist mehr als eine „‚Leseoperette'"(NA 5N, S. 500), die musikdramatische Formen parodiert, und mehr als „eine literarische Kontrafaktur der Huldigungsspiele" (NA 5N, S. 504). Demgegenüber wird im Begriff der Doppellektüre gerade die Doppelbödigkeit des Stücks hervorgehoben, welche eine doppelte Rezeption ermöglicht, die sich weder nur in Kritik noch nur in Affirmation erschöpft.

Der Schauplatz von Schillers _Semele_ ist der Palast der Titelfigur in Theben. Höfisches Ambiente kennzeichnet also Spielort und gespielten Ort (falls _Semele_ jemals aufgeführt wurde). Und in diesem Zusammenhang ist der Hinweis von Sträßner wichtig, der vor allem die pantomimische Tradition am württembergischen Hof für die _Semele_ geltend macht; er bezeichnet sie sogar als eine „Pantomimische Kantate".[68] Schiller beherzige Wielands moderne Singspielanweisungen – etwa in der gestrafften Handlungsführung –, andererseits versuche das Stück aus der pantomimischen Tradition heraus die Elemente des Barocktheaters (wie beispielsweise Ausstattung und

67 Vgl. Gerhard Friedl: Die Karlsschüler bei höfischen Festen, in: Schiller und die höfische Welt, S. 47–76. Friedl erkennt zwar den höfischen Anlass der _Semele_, doch vermag er dieser Erkenntnis keine Weiterführung abzuringen, obwohl er in seinem Aufsatz auf die „kritisch-satirische Haltung gegenüber dem Leben am Hof und den Höflingen" (ebd., S. 70) eines anderen Textes von Karlsschülern hinweist. 1780 erschien dieser Text in Stuttgart unter dem Titel _Vorzüge der Einsamkeit. Eine festliche Unterredung auf den 10. Jenner 1780 als das Geburts-Fest der Hochgebohrnen Frau Francisca, Reichs-Gräfin von Hohenheim, Auf Höchsten Befehl Sr. Herzoglichen Durchlaucht, dem Druck überlassen._ Die Verfasserfrage ist ungeklärt.
68 Sträßner: Der pantomimische Spiegel, S. 208.

„extreme Affektdramaturgie")[69] „mit modernen Ausdruckselementen zu vereinen".[70] Sträßner sieht in den Regieanweisungen eine „extreme Affektchoreographie und -pantomime"[71] am Werk. Betrachten wir diese Regieanweisungen genauer, so kommen wir im Hinblick auf die drei Hauptfiguren Semele, Juno und Zeus (Merkur spielt nur eine Nebenrolle) zu folgendem, durch die Regieanweisungen definierten Affektprofil der Figuren:

JUNO: Heftig entschlossen, mit Würde (FA 2, S. 790); stürzt herein (FA 2, S. 791); spricht rasch (FA 2, S. 792), mit Staunen auffahrend (FA 2, S. 793); schreiend, erschrocken, mit verzweifeltem Geschrei (FA 2, S. 795); schnell, vergessen heftig, faßt sich (FA 2, S. 797); ergrimmt, verlegen (FA 2, S. 798); in der äußersten Verwirrung und Wut auf und ab rasend (FA 2, S. 799); nachdenklich (FA 2, S. 800); siegjauchzend (FA 2, S. 801).

SEMELE: Umarmend (FA 2, S. 791); heftig und vergessen (FA 2, S. 793); stutzend, ängstlich, ohnmächtig (FA 2, S. 795); zitternd (FA 2, S. 796); auffahrend (FA 2, S. 797); leichtfertig lächelnd (FA 2, S. 799); hüpfend, um den Hals fallend, außer sich, begeistert (FA 2, S. 800); wehmütig (FA 2, S. 804); heftig weinend (FA 2, S. 805); umarmend (FA 2, S. 806); froh aufspringend (FA 2, S. 807).

ZEUS: Zärtlich, majestätisch, sanft (FA 2, S. 804); heftig (FA 2, S. 805); erschrocken schreiend, mit kaltem Entsetzen, grimmig (FA 2, S. 807).

Ob also im Stück wirklich eine barocke Affektdramaturgie nachgewiesen werden kann – abgesehen davon, dass allein schon die kammerspielartige personelle Unterausstattung des Stücks gegen eine barocke ‚Anleihe' spräche –, ist mehr als zweifelhaft, gehen literaturhistorisch gesehen der *Semele* doch immerhin die Dramen des Sturm und Drang unmittelbar voraus. Wollte man allerdings die Mitteilungen und Andeutungen von Schillers Freund Andreas Streicher hierzu ernst nehmen, so müsste man, Fähnrichs Argumentation folgend, eine Art von ‚Ursemele' annehmen, welche diesen Kriterien

---

69 Sträßner: Der pantomimische Spiegel, S. 203.
70 Sträßner: Der pantomimische Spiegel, S. 204.
71 Sträßner: Der pantomimische Spiegel, S. 210. – Anders Alt: Schiller, Bd. 1, S. 237: „die pantomimischen Einlagen [...] besitzen keinen üppigen Zuschnitt".

der barocken Dramaturgie wesentlich mehr entspräche.[72] Freilich bleibt dies Spekulation. Sträßner wertet Schillers Stück als Beispiel für die Metamorphosen brennender Liebe.[73] Erzählte Pantomime, die szenische Gebärdensprache und die Ballettbühne gingen bei Schiller eine eigenwillige Mischung ein.[74] Diese Form des Sing-Balletts mit eingefügten Arien hatte am württembergischen Hof Tradition.[75] Sträßner eröffnet eine neue Perspektive mit seinem Hinweis, dass die Verbindung von Wortarien und pantomimischen Arien im Stück die *Semele* zu einer pantomimischen Kantate machten, die sowohl Bezüge zu den Balletten Noverres als auch zur in Württemberg traditionsreichen hinter Noverre zurückreichenden Ballettkantate aufwiese. Allerdings sei dieser historische Aspekt ein Desiderat umfassenderer Forschung.

Hat Schiller diese Operette für eine Aufführung bei Hofe gedichtet oder gezielt für eine Publikation, die ja dann im Rahmen der *Anthologie* 1782 erfolgte? Die Gattungsbezeichnung ‚lyrische Operette‘ verweist auf die Möglichkeit einer unernsten Lesart; die Operette speist sich nach zeitgenössischem Verständnis aus der Verbindung von Musik und Komödie. Wäre es nicht vorstellbar, dieses Komödienhafte als Schillers Trojanisches Pferd für Parodie und Hofkritik zu begreifen?[76] Im Eingangsmonolog charakterisiert Juno die Rivalin Semele als „Würmerfraß“ und „lackiertes Gesichtchen“ (FA 2, S. 790). Ihr eigenes Herz nennt sie königlich, ihre Ehre sei durch die Nebenbuhlerin verletzt, ihre Autorität als Göttin untergraben. Juno attestiert Semele „Göttersucht“ (FA 2, S. 790). Vom Beginn des Dramoletts an ist das Thema die Hybris des Menschen, mehr sein zu wollen, als er ist. Dies kann man mythologisch deuten, als nette Göttergeschichte, oder metaphysisch (wie Vaerst-Pfarr) oder ausschließlich musikhistorisch (wie Finscher und Sträßner) oder literaturhistorisch als Schillers Antwort auf das ‚Götterselbstgefühl‘, die Genieästhetik und den Titanismus des Sturm und Drang. Oder aber realhistorisch, vergleichsweise allegorisch als Anspielung auf die Prätentionen der Franziska von Hohenheim, der Geliebten des würt-

---

72 Vgl. Fähnrich: Schillers Musikalität und Musikanschauung, S. 22.
73 Vgl. Sträßner: Der pantomimische Spiegel, S. 204.
74 Vgl. Sträßner: Der pantomimische Spiegel, S. 207
75 Vgl. Sträßner: Der pantomimische Spiegel, S. 208.
76 Vgl. zur Bedeutung der Hofkritik in Schillers Werk grundsätzlich die Ausführungen von Helmuth Kiesel: ‚Bei Hof bei Höll‘. Untersuchungen zur literarischen Hofkritik von Sebastian Brant bis Friedrich Schiller. Tübingen 1979, S. 233–261.

tembergischen Herzogs, und auf dessen Mätressenwirtschaft. Zu diesem Zeitpunkt war der katholische Herzog immer noch mit Herzogin Elisabeth Sophie Friederike von Württemberg rechtmäßig vermählt:

> Am 11. Januar 1785 ließ sich der Herzog im neuen Schlosse zu Stuttgart, nur in Gegenwart der Mömpelgarder Herrschaften, sowie des Staatsministers Grafen von Uxkull und des Hofpredigers Werkmeister, der überhaupt in der Sache sein vertrauter Berater war, als Zeugen durch den Hofprediger Schluß insgeheim, nach dem Zeugnis Herzog Friedrich Eugens vom Juli 1787 ,zur linken Hand', trauen. Franziska bemerkte zu dem Tage in ihr Tagebuch: ,Der Herzog führte mich dahin, wo ich mein weltliches Glück befestigt sah.'[77]

Zu diesem Thema tritt ein zweites, wichtiges hinzu, nämlich das Medium der Hybris, das Wort. Denn Juno setzt ihre Rachegedanken, die Abwehr der Hybris, mit Worten ins Werk. Die *Semele* ist insofern auch ein Lehrstück über die Gewalt des Worts und über die Macht dessen, der das Wort führt, also gleichsam eine literarische Drohgebärde des Schülers gegen seinen Landesvater, allerdings bei verkehrten sozialen Vorzeichen. Schmeichelnde Reden habe Juno sich ersonnen (vgl. FA 2, S. 791), rätselhaft und geheimnisvoll hingegen empfindet diese Worte Semele (vgl. FA 2, S. 792). Und wer wie Semele politische Klugheit nicht gelernt hat, unterliegt der Verführungskraft dieser Reden. Dies sind jene Reden, welche die Karlsschüler allesamt zyklisch verfassen und vor Herzog und Mätresse vortragen mussten.[78] Man könnte sogar so weit gehen und die *Semele* als eine Art Kontrafaktur von Schillers Karlsschulreden lesen.[79] In der ersten Karlsschulrede ist vom bestellten und bestochenen Sänger

---

77 Paul Stälin: Franziska, in: Herzog Karl Eugen von Württemberg und seine Zeit, S. 79–102, hier S. 86. Stälin konnte unveröffentlichte Akten auswerten. – S. auch das Kap. *Einleitung* im vorliegenden Buch.

78 Anders Alt: Schiller, Bd. 1, S. 237: Die *Semele* als herzogliches Auftragswerk könne man ausschließen, „weil in diesem Fall der musikalische Rahmen reicher ausgestaltet worden wäre". Auch dies bleibt Mutmaßung, solange keine musikwissenschaftlichen Untersuchungen hierüber vorliegen.

79 Zum hier zweifelsohne sehr weit gefassten Begriff der Kontrafaktur vgl. Theodor Verweyen, Gunther Witting: Die Kontrafaktur. Vorlage und Verarbeitung in Literatur, bildender Kunst, Werbung und politischem Plakat. Konstanz 1987. In genau die gegenteilige Richtung gehen Kontrafakturen und Parodien, die sich auf Texte Schillers als Prätexte stützen, vgl. ebd., S. 111ff., sowie die Dokumentation: Der *Volks*-Schiller. Gesänge aus der Ludlamshöhle. Pornographische Parodien aus dem Biedermeier. Hgg. v. Joseph Kiermeier-Debre u. Fritz Franz Vogel. Wien 1995.

die Rede. Der Schüler kritisiert Verschwendungssucht, Untugendhaftigkeit, Machtprätentionen, den Willen zur Unsterblichkeit und Gottgleichheit, genährt aus absolutistischem Geist – ist das nicht das *Semele*-Thema? Man kann die *Semele* auch anders historisch kontextualisieren. Dazu ist es aber erforderlich, sich den Werkkontext der *Anthologie* als den ursprünglichen Publikationsort der *Semele* genauer anzuschauen. Leider geht in den Schiller-Editionen dieser wichtige Aspekt dadurch verloren, dass die Anordnung der Texte gattungssystematisch erfolgt. Ich stütze mich im Folgenden deshalb auf den Reprint der *Anthologie* von 1973. Die *Semele* ist dort auf den Seiten 199 bis 243 abgedruckt, unterzeichnet mit dem Kürzel ‚Y'. Die Seite 243 ist nur zur Hälfte mit dem Schlusstext der *Semele* belegt. Die andere Hälfte gibt das fünfzeilige Gedicht *Die Büchse der Pandora* wieder, eines jener Sinngedichte, von denen Schiller in seiner Selbstrezension der *Anthologie* sagt, sie „scheinen mehr da zu seyn, die Lücken zwischen grössern [Gedichten] auszufüllen".[80] Unmittelbar danach auf den Seiten 244 bis 250 folgt Schillers Gedicht *Die schlimmen Monarchen*. In der Forschung wird der „Schwabenkönig" (NA 26, S. 6 u. 278), wie ihn Schiller in zwei Briefen von 1790 und 1793 nennt, Karl Eugen als Adressat nirgends in Frage gestellt, jener Herzog, den Schiller noch 1793 nach dessen Tod als „alten Herodes" (NA 26, S. 336) bezeichnet.[81] Dieses Gedicht zählt zu den entschieden kritischen politischen Gedichten Schillers. Es enthält außerdem eindeutige Querverbindungen zur *Semele* und zu den Karlsschulreden. Die Fürsten werden als „Erdengötter"[82] und „Gottes Riesenpuppen"[83] bezeichnet. Das Thema der Apotheose, also das *Semele*-Thema, dem das Todesmotiv mit all seiner barocken Morbidität antithetisch entgegengesetzt ist,[84] klingt auch in diesem Vers an: „Wie des Volkes wilde *Vivat* euch vergöttern!"[85] Der Dichter selbst

---

80 Vgl. Anthologie auf das Jahr 1782. Hgg. v. Friedrich Schiller. Faksimiledruck der bei Johann Benedict Metzler in Stuttgart anonym erschienenen ersten Auflage. Mit einem Nachwort und Anmerkungen hgg. v. Katharina Mommsen. Stuttgart 1973, S. 60*.
81 Insofern ist der rührselige Bericht von Hoven über Schillers Erschütterung, als er die Nachricht von des Herzogs Tod erhält, wohl mehr ein Beitrag zur Legendenbildung (vgl. NA 42, S. 176f.).
82 Anthologie auf das Jahr 1782, S. 244.
83 Anthologie auf das Jahr 1782, S. 248.
84 Vgl. Anthologie auf das Jahr 1782, S. 246, wo die Begriffe ‚Würmer', ‚Moder', ‚Todenkasten' gebraucht werden.
85 Anthologie auf das Jahr 1782, S. 247.

nennt sich einen „Rudersklaven",[86] der sich gegen bestelltes Lob empört, wo die Aktualität der Ereignisse nach unnachsichtiger Kritik ruft. Als eine direkte Anspielung auf die Prunksucht Karl Eugens und dessen pompöse Opernaufführungen in Ludwigsburg kann der Vers „Wo in mystisch Dunkel eingemummt / Euer Spleen mit Donnerkeilen tändelt"[87] gelesen werden. Möglicherweise sind diese Worte aber auch ein Reflex auf das zuvor abgedruckte Dramolett *Semele*. Semele spricht dort zu Zeus, im Klartext also Franziska von Hohenheim zu Karl Eugen:

> Ein thöricht Mädchen deine Semele
> Die von dem Donnerer geliebet, nichts
> Von ihm erbitten kann – .[88]

Zuvor zitiert Zeus einen Vergleich aus der Rokokolyrik:

> Was Allmacht, Ewigkeit, Unsterblichkeit, ein Gott?
> Ohne Liebe?
> Der Schäfer, der an seines Stroms Gemurmel
> Der Lämmer an der Gattinn Brust vergißt,
> Beneidete mir meine Keile nicht,[89]

womit die Donnerkeile als mythologische Machtinsignien gemeint sind. Die Bedeutung der allumfassenden Liebe, schon in den Karlsschulreden expositorisch hervorgekehrt, besetzt hier in Schillers kritischer Wertehierarchie den ersten Platz. Auf Macht könne, ja müsse zugunsten der Liebe verzichtet werden, eine deutliche Anspielung auf die Mätressenwirtschaft des Herzogs. Im Medium des kritischen Gedichts geht Schiller noch einen Schritt weiter, der Spleen mit Donnerkeilen kann die Narrheit pompöser Operninszenierungen meinen, vom mystischen Dunkel wäre dann durchaus auch die *Semele* betroffen. Ist dies ein Hinweis darauf, dass Schiller das Dramolett ebenfalls als Auftragsarbeit geschrieben hatte, es dann aber aus welchen Gründen auch immer nicht zu einer Vertonung und Aufführung gekommen war? Dies könnte zumindest Schillers erschreckte Reaktion auf den eingangs zitierten Brief Charlottes von Lengefeld erklären: er wollte nicht mehr an seine ‚Rudersklavenexistenz' erinnert werden.

---

86 Anthologie auf das Jahr 1782, S. 245.
87 Anthologie auf das Jahr 1782, S. 245.
88 Anthologie auf das Jahr 1782, S. 239.
89 Anthologie auf das Jahr 1782, S. 230.

Die Verse der vorletzten Strophe schließlich können direkt auf das Versprechen Herzog Karl Eugens bezogen werden. An seinem fünfzigsten Geburtstag am 11. Februar 1778 hatte er das feierliche Gelübde abgelegt, seinen Lebenswandel von nun an zu ändern. Das Gelübde wurde öffentlich von den Kanzeln verlesen. Schillers Kommentar dazu: „Ihr bezahlt den Bankerott der Jugend / Mit Gelübden, und mit *lächerlicher Tugend*, / Die – Hanswurst erfand".[90] Keine Rede ist mehr davon, wie etwa in den Karlsschulreden, dass Herzog und Geliebte vorbildhafte Muster individueller und öffentlicher Tugendhaftigkeit seien. Die Karlsschulreden waren, dies lässt sich nun unter dem Blick dieses Gedichts sagen, gekaufte Reden, die bereits einen Subdiskurs als die Offerte zur Doppellektüre enthielten. Dieses ästhetische Verfahren der Doppellektüre setzt Schiller in der *Semele* im mythologischen Gewand fort und legt sich auf eine rezeptive Eindeutigkeit erst im Gedicht *Die schlimmen Monarchen* fest. Hier finden sich keine „feile[n] Lobreden",[91] wie er in der Selbstrezension schreibt. Als Drohung sind denn auch die Schlussverse zu verstehen:

> Aber zittert für des Liedes Sprache,
> Kühnlich durch den Purpur bohrt der Pfeil der Rache
> Fürstenherzen kalt.[92]

Schiller hat sich mit diesem Gedicht gerächt und dies dann literarisch in den *Räubern* und in *Kabale und Liebe* fortgesetzt. Die Rache indes war in den Reden und der *Semele* schon vorbereitet. Schiller praktiziert damit das, was ich als das ‚Schreiben linker Hand' bezeichne, und ahmt dadurch seinen Landesvater höchst parodistisch nach, der neben seiner rechtmäßigen Ehe eben auch eine Ehe linker Hand mit Franziska von Hohenheim führte. In den öffentlichen Text der Festrede oder der Operette ist der private Text der Hofkritik, „von edelm Freiheitsgeiste belebt",[93] eingeschrieben. Diesen kritischen Subdiskurs zu entdecken erfordert eine mikrologische Lektüre. Die Schiller-Forschung hat bislang diese Texte affirmativ gelesen, als Zugeständnis des jungen Dichters an den pathetischen Ton der Zeit, oder ausschließlich instrumentell, als Zeugnis eines beeindruckend souveränen Umgangs mit handwerklichen Mitteln der rhetorischen Tradition. Beide Lesarten verstellen aber den Blick auf die Widerborstigkeit der Substruktur des Textes.

---

90 Anthologie auf das Jahr 1782, S. 249.
91 Anthologie auf das Jahr 1782, S. 60*.
92 Anthologie auf das Jahr 1782, S. 250.
93 Anthologie auf das Jahr 1782, S. 60*.

Durch geschickte Dialogführung, durch Schmeicheleien und Komplimente gelingt es Juno in der *Semele* schließlich, die Rivalin selbst zu dem Bekenntnis zu verleiten, „Zeus liebt mich!" (FA 2, S. 793). Oder ist es eine trotzige, vielleicht beschwörende Behauptung, wenn man die stumme Rhetorik des Ausrufezeichens berücksichtigt? Es ist jedenfalls Semeles Antwort auf Junos Hinweis, dass Semele großen Einfluss auf Zeus habe. Und es ist jene Aussage, die Juno aus dem affektiven Gleichgewicht bringt. Aufbrausend und erstaunt ruft sie aus: „Ha! Ist es wahr?" (FA 2, S. 793). Bereits zum vierten Mal bedient sich Juno dieser Interjektion, dies unterstreicht ihr großes Affektpotenzial, ja ihre Aggressionsbereitschaft, die sie in das Gespräch von Anfang an mit einbringt. Und bis sie aus dem Stück wieder verschwindet, wird sie diesen Ausruf noch sechsmal wiederholen.

Auf Semeles Bekenntnis von Zeus' Liebe folgt eine regelrechte Travestie petrarkistischen Frauenlobs. Semele besingt in metrischen Endreimen, also in strenger Form, Jupiters Aussehen: Haare, Schwanenhals, Blick, Gesicht, Gang, Stimme werden metaphernreich beschrieben (vgl. FA 2, S. 794). Juno schürt Misstrauen, als Gott erscheinen könne jeder Sterbliche. Sie drängt Semele, von Zeus ein Zeichen seiner göttlichen Allgewalt, nämlich Donner, zu verlangen. Ihre Suggestivkraft lenkt sie über die scheinbare Solidarisierung mit Semele als der mutmaßlich Betrogenen. Für einen Moment findet eine fiktive Umkehrung des Rollenspiels statt. Semele erscheint plötzlich als Betrogene und Juno hilft ihr dabei, Gewissheit zu erlangen. „Itzt müssen *wir*'s erfahren! [...] wollen *wir* ihn nicht / Versuchen Semele?" (FA 2, S. 796, Hervorhebung M.L.-J.). Und ihre Strategie hat Erfolg. Semele klagt „Ach! Er ists nicht!" (FA 2, S. 796). Anders als Kleists Alkmene, welche die Entdeckung, sie habe die Nacht nicht mit ihrem Mann, vielmehr mit Zeus verbracht, nur mit einem einsilbig vielsagenden ‚Ach' kommentiert, ist Semele am Ende von Junos Überredungskünsten überzeugt und bedarf der Klarheit. Sie beschließt, Zeus müsse sich als Gott ihr zu erkennen geben, und sie beschließt damit zugleich ihren Untergang. Nun tritt neben das Misstrauen ein zweites wichtiges Motiv. In einem plötzlichen Wechsel eröffnet Juno Semele die Möglichkeit des sozialen Aufstiegs. Dies ist der Augenblick der Hybris, der willentlichen, selbstinszenierten Apotheose Semeles. Sie möchte in den Götterhimmel aufrücken und Juno bestätigt: „Götter, Götter, werden sich vom Himmel neigen, / Götter vor dir niederknien, / Sterbliche in demutsvollem Schweigen / Vor des Riesentöders Braut sich beugen [...]" (FA 2, S. 799). Auch

diese Verse sind wieder gereimt, wodurch die Bedeutung der Textpassage im Gesamt der dramatischen Handlung hervorgehoben wird.
In Marmortafeln wird man von Semele berichten und auf Altären
wird ihr geopfert werden, malt Juno aus, die Sterbliche wird vergöt-
tert, im buchstäblichen wie im übertragenen Sinn. Liegt es da nicht
nahe, nach den absolutistischen Bezugspunkten dieses Mythologems
zu fragen? „Ich Glücksel'ge! vom Olympus neigen / Werden sich die
Götter, vor mir niederknien / Sterbliche in demutsvollem Schweigen
–" (FA 2, S. 800), anakoluthisch endet der Vers, der Junos falsche
Prophetie durch Semeles Mund wiederholt. Die Apotheose gerät
zum Sinnbild eines Phantasmas vom sozialen Aufstieg.

In der zweiten Szene des Dramoletts tritt Zeus auf. „Semele! Ich
bin dein Zeus!" (FA 2, S. 803), sagt er schon, bevor er überhaupt
danach gefragt wird. Das göttliche Männerwort formuliert einen
klaren Besitzanspruch. Zeus eröffnet nach ‚Hybris', ‚Wort' als dem
Medium der Hybris nun das dritte Thema des Textes, die Liebe. Er
stellt die Frage, „was ist […] ein Gott? / Ohne Liebe?" (FA 2, S. 803).
Ebenso wenig wie Semele sagte, dass sie Zeus liebe, bekennt Zeus,
dass er Semele liebt. Sein Wort ist ambivalent, es kann heißen, dass
ein Gott nur Gott ist, wenn er selbst liebt, es kann aber auch bedeuten, dass ein Gott nur dann Gott ist, wenn er Liebe erfährt. Und
exakt diese Haltung verschafft sich kurz darauf Gehör. Für Zeus ist
die Frau die Krönung seiner Schöpfung, der Künstlergott soll angebetet werden, der die Frau erschuf. Die richtige Schlussfolgerung
daraus lautet: „Zeus betet an vor Zeus, der dich erschuf!" (FA 2,
S. 803). Während es Semele um ihre Apotheose geht – am Ende
bekennt sie, nur Götter könne sie lieben (vgl. FA 2, S. 805 u. S. 806)
–, geht es Zeus um Selbstbestätigung durch die Identifikation mit
seinem Werk. Diese Selbstbespiegelung aber erfährt er nur in Men-
schengestalt. Auch hier zeigt sich Schillers dramaturgische Raffines-
se. Während Semele Gott werden möchte, aber Mensch bleibt, wird
der Gott Zeus Mensch, während er Gott bleibt. Seine Anthropomorphisierung zeitigt das gleiche Ergebnis wie Semeles versuchte Apotheose, sie scheitert. Semele bleibt Mensch, Zeus bleibt Gott. Ein
Rollentausch ist ausgeschlossen. Als Gott kann er sich Semele, die
dies von ihm einfordert, nur mit den Insignien seiner Macht offenba-
ren und diese sind „Tod und Verderben" (FA 2, S. 806). Semele hat
die Freiheit des Willens, noch auf diese Machtdemonstration zu
verzichten und ihrem Herzen zu folgen. Zeus erkennt, worauf sich
Semele einlassen wird, er bietet ihr an, selbst ganz Mensch zu werden, „Mensch unter Menschen […] – Ein Wink von dir! Ich bins!"

(FA 2, S. 806). Doch Semele will nicht, dass Zeus Mensch wird, sie möchte Gott werden. Ob Semele am Ende tatsächlich stirbt, bleibt aus Schillers Perspektive offen. In der Regieanweisung heißt es lediglich *„sie geht ab"* (FA 2, S. 808). Ihren Tod mutmaßen kann also nur, wer über die historische Kenntnis des Mythos verfügt. In der Schlusspassage spricht Zeus nach Semeles Weggang die Worte:

> Nein! triumphieren soll sie nicht – Erzittern
> Soll sie – und kraft der tödenden Gewalt,
> Die Erd und Himmel mir zum Schemel macht,
> Will an den schroffsten Felsen Thraziens
> Mit diamantnen Ketten ich die Arge schmieden (FA 2, S. 808).

Schiller entwirft damit eine Variante zum ovidschen Mythos, Semele wird so zum „weiblichen Prometheus".[94] Vielleicht wäre es noch exakter, von Semele als einem travestierten Prometheus zu sprechen. Denn Semele bringt den Menschen nicht das Feuer, sie solidarisiert sich nicht mit den Menschen, sondern mit den Göttern, sie will nicht Menschen schaffen, sondern Götter.

Befragen wir den Text nach möglichen Hinweisen auf Vorbilder, so ist neben der antiken mythologischen Vorlage besonders ein Wort auffallend. Semele sagt zu Zeus, „mein Herz war dem geweiht, deß Aff du bist" (FA 2, S. 804). Dieses Wort, genauer dieses Tier fällt völlig aus der sonst stark pathetisierenden Sprache Semeles heraus.[95] Mythologisch ist nicht überliefert, dass von den Menschen als den Affen des Zeus die Rede ist. Zwar hatte Schiller in den *Räubern* schon von der „Phantasei, de[m] mutwillige[n] Affe[n] der Sinne", gesprochen (IV/5) und damit unwissentlich an ein Wort Heinses gemahnt, der sich gegen den Vorwurf der Immoralität seiner *Petronius*-Übersetzung hatte zur Wehr setzen müssen und unter dem Datum vom 2. Januar 1774 an Wieland die „Phantasie ein ewiger *Cunnus*

---

94 Alt: Schiller, Bd. 1, S. 238.
95 In *Kabale und Liebe* tituliert Ferdinand von Walter Hofmarschall von Kalb ähnlich: „Wie ein zahmer Affe sollst du zum Geheul der Verdammten tanzen, apportieren und aufwarten, und mit deinen höfischen Künsten die ewige Verzweiflung belustigen" (IV/3). Herder wird später in seinen *Ideen zur Philosophie der Geschichte der Menschheit* (1784–91) davor warnen: „Kein nachahmender Affe höherer Wesen sollte der zur Freiheit erschaffene Mensch sein" (Johann Gottfried Herder: Werke in zehn Bänden. Bd. 6: Ideen zur Philosophie der Geschichte der Menschheit. Hgg. v. Martin Bollacher. Frankfurt a.M. 1989, S. 197). Karl Moor gießt über die Priester seinen Spott aus, wenn er sie als „Affen der Gottheit" (*Räuber*, II/3) tituliert.

[= weibliches Geschlechtsteil]“[96] genannt hatte. Man kann die Äußerung von Schillers Semele als Metapher für Nachahmung werten, da sie zuvor Salmoneus nennt, den König von Elis, der Zeus imitieren wollte (vgl. FA 2, S. 1526).[97] Es lässt sich aber auch ein literarhistorisches Vorbild finden. Im vierten Gesang von Wielands *Idris und Zenide* (1767) ist zu lesen:

> Auf Rosen scherzten wir, (so singen zwey zusammen)
> Als aus dem schönsten Traum dein Affe mich geweckt.
> Der Eifersüchtige! er hatte sich versteckt,
> Und schielt' uns neidisch an als wir im Bade schwammen.
> Hier *Semele* – hier bin ich, *Zeus in Flammen!*
> Wozu die seidne Luft die deinen Busen deckt?
> Wir sehen doch auf ihm die Liebesgötter gaukeln
> Und mit den Grazien sich auf und nieder schaukeln.[98]

Eine andere Lesespur findet sich in dem Gedicht *Shakespears Geist* (erstmals gedruckt 1828) von Jakob Michael Reinhold Lenz. Darin spricht Shakespeare:

> [...] Gott! – Schafft dein Schicksal
> Menschen nach? Realisiert
> Was ich in unvergeßlichen Stunden
> Durchgezittert, durchempfunden
> In meiner Seele aufgeführt?
> O welch Herablassen! deinem Affen
> Würdigst du Vater! nachzuerschaffen.[99]

Und in dem späten Gedicht *Was ist Satire?* (erstmals gedruckt 1828) von Lenz finden sich die Zeilen:

> Doch gibts Erbärmlichers wohl was in der Natur
> Als einen Menschen zu dem Affen
> Von unsrer Neigungen Gewohnheit, umzuschaffen?
> [...]
> Wer einen gleichen Weg bei gleicher Tagszeit macht

96 Wilhelm Heinse: Sämmtliche Werke. Hgg. v. Carl Schüddekopf. Bd. 9: Briefe. Erster Band. Bis zur italiänischen Reise. Leipzig 1904, S. 178. Bekanntermaßen war Heinse wenig prüde. Seine *„Theorie des Autorwesens"* definierte er so: „Das beste Leben aller Dinge ist: Vögeln und gevögelt werden" (Heinse: Sämmtliche Werke, Bd. 8.1, S. 17). – Für Schiller hingegen ist seine Phantasie „die unruhige Vagabundin" (NA 23, S. 174; Brief vom 10. Februar 1785 an Körner).
97 Die *Nationalausgabe* lässt diesen Vers unkommentiert, vgl. NA 5N, S. 234.
98 Wieland: Sämmtliche Werke, Bd. 6, S. 210.
99 Lenz: Werke und Briefe, Bd. 3, S. 206.

Ein ähnliches Geschäft zu treiben hat, und Freunde
So wie der andre findt, der hat auf keine Feinde
Die ihn den Affen nennen, Acht.[100]

Doch auch bei Schubart lässt sich in seinem Gedicht *Jupiter und Semele* eine ähnliche Textstelle belegen. „Der Affe gaukelte vor ihr; das Eichhorn putzte sich" (FA 2, S. 1510), heißt es dort. Ob dies allerdings als ein Beleg für die Annahme gewertet werden kann, Schiller habe sich auf Schubarts Gedicht stützen können, ist zweifelhaft (vgl. FA 2, S. 1511).[101] Denn dagegen spricht, dass zum einen die Datierung des Gedichts äußerst unsicher ist, das Entstehungsjahr 1781 oder 1782 ist nicht nachgewiesen, sondern bloße philologische Annahme. Man müsste also spekulativ davon ausgehen, dass es schon 1779 geschrieben worden sei.[102] Zum anderen spricht dagegen, dass Schubarts Text erst 1786 erschienen ist, Schiller ihn also im Manuskript hätte kennen lernen müssen, was zu diesem Zeitpunkt der Entstehung der *Semele* (1779/1780), immerhin war Schiller da noch Karlsschüler, mehr als unwahrscheinlich ist. Ein Argument, dessen sich die Befürworter der Vermutung, Schubart biete die Quelle für Schiller, nicht bedienten, muss hier allerdings mitgeteilt werden. In dem bereits zitierten Werk von Streicher über Schiller berichtet der Autor, Schiller habe auf der Flucht aus Stuttgart in Enzweihingen auf einer Poststation ein Heft mit ungedruckten Gedichten Schubarts hervorgezogen und daraus vorgelesen. Um welche Gedichte es sich dabei handelte, wird nicht überliefert (mit Ausnahme der *Fürstengruft,* die im *Frankfurter Musenalmanach auf das Jahr 1781* erschien). Und ob diese Gedichte tatsächlich auch ungedruckt waren, lässt sich ebenfalls nicht mehr überprüfen. Fest steht jedoch, dass Schiller Schubarts Gedichte las, allerdings war zu diesem Zeitpunkt (Schiller verließ Stuttgart am 22. September 1782) Schillers *Semele* bzw. die *Anthologie* bereits im Druck, der Almanach erschien im Februar 1782. „Schiller hatte für die *dichterischen Talente* des Gefangenen, sehr viele Hochachtung. Auch hatte er ihn einigemale auf dem Asperg besucht",[103] schreibt Streicher. In einer späteren Fassung

---

100 Lenz: Werke und Briefe, Bd. 3, S. 236.
101 Als „unwahrscheinlich" beurteilen auch die Kommentatoren Claudia Pilling und Gert Vonhoff diese Vermutung (vgl. NA 5N, S. 497f.).
102 In der von Gustav Hauff besorgten Ausgabe der Gedichte Schubarts werden sogar als Entstehungszeit die Jahre „1782 oder 1783" angegeben, vgl. Chr. Fr. D. Schubarts Gedichte. Historisch-kritische Ausgabe von Gustav Hauff. Leipzig o.J. [1884], S. 35.
103 Andreas Streichers Schiller-Biographie, S. 56.

von Streichers Schiller-Buch ist nur noch von einem einmaligen Besuch die Rede.[104] Schiller lernte Schubart erst im November 1781 persönlich kennen, als er ihn auf dem Hohenasperg besuchte. Schubarts Sohn Ludwig war jedoch schon seit 1777 Karlsschüler. Nicht ausgeschlossen ist also, dass Schiller über ihn unveröffentlichte Gedichte des Vaters zu lesen bekam. Schubart schreibt seiner Frau mutmaßlich Sommeranfang 1782, „Schiller ist ein groser Kerl – ich lieb' ihn heiß – grüß ihn!"[105] Ist dies eine Reaktion auf die Lektüre der *Anthologie* oder auf Schillers Besuch auf dem Hohenasperg? Für einen Einfluss von Schubarts Gedicht auf Schillers *Semele* sprächen „punktuelle Entlehnungen, insbesondere im Rahmen der zweiten Szene".[106] Es lässt sich aber mit den gleichen Argumenten auch umgekehrt behaupten, Schubart entlehne punktuell aus Schillers *Semele*.[107]

Eine andere Wortauffälligkeit ist in ihrer Deutung freilich noch spekulativer. Semele tritt zu Beginn in die Szene ein mit Anweisungen an ihre Zofen. „Durchbalsamet den Saal mit Weihrauchdüften" (FA 2, S. 791). Diese Formulierung ändert Schiller in der Zweitfassung wie folgt: „Durchwürzt den Saal mit süßen Ambradüften" (FA 2, S. 812). Der Begriff Ambraduft kann als sprachliches Kennzeichen des Prozesses der Verbürgerlichung der Gesellschaft in der zweiten Hälfte des 18. Jahrhunderts verstanden werden, gilt doch Ambra als ‚königliche' Essenz.[108] Diese Spezerei wurde höher als Gold gehandelt und fand oft bei Ohnmachten Anwendung.[109] Die gezielte Verwendung des Begriffs bleibt jedenfalls im Rahmen der Schilderung eines Rokokoambientes auffällig. Bei Gerstenberg heißt es etwa im *Lied eines Mohren* aus seinen *Tändeleyen* (1759): „Wie Ambraduft will ich dich, Tod! / Mit jedem Odemzug aus ihren Adern

---

104 Vgl. Andreas Streichers Schiller-Biographie, S. 268.

105 Christian Friedrich Daniel Schubart's Leben in seinen Briefen. Gesammelt, bearbeitet und herausgegeben von David Friedrich Strauß. Berlin 1849. Reprint Königstein i.Ts. 1978, S. 47.

106 Alt: Schiller, Bd. 1, S. 236.

107 Alt nennt Schubarts Gedicht einen versifizierten Kommentar zu Ovids Semele-Darstellung (vgl. Alt: Schiller, Bd. 1, S. 236).

108 Vgl. dazu Manuel Frey: Der reinliche Bürger. Entstehung und Verbreitung bürgerlicher Tugenden in Deutschland, 1760–1860. Göttingen 1997, S. 72, sowie den instruktiven Kommentar NA 5N, S. 535.

109 Vgl. Johann Heinrich Zedler: Grosses vollständiges Universal Lexicon Aller Wissenschafften und Künste, Welche bißhero durch menschlichen Verstand und Witz erfunden worden. Bd. 1. Halle, Leipzig 1732, S. 1694.

trinken".[110] In der Vertonung von Johann Christoph Friedrich Bach (1776) mag es auch in Ludwigsburg oder Stuttgart gespielt worden sein. Oder Schiller kannte das Wort Ambraduft auch aus der Lektüre der *Tändeleyen*. Spekulationen gewiss, aber sie eröffnen einen intertextuellen Horizont. In den *Räubern* ist der Begriff Ambrosiaduft belegt. Dort empört sich Franz, als seine Bemächtigungsversuche von Amalia brüsk zurückgewiesen werden: „Geh, gaff ihn selbst an, deinen schönen, englischen göttlichen Karl! Geh, sauge seinen balsamischen Atem ein, und laß dich von den Ambrosia-Düften begraben, die aus seinem Rachen dampfen!" (I/3) Nektar (Trank) und Ambrosia (Brot) dienten in der antiken Mythologie als Götterspeisen. Zugleich kann Ambrosia aber auch eine Salbe köstlichen Geruchs meinen, „und überhaupt nennte man alles *Ambrosiam*, was von einer besondern Fürtrefflichkeit, und göttlich zu seyn schiene".[111]

Auch bei Jakob Michael Reinhold Lenz findet sich eine Semele-Spur. Völlig unabhängig voneinander schreiben die beiden Autoren Schiller und Lenz eine *Semele* und definieren als Adressaten ihrer Texte jeweils den Hof. Für Lenz ist dies nachgewiesen, für Schiller bleibt es eine Lesethese. Lenz schreibt von Petersburg aus unter dem Datum vom 5. Juli 1780 an seinen Vater. Er legt diesem Brief ein ‚Lyrisches Gedicht' bei, das er soeben abgeschlossen habe:

> Die Veranlassung des Gedichts war eine Begebenheit in Peterhof die hier allgemeine Sensation gemacht. Der Großfürst spaziert mit dem Kaiser – er führt ihn in seinen Lustgarten, den die Großfürstin anlegen lassen. Der Kaiser sieht Mäurer, fragt, was da gebaut werde. Der Großfürst umarmt ihn, er solle den Grundstein legen. Es sei ein *Tempel der Freundschaft*, den er errichten wolle. Alle Umstehenden weinten – so wie der Kaiser und der unnachahmliche Großfürst von Rußland.
>
> Der Titel ist aus der heidnischen Mythologie, am besten geschickt, die Geheimnisse der Höfe einzukleiden. Semele bedeuten die Zuschauer und Rußland überhaupt. Sie bat sich von Jupitern dem Vater der Götter die Gunst aus, ihn ohne Wolke zu sehen. Sie ward ihm gestattet, und sie ward von dem Feuer verzehrt, das ihn umgab.[112]

---

110 Johann Christoph Friedrich Bach, Heinrich Wilhelm von Gerstenberg: Die Amerikanerinn, ein lyrisches Gemählde. Mit einem Nachwort hgg. v. Matthias Luserke u. Reiner Marx. Heidelberg 1998, S. 28.
111 Zedler: Grosses vollständiges Universal Lexicon 1732, Bd. 1, S. 1699.
112 Lenz: Werke und Briefe, Bd. 3, S. 618.

Bei einem lyrischen Gedicht sei, so Lenz weiter, „eine gewisse Dunkelheit unvermeidlich […], denn sobald man Erläuterungen dazu setzt, ist es nicht lyrisch mehr. Unverständlich wird es den Personen, die es angeht nicht sein da es in der Sprache ihres Hofes und in Beziehung auf ihre Taten geschrieben ist".[113] Die Großfürstin ist Maria Feodorowna, geborene Sophie Dorothea von Württemberg, die seit 1776 mit dem russischen Thronfolger verheiratet war. Damit soll nicht insinuiert werden, dass die *Semele* von Lenz auf irgendeinem Wege vom Rigaer Verleger Hartknoch, an den das Gedicht weiterzuleiten Lenz seinen Vater gebeten hatte, zum Stuttgarter Verleger der *Anthologie*, Johann Benedict Metzler, gelangt ist. Vielmehr sind zwei andere Aspekte bemerkenswert: 1.) Zur selben Zeit, da Schiller in Württemberg eine *Semele* schreibt, arbeitet auch Lenz in Russland am gleichen Stoff. Das kann man dahingehend werten, dass dieser Stoff für die Autoren dieser Generation eine bestimmte Attraktivität bot. 2.) Lenz benutzt den Semele-Stoff expressis verbis – allerdings nur, soweit wir dies aus dem zitierten Brief wissen, denn das Gedicht selbst ist nicht erhalten –, um die Ständedistinktion zwischen Hofadel und Bürgerlichen zu betonen. Übertragen wir diese Beobachtung auf Schiller, dann gibt es für Schillers *Semele* zwei Interpretationsmöglichkeiten, eben das Angebot einer Doppellektüre: 1.) Auch Schiller hat, ähnlich wie Lenz, einen affirmativen Text geschrieben, der die Ständedistinktion betont und der aristokratischen Herrschaft huldigt. Oder 2.) Schillers *Semele* ist eine Parodie gerade auf diese Herrschaftsfestschreibung, die allerdings nur im Gewand der Mythologie in unmittelbarer Nähe zum Stuttgarter Hof vorgetragen werden konnte. Damit böte der Text als Strategie eine Art Doppellektüre, eine affirmative und eine kritische.

Zuletzt sei ein barockes Emblem zitiert, das die Lesart von der *Semele* als einer kritischen Parodie unterstützen könnte und das genau den Zusammenhang zwischen mythologischer Einkleidung und aristokratischen Adressaten deutlich macht. Barptolemaeus Anulus hat es in seinem Buch *Picta Poesis* (1552) dargestellt. In der subscriptio wird dort Semele als „ambitiosa" (Ehrgeizige) beschrieben, die an ihren eigenen hochgesteckten Zielen zugrunde geht. „Das mahnt daran, daß man den Umgang mit Mächtigen, deren Gesellschaft am Ende doch Verderben bringt, meiden soll. Darum flieh die Gemeinschaft mit Machthabern, und wenn du dich je-

---

113 Lenz: Werke und Briefe, Bd. 3, S. 618f.

mandem anschließen willst, verbinde dich mit Gleichen".[114] In den Semele-Mythos ist also in der kulturellen Überlieferung durchaus auch das Moment der Machtkritik eingeschrieben. Und dieses mobilisiert Schiller in seinem *Semele*-Dramolett. Im Jahr der Uraufführung von Schillers *Semele* 1900 legte auch Hugo von Hofmannsthal den Plan zu seiner „phantastische[n] Dichterkomödie"[115] *Jupiter und Semele* an. War Hofmannsthal vielleicht durch die Berliner Uraufführung von Schillers *Semele* auf den Stoff aufmerksam geworden, falls er von dieser Aufführung überhaupt Kenntnis hatte? Kannte er die Druckfassung von Schillers *Semele*? Die Hofmannsthal-Forschung gibt bislang als Anregung für sein Fragment andere Quellen an.[116] Nachweisbar ist freilich nur, dass Hofmannsthal am 3. November 1902 von Venedig aus dem Sprachphilosophen Fritz Mauthner, dessen dreibändiges Werk *Beiträge zu einer Kritik der Sprache* (1901/02) Autoren der literarischen Moderne nachhaltig geprägt hat, einen Brief schreibt. Hofmannsthal spricht von der Ambivalenz des Metaphorischen, die entzücke und beängstige zugleich, und fügt hinzu:

> Es gibt einen sehr frühen lyrisch-dramatischen Versuch von mir, dessen Personen ein Dichter und seine Geliebte sind: er ist aber nur nebenbei, formal, Dichter, ist eigentlich Grammatiker und Lexicograph in päpstlichen Diensten. Sie fragt ihn, in der Nacht, im Bett, was denn *eigentlich* sein Beruf sei und da sagt er ihr beispielshalber das Personalpronomen auf und wird über den unendlichen Inhalt von *Ich – Du* wahnsinnig und erwürgt sie. Der Entwurf ist in meinen Notizen mit dem Schlagwort ‚*Semele*' bezeichnet; der Vorwitz, den Geliebten in seiner Gottähnlichkeit = donnernd und blitzend, schauen zu wollen bringt das Verderben.[117]

Die mythologische Geschichte von Jupiter und Semele dient Hofmannsthal lediglich als „Folie".[118] Semele erliegt dem „Zauber der

114 Emblemata. Handbuch zur Sinnbildkunst des XVI. und XVII. Jahrhunderts. Hgg. v. Arthur Henkel u. Albrecht Schöne. Stuttgart, Weimar 1996, Sp. 1731.
115 Hugo von Hofmannsthal: Gesammelte Werke in zehn Einzelbänden. Dramen III 1893–1927. Hgg. v. Bernd Schoeller. Frankfurt a.M. 1986, S. 532–533, hier S. 533.
116 Vgl. Friderike Mayer u. Mathias Mayer: Verflüchtigung, Vergeistigung, Vernichtung. Zu Hofmannsthals Fragment ‚Jupiter und Semele', in: Literaturwissenschaftliches Jahrbuch 31 (1990), S. 199–210, hier S. 200, Anm. 2.
117 Der Briefwechsel Hofmannsthal – Fritz Mauthner, eingeleitet und herausgegeben von Martin Stern, in: Hofmannsthal-Blätter 19/20 (1978), S. 21–38, hier S. 33.
118 Hofmannsthal: Gesammelte Werke, Dramen III, S. 532.

einfachsten Worte", die Jupiter „hervorstößt": „Du – Ich".[119] Semele moniert an Jupiter, er sei in sich „selbst nur zu Gast",[120] irgendwie abwesend und nie vollständig da. Semele wünscht sich, dass sich Jupiter einmal ihr ganz hingebe und sich fallen lasse. Doch die Andersheit und Vollständigkeit seiner Hingabe ist zugleich die größte Gefahr für die Frau, nämlich die männliche „Wortgewalt", und am Ende bliebe von Semele nichts als eine „Kotlache".[121] „Indem ich ausspreche: Ich und Du, so bricht schon das Chaos herein. Laß mich: ich will im Wörterbuche lesen",[122] sagt Jupiter. Aus dieser Sicht war am Anfang das Wort und das Wort war die Herrschaft. Daran könnte sich eine moderne Deutung anschließen, welche im Patriarchat Wortherrschaft erblickt. Eben weil der Text Fragment geblieben ist, sind Überlegungen, wie die Endgestalt hätte aussehen können, müßig. Gleichwohl setzt Hofmannsthals knappe Skizze erstaunlich deutlich Akzente. Die Macht Jupiters ist seine Wortgewalt, Jupiter ist der Dichtergott, ja der Dichter selbst.[123] Die wahre Herrschaft ist demnach die Wortherrschaft. Was sich bei Schiller angedeutet hatte, dass der genieästhetisch gespeiste, literarische Titanismus die Jupiter-Figur kennzeichnet, das vollstreckt Hofmannsthal. Die Macht des Worts liegt doppelbödig, gewissermaßen zur linken Hand, im Wort der Machtkritik.

2.3 *Die Verschwörung des Fiesko zu Genua* (1783)

E: Frühjahr 1782
D: April 1783
UA: 20. Juli 1783 (Frankfurt a.M.)

Am 6. Oktober 1781 teilt Schiller Dalberg mit, dass er sich lieber an die Abfassung eines neuen Stücks machen als die gewünschte Überarbeitung der *Räuber* nochmals wiederholen wolle (vgl. NA 23, S. 20). Ein unermüdlicher Schaffensdrang lässt Schiller Ideen und Entwürfe zum *Fiesko* ausarbeiten. Allerdings ist es unklar, wann

---

119 Hofmannsthal: Gesammelte Werke, Dramen III, S. 532.
120 Hofmannsthal: Gesammelte Werke, Dramen III, S. 533.
121 Hofmannsthal: Gesammelte Werke, Dramen III, S. 533.
122 Hofmannsthal: Gesammelte Werke, Dramen III, S. 533.
123 Dass man darin auch eine „Absage an das christliche Verständnis von Geist und Buchstabe" sehen kann, haben Friederike und Mathias Mayer nachgewiesen, vgl. Mayer: Verflüchtigung, Vergeistigung, Vernichtung, S. 205.

genau er mit den eigentlichen Arbeiten am Drama beginnt. Lediglich Anhaltspunkte lassen sich sammeln und in eine deutende Beziehung zueinander setzen. Dies betrifft in erster Linie die ‚Suchwörter' Fiesko, Rousseau und Plutarch.

In seinem *Versuch über den Zusammenhang der thierischen Natur des Menschen mit seiner geistigen* nennt Schiller *Fiesko* erstmals ausdrücklich:

> Zerrüttungen im Körper können auch das ganze System der moralischen Empfindungen in Unordnung bringen, und den schlimmsten Leidenschaften den Weg bahnen. Ein durch Wollüste ruinirter Mensch wird leichter zu Extremis gebracht werden können [...]. Katilina war ein Wollüstling, eh er ein Mordbrenner wurde; und Doria hatte sich gewaltig geirret, wenn er den wollüstigen Fiesko nicht fürchten zu dörffen glaubte. Ueberhaupt beobachtet man, daß die Bösartigkeit der Seele gar oft in kranken Körpern wohnt. (NA 20, S. 65)

Vermutlich ist Schiller also um das Jahr 1780 erstmals der Fiesko-Stoff begegnet. Als Karlsschüler, der er ja bis zum 15. Dezember 1780 war, hat er sich intensiv mit dem römischen Schriftsteller Plutarch beschäftigt, dessen *Parallelbiographien* (gr. *Bíoi paralléloi*) ihn stark beeindruckten. In seinem *3. Bericht von den Krankheits-Umständen des Eleven Grammonts am 11. Jul. 1780*, worin er über die Depression seines Mitschülers Grammont Bericht erstattet, schreibt Schiller, „er ließ sich von mir einige Zeit aus den Biographien des Plutarchs vorlesen" (NA 22, S. 22). Plutarch, einer der meistgelesenen antiken Autoren des 18. Jahrhunderts, schildert in seinem Werk *Parallelbiographien* paarweise (und am Beispiel von vier Einzelpersonen) die Lebensgeschichte von 22 Persönlichkeiten – jeweils an einem griechischen und einem römischen Beispiel – aus Militär und Politik. Schiller zählte Plutarch vorübergehend sogar zu seinen Lieblingsschriftstellern.[124] Diese antike Darstellung der Verbindung von Politik, Patriotismus und republikanischer Gesinnung, dargestellt an ausgewählten historischen Persönlichkeiten, vermengt sich bei ihm mit der durch den Lehrer Abel vermittelten Vorstellung vom Genie. In der *Rede über die Entstehung und die Kennzeichen großer Geister* (1776), seiner so genannten *Genie-Rede*, untersucht Abel die Frage, ob das Genie geboren werde, also natürliche Anlagen habe, oder dazu erzogen werde und gebildet werden könne. Abels Antwort fällt pragmatisch aus, Anlage und Bildung müssten gleichermaßen vor-

---

124 Vgl. Alt: Schiller, Bd. 1, S. 210.

handen sein. Abel stellt eine mehr oder weniger rhetorische Frage, gleichwohl im Angesicht des Landesfürsten vorgetragen und daher beinahe schon provokant: „Warum entstehen z.E. [...] in Republiken, in unbestimmten Regierungsformen, bei Armuth und Elend auf einmal grosse Männer, warum gibts Zeiten, z.E. in despotischen Staaten, in ruhigen Regierungsformen, die an grossen Männern ganz ohnfruchtbar sind?"[125] Für Abel sind große Männer in Politik und Gesellschaft Äquivalente zu den literarischen Genies. Hier berührt sich auch seine Genievorstellung mit der antiken Darstellung ‚großer Männer' bei Plutarch. In der zweiten Frage untersucht er die Kennzeichen eines Genies und hebt besonders dessen Affektstruktur hervor. „Ohne Leidenschaft ist nie etwas grosses, nie etwas ruhmvolles geschehen, nie ein grosser Gedanke gedacht, oder eine Handlung der Menschheit würdig vollbracht worden."[126] Abel betont in einer näheren Bestimmung beim Genie besonders dessen Schnelligkeit von Gedanken und Empfindungen. Die Gedanken des Genies strömten und stürzten regelrecht. Das Genie werfe große Gedanken wie Goldstücke, aus denen noch Jahrhunderte Formen bildeten. Abel vergleicht das Genie mit einer Rede, in der sich Gedanke auf Gedanke und Empfindung auf Empfindung drängten.[127] Er warnt aber auch davor, Schnelligkeit allein sei kein ausschließliches Kennzeichen, es müsse verbunden sein mit der Tiefe und Dauer der Eindrücke, mit der Richtigkeit und mit dem, was Psychologen heute Objektpermanenz nennen.[128] Nicht in „flatterhaftem herumhüpfen", sondern „in stetem Anhalten auf einen Gegenstand"[129] zeigt sich demnach Genie. Dann spricht Abel seine jungen Zuhörer direkt an – und man ist versucht sich vorzustellen, mit welcher Aufmerksamkeit jeder einzelne unter den Schülern diese Ausführungen verfolgt haben mag, waren sie doch als Karlsschüler per se schon Vertreter einer Bildungselite. „Wann ihr mit eurer ganzen Kraft auf einen Gegenstand euch heftet, und ruhet und still stehet eure Seele auf ihm, und ihr erstarrt da auf ihm liegt, und Himmel und Erde euch

---

125 Abel: Eine Quellenedition zum Philosophieunterricht an der Stuttgarter Karlsschule, S. 181–218, hier S. 190.

126 Abel: Eine Quellenedition zum Philosophieunterricht an der Stuttgarter Karlsschule, S. 194.

127 Vgl. Abel: Eine Quellenedition zum Philosophieunterricht an der Stuttgarter Karlsschule, S. 209.

128 Vgl. Abel: Eine Quellenedition zum Philosophieunterricht an der Stuttgarter Karlsschule, S. 197.

129 Abel: Eine Quellenedition zum Philosophieunterricht an der Stuttgarter Karlsschule, S. 201.

schwinden, jauchzet Jünglinge, in euch schlummert ein großer Mann."[130] Wer von diesen Jünglingen hat da wohl nicht zuerst an sich selbst gedacht? Abel hebt am Genie dessen Entschiedenheit zur Digression hervor. Nur im Abweichen von den vorgegebenen Bahnen zeige sich Genie, während der Genielose „nie ohne die Krüke der Regeln und der Geseze"[131] gehen könne. Abel bemüht ein Bild, das den Schülern und Lehrern durch die Lektüre der zeitgenössisch modernen Literatur vertraut war:

> Das Genie voll Gefühl seiner Kraft voll edlen Stolzes, wirft die entehrende Fesseln hinweg, höhnend den engen Kerker in dem der gemeine Sterbliche schmachtet, reißt sichs voll Helden-Kühnheit loß, und fliegt gleich dem königlichen Adler weit über die kleine niedre Erde hinweg, und wandelt in der Sonne. Ihr schimpft, daß er nicht im Gleise bleibt, daß er aus den Schranken der Weißheit und Tugend getretten, Insekten, er flog zur Sonne.[132]

Das Genie wandelt auf dem schmalen Grad zwischen Weisheit und Torheit, zwischen Geschmack und Geschmacklosigkeit, zwischen Tugend und ‚tiefster Teufelei‘, „das Genie spielt mit kühnen großen Gedanken, wie Hercules mit Löwen".[133] Das sind insgesamt Charakterisierungen, die sowohl auf die literarischen Figuren eines Karl Moor oder Fiesko zutreffen als auch auf den jungen Dichter Friedrich Schiller.

Abel greift in seiner *Genie-Rede* selbstverständlich auch auf zeitgenössisch kursierende Vorstellungen und Modellbildungen vom Genie zurück, die den Zuhörern aus eigener Lektüre zum Teil schon vertraut sein konnten, und richtet diese stark psychologisch aus. Die Autoren des Sturm und Drang beanspruchten ein Selbstverständnis als Dichter, das über die zeitgenössischen Vorstellungen hinausging.[134] Im Mittelpunkt steht dabei die konsequente Aufwertung der

---

130 Abel: Eine Quellenedition zum Philosophieunterricht an der Stuttgarter Karlsschule, S. 201.

131 Abel: Eine Quellenedition zum Philosophieunterricht an der Stuttgarter Karlsschule, S. 203.

132 Abel: Eine Quellenedition zum Philosophieunterricht an der Stuttgarter Karlsschule, S. 203.

133 Abel: Eine Quellenedition zum Philosophieunterricht an der Stuttgarter Karlsschule, S. 209.

134 Vgl. Gerhard Sauder: Geniekult im Sturm und Drang, in: Hansers Sozialgeschichte der deutschen Literatur vom 16. Jahrhundert bis zur Gegenwart. Hgg. v. Rolf Grimminger, Bd. 3/1: Deutsche Aufklärung bis zur Französischen Revolution 1680–1789, hgg. v. Rolf Grimminger. 2. durchgesehene Aufl. München, Wien 1984, S. 327–340. – Zur Geniediskussion im 18. Jahr-

Produktionsästhetik mit ihrem zentralen Begriff des Genies gegenüber einer aufgeklärten Darstellungs- und Wirkungsästhetik. Das Buch *Conjectures on Original Composition* (1759) – schon 1760 ins Deutsche übersetzt – des Engländers Edward Young bildete dafür eine wichtige Grundlage. Young grenzt das Genie vom Handwerker ab. Das Genie sei der Meister, Gelehrsamkeit, Bildung und Wissen seien nur Werkzeuge, auf die man gelegentlich auch verzichten könne.[135] Regeln bezeichnet er als „Krücken, eine nothwendige Hülfe für den Lahmen, aber ein Hinderniß für den Gesunden".[136] Dieses Bild wurde nachgerade zu einem literarischen Topos in der ästhetischen Debatte des Sturm und Drang. Auch Abel bediente sich seiner – er spricht noch von Krücken – und bei Schiller finden wir ihn in der *Vorrede* zu den *Räubern* – hier heißt es ,allzuenge Pallisaden'. Young erwartet vom Genie Schönheiten, die zuvor noch nie in Regeln beschrieben wurden, und Vortreffliches, von dem man noch keine Beispiele kennt. In der alten Literatur gelten ihm Pindar und in der neueren Literatur Shakespeare als Beispiele für Genies. Das Genie ist – ebenso wie das Gewissen, das unabhängig von der politischen Verfassung und den Gesetzen eines Landes im einzelnen Menschen wirkt –, ein „Gott in uns",[137] der sich über die Regeln der Gelehrsamkeit hinwegsetzt. Damit gewinnt der Geniebegriff bei Young gleichsam einen moralphilosophischen und psychologischen Binnenhorizont, der auch für Abels Argumentation konstitutiv ist. Zusätzlich wird der Geniebegriff religiös aufgeladen, indem Young hervorhebt, das Genie stamme vom Himmel.[138] Hier berührt sich Youngs Argumentation mit Shaftesburys Vorstellung vom Dichter als einem ,second maker'. Schon für Julius Caesar Scaliger (1484–1558) war der Dichter ein ,alter deus' gewesen und bei Shaftesbury heißt es in dem Buch *Soliloquy or Advice to an Author* (1711), „such a *Poet* is

---

hundert vgl. Herman Wolf: Versuch einer Geschichte des Geniebegriffs in der deutschen Ästhetik des 18. Jahrhunderts. 1. Band: Von Gottsched bis auf Lessing. Heidelberg 1923. – Günter Peters: Der zerrissene Engel. Genieästhetik und literarische Selbstdarstellung im achtzehnten Jahrhundert. Stuttgart 1982.

135 Vgl. [Edward Young:] Gedanken über die Original-Werke. Aus dem Englischen [v. H.E. von Teubern]. Faksimiledruck nach der Ausgabe von 1760. Nachwort u. Dokumentation zur Wirkungsgeschichte in Deutschland v. Gerhard Sauder. Heidelberg 1977, S. 27.

136 [Young:] Gedanken über die Original-Werke, S. 29.

137 [Young:] Gedanken über die Original-Werke, S. 31.

138 Vgl. [Young:] Gedanken über die Original-Werke, S. 35.

indeed a second *Maker*: a just *Prometheus*, under *Jove*".[139] Bei Young
erzeugt dieser gottähnliche Dichter originale Kunstwerke nicht
durch äffische Nachahmung, ein Begriff, den Young selbst gebraucht,[140] sondern durch Nacheiferung der vorbildhaften Genies.
Johann Caspar Lavater (1741–1811) überhöht das Genie schließlich
zum quasi-religiösen Phantasma. 1778, im vierten Band seiner *Physiognomischen Fragmente* schreibt er: „Wer bemerkt, wahrnimmt,
schaut, empfindet, denkt, spricht, handelt, bildet, dichtet, singt,
schafft, vergleicht, sondert, vereinigt, folgert, ahndet, giebt, nimmt –
als wenn's ihm ein *Genius*, ein *unsichtbares Wesen höherer Art* diktirt
oder angegeben hätte, der *hat* Genie; als wenn er *selbst* ein Wesen
höherer Art wäre – *ist* Genie."[141] Lavater unterscheidet also zwischen
Genie haben und Genie sein. Genie hat derjenige, der nur Sprach-
rohr Gottes ist, – dieser Vorstellung liegt unverkennbar das theologische Verständnis der Verbalinspiration zugrunde, wonach Gott in die
Feder diktiert. Genie ist derjenige, der selbst spricht, Genie ist ein
„*propior Deus*",[142] ist gottgleich, Genies seien „*Substantife* in der Grammatik der Menschheit!"[143] Belege für eine unmittelbare Rezeption
von Youngs Schrift lassen sich bei den Autoren des Sturm und Drang
zwar nicht finden.[144] Allerdings sind Youngs Reflexionen übers Genie
in beinahe allen ästhetischen Schriften des Sturm und Drang gegenwärtig, oftmals eigentümlich vermengt mit anderen Geniemodellen.
So hatte schon Johann Georg Hamann (1730–1788) in seinem
vierten *Hirtenbrief das Schuldrama betreffend* (1763) erklärt, ein Genie
müsse sich herablassen Regeln zu erschüttern und dann der erste
sein, der die Kraft und die Wirkung der Regeln an sich selbst
erfahre.[145] Ohne Selbstverleugnung sei kein Werk des Genies mög-

---

139 Anthony Ashley Cooper, Third Earl of Shaftesbury: Standard Edition. Sämtliche Werke, ausgewählte Briefe und nachgelassene Schriften. In englischer
   Sprache mit paralleler deutscher Übersetzung. Hgg., übersetzt u. kommentiert v. Gerd Hemmerich u. Wolfram Benda. Stuttgart-Bad Cannstatt 1981,
   S. 110.
140 Vgl. [Young:] Gedanken über die Original-Werke, S. 40.
141 Johann Caspar Lavater: Physiognomische Fragmente zur Beförderung der
   Menschenkenntnis und Menschenliebe [1775–78]. Eine Auswahl. Mit 101
   Abb. Hgg. v. Christoph Siegrist. Stuttgart 1984, S. 293.
142 Lavater: Physiognomische Fragmente, S. 294.
143 Lavater: Physiognomische Fragmente, S. 297.
144 Vgl. das Nachwort von Gerhard Sauder in: [Young:] Gedanken über die
   Original-Werke, S. [49].
145 Vgl. Johann Georg Hamann: Sämtliche Werke, Bd. 2: Schriften über Philosophie / Philologie / Kritik 1758–1763. Historisch-kritische Ausgabe. Hgg.
   v. Josef Nadler. Wien 1950, Bd. 2, S. 362.

lich.[146] Lessing hatte sich in der *Hamburgischen Dramaturgie* (1768/69) zwar gegen die tyrannischen Regeln der Franzosen gewehrt, nicht aber prinzipiell die Einhaltung sinnvoller aristotelischer Regeln in Frage gestellt. 1778 wird sich dann Johann Gottfried Herder (1744–1803) in seiner Schrift *Vom Erkennen und Empfinden der menschlichen Seele* kritisch über die vielen Abhandlungen äußern, die zum Thema Genie erschienen sind. Bereits in die „Pöbelsprache" sei der Begriff eingegangen und zur „Modeformel"[147] verkommen.

Andreas Streicher berichtet, dass sich Schiller schon unmittelbar nach der Mannheimer Uraufführung der *Räuber* am 13. Januar 1782 mit weiteren dramatischen Stoffen beschäftigt habe. Die Entscheidung sei für den *Fiesko*-Stoff gefallen, „und zwar nicht allein wegen dem Ausspruch von J.J. Rousseau, *daß der Character des Fiesko einer der merkwürdigsten seye, welche die Geschichte aufzuweisen habe*; sondern auch weil er bey dem durchdenken des Planes fand, daß diese Handlung der meisten und wirksamsten Verwiklungen fähig seye."[148] Diese Aussage bezieht sich auf eine Äußerung Rousseaus, die Schiller kannte. „*Fiesko*, von dem ich vorläufig nichts Empfehlenderes weiß, als daß ihn J.J. Rousseau im Herzen trug" (FA 2, S. 556), schreibt er in der *Erinnerung an das Publikum* vom 11. Januar 1784. Die Forschung ist bislang allerdings die Beantwortung der Frage schuldig geblieben, woher Schiller diese Kenntnis über Rousseaus Fiesko-Äußerung hatte. Mutmaßlich kannte Schiller diese durch eine von Peter Helfrich Sturz (1736–1779) überlieferte Mitteilung. Sturz hatte einen Aufsatz mit dem Titel *Denkwürdigkeiten von Johann Jakob Rousseau* in seinen *Schriften* (Bd. 1, 1779) veröffentlicht. Eine zuvor geplante Publikation in Boies *Deutschem Museum* war wegen des Umfangs der *Denkwürdigkeiten* gescheitert.[149] Schon in der *Selbstrezension* (1782) der *Räuber* hatte Schiller geschrieben: „Rousseau rühmte es an dem Plutarch, daß er erhabene Verbrecher zum Vorwurf seiner Schilderung wählte", und in einer eingerückten Fußnote merkt Schiller an: „Schriften von H.P. Sturz. In den Denkwürdigkeiten von Rousseau" (FA 2, S. 296). Damit wird deutlich, dass

146 Vgl. Hamann: Sämtliche Werke, Bd. 2, S. 363.
147 Johann Gottfried Herder: Sämtliche Werke. Hgg. v. Bernhard Suphan. Berlin 1892 [Reprint Hildesheim, New York o.J.], Bd. 8, S. 224.
148 Andreas Streichers Schiller-Biographie, S. 35.
149 Die Angaben in FA 2, S. 1150 und bei Alt: Schiller, Bd. 1, S. 331, müssen dementsprechend korrigiert werden. Bei den *Denkwürdigkeiten* von Sturz handelt es sich um keine nachweisbare Einzelpublikation. Korrekte Wiedergabe in NA 4, S. 244, und in FA 2, S. 1022.

Schiller Plutarchs *Parallelbiographien* schon kannte, als er diesen Hinweis auf Jean-Jacques Rousseau (1712–1778) verarbeitete und in die *Selbstrezension* aufnahm.

Bei der Veröffentlichung von Sturz handelt es sich genauer gesagt nicht um einen Aufsatz, sondern um eine Kompilation aus verschiedenen Quellen. Sturz legt diese allerdings offen. In der ersten Fußnote bemerkt er: „Ein Teil dieser Nachrichten [...] ist 1763 im persönlichen Umgang mit Rousseau von einem schweizerischen Gelehrten [= Jakob Daniel Wegelin, M.L.-J.] und aus einem ungedruckten französischen Aufsatz einer schweizerischen Dame (Mademoiselle [Julie] Bondeli) gezogen, den mir mein Freund Zimmermann mitgeteilt hat."[150] Folgt man diesem Text der *Denkwürdigkeiten*, dann soll Rousseau auch gesagt haben, „im achten Jahr wußte ich den Plutarch auswendig".[151] Wenn Schiller also tatsächlich diese Quelle kannte, dann konnte er neben dieser nicht unwichtigen Plutarch-Referenz auch noch Folgendes bei Sturz lesen:

> Wenn Rousseau von der Geschichte sprach, so hat er oft wiederholt, daß nur die Geschichte der Freistaaten erzählt zu werden verdiene; „denn in einer Monarchie hängt immer eine Reihe großer Begebenheiten an einer Leidenschaft oder zufälligen Richtung des unbestimmten Charakters des Fürsten. Die Geschichte von Frankreich liefert uns nur Karl den Fünften, Franz den Ersten und Heinrich den Vierten von eigentümlichem Geist. Ludwig der Vierzehnte verdient die Vergötterung seiner Schmeichler nicht; aber er war ein Kenner großer Leute. Plutarch hat darum so herrliche Biographien geschrieben, weil er keine halbgroße Menschen wählte, wie es in ruhigen Staaten Tausende gibt, sondern große Tugendhafte und erhabene Verbrecher. In der neuen Geschichte gab es einen Mann, der seinen Pinsel verdient, und das ist der Graf von Fiesco, der eigentlich dazu erzogen wurde, um sein Vaterland von der Herrschaft der Doria zu befreien. Man zeigte ihm immer den Prinzen auf dem Throne von Genua; in seiner Seele war kein anderer Gedanke als der, den Usurpator zu stürzen. Tyrannen, die im Blutvergießen, im Menschenquälen Wollust finden, sind Traumgeschöpfe der Dichter. Selbst Könige ziehen die Natur nicht aus, so

---

150 Peter Helfrich Sturz: Denkwürdigkeiten von Johann Jakob Rousseau, in: Ders.: Die Reise nach dem Deister. Prosa und Briefe. Hgg. v. Karl Wolfgang Becker. Berlin 1976, S. 128–156, hier S. 128. – Dieser Text wird in der Kritischen Rousseau-Ausgabe unter der Nummer Appendice 325 abgedruckt (vgl. Jean Jacques Rousseau: Correspondance complète. Édition critique établie et annotée par R.A. Leigh. Bd. 18: Octobre – Décembre 1763. Oxfordshire 1973, S. 257–266). Allerdings liegt diesem Nachdruck ein Karlsruher Raubdruck von 1784 zugrunde (vgl. ebd., S. 266).

151 Sturz: Denkwürdigkeiten, S. 132.

sehr sie auch ihre Macht berauscht und ihre Schmeichler verderben. [...]
Die Stoiker verdienen Ehrfurcht; ihr Ziel war die höchste Vollkommenheit. Sie gaben sich nicht, wie man irrig glaubt, für unumschränkte Beherrscher ihrer Empfindungen aus; sondern diese Kraft war in ihrem Ideal, das sie zu erreichen strebten. Je größer unsere Muster sind, je mehr erhebt sich unsere Tugend.[152]

Rousseau hat des Öfteren in seinen Büchern und Schriften auf Plutarch verwiesen. Da diese alle in den Jahren von 1780 an veröffentlicht worden sind, fallen sie somit in die Entstehungszeit des *Fiesko*. Inwieweit sie Schiller aus eigener Lektüre kannte oder darauf im akademischen Unterricht hingewiesen wurde, lässt sich nicht bestimmen. In der Verteidigungsschrift *Rousseau richtet über Jean-Jacques* (1780, deutsch 1787) findet sich beispielsweise das Bekenntnis, „Plutarchs berühmte Männer [= *Parallelbiographien*, M.L.-J.] waren seine erste Lektüre in einem Alter, in dem die wenigsten Kinder schon lesen können."[153] In den *Vier Briefen an Malesherbes* (1780), von denen eine deutsche Übersetzung im September 1782 im *Journal von Tiefurt* erschien, findet sich diese Aussage Rousseaus über sich selbst: „Diese Langeweile an allem hat mich früh in das Bücherlesen verwickelt. Im sechsten Jahr fiel mir Plutarch in die Hände, im achten wußte ich ihn auswendig."[154] Dies korrespondiert mit der ausführlichen Darstellung in seinen *Bekenntnissen* (1782/89, deutsch 1792). Rousseau berichtet, wie er Plutarchs *Parallelbiographien* (oder mit dem älteren Titel *Lebensbeschreibungen berühmter Männer*) aus dem großväterlichen Bibliotheksbestand seinem Vater vorgelesen hat.

> Vor allem der Plutarch wurde mein Lieblingsbuch. Der Genuß, mit dem ich ihn unaufhörlich wieder und wieder las, heilte mich ein wenig von den Romanen und bald zog ich Agesilaos, Brutus und Aristides dem Orondates, dem Artamenes und dem Juba vor. Aus diesen interessanten Lesestunden und den Gesprächen, die sie zwischen meinem Vater und mir hervorriefen, erwuchs jener freie, republikanische Geist, jener stolze, unbeugsame, gegen jedes Joch und alle Knechtschaft aufsässige Charakter, der mich mein ganzes Leben lang in allen seiner freien Entfaltung ungünstigen Umständen gepeinigt hat. Ohne Unterlaß mit Rom und

---

152 Sturz: Denkwürdigkeiten, S. 137f.
153 Jean-Jacques Rousseau: Rousseau richtet über Jean-Jacques, in: Ders.: Schriften Bd. 2. Hgg. v. Henning Ritter. Frankfurt a.M. 1988, S. 253–636, hier S. 436.
154 Rousseau: Schriften Bd. 1, S. 481.

Athen beschäftigt, mit ihren großen Männern gewissermaßen lebend, selber als Bürger einer Republik geboren und Sohn eines Vaters, dessen Vaterlandsliebe seine stärkste Leidenschaft war, entflammte ich an seinem Beispiel, fühlte mich als Grieche oder Römer und wandelte mich innerlich gewissermaßen in den Menschen um, dessen Leben ich gerade las; der Bericht von Zügen von Standhaftigkeit und Unerschrockenheit, die mich ergriffen hatten, erfüllte meine Augen mit Feuer und meine Stimme mit Kraft.[155]

Auch in den *Träumereien des einsamen Spaziergängers* (1782), die im gleichen Jahr in deutscher Übersetzung erschienen, eröffnet Rousseau das vierte Kapitel mit einer Plutarch-Referenz. „Unter den wenigen Büchern, welche ich zuweilen noch lese, ist Plutarch mir am liebsten und nützlichsten. Das war die erste Lektüre meiner Jugend und wird die letzte meines Alters sein; Plutarch ist beinahe der einzige Schriftsteller, den ich nie ohne irgendeinen Nutzen gelesen habe."[156]

Einen ähnlich starken Lektüreeindruck hinterlässt Plutarch bei Schiller. Mutmaßlich hat ihm sein Lehrer an der Karlsschule Friedrich Ferdinand Drück (1754–1807) Plutarch nahe gebracht. In diesem Zusammenhang ist es außerordentlich aufschlussreich, dass Schiller bereits in seinen *Räubern* eine Plutarch-Referenz erwähnt. Einmal im Text selbst, zum anderen in seiner *Selbstrezension*. Zu Beginn von I/2 der *Räuber* liest Karl Moor im Plutarch, legt das Buch dann beiseite und spricht: „Mir ekelt vor diesem Tintenklecksenden Sekulum, wenn ich in meinem Plutarch lese von großen Menschen." Diese scharfe Kontrastierung der idealisierten Antike mit der zeitgenössischen Literatur und Kultur zeigt sich auch noch in einem Brief an Charlotte von Lengefeld, worin sich Schiller inzwischen die Position Karl Moors zu eigen gemacht hat. Im Plutarch zu lesen erhebe uns „über diese platte Generation" (NA 25, S. 140). Das erinnert sehr an Karl Moors Äußerung, das Zeitalter der Aufklärung sei „das schlappe Kastraten-Jahrhundert" (I/2). Im Mai 1782 hatte sich Schiller eine Ausgabe der 1776/78 erschienenen achtbändigen deutschen Übersetzung der *Parallelbiographien* von Plutarch gekauft, die er dann vor seiner Flucht aus Stuttgart am 22. September 1782 dem

155 Jean-Jacques Rousseau: Bekenntnisse. Aus dem Französischen v. Ernst Hardt. Mit einer Einführung v. Werner Krauss. Frankfurt a.M. 1985, S. 42.
156 Jean-Jacques Rousseau: Die Träumereien des einsamen Spaziergängers. Übersetzt v. Dietrich Leube. Zürich 1985, S. 54.

Mitschüler Albrecht Friedrich Lempp schenkte.[157] Später erwarb er
diese Ausgabe nochmals, sie steht heute noch in Schillers hinterlas-
sener Bibliothek.[158] 1788 besitzt er wieder den Plutarch. Die Lektüre
verleiht ihm „große Gefühle" und er fasst den Entschluss, „meine
Seele künftig mehr mit den großen Zügen des Alterthums zu näh-
ren" (NA 25, S. 99). Im Plutarch zu lesen mache uns zu „Zeitgenossen einer beßern kraftvollern Menschenart" (NA 25, S. 140). Wie
auch immer die Wege im Einzelnen aussehen mögen, auf denen
Schiller Rousseau und dessen Begeisterung für Plutarch kennen
lernte, so teilt er doch mit ihm dessen Bewunderung für die plu-
tarchsche Darstellung großer Charaktere.[159]

In der *Erinnerung an das Publikum* zum *Fiesko* – auch sie wurde
wie im Falle der *Räuber* auf dem ausgehängten Theaterzettel anlässlich der Mannheimer Aufführung gedruckt – erklärt Schiller nun:

> *Fiesko*, von dem ich vorläufig nichts Empfehlenderes weiß, als daß ihn
> J.J. Rousseau im Herzen trug – *Fiesko*, ein großer fruchtbarer Kopf, der
> unter der täuschenden Hülle eines weichlichen Epikurischen Müßiggangs,
> in stiller geräuschloser Dunkelheit, gleich dem *gebärenden Geist* auf dem
> Chaos einsam und unbehorcht eine Welt ausbrütet, und die leere lächeln-
> de Miene eines Taugenichts lügt, während das Riesenplane und wütende
> Wünsche in seinem brennenden Busen gären – *Fiesko*, der lange genug
> mißkannt, endlich einem Gott gleich hervortritt, das reife vollendete
> Werk vor erstaunende Augen stellt, und ein gelassener Zuschauer dasteht,
> wenn die Räder der großen Maschine dem gewünschten Ziel unfehlbar
> entgegen laufen – *Fiesko*, der nichts fürchtet, als seines Gleichen zu finden
> – der stolzer darauf ist, sein eigenes Herz zu besiegen, als einen furcht-
> baren Staat – *Fiesko*, der zuletzt den verführerischen schimmernden Preis
> seiner Arbeit, die Krone von Genua, mit göttlicher Selbstüberwindung

---

157 Vgl. NA 25, S. 534. Die Angabe in FA 2, S. 1022, ist insofern ungenau. Auch
     in der Angabe des Kaufjahres gibt es eine Abweichung, FA 2, S. 1022, nennt
     1780. Letztlich ist dies nebensächlich, da Schiller schon Ende 1779 Plutarch
     in der Schule gelesen hat. – Die Angabe des Mitschülers Scharffenstein lautet
     allerdings so, dass Schiller ihm die Plutarch-Übersetzung vermacht habe (vgl.
     NA 42, S. 32 u. S. 469, Anm. zu Nr. 59).

158 Vgl. Carl Schüddekopf: Schillers Bibliothek, in: Bernhard Suphan: Zum 9.
     Mai 1905. Schiller Ausstellung im Goethe- und Schiller-Archiv. Weimar
     1905, S. 47–83, hier S. 66, Nr. 154.

159 Ob man wirklich von einem Plutarch-Kultus bei Schiller sprechen kann, der
     nur durch die Vermittlung Rousseaus entstanden ist, muss man bezweifeln
     (vgl. Karl Fries: Schiller und Plutarch, in: Neue Jahrbücher für das klassische
     Altertum, Geschichte und Deutsche Litteratur 1 [1898], S. 351–354 u.
     S. 418–431, hier S. 353).

hinwegwirft, und eine höhere Wollust darin findet, der glücklichste
Bürger als der Fürst seines Volks zu sein. (FA 2, S. 556)[160]

Diese ästhetikgeschichtlichen, historischen und biographischen
Aspekte zur Entstehungsgeschichte des *Fiesko* sind aber um einen
weiteren Gesichtspunkt zu ergänzen. Es geht dabei um Schillers
Schreibabsicht, weshalb er sich einen politisch-historischen Stoff wie
denjenigen des *Fiesko* für ein Drama ausgesucht hat. Schon Plutarch
führt nämlich in der Einleitung zur *Alexander*-Biographie seiner
Parallelbiographien aus, dass er kein Geschichtsschreiber sei, sondern
Lebensbilder zeichne. „Hervorragende Tüchtigkeit oder Verworfenheit" – so Plutarch weiter – „offenbart sich nicht durchaus in den
aufsehenerregendsten Taten, sondern oft wirft ein geringfügiger
Vorgang, ein Wort oder ein Scherz ein bezeichnenderes Licht auf
einen Charakter als Schlachten mit Tausenden von Toten und die
größten Heeresaufgebote und Belagerungen von Städten".[161] Er
wolle sich mehr auf die „Merkmale des Seelischen"[162] einlassen und
danach seine Lebensbilder entwerfen. In der *Erinnerung an das Publikum* nun weist Schiller entschieden den Anspruch zurück, ein histo-
riographisch exaktes Gemälde der politischen Vorgänge in Genua um
die Person des Fiesko liefern zu sollen. Er nehme sich poetische
Freiheiten gegenüber der historischen Wahrheit heraus, die er als
Autor nicht rechtfertigen müsse. Schillers lapidarer Hinweis, er sei
nicht Fieskos Geschichtsschreiber (vgl. FA 2, S. 557), unterstreicht
das Selbstbewusstsein, mit dem der Jungdramatiker an die Öffentlichkeit tritt. Er stellt sich damit in eine direkte Linie mit dem römischen Vorbild Plutarch, auch wenn wiederholt auf die einschlägigen
Textstellen in Lessings *Hamburgischer Dramaturgie* hingewiesen wurde, worin dieser beispielsweise im 23. und 24. Stück hervorhebt,
dass der Dichter zwar die historischen Fakten, nicht aber die Charaktere historischer Personen verändern dürfe. Sein Werk mit der Chronologie in der Hand zu beurteilen heiße den Dichter schikanieren,
schreibt Lessing.

---

160 Über weitere Quellen äußert sich Schiller dezidiert in der *[Vorrede]* zum
    Fiesko, FA 2, S. 317; vgl. auch ausführlich hierzu FA 2, S. 1164ff.
161 Plutarch: Fünf Doppelbiographien. 1. Teil: Alexandros und Caesar, Aristeides
    und Marcus Cato, Perikles und Fabius Maximus. Griechisch und deutsch.
    Übersetzt v. Konrat Ziegler u. Walter Wuhrmann, ausgewählt v. Manfred
    Fuhrmann. Mit einer Einführung u. Erläuterungen v. Konrat Ziegler. Darm-
    stadt 1994, S. 9.
162 Plutarch: Fünf Doppelbiographien. 1. Teil, S. 9.

Ähnlich wie bei seinem ersten Stück, den *Räubern*, geht es Schiller im *Fiesko* um den Kampf der erdrückenden Übermacht der Verhältnisse, die unsere Anlagen zu großen und guten Taten mit Kleingeisterei und Rücksichtnahmen ersticke. Im Unterschied aber zu den *Räubern* geht Schiller nun einen Schritt weiter, indem er das Stück *Fiesko* als Spiegel definiert, der „den sterbenden Funken des Heldenmuts" (FA 2, S. 558) wiederbeleben solle. Das Schauspiel solle die Zuschauer aus dem Alltag „in eine höhere Sphäre" (FA 2, S. 558) entrücken. Stand bei den *Räubern* die Darstellung des ‚ganzen Menschen' auf der Bühne im Vordergrund (vgl. die *Vorrede*), so geht es nun im *Fiesko* um den Zuschauer als ‚natürlichen Menschen', dessen Seele der Dichter am Zügel führen wolle. Das Theater sei der Ort, „wo herausgerissen aus allen Masken und Winkeln der *Natürliche Mensch* mit offenen Sinnen horcht – wo ich des Zuschauers Seele am Zügel führe, und nach meinem Gefallen, einem Ball gleich dem Himmel oder der Hölle zuwerfen kann" (FA 2, S. 558). Diese Textstelle lassen die Schiller-Ausgaben unkommentiert. Und doch enthält sie ein gewaltiges Bild, das Schiller aufruft und das erhellt gehört, zumal er sich im *Fiesko* selbst nochmals dieses Bildes bedient. In Fieskos Monolog liest man: „Die unbändigen Leidenschaften des Volks, gleich soviel strampfenden Rossen, mit dem weichen Spiele des Zügels zu zwingen" (III/2). Die Seele am Zügel führen heißt ein Affektmodell zu entwickeln, das die Disziplinierung der Leidenschaften erlaubt. Schiller bedient sich hier eines kulturgeschichtlichen Bildes, das nachgerade zum Emblem der Disziplinierung von Leidenschaften geworden ist, es ist die Rede von der Aristoteles-Phyllis-Legende.[163] Danach kriecht der große Philosoph Aristoteles auf allen Vieren und auf ihm reitet die von ihm begehrte Frau Phyllis. Diese Erzählung aus dem sechsten nachchristlichen Jahrhundert stammt aus dem Orient und gelangt im Mittelalter nach Europa. Im 12. und 13. Jahrhundert taucht sie in französischen und deutschen Predigtmärchen und Dichtungen auf, im 15. und 16. Jahrhundert ist sie in Fastnachtspielen gegenwärtig.[164] Noch popu-

---

163 Vgl. dazu ausführlich Luserke: Die Bändigung der wilden Seele, S. 195–206. – Natürlich speist sich das Bildfeld dieser Disziplinierungsmetapher auch aus Platons Dialog *Phaidros*, in dem zwei Pferde den Wagen der Seele führen, das eine Pferd verkörpert das Begehren, das andere die Vernunft.

164 Vgl. Bernhard Sowinski: Aristoteles als Liebhaber in den deutschen Dichtungen des Spätmittelalters, in: Archiv für Kulturgeschichte 69 (1987), S. 315–329, und Fritz Wagner: Aristoteles-Erwähnungen im Mittelalter, in: Jürgen Wiesner (Hg.): Aristoteles – Werk und Wirkung. Paul Moraux gewid-

lärer ist das Motiv des von einer Frau gerittenen Philosophen allerdings in der bildenden Kunst geworden. Eine Vielzahl von Holzschnitten, Zeichnungen und Kupferstichen lassen sich im 15. und 16. Jahrhundert nachweisen, darunter der bekannte Holzschnitt von Hans Baldung Grien (1484/85–1545) aus dem Jahr 1513, worauf Phyllis und Aristoteles nackt zu sehen sind, die sonst meist wenigstens spärlich bekleidet dargestellt werden.[165] 1688 schreibt der Philosoph Christian Thomasius (1655–1728) einen Aristoteles-Roman, den er unter den viel versprechenden Titeln *Von des Aristotelis seinen Courtesien*[166] und *Die Liebes-Geschichte des Aristotelis*[167] ankündigt. Thomasius variiert die Aristoteles-Phyllis-Legende und vermeidet jegliche moralische Belehrung. In Abwandlung der Legende reitet nicht die Frau als Inbegriff der Gefahr sexueller Verführung auf dem Philosophen, sondern dieser ist es selbst, der die Herrschaft der begehrten Frau und die Erniedrigung durch sie regelrecht erfleht. Und Aristoteles verzehrt sich nicht nach Phyllis, sondern nach Olympias, der Mutter Alexanders:

> Grosse Königin / schrie hier Aristoteles, sich zu der Olympias Füssen werffende / eure Majestät lassen mir zu / daß ich für diese überschwengliche Gnade derselben den Absatz küsse / weil ich mich all zu unwürdig erkenne / diese mir bezeigete Gewogenheit zu verdienen / auch Lebenslang euer Majestät unterthänigster Sclave und Ehrendiener sterben werde.[168]

Die Verführungsszene flicht Thomasius in ein öffentliches Philosophieexamen Prinz Alexanders ein. Die versammelten Philosophen des Königreichs sitzen an einer langen Tafel und führen „herrliche

---

met. Bd. 2: Kommentierung, Überlieferung, Nachleben. Berlin, New York 1987, S. 498–514.

165 Vgl. Wolfgang Stammler: Der Philosoph als Liebhaber, in: Ders.: Wort und Bild. Studien zu den Wechselbeziehungen zwischen Schrifttum und Bildkunst im Mittelalter. Berlin 1962, S. 12–44.

166 [Christian Thomasius:] Schertz- und Ernsthaffter / Vernünfftiger und Einfältiger Gedancken / über allerhand Lustige und nützliche Bücher und Fragen[.] Vierter Monat oder APRILIS, In einem Gespräch vorgestellet. Halle 1688, in: Ders.: Freimütige, lustige und ernsthafte, jedoch vernunftmässige Gedanken oder Monatsgespräche über allerhand, fürnehmlich aber neue Bücher. Band I, Januar – Juni 1688. Reprint Frankfurt a.M. 1972, S. 447–588, hier S. 458.

167 [Christian Thomasius:] Schertz- und Ernsthaffter / Vernünfftiger und Einfältiger Gedancken, S. 572.

168 [Christian Thomasius:] Schertz- und Ernsthaffter / Vernünfftiger und Einfältiger Gedancken, S. 540.

Discurse".[169] Die höfischen Verhaltensstandards in der Öffentlichkeit
über dem Tisch erzwingen von Olympias, die neben Aristoteles sitzt,
eine Haltung, die der intim kodierten Situation unter dem Tisch
nicht entspricht, „zumahlen Aristoteles beym Trunck anfieng untern
Tische mit den Knien zu löffeln; und erwartete sie mit Verlangen".[170]
Die Verführung gerät Aristoteles zum Desaster. Olympias kann sich
„unmüglich des Lachens enthalten / weil sie den geringsten Appetit
nicht bey sich befunde / des Aristotel. Mund zu küssen / indem sie
wohl wuste / daß er das Maul gar selten auszuspühlen pflegte / und
sein Athem nicht viel anders roche / als wenn er Arsenicum gefres-
sen hätte".[171] Die Destruktion von philosophischer und poetologischer Autorität des Aristoteles ging im 18. Jahrhundert so weit, dass
Jakob Michael Reinhold Lenz in seinen *Anmerkungen übers Theater*
(1774) von der aristotelischen *Poetik* als einer „poetischen Reit-
kunst"[172] sprechen konnte. Damit war die poetologische Programmatik mit der Sexualitätsdramatik in der Aristoteles-Phyllis-Legende
verwoben. Als Disziplinierungsmetapher taucht sie in einem Epigramm des Barockdichters Friedrich von Logau (1604–1655) 1654
auf. In zwei Zweizeilern thematisiert er den Zusammenhang von
Begehren und Disziplinierung des Begehrens in der bekannten
Reitkunstmetaphorik. Das erste Epigramm trägt den Titel *Weiber-
haare*, das zweite heißt *Begierden*:

> Wie / daß das Frauenvolck so lange Haare führen?
> Sie sind der Zaum / womit der Mann sie kan regiren.[173]

> Begierden sind ein hartes Pferd das seinen Reuter reitet
> Wann nicht Vernunfft sein Maul versteht vnd recht den Zügel leitet.[174]

Mit großer Geste verfügt Schiller über den Zuschauer. Er traut der
Kunst und Literatur noch zu, was in den Jahren vor Erscheinen des
Fiesko bereits heftig in Frage gestellt worden war, nämlich eine Wir-
kungsmächtigkeit. Die Akzeptanz durch die Theaterbesucher in

---

169 [Christian Thomasius:] Schertz- und Ernsthaffter / Vernünfftiger und Ein-
    fältiger Gedancken, S. 549.
170 [Christian Thomasius:] Schertz- und Ernsthaffter / Vernünfftiger und Ein-
    fältiger Gedancken, S. 549.
171 [Christian Thomasius:] Schertz- und Ernsthaffter / Vernünfftiger und Ein-
    fältiger Gedancken, S. 569.
172 Lenz: Werke und Briefe, Bd. 2, S. 650.
173 Friedrich von Logau: Sinngedichte. Hgg. v. Ernst-Peter Wieckenberg. Stutt-
    gart 1984, S. 173.
174 Von Logau: Sinngedichte, S. 190.

Mannheim fiel indes wesentlich verhaltener als bei der Aufführung der *Räuber* aus. Bei Andreas Streicher liest man, „für das Ganze, konnte sich die Mehrheit nicht erwärmen, denn eine Verschwörung in den, damals so ruhigen Zeiten, war zu fremdartig".[175] Insgesamt gab es in Mannheim nur drei Vorstellungen. Allerdings wurde das Stück schnell auch andernorts gespielt. Erst in den 1790er Jahren wurde es von den meisten Spielplänen abgesetzt, da die Theaterma-cher fürchteten, dass es als ein prorevolutionäres Stück rezipiert werden und Sympathien für die Französische Revolution von 1789 wecken könne (auch wenn dagegen deutlich die Szene V/6 spricht, s.u.). Dasselbe Verdikt traf auch die *Räuber* (vgl. FA 2, S. 1174).

Textinterpretation

Der vollständige Titel des Dramas lautet *Die Verschwörung des Fiesko zu Genua. Ein republikanisches Trauerspiel*. Das Drama ist Schillers Lehrer an der Karlsschule, Abel, gewidmet. Damit sind schon zwei wichtige Hinweise genannt. Zum einen wählt Schiller ein politisches Genre mit einem historisch-politischen Thema.[176] Das republikanische Trauerspiel gilt nach Albert Meiers Untersuchungen als Sonderfall des politischen Trauerspiels und als „inhaltliche Modifikation der Bewunderungstragödie".[177] Diese Bewunderung, die den Zuschauer zur Identifikation mit dem literarischen Helden einlädt, ist als ein kalkuliertes Wirkungspotenzial des Dramas beschreibbar. Die Handlungs- und Figurenführung bietet stets ein ähnliches Grundmu-ster. „Gegenstand ist die Republik in Gefahr, wobei der republika-nische Heros sich als Widerpart des (potentiellen) Tyrannen für die Errichtung, Erhaltung oder Wiederherstellung der Republik ein-setzt".[178] Zum anderen bezeugt Schiller durch die Dedikation des

---

175 Andreas Streichers Schiller-Biographie, S. 103.

176 Zum Begriff des republikanischen Trauerspiels vgl. Albert Meier: Dramatur-gie der Bewunderung. Untersuchungen zur politisch-klassizistischen Tragö-die des 18. Jahrhunderts. Frankfurt a.M. 1993, S. 20–23. Meier stellt fest, dass es neben Schillers *Fiesko* nur noch zwei weitere zeitgenössische Dramen gebe, die den Gattungsbegriff des republikanischen Trauerspiels im Untertitel führten: *Charlotte Corday* (1794) von Heinrich Zschokke und die Bearbeitung von Gustav Edinhards Drama *Die Verschwörung der Pazzi gegen die Medici in Florenz* (1791) von Niklas Müller (vgl. ebd., S. 21).

177 Meier: Dramaturgie der Bewunderung, S. 23.

178 Peter Hess: Vom republikanischen zum bürgerlichen Trauerspiel: Zu Patzkes Virginia-Drama und dessen Einfluß auf Lessing, in: Archiv für das Studium der neueren Sprachen und Literaturen 221 (1984), S. 43–53, hier S. 44.

Fiesko an Abel die geistige Nähe zu seinem Lehrer. Neben den moral-philosophischen und genietheoretischen Interferenzen mit Abels Schriften, die ganz offensichtlich sind, hatte dieser auch ein dramatisches Fragment veröffentlicht, das Schiller bei der Gestaltung des *Fiesko* ausgewertet hat und dessen Anleihen bis hin zu wörtlichen Übernahmen reichen.[179] Im *Wirtembergischen Repertorium* vom April 1782, in dem auch Schillers *Selbstrezension* der *Räuber* erschienen war und das ja immerhin von Abel, Petersen und Schiller gemeinsam herausgegeben wurde, veröffentlichte Abel seinen Aufsatz *Ueber die grausame Tugend*.[180] Dieser enthält eine genaue Beschreibung der Konfliktlinie zwischen tugendhaftem Handeln und moralischer Verpflichtung, zwischen einer Ethik des Sollens und einer Ethik des Müssens, sowie einige ausgearbeitete Dialoge.

Schiller hat nachweislich zum Studium der politischen Ereignisse im Genua des 16. Jahrhunderts fünf Quellenwerke benutzt und daraus einige Details, die in erster Linie das historische Kolorit und die historische Sachinformation betreffen, entlehnt (vgl. dazu ausführlich NA 4, S. 241ff., u. FA 2, S. 1164ff.). Die Figur des Fiesko wird von ihm keineswegs unbesehen sympathisch gestaltet. Die Charakterisierung, die Schiller im Verzeichnis der Dramatis personae bietet, lenkt die Aufmerksamkeit der Leser bereits auf eine höchst zweifelhafte Persönlichkeit, *„höfischgeschmeidig, und eben so tückisch"* (FA 2, S. 319) sei Fiesko. Das Stück spielt in Genua im Jahr 1547. Die Figuren sind teils deutlich mit Attributen bürgerlicher Verhaltensstandards und Bewusstseinsformen ausgestattet, die sich nur über das gesellschaftliche Verständnis der Aufklärung im 18. Jahrhundert erschließen und verstehen lassen. So wird beispielsweise Fieskos Frau Leonore als empfindsam charakterisiert, während Fiesko selbst durchaus Züge eines Selbsthelfertyps des Sturm und Drang erkennen lässt.

Das Stück beginnt mit einer klassischen Eifersuchtsszene. Leonore hat mit eigenen Augen gesehen, wie Fiesko Julia, die Schwester des amtierenden Herrschers von Genua, hofiert. Julia gilt sowohl der gehörnten Frau als auch dem Autor als kokett. Auf diese Weise wird der politisch-historische Plot von Beginn an in eine Liebesgeschichte eingebettet. Das Stück verknüpft somit den Faden des öffentlichen Diskurses über Politik, Recht und Gesellschaft mit dem privaten über

---

179 Im Einzelnen sind sie im Stellenkommentar von FA und NA vermerkt.
180 [Jakob Friedrich Abel:] Ueber die grausame Tugend, in: Wirtembergisches Repertorium der Litteratur 1 (1782), S. 31–71.

Liebe, Ehe und Eifersucht. Unwissentlich parodiert es damit ein Stück Medienwirklichkeit der postmodernen Gesellschaft im 21. Jahrhundert, wonach die privaten Belange hochgestellter Persönlichkeiten stets von öffentlichem Interesse zu sein haben. In diese Verknüpfung ist ein klar akzentuierter Geschlechterdiskurs eingeflochten, der mit verschiedenen Figuren geschlechtertypische Rollenzuweisungen, Verhaltensmuster und Sprachgewohnheiten reflektiert. So ist es Leonore, welche die Verbindung von Liebe und Politik versprachlicht. Schon bei der Hochzeit habe sie gewusst, dass Fiesko derjenige sein wird, der eines Tages Genua von der Tyrannis des Gianettino Doria erlösen wird. Wie sich am Ende herausstellen wird, inszeniert Fiesko die Liebe zu Julia nur, um die Herrscherfamilie der Doria in die Irre zu führen. Die Dorias nehmen an, Fiesko sei unpolitisch geworden und stelle als möglicher Freiheitsheld keine Gefahr mehr für sie dar. Demgegenüber wird Gianettino Doria als Alleinherrscher vorgestellt, der auch vor einer Vergewaltigung nicht zurückschreckt. Er begehrt Bertha, die Tochter eines Republikaners, die als „Empfindlerin" (I/5) bezeichnet wird und damit das Merkmal einer nur schwerlich promiskuitiven Frau erhält. Gianettinos Antwort: „Gewalt ist die beste Beredsamkeit" (I/5). Dies erinnert an Emilia Galottis Ausruf „Gewalt! Gewalt! wer kann der Gewalt nicht trotzen? Was Gewalt heißt, ist nichts: Verführung ist die wahre Gewalt"[181] in Lessings gleichnamigem Trauerspiel. Während die Frau die Intimisierung von Sprache und Handeln als Gewalt erfährt, begreift der Mann krude körperliche Gewalt als ein Zeichensystem von Sprache – Gianettino vergewaltigt Bertha. Und in der Tat wird Bertha am Ende des ersten Akts mit nur einem Wort ihrem Vater zu verstehen geben, was Gianettino getan hat. Sie sagt „Gewalt!" (I/10), und auch der zukünftige Bräutigam Berthas, Bourgognino wiederholt bedeutungsschwer diese Worte: „Also Gewalt!" (I/12). Der Vater Verrina zitiert das römische Vorbild des Verginius, der seine eigene Tochter Verginia mit dem Messer erstochen hatte, weil diese von dem Decemvir Appius Claudius begehrt und in einem Schauprozess zur Sklavin erklärt worden war.[182] Im 18. Jahrhundert gilt diese Geschichte als Beispiel für die Tugendhaftigkeit und Ehrbarkeit eines Bürgers. Auch Lessing legt sie als Referenzmuster seiner *Emilia Galotti* zugrunde. Schiller nun wendet diese so genannte Bertha-

---

181 Lessing: Emilia Galotti, V/7.
182 Livius erzählt diese Geschichte im dritten Buch von *Ab urbe condita*, Kap. 44ff.

Handlung nicht ins Privatistische und lässt sie im Dunkel von sexueller Gewalt und individueller Liebesgeschichte enden. Vielmehr wird diese Episode zum Punkt, an dem die öffentliche politische Geschichte mit einer familiären Ehrengeschichte so verzahnt wird, dass sich Fieskos spätere Wendung vom Privaten zum Öffentlichen gleichsam als analoge Handlung zur Bertha-Episode lesen lassen kann mit der Aussage: Alles in diesem Staat ist öffentlich. Dieser Einschätzung entspricht ja auch das gewählte Medium der Bühneninszenierung, welche die Öffentlichkeit sucht und die sowohl von den Figuren selbst erfahren wird – Fiesko lädt zu einer Komödie, bei der die Eingeladenen die Aktanten sind – als auch durch die Zuschauer von Schillers Stück bestätigt wird. Ehre ist das symbolische Kapital der an der Herrschaft nur peripher Beteiligten, wie Verrina sagt: *„Ehre* war unser einziges Kapital, und erbte vom Vater zum Sohn" (I/11). Von der Erbfolge der Ehre ausgeschlossen bleibt die Frau, deren symbolisches Kapital ihre Jungfräulichkeit ist. Der Vater Verrina erfährt also einen doppelten Verlust, er verliert das Kapital der Tochter und sein eigenes, dynastisches. Die Schlussfolgerung lautet für ihn, „Genua durch meine Bertha erlösen!" (I/12). Er erklärt die eigene Tochter zur Geisel für den Tyrannenmord; sie werde erst wieder in die familiäre und gesellschaftliche Gemeinschaft aufgenommen, wenn Genuas Despot gefallen sei. Und so definieren denn auch die vier republikanischen Verschwörer Verrina, Bourgognino, Kalkagno und Sacco ihr Ziel in dieser Reihenfolge: „Bertha und Genua frei" (I/12). Erst durch diese Bertha-Episode erkennt Bourgognino, dass er einen Tyrannen zum Landesvater hat (vgl. I/13). Die eigentliche Intention für Verrinas Handeln gilt also der Wiederherstellung der Ehre seiner Tochter, mithin ist bei ihm ein privates Motiv die Grundlage seines Willens zum politischen Umsturz. Damit wird er zur Gegenfigur des Fiesko, der privat handelt aus politischen Motiven.

Leben heiße träumen, sagt Fiesko einem Vertrauten Gianettinos. Noch gibt er vor, sich in der Opposition von Herrschen und Lieben zu verlieren. Es gehört zur tragischen Ironie des Stücks, dass sich am Ende gerade diese Opposition als konstitutives Merkmal von Fieskos Handeln erweisen wird. Fieskos Frau Leonore wird dabei eine maßgebliche Rolle spielen. Gegenüber der herrschenden Elite stellt sich Fiesko als desinteressiert und unpolitisch dar. Die Rolle des Lebemanns und des Galans erlaubt es ihm, eine Tarnung anzunehmen und seine wahren politischen Absichten zu verbergen. Er selbst wird später von einer Maske reden, die er sich angelegt habe (vgl. II/16). Derjenige Zuschauer, der um die historischen Ereignisse in Genua nicht weiß, vermutet also zunächst in der Titelgestalt des Fiesko beinahe schon einen Antihelden. Das zeigt sich auch darin, dass Fiesko eine tradierte Rollenzuweisung ablehnt. Auf die Frage Bourgogninos, wofür denn ein Mann da sei (vgl. I/8), antwortet Fiesko, dass er sich nicht duelliere. Gewalt und Kampf sind Attribute der Männlichkeit, die er jetzt noch ablehnt, die aber am Ende sein Handeln bestimmen werden. Es muss also im Stück jener Punkt vorbereitet werden, der diesen weichgezeichneten Helden zu einer tragischen Figur werden lässt. Eine maßgebliche Rolle spielt dabei die Figur des Mohren. Er tritt in I/9 auf und vertritt im Stück Charakter- und Tugendlosigkeit ebenso wie er funktional dazu dient, die Grenzen der Tugend der vermeintlich Tugendhaften aufzuzeigen. Denn beide Seiten des Machtkampfs bedienen sich gerne der Dienste des Mohren, des Tunesiers Muley Haßan, dessen vollständiger Namen nur bei den Dramatis personae auftaucht. Der Mohr soll Fiesko umbringen, doch misslingt dieser Anschlag. Er wechselt die Dienste und verrät dem Opfer das Mordkomplott Dorias. Fiesko deutet diesen Vorgang folgendermaßen um: „Dein Ungeschick ist mir ein Unterpfand des Himmels, daß ich zu etwas Großem aufgehoben bin" (I/9). Damit ist bereits die entscheidende Wende des Fiesko bezeichnet. Schiller macht also auch in diesem Drama – wie schon zuvor in den *Räubern* und in der *Semele* – die Hybris des Menschen zu einem zentralen Thema. Die Allmachtsphantasie der Hauptfiguren besteht darin, zu meinen etwas Außergewöhnliches, ein großer Mensch von Bedeutung zu sein. Das Handeln jener Figuren, die dieses Phantasma ins Werk setzen wollen, orientiert sich dabei an den Leitbegriffen von Gerechtigkeit (Karl Moor), Macht/Gottgleichheit (Semele) und Herrschaft (Fiesko).

Auch Fiesko instrumentalisiert also sein Verhalten und sein Privatleben, indem er es dem Wunsch, eine historisch bedeutende Person zu werden und gesellschaftliche Macht auszuüben, unterordnet. Der Mohr erhält von Fiesko den Auftrag, unter den Genuesern zu spionieren. Bevor er sich aus der Deckung wagt, will Fiesko wissen, wie die Bürger über die Herrschaft des Doria und über ihn denken. Zum Machtwillen gesellt sich auf diese Weise bei Fiesko eine kalkulierend populistische Grundhaltung.

Die Eifersuchtsszene des Dramenanfangs wird zum Beginn des zweiten Aktes von der tragenden Akteurin Leonore fortgesetzt. In einer Kurzszene, die regelrechten Sturm-und-Drang-Charakter besitzt, hat Leonore Julia als ihre Nebenbuhlerin erkannt. Es kommt zur Begegnung beider Frauen. Julia verunglimpft den empfindsamen

Charakter Leonores als „grämliche Empfindsamkeit" (II/2), während sie sich selbst als leidenschaftliche Versuchung für Fiesko inszeniert. Damit eröffnen sich durch diese beiden Frauenfiguren zwei unterschiedliche Weiblichkeitsentwürfe, die zugleich die Phantasmen ihrer männlichen ‚Konstrukteure' dokumentieren, und dem Geschlechterdiskurs im *Fiesko* eine eigenwillige Richtung geben. Auf der einen Seite steht die vom Autor als empfindsam geschilderte und titulierte Frau Leonore. Sie ist Trägerin bürgerlicher Tugenden und agiert in einem Netz bürgerlicher Standards. Das Gestaltungsmuster, das Schiller hierbei zur Anwendung bringt, mutet an wie ein Vorgriff auf die berühmte Szene der Begegnung der schottischen und der englischen Königin in der *Maria Stuart*, die weniger durch höfisch-aristokratische Etikette bestimmt als vielmehr von bürgerlichen Umgangsformen beherrscht ist. Im *Fiesko* ist es noch die Aristokratin Julia, die über Leonore triumphiert und ihr einen ungerechtfertigten sozialen Aufstieg vorwirft, am Ende wird es Fieskos Frau sein, die den Sieg davonträgt, den Mann aber nicht halten kann, da Fieskos Ziel die Übernahme der Macht im Staat ist.

Fiesko macht sich politische Ereignisse zunutze um eine Intrige zu spinnen. Er will, dass die Genueser ihn als Retter und alleinigen Herrscher über Genua einsetzen. Der Mohr muss ihn verwunden, damit er einen Mordanschlag auf sein Leben vortäuschen kann. Nun holt Fiesko selbst das nach, was er zuvor vereitelt hatte. Die Berechnung des Effekts und das Kalkül der Macht bereiten ihm den Boden, seine politischen Ambitionen umzusetzen. Insofern ist es konsequent, wenn Fieskos Losungswort für die angeworbenen Söldner ‚zur goldenen Schlange' heißt (vgl. II/15). Dieses Symbol vereint Macht, Kapital und Lüge. Etwas befremdlich wirken zunächst Fieskos Vornamen Johann Ludwig. Fiesko ist die einzige Figur, deren Vorname eingedeutscht wird, und man muss sich die Frage stellen, weshalb dies Schiller jenseits theatralischer Effekthascherei getan hat. Es sind Allerweltsvornamen und sie unterstreichen gerade dadurch die Exemplarität der Figur, deren Verhalten keineswegs an italienische bzw. genuesische Zustände gebunden ist; es kann überall – und vielleicht vor allem – auch in den Westentaschenfürstentümern des Heiligen Römischen Reiches Deutscher Nation auftreten. Unterstützt wird diese Lesart durch eine Äußerung des Republikaners Kalkagno. Als ihm Andreas Doria entschlüpft ist, verteidigt er sich für diesen Lapsus mit dem Hinweis, Andreas sei von deutschen Söldnern gut beschützt gewesen. „Bären die Teutschen! pflanzten sich vor den Alten wie Felsen. [...] Wenn sie das fremden *Tyrannen* tun, alle Teufel! wie müssen sie *ihre Fürsten* bewachen!" (V/6) Mit anderen Worten, aus der Sicht Kalkagnos ist in Deutschland eine republikanische Erhebung wie in Genua nahezu unmöglich.

Von Fiesko ist bekannt, dass er die bildende Kunst schätzt. Dieses Wissen nutzt Verrina, um einen letzten Versuch zu wagen, Fiesko auf die Seite der Gegner des Doria zu ziehen. „Fiesko ist ein Anbeter der Kunst, erhitzt sich gern an erhabenen Szenen" (I/13), hatte er seine Mitverschwörer wissen lassen. Daraufhin beschließen sie, Fiesko ein Gemälde mit einem solch erhabenen Motiv ins Haus zu bringen und seine Reaktion darauf als Gradmesser seiner politischen Sensibilität zu werten. Die Wirkung von Kunst wird von dieser Gruppe also gezielt instrumentalisiert; Kunst solle die affektive Basis bereiten für ein politisches Engagement. Die Funktion von Kunst besteht demnach in ihrer politischen Verfügbarkeit. Dieses Thema mündet in II/5 in ein erstes, äußerst kryptisches Kunstgespräch zwischen Fiesko sowie Zibo und einem Zenturione, die im Personenverzeichnis nur als „Missvergnügte" bezeichnet werden. Fiesko erklärt ihnen seine Kunstauffassung am Beispiel der Mediceischen Venus, die im 18. Jahrhundert als Inbegriff weiblicher Schönheit galt.

Eine Kopie dieser Statue konnte Schiller übrigens in Mannheim im dortigen Antikensaal betrachten. Am 10. Mai 1784 besuchte er mit dem Ehepaar von Kalb diese Sammlung. In dem Aufsatz *Brief eines reisenden Dänen*, den Schiller im März-Heft 1785 der *Rheinischen Thalia* veröffentlichte, berichtet er darüber. Er stellt die Frage, weshalb die griechischen Künstler so sichtbar nach „*Veredlung*" und „Verschönerung" (NA 20, S. 105) strebten, und antwortet selbst mit einer Gegenfrage: „Wenn der Mensch *nur* Mensch bleiben *sollte* – bleiben *könnte*, wie hätte es jemals Götter, und Schöpfer dieser Götter gegeben?" (NA 20, S. 105). Die Verschönerung der Natur, gemeinhin eine Funktionsbestimmung von Kunst, wird somit zu einer anthropologischen Grundbestimmung erweitert. In der Kunst weist der Mensch über sich hinaus; er bringt etwas zustande, das über einem Naturprodukt steht. Auch im *Fiesko* klingt dies schon an, wenn die Titelfigur darauf hinweist, dass im direkten Vergleich mit der Kunst die Natur stets die unterlegene ist, da die Wirklichkeit immer von der Phantasie übertroffen wird. Fiesko illustriert dies am Beispiel der Venus. Zibo und der Zenturione sollen unter allen Frauen eine solche suchen, die auch nur annähernd die Schönheit der Mediceischen Venus repräsentiere und „alle Reize dieser geträumten Venus" (II/8) vereine. Sie würden feststellen, so Fiesko weiter, dass damit die Phantasie der Marktschreierei überführt sei, das künstlerische Phantasieprodukt also bei weitem die Wirklichkeit der Frau übertreffe, es kein besseres als das in der Kunst dargebotene Produkt gebe und die Kunst in der Lage sei Aufmerksamkeit zu binden. Und in diesem Zustand der ästhetischen Erfahrung könne auch die politische Wirklichkeit, „daß Genuas Freiheit zu Trümmern geht", „vergessen" (II/5) werden. Dies heißt demnach, die Funktion der Kunst liegt in ihrer Ablenkungsleistung. Ob dies nun nur die höfische Kunst betrifft, die auf Repräsentativität setzt und auf ästhetische Reflexion verzichtet, oder damit auch das grundsätzliche Verhältnis von Kunst und Öffentlichkeit berührt ist, bleibt zunächst offen. Eine Erhellung ergibt sich erst aus der Fortsetzung dieses Kunstgesprächs. In II/17 besucht der Maler Romano Fiesko; er soll ihm im Auftrag der republikanischen Verschwörer ein Gemälde zeigen, um dessen Wirkung auf ihn zu testen. Fiesko doziert: *„Kunst* ist die *rechte Hand* der Natur. Diese hat *nur Geschöpfe*, jene hat *Menschen* gemacht" (II/17). Erst die Kunst erschafft Menschen. Das bedeutet, dass für Fiesko die Künstlichkeit wahre Natur und Natur wahre Künstlichkeit darstellt. Das Bild zeigt die Geschichte der Virginia und thematisiert damit ein Stück der jüngsten Familiengeschichte des Verrina. Während dieser das Gemälde enthusiasmiert politisch kommentiert – man darf davon ausgehen, dass diese Wirkung berechnet und sein Verhalten einstudiert ist –, lobt Fiesko ausschließlich die Schönheit der dargestellten Virginia. Den politischen Index dieser Szene scheint Fiesko nicht zu durchschauen. In Wahrheit ist er jedoch derjenige, der die Gruppe der Verschwörer beobachtet und taktierend ihre Äußerungen und Handlungen in seine Überlegungen mit einbindet. So heißt es am Ende dieser Szene in einer Regieanweisung, die sehr aufschlussreich für Fieskos Verstellung ist, er betrachte die andern zuweilen *„fliegend und scharf"* (II/17). Fiesko muss zu dem Ergebnis gekommen sein, nun seinen politischen Standpunkt offen zu legen, und vollzieht eine kunstästhetische Wende, die das bisher Gesagte Lügen straft. *„Ich habe getan*, was du nur maltest" (II/17), sagt er zum Maler voller Pathos, die Kunst des Scheins solle nun der Natur der Tat weichen.

Fiesko wird in das Quartett der republikanischen Verschwörer aufgenommen und zur Leitfigur erklärt. Er entwickelt die Pläne zur Durchführung des Umsturzes und artikuliert unmissverständlich seinen Führungsanspruch. Fiesko erkennt erstmals, dass sich ihm die Möglichkeit zur aristokratischen Selbstherrschaft bietet. Republikaner oder Herzog – hinter dieser Alternative verbirgt sich das Dilemma von Fieskos moralischer Indifferenz. Bei aller Sympathie für diese Figur darf doch Schillers Charakterisierung im Personenverzeichnis nicht übersehen werden. Die Moral des *Fiesko* könnte darin bestehen, Verzicht zu lernen, so hatte es Schiller selbst in der *Erinnerung an das Publikum* dargelegt: „Wenn jeder von uns zum Besten des Vaterlands *diejenige* Krone hinweg werfen lernt, die *er* fähig ist zu erringen, so ist die Moral des Fiesko die größte des Lebens" (FA 2, S. 558). Jedoch spricht dagegen, dass Fiesko sich vom Beginn an unnatürlich verhalten, sich verstellt und seine wahren Absichten verborgen hat. In einem Monolog am Ende des zweiten Aktes sinniert er über eben dieses Problem. Er erkennt die Gefahr der unglückseligen „Schwungsucht" (II/19), womit nichts anderes gemeint ist als die Hybris mehr sein zu wollen, als menschlich-tugendhaft ist, die Juno in der *Semele* als „Göttersucht" (FA 2, S. 790) bezeichnet hatte. Erst in diesem Monolog erkennt Fiesko das Problem der moralischen Trennschärfe zwischen Cäsarismus und Freiheitskampf. „Ein Diadem erkämpfen ist *groß*. Es wegwerfen ist göttlich. *ENTSCHLOSSEN*. Geh unter Tyrann! Sei frei Genua, und ich *SANFTGESCHMOLZEN* dein *glücklichster* Bürger!" (II/19).[183] Fieskos persönliche Stufenleiter tugendhaften Handelns lautet Größe, Gottgleichheit, Glück. Das individuelle Glück gilt ihm als Zielpunkt eines erstrebenswerten tugendhaften Lebens, es führt über die Möglichkeiten und Versuchungen genialer Größe und menschlicher Hybris hinaus. Die Tragik des Fiesko, die sich nun abzuzeichnen beginnt, besteht darin, dass er als persönliches Glück just jene politische Größe und gottgleiche Genialität (im Sinne Abels) definiert und somit sein Verhalten objektiv unmoralisch wird. Er setzt die Partnerschaft mit Leonore ebenso aufs Spiel wie den Freiheitskampf der Genueser. Hierbei eine Schicksalsmacht am Werke zu sehen, gar von einem Gesetz der Nemesis zu sprechen, dem Fiesko sich nicht mehr entziehen könne und das sich sogar noch im Werke des Mohren ausdrücke (vgl. FA 2, S. 1290), halte ich daher für eine Verkennung der objektiven Willensfreiheit, die Fieskos Handeln zu diesem Zeitpunkt noch uneingeschränkt kennzeichnet. Anders formuliert, Fiesko muss nicht Anführer der Republikaner werden, er will es.

---

183 Da in diesem Buch durchweg Sperrungen des Originals kursiv erscheinen, müssen ausnahmsweise an dieser Stelle die originalen Kursivierungen, womit im Theatertext die Regieanweisungen gekennzeichnet sind, zusätzlich in Kapitälchen gesetzt werden.

War Fieskos Verhalten in den ersten beiden Akten für keinen der am politischen Umsturz Beteiligten durchschaubar, so gelingt dies im dritten Akt um so leichter. Verrina erkennt Fieskos wahre Natur und beschließt seine Ermordung. Er weiß, „Fiesko wird Genuas gefährlichster Tyrann werden" (III/1). Wiederum ist Fiesko in einem langen Monolog zu sehen, der deutlich macht, dass zwischen dem Ende des zweiten und dem Beginn des dritten Aktes die Verwandlung des Fiesko von Genua vor sich gegangen sein muss. Er wiederholt sich die Worte ‚Gehorchen' und ‚Herrschen', die für ihn die Lust an der Macht ausmachen. Schiller erweist sich mit dieser Textpassage als gelehriger Schüler Plutarchs, der ja geschrieben hatte, hervorragende Tüchtigkeit oder Verworfenheit eines Charakters ließen sich leichter in einem knappen Wort als mit ganzen Schlachten und Eroberungen voneinander scheiden. Am Ende des Monologs heißt es: „Ich bin entschlossen" (III/2), das bedeutet in der Sprache von Macht und Herrschaft, Fiesko hat sich entschlossen. Er organisiert den Widerstand gegen die Tyrannis des Gianettino Doria, verlangt dafür aber absoluten Gehorsam und völlige Unterordnung. „Wenn ich nicht der Souverain der Verschwörung bin, so hat sie auch ein Mitglied verloren" (III/5), lässt er seine Mitstreiter wissen. Und dass sich dieser Führungsanspruch nicht nur auf die Zeit des Widerstands und Aufruhrs begrenzt, steht allen Beteiligten deutlich vor Augen. Das Stück entfaltet also weiterhin seine politische Dimension.

Im vierten Akt lädt Fiesko die Verschwörer zu einem Schauspiel in sein Haus ein. In einer großen Ansprache vor den Gästen erklärt er, dass jeder eine Rolle übernehmen müsse. Diese Theatermetaphorik erlaubt es ihm, von einem Schauspiel zu sprechen und die aktuellen politischen Verhältnisse in Genua zu meinen. Nun bekräftigt er auch öffentlich seinen Führungsanspruch. Der Sturz des Tyrannen wird als gerechte Sache bezeichnet; Unsterblichkeit im Gedächtnis der Nachwelt sei der Lohn für ein gefährliches und ungeheuerliches Unternehmen (vgl. IV/6). Der nun entdeckte Verrat des Mohren trägt zur Verlangsamung des dramatischen Geschehens bei und steigert zugleich die Spannung, vermag aber nicht wirklich das Vorhaben Fieskos in Gefahr zu bringen. In all diesen Redesituationen lässt Schiller niemals einen Zweifel daran, dass Fiesko die jeweilige Situation für seine politischen Interessen zu nutzen weiß. Fiesko erweist sich als Meister des Taktierens. Dies bestätigt er auch auf der privaten Ebene. Die Liebesgeschichte mit Julia entlarvt er selbst als ein inszeniertes Spiel, seine Frau Leonore darf hinter einer Tapetentür dabei Zeugin sein (vgl. IV/12). Auch die Rückbesinnung auf bürgerliche Werte privaten Verhaltens, auf Treue und Solidität partnerschaftlicher Verhältnisse, steht ganz im Zeichen ihrer Nutzbarkeit im politischen Geschehen. Leonore soll Herzogin werden, doch sie erscheint am Ende als die eigentlich Überlegene und versucht Fiesko von seiner weiteren politischen Karriere abzuhalten. Fiesko phantasiert den sozialen Aufstieg; er träumt davon, Fürst zu werden, während Leonore um die Partnerschaft fürchtet (vgl. IV/14). Sie bringt ein Wort in Anschlag, das im politischen Diskurs der Männer keine Rolle gespielt hatte: Liebe. Liebe und Herrschsucht, so Leonore, schlössen sich aus. Sie nennt Fieskos Plan ein missratenes Projekt, dessen Geschöpfe heillos, dessen Schöpfer schlecht seien, und verlangt von ihm den politischen Ambitionen zu entsagen. Damit fordert Leonore Fieskos Verzicht auf sein persönliches Glück – ein Aspekt ihres Handelns, der gerade im Widerstreit mit dem Ausgangspunkt ihrer Argumentation liegt, nämlich um der Liebe willen Verzicht zu leisten. Aus Liebe fordert sie Fieskos Glücksverzicht. Diesen Widerspruch vermag sie nicht aufzulösen und dieser Widerspruch wird ihr tragisches Ende besiegeln. Dem „prahlende[n] Nichts" (IV/14) von Herrschaft und Macht stellt sie das Gemälde eines ganz der Liebe gewidmeten Lebens entgegen. Betrachtet man die Regieanweisungen dieser Szene, dann scheint Fiesko zunächst überzeugt, regelrecht überwältigt von Leonores Widerrede. Durch und durch erschüttert fällt er ihr schließlich kraftlos um den Hals, das sind die Worte des Textes (vgl. IV/14). Leonores Liebesutopie, die außerordentlich dürr in ihrer Beschreibung bleibt, wird jäh zerrissen durch einen Kanonenschuss – das Zeichen zum Aufstand. Fiesko stürzt aus dem Saal, er flieht vor der Macht der Liebesworte und sucht das politische Ereignis, mit dem er sein persönliches Glück schon längst verknüpft hat.

V/5 zeigt Leonore in Männerkleidern. Sie ist auf der Suche nach Fiesko, mutmaßt ihn in großer Gefahr. Betrachtet man wiederum die Regieanweisungen, dann kommt man zu folgendem Ergebnis: Leonore wird, in dieser Reihenfolge, als ‚ängstlich', ‚wild phantasierend', ‚schreiend', ‚heftig', ‚erschrocken', ‚aufmerksam', ‚stolz', ‚heroisch' und ‚feurig' charakterisiert. Zweimal fällt das Partizip ‚schwärmend', ein weiteres Mal wird sie von ihrem Dienstmädchen Arabella ebenso tituliert: „Wie entsetzlich Sie schwärmen" (V/5). Schon im Personenverzeichnis war ja vom Autor betont worden, Leonores Gesicht spiegle „schwärmerische Melancholie" (Personenverzeichnis, FA 2, S. 320). Insofern ist das Schwärmen eine Grundeigenschaft Leonores und keineswegs nur und ausschließlich an diese dramatische Entwicklung gebunden. Daher ist es fraglich, ob man berechtigt von Leonores Wahnsinn sprechen kann. Leonore will eine Männerrolle übernehmen, eine „Heldin" (V/5) möchte sie werden, während Fiesko für sie schon ein neuzeitlicher Brutus ist. In dieser Referenz auf den römischen Politiker liegt mehr als nur eine geschichtslastige Anspielung. Denn damit wird wiederum jener von Schiller idealisierte, römische Tugendkatalog von Tapferkeit, Tugendhaftigkeit, Vaterlandsliebe und Freiheitssinn aufgerufen, der die Kontur des Titelhelden maßgeblich bestimmt. Zugleich ist darin aber auch ein Verweis auf Shakespeares Drama *Julius Cäsar* (1599) enthalten, in dem Portia, die Frau des Brutus, sich selbst entleibt, da sie die Sache der Republikaner für verloren glaubt. Schillers Leonore erscheint in Männerkleidern, weil die Freiheit, das wird spätestens hier deutlich, männlich ist. So lautet ihre Parole, mit der sie sich in das Getümmel stürzt, „Fiesko und Freiheit" (V/5). Weshalb aber erscheint Leonore in V/11 *„im Scharlachrock Gianettinos"* (V/11)? Diese Kleidung wird augenblicklich von Fiesko erkannt und nicht wissend, wer sich darunter verbirgt, bringt er Leonore um. Die Erklärung ergibt sich aus dem dreizehnten Auftritt. Arabella klärt auf, dass dieser rote Mantel nach der Ermordung des tatsächlichen Gianettino auf der Straße liegen geblieben war und Leonore ihn sich umgehängt hatte (vgl. V/13). Weshalb aber tat sie dies? War es eine Todessehnsucht, die sie leitete, war es Wahnsinn, der ihr Handeln bestimmte, oder ist es einfach nur eine schlecht motivierte dramatische Spannungssteigerung, die das Tragische des Geschehens auf die Spitze treiben soll? Eine eindeutige Antwort auf diese Fragen ist vom Text her nicht zu geben. Fieskos Verzweiflung legt sich nach wenigen Augenblicken, er findet in seine alte Rolle als zukünftiger Alleinherrscher Genuas zurück. Er nennt die Ermordung seiner Frau ein „Spiel der Natur" und spricht sich selbst von jeglicher Verantwortung frei mit den Worten: „Es gibt Schicksale, die der *Mensch* nicht zu fürchten hat, weil er *nur Mensch* ist" (V/12). Am Ende deutet er den Mord als Tat der Vorsehung, um seine Tauglichkeit für ein großes Staatsamt zu prüfen. Fiesko kommt zu dem Schluss: „Ich will Genua einen Fürsten schenken, wie ihn noch kein Europäer sah" (V/13). Mit dem Tod Leonores geht auch die letzte Hoffnung auf eine Republik in Genua unter. Fiesko widerfährt diese Redeweise im buchstäblichen Sinn. Er wird von Verrina in eine Falle gelockt und am Hafen ins Meer gestoßen. Fiesko geht mit der ganzen prahlerischen Macht seiner Herrschaftsinsignien (Waffen und Purpurmantel) unter und ertrinkt. Dieses tragische Ende des Fiesko zu finden bereitete

Schiller einige Mühe. Er wich auch in diesem Punkt von den historischen Berichten ab, wonach Fiesko zufällig beim Betreten eines Schiffs ins Meer gestürzt war. Schiller musste für den tragischen Verlauf seines Stücks ein anderes, angemessen tragisches Ende finden. Für die Mannheimer Bühnenfassung des *Fiesko* (vgl. FA 2, S. 1159f.) erarbeitete er sogar einen empfindsam-rührenden Schluss, der zugleich aber politisch wesentlich brisanter ist. Danach tritt Fiesko in der Schlussszene vor das Volk, zerbricht die Insignien, das ihm dargebotene Zepter, wirft die Stücke in die Menge, verkündet das Ende der Monarchie in Genua und bezeichnet sich selbst als „glücklichsten Bürger" (FA 2, S. 555).

Der Berliner Theaterkritiker Alfred Kerr (1867–1948) artikulierte 1908 sein Unbehagen an diesem Stück in folgenden Worten:

> Schiller, – meine Schätzung Ihres Lebenswerks ist viel kleiner als meine Liebe zu Ihnen ... Ich weiß, was Ihnen fehlt: aber ich lasse nichts auf Sie kommen ... Hier geht es aber wirklich nicht. So kindlich die Charakteristik; alle so ganz unzergliedert; Fiesco vollends, der Überlegene, kramt vor dem Mohren seinen Plan aus; jagt ihn weg vor der Entscheidung; wo der Kerl alles verraten kann; darauf beruht der starke Punkt ... Schiller, es geht nicht. Man kann nicht einen tückisch klugen Helden zeichnen, der so ein Blödian ist. Und die Gattin, die er aus Versehn ersticht ... Schiller, es geht nicht.[184]

Trotz aller offensichtlichen dramaturgischen Schwächen, die das Stück hat, gelingt es Schiller doch, einige wesentliche Erkenntnisse den Lesern zur Diskussion zu stellen. In der Sphäre der Macht gibt es keine Privatsphäre, solange Macht als private Angelegenheit inszeniert, aber öffentlich ausgeübt wird. Moral und Politik können ebenso instrumentalisiert werden wie Freundschaft, Tugendhaftigkeit oder Liebe. Dabei hängen die Moralität einer Handlungsweise oder deren Unmoral nicht von dieser ab, sondern davon, welche Absicht der Handelnde damit verknüpft. Ist das Ende einer Tyrannenherrschaft besiegelt, heißt das noch lange nicht, dass sich damit demokratische Verhältnisse von alleine einstellen.

---

184 Alfred Kerr: Fiesco, in: Schiller – Zeitgenosse aller Epochen. Dokumente zur Wirkungsgeschichte Schillers in Deutschland. Teil II: 1860–1966. Hgg., eingeleitet u. kommentiert v. Norbert Oellers. München 1976, S. 240f.

2.4 *Kabale und Liebe* (1784)

E: September 1782 – Januar 1784
D: 15. oder 16. März 1784
UA: 13. April 1784 (Frankfurt)

Ursprünglich hieß das Drama *Louise Millerin*, erst ab März 1784 ist der Titel *Kabale und Liebe* belegt, der auf eine Anregung des Mannheimer Schauspielers August Wilhelm Iffland zurückgeht. Dieser hatte das Stück im Februar 1784 gelesen. Im Oktober 1782, möglicherweise sogar schon während Schillers zweiwöchiger Haft in Stuttgart vom 28. Juni bis 11. Juli 1782, reiften die ersten Pläne zu *Kabale und Liebe*. In Oggersheim, wo Schiller vom 13. Oktober 1782 an für kurze Zeit wohnte, wollte er sich zwar mit dem *Fiesko* befassen, schrieb aber tatsächlich an *Kabale und Liebe*. Am 7. September 1782 traf Schiller auf dem Gut der Henriette von Wolzogen ein und arbeitete dort während seines Aufenthalts bis zum 24. Juli 1783 daran weiter. Spätestens am 14. Februar 1783 war das Stück fertig, denn Schiller bestellte – neben Schnupftabak und Tinte – „recht gutes Schreibpapier, meine *Louise Millerin* darauf abzuschreiben" (NA 23, S. 66). Der Mannheimer Intendant von Dalberg interessierte sich für das Stück und Schiller musste sich wieder an eine Überarbeitung für das Mannheimer Theater machen. Diese Phase zog sich bis Juli 1783 hin. Schiller reiste schließlich selbst nach Mannheim und las dem dortigen Theaterausschuss am 13. August das Drama vor. Das Stück gefiel und Schiller bekam einen Jahresvertrag als Theaterschriftsteller. Allerdings verhinderten zunächst die Vorbereitungen für die Aufführung des *Fiesko* sowie eine schwere Erkrankung des Autors die weitere Arbeit am Text. Im Januar 1784 schließlich begann der Mannheimer Verleger Schwan mit dem Druck. Die Uraufführung erfolgte wieder wie im Fall des *Fiesko* durch die Schauspielertruppe um Gustav Friedrich Wilhelm Großmann (1746–1796) in Frankfurt, die Premiere in Mannheim fand zwei Tage später am 15. April 1784 statt.[185]

---

185 Zur Frankfurter Uraufführung vgl. den Aufsatz von Wilhelm Pfeiffer-Belli: Schillers Beziehungen zum Frankfurter Theater, in: JbFDH 1916–1925, S. 45–66. – Zur zeitgenössischen Rezeption und deren Schwierigkeiten mit dem Text vgl. Walter Pape: „Ein merkwürdiges Beispiel productiver Kritik". Schillers *Kabale und Liebe* und das zeitgenössische Publikum, in: ZfdPh 107 (1988), S. 190–211.

Auch *Kabale und Liebe* weist – wie der *Fiesko* – einen Untertitel auf, der mehr ist als eine Gattungsbezeichnung. Schiller nennt es *ein bürgerliches Trauerspiel* und rekurriert damit auf den Gattungstyp eines Dramas, der 1784 bereits eine knapp dreißigjährige Karriere im deutschsprachigen Raum hinter sich hatte. Das bürgerliche Trauerspiel hat seinen historischen Ursprung in England. 1731 veröffentlichte der Dichter George Lillo (1693–1739) das Drama *The London Merchant*, das als Protoyp dieser ‚neuen‘ Gattung gilt.[186] 1752 wurde es ins Deutsche übersetzt. Johann Gottlob Benjamin Pfeil (1732–1800) legte 1755 die erste theoretische Abhandlung über dieses Genre vor, *Vom bürgerlichen Trauerspiele*. Ihm dient das ‚neue‘ bürgerliche Trauerspiel dazu, eine Sozialdistinktion literaturtheoretisch zu begründen. Ein bürgerliches Trauerspiel, so definiert er, sei „die Nachahmung einer Handlung […], wodurch eine Person bürgerlichen Standes auf dem Theater als unglücklich vorgestellet wird".[187] Bürgerliche Personen seien ebenso großer Tugenden oder Laster, also der Leidenschaften, fähig wie Adelige. Insofern taugten sie auch als theatralische Figuren und das Theater der Zeit müsse seine Figurengestaltung nicht weiter der Gewohnheit und der poetologischen Norm entsprechend am sozialen Stand der Adligen ausrichten. Allerdings kämen unterständische Personen, von Pfeil der Pöbel genannt, als Dramenfiguren nicht in Frage. Die Disziplinierung der Leidenschaften – und das heißt in der historischen Realität deren Selbstdisziplinierung mit Hilfe der Literatur – wird von Pfeil als ein genuin bürgerliches Privileg und Kennzeichen bürgerlicher Dramen angesehen. „Man wähle die handelnden Personen niemals aus dem Pöbel",[188] warnt er, „kein Schneider, kein Schuster ist einer tragischen Denkungsart fähig".[189] Wer Gelegenheit gehabt habe, den elementaren Anspruch der Aufklärung zu vollziehen, nämlich seinen Verstand aufzuklären oder sein Herz zu bessern, gehöre zu jenem „Mittelstand zwischen dem Pöbel und den Großen",[190] aus

---

186 Zur Geschichte und Systematik des bürgerlichen Trauerspiels vgl. die Monographie von Karl S. Guthke: Das deutsche bürgerliche Trauerspiel. 5., durchgesehene Auflage. Stuttgart 1994. – Mit Blick auf *Kabale und Liebe* vgl. auch das informative Buch von Peter-André Alt: Tragödie der Aufklärung. Eine Einführung. Tübingen, Basel 1994, bes. S. 270ff.

187 [Johann Gottlob Benjamin Pfeil:] Vom bürgerlichen Trauerspiele, in: Neue Erweiterungen der Erkenntnis und des Vergnügens 6 (1755), 31. Stück, S. 1–25, hier S. 2.

188 [Pfeil:] Vom bürgerlichen Trauerspiele, S. 21.

189 [Pfeil:] Vom bürgerlichen Trauerspiele, S. 22.

190 [Pfeil:] Vom bürgerlichen Trauerspiele, S. 22.

dem sich die tragischen Charaktere rekrutieren – und das sind die Bürgerlichen. „Aus dieser Klasse müssen wir die Charaktere der handelnden Personen hernehmen. Diese Leute sind jederzeit desjenigen Grades der Tugend und des Lasters fähig, den die tragische Schaubühne erfodert, wenn sie ihre Absicht erreichen will".[191] Und diese Absicht besteht darin, die Leidenschaften der bürgerlichen Zuschauer sozialverträglich zu disziplinieren. Lessing wird hierauf seine Poetik des Mitleids gründen. Erst spät findet die begriffliche Differenzierung von Bürgerlichen und Pöbel Eingang in die staatspolitischen Schriften, werden dort aber dann sehr schnell gleichsam kodifiziert. Dem Pöbel wird politische Kompetenz und gesellschaftliche Verantwortung von vornherein aberkannt. Bei Christian Gottlieb Riccius findet sich etwa schon 1735 ein erster Versuch einer begrifflichen Normierung, um den Pöbel von jenen bürgerlichen Standespersonen abzugrenzen, die gesellschaftliche Verantwortung in Ämtern übernähmen und Ehre, Ansehen und Würde hätten.[192] Wohlfahrt und Glückseligkeit eines Staates gründen sich nach Johann Heinrich Gottlob von Justis (1717–1771) Worten von 1771 auf die „politische oder bürgerliche Tugend" und auf die „Erfüllung der Pflichten gegen den Staat", also auf seine „Bürger".[193] Der Pöbel wird ausdrücklich davon ausgenommen.

Als entscheidende Merkmale des bürgerlichen Trauerspiels im 18. Jahrhundert können folgende Veränderungen gegenüber der vor allem durch Gottscheds *Critische Dichtkunst* ([1]1730, [4]1751) vertretenen klassizistischen Poetik benannt werden: 1.) Der Text ist in der Regel in Prosa verfasst, die Verssprache wird zunehmend zurückgedrängt. 2.) Heroische Taten oder Staatsaktionen werden jetzt nicht mehr dargestellt, sondern im Mittelpunkt stehen familiale Themen bürgerlichen Selbstverständnisses, empfindsame Normen und Handlungswerte. 3.) Damit hängt zusammen, dass auf die klassische Ständeklausel verzichtet werden kann. Nun finden auch Bürgerliche ihre literarische Anerkennung als dramentaugliche Figuren. 4.) Der Regelverstoß gegen die herkömmliche Lehre der drei Einheiten von Ort, Zeit und Handlung wird geradezu provoziert.

Der ‚Mustertext' eines deutschen bürgerlichen Trauerspiels, der in der literarischen Rezeption des 18. Jahrhunderts als Vorbild fungiert

---

191 [Pfeil:] Vom bürgerlichen Trauerspiele, S. 22.
192 Vgl. dazu und zum Folgenden Werner Conze: Proletariat, Pöbel, Pauperismus, in: Geschichtliche Grundbegriffe. Historisches Lexikon zur politisch-sozialen Sprache in Deutschland. Stuttgart 1984, Bd. 5, S. 27–68, hier S. 32.
193 Zitiert nach Conze: Proletariat, Pöbel, Pauperismus, S. 32.

hat, ist Lessings Drama *Miß Sara Sampson* (1755).[194] Mit seiner *Emilia Galotti* (1772) schuf er ein zweites bürgerliches Trauerspiel, das ebenfalls eine normbildende Wirkung entfaltete und bis heute in den Spielplänen der Bühnen gegenwärtig ist. Allerdings steht die *Emilia Galotti* bereits am Ende der historischen Entwicklung des bürgerlichen Trauerspiels. Schon in der Literatur des Sturm und Drang der 1770er Jahre wird das Genre deutlichen Veränderungen unterworfen. So etwa bei Wagner in seiner *Kindermörderin* (1776) oder bei Lenz in den Dramen *Der Hofmeister* (1774) und *Die Soldaten* (1776). Danach entwickeln sich lediglich noch Schwundformen dieses Trauerspieltyps, der in Friedrich Hebbels *Maria Magdalena* (1844) einen letzten Höhepunkt erfährt. „Das entscheidend Neue der Gattung", so Guthke, „ist ihr Lebensgefühl, das Menschenbild der moralisch-empfindsamen Privatheit".[195] Bürgerlich ist demnach weniger ein soziologischer als vielmehr ein psychohistorischer Begriff. Väterliche Autorität, die Leerstelle der Mutter (sie fehlt in vielen bürgerlichen Trauerspielen), das harmonisierende Schlusstableau, die empfindsame Haltung der Figuren, die Auflösung der Formstrenge, dialektale Einschübe, die Abgrenzung gegenüber adligen Verhaltensstandards und Bewusstseinsformen und die Abgrenzung gegenüber dem ‚Pöbel' (mit Ausnahme von Lenz, der diesen ausdrücklich als Adressaten seiner Stücke mit einbezieht), die Bedeutung von Privatheit und Familie, die Geschlechterproblematik, der Sexualitätsdiskurs, die historische Entwicklung von der beanspruchten Autonomie des Ichs im Sinne des sozialhistorischen Prozesses bürgerlicher Emanzipation im 18. Jahrhundert hin zur behaupteten Autokratie des Ich in der Literatur des Sturm und Drang – all das sind deutliche Merkmale eines bürgerlichen Trauerspiels, die sich in ähnlicher Häufung auch in Schillers *Kabale und Liebe* finden. Insofern ist Guthke zuzustimmen, wenn er darauf verweist, dass Schillers Stück ein „Sammelbecken von typischen Motiven der

---

194 Die von Cornelia Mönch angeführten Argumente gegen eine tatsächliche Bedeutungsgewichtung der bürgerlichen Trauerspiele des 18. Jahrhunderts sind rein quantitativ, ändern aber nichts an der rezeptionsgeschichtlich gelenkten Bedeutungswahl, die sich nicht nach modernen Quantifizierungsparametern richtet; vgl. Cornelia Mönch: Abschrecken oder Mitleiden. Das deutsche bürgerliche Trauerspiel im 18. Jahrhundert. Versuch einer Typologie. Tübingen 1993, bes. S. 345: Die Höhenkammtexte von Lessing, Schiller und Goethe seien „herausragende Einzelleistungen, die keine Repräsentativität für die Gattung des bürgerlichen Trauerspiels beanspruchen können".

195 Guthke: Das deutsche bürgerliche Trauerspiel, S. 18f.

Gattung"[196] darstelle. Zugleich ist bei Schiller historisch und gattungstypologisch gesehen der Prozess der Verflachung definierter Standards des bürgerlichen Trauerspiels eingeleitet.

Von Quellen im engeren Sinn, die Schiller für sein Drama ausgeschöpft hätte, lässt sich nicht sprechen. Die zeitgenössische Literatur bot ihm selbstredend Anregungen und Anknüpfungspunkte. Die Forschung hat vor allem sechs Texte hervorgehoben, zu denen Schillers Drama intertextuelle Referenzen aufweist: Lessings *Emilia Galotti* (1772), den *Julius von Tarent* (1776) von Anton von Leisewitz (1752–1806), das Drama *Der Landesvater* (allerdings erst 1790 gedruckt) von Johann Christian Brandes (1735–1799), der zwischen 1779 und 1781 Schauspieler in Mannheim war, Heinrich Leopold Wagners (1747–1779) Sturm-und-Drang-Schauspiele *Die Reue nach der Tat* (1775) und *Die Kindermörderin* (1776) und Otto Heinrich von Gemmingens (1755–1836) Stück *Der deutsche Hausvater oder die Familie* (1780).

Textinterpretation

Bereits das Verzeichnis der Dramatis personae enthält einen entscheidenden Hinweis für die Rezeption des Stücks. Zum einen ist das Figureninventar gegenüber dem *Fiesko* sichtbar entschlackt. Spielten dort ohne die Nebenpersonen noch 22 Figuren eine sprechende Rolle, so sind es hier gerade einmal neun. Der Schauplatz ist nicht mehr ins Ausland verlagert und das Stück spielt auch nicht mehr in der Vergangenheit. Vielmehr zielt Schiller unmissverständlich auf die feudalabsolutistischen Verhältnisse in einem der deutschen Westentaschenfürstentümer, den so genannten Duodezfürstentümern, von denen es im 18. Jahrhundert im Heiligen Römischen Reich Deutscher Nation über 300 gab. Die Zeitgenossen konnten unschwer erkennen, dass der von Schiller allgemein genannte „Hof eines deutschen Fürsten" (FA 2, S. 564; Personenverzeichnis) den württembergischen herzoglichen Hofstaat meinte.

Die dramatische Achse des Stücks wird durch zwei Zentren gelegt. Auf der einen Seite ist dies die kleinbürgerliche Familie[197] des

---

196 Guthke: Das deutsche bürgerliche Trauerspiel, S. 83.
197 Hans Peter Herrmann hat darauf hingewiesen, dass der Berufsstand des Stadtmusikers eher dem ständischen Bürgertum als dem Kleinbürgertum entspreche (vgl. Hans Peter Herrmann: Musikmeister Miller, die Emanzipation der Töchter und der dritte Ort der Liebenden. Schillers bürgerliches Trauerspiel im 18. Jahrhundert, in: JbDSG 28 [1984], S. 223–247, hier S. 225). Vgl. dagegen den

Musikers Miller, seiner Frau und der sechzehnjährigen Tochter Louise, dem einzigen Kind, und auf der anderen Seite steht die höfische Kultur mit ihren medial wirkungsvoll inszenierten Parametern von Macht, Repräsentativität und Ökonomie. Verkörpert wird diese Kultur durch die ‚Rumpffamilie' (zu der im weitesten Sinne auch der Sekretär des Präsidenten, Wurm, zu rechnen ist) des Präsidenten Baron von Walter, einer Art Ministerpräsident des Landes, und seinem Sohn Ferdinand, der nach einer militärischen Laufbahn, bei der er es bis zum Major gebracht hat, nun ein politisches Amt im Sinne des Vaters übernehmen soll. Hier zeigt sich bereits ein Hof im Hof. Innerhalb des herzoglichen Herrschaftsraums versucht der Präsident durch Machtspiele und Intrigen, bei denen ihm Hofmarschall von Kalb willfähriger Helfer ist, seinen Sohn als eigenen Nachfolger zu installieren und seinen Einfluss und seine Macht auf diese Weise zu sichern. Anfänglich gehört zur höfischen Kultur auch Emilie Milford alias Johanna Norfolk, eine englische Emigrantin und jetzige Mätresse des Herzogs, die später aber ihrem höfischen Lebensstil entsagt und die dramatische Entwicklung des Stücks entscheidend beeinflussen wird.

Die kleinbürgerliche Familie Miller wird in der ersten Szene mit den Attributen von Bürgerlichkeit ausgestattet. Frau Miller trinkt Kaffee und schnupft Tabak.[198] Das Tabakschnupfen war ebenso wie das Pfeiferauchen ein Mittel zur sozialen Abgrenzung. Es diente jenen, die sich selbst als Vornehme verstanden, dazu, sich von den Unterschichtigen abzuheben. Zunächst war es eine höfische Verhaltensweise, die in der zweiten Hälfte des 18. Jahrhunderts zunehmend auch von bürgerlichen und kleinbürgerlichen Männern und Frauen imitiert wurde. Insofern sind Tabak und Kaffee zwei Genussmittel, die sukzessive dem gesellschaftlichen Selbstverständnis des Bürgertums einverleibt werden und dadurch einen politischen Index bekommen.[199] In dieser Eingangsszene macht sich der Vater, der sich

wichtigen Kommentar in NA 5N, S. 402f. Mir geht es in der vorliegenden Textdeutung vornehmlich um Bewusstseinsformen und Verhaltensstandards, die auch unabhängig von der soziologisch definierten Standeszugehörigkeit adaptiert werden können, wie das Beispiel Ferdinands im Stück oder auch das Streitgespräch in der Begegnung der beiden Königinnen in der *Maria Stuart*, die sich so gar nicht hochadelig verhalten, zeigt.

198 Der Kommentar in NA 5N, S. 410, erschließt die sozial- und kulturgeschichtliche Dimension dieses Verhaltens von Frau Miller, deshalb seien die Details hier nicht wiederholt.

199 In einer französischen Anleitung von ca. 1730 zum richtigen Schnupfen wurden 14 Regeln formuliert, die vom Dosenöffnen über das Schnupfen mit

im zeitgenössischen Verständnis als „Herr im Haus" (I/1) begreift, Sorgen über den Umgang seiner Tochter mit dem jungen Baron Ferdinand von Walter. Dem Vater steht drastisch vor Augen, dass allein aufgrund der Standesunterschiede zwischen ihm und dem Baron eine nähere Verbindung, gar eine Heirat der beiden ausgeschlossen ist. Deshalb richtet sich seine Sorge darauf, die Tochter könne das einzige Kapital verlieren, das sie darstellt und das sie für ihren Vater bedeutet, ihre Jungfräulichkeit. Vorehelicher Geschlechtsverkehr mit Kindesfolge und sozialer Abstieg – in den Worten des Vaters „dem Mädel eins hinsetzen [...] und das Mädel [...] hat's Handwerk verschmeckt, treibts fort" (I/1) – sind die größten Gefahren, die dem kleinfamilialen bürgerlichen Konsolidierungsprozess am Ende des 18. Jahrhunderts drohen. In seinem Gedicht *Die Kindsmörderin* hat der junge Schiller auch zu diesem Thema Stellung genommen.[200] Friedrich Maximilian Klinger taxiert in einem Beitrag für die *Frankfurter gelehrten Anzeigen* vom 11. August 1775 den Wert weiblicher sexueller Unschuld als „das Heiligthum des Orts eines andern",[201] womit er die Tabuisierung dieses symbolischen Kapitals zum Ausdruck bringt. Gerade in der vorbildlichen und mustergültigen Tugendhaftigkeit bürgerlichen Verhaltens drückt sich jenes Bewusstsein aus, das zur Abgrenzung gegenüber dem korrumpierten und amoralischen Adel unverzichtbar ist, um sich selbst als eigene und eigenständige gesellschaftliche Schicht mit zunehmendem Machtanspruch zu konstituieren. Während Vater Miller die weibliche Sexualität als eigentliches Interessenobjekt des Adligen erkennt, wähnt die Mutter allein die „schöne Seele" (I/1) der Tochter als Grund für Ferdinands Interesse. Louise wird später die väterliche Wahrnehmung so weit verinnerlicht haben, dass sie im Gespräch mit Lady Milford ihr Wissen bekennt und sagt, in der Welt des Adels gehe sie ihrer „bürgerlichen Unschuld" (IV/7) verlustig. Beide Eltern artikulieren zwar durch die zeitgenössischen Gegebenheiten gerechtfertigte Ängste und Hoffnungen, jedoch zielen diese an der tatsächlichen Situation zwischen Louise und Ferdinand vorbei. Denn die

---

beiden Nasenlöchern und ohne Grimassen, das Niesen, Husten und Spucken bis zum sachgerechten Verschließen der Dose reichen (vgl. Beate Hobein: Vom Tabaktrinken und Rauchschlürfen. Die Geschichte des Tabaks unter besonderer Berücksichtigung der Rauchtabak- und Zigarrenherstellung in Westfalen im 19. Jahrhundert. Hagen 1987, S. 16).

200 Vgl. in diesem Buch Kap. 4, *Das lyrische Werk*.
201 Friedrich Maximilian Klinger: Werke. Historisch-kritische Gesamtausgabe. Bd. I: Otto. Das leidende Weib. Scenen aus Pyrrhus Leben und Tod. Hgg. v. Edward P. Harris. Tübingen 1987, S. XVII.

Musikertochter und der Baron sind ein Liebespaar. Der Autor lässt im vierten Akt allerdings erklären, dass die Liebesleidenschaft stets ohne Sex gewesen sei. Dort ereifert sich Ferdinand bei der Vorstellung, der Hofmarschall habe Geschlechtsverkehr mit Louise gehabt. In seinen Worten: „Wenn sie nicht *rein* mehr ist? Bube! Wenn du *genossest*, wo ich *anbetete* [...] *Schwelgtest*, wo ich einen *Gott* mich fühlte? [...] Wie weit kamst du mit dem Mädchen?" (IV/3).

Dem Vater sind seine Ängste freilich nicht genommen, er erweitert Schillers grundsätzliches anthropologisches Verständnis, wie es uns in den *Räubern* und im *Fiesko* begegnet ist, nun zu einem fundamentalen Ausspruch, der ob seiner Einfachheit zunächst wie ein planer Allgemeinplatz erscheint. Den Männern gehe es im Umgang mit Frauen weniger um einen vernünftigen Diskurs als vielmehr um Sex. „Mensch ist Mensch" (I/1), sagt Miller und bringt damit die gesellschaftliche und die anthropologische Seite des Stücks zusammen. Unabhängig von der ständischen Herkunft ist der Mensch ein Triebwesen, dessen Triebe im Umgang zwar verfeinert, niemals aber vollständig diszipliniert und rationalisiert werden können. Lenz hatte dies in seinen *Anmerkungen übers Theater* (1774) drastisch so ausgedrückt, Könige und Pöbel seien „Menschen, auch unterm Reifrock".[202] Schon 1770 hatte Paul Thiry d'Holbach (1723–1789) den gesellschaftlichen Nutzen menschlicher Leidenschaften dadurch zu retten versucht, dass er für die Umwandlung schädlicher Leidenschaften in solche der allgemeinen Wohlfahrt nützliche plädierte. „Wir sollten die Leidenschaften, die der Gesellschaft schaden, durch solche verdrängen, die ihr Nutzen bringen",[203] forderte er in seinem *System der Natur* (1770), man solle bestrebt sein „in den Herzen der Menschen nützliche Leidenschaften anzupflanzen und zu pflegen".[204] D'Holbach bringt sein Plädoyer auf die griffige Formel: „Den Menschen die Leidenschaften untersagen, heißt ihnen verbieten, Mensch zu sein".[205] Schillers Miller zitiert also eine gängige Auffassung der Aufklärung über die Notwendigkeit menschlicher Leidenschaften. Zugleich aber drückt sich darin auch eine religiös und moralisch geprägte Abscheu vor der dunklen Seite des

---

202 Jakob Michael Reinhold Lenz: Anmerkungen übers Theater, in: Ders.: Werke und Briefe, Bd. 2, S. 641–671, hier S. 671.
203 Paul Thiry d'Holbach: System der Natur oder von den Gesetzen der physischen und der moralischen Welt. [1770]. Übersetzt v. Fritz-Georg Voigt. Frankfurt a.M. 1978, S. 287.
204 D'Holbach: System der Natur, S. 287.
205 D'Holbach: System der Natur, S. 286.

Menschen aus. Lenz hatte das Verdienst von Goethes *Werther* gerade darin gesehen, „daß er uns mit Leidenschaften und Empfindungen bekannt macht, die jeder in sich *dunkel* fühlt, die er aber nicht mit Namen zu nennen weiß."[206] Zugleich unterstreicht die Formulierung ‚Mensch ist Mensch' aber auch die Erwartung, Literatur könne und solle als ein Medium anthropologischer Selbstreflexion dienen. In der Prädikation ‚Mensch ist Mensch' schießen Schillers Diktum aus der *Erinnerung an das Publikum* vom ‚natürlichen Menschen', dem das Interesse des Dichters gelte, und die Formel aus der *Vorrede* zu den *Räubern* vom ‚ganzen Menschen' zusammen. Wie ein Echo wird Millers Erkenntnis in *Kabale und Liebe* nachhallen, wenn die Tochter wiederholt, dass „Menschen nur Menschen sind" (I/3) und selbst der Präsident von Walter sich auf diese Einsicht beruft, indem er Ferdinand provoziert, um ihm die Mätresse des Königs zum Tausch für Louise anzubieten: „Welcher Mensch von Vernunft würde nicht nach der Distinktion geizen, mit seinem Landesherrn an einem dritten Orte zu wechseln?" (I/7). Bezeichnenderweise ist dieser dritte Ort für den Aristokraten die weibliche Sexualität, für Louises und Ferdinands Verständnis hingegen wird der dritte Ort den Freitod darstellen. „Ich weiß einen *dritten* Ort […]. Der dritte Ort ist das *Grab*" (V/1), schreibt Louise am Ende Ferdinand in einem Brief, den sie allerdings wieder zerreißt. Insofern verkürzt die Deutung Herrmanns, wonach der dritte Ort jenseits von Zunftbürgertum und höfischem Adel anzusiedeln sei, diesen psychohistorischen Aspekt auf eine ausschließlich soziologische Feststellung, den er zudem als „Ort des liberalen Bürgertums mit seinem ständeübergreifenden Individualismus und Selbstverwirklichungsanspruch"[207] definiert.

Aus der Sicht der väterlichen Vernunft weicht die Tochter von einem bürgerlichen tugendhaften Weg ab. Verantwortlich hierfür macht der Vater die belletristische Literatur, die Louise Phantasmen von Liebe und sozialem Aufstieg vorgaukle und damit den noch vorhandenen christlichen Glauben neutralisiere. Lesen ist für ihn eine gottlose Betätigung (vgl. I/3). Der Vater reagiert damit affektiv auf eine Bedrohung, die er sich nur religiös begründen kann. Wie er in V/1 bekennt, verstehe er nur wenig von der Liebe – wie soll er dann die Liebe seiner Tochter außerhalb ständischer, bürgerlicher und christlicher Normen beurteilen können? Man kann davon ausgehen, dass Millers Verdikt hier in erster Linie die zeitgenössische

206 Lenz: Werke und Briefe, Bd. 2, S. 682 (Hervorhebung M.L.-J.).
207 Herrmann: Musikmeister Miller, S. 227.

empfindsame Literatur treffen soll, die als wichtiges Medium bürgerlicher Selbstverständigung gilt. Louise tritt mit einem Buch auf (vgl.
I/3), dem wichtigsten Requisit bürgerlichen Selbstverständnisses in
der Aufklärung.

Louise und Ferdinand – das ist Liebe auf den ersten Blick und alle
Beteiligten täuschen sich in ihrer Einschätzung. Der Vater Louises
darin, dass sie aus Vernunftgründen beendet werden könne, der
Vater Ferdinands darin, dass er sie beenden könne, und Lady Milford
darin, dass es sich um eine „süße früheverfliegende Träumerei"
(IV/7) handle. Louise bezeichnet Ferdinand als den „Immerman-
gelnden" (I/3) und evoziert damit eine religiöse Sprache inbrünstiger
christlicher Mystik. Auch ihre Prädikation „Er ists […] Er ists" (I/3)
wiederholt christliche Glaubenssprache. Insofern ist der Hinweis der
Forschung auf einen theologischen Kontext – der allerdings weit
über eine bloße Klopstock-Referenz hinausgeht – wichtig, zugleich
ist es aber auch problematisch, hier von einer „Metaphysik der
Liebesauffassung des jungen Schiller" (FA 2, S. 1439) zu sprechen.[208]
Schillers Argumentation, wenn man denn die diskursive Anordnung
der Figuren als eine Selbstaussage des Autors begreifen will, liegt
eher auf der Linie einer allgemeinen anthropologischen Theorie der
Triebe. Dafür sprechen nicht nur seine zahlreichen Anleihen bei
entsprechenden Autoren, sondern auch seine medizinisch-philoso-
phische Vorbildung. Selbst wenn in diesem Zusammenhang auf die
Philosophie der Physiologie verwiesen wird, bestätigt sich darin lediglich Schillers allgemeine Rezeption christlicher Glaubensgrundsät-
ze, die deutlich von einem schwäbisch-pietistischen Milieu geprägt
sind, und seine Kenntnis zeitgenössischer moralphilosophischer
Schriften. Liebe sei, schreibt er dort, die „Verwechslung meiner
Selbst mit dem Weesen des Nebenmenschen" (NA 20, S. 11), mit
dem Ziel, die Vollkommenheit dieses Nebenmenschen zu befördern.

Der Besitzanspruch, den Ferdinand in seiner Liebeserklärung
formuliert, reflektiert den Anspruch des Vaters, das Leben seiner
Tochter beobachten und bewachen zu können. Louise ist nun dieje-

---

208 Vgl. Ingeborg Bergen: Biblische Thematik und Sprache im Werk des jungen
Schiller. Einflüsse des Pietismus. Mainz 1967. Bergen arbeitet sehr exakt den
theologiegeschichtlichen Hintergrund von Schillers Elternhaus, seiner Schulzeit und der theologischen Diskussion im Württemberg des 18. Jahrhunderts
heraus. Sie kann nachweisen, dass Schiller eine Vielzahl von biblischen
Themen, Topoi und Wörtern in sein frühes Werk übernimmt. Bei Übernahmen aus dem pietistischen Wortschatz modelliere er hingegen sofort ein
säkulares Bedeutungsfeld.

nige, welche eine Un-Ordnung in die Liebe bringt, da sie deren Triebnatur erkennt. Ob sie diese Kenntnis aus der Literatur bezogen hat, wie der Vater mutmaßt, bleibt im Stück dahingestellt. Jedenfalls artikuliert sie „wilde Wünsche" (I/4), die sie zugleich als Bedrohung erfährt. Aus ‚Ferdinand in Louisens Herz' wird nun „Feuerbrand" (I/4), der wütet und den liebenden Mann – wie es in der Regieanweisung heißt – sprachlos macht. Diese Sprachlosigkeit charakterisiert den Liebhaber, da sie sich in II/3 wiederholt, als Lady Milford ihn mit einer eigenen und eigenwilligen Entscheidung konfrontiert, und sie spiegelt je die Fassungslosigkeit angesichts der distinkten Aussagen der Frauen Louise und Lady Milford. Die aristokratische männliche Sprachbeherrschung versagt angesichts der sprachgewandt artikulierten Autonomie des weiblichen Ichs. Louises wilde Wünsche werden von Lady Milfords „wildere[n] Wünsche[n]" (II/1) überboten. In einem regelrechten Wettbewerb der Leidenschaften versuchen sich die beiden Frauen ständedistinkt zu positionieren. Dabei tritt eine erstaunliche Umkehrung der Verhaltensstandards bürgerlicher und aristokratischer Ordnung zu Tage. Während Lady Milford sexuell exzessiv gelebt hat und nun ihre Sehnsucht nach einer verlässlichen Partnerbeziehung, nach ihrer großen Liebe artikuliert und dies für sie ‚wildere Wünsche' sind als je ihre Lebensweise zuvor, ahnt die unerfahrene Louise, dass ihre Liebe zu Ferdinand nicht körperlos bleiben wird, sondern auf eine sexuelle leidenschaftliche Beziehung zielt, ihre Wünsche also wild, leidenschaftlich, ungeordnet, nicht mehr disziplinierbar werden. Am Ende aber wird Ferdinand den Superlativ wilder Wünsche vollenden. Als er an der Aufrichtigkeit von Louises Liebe zweifelt, ruft er sich selbst in Erinnerung, dass seine „wildesten Wünsche schwiegen" (IV/2), obwohl er Louise gerade geküsst hatte. Begehrensfrei und körperlos war ihre Liebe. Allerdings dient ihm diese Erinnerung nicht dazu, die geliebte Frau zu entlasten und sein verlorenes Vertrauen zurückzugewinnen, sondern er prädiziert damit eine Kosten-Nutzen-Reflexion, die seinen Verzicht und damit seinen Verlust in den Mittelpunkt rückt, und eröffnet dadurch eine Rechnung bürgerlicher Ökonomie. Ferdinand changiert auch hier zwischen höfischen und bürgerlichen Bewusstseinsformen und gleicht sich in seinem Verhalten Louises Vater an.[209] Als sich Louise zum Selbstmord entscheiden will, hält

---

209 Insofern fällt es auch an dieser Textstelle schwer, eine metaphysische Liebeskonzeption am Werk zu sehen (vgl. dagegen FA 2, S. 1479). Weshalb sich in Ferdinands Zustand seelischer Entblößung ein weiterer bürgerlich indizierter Fluchttopos Gehör verschaffen soll, erschließt sich nicht (vgl. NA 5N,

Miller seiner Tochter entgegen, sie bedeute ihm alles, er habe „alles zu verlieren. [...] Die Zeit meldet sich allgemach bei mir, wo uns Vätern die Kapitale zu statten kommen, die wir im Herzen unsrer Kinder anlegten" (V/1). Seine väterliche Liebe nennt er „Barschaft" (V/3), die er nun verloren habe, und Ferdinand bezeichnet Louise als Millers „letzten Notpfennig" (V/3), er vergleicht den Vater mit einem Kaufmann, der törichterweise sein gesamtes Vermögen auf ein einziges Schiff lädt (vgl. V/5).

Der Vater Ferdinands zeigt ebenso wie Louises Vater ein ausgeprägtes Ständebewusstsein. Er denkt in überkommenen ständischen Kategorien, wonach ein Adliger keine Bürgerliche heiraten darf. Er presst seinen Sohn Ferdinand zu einer Heirat mit der hochadligen Lady Milford (vgl. I/5). Sein Sekretär Wurm dient ihm dabei als ein in höfischer Wohlredenheit und Klugheit bestens bewanderter Stratege, durch dessen intrigante Pläne das dramatische Geschehen sich zum tragischen Plot entwickelt. In Wurms Namen bündelt Schiller die gesamte Verachtung, aber auch Ironie, gegenüber diesem Charaktertypus. Die metaphorische Rede vom Wurm als Sinnbild für Verschlagenheit und Vergänglichkeit gleichermaßen gebraucht Schiller in den *Räubern* dreimal, im *Fiesko* bereits achtmal und in *Kabale und Liebe* neunmal, wobei die Gestalt des Sekretärs Wurm schon beinahe eine Allegorie der Niedertracht darstellt.[210]

Wurm ist dem Präsidenten behilflich, sofern er – im Sinne eines regelrechten Tauschhandels – Louise Miller zur Frau bekommt. Der Konflikt zwischen Vater und Sohn von Walter, der sich daraufhin

---

S. 468). Vielmehr fühlt sich Ferdinand expressis verbis von Louise ‚berechnet' (vgl. IV/2).

210 Eine eigene Untersuchung wäre es wert, inwieweit Klinger mit seinem Drama *Otto* (1775) die Wurmmetaphorik Schillers geprägt hat. Im ersten Akt, zweite Szene, antwortet Graf Normann auf die Frage, wie es ihm gehe: „Wie stehts um einen Wurm, den man hart auf den Kopf getreten hat, daß er sich nicht winden kann unter der Ferse seines Feindes?" (Klinger: Werke. Historisch-kritische Gesamtausgabe, Bd. I, S. 7). Im *Avertissement* zu den *Räubern* ist zu lesen: „[...] wie alle Vergoldungen des Glücks den innern Wurm nicht töten, und Schrecken, Angst, Reue, Verzweiflung hart hinter seinen Fersen sind" (FA 2, S. 178). Und in *Kabale und Liebe* fragt Louise die Lady, „und wenn ihr verächtlicher Fersenstoß den beleidigten Wurm aufweckte" (IV/7)? Auch im *Don Karlos* gebraucht Schiller an zwei Stellen die Wurmmetaphorik zur Kennzeichnung von Hinterlist und Vergänglichkeit, vgl. *Don Karlos* V. 996 und V. 3221. – Vgl. dazu vorläufig meinen Aufsatz Über die literaturgeschichtlichen Ursprünge des ‚Klassikers Schiller', in: Deutsche Klassik. Epoche – Autoren – Werke. Hgg. v. Rolf Selbmann. Darmstadt 2005, S. 35–59.

entwickelt, offenbart zugleich die Bedeutung des Machtthemas im Stück. Während der Vater sein Glück noch über die Teilhabe an politischer Macht und an der Gunst des Duodezfürsten definiert, vertritt der adlige Ferdinand von Walter ein zutiefst bürgerliches Programm empfindsamer Tugend. Hier werden im Drama höfische Öffentlichkeit und bürgerliche Privatheit gegeneinander gestellt. Ferdinand antwortet seinem Vater auf dessen Glücks- und Zukunftsversprechen: „Mein Ideal von Glück zieht sich genügsamer in mich selbst zurück. In meinem *Herzen* liegen alle meine Wünsche begraben" (I/7). Ferdinand zitiert einen der zentralen Topoi bürgerlicher Empfindsamkeit, das Herz. Dieses Losungswort erlaubt die soziale Bestimmung und die mentalitätsgeschichtliche Zuordnung.[211] Ferdinand ist zwar von Geburtsadel, vertritt aber in seinem Handeln und in seinen Worten Positionen bürgerlichen Tugendadels. Von dieser Opposition ist auch die Liebe zwischen Ferdinand und Louise gezeichnet. Was auf der Ebene privatistischer Moral einer Zweierbeziehung oder Kleinfamilie statthaft ist und demnach als Liebe die Standesunterschiede ignoriert, erweist sich auf der öffentlichen Ebene sozialer Interaktion und politischer Macht als Tabu; die soziale Differenz ignoriert die Liebe. Man kann in diesem Sinne mit dem französischen Philosophen Michel Foucault die Liebe als ein Dispositiv der Macht begreifen, das eine funktionalisierte diskursive Vorkehrung darstellt, die eine strategische Operation durchzuführen erlaubt.[212] Die Figur des Sekretärs Wurm bringt bei aller Intriganz diesen analytischen Blick auf. Wurm ist es, der erkennt – und das wird oft überlesen –, dass „Grundsätze […] aus Akademien" (III/1) schwerlich zur Lebensführung im Zentrum der Macht taugen. „Was sollten auch die phantastischen Träumereien von Seelengröße und persönlichem Adel an einem Hof, wo die größte Weisheit diejenige ist, im rechten Tempo, auf eine geschickte Art, Groß und Klein zu sein", wo es nur um den „langsamen krummen Gang der Kabale" (III/1) geht.

Auch Lady Milford nimmt den bürgerlich-empfindsamen Topos des Herzens für sich in Anspruch.[213] Ihr Herz habe sie frei behalten

---

211 Allerdings hat die ältere Forschung zu Unrecht von einer „Herzenswelt" gesprochen, die als dritter Ort neben ‚Bürgerwelt' und ‚Adelswelt' existiere, vgl. Joachim Müller: Der Begriff des Herzens in Schillers *Kabale und Liebe*, in: GRM 22 (1934), S. 429–437, hier S. 430.

212 Vgl. Michel Foucault: Sexualität und Wahrheit. Übersetzt v. Ulrich Raulff u. Walter Seitter. Bd. 1: Der Wille zum Wissen. Frankfurt a.M. 1977, S. 35.

213 Peter Utz hat dem ‚Herzen' eine eigene Studie gewidmet, allerdings gerät ihm die Bedeutung dieses ‚Organs' als empfindsamer Topos nicht in den

(vgl. II/1), erklärt sie ihrer Kammerjungfer Sophie. Selbst ein ausschweifender und tyrannischer Herzog habe es nicht korrumpieren können. Ihr höchstes Glück sieht sie darin, Sklavin des Mannes sein zu können, den sie liebt. Gewalt sei demgegenüber nur ein „elender Behelf" (II/1). Möglicherweise spielt die Lady damit auf Lessings *Emilia Galotti* und deren Ausruf „Verführung ist die wahre Gewalt" an und zitiert jene Passage, die Schiller bereits im *Fiesko* hatte anklingen lassen, als Bertha vergewaltigt wurde. Doch auch in *Kabale und Liebe* ist von der realen politischen Gewalt die Rede. Als Lady Milford erfährt, dass der Herzog zur Deckung seiner immensen Ausgaben für Vergnügungen siebentausend Soldaten nach Amerika verkauft hat (vgl. II/2), will sie „das Bewußtsein dieser Tat" nicht länger „im Herzen haben" (II/2) und verteilt ihren gesamten Schmuck und Hausrat. Doch was zunächst wie eine selbstlose Tat erscheint, ist in Wahrheit Teil ihres Fluchtplans. Sie muss erkennen, dass sich Ferdinand von Walter nicht zu einer Ehe mit ihr zwingen lässt, und beschließt das Land zu verlassen. Ferdinand bekennt: „Ich *liebe* Milady – liebe ein *bürgerliches* Mädchen" (II/3). Er ist entschlossen sich gegen alle Widerstände über Standesgrenzen hinwegzusetzen. „Meine Hoffnung steigt um so höher, je tiefer die Natur mit Konvenienzen zerfallen ist. – Mein Entschluß und das Vorurteil! – Wir wollen sehen, ob die *Mode* oder die *Menschheit* auf dem Platz bleiben wird" (II/3). Eine Frage der Menschheit ist demnach die Opposition von Liebesheirat oder Konvenienzehe, ihre Entscheidung hingegen ist abhängig von der Mode. Louise gegenüber wiederholt Ferdinand diese Haltung, die „eiserne Ketten des Vorurteils" (II/5) wolle er durchreißen, frei wolle er entscheiden, er spricht vom „Riesenwerk meiner Liebe" (II/5). Ferdinand reklamiert damit einen zutiefst philosophisch-anthropologischen Anspruch bürgerlicher Aufklärung im 18. Jahrhundert, die Vorurteilskritik. Kulturelle Standards und Bewusstseinsformen werden von ihm niedriger gewichtet als natürliche, anthropologische Determinanten. Letztlich läuft dieser Gegensatz darauf hinaus, Natur gegen Kultur auszuspielen – ein Konflikt, der innerhalb der Koordinaten von höfischer Gesellschaft und bürgerlichem Selbstverständnis nicht gelöst werden kann, da weder ‚bürgerlich' mit ‚natürlich' noch ‚höfisch' mit ‚kultürlich' gleichgesetzt werden kann. Dies macht das Stück deutlich. Louise ist

---

Blick, vgl. Peter Utz: Auge, Ohr und Herz. Schillers Dramaturgie der Sinne. Auge oder Ohr? – Die Spaltung der Sinne im Jahrhundert der Aufklärung, in: JbDSG 29 (1985), S. 62–97.

in diesem Punkt hellsichtiger. Sie erkennt, dass mit ihrem ‚Liebesprojekt' „die Fugen der Bürgerwelt auseinander treiben, und die allgemeine ewige Ordnung zu Grund stürzen würde" (III/4).

Auch der Kleinbürger Miller entwickelt – wie die höfische Mätresse Milford und selbst Ferdinand (vgl. III/4) – eine Fluchtphantasie, jedoch bedeutet sein „marsch […] über die Grenze" (II/4) in dieser Lesart eben nicht einen ‚Marsch über die Standesgrenzen' hinweg. Er wird durch die äußerst dynamische Entwicklung der Ereignisse gezwungen, seinen symbolischen Hoheitsraum zu verteidigen. „*Das* ist meine Stube" (II/6), hält er dem Präsidenten entgegen, der seinen Sohn bei Miller vermutet, und durchmisst damit den topographischen Ort ebenso wie er den sozialen Ort verteidigt. Freilich geht dieses Selbstbewusstsein in seiner devoten Haltung unter, denn auch er weiß, was der sich absolutistisch gebärdende Präsident für sich schon früh beanspruchte: „Wenn ich auftrete, zittert ein Herzogtum" (I/7). Am Ende ist der Präsident von Wurms intriganter Entschlossenheit überzeugt; er kommentiert dessen Strategie mit den Worten „das Geweb ist satanisch fein" (III/1) und appliziert damit ein textuelles Verständnis auf ein menschliches Verhalten, das keiner herkömmlichen Lesart mehr zugänglich ist. Nur wer die ‚Satansschrift' zu lesen vermag, entschlüsselt den Text, der lateinisch textus, das Gewebe, ist. Anders gesagt, die Chiffren der Macht sind so kodiert, dass nur wenige sie zu ‚lesen' vermögen. Weder Ferdinand und Louise noch der Musiker Miller oder Lady Milford gehören zu jenen, die über diese Fähigkeit verfügen. Dieses Dilemma produziert ein Kontinuum, innerhalb dessen sich Gewalt als eigenständiger Diskurs entwickeln und Gewalt durch einen Text, den die Figuren schreiben, ausgeübt werden kann. Nikola Roßbach hat in ihrer gender-poetologischen Lesart *Kabale und Liebe* als ein solches Gewebe „sich gegenseitig zerstörender Texte"[214] interpretiert und das Drama als einen „Text der Gewalt"[215] verstanden.

Louises Vater wird als Folge der Intrige der Majestätsbeleidigung verdächtigt, inhaftiert und mit der Todesstrafe bedroht, Louise selbst wird erpresst, einer Vermählung mit Hofmarschall von Kalb zuzustimmen. Vor dem Hintergrund dieser ausweglosen Situation von Bedrohung, Machtwillkür und präsidial-absolutistischer Anmaßung kann sich Louise nur für ihre Pflicht entscheiden, die heißt sie „blei-

---

214 Nikola Roßbach: „Das Geweb ist satanisch fein." Friedrich Schillers *Kabale und Liebe* als Text der Gewalt. Würzburg 2001, S. 96.
215 Roßbach: „Das Geweb ist satanisch fein.", S. 90.

ben und dulden" (III/4). Erst das Jüngste Gericht hebe die sozialen Unterschiede auf. Die sich als „Erdengötter" aufführten, müssten gewärtigen, dass es „Majestäten und Bettler in dem nämlichen Siebe rüttle" (III/6). Äußerlich betrachtet gleicht dies zwar einer Verlagerung menschlicher und gesellschaftlicher Interessen in ein Jenseits, jedoch hat für Louise dieses Jenseits bereits im Diesseits begonnen. Sie erfährt nämlich Wurms Umgang mit ihr und die Ordnung politischer Repression in ihrem häuslichen Umfeld als „Werke der Hölle" (III/6). Diese Rückbesinnung auf christliche Werte entschärft nachträglich die Rebellion des Kleinbürgers Miller gegen die Staatsmacht. Tatsächlich sind jene ohnmächtig, die aus der Ordnung von Macht und Ständedistinktion heraustreten. Bürgerlicher Tugendkatalog und christliche Norm gelangen zur Deckung und schmieden die Allianz aus Ohnmacht und Verzicht. *Kabale und Liebe* führt an diesem Punkt vor Augen: Es gibt keinen Ort außerhalb einer Topographie der Macht. Die politische Repression erzwingt von Louise, dass sie diese Repression verinnerlicht, den Fremdzwang in Selbstzwang wendet und ihre Gefühle zu Ferdinand unterdrückt, gar leugnet. Die Machtstrukturen haben sich nun erfolgreich in die Liebesgrammatik eingeschrieben und beherrschen das äußere wie das innere Leben der Bürgerlichen gleichermaßen. Konsequent wie ihr literarisches Vorbild Emilia Galotti weigert sich Louise zu sündigen. Sterben könne sie, aber keine Sünde begehen und sich der Schande aussetzen; mit diesen Worten versucht sie sich gegen Wurm zur Wehr zu setzen (vgl. III/6). Doch am Ende obsiegt die höfische Kabale. Louise schreibt einen Brief falschen Inhalts, worin sie sich selbst als Geliebte von Kalbs denunziert. Sie hat ihre weibliche und bürgerliche Autonomie endgültig verloren; dies verdeutlicht die Regieanweisung am Ende des dritten Aktes: *„Wurm zieht sie fort"* (III/6). Nach dem erfahrenen Unrecht wird auch Louise fliehen wollen, doch ist es da schon zu spät (vgl. V/1).

Der vierte Akt ist gekennzeichnet vom erstaunlichen Wandel Lady Milfords, für deren Zeichnung Schiller auf Franziska von Hohenheim zurückgriff. Wollte sie sich eben noch in der siebten Szene an Louise rächen, da diese jenen Mann liebt, der ihr selbst versagt bleibt, und bestärkte sie damit Louises Absicht, Selbstmord zu begehen, so entscheidet sie sich nun in der achten Szene in einem langen Monolog dazu, „zu entsagen" (IV/8). Der Grund hierfür ist nicht rational, sondern ausschließlich affektiv, denn Milford fühlt sich von einer Bürgerlichen beschimpft. Sie begibt sich in den Wettstreit mit bürgerlichen Verhaltensweisen des Verzichtens, Erduldens

und letztlich des konsequenten Handelns, wie es ihr die „Bürger-
dirne" (IV/8) Louise als Beispiel vorgibt. Sie beschwört Großmut und
Tugend, „nichts als mein Herz" (IV/8) solle sie weiter begleiten und
ihr Handeln bestimmen. Im Wettbewerb der Stände erscheint zugleich der Wettbewerb zweier Frauen um den gleichen Mann, die
sich gegenseitig an „Seelengröße" (III/1) und „Seelenstärke" (V/7),
die Louise für sich beansprucht, zu übertreffen versuchen. Aus einer
narzisstischen Kränkung heraus wird der Entschluss zum Liebes-
verzicht geboren. Milford bricht mit dem Herzog und bereut ihr
bisheriges Leben. Übrigens rekapituliert Schiller mit dem Begriff der
Seelenstärke die Rede *[Seelenstärke ist Herrschaft über sich selbst]* seines
Philosophielehrers Abel von 1777. Abel führt darin aus – und das
liest sich wie ein moralphilosophischer Aufriss, dem Schiller seine
Figuren der Lady und der Louise einzeichnet –:

> Es gibt indessen doch bei der Ueberwindung unserer Leidenschaften
> Tugenden, die nur auf den Trümmern anderer Tugenden, große Leiden-
> schaften, die nur auf den Trümmern der edelsten Gefühle wachsen kön-
> nen. Dem Ruf der schreienden Natur entsagen, jede Ader die noch Liebe
> schlägt, aus dem Herzen reissen, [...] das ist Edelmuth.[216]

> [E]s ist nichts unsterbliches an uns, als das Bewußtseyn guter Hand-
> lungen, nichts wahrhaftig beglückendes, als der Besitz einer weisen edlen
> und starken Seele. Diß ist der einzige würdige Zweck unsers Lebens und
> das einzige Mittel das Leben glücklich zu machen, diß ist das grose Ziel, zu
> dem die Philosophie, die ich sie lehre, sie mit jedem Tage näher zu führen
> strebt.[217]

Eine gerade gegenteilige Entwicklung nimmt Ferdinands Charakter.
Durch den gefälschten Brief Louises an den Hofmarschall geblendet,
steigert er sich zu einer tragischen Hybris, die ihn alle Liebesschwüre
und sozialen Modernismen vergessen lässt. Er bringt Louise um. In
der Pose klassischer Hybris ist er überzeugt: „Und ich verdiene noch
Dank, daß ich die Natter zertrete, ehe sie auch noch den Vater
verwundet" (V/4). Selbst am Ende, als Louise bereits tot ist, erklärt
sich Fedinand noch für unschuldig, die eigentliche Verantwortung
für die Tat trage sein Vater (vgl. V/8). Diese Unfähigkeit zur Reue
wurde in der Forschung spät entdeckt und dann meist damit begründet, dass Ferdinand im Liebesverrat Louises seine höchsten Ideale

---

216 Abel: Eine Quellenedition zum Philosophieunterricht an der Stuttgarter
    Karlsschule, S. 231.
217 Abel: Eine Quellenedition zum Philosophieunterricht an der Stuttgarter
    Karlsschule, S. 236.

und Handlungsziele – allgemeine Menschenrechte und soziale Gleichheit – verloren glaubt.[218] Dem muss entgegengehalten werden, dass die Aggression, mit der Ferdinand zu Werke geht, sein „Absolutismus der Liebe",[219] in dem sich aristokratisches Sozialverhalten ausdrückt, gerade das Resultat jener Repression ist, die seinen Vater im Amt halten und die Liebe seines Sohns vernichten sollte. Noch in dieser Sterbeszene changiert Ferdinand zwischen bürgerlichen und höfischen Verhaltensstandards. Einerseits willigt er in die harmonisierende Lösung der Vergebung ein, andererseits hat er zuvor in aristokratischer Selbstherrlichkeit seine Unschuld erklärt. Jenseits der juristischen Beurteilung justiert Ferdinand eine bemerkenswerte Balance zwischen seiner sozialen Herkunft und der Topographie seiner Liebe. Schiller bedient in dieser letzten Szene durchaus die Erwartungen zeitgenössischen Geschmacks an das Schlusstableau eines bürgerlichen Trauerspiels. Zwar endet das Stück tragisch, doch vergibt der sterbende Sohn dem schuldigen Vater, eine variante Handlungsweise, die Schiller in der Mannheimer Bühnenfassung von *Kabale und Liebe* gestrichen hat (vgl. FA 2, S. 782).

Kabale und Liebe ist auch ein Text der allmählichen Dissoziation ständischen Denkens. Dieser Prozess tritt um so deutlicher zu Tage, je mehr die Rollenkonflikte zwischen Vater und Sohn auf der einen und Vater und Tochter auf der anderen Seite ausgespielt werden. Die jüngere Generation der Söhne und Töchter hat bereits das grundsätzliche Vermögen entwickelt, sich über gesellschaftliche Schranken hinweg zu setzen. Ihr Scheitern allerdings ist das Eingeständnis des Verfassers, dass in der realhistorischen Gegenwart der 1780er Jahre dieses Verhalten noch keineswegs sozial verträglich ist. Die Liebe ist immer noch an soziale Indizes gebunden. Dies betrifft das Scheitern auf der inhaltlichen Ebene. Auf der formalen, poetologischen Ebene bedeutet dieses Scheitern eines ständeneutralen Liebesmodells aber auch das endgültige Scheitern des Genres ‚bürgerliches Trauerspiel'. Dessen originäre Konflikte und Themen spiegeln sich nicht mehr in

---

218 Vgl. den Aufsatz von Joachim Wich: Ferdinands Unfähigkeit zur Reue. Ein Beitrag zur Deutung von Schillers *Kabale und Liebe*, in: Literaturwissenschaftliches Jahrbuch der Görres-Gesellschaft N.F. 15 (1974), S. 1–15.

219 Rolf-Peter Janz: Schillers *Kabale und Liebe* als bürgerliches Trauerspiel, in: JbDSG 20 (1976), S. 208–228, hier S. 219. – Dagegen aber Hans Peter Herrmann: Musikmeister Miller, die Emanzipation der Töchter, S. 239ff. Für Herrmann ist Ferdinand „der bürgerliche Intellektuelle zwischen den Klassen" (ebd., S. 240). Allerdings muss Herrmann für diese Behauptung Schillers *Briefe über Don Karlos* von 1788 bemühen.

der Lebenswirklichkeit seiner Autoren. ,Bürgerlich' ist nun längst nicht mehr eine ausschließlich soziologische Klassifikation, sondern bedeutet jetzt ein bestimmtes Verhalten, das anthropologische Zuordnungen reflektiert. Auch darin liegt die literaturgeschichtliche Bedeutung von *Kabale und Liebe*, dass der Autor diesen Prozess des Verfalls sozialer Dichotomien benannt und ihre Wiederkehr in Umgangsformen, Sprachgewohnheiten und Verhaltensweisen erkannt und figuriert hat. Keine andere Ebene emotionalen Agierens wirkt hier katalytischer, verstärkender, beschleunigender als Liebe und Leidenschaft.

Mit *Kabale und Liebe* gewichtet Schiller also die Themen Liebe und Macht anders als in den *Räubern*, in der *Semele* oder im *Fiesko*. Nun rückt er den Liebesdiskurs in den Mittelpunkt; er dient gleichermaßen als Fokus wie als Medium der Darstellung gesellschaftlicher Macht- und Unrechtsverhältnisse. Es wäre aber ebenso falsch, in *Kabale und Liebe* nur ein Liebesdrama erkennen, wie die dezidierte gesellschaftliche Kritik leugnen zu wollen. Bereits die zeitgenössische Rezeption ahnte, welche Gefahr der bestehenden Ordnung aus der Darstellung dieser Verschränkung von Liebe und Macht erwächst. Im *Journal des Luxus und der Moden* war im August 1792 zu lesen:

Wenn der gute Schiller in einer finstern Laune seine Teufel zeichnete, so war es gewiß seine Absicht nicht, böses damit zu stiften, oder Menschenhaß zu erzeugen. Daß aber solche tolle Scenen der Liebe, die ohnehin schwindelnde Köpfe junger Mädchen noch mehr erhitzen, daß jedes Bürgermädchen eine *Luise* seyn und einen *Ferdinand* haben will, ihre arme Phantasie martert, um Schillerische Bilder zu erzeugen, ihr ganzes Glück, ihre ganze Zufriedenheit in Liebe sucht, daß alle Ferdinande nicht Schillerische Ferdinande sind, sondern viele die Schwärmerey dieser unerfahrnen Mädchen zu benutzen wissen, sind lauter bekannte Dinge, deren nähere Erörterung überflüßig wäre. Ich bewundere Schillers reiche Phantasie, ohne den moralischen Werth seines Trauerspiels zu untersuchen und unterdrücke alle Bemerkungen, die sich über diesen Gegenstand meiner Seele aufdringen. [...] Wüste der edle Schiller, welche Wirkung solche Trauerspiele auf die mittlere Classe der Zuschauer, hervorbringen, wie gefährlich diese Schwärmerey der Liebe, von warmen Blut angefeuert, bey Mädchen ist, welche nicht Geisteskräfte genug besitzen, um die wirkliche von der chimärischen Welt zu trennen; er würde Mitleiden mit den Opfern seiner Talente haben. Ich selbst bin ein Weib, und weiß wie schwer es hält, die kalte Wahrheit von der süßen Schwärmerey zu unterscheiden. –

Wenn Schiller Vorurtheile des Adels rügt, wenn er öfters den Menschen in seiner Größe zeigt, den Leser einen Blick in die bessere Zukunft werfen läßt: o so glauben schwache Menschen, vom Schimmer seiner glänzenden Bilder getäuscht, diese Zukunft gegenwärtig (FA 2, S. 1401f.).

Die Ansicht, Schiller übe in diesem Stück keine Gesellschaftskritik, sondern moralisiere, und diese Moral laufe am Ende auf einen Wertekonflikt zwischen Schillers Akzeptanz der bestehenden patriarchalen Ordnung und seiner Sympathie für den Wert individueller Größe hinaus, ist problematisch.[220] Gerade das Zusammenspiel von (vermeintlicher) privater Autonomie in der Liebe und öffentlicher Autokratie politischer Macht und Moral ist es, was *Kabale und Liebe* als eine sichtbare Weiterentwicklung von Schillers dramatischen Interessen erkennen lässt. Die Forschung hat sich bei der Beurteilung des Stücks allzu oft in diesen künstlichen Oppositionen verloren. Erst in den vergangenen Jahren wurde zunehmend jenes Zusammenspiel in den Mittelpunkt der Deutungsinteressen gerückt, nachdem Fritz Martini 1952 die ältere Forschung in eine soziologische und eine theologische Deutungsrichtung hatte differenzieren können.[221] Allerdings hatte er darunter in erster Linie jene Arbeiten verstanden, die in *Kabale und Liebe* den gesellschaftlichen Ständekonflikt oder das allgemein Menschlich-Tragische, also eher das Kryptotheologische am Werk sahen. Doch hielt sich diese Klassifizierung bis in die 1970er Jahre.

Während Goethes Mutter über die Frankfurter Uraufführung von *Kabale und Liebe* interessiert schrieb, „alles verlangt darauf und es wird sehr voll werden" (NA 5N, S. 350), konnte das Stück in Stuttgart erst am 18. Dezember 1792 gegeben werden und wurde prompt verboten. Die heimlichen Adressaten des Stücks hatten sich erkannt. In Wien schließlich durfte Schillers Drama erst 1808 erstmals gespielt werden. Der junge Karl Philipp Moritz rezensierte 1784 *Kabale und Liebe* und kam zu einem vernichtenden Urteil über das Stück und seinen Autor. Er spricht von Schande, von geschriebenem Unsinn, von ekelhaften Wiederholungen gotteslästerlicher Ausdrücke, von pöbelhaftem Witz und unverständlichem Galimathias, guter Geschmack und gesunde Kritik würden mit Füßen getreten. Moritz

---

220 Vgl. Peter Michelsen: Ordnung und Eigensinn. Über Schillers *Kabale und Liebe*, in: JbFDH 1984, S. 198–222, hier S. 220ff.
221 Vgl. Fritz Martini: Schillers *Kabale und Liebe*. Bemerkungen zur Interpretation des bürgerlichen Trauerspiels, in: Der Deutschunterricht 4 (1952), H. 5, S. 18–39.

kommt zu dem Ergebnis, „alles, was dieser Verfasser angreift, wird unter seinen Händen zu Schaum und Blase" (FA 2, S. 1373).[222] In einem anonymen Text von 1787 findet sich eine Replik auf die Kritik von Moritz. Darin heißt es, „*Schillern* that Herr *Moritz* unterdeß offenbar Unrecht, weil er die Sache von einer falschen Seite nahm. Er beurtheilte die Moral der Stücke: – Dies aber gehört für den Censor und Moralisten!"[223] Auch Lenz hatte bei seinem Bemühen, Goethes *Werther* gegen eine aufgeklärt-moralische Kritik in Schutz zu nehmen, so argumentiert. In einem Brief vom 10. Mai 1775 an Friedrich Wilhelm Gotter plädiert er für eine scharfe Trennung von ästhetischer Beurteilung und moralischer Kritik: „Was sagen Sie zu all dem Gelärms übern Werther? Ist das erhört einen Roman wie eine Predigt zu beurteilen. O Deutschland mit deinem Geschmack!"[224] *Kabale und Liebe* thematisiert eben genau diese Verschränkung von Politik und Moral, von Öffentlichkeit und Privatheit und von Ständedistinktion und familialer Selbstbestimmung, von Ichautonomie und Liebesfreiheit. Bereits Jean-François Marmontel (1723–1799) hatte in seiner *Dichtkunst*, die seit 1766 in deutscher Übersetzung vorlag, diese Verbindung für das Trauerspiel reklamiert. „Für uns", schreibt Marmontel, „ist der politische Nutzen des Trauerspiels von dem Moralischen nicht verschieden. [...] So bald uns also das Trauerspiel Lehren der Moral gibt, unterrichtet es uns auch zugleich in der Politik".[225] Als die Hauptlehre der Tragödie nennt er „die Gefahr der Leidenschaften. Der Zorn, die Rache, der Ehrgeitz, der schwarze Neid, und fürnemlich die Liebe, erstrecken ihre schädliche Herrschaft über alle Staaten, über alle Classen der Gesellschaft.

---

222 Nach einer Aussprache sollen sich Schiller und Moritz wieder einander angenähert haben, nachdem zuvor jeder dem anderen Zugeständnisse gemacht und Verständnis geäußert hatte, sofern man dem Bericht Glauben schenken mag, vgl. Karl Friedrich Klischnig: Mein Freund Anton Reiser. Aus dem Leben des Karl Philipp Moritz. [1794]. Hgg. u. mit Anmerkungen versehen v. Heide Hollmer u. Kirsten Erwentraut. Berlin o.J. [1993], S. 85, sowie NA 42, S. 100.

223 Schiller und sein Kreis in der Kritik ihrer Zeit. Die wesentlichen Rezensionen aus der periodischen Literatur bis zu Schillers Tod, begleitet von Schillers und seiner Freunde Äußerungen zu deren Gehalt. In Einzeldarstellungen mit einem Vorwort und Anhang: Bibliographie der Schiller-Kritik bis zu Schillers Tod. [Hgg.] v. Oscar Fambach. Berlin 1957, S. 32f.

224 Lenz: Werke und Briefe, Bd. 3, S. 317.

225 [Jean-François Marmontel:] Des Herrn Marmontels Dichtkunst. aus [!] dem Französischen übersetzt und mit einigen Zusätzen vermehrt. 2 Tle. Bremen 1766, 2. Tl., S. 88.

Diese sind die wahrhaften Feinde der Ordnung".[226] In diesem Sinne sind Schillers Jugenddramen Texte der Rebellion gegen buchstäbliche und gegen symbolische Ordnungen; es sind Texte der Autoritätskritik und der Debatten um Entwürfe anderer Liebes- und Lebensmodelle, eben Medien anthropologischer Selbstreflexion.

2.5 *Don Karlos. Infant von Spanien* (1787/1805)

E: 1782–1787
D: 1787 (erste vollständige Ausgabe) / 1805 (letzte Fassung)
UA: 29. August 1787 (Hamburg)

Schillers *Don Karlos* liegt, wie kein anderes Drama des Autors, in zahlreichen, verschiedenen Fassungen vor. Sie wurden zwischen 1785 und 1840 veröffentlicht (bis 1840 sind über 30 Drucke, Bühnenmanuskripte oder Regiebücher bekannt).[227] So gibt es allein fünf divergierende Buchfassungen und zehn teils autorisierte, teils nicht autorisierte Bühnenfassungen. Die Erstausgabe (in Buchform) des *Don Karlos* von 1787 erregte Interesse und wurde höchst unterschiedlich beurteilt – dies gilt ebenso für die diversen Bühnenbearbeitungen –, jedoch erhielt das Drama seinen rezeptionsgeschichtlichen Status erst in der überarbeiteten Fassung von 1805. Diese Ausgabe liegt den meisten in Schule und Hochschule verwendeten Textdarbietungen zugrunde.[228] Anders als beispielsweise im Falle von Goethes *Werther* ist bei Schillers *Don Karlos* die letzte, vom Dichter autorisierte Fassung diejenige, die sich als die wirkungsmächtige herausgestellt hat. Deshalb weiche ich in diesem Kapitel von dem Grundsatz ab, Schillers Texte stets nach dem Wortlaut der Erstaus-

---

226 [Jean-François Marmontel:] Des Herrn Marmontels Dichtkunst, S. 88f.
227 Zur Schreibweise: Schiller schreibt fast durchgängig ‚Karlos'. Erst die Orthographie des 19. Jahrhunderts hat daraus ‚Carlos' gemacht. Inzwischen sind Forschung, Hochschule und Schule wieder zu ‚Karlos' zurückgekehrt. Das portugiesische ‚Dom' taucht bei Schiller neben dem spanischen ‚Don' auf, erst mit dem Druck der Ausgabe von 1801 ringt sich Schiller nach einem Hinweis von Wieland zu der einheitlichen Schreibweise ‚Don' durch.
228 Zur ausführlichen Darstellung der außerordentlich verwickelten Entstehungs- und Überlieferungsgeschichte des *Don Karlos* vgl. die ausführlichen Kommentare in NA 7/2 (Text der unterschiedlichen Fassungen in NA 6 und 7/1) und FA 3, S. 996ff. Vgl. die detaillierte Studie: Schillers *Don Karlos*. Edition der ursprünglichen Fassung und entstehungsgeschichtlicher Kommentar v. Paul Böckmann. Stuttgart 1974, S. 379ff.

gaben zu zitieren und räume der Fassung letzter Hand von 1805 als dem ‚textus receptus' den Vorrang ein.[229]

Als Schiller noch mit der Ausarbeitung des *Fiesko* beschäftigt war, erhielt er vom Mannheimer Intendanten Freiherrn von Dalberg einen Brief, worin ihn dieser um die dramatische Bearbeitung der Geschichte des historischen Don Karlos bat. Höflich, aber zurückhaltend antwortete Schiller, dass die Geschichte des Don Karlos eine Dramatisierung verdiene, „vielleicht" (NA 23, S. 38) werde er sich nächstens daran machen. Dalberg hatte ihm die *Histoire de Dom Carlos* (1691) von Abbé de Saint-Réal (1639–1692) geschickt, von dessen Buch 1784 eine deutsche Übersetzung erschienen war.[230] Wenige Monate später, am 7. Dezember 1782, kam Schiller in Bauerbach an – er befand sich zu diesem Zeitpunkt ja noch auf der Flucht – und bat bereits zwei Tage später seinen Freund und späteren Schwager, den Meininger Bibliothekar Wilhelm Friedrich Hermann Reinwald (1737–1815) um einige Bücher, darunter auch Saint-Réals *Histoire*. Offenbar wollte Schiller Dalbergs Empfehlung nochmals prüfen. Im neuen Jahr, am 27. März 1783, teilte er dann Reinwald mit, dass die Entscheidung für ein neues Drama namens *Don Karlos* gefallen sei.

> Über ein neues Stük bin ich mit mir einig […] und arbeite nunmehr entschloßen und fest auf einen *Dom Karlos* zu. Ich finde, daß diese Geschichte mehr Einheit und Intereße zum Grunde hat als ich bisher geglaubt, und mir Gelegenheit zu starken Zeichnungen und erschütternden oder rührenden Situazionen gibt. Der Karakter eines feurigen, grosen und empfindenden Jünglings, der zugleich der Erbe einiger Kronen ist, – einer *Königin* die durch den Zwang ihrer Empfindung bei allen Vortheilen ihres Schiksals verunglükt, – eines eifersüchtigen Vaters und Gemals – eines grausamen heuchlerischen Inquisitors, und barbarischen Herzogs von Alba und so fort solten mir, dächte ich, nicht wol mislingen. Dazu kommt, daß man einen Mangel an solchen teutschen Stüken hat, die grose Staatspersonen behandeln – und das Mannheimische Theater dieses Sujet von mir bearbeitet wünscht. (NA 23, S. 74f.)

Schiller war überzeugt, dass der *Don Karlos* sein „bestes Stük" (NA 23, S. 78) werden könne, 1785 ist es „das Lieblingskinde meines Geists" (NA 23, S. 178). Allerdings täuscht er sich darüber, in

---

229 Vgl. zu diesem editionsphilologischen Thema Matthias Luserke-Jaqui: Über Literatur und Literaturwissenschaft. Anagrammatische Lektüren. Tübingen, Basel 2003, S. 135–144.
230 Vgl. den Nachdruck: Abbé de Saint-Réal: Histoire de Dom Carlos. Nach der Ausgabe von 1691. Hgg. v. Albert Leitzmann. Halle a.d.S. 1914.

welchem Zeitraum er das Drama abschließen kann. Denn das Mannheimer Theater wünschte nun Schillers Trauerspiel *Louise Millerin* – so der ursprüngliche Titel von *Kabale und Liebe* – zur Lektüre und das Manuskript zum *Don Karlos* blieb daraufhin mehr als zwölf Monate liegen.

In dieser Zeit entstand auch der so genannte *Bauerbacher Plan* (vgl. FA 3, S. 11–13); er wurde im März/April 1783 entworfen und gibt Einblick in eine frühe Arbeitsphase am *Don Karlos*. Lange Zeit wurde dieser Plan als Aufriss des späteren Stücks betrachtet, obwohl er einige Lücken und Leerstellen enthält. Gerhard Storz sieht in diesem Text eine propagandistische (Sommer 1783) und eine diplomatische (Sommer 1784) Funktion, da er dazu gedient habe, das Interesse des Mannheimer Intendanten für das Stück zu wecken und so den Kontrakt mit dem Theater, der im Sommer 1784 auslief, zu verlängern.[231] Doch habe der Plan wenig mit der tatsächlichen konzeptuellen Ausarbeitung des Stücks in dieser frühen Phase zu tun. Gerhard Kluge erkennt im *Bauerbacher Plan* in erster Linie eine pragmatische Funktion (vgl. FA 3, S. 1017), der Plan lasse noch keine geistige Tendenz erkennen, dokumentiere lediglich die poetische Organisation des historischen Stoffs, sei pragmatisch angelegt, neutral und letztlich nichtssagend. Man darf vermuten, dass der *Bauerbacher Plan* für Schiller auch so etwas wie ein Verhandlungspapier ohne größere poetisch-konzeptuelle Bedeutung darstellt und insofern Kluges Urteil über die pragmatische Funktion des Textes zuzustimmen ist.

„Bauerbach ist gewis keine Barbarei" (NA 23, S. 94; 11. Juni 1783), wusste Schiller Reinwald zu berichten. Der Ort bot ihm zunächst die Möglichkeit, seine literarischen Pläne weiterzuverfolgen. An den gleichen Adressaten schrieb er am 14. April 1783:

> Nun eine kleine Anwendung auf meinen *Karlos*. Ich mus Ihnen gestehen, daß ich ihn gewisermassen statt meines Mädchens habe. Ich trage ihn auf meinem Busen – ich schwärme mit ihm durch die Gegend um – um Bauerbach herum. Wenn er einst! fertig ist, so werden Sie mich und Leisewiz an Don Karlos und Julius abmessen – Nicht nach der Gröse des Pinsels – sondern nach dem Feuer der Farben – nicht nach der *Stärke* auf dem Instrument – sondern nach dem *Ton*, in welchem wir spielen. Karlos hat, wenn ich mich des Maases bedienen darf, von Shakespears Hamlet die Seele – Blut und Nerven von Leisewiz Julius, und den *Puls* von mir. –

---

231 Vgl. Gerhard Storz: Der Bauerbacher Plan zum *Don Carlos*, in: JbDSG 8 (1964), S. 112–129.

Außerdem will ich es mir in diesem Schauspiel zur Pflicht machen, in Darstellung der Inquisition, die prostituirte Menschheit zu rächen, und ihre Schandfleken fürchterlich an den Pranger zu stellen. Ich will – und solte mein Karlos dadurch auch für das Theater verloren gehen – einer Menschenart, welche der Dolch der Tragödie biß jezt nur gestreift hat, auf die Seele stoßen. Ich will – Gott bewahre, daß sie mich nicht auslachen. – – (NA 23, S. 81)

An Dalberg heißt es in einem Brief vom Juni 1784, der *Don Karlos* sei ein „Familiengemählde in einem fürstlichen Hauße" (NA 23, S. 144). Diese Formulierung übernimmt Schiller dann nahezu wörtlich in eine Fußnote des *Thalia*-Abdrucks (April 1786). *Don Karlos* sei „ein Familiengemälde aus einem königlichen Hause" (FA 3, S. 137), ist dort zu lesen. In der Forschung wurde wiederholt darauf hingewiesen, dass diese Etikettierung des Dramas als Familiengemälde in erster Linie eine Leimrute für den Intendanten darstellen sollte. Schiller wollte als Autor verständlicherweise unter allen Umständen sein Stück von der Mannheimer Bühne angenommen wissen. Ursprünglich mag er tatsächlich konzeptuell an ein Familienrührstück diderotscher Art gedacht haben, denn dieses Genre war in Mannheim außerordentlich beliebt. Die entsprechenden Stücke von Gemmingen (*Der deutsche Hausvater oder die Familie*, 1780), Großmann (*Nicht mehr als sechs Schüsseln*, 1780) und Iffland (*Verbrechen aus Ehrsucht*, 1784) waren dort erfolgreich aufgeführt worden. August von Kotzebue (1761–1819) verhalf der Gattung entscheidend zu ihrer Trivialisierung und Popularisierung. Nivelle de La Chaussée hatte in Frankreich mit dem Drama *Mélanide* (1741), Christian Fürchtegott Gellert (1715–1769) in Deutschland mit *Die zärtlichen Schwestern* (1747) entscheidenden Anteil an der Etablierung dieser Gattung. Den Referenztext für die 1780er Jahre bildete jedoch Denis Diderots (1713–1784) Drama *Le Père de Famille* (1758). In *De la poésie dramatique* (1757) lieferte er die theoretische Begründung des neuen Genres. Moralische Erbauung und die Wiederherstellung einer in Unordnung gebrachten Familienordnung auf der Grundlage bürgerlicher Verhaltensstandards und Werte wie Tugendhaftigkeit, Gehorsam, Fleiß und Sparsamkeit stehen im Mittelpunkt eines rührenden Lustspiels bzw. Familienrührstücks. Von den Schauspielern wurde eine natürliche Ausdruckskunst verlangt und vom Dichter die Natürlichkeit in Sprache und Gestaltung der Themen erwartet.[232] Zunächst

---

232 Der Einfluss Diderots auf die Konzeption und Gestaltung des *Don Karlos* wird in der Forschung allerdings unterschiedlich beurteilt. Während Böckmann vor

strotzt Schiller vor Selbstbewusstsein, als er im August 1784 Dalberg noch zu überzeugen versucht: „Durch mich allein wird und muß unser Theater einen Zuwachs an vielen vortrefflichen neuen Stükken bekommen" (NA 23, S. 155). Doch Gerhard Kluge weist zu Recht darauf hin, dass im Herbst 1784 für Schiller keine Notwendigkeit mehr bestanden habe, den *Don Karlos* in der Konzeption weiterhin als ein Familienrührstück zu entwickeln (vgl. FA 3, S. 1022). Zu diesem Zeitpunkt war er als Mannheimer Theaterdichter bereits entlassen. Allerdings bedeutet dies natürlich nicht, dass sich dieses Stück jenseits der Erfolgsorientierung seines Verfassers nicht doch als ein solches ‚Familiengemälde' darstellt.

Während seines kurzen Aufenthaltes am Darmstädter Hof las Schiller aus dem ersten Akt des Dramas am zweiten Weihnachtsfeiertag 1784 vor. Im Märzheft 1785 der *Rheinischen Thalia* erschien dann der erste Akt des *Don Karlos*. Bis zum Januar 1787 hat Schiller immer wieder Szenen aus dem Stück in der *Thalia*, wie die von ihm selbst herausgegebene Zeitschrift ab dem zweiten Heft nur noch hieß, veröffentlicht. Im Februar 1785 bekannte er gegenüber Körner, er würde nun ein „ganz andrer Mensch" und fange an „Dichter zu werden" (NA 23, S. 177). Diese Wandlung steht in explizitem Zusammenhang mit der Weiterarbeit am *Don Karlos*. Mutmaßlich im Sommer 1784 vollzog sich auch der Wechsel von der Prosafassung des Stücks zu dessen Jambenfassung. Strittig ist jedoch, inwiefern der in Prosa gehaltene Text des *Don Karlos* die Quelle der in Versen geschriebenen Fassung ist, denn Schillers Behandlung des Verses in der Versfassung könnte auch von einer eigenständigen Bearbeitungsstufe zeugen.[233]

Der *Don Karlos* ist nach der *Semele* das erste Versdrama Schillers. Wiederum kann es das Motiv größerer Erfolgsaussichten gewesen

---

allem in dem Rückgriff auf den Tableau-Begriff Diderots ein entscheidendes Merkmal des Textes erkennt, relativiert Heftrich diese Bedeutung, vgl. Schillers *Don Karlos*, S. 379–388, und Eckhard Heftrich: Schillers *Don Karlos* – ein Weg zur Klassik?, in: Roger Bauer, Michael de Graat u. Jürgen Wertheimer (Hg.): Der theatralische Neoklassizismus um 1800. Ein europäisches Phänomen? Bern 1986, S. 26–39. Demnach ziele Schiller mit seinem Drama nicht auf ein Familiengemälde, sondern habe eine andere, neue Gattung im Sinn, „die moderne klassische Tragödie" (ebd., S. 39). Folgerichtig wird dieser Schritt als „ein Weg zu Schillers Klassik" beschrieben (ebd.). – Zum diderotschen Tableau-Begriff vgl. auch den Aufsatz von Willy R. Berger: Das Tableau. Rührende Schluß-Szenen im Drama, in: Arcadia 24 (1989), S. 131–147.

233 Vgl. Rolf Albrecht: Schillers dramatischer Jambus. Vers und Prosa in den ersten Fassungen des *Don Karlos*. [Diss. masch.]. Tübingen 1967.

sein, das Schiller zu einer solchen sprachlichen Veränderung veranlasste. Denn Dalberg bevorzugte – übrigens wie Wieland und Gotter – Dramen in Versen. Man sollte sich allerdings auch hier auf keine monokausale Erklärung festlegen, denn ästhetische Gesichtspunkte des Dichters spielen dabei sicherlich eine ebenso wichtige Rolle. Im Oktober 1786 war etwa die Hälfte des Manuskriptes fertig. Zu diesem Zeitpunkt bereitete Schiller schon die Buchausgabe des Dramas vor, er arbeitete also zeitgleich an mindestens einer der Bühnenfassungen und an der Buchfassung. Schiller ließ bis Januar 1787 in der *Thalia* nur die ersten drei Akte des Dramas drucken, da er begründete Sorge trug, dass Buchhändler aus den einzelnen Fragmenten eine lizenzfreie Buchausgabe oder Intendanten ohne Honorierung des Autors eine Bühnenfassung fürs „Theaterschaffot" (FA 3, S. 20) zusammenstellen ließen. Im April 1787 begab er sich nach Tharandt, um letzte Hand an diese Texte zu legen. Er ordnete, wie er selbst schreibt, Bruchstücke und transponierte den Text von der Prosafassung in Blankverse, musste aber erkennen: „Der Carlos ist bereits schon überladen" (NA 24, S. 93). Interessant ist in diesem Zusammenhang, dass Schiller mitten in dieser beschwerlichen Arbeitsphase die *Gefährlichen Liebschaften* (1782, dt. 1783) von Choderlos de Laclos (1741–1803) liest und sich wünscht, „von diesem und ähnlichen Büchern die nachläßig-schöne und geistvolle Schreibart annehmen zu können, die in unsrer Sprache fast nicht erreicht wird" (NA 24, S. 93).

Ende Mai 1787 hat Schiller das vollständige, fertige Manuskript zum Druck gegeben. Im Sommer 1787 wird die Erstausgabe der Buchfassung ausgeliefert, im Jahr darauf wird davon bereits die zweite Auflage nachgedruckt. Zwischen 1788 und 1799 fehlt eine offizielle Ausgabe des *Don Karlos*. Schon 1797 war sich Schiller sicher, es sei eine jugendliche Arbeit, welcher die Reife mangle (vgl. NA 29, S. 152). Zu Schillers Lebzeiten erschien die letzte Ausgabe des *Don Karlos* 1802, ein im ersten Akt leicht veränderter Nachdruck der Ausgabe von 1801, die bereits um 830 Verse gegenüber der Erstausgabe von Schiller gekürzt worden war. Innerhalb der gesammelten Stücke mit dem Titel *Theater* erschien der *Don Karlos* 1805 wiederum um weitere 82 Verse gekürzt und mit leichten Veränderungen. Schiller vermerkte noch handschriftlich den Untertitel „ein dramatisches Gedicht".[234] Doch als der Band erschien, war der

---

234 Diese gattungstypologische Ergänzung kann durchaus von Lessings *Nathan der Weise* (1779) übernommen worden sein. Daraus aber – und aus anderen,

Dichter bereits gestorben. Bis heute ist es vor allem dieser Druck der Ausgabe letzter Hand, der den meisten *Don Karlos*-Ausgaben zugrunde liegt. Um sich eine Vorstellung von der immensen Mühe der diversen Umarbeitungen zu machen: Die Gesamtzahl der Verse der verschiedenen Jambenfassungen schwankt wegen der Kürzungen und Umarbeitungen zwischen 3943 und 6283 Versen. Fasst man die unterschiedlichen Entstehungsphasen schematisch zusammen, so ergibt sich folgendes Bild (vgl. NA 7/2, S. 71–108):

1. 1783 – Bauerbach: Der erste Entwurf.
2. 1784 – Mannheim: Neben anderem Weiterarbeit am Drama.
3. 1785/1786 – Leipzig und Dresden: Teilveröffentlichung in der *Thalia*.
4. 1787 – Dresden (Tharandt): Abschluss des Manuskripts und Anfertigung von Theaterbearbeitungen.

Textinterpretation

Als Schiller den ersten Akt seines *Don Karlos* – noch in der Schreibweise *Dom Karlos* – in der *Rheinischen Thalia* vom März 1785 veröffentlicht, stellt er eine knappe Vorbemerkung dem Text voran. Darin fordert er die Leser auf, über diesen Vorabdruck zu urteilen und den Dichter zur Weiterarbeit zu ermutigen oder davon abzuraten. Sein Ziel ist es, in einer Allianz mit den Lesern „die klassische Vollkommenheit seines Werks" (FA 3, S. 17f.) zu erreichen. Das ist mehr als eine Variation des herkömmlichen rhetorischen Bescheidenheitstopos, der in einer captatio benevolentiae stets den ‚geneigten Leser' ansprach und das vorgelegte Werk klein redete, damit es desto größer erscheine. Schiller fordert Leser und Schriftsteller ausdrücklich heraus, er will mit seinen arrivierten Kollegen gleichziehen und bei Ablehnung seines Stücks um eine Verbesserung bemüht sein. Zugleich relativiert er seine Kritikbereitschaft, indem er vielsagend andeutet, dass nicht die Mitwelt, sondern allein die Nachwelt über den bleibenden Wert einer Dichtung zu urteilen in der Lage sei.

---

sprachlichen Annäherungen an Lessing – eine grundsätzliche Beeinflussung Schillers durch Lessings Werk ableiten zu wollen, erscheint problematisch, weil im Detail nur schwer zu belegen – ganz abgesehen vom letztlichen Erkenntniswert einer solchen Bilanzbuchhaltung. Vgl. hingegen Siegmund Levy: Schillers *Don Carlos* in seiner Abhängigkeit von Lessings *Nathan*, in: Zeitschrift für deutsches Altertum und deutsche Literatur 21 (1877), S. 277–302.

Diese Bemerkung Schillers berührt sich in erstaunlicher Weise mit einer emphatischen Behauptung, die er am 7. Juni 1784 Henriette von Wolzogen von Mannheim aus mitteilte, „daß vielleicht in 100 und mehr Jahren – wenn auch mein Staub schon lange verweht ist, man mein Andenken seegnet, und mir noch im Grabe Tränen und Bewunderung zollt – dann meine theuerste freue ich mich meines Dichterberufes" (NA 23, S. 147).

Schiller setzt die anthropologische Absicht seines bisherigen Schreibens fort. Ihm sei daran gelegen, so schreibt er weiter in der Vorrede, „den *Menschen* zu rechtfertigen" (FA 3, S. 19); es gehe nicht um historische Detailtreue, nicht um die Repräsentanten der Macht. Es komme allein darauf an, durch „Situation" (das meint Handlung) und „Charakter" (FA 3, S. 19) des Königs Philipp II. die spezifisch tragische Wirkung beim Leser – es handelt sich ja um einen Teilvorabdruck – zu evozieren. Insofern dürfe diese Figur nicht als ein „Ungeheuer" (FA 3, S. 19) dargestellt werden. Im König und in seinem Sohn Don Karlos träfen zwei unterschiedliche Menschentypen aufeinander, deren Psychologie keineswegs holzschnittartig wiederzugeben sei, sondern die einer sorgfältig differenzierten Darstellung bedürften. Das Anthropologische von Schillers Schreibabsicht entwickelt sich somit zu einem Anthropotypologischen. Völlig zu Recht bemerkt Schiller – und er weist auch darauf hin, dies sei seine Intention gewesen –, dass der Handlungsplot bereits im ersten Akt für den Leser zu erkennen sei. Er definiert dies als das wichtigste Kennzeichen einer Tragödie und unter der Hand reklamiert er hiermit ein Argument des analytischen Dramas, wonach der Vorfall, der dann dramatisch ‚analysiert' wird, bereits vor Beginn der Handlung geschehen ist oder unmittelbar am Anfang der Handlung geschieht. So gesehen ist Schillers *Don Karlos* die Variation eines analytischen Dramas. Hatte sich Schiller von Wielands Hinweis, der sophokleische *Ödipus* – Inbegriff eines analytischen Dramas – sei ein vollkommenes Muster für eine regelgerechte Tragödie, herausfordern lassen?[235] Und lag in Wielands Äußerungen, „der Deutsche der ins Schauspielhaus ging, mußte auf einmahl ein Pariser oder Venetianer werden, um an dem, was ihm vorgemacht wurde, einigen Antheil nehmen zu können",[236] die deutschen bürgerlichen Trauer-

---

235 Wieland: Sämmtliche Werke, Supplemente Bd. 6, S. 231–296, hier S. 272. – Infolge der Orientierung der meisten Kommentatoren an dem Kommentar der NA wurden Wielands *Briefe an einen jungen Dichter* bislang lediglich auf die Vers- und Reimreferenzen hin befragt.
236 Wieland: Sämmtliche Werke, Supplemente Bd. 6, S. 284.

spiele und Tragikomödien seien meist „ungerathene deutschfranzösische Bastarde" und die Bühnen würden von einer „Sündfluth von dramatisierten Romanen und dialogierten Alltagsbegebenheiten überschwemmt"[237] – immerhin hatte Schiller die *Räuber* einen dramatischen Roman genannt – für den jungen Autor eine Provokation, da er sich als Verfasser von *Fiesko* und *Kabale und Liebe* angesprochen fühlte? Ob Wieland tatsächlich auch diese Stücke im Blick hatte, lässt sich nicht mit Sicherheit sagen. Entscheidend ist jedoch, dass diese Bemerkungen Schiller durchaus hätte auf sich beziehen können. Dies könnte auch sein ungeheures Selbstbewusstsein einem der wichtigsten Repräsentanten einer deutschen Gegenwartsbühne, nämlich Dalberg gegenüber, erklären, dass allein er dem Theater vortreffliche neue Stücke liefern könne (vgl. NA 23, S. 155).

Die *Thalia*-Vorrede hat also einen zunächst unausgesprochenen Adressaten, und das ist Wieland, der dem jungen Dichter als Personifikation deutscher Dichtergröße gilt. Schiller antwortet Wieland auf dessen *Briefe an einen jungen Dichter*, die zuerst im Oktober 1782 im *Teutschen Merkur* gedruckt wurden, und weist am Ende seiner Vorrede auf Wielands Text hin (vgl. FA 3, S. 19). Wieland fragt darin, wo die deutschen Trauerspiele seien, die sich mit den französischen Vorbildern messen könnten. Unleugbar habe die deutsche Literatur in den letzten vierzig Jahren Fortschritte gemacht (und das bedeutet aus der Sicht der Schreibzeit den Zeitraum zwischen 1740 und 1780), aber, so fährt er fort,

> ich wünsche, daß mir nur ein einziges gedrucktes Stück genennt werde, welches in allen Eigenschaften eines vortrefflichen Trauerspiels (Sprache, Versifikazion und *Reim* mit einbedungen) neben irgend einem von *Racine* stehen könne.
>
> Ich dinge, mit gutem Bedacht, eine ganz reine, fehlerlose, immer edle, immer zugleich schöne und kräftige, niemahls weder in die Wolken sich versteigende, noch wieder zur Erde sinkende Sprache, und eine vollkommen ausgearbeitete, numerose, das Ohr immer vergnügende, nie beleidigende Versifikazion mit ein: denn […] Verse sind der Poesie wesentlich; […] Ich dinge sogar den *Reim* ein.[238]

Wielands Ausruf, dass sich eine unermessliche Laufbahn für künftige Dichter beim Wettbewerb um die beste deutsche Gegenwartstragödie eröffne, muss für Schiller wie eine Herausforderung geklungen

---

237 Wieland: Sämmtliche Werke, Supplemente Bd. 6, S. 285.
238 Wieland: Sämmtliche Werke, Supplemente Bd. 6, S. 264.

haben. Akzeptiert er zwar Wielands Forderung nach einer gleich-mäßigen und sprachadäquaten Versifikation, so lehnt er doch das Postulat nach gereimten Versen unmissverständlich ab. Den Reim hält Schiller – so der Wortlaut der Vorrede – „für einen unnatür-lichen Luxus des französischen Trauerspiels, für einen trostlosen Behelf jener Sprache, für einen armseligen Stellvertreter des wahren Wohlklangs" (FA 3, S. 20). Das sind entschiedene Worte, die sich ebenso entschieden gegen eine Autorität der zeitgenössischen deut-schen Gegenwartsliteratur stellen. Durch Wielands Forderung nach einer versifizierten deutschen Tragödie fühlte sich Schiller also moti-viert, selbst ein solches sprachliches Darstellungsverfahren zu wäh-len, und dies war auch der Grund, weshalb er seinen „Karlos in Jamben entworfen" (FA 3, S. 20) hatte.

Schiller greift auf Ereignisse der Realhistorie zurück. Als Quellen nennt er explizit in der *Thalia*-Vorrede die *Histoire de Dom Carlos* von Saint-Réal in der deutschen Übersetzung von 1784. Freilich zog Schiller weitere Quellenwerke heran, unter anderem zwei Bände von Johann von Ferreras *Allgemeiner Historie von Spanien* (1758/60) und Robert Watsons *Geschichte der Regierung Philipps des Zweyten* (dt. 1778).[239] Mit der französischen Übersetzung dieses Werks arbeitete Schiller später im Zusammenhang seiner Abhandlung *Geschichte des Abfalls der vereinigten Niederlande von der Spanischen Regierung* (1788).

Philipp II. (1527–1598) war Sohn Kaiser Karls V. und Isabellas von Portugal, in zweiter Ehe war er mit Königin Maria von Schott-land verheiratet. In dritter Ehe vermählte er sich 1559 mit der wesentlich jüngeren, ursprünglich dem spanischen Thronfolger versprochenen Isabel von Valois (1545–1568) – Tochter des franzö-sischen Königs Heinrich II. und Katharinas di Medici –, eine Zweck-heirat, welche die politische Koalition zwischen Spanien und Frank-reich festigen sollte. Der spanische Thronfolger Don Karlos (1545–1568) stammte aus der ersten Ehe seines Vaters mit Maria von Portugal. Marquis von Posa, von dem keine Lebensdaten be-kannt sind, ist nicht, wie bei Pörnbacher zu lesen,[240] von Schiller erfunden, sondern taucht erstmals bei Saint-Réal auf (vgl. NA 7/2, S. 362), wird dort aber als Günstling des Prinzen charakterisiert. Die anderen Haupt- und Nebenfiguren, die Schiller als Dramatis per-sonae anführt, entsprechen ebenfalls historischen Personen. Wie

---

239 Zu weiteren Quellen vgl. FA 3, S. 1050ff.
240 Vgl. Karl Pörnbacher: Friedrich Schiller *Don Karlos*. Erläuterungen und Dokumente. Bibliographisch ergänzte Ausgabe. Stuttgart 2002, S. 4.

Schiller über den historischen Philipp II. denkt, geht besonders prägnant aus einer versteckten Bemerkung in seiner Erzählung *Der Geisterseher* (1787/89) hervor. Dort ist zu lesen:

Der Despot ist das unnützlichste Geschöpf in seinen Staaten, weil er durch Furcht und Sorge die tätigsten Kräfte bindet, und die schöpferische Freude erstickt. Sein ganzes Dasein ist eine fürchterliche Negative; und wenn er gar an das edelste, heiligste Leben greift und die Freiheit des Denkens zerstöret – hunderttausend tätige Menschen ersetzen in einem Jahrhunderte nicht, was *ein* Hildebrand, *ein* Philipp von Spanien in wenig Jahren verwüsteten. (FA 7, S. 679)

Der Leser von Schillers Dramen, sofern er in der chronologischen Ordnung fortschreitet, gelangt vom Wohnzimmer eines bürgerlichen Stadtmusikanten aus *Kabale und Liebe* mit dem *Don Karlos* in den Festsaal des europäischen Hochadels. Das ist die äußerliche, soziologische Karriere, die Schillers Dramenpläne durchlaufen. An dramatischer Spannung im herkömmlichen Sinne hat *Don Karlos* wenig zu bieten. Der Kern des Plots, um den herum sich das Geschehen entwickelt, ist bereits ab der zweiten Szene des ersten Aktes dem Zuschauer bzw. Leser hinlänglich bekannt. Das hat Schiller selbst so gesehen und in seiner *Thalia*-Vorrede bezeichnet er dies auch als seine Absicht.

Bereits in den Anfangsversen wird den Lesern ein Leitbegriff des Dramas an die Hand gegeben. Der Beichtvater des Königs und politische Intrigant Pater Domingo kritisiert Don Karlos, sein Schweigen sei „rätselhaft" (V. 5),[241] er selbst ein „Rätsel" (V. 24) für den gesamten Hof. Karlos selbst steht vor einem Rätsel, das ihm der Freund Marquis Posa erklären soll, weshalb er einen solchen Vater habe (vgl. V. 329). Der Vater-Sohn-Konflikt ist damit als beherrschendes

---

241 Die zitierten Textstellen aus dem *Don Karlos* werden mit der jeweiligen Verszahl in Klammern belegt. Ab Vers 1308, der den Wortlaut hat: „Was du gesehn – hörst du? – und nicht gesehen", ist die Verszählung in Pörnbachers *Don Karlos*-Kommentar (Reclam) falsch (vgl. Pörnbacher: Friedrich Schiller *Don Karlos*). Der Grund hierfür ist darin zu suchen, dass Pörnbacher Vers 1307 als Teil von Vers 1308 wertet. Es handelt sich tatsächlich aber um einen so genannten Halbvers, der in der Verszählung als vollständiger Vers gewertet und gezählt wird. Diese falsche Verszählung setzt sich in Pörnbachers Kommentar bis Seite 37, Anmerkung zu Vers 2366 fort. Um dennoch diesen Kommentar im Unterricht gebrauchen zu können, muss jeweils zwischen den Anmerkungen zu Vers 1308 und Vers 2366 ein (1) Vers in der Zählung addiert werden. Nebenbei sei ein weiterer Fehler korrigiert: Die Königin heißt nicht Marie von Valois (vgl. Pörnbacher: Friedrich Schiller *Don Karlos*, S. 8, Anm. zu V. 122), sondern Elisabeth von Valois.

Thema vorgezeichnet. In der Allianz von Politik und Privatheit ist es dieses familiale Thema, das den dramatischen Bogen zu spannen beginnt. Dem Sohn ist nicht nur der Vater, vor dem er sich in seiner Kindheit fürchtete, ein Rätsel, sondern auch ein Konkurrent um die Liebe der Königin. Der Leser weiß zu diesem Zeitpunkt bereits, dass die Königin, die den Zeitgenossen als schönste Frau der Welt gilt (vgl. V. 45), ehemals mit Don Karlos verlobt war. Der Marquis wiederum wird in „fürchterlichen Rätseln" (V. 4252) mit der Königin reden, die diese zunächst nicht zu dechiffrieren vermag, handelt es sich doch um den geheimen Fluchtplan für Don Karlos. Und am Ende, im fünften Akt, ist es Don Karlos, der in ironischem Ton die Granden des Hofes bittet, seinem Vater das schwere Rätsel zu erklären, dass Marquis Posa sein Freund war und für ihn gestorben ist (vgl. V. 4785ff.). Fassen wir diese Beobachtungen schematisch zusammen, ergibt sich folgendes Bild:

- Don Karlos ist dem Hof ein Rätsel,
- der König-Vater ist dem Sohn ein Rätsel,
- der Marquis ist der Königin ein Rätsel,
- und schließlich ist der Marquis auch dem König ein Rätsel.

Alle drei wichtigen männlichen Hauptfiguren sind also ihrer Mitwelt ein Rätsel und zugleich sind sie es, die über das politische Geschick des Landes ebenso entscheiden, wie sie ihre familiären Verwicklungen lösen müssen. Dies wirft die Frage nach demjenigen auf, der die Schlüssel zur Lösung dieser Rätsel verwaltet. Anders als in anderen Dramen oder literarischen Texten ist diese Instanz im *Don Karlos* nicht eine Figur des Textes, sondern es ist der Leser selbst, dem vom Autor die Deutungsvollmacht auf diese Weise symbolisch, aber ausgesprochen subtil übertragen wird. Dabei ist es nebensächlich, ob dies eine von Schiller bewusst und willentlich gewählte Schreibstrategie darstellt, denn diese Beobachtung markiert lediglich einen hermeneutischen Befund. Zugleich spiegelt sich in diesem Befund ein Teil des tragischen Knotens, denn die Frage, die sich hieran anschließt, lautet: Wie soll es denen, die ein Rätsel sind, gelingen, eine konfliktfreie Kommunikation zu schaffen? Das Stück scheint ein einziges Rätsel zu sein, zu dessen Lösung der Leser einer anderen Sprache bedarf, einer Chiffrensprache.

Karlos weiß, dass er am Hof seines Vaters „verraten" (V. 109) ist. Diese Einsicht ist später von Bedeutung, wenn es um die Beurteilung des Verhaltens von Karlos geht und die Frage, weshalb er sich immer wieder leichtfertig in Situationen begibt, von denen er im Voraus annehmen kann, dass sie ihm missdeutet werden. Karlos erscheint in diesem ersten Auftritt zerrissen zwischen der Hofklugheit auf der einen und der Sprache des Herzens auf der anderen Seite, ein Konflikt, der den Vater-Sohn-Konflikt auf der bewussten und unbewussten Ebene der Kommunikation reproduziert. Die Sprache der Hofklugheit wird zu einer Vaterinstanz, die Sprache des Herzens, also frei und ohne Rücksicht auf Konventionen zu reden, zur Sohnesinstanz. Zugleich stellt Schiller in einem knappen Schlussmonolog des Karlos die Nähe zum sophokleischen *König Ödipus* und der Inzestthematik her. Wenn Karlos über den Vater sagt:

> Dein unglückselʼger Vorwitz übereilt
> Die fürchterlichste der Entdeckungen,
> Und rasen wirst du, wenn du sie gemacht (V. 125ff.),

dann greift er dem Handlungsverlauf voraus und gibt dem Leser einen Hinweis zur Dekodierung der Rätselsprache. Don Karlos liebt Elisabeth, die inzwischen die Mutterrolle besetzt, und in I/2 wird er dies auch explizit zu Posa sagen: „Ich liebe meine Mutter" (V. 271). Inzestuös im wörtlichen wie im zeitgenössisch rechtlichen Sinne ist diese Liebe freilich nicht zu nennen (vgl. FA 3, S. 1177f.).[242] Der Tabubruch liegt einzig in dem Widerstand gegen die absolutistische Ordnung, welche die Ordnung des Vaters ist, dem allein über diese Frau Verfügungsgewalt zukommt. Erstaunlicherweise ist es bislang den Interpretationen entgangen, dass Schiller an dieser Stelle ganz offensichtlich auf den *König Ödipus* des Sophokles Bezug nimmt und damit sogar auf Wielands oben zitierte Forderung antwortet.

Marquis Posa definiert sich in seinem ersten Auftritt als „Abgeordneter der ganzen Menschheit" (V. 157) und konfrontiert Don Karlos sogleich mit der politischen Realität. Die Niederlande erwarten von ihm Unterstützung bei ihrem Bemühen, sich von der spanischen Krone loszusagen. Karlos antwortet auf den Appell zur

---

242 Anders hingegen Böckmann, der die Inzestthematik neben dem Begriffsfeld von ‚Gedankenfreiheit' als das zweite Hauptmotiv des Dramas bezeichnet, das bislang in der Forschung zu wenig beachtet worden sei, auch wenn er gleich eingestehen muss, dass es im Drama nur indirekt zur Geltung komme (vgl. Paul Böckmann: Schillers *Don Karlos*. Die politische Idee unter dem Vorzeichen des Inzestmotivs, in: Wolfgang Wittkowski [Hg.]: Friedrich Schiller. Kunst, Humanität und Politik in der späten Aufklärung. Ein Symposium. Tübingen 1982, S. 33–47, hier S. 35). In der unserer Deutung zugrunde liegenden Textfassung spielt der Inzest keine Rolle, selbst einen inzestuösen Vollzug anzunehmen wäre schlicht falsch, da Karlos und Elisabeth nicht blutsverwandt sind.

politischen Pflicht mit dem Hinweis auf seine privaten, familiären Schwierigkeiten. Der Begriff Freiheit, der bis dahin seine politische Vernunft geleitet habe, sei nunmehr ein Traum (vgl. V. 178ff.). Die Reaktion von Don Karlos auf diesen Konflikt zwischen politischer Pflicht und privater Neigung liefert einen weiteren Leitbegriff. Don Karlos will Tränen vergießen, das Weinen befreie ihn. Am Ende von IV/6 kann er die Tränen nicht mehr zurückhalten, als er ahnt, dass sein Vater die Liebe zwischen Elisabeth und ihm durchschaut hat. Karlos ist weinerlich aus Selbstmitleid und repräsentiert damit eine Schwundform aufrechter Empfindsamkeit, wie sie für den Tränen- und Freundschaftskult des 18. Jahrhunderts kennzeichnend ist.[243] Er adaptiert eine bürgerliche Verhaltensweise, die einem aristokratischen Verhaltensstandard nicht entspricht. Don Karlos wird somit weniger zum Repräsentanten von politischer Herrschaft und gesellschaftlicher Macht, als vielmehr Träger bürgerlicher emotionaler Bewusstseinsformen, die Beleg dafür sind, dass Schiller die klassische, soziologisch definierte Ständeklausel endgültig aufgebrochen hat. Diese Dissoziation der Stände zugunsten einer Betonung der emotionalen und psychischen Qualitäten der Figuren hatte sich bereits in *Kabale und Liebe* angekündigt.

In IV/21 weinen auch Marquis Posa und die Königin und schließlich wird vom Hof die Nachricht, der König habe geweint (vgl. V. 4465f.), als Skandal empfunden, denn damit hat sich der absolutistisch regierende Monarch nicht als ein Gott auf Erden, sondern durchaus als Mensch zu erkennen gegeben. Der Anlass für die Tränen des Königs ist die Enttäuschung über Posas Verhalten, der den König für seine Pläne instrumentalisierte. Allerdings vergießt Philipp II. nicht jene Tränen der Rührung, auf die Don Karlos hofft, damit ihm und Marquis Posa vergeben werde (vgl. V. 4726ff.). Erst am Ende wehrt Don Karlos – sichtlich bewegt – eine Huldigung von Graf Lerma ab mit den Worten: „Ich möchte / Nicht gerne weich sein" (V. 4942f.). Hat Don Karlos nun gelernt, wie sich ein Aristokrat mit

---

243 Vgl. Frauenfreundschaft – Männerfreundschaft. Literarische Diskurse im 18. Jahrhundert. Hgg. v. Wolfram Mauser u. Barbara Becker-Cantarino. Tübingen 1991. – Psychoanalytisch lässt sich dies auch als manische Verleugnung einer Depression beschreiben, wie Olga und Thomas Nesseler in ihrer Untersuchung der ödipalen Situation zwischen dem Vater-König und dem Sohn auf der einen und dem Freund und dem Sohn auf der anderen Seite überzeugend gezeigt haben, vgl. Olga und Thomas Nesseler: Auf des Messers Schneide: Zur Funktionsbestimmung literarischer Kreativität bei Schiller und Goethe. Eine psychoanalytische Studie. Würzburg 1994, S. 21ff.

politischer Klugheit zu verhalten hat? Und im letzten Auftritt gelingt es der Königin, Don Karlos vom Weinen um den toten Marquis Posa abzubringen. Wiederum droht die Zuordnung von Tränen als Signal der Verweichlichung (vgl. V. 5283ff.), dem Don Karlos entschieden mit dem Hinweis antwortet – und seine Tränen verhält –, dass er nun „geläutert" (V. 5317) sei.

Auch am Beispiel dieses Leitbegriffs der Tränen ist auffallend, dass jene Figuren Tränen vergießen, die mit Marquis Posa zu tun haben: Don Karlos, die Königin, der König und er selbst. Tränen werden als Zeichen der Menschlichkeit gelesen und diese Zeichenlehre des Humanen hat im Kreise von familiärer Härte, fehlender Kommunikation und politischer Herrschaft keinen Platz, sie kann hier nicht gelehrt und nicht gelernt werden. Erst die Überwindung von Mitleiden und Liebe schafft einen Zustand der Dezentrierung des Menschlichen, der von den beteiligten ‚gereinigten' Figuren als Läuterung verstanden, von den Lesern aber in all seiner Drastik und Finalität als wenig taugliches Erfolgsmodell des privaten und gesellschaftlichen Umgangs der Menschen miteinander erkannt werden kann. Schiller bestätigt dadurch nochmals Lessings Konzept einer Mitleidspoetik, wonach der mitleidigste Mensch der beste Mensch sei, der zu gesellschaftlichen Tugenden aufgelegteste.[244] Im 78. Stück der *Hamburgischen Dramaturgie* (1768) hatte Lessing dargelegt, dass die Reinigung der Leidenschaften, vornehmlich des Mitleids, durch das Trauerspiel eine Verwandlung der Leidenschaften in tugendhafte, und das bedeutet in seiner Lesart: sozial verträgliche Fertigkeiten sei. Allerdings ist bei Schiller von Lessings aufgeklärt-optimistischem Vertrauen in die Perfektibilität, in die Möglichkeit und Wahrscheinlichkeit der Vervollkommnung des Menschen, keine Rede mehr. Stattdessen ist dieser Fortschrittsglaube am Ende des Jahrhunderts der Einsicht gewichen, dass die Gesellschaft diese Tugenden nicht braucht, denn immer noch kennzeichnet Barbarei das erleuchtete 18. Jahrhundert. Jakob Michael Reinhold Lenz hat diese Frage schon früh aufgeworfen, in seiner Erzählung *Zerbin oder die neuere Philosophie* (1776). Dort heißt es: „Wir leben in einem Jahrhundert, wo Menschenliebe und Empfindsamkeit nicht Seltenes mehr sind: woher kommt es denn, daß man so viel Unglückliche unter uns antrifft?"[245] Und dass auch der junge Schiller vom tintenklecksenden

---

244 Vgl. dazu Hans-Jürgen Schings: Der mitleidigste Mensch ist der beste Mensch. Poetik des Mitleids von Lessing bis Büchner. München 1980.

245 Jakob Michael Reinhold Lenz: Zerbin oder die neuere Philosophie, in: Ders.: Werke und Briefe, Bd. 2, S. 354–379, hier S. 354.

Säkulum spricht, wurde oben im Zusammenhang der *Räuber* bereits erwähnt. In den Briefen *Über die ästhetische Erziehung des Menschen* (1795) stellt Schiller dann die epochemachende Frage: „Woran liegt es, daß wir noch immer Barbaren sind?" (FA 8, S. 581)

Karlos' Liebe zu Elisabeth erfährt er selbst als eine Leidenschaft, die ohne Hoffnung ist und die er dennoch weiter verfolgt. Erlösung verspricht er sich davon, wenn er „nur wen'ge Augenblicke / *Allein* mit ihr" (V. 300f.) verbringen und ihr seine Liebe bekennen kann. Damit liefert Karlos ein weiteres Schlüsselwort, der ‚Augenblick' gewinnt im Stück zunehmend an Bedeutung. Die Akteure ringen um Dauer, müssen sich mit Augenblicken indes zufrieden geben. Das kann durchaus als ein Vorgriff auf Lebensformen der Moderne verstanden werden, wonach Beschleunigung, augenblickshafter Wandel, Unstetigkeit als Parameter moderner, technisierter Lebensführung verstanden werden. Für Karlos erfüllt sich der gewünschte Moment augenblickshafter Liebe und flüchtiger Körperlichkeit in I/5, er darf nun die Königin berühren und ist sogar bereit, dies mit seinem Leben aufzuwiegen. *„Ein* Augenblick gelebt im Paradiese" (V. 639) – für Karlos ist dies das Bild für eine unbeobachtete Kommunikation mit der Königin (vgl. V. 559).

Don Karlos macht sich von Marquis Posa abhängig, da er sich ihm vollständig ausliefert. In grenzenlosem Vertrauen offenbart er ihm seine Liebe zur Königin (vgl. V. 362f.). Während des sommerlichen Aufenthalts des Hofstaats in Aranjuez – dem Kontrast einer ländlichen Naturidylle zur Großstadt Madrid, welche der Königin ein Ort von Einsamkeit und Tod ist (vgl. V. 406: „Tot find' ich es nur in Madrid"), – kommt es zur Begegnung zwischen Posa und der Königin. Im Gespräch mit den Hofdamen wird dem Marquis das Stichwort zugerufen, ein Ritter habe Abenteuer zu erleben und adlige Damen vor Riesen zu beschützen. Auf die Bemerkung der Marquisin von Mondekar, jetzt gebe es keine Riesen mehr – womit sie auf die Funktionslosigkeit dieses ritterlichen Anspruchs hinweist und moderne, neue Verhaltensstandards für diese Männer reklamiert –, antwortet Posa: „Gewalt / Ist für den Schwachen jederzeit ein Riese" (V. 540f.). Die Königin bekräftigt unverzüglich diese Aussage durch den Hinweis, Riesen gebe es noch, jedoch keine Ritter mehr. Damit wird deutlich, dass sich Marquis Posa und die Königin der gleichen Chiffrensprache bedienen, die es erlaubt, das Stück daraufhin zu befragen. Die Königin kodiert die Aussage, Gewalt gebe es noch, aber niemanden mehr, der ihr entgegentrete.

In I/5 offenbart Karlos der Königin, dass er zwar „Riesenkraft" (V. 780) besitze um sie zu kämpfen, keine aber, um auf sie zu verzichten. Ist der Riese Gewalt, dann deutet Karlos hiermit seine Gewaltbereitschaft an, Gewalt gegen den König und die politischen Strukturen einzusetzen, um die Liebe der Königin zu erwerben. Die Königin wiederum erwartet von Karlos Verzicht und Aufopferung im Interesse der politischen Macht. Unmittelbar bevor es zum Zweikampf zwischen Herzog Alba und Don Karlos in II/5 kommt, charakterisiert Karlos den politischen Hardliner Alba als einen Machtmenschen, der skrupellos handelt, und schreibt dem albaschen Machtdenken einen apokalyptischen Subtext ein, wenn er die Gewaltbereitschaft des Herzogs geißelt:

> Ein Alba, sollt' ich meinen, war der Mann,
> Am Ende aller Tage zu erscheinen!
> Dann, wann des Lasters Riesentrotz die Langmut
> Des Himmels aufgezehrt […] (V. 1442ff.).

Dem setzt Karlos sein politisches Bekenntnis entgegen, ‚sein Paradies' sei ‚sein Flandern'. Auch wenn das Possessivpronomen hier weniger ein Besitzverhältnis als vielmehr eine emotionale Qualität bezeichnet, so wird doch deutlich, dass Karlos im Begriff ist die Verschränkung von politischer Aufgabe und privater Hingabe zu vollziehen. Erst der Auftritt der Königin vermag den Schwertkampf zu beenden (vgl. II/6).

Die Liebesgeschichte zwischen Don Karlos und der Königin wird im Text gleichsam spiegelbildlich gebrochen in der Liebesbezeugung der Gräfin Eboli gegenüber Karlos. Das zeigt sich auch in der sprachlichen Anwendung des Terms ‚Riese' als Chiffrenbegriff. Nachdem Eboli deutlich geworden ist, dass Karlos beim verabredeten Stelldichein nicht sie, sondern die Königin erwartet hatte und seine feurigen Liebesäußerungen nicht ihr, sondern der Königin gegolten hatten, resümiert sie in einem Monolog dieses offenbare Missverständnis. Sie erkennt, dass Karlos' Liebe insgeheim von der Königin erwidert werden müsse, wenn anders der Vorfall nicht erklärt werden kann, dass Karlos vermeintlich von der Königin den Schlüssel zu einem Separee erhalten habe. Dieses Vertrauen von Don Karlos in die Liebesbereitschaft der Königin nennt Eboli den „Riesenschritt der Liebe" (V. 1926). Die politische Dimension dieses Skandals wird ihr schnell bewusst: Der König wird von der Königin betrogen.

Die politische Intrige erfährt im Grunde genommen bereits in II/10 ihren Höhepunkt, der Leser und Zuschauer darüber ins Bild setzt, was die Akteure der Macht denken. Schiller figuriert dieses Thema an den beiden Exponenten Alba und Domingo, dem Beichtvater des Königs. Das Gespräch der beiden kreist um die Frage, ob Albas Vermutung zutreffe, dass die Königin ein Verhältnis mit dem Thronfolger habe, und knüpft damit an die Vorgänge in II/5 und II/6 an. Noch fehlt ihnen die Gewissheit, zumal der Pater selbst betont: „Die Span'schen Königinnen haben Müh / Zu sündigen" (V. 1986f.), zu gut funktioniere die Apparatur des Überwachens auch privater Freiräume. Doch das Entscheidende dieses Gesprächs liegt darin, dass es den Liebesdiskurs mit dem Machtdiskurs verflicht und die politischen Akteure aus diesem Konstrukt ihre Handlungsabsichten und Erkenntnisse ableiten. Für Domingo gewinnt demzufolge der Begriff des Augenblicks eine andere, pejorative Bedeutung, wonach Gefahr dem erwächst, der mit instrumenteller Vernunft und politischem Willen langfristig ein Ziel verfolgt. Ein Augenblick könne es sein, der alles, was er und Alba in langen Jahren aufgebaut haben, zertrümmere (vgl. V. 2008ff.). Die Gefahr für die katholische Kirche liegt darin, dass Schiller – jenseits der historischen Genauigkeit – dem spanischen Infanten als dem zukünftigen Herrscher dieses Weltreichs Sympathie für fundamentale Forderungen der europäischen Aufklärung zuspricht. Don Karlos denkt selbst, er „verehrt den Menschen" (V. 2024) und er sympathisiert mit aufgeklärter Vorurteilskritik, die das Denken nicht mehr unbesehen in den Dienst eines Glaubens zu stellen bereit ist. Domingo attestiert Karlos einen „kühne[n] Riesengeist" (V. 2033), der die Pläne intriganter Staatskunst durchkreuzt. In diesem Bild taucht erstmals die Bedeutung der Chiffre des Riesen als eines gewaltsamen Befreiungspotenzials auf, welches die Strukturen der repressiven Machtverhältnisse seines Vaters und dessen Vertrauten bedroht. Der Zuschauer wird dann Zeuge der Entstehung einer weiteren Intrige, danach soll Prinzessin Eboli zukünftige Königin werden (vgl. V. 2066ff.). Der Gebrauch einer negativen Semantik der Riesenchiffre zeigt sich dann kurz darauf im Wortwechsel zwischen dem König und Herzog Alba. Philipp spricht von seines „Zornes Riesenarm […]. / Ich bin der Bogen, bildet ihr euch ein, / Den man nur spannen dürfe nach Gefallen?" (V. 2770), und unterstreicht damit den autokratischen Anspruch seiner Herrschaft.

Die erste Begegnung zwischen Karlos und der Königin ist nach dem euphorischen Liebesbekenntnis des Infanten gekennzeichnet von schweren Vorwürfen gegen Königin Elisabeth. War sie ursprünglich mit Don Karlos verlobt, hat der Vater sie geraubt und der

Betrogene verlangt von ihr Rechtfertigung für ihre Einstellung gegenüber dem König. Karlos scheint zu begreifen, dass die Königin als mögliche Geliebte für ihn verloren ist, dass es Staatsräson und Familienkonstellation nicht mehr zulassen, dass sich Elisabeth und Karlos als Paar finden. Die Königin bestärkt Karlos in diesem Entschluss, sie verlangt, er möge sich „ermannen" (V. 764). Dieser geschlechterstereotype Appell ist an die Aufforderung gekoppelt, dem politisch unterdrückten Flandern zu helfen und dies als seine Aufgabe zu begreifen. Die Königin zeichnet Karlos also die Umleitung seines Begehrens auf das Feld politischer Macht vor. Die Allianz aus ‚Freundschaft der Mutter' und ‚Tränen der Niederlanden' beschwört jene Gelenkstelle des Stücks, an welcher die private Liebesthematik den Status öffentlichen Bewusstseins gewinnt (vgl. V. 808f.). *Don Karlos* ist nun endgültig eine politische Tragödie.

I/7 zeigt Don Karlos, wie er den Willen der Königin vollstreckt. Flandern soll gerettet werden. Karlos bietet Marquis Posa das Du an, sie verbrüdern sich und schmieden politische Pläne für eine Zeit nach Philipp (vgl. I/9). Am Ende dieser Szene, die zugleich den ersten Akt abschließt, bekennt Karlos, dass er im Verbund mit Marquis Posa nichts fürchte. Seine Worte: „So fodr' ich mein Jahrhundert in die Schranken" (V. 1014) werden später von Posa korrigiert, der darin zugleich sein politisches Kalkül als gescheitert erkennen muss: „Das Jahrhundert / Ist meinem Ideal nicht reif" (V. 3078f.).

Der zweite Akt wird mit einem Dialog zwischen König und Thronfolger, Vater und Sohn, eröffnet. Sicherlich ist das gesamte Stück von diesem Vater-Sohn-Konflikt geprägt. Aber darin die ausschließliche Konfliktlinie zu erkennen hieße, die anderen Konfliktlagen, welche durch die oben ausgeführten sprachlichen Chiffren von ‚Tränen', ‚Augenblick', ‚Rätsel' und ‚Riese' gekennzeichnet sind, so zu verkleinern, dass sie keinen Diskurs gestaltenden Einfluss mehr besitzen. Don Karlos ringt in diesen ersten beiden Szenen um die Liebe und Aufmerksamkeit seines Vaters. Doch nicht dieses emotionale Defizit ist ausschließliche Antriebskraft seines Handelns. Er will sich vielmehr vom König nach Flandern abkommandieren lassen. Karlos verbirgt also hinter dem Versuch, väterliche Zuneigung zu gewinnen, eine weitere, politische Absicht. Vollends als der 23jährige Prinz zu weinen beginnt, versucht der König ihn regelrecht abzuschütteln (vgl. V. 1066ff.). Das königliche Männerbild lässt einen weinenden Sohn in den Räumen von Macht und Herrschaft nicht zu, obgleich das familiäre Pathos seine Wirkung teilweise

entfaltet. Karlos argumentiert hingegen grundsätzlich anthropologisch, „die ewige / Beglaubigung der Menschheit sind ja Tränen"
(V. 1079f.), und wirft dem Vater vor, er sei kein Mensch. Wohl trifft
dies auf Philipp zu, denn als absolutistischer Herrscher ist er ja göttlicher Abstammung und reklamiert dies auch für sich. Von der „Wollust Gott zu sein" (V. 792), von der die Königin ihm noch kurz zuvor
im Sinne einer psychoanalytisch deutbaren Verlockungsprämie
geradezu vorgeschwärmt hat, ist Karlos weit entfernt. Er verfängt
sich in den Wirren von väterlicher Gottgleichheit, politischer Semantik und kultureller Kodierung. Er muss erkennen, dass ein Landesvater kein Familienvater sein kann, da er die politische Rolle, die
ihm durch historisch bedingte Machtstrukturen auszufüllen aufgetragen wird, nicht spielt, sondern diese selbst ist.

Die Einsicht des Königs in die Einsamkeit seines Tuns teilt er mit
seinem Sohn. Auch Karlos beklagt in I/2 die Einsamkeit, in der er
sich wie sein Vater befinde. Sind Vater und Sohn für einen Augenblick in diesem Topos der Einsamkeit und des Alleinseins vereint, so
vollzieht sich im nächsten Moment die Differenz zwischen König
und Thronfolger, der nun auch seinen ‚Augenblick der Liebe' in
einen ‚Augenblick der Macht' verkehrt hat. Don Karlos ist „erwacht"
(V. 1151), es drängt ihn „zum Königsthron" (V. 1152):

> […] Er ist da,
> Der große schöne Augenblick, der endlich
> Des hohen Pfundes Zinsen von mir fodert:
> Mich ruft die Weltgeschichte, Ahnenruhm,
> Und des Gerüchtes donnernde Posaune. (V. 1155ff.)

Karlos verlangt von seinem Vater das Oberkommando über jenes
Heer, das Philipp II. nach Flandern schicken wird, um den dortigen
Aufstand niederzuschlagen (vgl. V. 1173). Insistierend und mit
großer emotionaler Beteiligung, wie die Regieanweisungen dokumentieren, trägt er mehrmals diesen Wunsch vor, der schließlich als
Forderung endet und vom König abgelehnt wird. Philipp mutmaßt
bei seinem Sohn ein Machtbegehren, das er nicht unterstützen kann,
ohne selbst Gefahr zu laufen, dabei Macht zu verlieren.

II/4 wendet den Blick des Stücks scheinbar wieder ins Private.
Don Karlos wird ein Brief mit einem Schlüssel ausgehändigt. Ohne
die Handschrift der Königin zu kennen, geht er stillschweigend
davon aus, dass diese ihn zu einem Liebestreffen einlädt. Don Karlos,
der eben noch vom König ein hohes militärisches Amt forderte,
erweist sich nun als kopfloser Geck. Folgt man den körpersprach-

lichen Merkmalen in den Regieanweisungen, dann zittert, erblasst, errötet er, blickt lange sprachlos, die Augen sind starr, stürzt außer Fassung aus dem Zimmer und wirft die Arme empor. Die Verwandlung des Don Karlos vom vernunftgeleiteten und freiheitsbeseelten Thronprätendenten zum regredierenden Verliebten bündelt sich in der Frage: „Wer war ich, und wer bin ich nun?" (V. 1298) Der „Falkenblick der Liebe" (V. 1213), den Prinzessin Eboli bei Don Karlos mutmaßt, zeigt sich in der Wirklichkeit des Liebens als ausgesprochen kuhäugig. Eine Zeit lang nimmt Prinzessin Eboli tatsächlich an – und diese Szene II/8 hat etwas beinahe Komödiantisches –, dass Karlos sie liebt. Sie offeriert ihm sogar ein Modell des doppelten Begehrens. Da sie davon ausgeht, dass Königinnen – und sie meint in diesem Moment noch die zukünftige Frau des Prinzen, nicht also seine Stiefmutter – schlechte Liebhaberinnen sind, dient sie sich als eigentliche Geliebte und Liebende an. Diese Szene mit dem Schlüssel wird zur tatsächlichen Schlüsselszene, Eboli erkennt den Irrtum und ist nun Mitwisserin von Karlos' geheimer Liebe zur Königin.

Während dem König in seinem Sohn ein Nebenbuhler erwächst, erkennen die politischen Akteure Domingo und Herzog Alba eine andere Gefahr. Der Ausruf des Paters: „Er und die Königin sind Eins" (V. 2040) beinhaltet das Wissen darum, dass Don Karlos und Elisabeth dieselben politischen Ziele verfolgen, da sie die repressive Machtpolitik Philipps beenden wollen. Nun versuchen sie, den Sturz der Königin zu betreiben und Eboli als deren Nachfolgerin zu installieren. Albas persönliche Interessen in diesem Machtspiel bleiben dabei eher diffus und gehen über national-chauvinistisch verbrämte persönliche Kränkungen nicht hinaus, während Domingo im Namen der katholischen Kirche zu handeln meint. Die treibende Kraft und Instanz intriganter Vernunft ist dabei stets der königliche Beichtvater Domingo. Allerdings bedarf es keiner großen Anstrengungen, schon gar keiner kriminellen Bemühungen, um Eboli zu dem Bekenntnis zu bewegen, die Königin habe den König, ganz Spanien und sie selbst betrogen (vgl. V. 2135ff.). Nun erst erfahren die großen Pläne zur staatspolitischen Sicherheit der Domingo und Alba ihre kleinkriminelle Auslegung. Die Schatulle der Königin wird aufgebrochen, Briefe werden entwendet, die als belastendes Material dem König zugespielt werden sollen, und Prinzessin Eboli erklärt sich bereit, mit dem König eine Nacht zu verbringen (vgl. II/12). Diesen Liebesdienst wird sie auch tatsächlich vollziehen, wie sie in IV/19 der Königin selbst gestehen wird:

> [...] Der König –
> Verführung – O Sie blicken weg – Ich lese
> In Ihrem Angesicht Verwerfung – Das
> Verbrechen, dessen ich Sie zeihte – ich
> Beging es selbst. (V. 4186ff.)

Die Perfidie der Intriganten Alba und Domingo schreckt auch vor dem Gerücht nicht zurück, nicht der König, sondern sein eigener Sohn sei der Vater der Infantin Klara Eugenia. Diese Unterstellung weist der König in III/4 noch energisch zurück, doch in IV/7 sieht ihn der Zuschauer schwerer Zweifel voll. Der Glaube an die Untreue der Königin hat von ihm Besitz ergriffen; die Saat Domingos und Albas scheint aufzugehen.

In dieser Situation bittet in einem Monolog (III/5) der König um einen Menschen, der die Wahrheit sage, Freund sei und ein reines und offenes Herz habe. Er mustert die Reihe der in Frage kommenden Personen. Marquis Posa ist der einzige der Vasallen, der seiner nicht bedarf, sich vom König fern hält. Philipps Wahl fällt auf ihn. Schon dieser Vorgang zeigt, wie problematisch in der Sphäre gottgleicher Aristokratie der Begriff der Freundschaft ist. Während die Freundschaft zwischen Don Karlos und Posa gewachsen ist, wenngleich sie natürlich auch nicht frei ist von den Standesunterschieden und Machtimplikationen, so ernennt sich Philipp II. einen Freund. Die einzelnen Auftritte im letzten Drittel des dritten Akts hat Schiller sehr langatmig gestaltet; sie dienen kaum der Charakterzeichnung Marquis Posas und enthalten auch keine Spannungsmomente.

Marquis Posa erweist sich als der eigentliche Analytiker der Macht. Er durchschaut, dass Eboli insgeheim den König beherrscht und dass Karlos für sie erpressbar geworden ist (vgl. II/15). Er ist es auch, der Karlos politisiert, insofern, als er ihn sensibilisiert für die brisante politische Situation in Flandern. Posa bleibt auf die Idee einer politischen Befreiung Flanderns fixiert, eine Idee, die trotz aller Rückschläge nicht aufgegeben werden dürfe und der alles andere untergeordnet werden müsse (vgl. V. 2458ff.). Er figuriert damit ein Verhalten, das die Frage nach den Grenzen des Realisierungswillens politischer Ideen aufwirft. Ob dies auch für ethische und ästhetische Ideen zu gelten hat und sich darin Grundüberzeugungen des Autors Schiller spiegeln, ist vom Text her nicht eindeutig zu klären. Da Posa weder ästhetisch argumentiert noch beispielhaft sittlich handelt, sondern ausschließlich politisch agiert, liegt die Vermutung nahe, er diene lediglich der Illustration eines politischen Dispositivs. Aller-

dings erlauben seine Positionsbestimmung in der Freundschaft zu
Don Karlos sowie die entschiedene Haltung gegenüber dem König
und sein Bekenntnis zu grundlegenden Ideen der Aufklärung eine
differenziertere Einschätzung.

Auch Posa erfährt nun in III/8 und III/9 einen bedeutsamen
„Augenblick" (V. 2945 u. 2949). Für ihn handelt es sich bei der
Begegnung mit dem König zunächst um einen ‚verlorenen Augenblick'. Doch verdeutlicht ihm Alba die gesamte Tragweite der Situation. Der König sei nun in Posas Händen, er solle diesen Augenblick
nutzen. Und so entschließt er sich im Eingangsmonolog zu III/9, den
König für seine eigenen politischen Zwecke zu instrumentalisieren.
Schiller schafft damit eine spannungsvolle spiegelbildliche Situation.
Denn während also Don Karlos, der Freund Posas, den Augenblick
des Begehrens mit der Königin erlangen und nutzen will, letztlich
aber am Widerstand der Königin scheitert, wehrt sich Posa gegen
den Augenblick der Macht mit dem König, der sich ihm aber vorbehaltlos ausliefert, und instrumentalisiert kurz entschlossen sodann
diesen Augenblick im Sinne seiner politischen Pläne. Don Karlos und
Marquis Posa sind Agenten des Moments. Doch im Unterschied zu
Karlos, der einer Augenblickskommunikation verhaftet bleibt, nutzt
Marquis Posa die überraschende Situation und implementiert sie in
seine langfristigen politischen Ziele. Diese heißen Befreiung von
Flandern und Garantie politischer Grundrechte.

In III/10 vollzieht sich der heimliche Höhepunkt des Dramas,
denn im Gespräch mit dem König entwickelt Posa seine Forderungen und Überlegungen. Wie er selbst eingesteht, ist der König die
erste Person, die davon erfährt (vgl. V. 3082ff.). Demnach weiß also
selbst der beste Freund Don Karlos nichts von diesen Überlegungen;
als Untertan hielt sich Posa bescheiden zurück, Don Karlos war zu
sehr mit seiner Liebesgeschichte beschäftigt. Posa erhebt nun im
Gespräch mit Philipp den Anspruch eine „Feuerflocke Wahrheit nur,
/ In des Despoten Seele" (V. 2969) zu werfen und lehnt zunächst
entschieden die ihm angetragene Rolle mit dem Hinweis ab, er
könne kein Fürstendiener sein. Dies wiederholt er gleich zweimal
(vgl. V. 3022 u. V. 3065). Er beruft sich auf das Wahrheitspostulat
seiner Tugendphilosophie, die ihm die Nähe zu absolutistischen
Monarchen untersage und verbiete, die Unwahrheit zu sagen; er
wolle nicht der Meißel sein, wenn er selbst als Künstler gestalten
könne, und schließlich liebe er die Menschheit (vgl. V. 3037f.), was
ihm in Monarchien verwehrt sei. Dies kann als deutlicher Hinweis
darauf verstanden werden, dass Posa eine republikanische Staats-

verfassung anstrebt, auch wenn er beteuert, dass diese Wünsche aus Loyalität zum König nicht publik und nicht verwirklicht würden. Er spricht von reiner Liebe, die er den Menschen schenken wolle, von ihrem Glück, das nur darin bestehen könne, denken zu dürfen (vgl. V. 3061), weiß aber zugleich auch, dass dieses politische „Ideal" (V. 3079) die Vorwegnahme späterer Jahrhunderte bedeutet. Scharf kritisiert Posa das absolutistische Herrschaftsgebaren, die Gottgleichheit des Königs und argumentiert dabei keineswegs religiös, sondern tugendphilosophisch. Posa wird in dieser Szene zunehmend zum Repräsentanten aufgeklärter Philosophie. Wiederum ist zu erkennen, dass dem Autor Schiller die historische Exaktheit weniger bedeutet als die Aktualität der verhandelten Themen und seine eigene Zeitgenossenschaft. Posa verknüpft die grundsätzlichen Ausführungen zu seiner Haltung mit realpolitischen Eindrücken. Eben ist er aus Flandern und Brabant zurückgekehrt und hat dort die Opfer des niedergeschlagenen Aufstands sehen können. Posa gelingt es, rhetorisch geschickt inszeniert, seiner Rede ein hohes Affektpotenzial einzuschreiben, das beim König zu wirken beginnt: Er kann dem Blick Posas nicht standhalten und sieht *„betroffen und verwirrt zur Erde"* (nach V. 3142, Regieanweisung). Schon diese nichtsprachliche Kommunikation unterstreicht, welche Macht im Verlauf dieses Gesprächs Posa über den König gewonnen hat. Nicht demutsvoll blickt der Untertan zu Boden, sondern der Monarch selbst wird zu dieser Devotionsgeste gezwungen. Die zunehmende Bewegung des Königs gestattet Posa einen vergleichsweise dreisten Schritt. Er spricht ‚mit Feuer', nähert sich dem König ‚kühn' und richtet einen ‚festen und feurigen Blick' auf ihn – so das Protokoll der Regieanweisungen. Der Höhepunkt der Szene und des Stücks wird auf diese Weise vorbereitet. Inhaltlich wird die affektive Körpersprache Posas mit zwei geradezu verwegenen Forderungen an einen absolutistisch regierenden Monarchen begründet:

> Geben Sie
> Die unnatürliche Vergött'rung auf,
> Die uns vernichtet. Werden Sie uns Muster
> Des Ewigen und Wahren. [ ]
> […] Geben Sie
> Gedankenfreiheit. – (V. 3206–3216).

Dieser Begriff der Gedankenfreiheit – als der wohl wichtigste Begriff des *Don Karlos* und „the famous ideological ‚punch line' of the tragedy"[246] genannt – hat bei Schiller-Kommentatoren und Schiller-Forschern unterschiedliche Auslegung gefunden. Bis heute wird der Begriff fälschlicherweise als neue Wortschöpfung Schiller zugeschrieben.[247] Böckmann kodifizierte diese Ansicht in seiner *Don Karlos*-Monographie von 1974.[248] Doch 1976 konnte Henry F. Fullenwider nachweisen, dass dies falsch ist. Denn bereits 1776 war im *Hannoverischen Magazin* ein Aufsatz unter dem Titel *Von der Freyheit zu denken* erschienen, worin sich das Wort ‚Gedankenfreyheit' findet. Der Verfasser ist Leopold Friedrich Günther von Goeckingk (1748–1828).[249] „Göckingk, not Schiller, seems to have coined the word ‚Gedankenfreiheit' as an exact translation, one suspects, of the English ‚freedom of thought'".[250] Nach Meinung von Otto W. Johnston geht Posas Wort auf eine „aufwieglerische französische Parole zurück, die Voltaire unter der Rubrik ‚Liberté de penser' in seinem *Dictionnaire philosophique* (1765) in Dialogform thematisiert hatte".[251] Sicherlich ist es falsch, den Begriff der Gedankenfreiheit lediglich auf den Aspekt der Redefreiheit einzuschränken. Und fragwürdig ist es ihm eine politische Semantik absprechen zu wollen, wonach ‚Gedankenfreiheit' ein aufklärerischer, aber kein politischer Begriff sei.[252] Denn damit werden die alten Klischees von einer politikneutralen deutschen Aufklärung bemüht. Das aber hat die

246 Dushan Bresky: Schiller's Debt to Montesquieu and Adam Ferguson, in: Comparative Literature 13 (1961), S. 239–253, hier S. 247.
247 Stellvertretend für Viele Pörnbacher: Friedrich Schiller *Don Karlos*, S. 51.
248 Vgl. Böckmann: Schillers *Don Karlos*, S. 508–528 (Vorabdrucke dieses Kapitels erschienen bereits 1972 u. 1973). Böckmann macht darin auch auf die europäische – und das meint englische und französische – Vernetzung der politischen Semantik des Begriffs aufmerksam.
249 Vgl. Obscurus [= Leopold Friedrich Günther von Goeckingk]: Von der Freyheit zu denken, in: Hannoverisches Magazin 80. St. (1776), Sp. 1265–1280 vom 4. Oktober 1776; 81. St. (1776), Sp. 1281–1296 vom 7. Oktober 1776; 82. St. (1776), Sp. 1297–1312 vom 11. Oktober 1776 und 83. St. (1776), Sp. 1313–1320 vom 14. Oktober 1776.
250 Henry F. Fullenwider: Schiller and the German Tradition of Freedom of Thought, in: Lessing Yearbook 8 (1976), S. 117–124, hier S. 122.
251 Otto W. Johnston: Schillers politische Welt, in: Schiller-Handbuch. Hgg. v. Helmut Koopmann in Zusammenarbeit mit der Deutschen Schillergesellschaft Marbach. Stuttgart 1998, S. 44–69, hier S. 45.
252 Vgl. Helmut Koopmann: Forschungsgeschichte, in: Schiller-Handbuch. Hgg. v. Helmut Koopmann in Zusammenarbeit mit der Deutschen Schillergesellschaft Marbach. Stuttgart 1998, S. 809–932, hier S. 862. Anders hatte Koopmann noch 1989 geurteilt: „Natürlich sind die politischen Dimensionen des Dramas nicht zu übersehen" (Helmut Koopmann: Freiheitssonne und Revolutionsgewitter. Reflexe der Französischen Revolution im literarischen Deutschland zwischen 1789 und 1840. Tübingen 1989, S. 18).

Aufklärungsforschung seit den frühen 1970er Jahren in extenso nachgewiesen, dass diese Auffassung gerade nicht den historischen Tatsachen entspricht.[253] Demgegenüber hat Klaus Bohnen für den *Don Karlos* die „Politisierung des Moralischen"[254] geltend gemacht. „Das Drama ist politisch, nicht weil es das politische Intrigen- und Konfliktspiel von Staatsmännern entwirft, sondern weil es im Aufriß der Kluft von Gesellschaft und Staat zwei heterogene Politikkonzeptionen aufeinander prallen läßt und in der Konfrontation zweier Grundmuster von Gesellschaftsgefügen den politischen Nerv der Zeit trifft".[255] Dem staatlichen Despotimus des Königs stellt Bohnen „das erhabene Ideal einer vom Staatszwang befreiten Gesellschaft"[256] entgegen, das sich im Drama entfalte.

Auch Schiller selbst bietet in seinen *Briefen über Don Karlos* den Hinweis, dass ‚Gedankenfreiheit' nur politisch zu verstehen sei, da Posa mit der Nennung dieses Begriffs direkt die politische Situation in Flandern anspricht: „alles [...] zu einer Revolution zubereitet" (FA 3, S. 437). Nimmt man Hans-Jürgen Schings' Forschungen hinzu, dann ist es völlig unmöglich, den *Don Karlos* mit seinem Zentralbegriff der Gedankenfreiheit als eine Art ‚politikfreie Zone' im Schaffen Schillers zu verstehen. Schings erklärt die verwickelte Entstehungsgeschichte des Dramas mit Schillers wechselvollen Kontakten zu den zeitgenössischen Illuminaten. Deren politische Ansichten über den Status der Aufklärung seien für die Konzeption des Stücks verantwortlich und der ‚Bruch' nach dem dritten Akt mit der Verlagerung von Don Karlos hin zum Marquis Posa wird so erklärt: „Die Begegnungen mit den Illuminaten in Mannheim, Speyer und Heidelberg liefern die plausibelste Erklärung für den neuen Ansatz".[257] ‚Gedankenfreiheit' bedeute demnach zuallererst Pressefreiheit.[258]

---

253 Koopmanns Lesart hat schon Klaus Bohnen 1980 entschieden zurückgewiesen, vgl. Klaus Bohnen: Politik im Drama. Anmerkungen zu Schillers *Don Carlos*, in: JbDSG 24 (1980), S. 15–31, hier S. 30, Anm. 33. – Um nur drei weiterführende Literaturangaben zu nennen: Richard van Dülmen: Die Gesellschaft der Aufklärer. Zur bürgerlichen Emanzipation und aufklärerischen Kultur in Deutschland. Frankfurt a.M. 1986; Rudolf Vierhaus: Deutschland im 18. Jahrhundert. Politische Verfassung, soziales Gefüge, geistige Bewegung. Göttingen 1987, und Hans-Jürgen Schings: Die Brüder des Marquis Posa. Schiller und der Geheimbund der Illuminaten. Tübingen 1996.
254 Bohnen: Politik im Drama, hier S. 29.
255 Bohnen: Politik im Drama, S. 29.
256 Bohnen: Politik im Drama, S. 31.
257 Schings: Die Brüder des Marquis Posa, S. 101.
258 Schings: Die Brüder des Marquis Posa, S. 120, Anm. 65.

Wer diesem durchaus sorgfältigen Deutungsansatz nicht folgen mag,[259] sei auf Hartmut Reinhardts Formulierung verwiesen, Posas Worten lägen Vorprägungen im Englischen und im Französischen zugrunde.[260] Böckmann und Kluge haben in der *Nationalausgabe* 1986 den Hinweis Fullenwiders aufgenommen, dass der Begriff „keine Erfindung Schillers" (NA 7/2, S. 434) sei. „Schiller dürfte den Begriff und seine Bedeutung von Rousseau übernommen haben" (NA 7/2, S. 435). Dies bezöge sich dann auf den *Contrat social* (1762).[261] „Der Mensch ist frei geboren, und überall liegt er in Ketten".[262] Mit diesen Worten eröffnet Rousseau das erste Kapitel, um dann wenig später im Kapitel *Von der Sklaverei* auszuführen: „Auf seine Freiheit verzichten heißt auf seine Eigenschaft als Mensch, auf seine Menschenrechte, sogar auf seine Pflichten verzichten".[263] Belege sind dies für die von Schiller intendierte Begriffsverwendung des Terms ‚Gedankenfreiheit' allerdings nicht. Ebensowenig wie die Hinweise auf Mercier, Watson und Herder, dessen Namen und Schrift *Auch eine Philosophie der Geschichte zur Bildung der Menschheit* (1774) von Böckmann und Kluge in die Diskussion eingebracht wurden (vgl. NA 7/2, S. 434, und demzufolge FA 3, S. 1197).

Der König reagiert auf Posas politisches Glaubensbekenntnis *„überrascht"* (nach V. 3216, Regieanweisung). Diese Wendung des

259 Allerdings muss die Argumentation von Schings ergänzt werden durch den Aufsatz von Wilhelm Kühlmann: *Don Carlos* in der deutschen Literatur des Spätbarock. Zu geistlichen und galanten Texttraditionen im Vorfeld zu Schillers Drama, in: JbDSG 26 (1982), S. 81–103. Zwar verweist Kühlmann auch auf die Bedeutung der Illuminaten, hebt jedoch besonders die dominierende Tradition des jesuitischen Ordensdramas (mit zwei Don Karlos-Stücken des 18. Jahrhunderts) hervor. Diese gehörten „zu einer soziokulturellen Formation, die zur Zeit des jungen Schiller eben erst erschüttert war" (ebd., S. 86). Durch den Bezug zur Realhistorie knüpfe Schiller thematisch an diese Tradition an (vgl. ebd., S. 83).
260 Vgl. Hartmut Reinhardt: Don Karlos, in: Schiller-Handbuch. Hgg. v. Helmut Koopmann in Zusammenarbeit mit der Deutschen Schillergesellschaft Marbach. Stuttgart 1998, S. 379–394, hier S. 388.
261 Für die Ansicht Alts, Schiller habe Rousseaus Schrift durch die deutsche Übersetzung aus dem Jahr 1763 kennengelernt, gibt es keinen Beleg, vgl. Alt: Schiller, Bd. 1, S. 448.
262 Jean-Jacques Rousseau: Vom Gesellschaftsvertrag oder Grundsätze des Staatsrechts. In Zusammenarbeit mit Eva Pietzcker neu übersetzt u. hgg. v. Hans Brockard. Stuttgart 1991, S. 5. – Zur Bedeutung Rousseaus für die politische Idee des Dramas vgl. Paul Böckmann: Schillers *Don Karlos*. Die politische Idee unter dem Vorzeichen des Inzestmotivs, in: Wittkowski (Hg.): Friedrich Schiller. Kunst, Humanität und Politik in der späten Aufklärung, S. 38ff.
263 Rousseau: Vom Gesellschaftsvertrag, S. 11.

Gesprächs hatte er offensichtlich nicht erwartet. Das zeigt auch, wie weit Philipp II. tatsächlich als Repräsentant einer absolutistischen Monarchie von derartigen republikanischen Überlegungen entfernt ist. Das Verständnis von Freiheit, gar Gedankenfreiheit ist mit seiner Politik nicht vereinbar. Posa geht sogar noch einen Schritt weiter und fordert die Rückkehr zu einem ursprünglichen monarchistischen Verständnis; zumindest vereint er in seinem politischen Denken einen republikanischen und einen monarchistischen Ansatz.[264]

> [...] Stellen Sie der Menschheit
> Verlornen Adel wieder her. Der Bürger
> Sei wiederum, was er zuvor gewesen,
> Der Krone Zweck [...] (V. 3242ff.).

Der König indes droht mit der Inquisition und lenkt das Gespräch vom Politischen ins Private. Er möchte Auskünfte über seinen Sohn Karlos und konfrontiert Posa mit dem Ehebruchvorwurf. Damit ist endgültig der politische Konflikt mit dem Familienkonflikt verschränkt; in dieser Sphäre der Macht ist das Politische vom Privaten nicht mehr zu trennen. Der König beauftragt Posa, seinen Sohn auszuspionieren um die Vorwürfe zu widerlegen oder zu erhärten. Damit wird Posa eine Doppelrolle zugeteilt, für die er sich selbst disponiert hat. Einerseits ist er der vertrauensvolle Freund des Prinzen und kennt dessen Liebe zur Königin, auf der anderen Seite muss er nun im Dienst der Macht diesen Freund und diese Liebe überwachen. Eine objektive Entscheidungsfreiheit hatte er aber nicht; der König hat auch auf dieser Ebene familialer, privater Kommunikation absolute Befehlsgewalt und führt seine eigene Familie wie eine Kleinarmee.

Der vierte Akt zeigt Marquis Posa als Akteur der Macht. Nicht nur, dass er die politischen Zusammenhänge durchschaut und klar analysiert, nun will er selbst Politik betreiben im Dienste seiner eigenen Anschauungen. Die erste Grundeinsicht, die er dabei offenbart und die weit entfernt ist von jener Tugendphilosophie, die er noch kurz zuvor im dritten Akt im Gespräch mit dem König für sich in Anspruch genommen hat, ist Anpassung als Voraussetzung der Instrumentalisierung:

> [...] Wer sich
> Den Menschen nützlich machen will, muß doch
> Zuerst sich ihnen gleich zu stellen suchen. (V. 3390ff.)

---

264 Vgl. Bresky: Schiller's Debt to Montesquieu and Adam Ferguson, S. 252f.

Posa passt sich dem Regelwerk des Hofes und der Apparatur der Macht an, um sein Ziel erreichen zu können, „Flandern darf / Nicht aufgeopfert werden" (V. 3458f.); deshalb muss der Prinz vom Hof entfernt werden. Für dieses Ziel versucht er nun die Königin – moralisch betrachtet im Rücken des Königs – einzunehmen. Sie selbst müsse es sein, die Karlos dazu bewege, heimlich nach Brüssel zu reisen, um dort eine „Rebellion" (V. 3468) gegen den König anzuführen. Interessanterweise spricht Schiller in den *Briefen über Don Karlos* nicht mehr von „Rebellion", sondern von „Revolution" (FA 3, S. 437, *Dritter Brief*). Mit Blick auf die zeitgenössischen Ereignisse in Paris 1789 ein ausgesprochen aktuelles, zeitnahes Thema – auch dies ein Grund mehr, die politischen Implikationen des *Don Karlos* nicht einfach gegen Schillers eigene Lesart ideengeschichtlich zu nivellieren. „Was Schiller bei seinem spanischen Prinzen und dessen Freund zu finden vorgibt, macht in Wahrheit die Signatur seiner eigenen Zeit aus."[265]

Der wahrheitsliebende Posa hat sich so gut an die höfische Verstellungskunst angepasst, dass er nun sogar seinen Freund Karlos belügt. Er verneint im Dienst des Königs zu stehen (vgl. IV/5). Damit konterkariert er seinen absoluten Wahrheitsanspruch aus III/10. Das mag man nun als dramaturgische Inkonsequenz dem Autor anlasten, da der Vorabdruck des *Don Karlos* nach dem dritten Akt abbrach. Jedoch kann man dies auch – und das wäre die Linie der Selbstdeutung Schillers aus den *Briefen über Don Karlos* – als die Veränderung eines charakterlichen Merkmals begreifen. Posa ist nicht der, als der er sich inszeniert, sondern spielt Rollen und wechselt Identitäten. Seine wahre Identität liegt in einer dreifachen Verstellung, gegenüber dem König, gegenüber der Königin und gegenüber Don Karlos.

Am Rande sei in diesem Zusammenhang auf eine kleine dramatische Widersprüchlichkeit aufmerksam gemacht. Die Königin entdeckt gleich zu Beginn des vierten Aktes den Verlust des Schlüssels zu ihrer persönlichen Schatulle, worin sich neben wertvollem Schmuck auch ein Medaillon des Infanten und Briefe von seiner Hand finden. Sie gibt die Anweisung, unverzüglich die Schatulle gewaltsam zu öffnen. In IV/9 nun beschwert sie sich beim König nicht darüber, dass ihr Schlüssel gestohlen wurde, sondern darüber, dass ihre Schatulle aufgebrochen wurde (vgl. V. 3672). In IV/12 erregt sich der König, Prinzessin Eboli habe die Schatulle gewaltsam

---

265 Schings: Die Brüder des Marquis Posa, S. 1.

geöffnet, und in IV/19 legt Eboli sogar ein Geständnis ab, sie selbst habe die Briefe gestohlen, wobei offen bleibt, ob sie den Schlüssel entwendet oder das königliche Schmuckkästchen gewaltsam geöffnet hat.

Marquis Posa muss erkennen, dass er sein „gewagtes Spiel" „verloren" (IV/21) hat. Die Hybris des antiken griechischen Dramas bündelt sich hier konzentriert in seiner Erkenntnis:

> Wer ist der Mensch, der sich vermessen will,
> Des Zufalls schweres Steuer zu regieren,
> Und doch nicht der Allwissende zu sein? (V. 4224ff.)

Zum ersten Mal selbst in empfindsamer Haltung und Tränen vergießend, bekennt er der Königin das Ende seiner „Träume" (V. 4261). Er beschwört den Freundschaftsbund mit Karlos und adressiert dies an die Königin. Ihr bleibt nur die Frage: „Liegt Sinn in diesen Reden?" (V. 4272) Karlos solle „das kühne Traumbild eines neuen Staates" (V. 4280) wahr machen. Dabei hatte Don Karlos bereits zu Beginn des Stücks bekannt, vorbei seien die Träume von Freiheit und Menschlichkeit (vgl. V. 178f.). Posa hat nun erkannt, dass er die Liebe zwischen dem Königssohn und der Königin nicht wird „veredeln" (V. 4350) und damit unschädlich machen können. Nun inszeniert er sich als Opfer, das dargebracht werden muss um Karlos zu retten. Unklar bleibt aber auch hier, weshalb Posa zu diesem Zeitpunkt bereits von der nahenden Katastrophe zu wissen scheint und dennoch die Überzeugung erweckt, als könne Don Karlos politisch noch initiativ werden. Ein Brief von Posa wird abgefangen und seine politischen Umsturzpläne fliegen auf (vgl. IV/22). Diese Szene ist dramatisch nicht nur redundant, sondern auch ausgesprochen widersprüchlich. Denn Posa übergibt den Brief mit dem hochbrisanten politischen Inhalt ausgerechnet dem ordentlichen königlichen Oberpostmeister Don Raimond von Taxis,[266] dessen Loyalität gegenüber dem König nicht in Zweifel gezogen wird. Es stellt sich die Frage, weshalb der Brief nicht – wie in solchen Fällen üblich – mit einem geheimen Boten expediert wurde. Eine szenische Ungenauigkeit unterstreicht den Eindruck einer nicht besonders sorgfältig ausgearbeiteten dramatischen Konzeption des Endes des vierten Aktes. Graf Lerma, der Oberst der königlichen Leibwache, „*kommt aus dem Kabinett [...] Taxis geht hinein*" (vor V. 4425, Regiean-

---

266 Die Schreibweise ist uneinheitlich. Im Personenverzeichnis ‚Raymond', in der Regieanweisung zu Beginn von IV/22 ‚Raimond'.

weisung). Domingo und Alba bleiben vor dem Kabinett, Taxis ruft von drinnen Graf Lerma herein, dann heißt es: *„Beide hinein"* (vor 4432, Regieanweisung). Doch nur einer, nämlich Graf Lerma, kann hinein können – ein logisch-szenischer Fehler, der in der Rigaer Bühnenfassung von 1787 noch um eine weitere Variante bereichert wird (vgl. FA 3, S. 744).[267]

Don Karlos ist im fünften Akt inzwischen auf Veranlassung Posas inhaftiert worden. Posa muss erkennen: „Weltkluge Sorgfalt" (V. 4526) hat nichts genutzt, sein „Gebäude stürzt / Zusammen" (V. 4226f.). Don Karlos wird wieder freigelassen, versehentlich sei er arretiert worden, erklärt ihm Herzog Alba, Marquis Posa ist als Minister entlassen. Das bedeutet, nur durch das eigene Opfer war es Posa möglich den Freund zu retten. Nun erhellt sich auch, weshalb Posa seinen konspirativen Brief an Wilhelm von Oranien dem Oberpostmeister aushändigte; er wollte entdeckt werden um den Verdacht von Karlos abzulenken, er bekannte darin seine Liebe zur Königin und dass es ihm gelungen sei, den Verdacht auf Karlos zu lenken (vgl. V. 4685ff.).

> Mit meinen Lippen brach ich meine Treue.
> Ich selbst regierte das Komplott, das dir
> Den Untergang bereitete. [...]
> [...] – und so
> Ward ich dein Feind, dir kräftiger zu dienen. (V. 4628–4634)

Diese List scheint ihm gelungen, Don Karlos hält er für gerettet (vgl. V/3). Doch auch hier zeigt sich, dass der Machtanalytiker Posa nicht alle Möglichkeiten ins Kalkül gezogen hat. Sein Vermächtnis an Don Karlos lautet:

> [...] Rette dich für Flandern!
> Das Königreich ist dein Beruf. Für dich
> Zu sterben war der meinige. (V. 4718ff.)

Während Don Karlos den Aufstand gegen den Vater nur symbolisch erprobt und mit langen Reden neutralisiert, ist von Ferne die „Rebellion" (V. 4856) der Madrider Bürger zu hören. Don Karlos phantasiert noch von einer empfindsamen Versöhnung mit seinem Vater, ein Schuss fällt und streckt Marquis Posa nieder. Der König erkennt

---

267 Diese Beobachtung lässt dann eine Bemerkung Polheims, in einer Dichtung vom Range des *Don Karlos* sei nichts belanglos, ambivalent erscheinen, vgl. Karl Konrad Polheim: Von der Einheit des *Don Karlos*, in: JbFDH (1985), S. 64–100, hier S. 66.

seine Ohnmacht und fällt in Ohnmacht. Theaterspezifisch ist all dies sehr spektakulär, doch ohne eigentlichen inneren Zusammenhang. Vollends die in V/6 entwickelte Sage vom mitternächtlichen Gespenst in Mönchsgestalt, deren sich Don Karlos bedient um zur Königin zu gelangen, ist dramatisch kaum motiviert. Die Fluchtpläne von Karlos und Elisabeth, die Pläne für ein europäisches Netzwerk des Aufruhrs, die Posa noch entwickelt hatte, fliegen auf (vgl. V/8). In der Abschiedsszene zwischen Don Karlos und der Königin bekennt Karlos:

> Ich liebte – Jetzt bin ich erwacht. [...]
> [...] Es ist
> Vorbei. Ein reiner Feuer hat mein Wesen
> Geläutert. Meine Leidenschaft wohnt in den Gräbern
> Der Toten. Keine sterbliche Begierde
> Teilt diesen Busen mehr. (V. 5312–5319)

Don Karlos antizipiert durch diesen emotionalen Tod seine physische Auslöschung, die ihm nun droht. Er wird wieder gefangen genommen und der Inquisition überstellt. Das Drama endet fatalistisch, ohne Versöhnung, aber auch ohne direkten Untergang. Es zeigt nur, dass es neben der weltlich-politischen Macht des Staates bzw. des Königs immer noch die zweite kirchlich-inquisitorische Macht gibt. Damit versucht das Dramenende sich wieder der Historie zuzuwenden und verspielt so seinen utopisch-philosophischen Kredit, den es mit dem Gedanken der Freiheit als natürliches Recht jedes Menschen im dritten Akt aufgebaut hatte.

Wieland hatte im Auftrag des Herzogs Karl August 1785 die ersten Szenen des ersten Aktes des *Don Karlos* aus dem *Thalia*-Vorabdruck zu begutachten. Sein Urteil fiel kritisch, letztlich aber ermutigend aus und konzentriert sich auf den Mangel eines überschäumenden, noch nicht die Regelkunst der hohen Tragödie beherrschenden Genies, das dem Autor aber unzweifelhaft eigne (vgl. FA 3, S. 1099–1106). Insgesamt elf Rezensionen der Buchausgabe von 1787 sind bekannt. Die Besprechungen waren teils sehr kritisch, im Resümee aber stets zustimmend und keinesfalls vernichtend. Wieland beispielsweise bezeichnet den *Don Karlos* in seiner Rezension der Erstausgabe vom September 1787 als einen dramatischen Roman, eine außerordentliche Erscheinung am literarischen Himmel (vgl. FA 3, S. 1107). Er rügt die Länge des Stücks, welche das Drama als Lesedrama ohne Nachdruck zur Realisierung auf einer Bühne erscheinen ließe, er moniert die Dialoglastigkeit der Szenen und vermisst einen zugrunde liegenden Plan in der Ausführung, der das Stück als ein regelmäßiges, und das besagt: regelgerechtes Trauerspiel ausweise (vgl. FA 3, S. 1108). Schiller müsse „endlich" seinen Willen „den Gesetzen des Aristoteles und Horaz […] unterwerfen" (FA 3, S. 1108). Enttäuscht und unzufrieden resümiert Schiller selbst Anfang 1788 seine bisherigen Bemühungen: „Für meinen Carlos – das Werk dreijähriger Anstrengung bin ich mit Unlust belohnt worden" (NA 25, S. 2f.). Immer wieder wurde und wird die Frage nach der Einheit des Stücks gestellt und höchst strittig beurteilt. Diese Einheit, das geistige Organisationsprinzip gewissermaßen, wurde vermisst. Und das erklärt auch den Verweis auf die Autorität des Aristoteles in manchen Rezensionen, wonach dem Werk die Einheit der Handlung mangle.

Schillers spätere Meinung über den *Don Karlos* ist ambivalent. Bekennt er am 4. September 1794 Körner: „Was ich je im Dramatischen zur Welt gebracht, ist nicht sehr geschickt mir Muth zu machen, und ein Machwerk wie der Carlos eckelte mich nunmehr an […]" (NA 27, S. 38), so fasst er doch 1805 den Entschluss, das Drama in einen Band mit gesammelten Theaterschriften aufzunehmen, nicht ohne freilich noch einmal den Text geringfügigen Veränderungen zu unterziehen. In Stuttgart gab es die erste Aufführung des *Don Karlos* 1797. In München und Kopenhagen blieb er lange verboten, in Wien durfte er gar erst 1809 gespielt werden, Städte, die einst als Hochburgen der Illuminaten galten.[268]

Die Kritik, der sich Schiller nach Erscheinen des *Don Karlos* ausgesetzt sah, veranlasste ihn, seine *Briefe über Don Karlos* zu verfassen und sich gegen einige Vorwürfe zur Wehr zu setzen. Diese insgesamt 12 fiktiven Briefe, die eher als Essays bezeichnet werden können, erschienen zwischen Juli und Dezember 1788 in Wielands Zeitschrift *Der Teutsche Merkur*. 1792 wurden sie überarbeitet im ersten Band der *Kleineren prosaischen Schriften* veröffentlicht. Körner hat in bestechender Offenheit am 11. August 1788 darüber geurteilt und Schiller in der Intention dieser *Briefe* bestätigt:

> Eben bekomme ich Deine Briefe über Karlos. Ich hielt das Unternehmen für gefährlich, aber meines Erachtens hast Du Dich gut aus der Sache gezogen. Der Ton gefällt mir sehr, weder affecktirte Bescheidenheit, noch Selbstlob. Du giebst Dein Kunstwerk Preis, und willst nur Deine Ideale retten, in die Du verliebt bist. Auch der Stil ist geistvoll und ohne Präten-

---

268 Vgl. Schings: Die Brüder des Marquis Posa, S. 129.

sion, kurz diese Briefe sind mir eines der liebsten unter Deinen prosaischen Produkten. (NA 33/I, S. 216)

Schiller räumt ein, dass ihm inzwischen sein Stück selbst fremd
geworden sei und dass er sich zu lange damit beschäftigt habe. Er
konzediert die Verschiebung der Haupthandlung von Don Karlos in
den ersten drei Akten auf Marquis Posa in den beiden letzten Akten
und formuliert Verständnis für Irritationen bei Kritikern und Lesern.
Insofern nimmt es nicht Wunder, wenn Schiller dann in den Mittelpunkt der *Briefe* gleichsam eine Exegese von Posas Charakter stellt.
Die Ideen von Freiheit und Humanität, die Posa verabsolutiere,
würden im Begriff der republikanischen Tugend gebündelt, zu deren
Merkmalen Aufopferungsbereitschaft zähle (vgl. FA 3, S. 430). Posa
sei „Weltbürger" (FA 3, S. 441), von einer allumfassenden Philan-
thropie beseelt. Zwei diskursive Zentren prägten das Drama. Einmal
sei dies, so Schiller im dritten Brief, die leidenschaftliche Freundschaft zwischen Karlos und Posa, das andere Mal die leidenschaftliche Liebe zwischen Karlos und der Königin. Doch beide Gravita-
tionszentren fielen schließlich in einem dritten zusammen, welches
die „Einheit des Stückes" (FA 3, S. 454) herstelle, und das sei das
Freiheitspostulat. Schiller nennt dies „ein[en] enthusiastische[n]
Entwurf, den glücklichsten Zustand hervorzubringen, der der
menschlichen Gesellschaft erreichbar ist" (FA 3, S. 456). In dem
Begriff des Enthusiastischen vereinigen sich der zeitgenössische
Begriff der Schwärmerei – als einer philosophischen Grundhaltung,
welche nach dem Anderen der Vernunft fragt – ebenso wie der
moderne Begriff der Utopie. Schiller bemüht die politische Philosophie Montesquieus, die unbezweifelbare Spuren im *Don Karlos* hinterlassen hat.[269] Doch das Entscheidende ist, dass sich für den Autor
sein eigenes Stück nicht mehr als Liebestragödie im europäischen
Hochadel und nicht mehr als Lehrstück aufgeklärter Tugend- und
Freundschaftsphilosophie darstellt. Vielmehr stellt es den Zuschauern und Lesern das Ideal allgemeiner Humanität auf der Grundlage
staatlicher Wohlfahrt und individueller Freiheit vor Augen. Auch
hier argumentiert Schiller wieder grundsätzlich anthropologisch (vgl.
besonders den elften Brief). Der Mensch folge eher seinem Herzen
als „universelle[n] Vernunftideen, die er sich künstlich erschaffen
hat – denn nichts führt zum *Guten* was nicht *natürlich* ist" (FA 3,
S. 466). Und Freiheit wird als ein Naturrecht im Drama selbst extra-

269 Vgl. dazu Bresky: Schiller's Debt to Montesquieu and Adam Ferguson.

poliert (vgl. V. 3218f.). Nur von der natürlichen Freiheit des Menschen führt ein Weg zur politischen Freiheit und allgemeinen Glückseligkeit der Menschen. Und auf diesem Weg opfert Marquis Posa die Freundschaft zu Don Karlos einer universellen Vernunftidee. Ohne die Anbindung dieser Ideen an die sinnlich wahrnehmbare Erfahrungswelt der Menschen müssen die Ideale von Freiheit und Humanität aber scheitern. Karlos und Posa sind insofern moderne Anti-Helden. Darin liegt die Modernität dieses Stücks, dass es sich über die Idealisierungstypologie seiner Zeit hinwegsetzt und den Menschen als ganzen und natürlichen Menschen reklamiert. Wiederum spielt Schiller anthropologische Grundeinsichten gegen poetologische Programme aus und darin ist auch das eigentliche Problem der Debatte um die fehlende Einheit des Stücks zu erkennen. Schiller argumentiert anthropologisch, seine Kritiker und Interpreten – bis heute – hingegen poetologisch, also form- und strukturanalytisch. So hat beispielsweise Karl Konrad Polheim versucht, Schillers *Briefe über Don Karlos* als kanonischen Text, als „unabdingbare Voraussetzung für die Gültigkeit jeder Interpretation",[270] zu adeln. Nicht der Umschlag von der ‚universellen Idee' von Freiheit und Humanität in deren Ideologisierung aber lässt Marquis Posa scheitern, wie Polheim meint, sondern der Verzicht auf den ganzen Menschen, auf das Vernunft- und Gefühlswesen Mensch.[271] *Don Karlos* trägt damit einen entschiedenen Teil Aufklärungskritik vor. Das Drama führt vor Augen, es gibt keine Freiheit ohne den Menschen. Oder, wie Schiller es in den *Philosophischen Briefen* (1786) formulierte: „Wenn jeder Mensch alle Menschen liebte, so besäße jeder Einzelne die Welt" (FA 8, S. 224).

---

270 Polheim: Von der Einheit des *Don Karlos*, S. 65.
271 Vgl. Polheim: Von der Einheit des *Don Karlos*, S. 99f. – Vor diesem Hintergrund wird dann die Frage nach der Einheit des Stücks zu einer rein akademischen Frage.

3 Das erzählerische Werk

3.1 *Eine großmütige Handlung* (1782) und *Verbrecher aus Infamie* (1786)

Die Frage, die sich bei der Beurteilung von Schillers prosaischen Schriften heute für die Forschung stellt, lautet: Wo ist die Grenze zu ziehen zwischen einer ‚literarischen Erzählung' und einer ‚historischen' oder ‚historiographischen Erzählung'? Wie frei Schiller mit der historischen Wahrheit umzugehen gewillt war, belegt ein Brief vom 10./11. Dezember 1788 an Caroline von Beulwitz (1763–1847). Darin ist die Rede davon, dass historische Wahrheit auch gefühlt werden könne, ohne dass sich die Dinge tatsächlich ereignet haben. „Man lernt auf diesem Weg den *Menschen* und nicht *den* Menschen kennen, die Gattung und nicht das sich so leicht verlierende Individuum. In diesem großen Felde ist der Dichter Herr und Meister" (NA 25, S. 154). Wenig später verteidigt er diese Form der literarischen Anverwandlung historischer Gegebenheiten mit den Worten: „Die Geschichte ist überhaupt nur ein Magazin für meine Phantasie, und die Gegenstände müssen sich gefallen laßen, was sie unter meinen Händen werden" (NA 25, S. 154).

Friedrich Schiller ist nicht als Prosaschriftsteller, als Romanschreiber und Erzähler bekannt geworden. Seine Versuche in der prosaischen Gattung sind auf wenige Texte begrenzt. Dies hat in der Vergangenheit dazu geführt, den Prosaisten Schiller gering zu schätzen, wenn nicht zu übersehen. Erst in der jüngeren Schiller-Forschung zeichnet sich ein Wandel ab, Schillers Prosaarbeiten ernst zu nehmen und vor allem das Gattungsverständnis entscheidend zu erweitern. Es darf inzwischen als wissenschaftlich unbestrittene Übereinstimmung gelten, dass zu seinen Prosaarbeiten nicht nur die Erzählungen im engeren Sinne – also im Verständnis von fiktionalen Texten –, sondern auch die wissenschaftlich-historiographischen Schriften zu rechnen sind. Diese Beurteilung spiegelt sich zum Beispiel auch in der Konzeption der *Frankfurter Ausgabe*. Schillers historische Schriften und Erzählungen sind dort in einem Doppelband zusammengefasst.[1] „Schillers Erzählungen sind Geschichtserzählungen" (FA 7, S. 979). Auf diese Formel hat Otto Dann diese Übereinkunft gebracht. Wie problematisch der Begriff der Erzählung im Hinblick auf Schiller aber nach wie vor ist, zeigen zwei Textbeispiele, die innerhalb der *Frankfurter Ausgabe* als Erzählungen gekennzeichnet werden. Tatsächlich handelt es sich aber um Bearbeitungen und im weitesten Sinne Übersetzungen. Das *Merkwürdige Beispiel einer weiblichen Rache* ist Schillers 1785 veröffentlichte Übersetzung einer 1778 bis 1780 handschriftlich zirkulierenden Textvorlage von Denis Diderot, die als *Jacques le Fataliste et son Maître* bekannt wurde. Schiller selbst weist im Schlussabschnitt – wie schon im Untertitel – auch darauf hin (vgl. FA 7, S. 561). Insofern ist es irritierend, diese Übersetzung unter den ‚Erzählungen' angeführt zu finden. Das Gleiche gilt für *Haoh-Kiöh-Tschuen*. Dieser Text wurde aus dem Nachlass Schillers veröffentlicht. Es handelt sich dabei um das Fragment seiner redaktionellen Bearbeitung der Übersetzung eines chinesischen Romans, die Christoph Gottlieb von Murr (1733–1811) 1766 publiziert hatte (vgl. NA 16, S. 488).[2]

So kommen im engeren Sinne als fiktionale Erzählungen nur vier Texte Schillers in Frage, die er selbst geschrieben hat: *Eine großmütige Handlung*, *Verbrecher aus Infamie*, *Der Geisterseher* und *Spiel des Schicksals*. Diese Erzählungen sind alle in den 1780er Jahren entstanden. Die erste mit dem Titel *Eine großmütige Handlung, aus der neusten Geschichte* veröffentlichte Schiller im *Wirtembergischen Repertorium* 1782. Die *Großmütige Handlung* ist eine moralische Erzählung, wie sie das 18. Jahrhundert als eigene Gattung hervorgebracht hatte. Der Ich-Erzähler erhebt den Anspruch, eine wahre Geschichte zu berichten, eine Begebenheit also, die sich wirklich und tatsächlich zugetragen hat. Jenseits dieser standardisierten Wahrheitsreferenz konnte sich Schiller tatsächlich auf eine Erzählung der Mutter eines Mitschülers aus der Karlsschulzeit stützen, wobei es für diese Mutmaßung keinerlei Belege gibt. In der Familie jener Henriette von Wolzogen, auf deren Gut in Bauerbach Schiller später für kurze Zeit Ruhe und Muße zum Arbeiten fand, soll sich diese Geschichte zu-

---

1   Vgl. FA 6 u. 7. Die Bezeichnung ‚Doppelband' rechtfertigt sich von der Titelgebung und inhaltlichen Aufteilung der beiden Bände her: *Historische Schriften und Erzählungen I* (Bd. 6) und *Historische Schriften und Erzählungen II* (Bd. 7).
2   Vgl. Helmut Koopmann: Schillers Erzählungen, in: Schiller-Handbuch. Hgg. v. Helmut Koopmann in Zusammenarbeit mit der Deutschen Schillergesellschaft Marbach. Stuttgart 1998, S. 699–710.

getragen haben. Friedrich und Ludwig von Wurmb, die Brüder von Schillers späterer Schwiegermutter, liebten eine Christiane von Werthern (vgl. NA 16, S. 401). Mehr ist an quellenkundlich vager Übereinstimmung aber nicht festzuhalten.

Auch in dieser Erzählung ist – wie in den Jugenddramen – Schillers Anspruch, den Menschen zu zeigen und nicht ein idealisiertes Geschöpf oder eine nicht disziplinierbare Triebnatur, die er „Engel und Teufel" (FA 7, S. 519) nennt. Schillers Anspruch ist kein geringer; er will seine Leser stärker affektiv binden, als dies die empfindsamen Höhenkammtexte Samuel Richardsons (1689–1761), *Grandison* (1753/54) und *Pamela* (1740) etwa, konnten. Schiller orientiert sich also als junger Erzähler an über drei Jahrzehnte zurückliegenden Texten und angesichts der Aufregung um Goethes *Werther* (1774) und dessen Erfolg ist dies eine reichlich naive Erwartung des jungen Autors, nun Textzeugnisse der Empfindsamkeit und des Sturm und Drang überbieten zu können. Schillers Erzählung bleibt konventionell. Dass zwei Brüder in der Liebe zu der gleichen Frau zu Rivalen werden, dass sie eine empfindsam-versöhnliche Lösung ausarbeiten, ihre Leidenschaft disziplinieren und in der Entfernung vom geliebten Objekt sich selbst über ihre eigenen Gefühle klar werden, konstituiert keinen sonderlich innovativen Plot. Selbst die Pikanterie am Ende der Erzählung, dass die Frau nach einjähriger glücklicher Ehe mit dem älteren Bruder bekennt, sie habe den verzichtenden jüngeren mehr geliebt, bleibt für den Autor lediglich eine abschließende Bemerkung. Von einer Psychologie der Figuren kann keine Rede sein und man muss dem Eindruck nicht widersprechen, dass Schiller lediglich zur Feder griff, um eine ausreichende Anzahl von Artikeln für sein Zeitschriftenprojekt zustande zu bekommen. Schiller hat die *Großmütige Handlung* später im Rahmen seiner Werkausgabe nicht mehr publiziert. Allerdings versteckt sich in dieser knappen Erzählung eine kleine Bemerkung, die unsere Aufmerksamkeit als Schiller-Leser verdient. Es ist jener Hinweis des Autors darauf, welchen Stellenwert bei ihm Literatur in der Weltwahrnehmung einnimmt. Die Leidenschaften der beiden Brüder und ihren gemeinsamen Prozess der empfindsamen Sublimation nennt er einen „zweifelhaften Kampf der Pflicht und Empfindung, den unsre Philosophen so allzeit fertig entscheiden, und der praktische Mensch so langsam unternimmt" (FA 7, S. 520). Dies klingt wie die vorweggenommene Warnung vor dem Scheitern einer ästhetischen Erziehung des Menschen, deren Möglichkeiten und Grenzen Schiller am Ende des Jahrhunderts wägen wird.

Eine Psychologie der Figuren, welche die Psychologie des Menschen widerspiegelt und Literatur als Seelenkunde begreift, erreicht und entfaltet Schiller erst in seiner zweiten Erzählung *Verbrecher aus Infamie eine wahre Geschichte*, die 1786 in der *Thalia* erschien. Der Wiederabdruck 1792 erfolgte dann unter dem Titel *Der Verbrecher aus verlorener Ehre*. Deutlich sind hier die schriftstellerischen Fortschritte des Autors zu erkennen. Der Plot wird komprimiert vorgetragen, die Psychologie der Figuren steht absolut im Mittelpunkt, der Ich-Erzähler schafft kommentierende Distanz zur erzählten Geschichte und erfüllt somit die selbst gestellte Aufgabe, die „Lücke zwischen dem historischen Subjekt und dem Leser" (FA 7, S. 563) so zu schließen, dass der Leser vom Erzählten affiziert bleibt, und dennoch „die republikanische Freiheit des lesenden Publikums" (FA 7, S. 564) zu wahren, die in der Urteilsfreiheit der Leser besteht. Nicht eine rhetorisch agierende Überrumpelung der Leser wird gefordert, sondern die Darlegung der sozialen und der individuellen Faktoren, die zu einer bestimmten Handlung der Figur führen. Das bedeutet für Schiller auch, die Untaten der Hauptfigur Wolf nur begründet im Detail zu schildern, denn „das bloß abscheuliche hat nichts unterrichtendes für den Leser" (FA 7, S. 580). Die menschliche Seele sei unveränderlich, ihre Bedingungen hingegen nicht, schreibt Schiller. Im Falle des Sonnenwirts, des Verbrechers aus Infamie, bedeutet dies die „Leichenöffnung seines Lasters" (FA 7, S. 565). Die Pathologie der Handlung ersetzt eine herkömmliche Hermeneutik der Person. Schon in der Vorbemerkung zum *Wirtembergischen Repertorium* hatten sich die Herausgeber auf diese Linie festgelegt.

Das sind also programmatische Vorstellungen, die Schiller seiner eigentlichen Erzählung voranstellt. Der Sonnenwirt Christian Wolf entwickelt sich durch widrige, aber nicht unverschuldete Umstände zum Wilddieb; er wird dreimal wegen dieses Delikts gefangen genommen, arretiert und schließlich in Festungshaft gebracht. Christian Wolf erkennt: „Meine Infamie war das niedergelegte Kapital, von dessen Zinsen ich noch lange Zeit schwelgen konnte" (FA 7, S. 571). In der Haft entwickelt er sich zum Verbrecher, der böse handelt, weil er böse handeln will. Darin liegt eine entscheidende Differenz zum Brüderpaar Karl und Franz Moor der *Räuber*, in deren Nähe man die Geschichte vom Sonnenwirt gelegentlich rückt.

Als Wolf schließlich aus der Haft entlassen wird, tötet er heimtückisch den Jagdaufseher und ehemaligen Rivalen in der Gunst um ein Mädchen, der ihn dreimal gestellt und verhaftet hatte. Auf der Flucht stößt er auf eine Räuberbande, deren Anführer er überraschend wird. In einer Zusammenkunft der Bande wird eine den Absolutismus kritisierende Rede vorgetragen, die durchaus aus dem Kontext von Schillers Gedicht *Die schlimmen Monarchen* stammen könnte. Unter anderem wird die Frage gestellt: „Ist es dahin gekommen, Bruder, daß der Mensch nicht mehr gelten soll als ein Hase? Soll ein Untertan des Fürsten für eine wilde Sau des Fürsten zum Geisel dienen?" (FA 7, S. 577) Wolf wird „erklärter Eigentümer einer Hure" (FA 7, S. 580), bis er Reue über seine Taten empfindet und den Landesfürsten um Begnadigung bittet. Auf einer Reise schließlich stellt er sich den Behörden. Das Ende der Geschichte bleibt offen.

Schiller hat die tatsächliche Geschichte des Sonnenwirts Johann Friedrich Schwan (1729–1760) möglicherweise von seinem Lehrer Abel erfahren, dessen Vater als Richter über Schwan das Urteil gesprochen hatte; Schwan war am 30. Juli 1760 in Vaihingen an der Enz hingerichtet worden. Ende November 1783 gab Schiller dem Verleger Göschen das Manuskript seiner Erzählung, die dann im Februar-Heft der *Thalia* 1786 erschien. 1787 veröffentlichte Abel seine Geschichte des Sonnenwirts unter dem Titel *Geschichte eines Räubers*. Heute geht man davon aus, dass der Lehrer Abel seine Version dieser Kriminalgeschichte nach der Veröffentlichung seines Schülers Schiller niedergeschrieben hat.[3] Ob Schiller aber durch Abel oder durch andere Quellen auf den erzählerischen Stoff des Sonnenwirts gestoßen ist, bleibt unklar. Das Interesse Schillers für die Kriminalerzählung hielt noch an. 1792, 1793 und 1795 gab er mehrere Bände einer *Sammlung Merkwürdiger Rechtsfälle als ein Beitrag zur Geschichte der Menschheit* nach dem französischen Text des François Gayot de Pitaval von 1734 heraus.

3.2 *Der Geisterseher* (1787/89)

In der Mitte des Jahres 1786 begonnen und erst 1789 abgeschlossen, veröffentlichte Schiller diese Erzählung zunächst als Fortsetzungsgeschichte in seiner *Thalia* zwischen 1787 und 1789. Die erste Buchfassung folgte 1789. Die dritte, von Schiller verbesserte Ausgabe,

---

3 Zum Genre ,Kriminalerzählung' und seiner Entstehungsgeschichte vgl. Literatur und Kriminalität. Die gesellschaftliche Erfahrung von Verbrechen und Strafverfolgung als Gegenstand des Erzählens. Deutschland, England und Frankreich 1850–1880. Hgg. v. Jörg Schönert. Tübingen 1983, bes. S. 107–110.

nach welcher der Text in der *Nationalausgabe* gedruckt wird, erschien 1798. Die *Frankfurter Ausgabe* bietet den Text nach dem Erstdruck in der *Thalia*.[4] Der *Geisterseher* blieb aber Fragment, die von vielen Lesern gewünschte Fortsetzung und den Abschluss der Geschichte hat Schiller nicht mehr geschrieben. Gleichwohl war die Erzählung bei den Zeitgenossen Schillers erfolgreichster Text. Denn er traf mit dem Thema des *Geistersehers* deren aktuelles Leseinteresse. Der Fall des Italieners Guiseppe Balsamo (1743–1795), der in Europa als Graf von Cagliostro auftrat, hat deutlich die Konstitution der Figur des Armeniers im Text gezeichnet. In spiritistisch-alchemistischen Séancen gelang es Cagliostro, sich erfolgreich als Geisterbeschwörer zu inszenieren.[5] Immerhin war Schiller selbst bereits im Jahr 1781 mit dem Fall Cagliostro in Berührung gekommen, als er nämlich für kurze Zeit als Redakteur bei der Stuttgarter Zeitung *Nachrichten zum Nutzen und Vergnügen* arbeitete und für die Ausgabe vom 17. Juli 1781 den eine Woche zuvor erschienenen Artikel *Calliostro* aus der *Erlanger Realzeitung* übernahm und bearbeitete (vgl. NA 22, S. 359ff.). Aber auch die unmittelbare württembergische Geschichte bot genügend Stoff für Schillers Thema und konnte so das süddeutsche Publikumsinteresse erregen. Der württembergische Herzog Karl Eugen war katholischen Glaubens, während die Bevölkerung mehrheitlich protestantisch war. Nach dem Tod des Herzogs hätte in der Erbfolge die Möglichkeit bestanden, dass ein protestantischer Bruder des Herzogs die Herrschaft übernahm. Als dieser 1786 einen Aufsatz veröffentlichte, worin er die Frage der Existenz von Geistern bejahte, mutmaßten Zeitgenossen dahinter einen jesuitischen Versuch, den späteren protestantischen Erbfolger rechtzeitig zur Konversion zum katholischen Glauben zu bringen (vgl. NA 16, S. 426ff.).

In seinem Brief vom 12. Februar 1789 bezeichnet Schiller den *Geisterseher* als eine „Farce" (NA 25, S. 203). Diese Titulierung ist sehr aufschlussreich, bedeutet sie doch, dass ihr Autor den Text von der narrativen Struktur eines Romans (bzw. einer kleineren Erzählung) abgrenzt. Dies spiegelt sich in der Komposition der Erzählstruktur wider. Schiller fordert vom Leser eine Art „still schweigenden Ver-

---

4 Zur Entstehungsgeschichte des *Geistersehers* vgl. immer noch maßgebend Adalbert von Hanstein: Wie entstand Schillers *Geisterseher*? Berlin 1903. Nachdruck Hildesheim 1977.

5 Vgl. zur Bedeutung Cagliostros für die Literatur der Weimarer Klassik: Walter Müller-Seidel: Cagliostro und die Vorgeschichte der deutschen Klassik, in: Literaturwissenschaft und Geistesgeschichte. Festschrift für Richard Brinkmann. Tübingen 1981, S. 136–163, bes. S. 160ff.

trag" (NA 25, S. 203), der es dem Verfasser erlaubt, sich über die Gebote von Richtigkeit und Wahrscheinlichkeit hinwegsetzen zu dürfen, während der Leser im Gegenzug auf eine Wahrheitsprüfung des Beschriebenen verzichtet. Dies ist eine Formulierung, die ähnlich auch in Schillers Essay *Gedanken über den Gebrauch des Gemeinen und Niedrigen in der Kunst* (1802) wiederkehrt, in dem er schreibt, eine Farce sei, „wo zwischen dem Dichter und dem Zuschauer ein stillschweigender Kontrakt ist, daß man keine Wahrheit zu erwarten habe. In der Farce dispensiren wir den Dichter von aller *Treue der Schilderung*, und er erhält gleichsam ein Privilegium, uns zu belügen" (NA 20, S. 244). Der Ich-Erzähler im *Geisterseher* berichtet die Geschichte vom Prinzen von ***, der 17** in Venedig weilt und vom Erzähler besucht wird. Der Autor Schiller, der gelegentliche Anmerkungen in den Text einflicht und mit dem Kürzel ‚S.' kennzeichnet, fingiert die Authentizität und historische Wahrheit seiner Erzählung durch den Hinweis, dass er gleichsam nur als Redaktor diene und eine ihm überlieferte Handschrift wiedergebe, eben „aus den Papieren des Grafen von O." (FA 7, S. 588), des Ich-Erzählers, gezogen, wie im Untertitel zu lesen ist. So heißt es beispielsweise in der ersten Anmerkung des Autors: „Der Graf von O***, dessen Worten ich bis jetzt buchstäblich gefolgt bin […]. S." (FA 7, S. 611) Er sei der „historischen Wahrheit" verpflichtet und „erzähle das Factum, wie ich es gefunden" (FA 7, S. 615). Der Text gliedert sich formal in zwei Teile, vom Verfasser Bücher genannt, die wiederum eine differenziertere Binnengliederung erkennen lassen.

Der Prinz steht an seinem heimatlichen Hof in der Thronfolge erst an dritter Stelle und hat insofern keine Aussicht auf die Übernahme der herrschaftlichen Gewalt. Dieses Vakuum füllt er mit einer Reise nach Venedig aus, wo er längere Zeit inkognito, aber dennoch standesgemäß verweilt. Die Begegnung mit einem geheimnisvollen Armenier leitet bereits das Hauptmotiv der Erzählung ein; Figuren und Leser wollen wissen, wer und was sich hinter dem mysteriösen Geisterseher verbirgt, der über parapsychologische Kräfte zu verfügen scheint. Schiller versteht es als Autor, den Spannungsbogen geschickt aufrechtzuerhalten. Er bedient sich dabei aber zunächst weniger erzählerischer Momente als vielmehr einer dramengleichen Dialogführung der Figuren. Ein Blindmotiv mit einem Scharlatan als vermeintlichem Geisterseher wird eingeführt, eine spiritistische Sitzung scheitert und in der Analyse der Geschehnisse werden natürliche Erklärungen – unter anderem werden eine Elektrisiermaschine und eine magische Laterne entdeckt – für vermeintlich unnatürliche Phänomene differenziert diskutiert. Dieses Blindmotiv dient der Kontrastierung, denn dadurch wird der Wahrheitsanspruch des Armeniers noch weiter gesteigert. Er verurteilt die Taschenspielertricks der falschen Geisterseher und unterstreicht damit seinen Anspruch auf tatsächliche übersinnliche Fähigkeiten. In novellistischer Tradition erfolgt dann ebenfalls dialogisch geführt eine Binnenerzählung über eine tragische Liebesgeschichte (vgl. FA 7, S. 622ff.). Sie illustriert, wie Schiller schreibt, den schrecklichsten Kampf „zwischen Pflicht und Neigung" (FA 7, S. 626), da die Frau kurz vor der Heirat ihren Geliebten verliert und nun dessen Bruder heiraten soll. Schiller figuriert damit ein zentrales Thema seiner moralphilosophischen Überlegungen innerhalb der essayistischen Schriften, inwiefern die naturbedingte Neigung mit der vernunftgeleiteten Pflicht vermittelt werden kann. Allerdings fehlt im *Geisterseher* noch die entscheidende Vermittlungsinstanz des freien Willens, die Schiller später von Kant übernehmen wird.

Das zweite Buch konzentriert sich auf die Entwicklungsgeschichte des Prinzen. Eine falsche religiöse Erziehung sowie die moderne Philosophie werden dafür verantwortlich gemacht, dass der Prinz sich von einem tugendhaften Menschen zu einem rücksichtslosen Machtmenschen entwickelt. Schiller bleibt aber die Darstellung dieser eigentlichen charakterlichen Fehlentwicklung schuldig, handelt es sich doch um ein Fragment. In diesem Punkt der Darstellung des gefährlichen Einflusses der neueren Philosophie berührt sich Schillers Text erstaunlich mit der Erzählung *Zerbin oder die neuere Philosophie* (1776) von Jakob Michael Reinhold Lenz. In beiden Texten wird falsches und falsch rezipiertes philosophisches Gedankengut für eine charakterliche Fehlentwicklung verantwortlich gemacht. Während Lenz aber seine Figuren im bürgerlichen Milieu ansiedelte, wählt Schiller eine Figur des europäischen Adels.

Da der Erzähler aus Venedig abreisen muss, wird nun die weitere Entwicklung des Prinzen in Briefen des Baron von F*** an den Grafen von O*** mitgeteilt. Diese acht umfangreichen Briefe bilden gleichsam den dritten Teil des *Geistersehers*. Der Prinz wird zunehmend unglücklich, zudem ist die Reisekasse erschöpft. Im vierten Brief kommt es zu einem ausführlichen Gespräch zwischen dem Baron und dem Prinzen, das einem philosophischen Dialog gleicht und zunächst im Gesamt der Erzählung narrativ einen Fremdkörper darstellt. In diesem Dialog geht es um die Moralphilosophie des Prinzen, die dieser darlegt. Diese Textpassage – in der *Frankfurter Ausgabe* immerhin 26 Seiten – gleicht in ihrer Struktur einem sokratischen Dialog. Der Gesprächspartner dient lediglich als Stichwortgeber, der die Darlegungen des Prinzen mit Bestätigungen wie ‚vollkommen anschaulich', ‚vortrefflich', ‚klar und einleuchtend', ‚unwidersprechlich', ‚so ist's' etc. auflockert. Dieser Dialog knüpft an die dialogische Struktur des Anfangsteiles an, der nahezu ohne erzählende Passagen auskommt und eine durchaus erkennbare dramatische Konzeption enthält.

Ein Fürst sei „Meinung" (FA 7, S. 669), also ein von anderen Gemachtes, so der aristokratische Standpunkt. Die Aufgabe und Bestimmung des Menschen sei es, ganz Mensch zu sein und glücklich zu scheinen. Allerdings gelte: „Durch Schmerz und Vergnügen erfährt also das moralische Wesen jedesmal nur die Verhältnisse seines gegenwärtigen Zustandes zu dem Zustande seiner höchsten Vollkommenheit, welcher einerlei ist mit dem Zwecke der Natur." (FA 7, S. 674) Und dieser Zweck, so erklärt der Prinz in seiner „Moralphilosophie", besteht darin, dass der Mensch nur glückselig sei, „um brauchbar zu sein" (FA 7, S. 694). Damit rückt der funktionelle Wert an die Stelle von individuellem Glück und allgemeiner Wohlfahrt. Der Prinz verkehrt das anthropologische Argument in die Vorstellung einer Naturordnung, die nur Funktion und Nutzen kennt. Diesem Gedanken stellt er dann die entscheidende und unter dem Blickwinkel des 21. Jahrhunderts ausgesprochen moderne Frage entgegen: „Was ist man dem Arbeiter schuldig, wenn er nicht mehr arbeiten kann, oder nichts mehr für ihn zu arbeiten sein wird? Was dem Menschen, wenn er nicht mehr zu brauchen ist?" (FA 7, S. 694). Die Antwort darauf bleiben das Gespräch und der weitere Textverlauf schuldig.

Im fünften Brief wird eine „weibliche Gestalt" (FA 7, S. 700) eingeführt, in die sich der Prinz verliebt. Es ist dies die Geschichte von der schönen, madonnengleichen Griechin. Diese Liebesgeschichte bildet das Pendant zur materialistischen Philosophie des Prinzen und ihrer charakterlich deformierenden Wirkung. Denn ‚ohne allen Zweck' ist er in die Unbekannte verliebt und jenseits allen funktionellen Nutzens versucht er das Geheimnis um ihre Identität zu lüften. Allerdings wehrt er sich gegen den Begriff der Liebe; ihn empfindet er als Erniedrigung. „Es ist ein neues einziges Gefühl, neu entstanden mit diesem neuen einzigen Wesen, und für dieses Wesen nur möglich!" (FA 7, S. 704). Damit scheint er sich von seinen moralphilosophischen Anschauungen und „metaphysischen Träumereien" (FA 7, S. 707), wie sie der Baron v. F*** nennt, abgewendet zu haben. Diese Geschichte mit der schönen Griechin bricht an der Stelle ab, wo der Prinz die Aufforderung erhält, an den Hof zurückzukehren. Das Fragmentarische dieser Liebesgeschichte ist nicht erzählerisches Konzept, sondern durch die Unterbrechungen des Autors bei der Niederschrift bedingt. Schiller entschließt sich noch einen Fortsetzungsteil mit dem Titel *Der Abschied* anzuschließen, der eine Akzentverschiebung bedeutet, dessen Absicht es aber ist, die ‚Armenier'- bzw. Geisterseher-Geschichte mit der Liebesgeschichte zusammenzuführen. Ein anderer Erzähler berichtet nun von seiner Beobachtung, dass er die Griechin gemeinsam mit dem Armenier gesehen habe. „Es war eine Abschiedsszene" (FA 7, S. 722). Damit bricht *Der Geisterseher* ab. Ob diese Erzählung wirklich ein psychologisches, gar psychiatrisches Meisterwerk darstellt, mag dahingestellt bleiben.[6]

3.3 *Spiel des Schicksals* (1789)

Schillers Erzählung *Spiel des Schicksals*, deren Untertitel *Ein Bruchstück aus einer wahren Geschichte* lautet, entstand im Dezember 1788 und erschien anonym im selben Monat im Januarheft 1789 von Wielands Zeitschrift *Teutscher Merkur*.

Anfang Dezember 1788 hatte Ludwig Schubart, ein ehemaliger Mitschüler aus der Karlsschule und Sohn des Dichters Schubart, Schiller in Weimar besucht. Unmittelbar danach schrieb Schiller diese kleine Erzählung nieder, die in der Schiller-Rezeption nahezu untergegangen ist. Dies mag auch daran liegen, dass die Erzählung selbst wenig spektakulär ist – die Erzählabsicht bleibt im Dunkeln, sofern man nicht die Warnung vor Hochmut und Machtdünkel als eigentliches Thema des Textes erklären möchte. So gesehen stünde das *Spiel des Schicksals* dann in der Tradition einer moralischen Erzählung der Aufklärung.[7]

Der Ich-Erzähler weist explizit darauf hin, dass er von dieser Person nur aus „mündlichen Überlieferungen" (FA 7, S. 737) wisse, gedruckte Quellen also auszuschließen seien. Dies ist eine geschickt gelegte blinde Spur des Autors, ermöglicht sie ihm doch gegebenen-

---

6 Vgl. Müller-Seidel: Cagliostro, S. 160. – Die zeitgenössischen Rezensenten interessierte vor allem die Frage, ob die Geschichte tatsächlich historisch verbürgt, also wahr sei.

7 Anders beurteilt dies Koopmann, der meint, Schiller habe die Erzählung geschrieben, „um psychische Reaktionen des Helden in Extremsituationen zu zeigen" (Koopmann: Schillers Erzählungen, S. 705).

falls auf das Mündliche als eine ungesicherte Überlieferungs- und nicht wahrheitsgetreue Darstellungsform zu verweisen und somit den Wahrheitsanspruch seiner Erzählung der Kritik zu entziehen. Immerhin war es für die zeitgenössischen Leser ein Leichtes, die erzählte Geschichte nahezu auf jeden beliebigen Fürstenhof der Duodezfürstentümer im Heiligen Römischen Reich Deutscher Nation zu übertragen. Günstlingswirtschaft, Fürstenwillkür und Machtmissbrauch sind auch die Themen der Erzählung, die ja in nahezu allen Texten des jungen Schiller vorzufinden sind. Unausgesprochen steht bei dieser Erzählung wieder die Situation am württembergischen Hof des Herzogs Karl Eugen im Hintergrund. Das zeigt die briefliche Reaktion Körners auf das Erscheinen des Textes am 30. Dezember 1788:

> Die Geschichte: das Spiel des Schicksals ist von Dir. Am Stil hatte ichs schon erkannt, aber mich däucht auch daß Du mir eine ähnliche Anecdote vom Herzog von Würtemberg erzählt hast. Der Ton der Erzählung ist Dir meines Erachtens sehr gelungen. Lebhafte Darstellung ohne Prätension ist eine Manier, die ich mir schwer vorstelle. (NA 33/I, S. 284)

Charlotte von Lengefeld hingegen erkannte den Autor Schiller nicht – zu ungewohnt mag für sie das stilistische Experiment Schillers gewesen sein, dessen Individualstil zu diesem Zeitpunkt ja vornehmlich durch die *Räuber*, *Fiesko*, *Kabale und Liebe* und *Don Karlos* geprägt war.

Obwohl es keinen Beleg dafür gibt, dass Schiller mit Bedacht auf einen realen historischen Vorfall zurückgreift, geht die Forschung davon aus, dass in der Erzählfigur des Aloysius von G*** Schillers Taufpate General Philipp Friedrich Rieger (1722–1782) zu erkennen sei. Zunächst Günstling des Herzogs, dann durch eine Intrige gestürzt, wurde Rieger aus dem Militärdienst entlassen und verbrachte vier Jahre in Haft. Nach seiner Rehabilitierung war er von 1776 bis zu seinem Tod Kommandant auf dem Hohenasperg, wo seit 1777 auch Schubart inhaftiert war. Am 15. Mai 1782 war Rieger gestorben und Schiller verfasste im Auftrag der württembergischen Generalität eine Trauerode *Todenfeyer am Grabe Philipp Friderich von Riegers* (1782).[8] Übrigens besang auch Schubart in einem Gedicht den verstorbenen Festungskommandanten. Ein halbes Jahr vor Schillers Gedicht noch wurde in der *Anthologie auf das Jahr 1782* der Geburtstag Riegers mit dem Gedicht *Gefühl am ersten Oktober 1781*

---

8 Vgl. NA 2/II A, S. 37–39.

gefeiert, das Schubart zugeschrieben wird (vgl. NA 2/II A, S. 44).[9] Allerdings klingen einige Zeilen darin eher ironisch als aufrichtig, wenn beispielsweise die Vielzahl der Freunde Riegers, die ihn liebten, förmlich beschworen wird, denn Rieger war für seine Unmenschlichkeit bekannt.

Die Erzählhaltung im *Spiel des Schicksals* ist nicht konsistent. Sympathie des Ich-Erzählers mit der Figur wechselt mit offenem Tadel, gar Antipathie wird dort erkennbar, wo der Autor die unterschiedlichen Charaktereigenschaften seiner Hauptfigur schildert. Dieser Aloysius von G***, von Geburt bürgerlich, macht Karriere an einem duodezfürstlichen Hof. Er gewinnt früh das Vertrauen des Fürsten und ist bereits mit 21 Jahren fürstlicher Ratgeber und Minister im militärischen Rang eines Oberst. Die „Gleichheit des Alters, Harmonie der Neigungen und der Charaktere" (FA 7, S. 726) zwischen ihm und seinem Landesherrn ermöglichen diesen rasanten sozialen Aufstieg. In der Person des Joseph Martinengo bekommt G*** einen intriganten Konkurrenten, dem es gelingt, G*** zu verdrängen und ihn sogar zu denunzieren. G*** soll mit einem benachbarten Hof eine Geheimkorrespondenz ohne Wissen des Fürsten geführt haben. Schillers Kommentar, „ob echt oder unterschoben, darüber sind die Meinungen geteilt" (FA 7, S. 731), erlaubt ihm wieder die fiktive, poetische Wahrheit gegen die historische Wahrheit auszuspielen, sofern die zeitgenössischen – und durchaus auch adeligen Leser seiner Erzählung – die real-historischen Verbindungen zum württembergischen Hof und dem ‚Fall Rieger' herzustellen gesonnen gewesen wären. Anlässlich einer Wachparade wird G*** in aller Öffentlichkeit verhaftet und degradiert und landet in jenem Festungskerker, den er selbst für unliebsame Konkurrenten hatte bauen lassen. Dem Gefängnispfarrer gelingt es, dass G*** nach 16 Monaten menschlichere Haftbedingungen erfährt. Nach zehn Jahren Gefangenschaft wird er freigelassen und nach weiteren 20 Jahren trifft er erstmals wieder seinen Fürsten, der ihn inzwischen rehabilitiert hat. Die beiden Greise begegnen sich, ohne dass die alte jugendliche Freundschaft wieder zu finden ist. Bis zuletzt – und das sind immerhin noch weitere 19 Jahre – bleibt G*** als Festungskommandant jähzornig, hart und launisch gegenüber den „Staatsgefangene[n]" (FA 7, S. 738), die er beaufsichtigt.

Die Arbeit an diesen Erzählungen war ein Prosaintermezzo des Autors Schiller, das nicht weiter fortgesetzt wurde.

---

9 Vgl. Anthologie auf das Jahr 1782, S. 156–161.

4 Das lyrische Werk

4.1 Frühe Lyrik

Anthologie auf das Jahr 1782: *Laura*-Gedichte, *Die Kindsmörderin, Die schlimmen Monarchen – Freigeisterei der Leidenschaft* (1786)

Die *Anthologie auf das Jahr 1782* entstand innerhalb weniger Monate zwischen November 1781 und Februar 1782. Schiller sammelte Gedichte aus seinem Stuttgarter Freundeskreis, unter anderem von dem Karlsschullehrer Jakob Friedrich Abel, von Ludwig Friedrich Grub, Friedrich Haug, Friedrich Wilhelm von Hoven, Johann Wilhelm Petersen und Ferdinand Friedrich Pfeiffer. Möglicherweise waren Vater und Sohn Schubart an der *Anthologie* beteiligt. Schiller war der Herausgeber und treibende Motor dieses publizistischen Unternehmens. Die Gedichte sind jeweils am Ende mit einer Sigle versehen, deren Auflösung in den meisten Fällen Aufschluss gibt über ihren Verfasser. Die Hauptthemen der einzelnen Beiträge sind Liebe, Politik, Religion, Tod, Herrschaftskritik und Natur, meist in Oden und Epigrammen, oft in schwärmerischem, aber häufig auch in satirischem Ton abgefasst. 48 Gedichte der insgesamt 83 Texte stammen aus Schillers Feder, davon sind die meisten im Jahr 1781 entstanden. Bis auf wenige Ausnahmen ist sich die Schiller-Forschung heute einig, welche Gedichte Schiller geschrieben hat (vgl. dazu NA 2/I, S. 446ff.). Seine Texte kreisen vornehmlich um die Themen Sexualität und Herrschaft. Schiller selbst wollte in späteren Jahren nichts mehr von diesen Jugendgedichten wissen, deren poetischen Wert er nun für zweifelhaft, gar gering hielt. So urteilt er in der *Vorerinnerung* zum zweiten Band seiner gesammelten *Gedichte* (1803) darüber: „Die wilden Produkte eines jugendlichen Dilettantism, die unsichern Versuche einer anfangenden Kunst und eines mit sich selbst noch nicht einigen Geschmacks […]" (NA 22, S. 112).

Ende 1780 hat Schiller in einem Brief an Petersen erklärt, weshalb er eine Gedichtanthologie zusammenstellen wolle, und ausgeführt, der Grund sei „jener allgewaltige Mammon, dem die Herberge unter meinem Dache gar nicht ansteht – das Geld" (NA 23, S. 15). Er rechnet Petersen vor, wieviel Stäudlin für seinen *Almanach* bekommen habe und lockt ihn sogar mit einer Überschussbeteiligung. Allerdings bedeutete die *Anthologie* unter ökonomischen Gesichtspunkten ein Verlustgeschäft, es wurden nur wenige Exemplare verkauft, die Konkurrenz durch Stäudlins *Almanach* war zu groß. Schillers *Anthologie* bezeugt also auch einen publizistischen Wettstreit mit diesem schwäbischem Dichterkollegen Gotthold Friedrich Stäudlin (1758–1796) und dessen *Schwäbischem Musenalmanach Auf das Jahr 1782*, der im September 1781 erschienen und mit dem Schiller überhaupt nicht einverstanden war. Der Mittelmäßigkeit der von Stäudlin ausgewählten Gedichte wollte Schiller mit seiner eigenen Auswahl ein besseres poetisches Muster schwäbischer Dichtkunst gegenüberstellen. Schiller rezensierte Stäudlins *Almanach* ebenso wie dessen Auszüge aus einer Übersetzung der *Äneis* (1781) und seine *Vermischten poetischen Stücke* (1782). Er sprach Stäudlin rundweg ein eigenes poetisches Gefühl ab, seine Metaphern entsprängen einer mittleren Phantasie, seine Gedanken glichen Äußerungen im Bierrausch. Schiller versuchte sich mit dieser Rezension als junger Autor im neu entstandenen literarischen Feld Schwabens zu behaupten. Der Eindruck Stäudlins, den er dem Schweizer Johann Jakob Bodmer (1698–1783) mitteilte, Schiller gehe es darum, keinen Dichter neben sich zu dulden, ist also durchaus zutreffend gewesen.[1]

Schon 1782 veröffentlicht Schiller eine Selbstrezension[2] im *Wirtembergischen Repertorium der Litteratur* und schreibt darin über seine *Anthologie*: „Viele Stellen sind von edelm Freiheitsgeiste belebt, und feile Lobreden findet man hier nicht" (NA 22, S. 1134). Über die Epigramme der Sammlung heißt es aber kritisch, sie „scheinen mehr da zu sein, die Lücken zwischen größern auszufüllen, und sagen nichts" (NA 22, S. 134). Darüber hinaus kann der heutige Schiller-Leser aber in Schillers eigenen Beiträgen zur *Anthologie* eine Art Palimpsest, das den Karlsschulreden und den Jugenddramen zu-

---

1 Vgl. Goethe-Jahrbuch 5 (1884), S. 184. – Zur literaturgeschichtlichen Beurteilung von Stäudlins *Almanach* und der Fehde Schillers mit Stäudlin vgl. York-Gothart Mix: Die deutschen Musenalmanache des 18. Jahrhunderts. München 1987, S. 83–88.
2 Einen Beleg dafür, dass es sich tatsächlich um eine Selbstrezension handelt, gibt es freilich nicht. Die *Nationalausgabe* und mit ihr alle anderen Stellungnahmen zu diesem Thema argumentieren nach Plausibilitätserwägungen, die nicht in jedem Punkt bestechend sind (vgl. NA 22, S. 387).

grunde liegt und das als Subtext dieser Schriften gelesen werden kann, erkennen. Besonders deutlich wurde dies bereits am Beispiel der *Semele*, gilt aber auch für andere grundlegende anthropologische und politische Themen, die sich der junge Autor in der *Anthologie* erarbeitet hat. Einige ausgewählte Beispiele in Kurzinterpretationen sollen dies veranschaulichen.[3]

Laura-Gedichte

Gewidmet ist die *Anthologie* ingesamt zwar dem Tod, doch enthält sie einen kleinen Zyklus von Liebesgedichten. Diese *Laura*-Gedichte Schillers liegen in drei verschiedenen Fassungen vor. Die älteste Fassung stammt mutmaßlich aus dem Jahr 1781 und heißt *Die Entzückung / an Laura* und wurde 1782 in Stäudlins *Schwäbischem Musenalmanach* publiziert. Das Gedicht erschien in gekürzter Form, wobei die Kürzungen, wiederum mutmaßlich, auf Stäudlin zurückgehen dürften. Eine vollständige und leicht geänderte zweite Fassung trägt den Titel *Die seeligen Augenblike / an Laura* und erschien in Schillers eigener *Anthologie*. Eine darauf beruhende gekürzte dritte Fassung veröffentlichte der Autor unter dem ursprünglichen Titel in der Gedichtausgabe von 1805. Schiller selbst bezeichnete 1793 *Die Entzückung* als eines seiner „fehlerfreyesten" (NA 26, S. 243) Gedichte aus der *Anthologie*. Ob als Adressatin dieser Gedichte tatsächlich Luise Dorothea Vischer (1751–1816), die Witwe eines Stuttgarter Hauptmanns, bei der Schiller zwischen Februar 1781 und September 1782 Untermieter war, anzusehen ist, scheint zweifelhaft. Denn die Schiller-Forschung stützt sich bei der Zuweisung dieser biographischen Anker auf recht ungewisse Zeugen:

> ‚Jene Laura', sagte er, ‚als deren Petrarka ich mich erklärt hatte, war eine Hauptmannswitwe, bei der ich in Mannheim wohnte, und die mich weit mehr durch ihre Gutmütigkeit, als durch ihren Geist, am wenigsten aber durch ihre Schönheit anzog. Sie spielte sehr gut Klavier und verstand es, ein vortreffliches Glas Punsch zu machen. Sie selbst hat nie eine Ahnung davon gehabt, daß ich sie zu meiner ‚Laura' erwählt und in Entzückungen sie besungen. Meine Ansicht war schon damals, daß der Dichter nur in

---

3 Weiterführende Interpretationen, auch zu anderen Gedichten Schillers, bietet der vorzügliche Band: Interpretationen. Gedichte von Friedrich Schiller. Hgg. v. Norbert Oellers. Stuttgart 1996. – Norbert Oellers ist auch der Verfasser eines Überblicks über das lyrische Werk Schillers, der umfassend informiert und für Unkundige wie Sachkenner mehr als lesenswert ist: Schillers Lyrik, in: Oellers: Friedrich Schiller. Zur Modernität eines Klassikers, S. 103–147.

einer idealen Welt leben müsse, und wenn ich in jenen Tagen noch einer Brücke bedurft hätte, um aus der armseligen Wirklichkeit da hinüber in das Reich der Ideale zu gelangen, so würde meine gute Frau Hauswirtin eine sehr bedenkliche Himmelsleiter abgegeben haben. Ich dächte aber, man hätte es meinen Gedichten anmerken müssen, daß es mit ihnen nicht so ernstlich gemeint gewesen sei, denn mit solchen ‚Überschwenglichkeiten' – dies war sein Ausdruck – würde mich kein vernünftiges Mädchen und am aller wenigsten eine Schwäbin angehört haben.' (NA 42, S. 105)

Körner und seine Frau Anna Maria (1762–1843), im Briefwechsel Minna genannt, sollen diese Worte, die Schiller 1785 oder 1786 zu ihnen gesprochen hat, 1809 oder danach Friedrich Förster mitgeteilt haben, der sie aber erst über ein halbes Jahrhundert später, nämlich 1865/66, niederschrieb. Zweifel dürfen, nein müssen erlaubt sein an der Genauigkeit des angeblichen Wortlauts. Allein der Umstand, dass Mannheim mit Stuttgart verwechselt wird, macht deutlich, wie anfällig für Gedächtnisfehler und Ausschmückungen ein solch langer Zeitraum ist.

Schiller war in Begleitung Henriette von Wolzogens und Luise Vischers am 25. Mai 1782 für drei Tage nach Mannheim gereist, um dort eine Aufführung seiner *Räuber* zu sehen, die allerdings nicht stattfand (vgl. NA 23, S. 34).[4] Immerhin rechnete er Luise Vischer noch am 8. Januar 1783 – trotz seiner Verärgerung über eine unbedachtsame Indiskretion ihrerseits – zu seinen „liebsten Personen" (NA 23, S. 61) und schickte ihr im Herbst sogar eine Silhouette. Schiller hatte ihr „einen (etwas übereilten) Brief" geschrieben, „der so beschaffen war, daß ihn niemand zu Gesicht bekommen durfte" (NA 23, S. 60) und über dessen Inhalt nur spekuliert werden kann. Denn keiner der Briefe, die Schiller an Frau Vischer gerichtet hat, ist erhalten. Die Schwester Christophine Schiller berichtete schließlich im September 1783 von Besuchen Luise Vischers bei der Familie Schiller (vgl. NA 33/I, S. 4). Wenn man diese spärlichen Fakten zusammenfasst, dann ist um so mehr Zurückhaltung geboten ob der Berichte aus späterer Zeit, die sich nur selten dem Verdacht der Teilhabe an der allgemeinen Schiller-Hagiographie zu entziehen vermögen. Von Schiller selbst jedenfalls gibt es kein Zeugnis, dass ‚seine' Laura Luise Vischer gewesen sei. Die Laura der *Anthologie*-Gedichte kann auch eine beliebige andere Person gewesen sein, die im Dunkel der Geschichte verschwunden ist. Deshalb ist es nahe

---

4 Vgl. auch den Bericht in Andreas Streichers Schiller-Biographie, S. 38 u. 42.

liegend, sich in diesem Fall behutsam von der biographistischen Zuweisung zu lösen und stattdessen den Namen ‚Laura' als Phantasma
zu begreifen, das für ein bestimmtes Frauenbild steht, hoch literarisch – durch die literaturgeschichtliche Anleihe bei Petrarka – und
hoch literarisiert – durch die Gedichte Schillers.

Die *Laura*-Gedichte sind Liebesgedichte. Noch Reinhard Buchwald rechnete sie zu den „zugleich heißblütigsten und übersinnlich-
sten Liebesgedichten, die es vielleicht in unserer ganzen Literatur
gibt".[5] Das ist nicht nur übertrieben, sondern auch falsch. Insgesamt
sind es neun Gedichte der *Anthologie*, die auf Laura direkt oder indirekt verweisen: *Fantasie / an Laura, Laura am Klavier, Die seeligen
Augenblike / an Laura, An die Parzen, Der Triumf der Liebe, Vorwurf / an
Laura, Meine Blumen, Das Geheimniß der Reminiszenz / An Laura, Melancholie / an Laura.*[6] Diese Gedichte stellen sich in die Traditionsreihe
empfindsamer Liebeslyrik, die ihre Wurzeln in der anakreontischen
Dichtung hat und sich der Bedeutung der Musik, des Bildes der
Seelenvereinigung durch einen innigen Kuss, der Darstellung leiden-
schaftlicher Gefühle und einer hymnisierenden Metaphorik bedient.[7]
Ob in diesen Texten nun ein Phantasma beschworen oder eine
Erfahrung besungen wird – wobei natürlich auch Phantasmen, die
Schiller im Gedicht *Vorwurf an Laura* auch „Glanzfantome" nennt
(NA 1, S. 92), zum Erfahrungsbereich eines Dichters gehören kön-
nen –, soll hier nicht entschieden werden. Der junge Schiller bedient
sich einer petrarkistischen Tradition und kostümiert seine Angebete-
te (wer auch immer dies sein mochte) mit den Attributen hoher
europäischer Liebeslyrik.

Drapiert mit einem ‚Memento mori!' verbirgt sich in dem Gedicht
Melancholie / an Laura der Aufruf zum sofortigen Vollzug, das ‚carpe
diem!' ist nicht zu überhören: „Brich die Blume in der schönsten

---

5 Buchwald: Schiller, Bd. 1, S. 323.
6 Allerdings dokumentieren auch *Freigeisterei der Leidenschaft* und *Resignation*
   einen Laura-Bezug. – In der *Frankfurter Ausgabe* wurde zugunsten der Anordnung nach Schillers späterer Gedichtausgabe diese ursprüngliche Reihenfolge des *Laura*-Zyklus aufgegeben. Es empfiehlt sich daher Band 1 der
   Nationalausgabe zusätzlich zur Hand zu nehmen oder die Texte nach folgender
   Ausgabe zu lesen: Anthologie auf das Jahr 1782. Herausgegeben von Friedrich
   Schiller. Faksimiledruck der bei Johann Benedict Metzler in Stuttgart anonym
   erschienenen ersten Auflage. Mit einem Nachwort u. Anmerkungen hgg. v.
   Katharina Mommsen. Stuttgart 1973.
7 Vgl. dazu Matthias Luserke: „O vis superba formae!" Über die *Basia*-Gedichte
   des Johannes Secundus (1511–1536) und ihr Nachspiel bei Goethe, in: Literatur und Kultur des Rokoko. Hgg. v. Matthias Luserke, Reiner Marx u. Reiner
   Wild. Göttingen 2001, S. 9–32.

Schöne" (NA 1, S. 115). Sprachgewalt, Bilderreichtum, Versgefühl – all das zeigt Schiller in diesen Gedichten als „regenbogenfarbigtes Geschäume" (NA 1, S. 114). Das Gedicht *Der Triumf der Liebe* setzt die Thematik der *Semele* fort und gehört daher meines Erachtens in die unmittelbare Entstehungszeit dieses Dramoletts, also in den Winter 1779/1780. Im *Triumf der Liebe* wurde die Nähe zu Bürgers Gedicht *Die Nachtfeier der Venus* (1773) gesehen, obwohl Schiller eine völlig eigene Perspektive entwickelt. Denn auch das Thema der *Semele* kehrt hier wieder, wenngleich mit anderer Akzentuierung. Nun geht es Schiller um die erfahrungssprengende Dimension der Liebe, die den Liebenden die Erde zum ‚Himmelreich' macht, einen Begriff, den Schiller mit Bedacht aus dem Wortschatz christlich-protestantischen Glaubens nimmt:

> Seelig durch die Liebe
> Götter – durch die Liebe
> Menschen Göttern gleich!
> Liebe macht den Himmel
> Himmlischer – die Erde
> Zu dem Himmelreich. (NA 1, S. 75)

Hieß es in der *Semele* noch, gesprochen durch Juno:

> Götter, Götter, werden sich vom Himmel neigen,
> Götter vor dir niederknien,
> Sterbliche in demutsvollem Schweigen
> Vor des Riesentöders Braut sich beugen […] (FA 2, S. 799),

und wurde dadurch Semeles Hybris unterstrichen, so ist nun der Sieg der Liebe, eben ihr Triumph zu verkünden. Allein die Wortgleichheit ‚Riesentöder' in der *Semele* und im *Triumf der Liebe* (vgl. NA 1, S. 77) lenkt die Aufmerksamkeit des Lesers auf die Zusammengehörigkeit beider Texte.

In dem Gedicht *Das Geheimniß der Reminiszenz* wurde eine Metapher platonischer Liebesmetaphysik und Anspielung auf dessen Androgynenmythos erkannt. Doch man muss nicht eine Liebesmetaphysik oder Liebestheorie Schillers bemühen, um einen Lesartencode zu erhalten. Die *Laura*-Gedichte sind Liebesgedichte und als solche besingen sie die Geliebte, ihr Wesen, ihre Art und eben auch ihren Körper und die sehnsuchtsvollen sexuellen Phantasien. Allein der Begriff der Wollust macht dies deutlich, der in mehrfacher Gestalt in den Texten auftritt. Von dem eindeutigen Zeugungsmoment des Kindes als der „Stunde unsrer Wollust" (FA 1, S. 388) ist in der *Kindsmörderin* die Rede und von „Wollustfunken" (NA 1,

S. 64) wird in den *Seeligen Augenbliken* gesprochen. Auch in der Erzählung *Verbrecher aus Infamie* (1786) entwickelt Schiller einen expliziten Begriffsgebrauch des Wortes Wollust, der zumindest Zweifel an der einseitigen entsexualisierten Semantik des Worts anmelden lässt. Dort liest man, nachdem berichtet worden war, dass sich dem Sonnenwirt Christian Wolf zwei Frauen angeboten hatten, die darin wetteiferten, seine „Begierden zu entzünden" (FA 7, S. 579): „Wollust war meine wütendste Neigung, das andere Geschlecht hatte mir bis jetzt nur Verachtung bewiesen, hier erwarteten mich Gunst und zügellose Vergnügungen" (FA 7, S. 580). Diese Darstellung ist nur schwer mit einem Verständnis von Wollust als eines liebesmetaphysischen Ausdrucks in Einklang zu bringen. In dem Essay *Über Anmut und Würde* liefert Schiller später eine definitorische Begründung nach, Wollust sei „der Ausdruck des herrschenden Triebes" (NA 20, S. 282). Schließlich wird in den *Seeligen Augenbliken* auch einmal von „Elisiumssekunde" (NA 1, S. 65), in dem anderen *Laura*-Gedicht *Das Geheimniß der Reminiszenz* sogar von „Lustsekunden" (NA 1, S. 108) gesprochen – auch dies ist einer der vielen sprachlichen Belege dafür, dass die *Laura*-Gedichte durchaus als ein Zyklus verstanden werden können, deren gemeinsamer Brennpunkt die Poetisierung von Liebe und Leidenschaft darstellt, wozu auch das Körperphantasma einer begehrten Frau gehört. Man müsste diesen Texten Gewalt antun, wollte man sie entkörperlichen und als metaphysisches Sublimat begreifen und den zweimaligen Hinweis Schillers „Körper Körper" (NA 1, S. 46 u. 64), so in der *Fantasie* und in *Seelige Augenblike*, ignorieren.

Am Ende des Gedichts *Das Geheimniß der Reminiszenz* heißt es schließlich völlig unmissverständlich über das christliche Symbol der verbotenen Frucht:

> Saftig war der Apfel ihrem Munde – – –
> Bald – als sie sich *Unschuldsvoll* umrollten –
> Sieh! – wie Flammen ihr Gesicht vergoldten! –
> – Und die Teufel schmollten. (NA 1, S. 108)

Der Leser wird sogar durch das imperativische „Sieh!" zur visuellen Teilhabe an diesem Liebesvorgang eingeladen. Das Liebespaar hat vom Baum der Erkenntnis gegessen, die christliche Sündenlehre tabuisierter vorehelicher Sexualität wird damit ausgehebelt. Ein wichtiges Indiz für diese Lesart der *Laura*-Gedichte fernab aller Metaphysik stellt aber jenes Gedicht dar, das Schiller selbst bei der Gedichtauswahl für die zweite Auflage seiner *Prachtausgabe* (erster Teil

1800, zweite veränderte Aufl. 1804; zweiter Teil 1803, zweite veränderte Aufl. 1805) unmittelbar in den Kontext der *Laura*-Gedichte gerückt hatte, *Die Kindsmörderin*.

Die Kindsmörderin[8]

In seinem Aufsatz *Was kann eine gute stehende Schaubühne eigentlich wirken?* (1785) schreibt Schiller:

> Die Gerichtsbarkeit der Bühne fängt an, wo das Gebiet der weltlichen Gesetze sich endigt. Wenn die Gerechtigkeit für Gold verblindet, und im Solde der Laster schwelgt, wenn die Frevel der Mächtigen ihrer Ohnmacht spotten, und Menschenfurcht den Arm der Obrigkeit bindet, übernimmt die Schaubühne Schwert und Waage, und reißt die Laster vor einen schrecklichen Richterstuhl. Das ganze Reich der Phantasie und Geschichte, Vergangenheit und Zukunft stehen ihrem Wink zu Gebot. Kühne Verbrecher, die längst schon im Staub vermodern, werden durch den allmächtigen Ruf der Dichtkunst jetzt vorgeladen, und wiederholen zum schauervollen Unterricht der Nachwelt ein schändliches Leben. Ohnmächtig, gleich den Schatten in einem Hohlspiegel wandeln die Schrecken ihres Jahrhunderts vor unsern Augen vorbei, und mit wollüstigem Entsetzen verfluchen wir ihr Gedächtnis. Wenn keine Moral mehr gelehrt wird, keine Religion mehr Glauben findet, wenn kein Gesetz mehr vorhanden ist, wird uns *Medea* noch anschauern, wenn sie die Treppen des Palastes herunter wankt, und der Kindermord jetzt geschehen ist. Heilsame Schauer werden die Menschheit ergreifen [...]. (FA 8, S. 190f.)

Schiller hat diese Rede am 26. Juni 1784 just an jenem Ort, in Mannheim, gehalten, von dem aus vier Jahre zuvor die öffentlich gestellte Preisfrage, wie man dem Kindsmord am besten begegnen könne, die literarisch-intellektuelle Öffentlichkeit des 18. Jahrhunderts erschütterte. Ob Schiller die Nähe zu dieser so genannten *Mannheimer Preisfrage* erkannt hat, mag dahingestellt bleiben. Erstaunlich bleibt es aber, dass er zwischen 1781 und 1798 mehrfach die kulturelle Leitfigur für fehlgeleitete weibliche Leidenschaft, die Kindsmörderin Medea, aus dem kulturellen Gedächtnis seiner Zeit aufruft. So ist etwa schon in der Vorrede zu den *Räubern* (1781) zu lesen: „Die Medea der alten Dramatiker bleibt bei all ihren Greueln

---

8 Eine ausführliche Interpretation dieses Gedichts findet sich in Matthias Luserke-Jaqui: Medea. Studien zur Kulturgeschichte der Literatur. Tübingen, Basel 2002, S. 172–178. – Vgl. auch Georg-Michael Schulz: Lust an kühnen Bildern, in: Interpretationen. Gedichte von Friedrich Schiller, S. 15–26.

noch ein großes staunenswürdiges Weib" (FA 2, S. 17). In den *Zerstreuten Betrachtungen über verschiedene ästhetische Gegenstände* (1793) erwähnt Schiller Medea als dramatisches Leitbild. „Die Medea des griechischen Trauerspiels" – Schiller spricht von der literarischen Leitfigur des Euripides – erfülle „unser Gemüth mit einer schauerlichen Lust" (NA 20, S. 227). Dies wirft die Frage auf, weshalb eigentlich Medea Staunen oder schauervolle Lust evoziert? Schiller versucht anthropologisch zu argumentieren. Gegenstände und Themen weckten unser Interesse, wenn sie etwas Ungeheuerliches oder Schreckliches böten. Dies identifiziert Schiller als Quelle des ästhetischen Vergnügens. Die übersteigerte Leidenschaft Medeas etwa führt die allen Menschen gleich innewohnende Leidenschaftlichkeit über jene zivilisatorische Disziplinierungsgrenze hinaus, die zu überschreiten den Lesern oder Zuschauern nicht möglich, da kulturell verboten ist. Der entgrenzte Mensch als literarische Figur erlaubt uns, identifikatorisch oder kontraidentifikatorisch uns über die eigenen Grenzen in der Vorstellung hinwegzusetzen. Aus diesem innerpsychischen Vorgang beziehen wir unsere ästhetische Lust an tragischen Gegenständen. Diese Ambivalenz von Abstoßung und Anziehung der Medea-Frau kennzeichnet den gesellschaftlichen Umgang mit Kindsmörderinnen ebenso wie den individuellen Umgang mit einzelnen Medea-Frauen der Literatur. Noch 1798, am 28. August, schreibt Schiller an Goethe, unter den herrlichsten Stoffen für den tragischen Dichter rage besonders die Medea hervor, „aber in ihrer ganzen Geschichte und als Cyclus müßte man sie brauchen" (NA 29, S. 268f.); Schiller hatte die Fabelsammlung von C. Julius Hyginus gelesen. Franz Grillparzer (1791–1872) wird sich später an diese poetische Aufgabe machen und die Trilogie *Das goldene Vlies* (1821) mit dem Stück *Medea* schreiben.

In der Erzählung *Verbrecher aus Infamie* (1786) taucht eine Erinnerungsreferenz an die Exekution einer Kindermörderin auf, die der Sonnenwirt Christian Wolf als Schuljunge mit angesehen habe (vgl. FA 7, S. 573). Da diese Textsequenz keine narrative Funktion hat und auch nicht der psychologischen Erklärung von Wolfs Charakter dient, liegt die Vermutung nahe, dass der Ich Erzähler und Autor Schiller sich seiner Schulzeit und der Hinrichtung einer Kindsmörderin erinnert und dies der Figur des Sonnenwirts in den Mund legt.[9] Das könnte auch erklären, weshalb Schiller das Gedicht

---

9 Trotz aller Bemühungen ist es bislang allerdings noch nicht gelungen, diese Überlegung realhistorisch und quellenkundlich abzusichern.

Die Kindsmörderin in seiner *Anthologie* platzierte, wenn man es nicht ausschließlich als Antwort auf Stäudlins Gedicht *Seltha, die Kindermörderin* (1781) verstehen will.

Man begegnet in dem Gedicht *Die Kindsmörderin* einem seltenen literatur- und kulturgeschichtlichen Dokument Schillers, das einen eindeutigen sozialappellativen Charakter enthält.[10] Der Publikationsort der *Kindsmörderin* nach der Gedichtausgabe von 1804/05 enthält einen wichtigen diskursiven Verweis. Der Text ist förmlich eingebunden in eine Reihe stürmischer Liebesgedichte. Im Gedicht zuvor wird das Objekt der Begierde *Laura am Klavier* besungen, danach der Hymnus auf den *Triumf der Liebe* angestimmt.[11] Dass es sich dabei um die zweite Fassung des Gedichts handelt, die im übrigen von der Erstfassung nur unwesentlich abweicht, verstärkt nur die Signifikanz der Platzierung. Schiller sieht die thematische Bedeutung seines Gedichts weniger oder gar nicht in der ästhetischen Qualität, sondern rückt es eindeutig in einen Begehrenskontext. Natürlich arbeitet er sich auch an Kindsmordtexten von Stäudlin, Sprickmann, Meißner, Schink und Bürger ab. Doch während sich Bürger in der Ballade *Des Pfarrers Tochter von Taubenhain* (1782) etwa noch am ständischen Modell orientiert, spitzt Schiller die Deutungsmöglichkeiten des Geschehenen nun geschlechterdifferent zu. An seinem Gedicht können mehrere Aspekte hervorgehoben werden, die man als einen Wandel kulturgeschichtlicher Deutungsmuster verstehen kann. Der Autor macht sich die Perspektive der Frau zu eigen. Darin folgt er einigen Referenztexten. Sein Gedicht ist insofern ein Rollengedicht, das gänzlich auf die Strategien der Selbstbezichtigung verzichtet. Eifersucht und Rache spielen natürlich auch in der *Kindsmörderin* eine Rolle, doch zeichnet Schiller seine Kindsmörderin nicht einfach als mordende Medea, ihre psychische Struktur ist wesentlich komplexer. Liebe, Eifersucht und Rachegedanken spielen für die psychische Konturierung der betrogenen Frau eine entscheidende Rolle. Leser und Leserinnen erfahren einen Appell an die

---

10 Die durchaus legitimen literaturwissenschaftlichen Fragen nach den Ausdrucksformen des Ästhetischen, den Spuren von Rhetorik oder deren Defizienz und nach der Stilistik des Gedichts sollen damit nicht bedeutungslos gemacht werden. Allerdings unterliegt deren Dringlichkeit stets auch der leitenden Lesethese, die im Falle des vorliegenden Buchs Schillers Werk als Medium der anthropologischen Selbstreflexion begreift; vgl. dazu grundsätzlich Herbert Kraft: Um Schiller betrogen. Pfullingen 1978, S. 36–40.

11 Diese Anordnung lässt sich an der *Frankfurter Ausgabe* der Gedichte Schillers gut verfolgen (vgl. FA 1).

Mitmenschlichkeit. Selbst der Henker kann sich einer Träne nicht erwehren. Brecht wird diesen Appell später in seinem Gedicht *Von der Kindesmörderin Marie Farrar* aus der *Hauspostille* (1927) zum Refrain machen: „Ich bitte euch, wollt nicht in Zorn verfallen / Denn alle Kreatur braucht Hilf von allen".[12] Die Darlegung des Tatmotivs erfährt bei Schiller insgesamt eine Komplexitätssteigerung. Die weibliche Sexualität wird nicht als bedrohlich oder widernatürlich dargestellt und muss daher nicht einer konsequenten Disziplinierung unterworfen werden:

> Wehe! menschlich hat dies Herz empfunden! –
> Und Empfindung soll mein Richtschwert sein! –
> Weh! vom Arm des falschen Manns umwunden
> Schlief Louisens Tugend ein. (FA 1, S. 387)

Schillers Kindermörderin – und darin unterscheidet sie sich etwa von Heinrich Leopold Wagners Evchen aus seinem Drama *Die Kindermörderin* (1776) – verteidigt ihr Handeln, die voreheliche Sexualität, und ihre Tat selbst, den Kindsmord. Nicht der Mann hat die falsche Frau gewählt und das meint begehrt, vielmehr die Frau den falschen Mann. Obgleich die *Kindsmörderin* ein Rollengedicht ist, entspricht dies einem grundlegenden Perspektivenwechsel. Schillers Gedicht ist frei vom Vorwurf einer moralischen Schuld oder Mitschuld am Kindsmord. Seine Louise ist eine bürgerliche Medea, die aus Liebe handelte und aus Verzweiflung die Tat beging. Demgegenüber zitiert der Name des Verführers und Kindsvaters Joseph ein christlich-ikonographisches Motiv. Die verführte Frau kann im Umkehrschluss als Maria aufgefasst werden; sie ist also keine unzivilisierte Barbarin, die es aus religiösen oder strafrechtlichen Günden zu verfolgen gilt. Schließlich bringt der Autor auf den Begriff, was in anderen zeitgenössischen anthropologischen, juristischen, theologischen oder literarischen Texten oft weitschweifig umschrieben wird, nämlich das Stigma des gesellschaftlichen Außenseiters. Wäre das Kind am Leben geblieben, so der Argumentationsgang des Gedichts, hätte es die soziale Ächtung erfahren.

> Weib, wo ist mein Vater? lallte
> Seiner Unschuld stumme Donnersprach,
> Weib, wo ist dein Gatte? hallte

---

12 Bertolt Brecht: Werke. Große kommentierte Berliner und Frankfurter Ausgabe. Bd. 11: Gedichte I, bearbeitet v. Jan u. Gabriele Knopf. Frankfurt a.M. 1988, S. 46 (im Original kursiv).

Jeder Winkel meines Herzens nach –
Weh, umsonst wirst Waise du ihn suchen,
Der vielleicht schon andre Kinder herzt,
Wirst der Stunde unsrer Wollust fluchen,
Wenn dich einst der Name Bastard schwärzt. (FA 1, S. 388)

Als Bastard wäre das Kind diffamiert worden. Um ihm dies zu ersparen, tötet es die Mutter. Auch Wagner hatte diese begriffliche Stigmatisierung, die das uneheliche Kind zum Aussätzigen macht, in der *Kindermörderin* der Mutter in den Mund gelegt, kurz bevor sie die Tat begeht. Und am Ende des 19. Jahrhunderts berichtet noch Heinrich Hansjakob (1837–1916) in seiner Erzählung *Der Graf Magga* (1896) von der sozialen Stigmatisierung unehelich geborener Kinder durch eine entsprechende Namensgebung bei der Taufe. Der verantwortliche Vikar, der die Kinder für das „Vergehen ihrer Mütter strafen wollte", taufte „jeden außerehelich geborenen Knaben ‚Justus' und jedes Mädchen ‚Bibiana'", so dass jedes Kind mit diesem Namen „das Brandmal der unehelichen Geburt"[13] trug. Am Wahrheitsgehalt dieser Nachricht zu zweifeln besteht kein Anlass. Der Name erscheint mithin als ein gesellschaftliches Schibboleth, das dem Vorurteil im Sinne einer Vorverurteilung ein kulturgeschichtliches Emblem verschafft.

Schiller erteilt einer religiösen Teleologie zur Darstellung und Abschreckung des Kindsmords, wonach der Kindsmord nachträglich noch eine höhere Bedeutung erfahren sollte, eine klare Absage. Bei ihm gibt es keine retrospektive Sinndeutung mehr. Das Verbrechen ist geschehen, die Frau ist als Verführte und Verurteilte doppeltes Opfer männlicher Gewalt. Schillers Text ist insofern radikal, als Louise am Ende sagt:

Freudig eilt' ich in dem kalten Tode
Auszulöschen meinen Flammenschmerz. (FA 1, S. 389)

Schillers Kindsmörderin sieht nur in der Auslöschung ihres Ichs durch fremde Hand die Möglichkeit, sich nochmals Selbstachtung zu verschaffen, ihre Selbständigkeit zu behaupten. Es ist mithin der Versuch, sich selbst Identität zu stiften und deutet damit eine weitere Möglichkeit des Tatmotivs an. Nicht einmal die Selbstauslöschung, wie sie noch das bürgerliche Trauerspiel als konstitutives Merkmal

---

13 Heinrich Hansjakob: Bauernblut. Erzählungen. [¹1896]. Haslach i.K. 1991, S. 17–77, hier S. 60.

geboten hatte, bleibt Louise. Auch an Schillers Kindsmörderin erfüllt sich die grausame Gewissheit der Emilia Galotti, dass Verführung die wahre Gewalt sei. Mit dem Aufruf

> Trauet nicht den Rosen eurer Jugend,
> Trauet, Schwestern, Männerschwüren nie! (FA 1, S. 390)

geht Schiller schließlich weit über die kulturgeschichtlichen Deutungsvorgaben hinaus. Kein Schuldbekenntnis wird mehr vorgetragen, wie es noch in vielen Texten des Jahrhunderts der Fall war. Vielmehr formuliert Schillers Louise einen emanzipatorischen Imperativ. Schillers *Kindsmörderin* entfaltet einen Protest, der Voraussetzung ist für die spätere Revision des Bildes der Medea-Frau im 20. Jahrhundert. Insofern vollzieht Schillers Gedicht einen entscheidenden Wandel von den antiken Medea-Adaptionen und ihren neuzeitlichen Anverwandlungen, von den Verhörprotokollen (Urgichten) und Einblattdrucken des 17. und frühen 18. Jahrhunderts zur Rollenlyrik der siebziger und achtziger Jahre des 18. Jahrhunderts. In der Lyrik kommt erstmals die Frau selbst zu Wort, nicht nur im Jenseits um Vergebung für ihre Tat bittend, sondern direkt um Verständnis des Lesepublikums werbend.

Am 24. Januar 1805 schreibt Schiller an den Verleger Crusius (1738–1824), dass ihm die Zeichnungen von Veit Hans Schnorr von Carolsfeld (1764–1841) allesamt gut gefielen, „[…] die Kindsmörderin ausgenommen, welche ich des Gegenstands wegen nicht billigen kann […]" (NA 32, S. 189). Schnorr von Carolsfeld hatte Zeichnungen, die heute als verschollen gelten müssen (vgl. NA 32, S. 554), gefertigt. Sie sollten als Vorlage für die Kupferstiche dienen, mit denen die geplante *Prachtausgabe* geschmückt werden sollte. Der Zeichner schrieb in einem Begleitbrief an den Verleger: „Bei der Kindsmörderin hab' ichs gewagt einen Kindsschatten (mit Lilie und Dolch in den Händen) an die Wand zu bringen. Die Briefe, die sie nachher verbrennt, liegen auf der Bank." (NA 32, S. 553) In der Zwischenzeit seit Erscheinen der *Anthologie auf das Jahr 1782* und dem zitierten Brief von 1805 hat sich Schillers Sicht auf das Verhältnis von Geschlecht und Geschichte, von Sexualität und männlicher Herrschaft nachhaltig verändert. Ein oft zur Persiflage dienendes Beispiel hierfür ist sein Gedicht *Würde der Frauen* (1796). Im August 1795 entsteht dieses Gedicht, am 28. August 1795 schickt es Schiller gleich an den Komponisten Johann Friedrich Reichardt (1752–1814) zur Vertonung. Der Erstdruck erfolgt im *Musen-Almanach für das Jahr 1796*. Während Wilhelm von Humboldt und Körner zustimmend reagieren, ist die öffentliche Kritik ablehnend; Friedrich und August Wilhelm Schlegel sehen sich zu herben Urteilen und einer Parodie provoziert (vgl. NA 2/II A, S. 236), auch wenn diese nicht so vernichtend ausgefallen sind, wie das von Caroline Schlegel (1763–1809) überlieferte Bonmot vom 21. Oktober 1799 über *Das Lied von der Glocke* (1800): „[...] über ein Gedicht von Schiller, das Lied von der Glocke, sind wir gestern Mittag fast von den Stühlen gefallen vor Lachen",[14] und noch am 27. Dezember 1799 weiß sie diese Mitteilung zu wiederholen: „Die *Glocke* hat uns an einen schönen Mittag mit Lachen vom Tisch weg fast unter den Tisch gebracht. Die ließe sich herrlich parodiren."[15]

Das Gedicht *Männerwürde* (1782), ebenfalls erstmals in der *Anthologie* erschienen, hatte Schiller noch mit dem Bekenntnis eröffnet: „Ich bin ein Mann!" (FA 1, S. 270) In dem Essay *Über die notwendigen Grenzen beim Gebrauch schöner Formen* (1793) ist nun zu lesen: „Das andre Geschlecht kann und darf, seiner Natur und seiner schönen Bestimmung nach, mit dem Männlichen nie die *Wissenschaft*, aber durch das Medium der Darstellung kann es mit demselben die *Wahrheit* theilen" (NA 21, S. 16). Schiller bleibt einem traditionellen Geschlechterbild verhaftet. Gleichwohl darf diese Einschätzung nicht dazu führen, die geschlechterstereotype Ambivalenz in seinen fiktionalen Texten zu ignorieren. Eine genustheoretische Arbeit zu Schillers Frauenbild steht noch aus und wäre dringendes Desiderat der Forschung. Immerhin ist sein literarisiertes und in den Texten figuriertes Frauenbild nicht nur konservativ und zeitgenössisch affirmativ, sondern so ambivalent, dass auch deutlich emanzipative und innovative geschlechterstereotype Rollenabwandlungen präludiert werden. Besonders wird dies in den klassischen Dramen zu erkennen sein.

Die schlimmen Monarchen

Die schlimmen Monarchen gehören zu den am wenigsten interpretierten Gedichten Schillers.[16] Mutmaßlich ist dieses Gedicht um 1780

---

14 Caroline. Briefe aus der Frühromantik. Nach Georg Waitz vermehrt hgg. v. Erich Schmidt. 2 Bde. [¹1913/1921]. Bern 1970, Bd. 1, S. 570.

15 Caroline. Briefe aus der Frühromantik, Bd. 1, S. 592.

16 Im 20. Jahrhundert ist – außer Fritz Jonas: Erläuterungen der Jugendgedichte Schillers (Berlin 1900, S. 129–132) – einzig die Interpretation von Georg Kurscheidt: *Die schlimmen Monarchen. Der zornige Dichter*, in: Interpretationen. Gedichte von Friedrich Schiller, S. 27–47, erschienen.

entstanden. Es steht in Zusammenhang mit den nur fünf Zeilen umfassenden lyrischen Fragmenten *Die Gruft der Könige* und *Triumphgesang der Hölle* (vgl. FA 1, S. 725), deren Entstehungszeit vermutlich in die Jahre 1778/1779 fällt. 1779/80 ist wiederum jene Zeit, in der auch die *Räuber* und die *Semele* entstanden sind. Das bedeutet, dass sich Schiller in dieser Lebensphase – er war ja bis Ende 1780 noch Karlsschüler – intensiv mit dem Thema der Herrschaftskritik beschäftigt hat.

Für *Die schlimmen Monarchen* wurden intertextuelle Referenzen etwa auf den 18. Gesang von Klopstocks *Messias* (1749) und das Gedicht *Über die Ehre* (1728) von Albrecht von Haller in Anspruch genommen. Auch Schubarts Gedicht *Die Gruft der Fürsten*, das zuerst in Heinrich Leopold Wagners *Frankfurter Musenalmanach auf das Jahr 1781* erschien und später unter dem Titel *Die Fürstengruft* nachgedruckt wurde, kannte Schiller aus einer Handschrift. Die *Nationalausgabe* spricht von einer „Abhängigkeit des Schillerschen Gedichts von dem Schubarts" (NA 2/II A, S. 117). Doch weist der Kommentar der *Frankfurter Ausgabe* zu Recht darauf hin, dass es sich beim Thema der Fürstengruft auch um ein zeitgenössisch sehr beliebtes literarisches Motiv handelte (vgl. FA 1, S. 1403). Im November 1781 begegnete Schiller erstmals Schubart, als er den ohne Gerichtsurteil gefangen Gehaltenen in seiner Kerkerhaft auf dem Hohenasperg besuchte. Am bekanntesten ist Schubarts *Freyheitslied eines Kolonisten* (1775), das sich auf den Amerikanischen Unabhängigkeitskrieg bezieht und nur schwer auf europäische, kaum auf deutsche gesellschaftlich-politische Verhältnisse übertragen lässt. Die exotische Ferne, die den Hintergrund in diesem Gedicht bildet, ermöglicht es dem Autor, ein Freiheitspathos zu mobilisieren, das nur als rhetorische Geste angemessen verstanden werden kann. Schubarts Ambivalenz von scharfsinniger politischer Erkenntnis auf der einen und den Zugeständnissen an gesellschaftliche und ästhetische Erwartungen seiner Zeit auf der anderen Seite wird besonders in dem Gedicht *Die Fürstengruft* (entstanden 1779/80) deutlich. Darin werden die schlechten Fürsten, die tyrannisch geherrscht haben, am Jüngsten Tag dem Gericht Gottes zugeführt, während die besseren Fürsten nach ihrem Tod mit ewiger Herrschaft belohnt werden. Über sie heißt es: „Ihr seid zu herrschen werth".[17] Der Schlussteil des Gedichts enthält eine überraschende theologische Wendung. Hier macht sich ein Ton geltend, den David Friedrich Strauß im Hinblick

---

17 Schubart: Gedichte, S. 43.

auf die *Deutsche Chronik* als Schubarts religiösen „Obscurantismus"[18] bezeichnet hat. Schubarts Kritik an gesellschaftlichen und politischen Verhältnissen geht demnach immer nur so weit, wie es mit seinem pietistischen Weltbild vereinbar erscheint. Unvergleichlich hingegen ist Schubarts Gedicht *Der Gefangene* (1782), worin er seine eigene Kerkerhaft schildert. Schubart war im Übrigen der einzige Dichter des Sturm und Drang, der politisch verfolgt wurde und die Folgen politischer Repression selbst, am eigenen Leib, erfahren hat.

Schiller trägt seine Herrschaftskritik im Ton radikal vor. Die kritisierten Monarchen werden als ‚Erdengötter' und ‚Gottes Riesenpuppen' tituliert, die mit ‚pompendem Getöse' ihren ‚Spleen' ausleben – unmissverständlicher kann Herrschaftskritik kaum ausfallen. Doch im Unterschied zu Schubarts versöhnlichem Schluss mit seinem Appell an die guten, sprich: aufgeklärten Vertreter des Absolutismus, wendet der junge Schiller die Richtung seines Angriffs in der Schlussstrophe und droht mit der Verheißung:

> Aber zittert für des Liedes Sprache,
> Kühnlich durch den Purpur bohrt der Pfeil der Rache
> Fürstenherzen kalt. (FA 1, S. 537)

In der *Anthologie* findet sich auch das Ludwig Schubart zugeschriebene, dem Duktus schillerscher Jugendlyrik durchaus gewachsene Gedicht *Aufschrift einer Fürstengruft*:[19]

> Zurük! Hier ruhn die Erdenriesen,
> Fern von dem Volk in ihrer Gruft –
> Um mit dem Volk nicht auferstehn zu müssen,
> Wenn einstens die Trompete ruft.[20]

Freigeisterei der Leidenschaft (1786)

Das Gedicht *Freigeisterei der Leidenschaft* ist vermutlich 1784/85 entstanden und erschien im zweiten Heft der *Thalia* 1786. Schiller führt darin einen feinsinnigen Dialog mit dem Katharsistheorem der aristotelischen *Poetik*. Dies macht einen kleinen Exkurs zu Schillers

---

18 Christian Friedrich Daniel Schubart's Leben in seinen Briefen. Gesammelt, bearbeitet u. hgg. v. David Friedrich Strauß. 2 Bde. [Nachdruck der Ausgabe Berlin 1849]. Königstein i.Ts. 1978, hier Bd. 2, S. 319.
19 Insofern ist die gelegentliche Zuschreibung von Schillers Verfasserschaft durchaus plausibel, vgl. Anthologie auf das Jahr 1782, S. 33*.
20 Anthologie auf das Jahr 1782, S. 48.

Katharsisverständnis nötig. Man hat sich gelegentlich darüber gewundert, dass Schiller in seinem Aufsatz *Über die tragische Kunst* (1792) als dem genuinen Ort eines solchen Verweises nirgends die aristotelische Katharsis nennt.[21] Doch schon in seinem Aufsatz *Was kann eine gute stehende Schaubühne eigentlich wirken?* (1785) findet sich die fast bis zur Unkenntlichkeit abgegriffene Übernahme der aristotelischen Katharsis in der Formulierung über die positive Funktion des Theaters: „[…] unsre Empfindung erwacht, heilsame Leidenschaften erschüttern unsre schlummernde Natur, und treiben das Blut in frischeren Wallungen. Der Unglückliche weint hier mit fremdem Kummer seinen eigenen aus" (NA 20, S. 100). Erst allmählich gesteht Schiller der Literatur insgesamt, und nicht nur vorzugsweise der Tragödie, eine zivilisatorische Funktion zu. Zeugnis dieser Erweiterung seines Katharsisverständnisses ist die Rezension über Bürgers Gedichte (*Bürger-Kritik*), in der Schiller offen mit dem aristotelischen Katharsisbegriff operiert. Dort heißt es über die Dichtkunst: „Die Sitten, den Charakter, die ganze Weisheit ihrer Zeit müßte sie, geläutert und veredelt, in ihrem Spiegel sammeln und mit idealisierender Kunst aus dem Jahrhundert selbst ein Muster für das Jahrhundert erschaffen." (NA 22, S. 246) Als die wichtigste Aufgabe des Dichters wird gefordert, „seine Individualität so sehr als möglich zu veredeln, zur reinsten herrlichsten Menschheit hinaufzuläutern" (NA 22, S. 246). Hier deutet sich bereits der Bruch mit dem Verständnis einer aufgeklärten Katharsis an. Schiller zielt nun auf das Programm einer fiktionalen Idealisierung, der Diskurs über die Leidenschaften erfährt einen hochgradigen Sublimationsschub. Der Dichter als der „aufgeklärte, verfeinerte *Wortführer der Volksgefühle*" (NA 22, S. 249), als Herr der Affekte, müsse das „Leidenschaftsbedürfnis" des Publikums oder der Leser nicht bedienen, sondern „für die Reinigung der Leidenschaft nutzen" (NA 22, S. 249). Die durchaus zugestandene Dominanz der Leidenschaften könne nur durch das in der Dichtung dargestellte „Idealschöne" (NA 22, S. 256) aufgehoben werden. Schiller bleibt aber der Forderung nach einer zivilisatorischen Funktion von Literatur und Kunst verpflichtet, wie die *Ästhetischen Briefe* zeigen. Vom Künstler wird hier sogar verlangt, dass er nicht nur die soziale Affektkontrolle zum Nutzen des zivilisatorischen Fortschritts lenke, sondern dabei zugleich sich bemühe, auch sein Jahrhundert zu reinigen. Die Literatur erfährt gerade

---

21 Vgl. Bernward Grünewald: Das Theater – eine moralische Anstalt?, in: Zeitschrift für Ästhetik und allgemeine Kunstwissenschaft 29/2 (1984), S. 162–181.

dadurch, dass sie Schritt für Schritt aus dem Leidenschaftsdiskurs herausgenommen wird, eine komprimierte zivilisatorische Funktion. Kunst und Literatur werden zu Wegbereitern einer wahrhaft aufgeklärten menschlichen Gesellschaft, die frei von Leidenschaften ist. Katharsis bedeutet nun, dass der Mensch sich von der Macht der Natur (den Leidenschaften) im ästhetischen Zustand befreit, die er im moralischen Zustand endgültig zu beherrschen vermag. In dem Essay *Über naive und sentimentalische Dichtung* (1795/96) schreibt Schiller über den Unterschied zwischen Tragiker und Komiker: „Jener zeigt also durch beständige Erregung, dieser durch beständige Abwehrung der Leidenschaft seine Kunst" (NA 20, S. 446). Die Tragödie trage wesentlich zur Wiederherstellung und Stabilisierung der Gemütsfreiheit bei, während die Komödie sie erst hervorbringe. Die weitere Zivilisierung des aufgeklärten Menschen kann vor diesem Hintergrund nur als Changieren zwischen Erregung und Abwehr von Leidenschaften verstanden werden, mit dem Ziel ihrer endgültigen Auslöschung als der definitiven Herrschaft über sie: „Ihr Ziel ist einerley mit dem höchsten, wornach der Mensch zu ringen hat, frey von Leidenschaft zu seyn" (NA 20, S. 446). Schiller mutmaßt eine *„aesthetische* Tendenz"* in der Natur des Menschen, die „durch Läuterung seiner Gefühle zu diesem idealistischen Schwung des Gemüths kultivirt werden kann" (NA 21, S. 40), so ist es in dem Aufsatz *Über das Erhabene* (1801) zu lesen. Die Katharsis fungiert jetzt als Katalysator einer idealistischen Kultivierung.

Das Gedicht *Freigeisterei der Leidenschaft* thematisiert schon im Titel die Schwierigkeiten einer Selbstdisziplinierung der Leidenschaften. Den „Flammentrieb" des Herzens zu „dämpfen", wird als Überforderung benannt. Der Schwur, sich „selbst zu bändigen" (FA 1, S. 414), ist nicht zu halten. Das lyrische Ich ist gleichsam jenes zivilisatorische Ich, das zum Leidenschaftsverzicht gezwungen ist, das sich mit dem Vorsatz zur Selbstdisziplinierung überfordert und für das ein kulturelles Gebot wie „Pflicht" nur eine „Tirannenkette" (FA 1, S. 415) darstellt. Während das männliche Ich das Begehren nicht zügeln kann, bewundert die begehrte Frau dessen „heldenmütiges Entsagen" (FA 1, S. 415). Das Gedicht ist eine eindeutige Absage an jenes Modell der Disziplinierung der wilden Leidenschaften, wie es in Goethes *Wahlverwandtschaften* (1809) einen literarisierten Höhepunkt erfahren wird. Die Kette der Fragen an die geliebte Frau in der vorletzten Strophe zeigt, dass es für Schiller zu diesem Zeitpunkt noch keine Versöhnung zwischen dem Anspruch einer Emanzipation der Leidenschaften und deren erforderter Disziplinierung gibt:

Besticht man dich mit blutendem Entsagen?
Durch eine Hölle nur
Kannst du zu deinem Himmel eine Brücke schlagen?
Nur auf der Folter merkt dich die Natur? (FA 1, S. 417)

Auch in diesem Gedicht ist der Laura-Bezug offensichtlich, selbst
wenn anzunehmen ist, dass der Autor ihn lediglich als Fiktion formuliert, der reale biographische Hintergrund war nämlich die Ehe-
schließung Charlotte von Kalbs (1761–1843), die Schiller an seinem
späteren Todestag (9. Mai) 1784 in Mannheim kennengelernt und
für die er eine Zuneigung entwickelt hatte. Vom August 1784 bis
April 1785 wohnten beide in Mannheim, zu einem Wiedersehen
kam es erst 1787 in Weimar. Im Untertitel heißt die *Freigeisterei der
Leidenschaft*: *„Als Laura vermählt war im Jahr 1782"* (FA 1, S. 414) und
in der elften Strophe wird Laura ausdrücklich genannt.

Schiller schreibt am 23. Dezember 1785 an Göschen, er habe
„meine[s] Herrn Censors Wunsch erfüllt" (NA 24, S. 32) und für die
Publikation seinem Gedicht die folgende Anmerkung beigefügt: Er
könne „von jedem Leser erwarten […], er werde so billig sein, eine
Aufwallung der Leidenschaft nicht für ein philosophisches Sistem
und die Verzweiflung eines *erdichteten* Liebhabers nicht für das Glaubensbekenntnis des Dichters anzusehen" (FA 1, S. 414, Anm.). Die
Frage ist aber, weshalb ein Leser oder eine Leserin der *Thalia* überhaupt ein philosophisches System erwarten sollte? Schiller wehrt
den imaginären Einwand ab, dass er einem emanzipativen Diskurs
über Leidenschaften das Wort redet, im wörtlichen Sinn. Denn, wie
es Luise Miller in *Kabale und Liebe* ihrem Vater gegenüber formuliert
hatte: „Die Buchstaben liegen wie kalte Leichname da, und leben
nur Augen der Liebe" (V/1). Diese Schöpfungskraft der Leidenschaften wird in Schillers weiterer Diskursivierungsarbeit sukzessive
getilgt. Dies macht sich bereits im *Don Karlos* (1787) bemerkbar, wo
in der Schlussszene Don Karlos selbst die Erfahrung mitteilt:

Ich liebte – Jetzt bin ich erwacht. […]
[…] Es ist
vorbei. Ein reiner Feuer hat mein Wesen
geläutert. Meine Leidenschaft wohnt in den Gräbern
der Toten. Keine sterbliche Begierde
teilt diesen Busen mehr. (V. 6217ff., FA 3, S. 419)

Die toten Buchstaben und die im Grab hausenden Leidenschaften
werden, verschränkt man diese Textstellen der beiden Dramen
miteinander, eins. Der scheinbaren Verkörperlichung der Leiden-

schaften im fiktionalen Diskurs droht das Ende und damit das Eingeständnis der Wirkungslosigkeit der poetischen Fiktion. Nur eine
andere Leidenschaft (in der Lesart von *Kabale und Liebe*) könnte der
endgültigen Auslöschung der Leidenschaften entgegenwirken, die
das zivilisatorische Subjekt (in der Lesart der *Freigeisterei*) aufgrund
des Disziplinierungsdrucks nun an sich vollzogen hat (in der Lesart
des *Don Karlos*), oder glaubt, vollzogen zu haben. Im *Don Karlos* ist
jene ,Freiheit von Leidenschaften' (vgl. NA 20, S. 382) antizipierend
erreicht, die Schiller nach dem Beginn des Kant-Studiums 1791 in
den Briefen *Über die ästhetische Erziehung des Menschen* einfordern und
in der Denkfigur einer Balance von Verstand und Leidenschaft, von
Pflicht und Neigung entwickeln wird. ,Freigeisterei' aber ist zunächst
ein Begriff, mit dem die Deisten etikettiert wurden, er enthält nicht
nur für die damalige Zensur, sondern auch für die Pflichttreuen
unter den Bürgern etwas potenziell Subversives. Denn wenn – in der
Lesart des Gedichts – Pflicht als Tyrannei erfahren wird, dann garan-
tiert Neigung Freiheit. Damit positioniert sich die *Freigeisterei der
Leidenschaft* also noch gegen das ästhetische Selbstbändigungspro-
gramm der ästhetischen Schriften, das Schiller in den kommenden
Jahren ausarbeiten wird.

4.2 Klassische Lyrik

Die Götter Griechenlandes (1788)

Entstanden ist dieses Gedicht im März 1788, wie aus den beiden
Briefen Schillers an Körner vom 6. und 17. März 1788 hervorgeht
(vgl. NA 25, S. 24f. u. 28ff.). Der erste Abdruck erfolgte in Wielands
Teutschem Merkur im März 1788. Wieland hatte Schiller um einen
Beitrag, einen Aufsatz, gebeten, dieser schrieb aber dann „in der
Angst – ein Gedicht" (NA 25, S. 29), das er gleichwohl zum Besten
rechnete, das er zuletzt geschrieben habe. 1793 unterzog er das
Gedicht – nicht zuletzt wegen der massiven Kritik – einer Über-
arbeitung für die geplante *Prachtausgabe*.

Die Götter Griechenlandes sind ein wichtiges lyrisches Zeugnis für
Schillers ,klassische Wende'. Er wolle in den nächsten zwei Jahren
keine modernen Schriftsteller mehr lesen, sondern sich ganz in die
Literatur und Kultur der griechischen Antike versenken, erklärt er
Körner im August 1788. Er verspreche sich davon die Reinigung
seines Geschmacks, der sich von der „wahren Simplizität" zu entfernen beginne, die Lektüre der griechischen Klassiker gebe seiner

eigenen Poesie „vielleicht Classicität" (NA 25, S. 97). In der *Bürger-Kritik* wird Schiller wenige Jahre später, 1791, für die Poesie die „höchste Krone der Klassizität" (NA 22, S. 259) fordern, in den *Göttern Griechenlandes* schickt er sich bereits an, sich selbst zu krönen. Die Paten dieser ‚klassischen Wende' sind Wieland, der sich zu dieser Zeit mit der Übersetzung der Werke Lukians beschäftigte, und Moritz, dessen Büchlein *Über die bildende Nachahmung des Schönen* (1788) Schiller im Dezember 1788 las und dessen Aufenthalt in Weimar zwischen Dezember 1788 und Februar 1789 ihm Gelegenheit zu Gesprächen bot, sowie Herder mit dem dritten Teil seiner *Ideen zur Philosophie der Geschichte der Menschheit* (1787).

Zunächst wird in dem 25 Strophen umfassenden Gedicht die vergangene Welt der griechischen Antike in anspielungsreichen Anleihen bei der griechischen Mythologie als ein glücklicheres Zeitalter beschrieben. Die Menschen waren Eingeweihte, in allem erkannten sie eine göttliche Spur; sie waren aber auch bessere Wesen und unterstrichen damit ihre göttliche Herkunft. In den beiden Strophen acht und neun häuft Schiller rhetorisch eine Ansammlung zunächst kulturgeschichtlicher, dann anthropologischer Komparative: Die Menschen waren früher „werter", „teurer", „reizender", „prangender", „schmelzender", „liebenswerter", „blühender", „heldenkühner", „sanfter", „heiliger" und „weicher". Das wirft nun die Frage nach dem Vergleichspunkt auf, die das lyrische Ich in der elften Strophe beantwortet. Die Menschen der Antike waren besser als die Menschen der Moderne, die Götter der Antike waren anwesend, während „der Meinige" (V. 85) – zu ergänzen ist ‚Gott' – ein deus absconditus ist, verborgen bleibt: „Mühsam späh' ich im Ideenlande, / Fruchtlos in der Sinnenwelt" (V. 87f.). Das lyrische Ich bilanziert dann in der 19. Strophe, fast schon elegisch wehklagend: „Schöne Welt, wo bist du? – Kehre wieder" (V. 145). Die verlorene Welt der Griechen wird idealisiert, dies in bewusstem, programmatischem Verständnis von Schillers ‚Veredelungstechnik', wonach der Dichter nicht das Wirkliche, sondern das Idealische in seinem Gegenstand suche und beschreibe – wie er es in seinem Rechtfertigungsbrief vom 25. Dezember 1788 darlegt (vgl. NA 25, S. 167).

Wollte man dies biographisch deutend untermauern, so müsste man auf Schillers Selbstbekenntnis zurückgreifen, das er in einem sehr langen und sehr persönlichen Brief an Körner vom 20. August 1788 ablegte: „Herz und Kopf jagen sich bey mir immer und ewig, ich kann kein Moment sagen, daß ich glücklich bin, daß ich mich meines Lebens freue. […] Ich bin lebhaft überzeugt, daß ich durch-

aus nicht für die Gesellschaft tauge [...]" (NA 25, S. 95). Es ist aber
nur eine mögliche Deutung, das Gedicht als Ausdruck einer regres-
siven Phantasie seines Autors zu verstehen. Eine andere ist es, sich
der offensichtlichen massiven Religionskritik zu stellen. Genauer
gesagt ist es keine Religionskritik, die Schiller vorträgt, sondern eine
Gotteskritik, Kritik am Monotheismus des Christentums.

   Griechenland wird zum Sehnsuchtsort eines Phantasmas der
Glückserfüllung: „Fremde, nie verstandene Entzücken, / Schaudern
mich aus jenen Welten an" (V. 133). Die Moderne wird als defizien-
ter Lebensmodus empfunden, der Wertverlust der Kunst ist offensichtlich, die Natur selbst ist ‚entgöttert' (vgl. V. 168). „Da die Götter
menschlicher noch waren, / Waren Menschen göttlicher" (V. 191f.).
Allein in der Phantasie der Dichter haben die antiken Götter ihr
Residuum gefunden. Gleichwohl bittet das lyrische Ich am Ende um
„Flügel", dem einen christlichen Gott „nachzuringen" (V. 195). Diese
verloren gegangene mythologische und kulturgeschichtlich-anthro-
pologische Basis muss in der Moderne mühsam wiedererlangt werden, wissend, dass der christliche Gott göttlicher und der Mensch
menschlicher geworden ist. Folgt man dem Tenor dieses Gedichts,
dann besteht die Aufgabe der Kunst einzig in dem Bewahren eines
verlorenen Traums.

   Die Götter Griechenlandes riefen gleich nach Erscheinen etliche
Kritiker auf den Plan, die sich vor allem an der polytheistischen
Perspektive des Textes störten. Friedrich Leopold Graf zu Stolberg
veröffentlichte einen Aufsatz *Gedanken über Herrn Schillers Gedicht: Die
Götter Griechenlandes* (1788), in dem er Schiller Gotteslästerung und
„Mißbrauch der Poesie"[22] vorwarf. Schiller wehrt sich dagegen, ein
Kunstwerk unter moralischen oder religiösen Gesichtspunkten zu
beurteilen. Über sein Gedicht schreibt er Körner am ersten Weih-
nachtsfeiertag 1788:

> Der Gott, den ich in den Göttern Griechenlands in Schatten stelle ist nicht
> der Gott der Philosophen, oder auch nur das wohlthätige Traumbild des
> großen Haufens, sondern es ist eine aus vielen gebrechlichen schiefen
> Vorstellungsarten zusammen gefloßene Mißgeburt – Die Götter der Grie-
> chen, die ich ins Licht stelle sind nur die lieblichen Eigenschaften der
> Griechischen Mythologie in *eine* Vorstellungsart zusammen gefaßt. (NA
> 25, S. 167)

---

22 Zitiert nach: Schiller und sein Kreis in der Kritik ihrer Zeit, S. 44–49, hier
   S. 47. – Vgl. auch Wolfgang Frühwald: Die Auseinandersetzung um Schillers
   Gedicht *Die Götter Griechenlandes*, in: JbDSG 13 (1969), S. 251–271.

In den *Göttern Griechenlandes* beginnt, wie es Norbert Oellers formulierte, Schillers „geschichtsphilosophische Auseinandersetzung mit der griechischen Antike und damit die poetische Adaptation des Mythos […]. *Die Götter Griechenlandes* sind gewissermaßen als Prolegomena einer künftigen Ästhetik, die als Poesie wird auftreten können, zu verstehen".[23] Franz Alexander von Kleist fühlte sich zu einem Gegengedicht *Das Lob des einzigen Gottes* (1789) genötigt, während Novalis eine allerdings nicht veröffentlichte schwärmerische *Apologie von Friedrich Schiller* verfasste und auch Wilhelm von Humboldt Schillers Darstellung verteidigte. Wie eine späte Antwort liest sich, was Schiller 1795 der Lyrikerin Friederike Brun (1765–1835) in einem Distichon dediziert:

> Keine Gottheit erschiene mehr? Sie erscheint mir in jedem,
> Der in der edeln Gestalt mir das Unsterbliche zeigt. (FA 1, S. 686)

Die Künstler (1789)

Entstanden ist der Text zwischen Oktober 1788 und Februar 1789, erschienen im März 1789 im *Teutschen Merkur*.[24] Zweifel hatte Schiller inzwischen an seiner Befähigung zum Lyriker bekommen, die Arbeit an den *Künstlern* hatte verhältnismäßig lange gedauert. Schon am 25. Februar 1789 bekannte er Körner gegenüber: „Das lyrische Fach, das Du mir anweisest, sehe ich eher für ein *Exilium*, als für eine *eroberte Provinz* an. Es ist das kleinlichste und auch undankbarste unter allen. Zuweilen ein Gedicht lasse ich mir gefallen; wiewohl mich die Zeit und Mühe, die mir die Künstler gekostet haben, auf viele Jahre davon abschrecken" (NA 25, S. 211f.). Diese Phase der lyrischen Produktionsabstinenz sollte von 1789 bis zum Sommer 1795 dauern, Schiller hat in dieser Zeit keine Gedichte mehr geschrieben. *Die Horen* und das neu gestartete Projekt eines *Musen-*

---

23 Oellers: Friedrich Schiller. Zur Modernität eines Klassikers, S. 123.
24 Zu den diversen Fassungen vgl. Franz Berger: *Die Künstler* von Friedrich Schiller. Entstehungsgeschichte und Interpretation. Zürich 1964 – Zu Deutungsansätzen vgl. Alessandro Costazza: „Wenn er auf einen Hügel mit euch steiget / Und seinem Auge sich, in mildem Abendschein, / Das malerische Tal – auf einmal zeiget." Die ästhetische Theorie in Schillers Gedicht *Die Künstler*, in: Prägnanter Moment. Studien zur deutschen Literatur der Aufklärung und Klassik. Festschrift für Hans-Jürgen Schings. Hgg. v. Peter-André Alt, Alexander Košenina, Hartmut Reinhardt u. Wolfgang Riedel. Würzburg 2002, S. 239–263, und Hans-Jürgen Malles: *Die Künstler*. Fortschrittsglaube und Ästhetik, in: Interpretationen. Gedichte von Friedrich Schiller, S. 84–111.

Almanachs, der viermal, nämlich 1795, 1796, 1797 und 1798 erschien – im Titel jeweils auf das nachfolgende Jahr datiert –, sollten die finanzielle Unsicherheit beseitigen helfen. Schiller brauchte als Herausgeber schlicht Masse – mit ein Grund dafür, weshalb er sich wieder der Form des Gedichts zuwandte. Am 9. März 1789 verteidigt er *Die Künstler* nochmals, ebenfalls gegenüber Körner: „Es ist ein *Gedicht* und keine Philosophie in Versen" (NA 25, S. 220). Damit war ein Problem markiert, das bis heute die Lektüre des Gedichts nachhaltig erschwert: Als Programmgedicht trägt es Schillers Kunsttheorie formelhaft vor und ist damit ein deutliches Beispiel für die schillersche ‚Gedankenlyrik', reklamiert aber zugleich die Freiheit der Kunst gegenüber der Philosophie.

Die Künstler, deren Nähe zu den *Ästhetischen Briefen* offensichtlich ist, sind Schillers umfangreichstes Gedicht (vgl. FA 1, S. 207–221). Der Adressat ist der Mensch, der durch Vernunft frei geworden, der Verwilderung entstiegen, also zivilisiert worden ist. Entgegen anderen anthropologischen Annahmen zeichnet sich der Mensch vor dem Tier durch die Kunst aus: „Die Kunst, o Mensch, hast du allein" (FA 1, S. 208). Diese Kunst ist die Voraussetzung dafür, Erkenntnis zu gewinnen, anders formuliert: Ohne Kunst gibt es keine Erkenntnis. Schiller lässt also, wenn man das lyrische Ich, das sich nur kurz zu erkennen gibt (vgl. FA 1, S. 217), als die Repräsentanz eines Autor-Ichs begreift, keinen Zweifel am Primat der Kunst über die Philosophie. Die kulturgeschichtliche These, die Schiller nun entwickelt, skizziert einen Fortschrittsverlauf, innerhalb dessen Schönheit (als Gegenstand der Kunst) sukzessive in Wahrheit (als Gegenstand der Erkenntnis) transformiert wird (vgl. FA 1, S. 209). So unfrei der Mensch sein mag, die Kunst „malt mit lieblichem Betruge / Elysium auf seine Kerkerwand" (FA 1, S. 209).

Die Antike und die Renaissance stellen die beiden wirkungsmächtigsten Zeitalter in der Kulturgeschichte des Menschen dar; in der Antike war Kunst mimetisch und ahmte Natur nach, in der Renaissance waren die Kunstschöpfungen des Menschen selbst Gegenstand neuer Kunst. Der ‚aufrechte Gang' des Menschen wird nun geübt, so könnte man den Vers „Jetzt stand der Mensch" (FA 1, S. 213) verstehen. Die kulturell erforderliche Sublimierung der Leidenschaften durch die Kunst gelingt, eine höhere Form der Schönheit, gleichsam eine Schönheit zweiter Potenz als „Schöpfungen aus Schöpfungen" (FA 1, S. 215) entsteht; der Mensch ist nun mehr als nur Mensch, er ist „der entjochte Mensch" (FA 1, S. 216). In der Gegenwart als der erfahrbaren Moderne wird die Vollendung

der Kunst erwartet und die „Wissenschaft" in einem „Kunstwerk"
(FA 1, S. 219) aufgehoben sein. Die Künstler, die dem Gedicht immerhin den Titel geben, gestalten nicht nur diesen kulturgeschichtlichen Prozess, sondern sie organisieren ihn maßgeblich. Der Auftrag, den das lyrische Ich den Künstlern bestimmt, ist von hoher
ethischer Natur:

> Der Menschheit Würde ist in eure Hand gegeben,
> Bewahret sie! (FA 1, S. 220)

Wie eine späte Fortsetzung des Schlusses der *Schlimmen Monarchen*
klingen die Verse 450 bis 457. Die Wahrheit solle, wenn sie nicht
gehört, gar unterdrückt wird, in das Reich der Dichtung flüchten:

> In ihres Glanzes höchster Fülle,
> Furchtbarer in des Reizes Hülle,
> Enstehe sie in dem Gesange
> Und räche sich mit Siegesklange
> An des Verfolgers feigem Ohr. (FA 1, S. 220)

Die Maßgabe an die Künstler, über den Zeitläuften zu stehen, rundet
dieses poetologische Idealisierungsprogramm ab, das die Normativität
seiner Aussagen aus einer kulturgeschichtlichen Beschreibung bezieht. Literatur ist hier mehr als ein Medium anthropologischer
Selbstreflexion, Literatur wird nun zum Medium anthropologischer
Selbstbestimmung.

Xenien (1796)

Die *Xenien* – wörtlich als Gastgeschenke zu verstehen, deren satirische Spitzen freilich durch Adressaten- und Themenbezug sofort
augenfällig werden – sind zwischen Oktober 1795 und etwa September 1796 entstanden, sie erschienen zum Großteil im *Musen-
Almanach für das Jahr 1797*, der im September 1796 ausgeliefert
wurde. Sie sind eine Gemeinschaftsarbeit von Schiller und Goethe,
die Anregung hierzu geht im Dezember 1795 von Goethe aus. Die
Xenia (um 85 n. Chr. veröffentlicht) des römischen Dichters Martial
(um 40–103/104), die in dessen *Epigrammen* als deren dreizehntes
Buch erschienen, bildeten hierfür den literatur- und kulturgeschichtlichen Bezugspunkt.

Im produktiven *Xenien*-Jahr 1796 entstanden mehr als 900 solcher *Xenien*, die ein einzigartiges Dokument dieser Freundschaft sind
und eine gewaltige Entwicklung markieren, wenn man sich der

Worte Schillers vom 25. Februar 1789 erinnert: „Aber mit Göthen messe ich mich nicht, [...]. Göthe hat weit mehr Genie als ich" (NA 25, S. 212), um dann aber gleich seinen eigenen, durchaus konkurrenzfähigen Dramenstil herauszustreichen. Die epigrammatische Form der *Xenien* erlaubte eine konzentrierte polemische Zuspitzung, die gelegentlich von Goethe etwas gemildert wurde. Reichardt und Nicolai sind die Hauptadressaten, doch geriet nahezu jeder zeitgenössische Literat und Kritiker ins Visier der beiden Klassiker, der sich kritisch über deren Werk geäußert hat.

Formal bestehen die meisten Distichen der *Xenien* aus zwei Versen, einem daktylischen Hexameter und einem daktylischen Pentameter (vgl. Schillers Xenion *Das Distichon*, FA 1, S. 283). Drei Beispiele:

1. *Der berufene Leser*

   Welchen Leser ich wünsche? den unbefangensten, der mich,
       Sich und die Welt vergißt und in dem Buche nur lebt. (FA 1, S. 570)

2. *Bedeutung*

   ,Was *bedeutet* dein Werk'? so fragt ihr den Bildner des Schönen,
       Frager, ihr habt nur die Magd, niemals die Göttin gesehn. (FA 1, S. 571)

3. *Neueste Behauptung*

   Völlig charakterlos ist die Poesie der Modernen,
       Denn sie verstehen bloß charakteristisch zu sein. (FA 1, S. 619)

Die *Xenien* lösten einen regelrechten Literaturstreit aus. Dienten sie ursprünglich der Absicht, innerhalb des literarischen Feldes des ausgehenden 18. Jahrhunderts eine neue Zeitschrift (*Die Horen*) und ein eigenwilliges Kunstprogramm (,Weimarer Klassik') zu etablieren und zu behaupten, so nahm das ursprünglich Literarisch-Sportive zunehmend persönlich kränkende Züge an. Die literarischen Reaktionen standen dieser Eigenschaft der Klassiker-*Xenien* in nichts nach. Mit den *Xenien* erklärten Schiller und Goethe nicht nur dem herrschenden Literaturbetrieb, sondern „dem Zeitgeist überhaupt"[25] den Krieg – von „Kriegserklärung" (NA 36/I, S. 28) spricht Goethe selbst am 21. November 1795. Allerdings ist es bis heute noch nicht gelungen, alle Anspielungen und Adressaten restlos zu dechiffrieren.[26]

---

25 Borchmeyer: Weimarer Klassik, S. 385.
26 Vgl. Franz Schwarzbauer: Die Xenien. Studien zur Vorgeschichte der Weimarer Klassik. Stuttgart 1993.

Die Bürgschaft (1799)[27]

Nach einem Eintrag in Schillers *Kalender* ist die *Bürgschaft* zwischen dem 27. und dem 30. August 1798 entstanden. Der Erstdruck erfolgte im *Musen-Almanach für das Jahr 1799*, der von Schiller herausgegeben wurde. In die *Ausgabe letzter Hand* der Gedichte Schillers wurde der Text unter dem veränderten Titel *Damon und Pythias* aufgenommen. Schiller äußert sich in drei Briefen an Goethe über die Umstände der Entstehung. Am 15. Dezember 1797 wünscht er auf eine Sammlung poetischer Stoffe zurückzugreifen, damit dadurch seiner „Armuth an solchen Stoffen" (NA 29, S. 169) abgeholfen werden könne. Er erwähnt bei dieser Gelegenheit die Zusammenstellung antiker Mythologie und antiker Bildungsstoffe (die so genannten *Fabulae*) des römischen Philologen C. Iulius Hyginus (ca. 64 v. Chr. – 17 n. Chr.).[28] Goethe schickt am nächsten Tag ein Exemplar von 1674 aus seiner Bibliothek. Schiller ist durch die Lektüre sehr inspiriert, er lobt den poetischen Geist, den Gestaltenreichtum, die Anmut und die Phantasiefülle der Fabelsammlung (vgl. NA 29, S. 268). Am 31. August 1798 heißt es, die Ballade sei fertig (vgl. NA 29, S. 271) und am 4. September 1798 bestätigt Schiller, dass ihm das Buch von Hyginus als Quelle für die *Bürgschaft* gedient habe. „Ich bin neugierig, ob ich alle Hauptmotive, die in dem Stoffe lagen, glücklich herausgefunden habe. Denken Sie nach, ob Ihnen noch etwas beyfällt, es ist dieß einer von den Fällen, wo man mit einer großen Deutlichkeit verfahren und beinahe nach Principien erfinden kann." (NA 29, S. 273) Die literarisch-motivliche Vorlage findet sich bei Hyginus in der 257. Fabel *Qui inter se amicitia junctissimi fuerunt* (dt. *Männer, die durch eine sehr große Freundschaft miteinander verbunden waren*).[29] Goethes Urteil über die *Bürgschaft* lautet, die Ballade sei zwar „sehr gut gerathen", allerdings „möchte es physiologisch nicht ganz zu passiren seyn daß einer, der sich an einem regnigen Tag aus

---

27 Die Ausführungen fußen auf dem Artikel Matthias Luserke-Jaqui: *Die Bürgschaft*, in: Schiller-Handbuch. Hgg. v. Matthias Luserke-Jaqui unter Mitarbeit v. Grit Dommes. Stuttgart, Weimar 2005.

28 Vgl. Der Neue Pauly. Enzyklopädie der Antike. Stuttgart, Weimar 1998, Bd. 5, Sp. 778.

29 Vgl. den Abdruck des Wortlauts der 257. Fabel in: Modelle für den altsprachlichen Unterricht Latein. Antike Mythen. Hyginus, Fabulae, mit Worterklärungen und Erläuterungen v. Gerhard Röttger. Frankfurt a.M. 1978. – Zur Motivtradition vgl. auch Josef Karlmann Brechenmacher: Schillers *Bürgschaft*. Zur Literaturgeschichte des Balladenstoffs. Eine Untersuchung, in: Pädagogische Warte 18/24 (1911), S. 1433–1448.

dem Strome gerettet, vor Durst umkommen will, da er noch ganz nasse Kleider haben mag" (NA 37/I, S. 348). Goethe mahnte also einen Verstoß gegen die poetische Wahrscheinlichkeit an, doch Schiller nahm diese Kritik nicht auf und ließ den Text unverändert. Dies zu Recht, denn der angebliche logische Fehler ignoriert die Tatsache, dass in dieser Textpassage ein vielstündiger Reiseweg geschildert wird.

Körners Reaktion fällt weitaus zustimmender aus. Er berichtet Schiller, dass das Vorlesen der *Bürgschaft* einen großen Eindruck auf seine Frau und seine Tochter gemacht habe, „ich rechne diese Produkte wieder unter Deine gelungensten Arbeiten" (NA 37/I, S. 349), die ihren Autor nur wenig Anstrengung kosteten, behauptet er am 13. Oktober 1798. Vier Monate später, am 20. Februar 1799, kommt er nochmals ausführlich auf die Ballade zu sprechen und erklärt den ästhetischen Reiz des Textes mit der Spannung zwischen Handlung und alternierenden Versmaßen. Er schreibt über die *Bürgschaft*:

> Hier ist alles auf die Spannung berechnet, die durch eine Reihe von angstvollen Situationen bewirkt wird. Dazu paßt der Rhythmus vortrefflich, besonders der dritte männliche Reim, und die Anapästen die zuweilen an passenden Stellen mit den Jamben abwechseln. Die Ruhe und Sicherheit im Tone des Anfangs die allmählich bis zur höchsten Leidenschaft steigt, und der befriedigende Schluß nach der heftigsten Erschütterung geben dem Ganzen eine gewisse musikalische Wirkung, die dieß Gedicht vielleicht für den größern Theil der Leser anziehender macht [...]. Dazu kommt das Sinnliche in dem Stoffe, und der hohe StandPunkt, aus dem das Moralische, wie eine NaturErscheinung, mit scheinbarer Kälte betrachtet wird. Beym Vorlesen findet man hier weit weniger Schwierigkeit, als bey andern unter Deinen erzählenden Gedichten. Nur die erste Strophe scheint für den Ton der Ballade fast zu gedrängt, und die öftere Abwechselung der redenden Personen ist besonders im Anfange des Gedichts eine Klippe für den Vorleser. Er fällt leicht ins Dramatische, und dabey geht eine gewisse Melodie der Declamation verloren, die bey dem Vorlesen einer Ballade herrschen sollte. (NA 38/I, S. 41)

Im Oktober 1798 schickt Schiller Körner ein Exemplar des *Musen-Almanachs für das Jahr 1799* und bemerkt über die Gattung der Ballade: „Glaube nicht, daß ich diese Gattung so léger tractiere, sie wird mir leicht, weil ich darüber klar bin, und in keiner möcht ich sagen, bin ich mir der freien Kunstthätigkeit so deutlich bewußt"; mit ganzer Besonnenheit sei die *Bürgschaft* „gedacht und organisiert" (NA 29, S. 295).

Im sizilianischen Syrakus herrscht seit 404 Dionysios der Ältere (430–367 v. Chr.) als Tyrann. Ihn will Möros, der in der Fassung der *Ausgabe letzter Hand* des Gedichts dann Damon heißt, ermorden, wird aber zuvor gefasst. Möros soll hingerichtet werden, erbittet sich aber von Dionysios einen dreitägigen Aufschub, um seine Schwester verheiraten zu können. Als menschliches Pfand dient dem König solange ein Freund von Möros. Sollte dieser nicht rechtzeitig zurück sein, werde der Freund hingerichtet. Auf dem Rückweg von der Hochzeit gerät Möros in ein Unwetter, die schwellenden Fluten eines Baches reißen die Brücke fort, eine Räuberbande überfällt ihn, Sonnenhitze ermattet ihn. Schließlich gelangt er im letzten Augenblick zurück, um die Hinrichtung des Freunds gerade noch zu verhindern. Die Freundespflicht, „Liebe und Treue" (V. 119) zu halten, haben beide erfüllt. Gelegentlich wird darin ein indirekter Verweis auf Schillers Schrift *Über das Pathetische* (1793) erkannt, worin er ausführt, dass das Leiden eines Menschen das Werk seines moralischen Charakters sein müsse. Dies könne geschehen, wenn der Mensch „aus Achtung für irgend eine Pflicht das Leiden *erwählt*. Die Vorstellung der Pflicht bestimmt ihn in diesem Falle als *Motiv*, und sein Leiden ist eine *Willenshandlung*." (NA 20, S. 212) Als Beispiel führt Schiller den Römer Regulus an, der, „um Wort zu halten, sich der Rachbegier der Karthaginienser ausliefert"; in diesem Fall erscheine der Mensch „als eine moralisch große Person" (NA 20, S. 212). Möros und sein Freund treten vor den Tyrannen, der durch die allgemeine Rührung bewegt sich zu dieser eindrücklichen Freundschaftsphilosophie bekehren lässt. Er bewundert die „Treue" (V. 137) dieses Freundschaftsverständnisses und bittet: „Ich sei [...] / In eurem Bunde der dritte." (V. 139f.)

Der Titel des Gedichts macht deutlich, worum es geht: ‚Bürgschaft' heißt freundschaftliche Treue, Verlässlichkeit, meint also Werte tugendhaften Verhaltens, die zeitlos sind. Vielleicht liegt darin eine Erklärung für die ungeheure Wirkung, welche die *Bürgschaft* zeitigte. Diese durch die Rezeptionsgeschichte vor allem des späten 19. und frühen 20. Jahrhunderts geadelte Ballade gehört auch heute noch zum festen Bestand der Schullektüre. Allerdings hat Bertolt Brecht in seiner *Studie* mit dem Titel *Über Schillers Gedicht ‚Die Bürgschaft'* (1938) kritisch angemerkt, dass sich Schillers Tyrann nicht wie ein Despot verhalte: „Am End war der Tyrann gar kein Tyrann!"[30]

---

30 Brecht: Werke. Große kommentierte Berliner und Frankfurter Ausgabe, Bd. 11, S. 272.

Brecht betont zudem die Herkunft des Bürgschaft-Gedankens, der dem bürgerlichen Finanz- und Kreditwesen entstammt.[31] Die eigentliche Tyrannis besteht demnach in der Verinnerlichung der Unterdrückung, also in der Umwandlung von tyrannischem Fremdzwang in disziplinierenden Selbstzwang. Freund betont die didaktische Funktion dieser klassischen Ballade Schillers, die in der „Verinnerlichung bürgerlicher Tugendnormen" bestehe; die Ballade entwickle die „Legende vom braven Bürger".[32]

Der Untertitel *Ballade* ordnet *Die Bürgschaft* bereits einer bestimmten Gattungstypologie zu. Seine neue Ballade *Die Bürgschaft* kündigte Schiller Goethe mit den Worten an, „es ist jetzt eine ergiebige Zeit zur Darstellung von Ideen" (NA 29, S. 87). Daraus wurde ‚Ideenballade' als Gegenbegriff zu ‚Volksballade' entwickelt, ein Kunstwort also, das auf diesen Brief Schillers an Goethe vom 23. Juni 1797 zurückgeht. *Die Bürgschaft* gilt als prominentestes Beispiel einer schillerschen Ideenballade. 1797, im so genannten „Balladenjahr" (NA 29, S. 137; Schiller an Goethe am 22. September 1797) hatten Schiller und Goethe zahlreiche Balladen geschrieben. Schiller steuerte unter anderem die Gedichte *Der Ring des Polykrates, Der Handschuh, Der Taucher, Die Kraniche des Ibycus* bei, nach der *Bürgschaft* folgten *Kassandra* (1802) und *Der Graf von Habsburg* (1803), während Goethe 1797 den *Zauberlehrling* schrieb. Goethe hat die Ballade, da sie alle drei grundständigen Gattungen der Dichtung, nämlich Lyrik, Dramatik und Epik vereine, mit einem „lebendigen Ur-Ei" verglichen, das nur „bebrütet" werden müsse.[33] Diese narrative Dramatik unter Rückgriff auf mythologische Momente kennzeichnet Schillers Balladen aus dieser Zeit.

---

31 Vgl. Karl Mickel: Stufen des Verstehens. Zu Schiller: *Die Bürgschaft*, in: Ders.: Gelehrtenrepublik. Aufsätze und Studien. Essay. Halle a.d.S. 1976, S. 42–46.

32 Winfried Freund: Friedrich Schiller: *Die Bürgschaft*, in: Ders.: Die Deutsche Ballade. Theorie, Analysen, Didaktik. Paderborn 1978, S. 43–50, hier S. 48. – Vgl. auch die Interpretation von Jürgen Stenzel: Über die ästhetische Erziehung eines Tyrannen. Zu Schillers Ballade *Die Bürgschaft*, in: Gedichte und Interpretationen. Bd. 3: Klassik und Romantik. Hgg. v. Wulf Segebrecht. Stuttgart 1991, S. 169–180.

33 Goethes Werke [= Weimarer Ausgabe], Bd. I/41.1, S. 224.

5 Das essayistische Werk

Wenn in diesem Kapitel von Schillers essayistischem Werk die Rede ist, dann wird damit ein Begriff aufgenommen, der keineswegs unumstritten ist. Die Bezeichnung ‚essayistisches Werk' muss, obwohl sie hier nicht gattungstypologisch, vielmehr ordnungssystematisch als Oberbegriff verwendet werden soll, weiterhin mit den Begriffen ‚theoretisches Werk', ‚ästhetische Schriften', ‚Aufsätze' und ‚Abhandlungen' konkurrieren. Dass Schillers theoretische Schriften genuin zur Geschichte des Essays gehören, wurde schon am Ende des 19. Jahrhunderts erkannt. Bis heute gilt es unter etlichen Schiller-Forschern als ausgemacht, dass ein Großteil dieser theoretischen Schriften als Essays bezeichnet werden könne, wenngleich auch ebenso oft deren mangelnde begriffliche Schärfe beklagt wurde. Besonders die konzeptuelle Nähe der *Ästhetischen Briefe* zur Form des modernen Essays wurde hervorgehoben.[1] Ich möchte diesen durchaus wichtigen Kontextualisierungen und gattungstypologischen Problemstellungen nicht weiter nachgehen – sie sind bei Ulfried Schaefer knapp zusammengefasst[2] –, auch eine eigene Literaturgeschichte des Essays kann an dieser Stelle nicht fragmentarisch

---

1 Vgl. Wolfgang Düsing: Friedrich Schiller *Über die ästhetische Erziehung des Menschen*. Text, Materialien, Kommentar. München, Wien 1981, S. 143.
2 Vgl. Ulfried Schaefer: Philosophie und Essayistik bei Friedrich Schiller. Subordination – Koordination – Synthese. Philosophische Begründung und begriffliche Praxis der philosophischen Essayistik Friedrich Schillers. Würzburg 1996, S. 22f.

entworfen werden. Mit den Hinweisen auf die disparate und immer noch viele Desiderate beinhaltende Forschungsgeschichte zu Form und Funktion des Essayistischen bei Schiller soll indes die Bedeutung dieses Begriffs betont und dessen Tauglichkeit zur formalen und inhaltlichen Beschreibung von Schillers ästhetisch-philosophischen Reflexionen hervorgehoben werden. Schaefer macht einen Formulierungsvorschlag des Essayistischen, der zumindest eine arbeitstaugliche Qualität enthält, bis umfassende Untersuchungen zu diesem Thema vorliegen: „Die Suche nach der Wahrheit schlägt sich in der Methode nieder. Der Versuch, Wahrheit zu erfassen und darzustellen, wird an die Rezeption weitergegeben und läßt Schwankungen und Fehler der Interpretation zu, positiv: das Experiment des Verstehens, eine Vielfalt von Verstehensmöglichkeiten."[3] Diese Feststellung positioniert sich allerdings jenseits einer ursprünglichen Autorintention, denn Schiller verfolgt durchaus normative Ansprüche mit seinen Versuchen, die Wahrheit in aestheticis zu finden, wie zu zeigen sein wird.

Bei aller Begeisterung für das essayistisch-philosophische Werk Friedrich Schillers muss man doch so nüchtern bleiben, auch die Schwächen dieses Schaffens zu erkennen. In Sachen Kant und der idealistischen Philosophie war Schiller Autodidakt und – vom Ergebnis her argumentiert – sind seine philosophischen Versuche allesamt gescheitert. Er hat am Ende die Unmöglichkeit erkannt, einen objektiven Begriff des Schönen zu begründen. Was auch immer die Antriebskraft für dieses Anliegen war, Schiller kehrt mit der Einsicht des Scheiterns zu seiner poetischen und dramatischen Arbeit zurück. Das heißt nun andererseits nicht, wertvolle Überlegungen, gelungene Argumentationen und glänzende Sentenzen in den philosophischen und ästhetischen Schriften a priori verwerfen zu müssen. Sie sollen auch weiterhin geborgen, ihr Wert soll begründet und in die Entwicklungsgeschichte seines Denkens gestellt werden. Aus Schiller aber einen Kantianer machen zu wollen, verkennt die Differenz zwischen einem selbständig denkenden und einem mitdenkenden Kopf. Schiller war kein Kantianer, er war ein intensiv mitdenkender Kant-Leser für einen bestimmten Zeitraum seines Lebens. Solch pauschale Urteile wie dasjenige Adornos, der Schiller als Kantianer bezeichnet, das oft genug von der Literaturwissenschaft reflexartig

---

3   Schaefer: Philosophie und Essayistik bei Friedrich Schiller, S. 246.

nachgesprochen wurde,[4] taugen wenig zum Verständnis und zur Beurteilung von Schillers philosophischen Schriften. Die Leitfrage, der wir uns zu stellen haben, lautet also: Welche Bedeutung hat das essayistische Werk, haben die philosophischen und ästhetischen Schriften für uns Leserinnen und Leser heute noch? Schillers philosophische Phase ist jene Zeit in seinem Leben, in der er am weitesten entfernt ist von einem ‚Projekt vom ganzen Menschen', das er in seiner Literatur verfolgt.[5]

Schillers philosophische Essays sind Zeugnisse einer Experimentierphase; ihr Autor erprobt neben einer neuen Diskursfigur des philosophischen Räsonierens auch sich selbst im Feld theoretischer Reflexion. Themen und Probleme werden nun nicht mehr figuriert und literarisiert, sondern theoretisch reflektiert. Dieses Reflektieren erhebt aber zu keiner Zeit den Anspruch einer systematischen Vollständigkeit, sondern beharrt von Beginn an auf der Eigenständigkeit des essayistischen Argumentierens. Noch in seinen *Ästhetischen Briefen* betont Schiller, er sei „wenig geübt im Gebrauche schulgerechter Formen" (NA 20, S. 309). Einige Jahrzehnte zuvor, also in den 1760er und 1770er Jahren, wäre eine solche Diskursform ‚Rhapsodie' genannt worden. In seinem Essay *Über die notwendigen Grenzen beim Gebrauch schöner Formen* (1795) legt Schiller dar, dass die Bestimmung des Menschen es sei, Erkenntnisse zu gewinnen, um dann auf deren Grundlage zu handeln (vgl. NA 21, S. 3), und um besonders disponiert für solche Wahrheitserkenntnisse zu werden, müsse besonders auf die diskursive Darstellung der Wahrheit geachtet werden. Das berührt somit elementar das nicht-fiktionale, also das essayistische Schreiben.

Schiller formuliert diese Apologie seines eigenen Stils etwas blumig: „So erschafft sich der beredte Schriftsteller aus der Anarchie selbst die herrlichste Ordnung, und errichtet auf einem immer wechselnden Grunde, auf dem Strome der Imagination, der immer fortfließt, ein festes Gebäude." (NA 21, S. 10) Das sei eine Eigenschaft, die dem wissenschaftlichen Schreiben mangle – man kann sich leicht vorstellen, weshalb dieser Essay den Zorn des jenaischen Kollegen

---

4 Vgl. Theodor W. Adorno: Minima Moralia. Reflexionen aus dem beschädigten Leben. Frankfurt a.M. 1982 [¹1944/45], S. 111.

5 Zur grundsätzlichen Einführung in Schillers philosophisches Denken sei auf die Arbeit von Ulrich Tschierske: Vernunftkritik und ästhetische Subjektivität. Studien zur Anthropologie Friedrich Schillers. Tübingen 1988, verwiesen, worin sich auch eine umfangreiche Diskussion der philosophischen Forschungsliteratur findet.

und Philosophen Johann Gottlieb Fichte (1762–1814) hervorgerufen hatte. Nachdem er von Schiller wegen eines Publikationsangebots für die *Horen* scharf angegriffen worden war, hatte er Schiller vorgeworfen:

> Sie feßeln die Einbildungskraft, welche nur frei seyn kann, und wollen dieselbe zwingen, zu denken. Das kann sie nicht; daher, glaube ich, entsteht die ermüdende Anstrengung, die mir Ihre philosophischen Schriften verursachen; [...] Ich muß alles von Ihnen erst übersetzen, ehe ich es verstehe; [...] Ihre philosophischen Schriften sind gekauft, bewundert, angestaunt, aber, soviel ich merke, weniger gelesen, und gar nicht verstanden worden; [...] Jeder lobt, so sehr er kann; aber er hütet sich wohl vor der Frage: was denn eigentlich darin stehe? (NA 35, S. 232)

Schillers Essays sind unsystematisch, aber apodiktisch, unlogisch, aber stilvoll, sie arbeiten mit unhinterfragten Vorannahmen, gelangen aber zu überraschenden Ergebnissen, sie bleiben poetologisch konventionell, ordnen aber Konventionen neu. Eine konzise Begrifflichkeit ist Schillers Sache nicht; sein philosophisches Denken ist ein Denken in Antinomien, deren bekanntesten Sittlichkeit und Sinnlichkeit, Freiheit und Notwendigkeit, Vernunft und Trieb, Unlust und Lust, Moral und Natur heißen. Neben der bloß zweckmäßig bedingten Bildung von synonymen Begriffspaaren spiegelt sich darin natürlich auch eine lange philosophiegeschichtliche Tradition, die zu überwinden sich Schiller aber nicht anheischig machte – was von ihm zu erwarten auch völlig unangemessen wäre. Das Besondere an Schillers philosophisch-ästhetischen Schriften ist daher weniger die Originalität seiner Anschauungen, die sich durchaus in Grenzen hält, als vielmehr sein Bemühen, als Erster Begriffe, Argumentationsschritte, Denkfiguren und konzeptuelle Vorstellungen von Kunst aus der Architektonik der kantischen Philosophie auf die Literatur, im Besonderen auf die Tragödie zu übertragen und deren Leistungsfähigkeit in dieser Hinsicht zu testen. Die anfängliche Begeisterung Schillers für Kants Philosophie verliert sich in jenem Moment, wo er die Begrenztheit der Philosophie für die Fragen der Kunst und der Kunstwirkung erkennt. Schiller ordnet in diesem historischen Augenblick den Zwang zur Systematik der Kunstproduktion unter, die doch je und je die Postulate der apriorischen Philosophie unterläuft. Das erkannt und reflektiert zu haben, darin liegt meines Erachtens das eigentliche Verdienst von Schillers ästhetischen Bemühungen.

Vielleicht muss für Schiller ein Wort geltend gemacht werden, das er selbst gegen die Philosophie (und vermutlich auch gegen den

Philosophen in sich) gesprochen hat. In dem Essay *Über Anmut und Würde* heißt es: „Was man beym Philosophiren nothwendig von einander trennen muß, ist darum nicht immer auch in der Wirklichkeit getrennt." (NA 20, S. 266) Und ähnlich wenig später: „Die menschliche Natur ist ein verbundeneres Ganze in der Wirklichkeit, als es dem Philosophen, der nur durch Trennen was vermag, erlaubt ist, sie erscheinen zu lassen" (NA 20, S. 286).

5.1 Karlsschulreden (1779/1780)[6]

Der Darmstädter Schriftsteller Johann Heinrich Merck (1741–1791) schrieb an Herzog Karl August am 20. Oktober 1781: „Ew. Durchlaucht werden in dem Paquete auch eine Abschrifft der Redeübungen finden, die bey Gelegenheit des Geburtstags der Gräfin v. Hohenheim sind gehalten worden. Sie sind ein Meisterstük von Vorstellungs Art, u. Goethe würde noch ein größerer Poet seyn, als er ist, wenn er so etwas componiren könnte."[7] Die rhetorische Kompetenz der jungen Karlsschüler ist also bereits den Zeitgenossen aufgefallen und Goethe reicht Mercks Urteil nicht gerade zur Ehre. Schiller musste als Karlsschüler zweimal die Rolle des Lobredners übernehmen und den Geburtstag der herzoglichen Mätresse feierlich bedichten.[8]

Die erste Karlsschulrede trägt den Titel *Rede über die Frage: Gehört allzuviel Güte, Leutseeligkeit und große Freygebigkeit im engsten Verstande zur Tugend?* Sie wurde am 10. Januar 1779 gehalten. Schiller definiert sich darin sogleich als Lobredner und stellt damit zu Beginn klar, dass er sich einer Textform bedient, die keinen objektiven und keinen wahrheitsgemäßen Bericht erwarten lässt, sondern der Erfüllung einer Pflicht nachkommt und eine Auftragsarbeit darstellt. Schon im Herbst 1774 hatte der Herzog Schiller beauftragt, Charakteristiken über seine Mitschüler und sich selbst zu verfassen. Darin sollten vor allem die Glaubensfestigkeit, die moralische Gesinnung, die Vorlieben und Abneigungen, ihre Einstellung zur Hygiene und

---

6 Die Jahreszahlen hinter der Titelnennung eines philosophischen Aufsatzes nennt das Erscheinungs- und nicht das Entstehungsjahr der jeweiligen Schrift.

7 Johann Heinrich Merck: Briefe. Hgg. v. Herbert Kraft. Frankfurt a.M. 1968, S. 322.

8 Den Ausführungen dieses Kapitels liegt folgende geringfügig geänderte Passage zugrunde: Matthias Luserke-Jaqui: Über Literatur und Literaturwissenschaft. Anagrammatische Lektüren. Tübingen, Basel 2003, S. 163–167.

ihr Verhältnis zu den Lehrern beurteilt werden. Schiller war dieser Aufgabe mit seinem *Bericht an Herzog Karl Eugen über die Mitschüler und sich selbst* (1774 entstanden, erstmals 1841 gedruckt) nachgekommen und hatte am Ende vermerkt: „Lassen Sie mich, Durchlauchtigster, vor Ihr Leben Weihrauch bringen" (NA 22, S. 16). Der Schüler und Redner Schiller erledigt nun den neuerlich bestellten Auftrag zu einer Geburtstagsrede, auch wenn er eine doppelte ‚Freude' darüber in den Eingangszeilen zum Ausdruck bringt, die doch nur einer rhetorischen Tradition gehorchen (vgl. NA 20, S. 3). Die Adressaten dieser Rede sind in erster Linie der Herzog selbst und Franziska Gräfin von Hohenheim. Die Liebe zur Glückseligkeit aller Menschen müsse, so die Rede, die Grundlage für tugendhaftes Handeln sein. Schiller definiert Tugend nicht als moralische Haltung, sondern pragmatisch als Tun. Der Verstand müsse jede Neigung daraufhin prüfen, ob sie Glückseligkeit zum Ziel habe. Was also nicht diesem Ziel dient, ist nicht tugendhaft. Schiller bringt es auf die mehrfach wiederholte Formel, „Tugend ist das harmonische Band von Liebe und Weißheit!" (NA 20, S. 4). Die Tugend sei Nachahmerin Gottes, Liebe und Weisheit eigne etwas Gottähnliches. Der Umkehrschluss lautet demnach, wer über Liebe und Weisheit verfügt, also tugendhaft handelt, ist gottähnlich. Anders formuliert, Gottähnlichkeit kann nur derjenige oder diejenige erlangen, der oder die tugendhaft handeln.

Der Redner wolle sich nicht von der „glänzende[n] Außenseite prangender Thaten […] verblenden" (NA 20, S. 4) lassen, führt der Text weiter aus. Was demnach Hof und Hofstaat als tugendhaftes Handeln darstellen, muss es bei genauer Prüfung der zugrunde liegenden Motive – Schiller spricht von der inneren Quelle – beileibe nicht sein. Schiller bedient sich einiger Beispiele aus der römischen Antike, um diese Antinomie von äußerem Glanz und innerer, moralischer Korruption zu veranschaulichen. Herrschsucht und Ehrgeiz sind schlechte Ratgeber für tugendhaftes Handeln. Dem Imperator Augustus ruft er zu – und wer wollte ausschließen, dass Schiller nicht auch an den anwesenden württembergischen Duodezfürsten gedacht haben mag? –: „Willst prangen sehen deinen Nahmen im Liede deiner bestochenen Sänger, willst unsterblich werden mit den Unsterblichen!" (NA 20, S. 5). Hat sich Schiller selbst in seiner Rolle als bestellter Lobredner wie ein solch bestochener Sänger gefühlt? Und ist das nicht schon das *Semele*-Thema, unsterblich und gottgleich werden zu wollen, genährt aus absolutistischem Geist? „Verlarvtes Laster" (NA 20, S. 5) ist hier die Quelle der Tugend.

Wer weise ist, ist gütig, aber nicht verschwenderisch, argumentiert Schiller weiter. Auffällig ist, dass er zunächst nicht von Freigebigkeit, sondern von Verschwendung spricht. Eben jenem Herzog wurde aber eine ausgeprägte Verschwendungssucht bescheinigt, die ihn zu allerhand politischen und ökonomischen Bündnissen zwang. Allzu große Güte und allzu große Leutseligkeit seien nicht tugendhaft, heißt es im Text. Wenn ein „Reicher" sich großzügig zeige, so bedeute dies noch lange nicht, dass er mit einer tugendhaften Absicht handle; und über die Leutseligkeit entscheide nicht der Geburtsadel, sondern – Schiller ist an diesem Punkt seiner Rede ausgesprochen offensiv – der „Seelen-Adel" (NA 20, S. 6). Güte, Leutseligkeit und Freigebigkeit ohne diesen Seelenadel machen die Menschen nicht „bestmöglich glüklich" (NA 20, S. 7). Schillers entschiedene Schlussfolgerung: „Ich verwerffe sie gantz – Sie ist nicht *Tugend*!" (NA 20, S. 7)

Dann vollzieht er eine signifikante Wendung. Er stellt die rhetorische Frage, was eine tugendhaftere Tat darstellen könne, als die Jugend zu bilden. Die Antwort bleibt unausgesprochen, der Text hat sie vorweggenommen. Liebe und Weisheit bete er an, sechs Mal wiederholt er diese Apotheose von Weisheit, Liebe und Tugend. Der Abschluss der Rede führt die allgemeinen Überlegungen mit den beiden angesprochenen Personen zusammen. Hatte Schiller zu Beginn der Rede klargestellt, dass er als bestellter Festredner agiere, so gewinnt diese Schlusspassage fast schon parodistische Züge. „Nicht mit der schaamrothmachenden Heuchelrede kriechender Schmeicheley […]", sondern „mit der offnen Stirne der Warheit" (NA 20, S. 9) könne er sprechen. Doch Lobrede kennt nach dem Maßstab dieser Rede keine Wahrheit. Also ist das, was Schiller zum Schluss sagt, die Unwahrheit. Es ist die Kontrafaktur zur Realhistorie. Franziska wird als Menschenfreundin gefeiert, Herzog Karl Eugen als größter Kenner und Freund der Tugend. Dies heißt im Klartext, er ist nicht der Tugendhafte, sondern er bedient sich der Attribute von Tugendhaftigkeit, die aber äußerlich bleiben. Das Gleiche gilt für Franziska von Hohenheim. Angebetet, verehrt werden nur die Tugend selbst, nicht aber diejenigen, die sich selbst für tugendhaft halten. Geschminkte Tugend habe Karl nie geblendet, sagt Schiller. Karl und Franziska seien „beedes Nachahmung der Gottheit!" (NA 20, S. 9) Die Apotheose des Fürsten und seiner Mätresse zeichnet sich ab. Die Zuhörer wissen es besser, auch dies ist fast schon ein Affront, gekleidet in eine Lobrede und insofern mit höfischer Etikette verträglich, da sie die Doppellektüre erlaubt, als affirmativer und als kritischer Text. Dieses Schreibverfahrens bedient sich Schiller auch in der *Semele*.

In der zweiten Karlsschulrede mit dem Titel *Die Tugend in ihren Folgen betrachtet*, die Schiller am 10. Januar 1780 hält, knüpft er zwar direkt an den Inhalt der ersten Rede an, arbeitet ihn aber um. Darin mag man ein Motiv der Lustlosigkeit erkennen, nun schon zum zweiten Mal als bestellter Festredner agieren zu müssen. Vielleicht liegt aber auch ein Moment des Protestes darin, denn der Herzog gab eigenhändig das Thema der Rede vor. Nur Tugend mache den Menschen zum „Abglanz der unendlichen Gottheit" (NA 20, S. 30), eröffnet Schiller die Rede. Die Folge tugendhaften Handelns sei die Übereinstimmung zwischen der Vollkommenheit des Gemeinwesens und der individuellen Glückseligkeit. Unter dieser Vollkommenheit kann man durchaus auch den aufgeklärten Perfektibilitätsgedanken erkennen, wonach die zunehmende Vervollkommnung des Menschen als politischer Auftrag verstanden wird. Individuelles Glück und soziales Glück gehören für Schiller untrennbar zusammen. Die Adressaten dieser Rede sind wiederum Herzog Karl Eugen und Franziska von Hohenheim. Das „Band der allgemeinen Liebe" (NA 20, S. 32) halte den Einzelnen und die Gemeinschaft zusammen. Dann spricht Schiller den Herzog verdeckt, aber unverkennbar an. Er thematisiert die Redesituation, das Alter des Redners und das Alter des Zuhörers. „So kann das Jugendliche Feuer eines brausenden Geists durch den bedachtsamern Ernst des reifern Manns milder und mäsiger werden. So kann der ersterbende Trieb zur Tugend in diesem durch die wärmere Tugendliebe in jenem in neue Flammen auflodern" (NA 20, S. 33). Das kann aber heißen, dass die Tugendhaftigkeit des Herzogs zu wünschen übrig lässt. In einer Kette von konditionalen Sätzen führt Schiller weiter aus, dass der Fortschritt der Aufklärung nur dann eine Chance habe, wenn entsprechend geeignete und gebildete Männer auf den Thronen sitzen und Gesetze machen. Dieses einschränkende ‚wenn' mag wiederum hervorheben, dass kein Anlass zu der Annahme besteht, dies sei historisch gesehen bereits der Fall. Auch hier erweist sich die Textsorte der Festrede als Medium der Doppellektüre, denn der Herzog konnte darin keine Kritik erkennen, hatte er doch immerhin diese Festrede zuvor im Wortlaut gekannt und ausgewählt.

Die Rhetorik des Konditionals setzt Schiller wenig später fort. Er stellt Fragen, die mehr sind als nur rhetorische Fragen, die Antworten bleiben aber aus. Der Fürst sei „Nachamer der Gottheit auf Erden" (NA 20, S. 34). Der absolutistische Herzog mag dies gerne gehört haben; für Schiller liegt möglicherweise die Ironie des Worts oder die parodistische Absicht in der Einschränkung auf die Nachahmung. Mit dem Weisen, der „in bodenlosen Kerkern" (NA 20, S. 35) schmachte, könnte Schiller auf Schubart angespielt haben, der auf dem Hohenasperg gefangen gehalten wurde. Die inneren Folgen der Tugend wären allein so groß, dass sie selbst diesen Gefangenen glückselig machten. Wenn aber der Gefangene tugendhaft ist, dann kann derjenige, der ihn gefangen setzt, nicht auch tugendhaft gehandelt haben. Die Kritik am politischen Handeln des Herzogs ist offenkundig, sie zu erkennen setzt aber die Verweigerung einer affirmativen Lektüre der Rede voraus. Insofern kann der Einschätzung nicht zugestimmt werden, die Festreden seien „Schulaufgaben, sachliche Erörterungen eines philosophischen Themas (der Tugend), das mit einer Huldigung zu verbinden war".[9]

Schiller bescheinigt schließlich lediglich Franziska von Hohenheim diese innere Ruhe tugendhaften Handelns, nicht dem Herzog selbst. Auch dies kann als Zeichen des Protestes, als eine Aufforderung an Franziska verstanden werden, ihren Einfluss auf den Herzog geltend zu machen, auf ihn tugendhaft einzuwirken und so zum noch keineswegs erreichten allgemeinen Glück und zur Wohlfahrt des Gemeinwesens beizutragen. Strack betont den „synkretistischen Charakter" der Texte, die zwischen „humanistischer Schulrede und höfischer Festrede" hin und her schwankten und sich dabei zu „Redekunststücken"[10] mauserten. Nur schwer lässt sich vorstellen, wie ein historischer Text sich jenseits historistischer Empathie als ein ‚Redekunststück' erweisen kann. Helmuth Kiesel hingegen deutet die Karlsschulreden als schmeichlerische Verbrämungen der herzoglichen Mätresse.[11] Dem Einwand Stracks, dies entbehre „jeder sachlichen Einschätzung",[12] vermag unsere Lesart nicht zu folgen.[13]

---

9 Friedrich Strack: Schillers Festreden, in: Schiller und die höfische Welt, S. 111–126, hier S. 114. Auch an anderer Stelle zeichnet Strack ein ausgesprochen positives Bild sowohl des württembergischen Herzogs als auch des Verhältnisses Schillers zum Herzog, das von Dankbarkeit gekennzeichnet gewesen sei, vgl. Friedrich Strack: Ein Herold höfischer Musen. Schiller in der Karlsschule, in: Christoph Jamme, Otto Pöggeler (Hg.): „O Fürstin der Heimath! Glükliches Stutgard". Politik, Kultur und Gesellschaft im deutschen Südwesten um 1800. Stuttgart 1988, S. 187–203.
10 Strack: Schillers Festreden, S. 114.
11 Vgl. Kiesel: ‚Bei Hof, bei Höll', S. 234ff.
12 Strack: Schillers Festreden, S. 122.
13 Zur weiteren Forschungsdiskussion vgl. Martina Eicheldinger: Rhetorische Elemente in den Reden der Karlsschüler auf Franziska von Hohenheim (1779),

Schillers Freund Andreas Streicher überliefert den Schluss eines Epigramms von Schiller, das – wenn man es denn als Zeugnis des Dichters gelten lassen will – ein klares Licht auf diese Debatte wirft. Schiller soll es im Winter 1783 geschrieben haben, als der württembergische Herzog mit seiner Mätresse Franziska durch Sachsen reiste: „Was ihr an Reitz gebricht / hat sie an Diamanten".[14]

5.2 Publizistische Schriften

Schillers publizistische Tätigkeit beginnt unmittelbar nach seiner Karlsschulzeit. Schon im Mai 1781 redigiert er in Stuttgart für 12 Monate die *Nachrichten zum Nutzen und Vergnügen* (die *Mäntlerische Zeitung*).[15] Im März 1782 gründet er zusammen mit Abel, Atzel und Petersen seine erste Zeitschrift *Wirtembergisches Repertorium der Litteratur*. Sie erschien nur ein knappes Jahr lang bis Frühjahr 1783. Die erklärten Ziele waren die „Ausbildung des Geschmacks, angenehme Unterhaltung und Veredlung der moralischen Gesinnungen" (FA 8, S. 876), also sehr konventionelle – man kann sagen, die Standardabsichten repräsentierende – Ziele der Publizistik der Aufklärung. Schon zwei Jahre später startet Schiller sein erstes eigenes Zeitschriftenprojekt, die *Rheinische Thalia*, die zunächst nur in einem Heft 1785 ausschließlich mit eigenen Beiträgen Schillers erscheint und erst 1787, nach Schillers Umzug nach Leipzig, unter dem Titel *Thalia* fortgesetzt wird. Von 1792 bis 1795 erscheint sie dann als *Neue Thalia*. Man mag die Gründe für diese publizistische Tätigkeit Schillers darin sehen, dass er sich einen kleinen Verdienst vom Verkauf der Zeitschrift erhoffte. Allerdings erschöpfen sich Motivation und Idealismus, ein solches Wagnis auf sich zu nehmen, kaum in ökonomischen Hoffnungen. Vielmehr liegt dem Schriftsteller Schiller das

---

in: Schiller und die höfische Welt, S. 94–110. Eicheldinger sieht eine „doppelte Zielsetzung" in den Festreden von den Karlsschülern verfolgt: „Sie wollen zum einen Franziska verherrlichen, zum andern aber auch sich selbst und ihre Zuhörer für die Tugend begeistern, als deren vollendete Verkörperung die Gräfin von Hohenheim gefeiert wird" (ebd., S. 105). Im aufgeklärten Absolutismus Karl Eugens erkennt sie das „Wunschbild einer patriarchalischen Idylle" (ebd., S. 108).

14 Andreas Streichers Schiller-Biographie, S. 233.

15 Zu dieser Zeitschrift, Schillers Tätigkeit und den publizistischen Vorlagen seiner redaktionellen Arbeit vgl. den Aufsatz von Hermann Müller: Schillers journalistische Tätigkeit an den *Nachrichten zum Nutzen und Vergnügen*, in: Württembergische Vierteljahrshefte für Landesgeschichte, N.F. 24 (1915), S. 1–66.

Redigieren, Edieren und Publizieren eigener und fremder Texte; diese Tätigkeit macht einen Teil seines schriftstellerischen Profils aus. In der *Ankündigung* zur *Rheinischen Thalia* streicht Schiller heraus, er schreibe als freier Weltbürger, der keinem Fürsten diene (vgl. NA 22, S. 93). Sehr engagiert trägt er seine Kritik an den repressiven Verhältnissen in der Karlsschule vor. Die Verstöße gegen die herrschende Ordnung, die Veröffentlichung der *Räuber* hätten ihn Familie und Vaterland gekostet. „Das Publikum ist mir jetzt alles, mein Studium, mein Souverain, mein Vertrauter" (NA 22, S. 94). Dieses emphatische Verständnis von einem souveränen Publikum und dessen Geschmack wird sich sehr schnell verlieren. Das zeigt schon Schillers nächstes Zeitschriftenprojekt der *Horen*.

Die *Horen* erschienen in den Jahren von 1795 bis 1799. In einer von Schiller, Fichte, Wilhelm von Humboldt und dem Historiker Woltmann gemeinsam verfassten *Einladung zur Mitarbeit* wurden mögliche Beiträger gezielt geworben, unter anderem Kant und Klopstock, die allerdings keine Beiträge lieferten.[16] Die *Ankündigung* der *Horen* ließ Schiller am 10. Dezember 1794 ins *Intelligenzblatt* der *Allgemeinen Literatur-Zeitung* einrücken. Darin wird das inhaltliche Konzept der Zeitschrift erläutert und zur Mitarbeit an den *Horen* aufgerufen, sofern man sich willig den Bedingungen der Zeitschrift fügen wollte. Darunter verstand Schiller vor allem die Überzeugung, dass von „dem stillen Bau besserer Begriffe, reinerer Grundsätze und edlerer Sitten […] zuletzt alle wahre Verbesserung des gesellschaftlichen Zustandes abhängt" (NA 22, S. 106f.). Das Schöne müsse „schon in seiner Geburt sich unter Regeln fügen", nur durch „Gesetzmäßigkeit" könne es würdig werden, „einen Platz im Olymp, Unsterblichkeit und einen moralischen Wert zu erhalten" (NA 22, S. 108). Neben dieser entschiedenen Absage an jegliche tagespolitische Anleihen wurde vor allem der Unterhaltungswert sowie das Ziel der Beförderung wahrer Humanität, Schönheit und Wahrheit benannt. Die Durchlässigkeit zwischen einem wissenschaftlichen Schreiben und einem essayistischen Stil sollte größer werden. Gleichwohl waren auch poetische Texte willkommen; so veröffentlichte etwa Hölderlin seine Gedichte *Der Wanderer* und *Die Eichbäume* in den *Horen* und Schiller selbst barg aus dem Nachlass von Jakob Michael Reinhold Lenz, den Goethe verwaltete, die Erzählung *Der Waldbruder*. Das ursprüngliche Konzept der *Horen* setzte der Verleger

---

16 Zu den einzelnen Beiträgern vgl. Günter Schulz: Schillers *Horen*. Politik und Erziehung. Analyse einer deutschen Zeitschrift. Heidelberg 1960, S. 93ff.

Cotta später operativ in seinem *Morgenblatt für gebildete Stände* (1807–1865, ab 1837 unter dem Titel *Morgenblatt für gebildete Leser*) fort.[17]

Im Januar 1791 erschien Schillers anonyme Rezension der *Gedichte* (1789) von Gottfried August Bürger (1747–1794), die so genannte *Bürger-Kritik*, worin er sich erstmals öffentlich grundsätzlich über sein Programm einer idealistischen Ästhetik äußert. Dieses Programm wurde in den darauf folgenden Jahren unter anderem in den *Ästhetischen Briefen* und *Über naive und sentimentalische Dichtung* weiterentwickelt. Schiller formuliert allgemeine Grundsätze seiner Kunsttheorie, die er auf Bürgers Gedichte angewendet wissen will, und gelangt damit fast zwangsläufig zu einem äußerst kritischen Urteil. Die Poesie habe, so Schiller, „den *ganzen Menschen*" (NA 22, S. 245) wiederherzustellen, dessen Kräfte durch kulturelle Entwicklung, Arbeitsteilung und Interessenlagen mehr und mehr dissoziierten. Die Vorstellung des ‚ganzen Menschen' hängt von einem Ideal der Menschheit ab, das der Dichter in sich trägt und das er in seiner Dichtung zur Anwendung zu bringen gehalten ist. Schiller nennt diese Operation der „Idealisierung" auch „Veredlung" (NA 22, S. 253). Sitten, Weisheit und Charakter sollen in der Dichtung idealisiert erscheinen. Das Kunstwerk ist insofern autonom, als es von den Bedürfnissen der Rezipienten unabhängig zu sein hat. Allerdings bleibt auch Schiller hier die Antwort auf die Frage schuldig, wie sich dieses Ideal der Vollkommenheit, das einen inneren, absoluten Wert der Dichtung an sich darstellen soll, gestaltet. Wenn Schiller von einer Harmonie des Ganzen, von der Befreiung äußerer Beimischungen, vom Allgemeinen an Stelle des Individuellen spricht oder davon, dass der Dichter sich von der Gegenwart befreien und „in die Welt der Ideale emporschweben soll" (NA 22, S. 258), dann bleiben dies so lange Allgemeinplätze, bis eine Konkretisierung vorstellbar wird. Entgegen den späteren ästhetisch-philosophischen Schriften legt er allerdings in der *Bürger-Kritik* offen, dass die Voraussetzungen, aus denen sich seine wertenden Grundsätze ableiten, dem persönlichen Gefühl folgen und nichts anderes als Geschmacksurteile darstellen. „Die Rede ist von Grundsätzen des Geschmacks" (NA 22, S. 259), heißt es in der *Verteidigung des Rezensenten gegen obige Anti-*

---

17 Vgl. Peter Weber: Schillers *Horen* – Ein zeitgerechtes Journal? Aspekte publizistischer Strategien im ausgehenden 18. Jahrhundert, in: Helmut Brandt (Hg.): Friedrich Schiller – Angebot und Diskurs. Zugänge, Dichtung, Zeitgenossenschaft. Berlin, Weimar 1987, S. 451–463.

kritik, und an anderer Stelle ist die Rede vom eigenen Gefühl, das einen bei der kritischen Beurteilung leite (vgl. NA 22, S. 264). Erst in den Jahren danach erwächst aus diesen subjektiven Voraussetzungen der Anspruch einer objektiven Gültigkeit. Der Zweck der Kunst besteht für Schiller darin, die menschliche Seele, mithin den Menschen, durch die hervorgerufenen Empfindungen zu veredeln. Und diese Operation der Veredlung bedeutet die Reinigung der Leidenschaften. Damit schließt Schiller an die klassische, aristotelische Katharsislehre an und gibt ihr eine völlig neue, idealistische Ausrichtung. Unter der Reinigung der Leidenschaften versteht Schiller in diesem Zusammenhang, den sich versprachlichenden Affekten „der Liebe, der Freude, der Andacht, der Traurigkeit, der Hoffnung u.a.m. einen reinern und geistreichern Text [zu] unterlegen" (NA 22, S. 249), sie so zu veredeln, also zu idealisieren, dass daran unbemerkt Vernunftwahrheiten geknüpft werden können.

Schiller bemängelt an Bürgers Gedichten, dass sie diese von ihm verlangte „Idealisierkunst" (NA 22, S. 253) vermissen lassen – ein Vorwurf, gegen den sich der gescholtene Autor verständlicherweise zur Wehr setzt, da er von Schillers barscher und verständnisloser Kritik sehr getroffen ist. Bürger veröffentlicht im April 1791 eine *Vorläufige Antikritik* und wirft Schiller, den er als Rezensenten noch nicht identifiziert hatte, „Herren- und Meistergebärde" (NA 22, S. 417) vor, er nennt ihn einen ‚Astralgeist' und ‚Oberrichter'. Er bespöttelt Schillers Abstraktionen, die kein Leser verstehe. Bürger bringt es auf jene Formel, die in den 1790er Jahren des Öfteren in dieser oder einer anderen Form über Schillers theoretische Essays zu hören ist: „Er ist kein Künstler, er ist ein Metaphysikus." (NA 22, S. 420) Schiller wiederum antwortet auf Bürgers *Vorläufige Antikritik* mit einer *Verteidigung des Rezensenten gegen obige Antikritik*, die in der gleichen Nummer der *Allgemeinen Literatur-Zeitung* im April 1791 erscheint, in der auch Bürgers Gegenwehr zu lesen ist. Schiller beantwortet darin Bürgers eher spöttisch gemeinte Frage, was denn eine idealisierte Empfindung sei, die Schiller an seinen Gedichten vermisst habe. Schiller erklärt, dass Wahrheit, Natürlichkeit und Menschlichkeit eines Gefühls die „Operation des idealisierenden Künstlers" (NA 22, S. 260) ausmachen. Menschlich sei ein Affekt dann dargestellt, wenn die Darstellung notwendigerweise bei allen Menschen gleichermaßen dieselben Empfindungen hervorrufe. Dies ist rezeptionstheoretischer Idealismus, der wiederum historische und kulturell bedingte Veränderungen ignoriert. Darin aber ist Schiller Kind seiner Zeit.

Im Essay *Über naive und sentimentalische Dichtung* mildert Schiller in einer Anmerkung gegen Schluss sein Urteil über Bürger ein wenig ab; er nennt den Dichter nun immerhin ein ‚wahres Dichtergenie‘, das es lediglich versäumt habe, seine Naturanlagen regelgerecht auszubilden (vgl. NA 21, S. 480). Als er aber 1802 die *Bürger-Kritik* in den vierten Band seiner *Kleineren prosaischen Schriften* aufnahm, hielt er noch nach über einem Jahrzehnt nicht den Gescholtenen, sondern sich selbst für missverstanden und meinte, „wenn alles persönliche Interesse schweigt, wird man der Intention des Rezensenten Gerechtigkeit widerfahren lassen" (NA 22, S. 413). Schillers klassisches Programm einer idealistischen Kunsttheorie jedenfalls war in der *Bürger-Kritik* erstmals in einigen wesentlichen Bestimmungen der Funktion von Kunst und der Aufgabe des Künstlers der Öffentlichkeit vorgelegt worden. Insofern liegt die Bedeutung dieser Rezension weniger in ihrem literaturgeschichtlichen Wert, als vielmehr darin, dass sie den Paradigmenwechsel Schillers von einem anthropologischen Verständnis von Kunst hin zu einem anthropologischen Ideal, das in der Kunst darzustellen sei, vollzieht. Nun umfasst die Formel vom ‚ganzen Menschen‘ auch dessen ideale Variante.

5.3 *Was kann eine gute stehende Schaubühne eigentlich wirken?* (1785)

Es gibt nur wenige Reden in der Geschichte der deutschen Literatur des 18. Jahrhunderts, die eine solch programmatische, poetologische Positionsbestimmung liefern wie Schillers Schaubühnenrede. In ihrer Wirkung und ihrer literaturgeschichtlichen Bedeutung ist sie allenfalls noch mit der Rede *Anmerkungen übers Theater* (1774) von Jakob Michael Reinhold Lenz vergleichbar, die dieser 1771/72 vor der Straßburger *Deutschen Gesellschaft* gehalten und in der er grundsätzliche Reflexionen über eine Dramentheorie des Sturm und Drang formuliert hatte. Schiller trägt seine Rede zehn Jahre später am 26. Juni 1784 der *Kurfürstlichen Deutschen Gesellschaft* in Mannheim vor, in die er Anfang Januar 1784 aufgenommen worden war. 1785 publizierte er den Text im ersten Heft seiner *Rheinischen Thalia*. Erst später arbeitete er die Rede zu einem Essay um, der dann 1802 unter dem neuen Titel *Die Schaubühne als eine moralische Anstalt betrachtet* im vierten Band seiner *Kleineren prosaischen Schriften* erschien. Die Herausgeber des entsprechenden Bandes der *Nationalausgabe* sprechen von wichtigen Veränderungen, indes beschränken sich diese tatsächlich auf unwesentliche Korrekturen (vgl. NA 21, S. 139). Lediglich der Einleitungsteil wurde gestrichen, der explizit an die Redesituation in Mannheim anknüpft, die Bemerkung über Shakespeares *Timon von Athen* wurde getilgt, ebenso entfielen die Worte über die *Räuber* und die Bemerkung über Erziehung.

Worum geht es Schiller in dieser Rede? Der junge Autor greift die zeitlose Kardinalfrage ‚Wozu Literatur?' auf und diskutiert am Beispiel der dramatischen Literatur seine Antworten. Sein Anliegen ist unübersehbar durch seine eigene Situation motiviert. Wenn er eingangs von einem „jungen Mann" spricht, „der gedrungen von innrer Kraft, aus dem engen Kerker einer Brodwissenschaft heraustritt, und dem Rufe des Gottes folgt, der in ihm ist" (NA 20, S. 88), dann verbergen sich dahinter unschwer Momente einer Selbstcharakteristik. Schillers Frage, *„was wirkt die Bühne?"* (NA 20, S. 88), lässt sich in die zeitgemäße Frage überführen, wozu taugt Literatur? Denn Schiller argumentiert auf zwei Ebenen, von denen die eine eine rezeptionsorientierte darstellt und sich an den spezifischen Rezeptionsbedingungen des Theaterbesuchs ausrichtet, während die andere allgemeinere und grundsätzlichere Fragen nach Inhalt und Wert ästhetischer Erfahrung aufwirft. Schiller kreist nicht lange um eine Antwort. Im deduktiven Verfahren nimmt er sie vorweg, um dann Schritt für Schritt aus der Antwort die Argumentation abzuleiten. Die Bühne, das Theater, die Literatur – sie befördern die allgemeine Glückseligkeit, anders formuliert: Literatur macht den Menschen glücklicher.

Das Drama ist für Schiller – und damit argumentiert er auf der poetologischen Höhe seiner Zeit – Inbegriff einer literarischen Gattung schlechthin. Schiller nimmt beim Menschen ein Gefühl für das Schöne an – er nennt dies den „ästhetischen Sinn" (NA 20, S. 90) –, der ihm helfe, Geistes- und Seelenkräfte auf einen Gegenstand zu lenken, der auf unterhaltende Weise zur Bildung des Verstandes und zur Besserung des Herzens zugleich beitrage. Der ästhetische Sinn ist also die entscheidende anthropologische Grundlage, um den Auftrag der Aufklärung zur allgemeinen Bildung vollstrecken zu können. Diese horazische Formel des ‚aut prodesse volunt aut delectare poetae / aut simul'[18] – unterhalten und nutzen

---

18 Vgl. Horaz: Ars poetica. Die Dichtkunst. Lateinisch u. deutsch. Übersetzt u. mit einem Nachwort hgg. v. Eckart Schäfer. Stuttgart 1972, S. 24, V. 333f. Deutsche Übersetzung: „Entweder nützen oder erfreuen wollen die Dichter oder [sc. beides] zugleich […] sagen" (ebd., S. 25).

solle die Dichtung gleichermaßen – kehrt in Schillers Argumentation wieder.

Schiller reklamiert die Eigenständigkeit, ja Autonomie des Theaters. Der viel zitierte Satz: „Die Gerichtsbarkeit der Bühne fängt an, wo das Gebiet der weltlichen Geseze sich endigt" (NA 20, S. 92) ist Ausdruck des großen Selbstbewusstseins eines jungen Schriftstellers, der es nicht dulden will, dass seine Stücke, die Figuren seiner Stücke und deren Taten nach moralischen Gesichtspunkten der Gesellschaft beurteilt werden. Schiller fordert vielmehr, wie vor ihm schon Autoren des Sturm und Drang, eine unabhängige Beurteilung von Literatur, und das bedeutet die Anerkennung, Literatur sei nicht das Leben. Die Literatur darf thematisieren, was gesellschaftlich tabuisiert ist. Dabei greift sie auf „das ganze Reich der Phantasie und Geschichte" zurück, „Vergangenheit und Zukunft stehen ihrem Wink zu Gebot" (NA 20, S. 92). Dieser Blick befreit die Literatur von allen Fesseln einer ‚realistischen' und disziplinierten Darstellungsweise und eröffnet ihr einen unerschöpflichen Fundus an Themen.

Unbildung gefährdet das allgemeine gesellschaftliche Wohl. Literatur trägt aber dazu bei, dieser Unbildung entgegenwirken zu können, indem sie den Menschen im Akt der ästhetischen Erfahrung (durch Lesen oder Zuschauen) so disponiert, dass er die Folgen der Unbildung erkennt und gegen sie gefeit wird. Literatur hat also, wie schon in der aristotelischen *Poetik*, eine schützende Wirkung, indem sie mit kleinen Dosen impft. Zudem gibt die Literatur Einblick in das Seelenleben des Menschen, sie ist „ein unfehlbarer Schlüssel zu den geheimsten Zugängen der menschlichen Seele" (NA 20, S. 95). Obgleich Schiller durchaus eingesteht, dass die literarische Darstellung drastischer sozialer Nöte oder psychischer Deformationen weder die Landstraßen sicherer mache noch vor anderen Übergriffen schütze, so ist doch der Überraschungswert verloren, da die Leser oder Zuschauer bereits auf diese Möglichkeiten menschlichen Handelns vorbereitet sind. Literatur also erlaubt dem Menschen, sich als Mensch zu erkennen. ‚Den Menschen mit dem Menschen bekannt machen', nennt dies Schiller (vgl. NA 20, S. 97). Wem ein Unglück zugestoßen ist, erfahre durch den Leser oder Zuschauer seines vorgestellten Schicksals ein gerechteres Verständnis. Dies gelte auch für das tatsächliche Leben, denn das Mitleid mit der literarischen Figur könne sich auf den Mitmenschen übertragen. In diesem Punkt wiederholt Schiller eindrucksvoll und pointiert Positionen von Lessings aufgeklärter Mitleidspoetik, wie er sich auch Anregungen bei Sulzer und Mercier geholt hat.

Die Bühne hat für Schiller mithin eine eminente Aufklärungs-
funktion. Von hier aus wird praktische Aufklärung betrieben. In
seinem ersten Essay *Über das gegenwärtige teutsche Theater*, den Schiller
in dem mit Freunden betriebenen Zeitschriftenprojekt *Wirtembergisches Repertorium der Litteratur* 1782 veröffentlichte, hatte er allerdings
schon eingeräumt, dass wohl kaum „weniger Mädchen verführt
[werden], weil Sara Samson ihren Fehltritt mit Gifte büsset" (NA 20,
S. 80). Und er weiß von der großen Aufgabe einer Bildung durch
Aufklärung: „Bevor das Publikum für seine Bühne gebildet ist, dörfte
wohl schwerlich die Bühne ihr Publikum bilden" (NA 20, S. 82).
Man muss an diesem Punkt natürlich anmerken, dass Schillers
Gedanken ausgesprochen kurz greifen. Denn schon die Zeitgenossen
hatten erkannt, dass eine ‚intellektuelle' Aufklärung keineswegs
ausreicht, um eine allgemeine Aufklärung ins Werk zu setzen. So
wurden beispielsweise ab der Mitte des 18. Jahrhunderts unter dem
Begriff der ‚Volksaufklärung' Aktivitäten in Gang gesetzt, die auch
die nicht alphabetisierten Teile der Bevölkerung erreichen sollten,
und das war im ausgehenden Jahrhundert immerhin der größte Teil
der Bevölkerung deutscher Territorien. Mit dem Ziel einer nicht nur
praktischen Lebenshilfe, sondern auch einer Mentalitätsänderung
wandten sich die volksaufklärerischen Bemühungen vorwiegend an
Bauern, Dienstboten, Unterschichtige in den Städten, Handwerker
und Soldaten. Zahlreiche ökonomische Schriften wurden verfasst,
um die bäuerliche Ertragswirtschaft zu verbessern, und Alphabetisie-
rungskampagnen wurden angestrengt. Der bekannteste Volksauf-
klärer war Rudolf Zacharias Becker (1752–1822), der von seinem
Noth- und Hülfsbüchlein für Bauersleute (1788) mehr als 500.000
Exemplare absetzte.[19]

Es bleibt aber Schillers hoher Anspruch an die Literatur, den
Menschen mit sich selbst bekannt zu machen und zu seinem Glück
beitragen zu können: „In dieser künstlichen Welt träumen wir die
wirkliche hinweg, wir werden uns selbst wieder gegeben, unsre
Empfindung erwacht, heilsame Leidenschaften erschüttern unsre
schlummernde Natur […]. Jeder Einzelne genießt […]: ein *Mensch*
zu seyn" (NA 20, S. 100).

---

19 Vgl. Rudolph Zacharias Becker: Noth- und Hülfsbüchlein für Bauersleute.
Nachdruck der Erstausgabe v. 1788. Hgg. u. mit einem Nachwort v. Reinhart
Siegert. Dortmund 1980.

5.4 *Philosophische Briefe* (1786)

Erste Überlegungen zu den *Philosophischen Briefen* können bis in die Karlsschulzeit zurückreichen, auch wenn exakte Belege für diese Annahme nicht vorliegen. Alles spricht dafür, dass sich Schiller 1783 mit dem Gegenstand der *Philosophischen Briefe* beschäftigt hat. Aber erst in einem Brief an Reinwald vom 15. April 1786 werden sie namentlich genannt. Sie erschienen 1786 im dritten Heft von Schillers Zeitschrift *Thalia*. Bis in den Mai 1790 dachte Schiller an eine Fortsetzung, zu der es aber nicht mehr kam. Der Freund und Korrespondent Körner hatte maßgeblichen Anteil am Gedankenaustausch über den verhandelten Gegenstand.[20]

Die „Vorerinnerung" der *Philosophischen Briefe* beginnt mit einer deutlichen Aufklärungskritik. Zwar habe – im Sinne eines Postulats der Aufklärung – der Verstand das Herz zu bilden, jedoch könne man erst von einer *„halben* Aufklärung" (FA 8, S. 208) sprechen. Inhaltlich scheinen die *Philosophischen Briefe* sehr nah an der Freundschaftsthematik des *Don Karlos* zu liegen – insbesondere wurde der Freundschaftsdiskurs des Marquis Posa im Argumentationsgang der *Philosophischen Briefe* wiedererkannt –, doch darf dabei nicht übersehen werden, dass die *Philosophischen Briefe* sich in erster Linie mit der philosophischen Erschütterung des jungen Julius befassen und nur gleichsam nebenbei dem zeitgenössischen empfindsamen Freundschaftskult huldigen. Dieses Zugeständnis ist auch schon durch die Wahl der Textsorte eines Briefromans naheliegend. Der Text zeigt Julius als einen jungen Menschen, der seinen Glauben verloren hat und sich einer tiefen Denkerschütterung ausgesetzt sieht. Der neue Glaube an die eigene Vernunft und ihre Wahrheiten, die Begegnung mit materialistischem Gedankengut, die sich Julius als „kühner Angriff" (FA 8, S. 217) darstellt, führen zu einer schweren Verunsicherung tradierter Denkgewohnheiten. Die Diskrepanz zwischen philosophischem Ideal und Lebenswirklichkeit empfindet Julius als unüberwindbar; das Leben gleiche einem Kerker – hier greift Schiller auf die bekannte Körper- und Kerkermetaphorik des Protestantismus zurück –, die Vernunft sei wie eine Fackel, die den Menschen geblendet und um die Einsicht in seine Begrenztheit reicher zurück-

---

20 Zum philosophiegeschichtlichen Hintergrund der *Philosophischen Briefe* vgl. Riedel: Die Anthropologie des jungen Schiller, und Hans-Jürgen Schings: Philosophie der Liebe und Tragödie des Universalhasses. Die *Räuber* im Kontext von Schillers Jugendphilosophie (I), in: Jahrbuch des Wiener Goethe-Vereins 84/85 (1980/81), S. 71–95.

lässt. „Unsre Philosophie ist die unglükselige Neugier des Oedipus"
(FA 8, S. 214). Der Gegenbrief von Raphael appelliert an die Ein-
sichtsfähigkeit seines Freundes. Und dann arbeitet Schiller mit einem
geschickten literarischen Trick. Raphael bittet Julius, ihm seine
Aufzeichnungen zu schicken, damit er dessen Zweifel und Überlegungen besser verstehen könne. Das erlaubt dem Autor seinen
populärphilosophischen Essay einzurücken.[21] Die Papiere tragen den
Titel *Theosophie des Julius* und sind in mehrere Abschnitte aufgeteilt,
die sich verschiedenen Themen widmen: *Die Welt und das denkende
Wesen, Idee, Liebe, Aufopferung* und *Gott*. Dann bricht der Briefwechsel
ab.

Eine Theosophie ist der Versuch, christlichen Glauben auch auf
der Seite philosophischer Erkenntnis zu veranschlagen, erkenntnis-
theoretische, metaphysische und logische Fragen glaubensgemäß zu
durchdringen und die herkömmliche Trennung zwischen Glauben
und Vernunft aufzuheben. Für den Protestantismus insgesamt war
die Mystik Jakob Böhmes (1575–1624) wegweisend. Im Württemberg des 18. Jahrhunderts galt Friedrich Christoph Oetinger
(1702–1782), Lehrer Schillers an der Karlsschule, als der bedeutend-
ste Theosoph.[22] Sein Einfluss insbesondere auf den württembergischen Pietismus lässt sich bis zu Schelling, Hegel und Hölderlin
verfolgen. Die *Theosophie des Julius* ist, in der Chronologie des Textes
gedacht, ein älteres Textzeugnis als die drei vorhergehenden Briefe
an Raphael. Beide Korrespondenten sind „Jünglinge" (FA 8,
S. 209).[23] Julius geht es um die „weltanschaulichen Voraussetzungen"
der metaphysischen *Anthropologie*.[24] Er sucht nach der „Regel in der
Maschine" (FA 8, S. 217), nach dem allem Seienden zugrunde liegenden Bauplan Gottes. Von der Regel als einer „Trösterin aller
Schwachen" (NA 20, S. 237) wird Schiller erst später in den *Zer-*

---

21 Mit dem Begriff des Popularphilosophischen ist selbstverständlich keine
   Wertung verbunden. Vgl. insgesamt die umfänglichste und gründlichste
   Untersuchung zu den *Philosophischen Briefen* von Riedel: Die Anthropologie des
   jungen Schiller, S. 153–238. Die Herleitung von Schillers Reflexionen aus der
   hermetischen Tradition, die zeitgenössischen Quellen, vor allem der Einfluss
   Oetingers – all das findet sich bei Riedel musterhaft aufgearbeitet.

22 Vgl. Henry F. Fullenwider: Friedrich Christoph Oetinger. Wirkungen auf
   Literatur und Philosophie seiner Zeit. Göppingen 1975, bes. S. 59–73.

23 Macht man sich diese Perspektive aus der einleitenden „Vorerinnerung"
   des Autors und fiktiven Herausgebers zu eigen, dann ist Raphael demnach
   nicht ein „väterlicher Freund" (anders Riedel: Die Anthropologie des jungen
   Schiller, S. 203).

24 Riedel: Die Anthropologie des jungen Schiller, S. 155.

streuten Betrachtungen über verschiedene ästhetische Gegenstände (1794) sprechen. Das markiert zugleich auch die Distanz, in die Schiller inzwischen zu diesem theosophischen Gedankengut getreten ist, und kann erklären, weshalb dieses Fragment eines Briefromans nicht vollendet wurde. Die Überlegungen des Julius steuern auf den zentralen Begriff der Liebe zu. Die uneigennützige Liebe wird als Bereicherung verstanden, die Glückseligkeit anderer zu begehren bedeute zu lieben (vgl. FA 8, S. 222). Liebe ist die Leiter, auf der der Mensch sich Gott nähert. Diese Darlegungen nennt Julius – und er weiß, dass seine Ansichten quer zur herrschenden Philosophie seiner Zeit liegen – das Glaubensbekenntnis seiner Vernunft (vgl. FA 8, S. 229). Begriffe seien nicht Abbilder der Gegenstände, sondern Zeichen. Dabei wird der philosophische Wahrheitsbegriff zunehmend unscharf. Wahrheit ist demnach nicht die Übereinstimmung von Begriff und Gegenstand, von Zeichen und Bezeichnetem, sondern die Übereinstimmung des Begriffs „mit den Gesetzen der Denkkraft" (FA 8, S. 230f.), also etwas aus der Vernunft mit den Mitteln der Vernunft Geschaffenes. Das erlaubt dann im Umkehrschluss theologische Fragen, nicht zuletzt die Frage nach Gott, vernunftgeleitet zu diskutieren und den christlichen Glauben mit den Mitteln der Vernunft zu begründen. Das Problem der Subjektivität dieser Art von Erkenntnis unabhängig davon, dass sie wahrheitsgeleitet ist, bleibt dabei ungelöst zurück. So ist Wolfgang Riedels Urteil zuzustimmen, wenn er resümiert: „Schiller wollte in der intellektuellen Biographie des Julius nicht nur den exemplarischen Gang der reinen Vernunft, sondern den Zusammenhang von ‚Gedankensystem' und ‚Leidenschaft', von Geisteshaltung und Affektnatur zur Darstellung bringen".[25] Auf die Darstellung dieser Einheit von Kopf und Herz im Sinne einer Lehre vom ganzen Menschen ziele Schiller. Somit können die *Philosophischen Briefe* als ein provisorischer Versuch verstanden werden, das Problem der Natur des Menschen diskursiv zu reflektieren und zugleich im Medium des (fragmentarischen) Briefromans literarisch zu gestalten. Spekulation bleibt es, ob Schiller das Ungenügen an diesem Verfahren erkannt und stattdessen die Extrapolierung anthropologischer Grundfragen im literarischen Werk zunächst weiterverfolgt hat.

---

25 Riedel: Die Anthropologie des jungen Schiller, S. 238.

5.5 *Über den Grund des Vergnügens an tragischen Gegenständen* (1792), *Über die tragische Kunst* (1792)

Schiller hatte schon 1788 Kant und mutmaßlich dessen *Kritik der reinen Vernunft* (1781, [2]1787) in einem Brief an Körner erwähnt. Aber ob dies ausreicht, begründet von einer ersten Berührung mit der kantischen Philosophie zu sprechen, bleibt strittig. Vielmehr kann diese Briefstelle auch als eine gelehrt geputzte Form des name-droppings verstanden werden; immerhin schließen diese Sätze mit dem Bekenntnis, „aber mit mir will es noch nicht so recht fort, in dieses Fach hinein zu gehen" (NA 25, S. 40). Damit war die Philosophie seiner Zeit gemeint und noch 1791 sprach Schiller von seiner „wenigen Bekanntschaft mit Philosophischen Systemen" (NA 26, S. 77).

Die eigentliche Berührung mit der kantischen Philosophie erfolgte erst 1790. Die ersten Früchte seiner philosophischen Studien kann Schiller im Jahr 1792 ernten. Er publiziert die beiden Aufsätze *Über den Grund des Vergnügens an tragischen Gegenständen* (1792) und *Über die tragische Kunst* (1792). Beide Abhandlungen arbeitete Schiller im Rahmen einer Vorlesung über die Theorie der Tragödie aus, die er im Sommer 1790, als er gerade an seiner *Geschichte des Dreyßigjährigen Kriegs* (1791–93) schrieb, an der Universität Jena hielt. Begonnen hatte die intensive philosophische Lektüre- und Schreibphase Schillers also mit den Vorbereitungen für das Sommersemester 1790. Seinem Freund Ludwig Ferdinand Huber (1764–1804) berichtet er am 30. September 1790, er habe in diesem Sommer nebenher an einer „Theorie des Trauerspiels" geschrieben und habe diese Theorie „allein aus eignen Erfahrungen und Vernunftschlüssen" entwickelt, „ohne einen Führer dabey zu gebrauchen" (NA 26, S. 43). Eine mehrmonatige krankheitsbedingte Unterbrechung folgt. Am 3. März 1791 bekennt er Körner, er lese und studiere nun Kant – gemeint war dessen 1790 erschienene *Kritik der Urteilskraft*, die populär oft als dessen Ästhetik bezeichnet wird:

> Du erräthst wohl nicht, was ich jetzt lese und studiere? Nichts schlechteres als – Kant. Seine Critik der Urtheilskraft, die ich mir selbst angeschafft habe, reißt mich hin durch ihren neuen lichtvollen geistreichen Inhalt und hat mir das größte Verlangen beygebracht, mich nach und nach in seine Philosophie hinein zu arbeiten. [...] Kurz ich ahnde, daß Kant für mich kein so unübersteiglicher Berg ist, und ich werde mich gewiß noch genauer mit ihm einlassen. [...] so gibt mir dieses Gelegenheit einige Zeit auf Philosophie überhaupt zu wenden. (NA 26, S. 77f.)

Daraus wurden dann einige Jahre. Körner ist am 13. März 1791 regelrecht erstaunt, die Nachricht von der „philosophischen Bekehrung" (NA 34/I, S. 57) Schillers zu lesen, weiß aber auch bereits kritisch zu bemerken, dass Kants Methode unbefriedigend sei. Am 16. Dezember 1791 hatte Schiller schon Kants *Kritik der praktischen Vernunft* (1788) erworben und bestellte zudem die *Kritik der reinen Vernunft*. Und im Dezember 1791 weiß er auch zu vermelden, er arbeite eben einen ästhetischen Aufsatz zum Druck aus, worin man „viel kantischen Einfluß" (NA 26, S. 116) finden werde. Gemeint war die Abhandlung *Über die tragische Kunst*; der Essay *Über den Grund des Vergnügens an tragischen Gegenständen* war zu diesem Zeitpunkt bereits wenige Wochen beim Verleger. Aus der Entstehungs- und Druckgeschichte dieser beiden Essays ist also deutlich zu ersehen, dass sie inhaltlich zusammengehören und von Schiller auch so wahrgenommen werden wollten.

Am Anfang von Schillers Philosophieren in dem Essay *Über den Grund des Vergnügens an tragischen Gegenständen*, das er explizit auf dem Feld der „Theorie" (NA 20, S. 134) ansiedelt, steht ein anthropologisches Postulat. Der natürliche Zweck des Menschen sei es, einen Zustand der Glückseligkeit zu verfolgen. An anderer Stelle wird Schiller später denjenigen glückselig nennen, der genießen könne ohne Unrecht zu tun und der recht handle ohne zu entbehren (vgl. NA 21, S. 27). Diese Zweckbestimmung wird als evident angenommen, eine Letztbegründung erfolgt nicht. Alle Künste teilen mit diesem Naturzweck ihre Bestimmung, dem Menschen Vergnügen zu bereiten und ihn damit glücklich zu machen. Naturzweck und Kunstzweck verfolgen somit dasselbe Ziel, das Glück des Menschen. Der Kunstgenuss ist unvermittelt und direkt und erfordert keine weitere Anstrengung vom Rezipienten. Schiller koppelt die moralische Wirkung eines Kunstwerks, die lange Zeit als oberster Zweck der Kunst definiert wurde, vom Zustand seiner Vergnügen bereitenden ästhetischen Erfahrung ab. Dieses Kunstvergnügen ist ein freies Vergnügen und beruht auf moralischen Bedingungen, verfolgt aber keinen moralischen Zweck. Schiller geht noch einen Schritt weiter und postuliert, Kunst dürfe nicht moralisch sein, da sie sonst ihre „höchste ästhetische Wirkung", nämlich ihre „völlige Freiheit" (NA 20, S. 135), verliere. Das Kunstvergnügen macht den Menschen sittlich besser, denn es verfolgt ja ein dem Naturzweck des Menschen gleiches Ziel. Die Lust am Schönen, wie es Schiller nennt, wird zu einem Mittel zur Sittlichkeit. Diese Mittel versucht Schiller nun zu klassifizieren. Das Kunstvergnügen ist dann frei, wenn es zum einen in der Lage ist, Affekte nach deren eigener Gesetzmäßigkeit zu affizieren, zum anderen, wenn ein solcher Affekt durch eine Vorstellung hervorgebracht wird. Das schließt also direkte Empfindungsreize aus. Der Tragödiendichter müsse sich zum Ziel setzen,

> das Gefühl der moralischen Zweckmäßigkeit zu einem lebendigen Bewußtseyn zu bringen, in so fern er also die Mittel zu diesem Zwecke verständig wählt und anwendet, muß er den Kenner jederzeit auf eine gedoppelte Art durch die moralische und durch die Naturzweckmäßigkeit ergötzen. [...] Der große Haufe erleidet gleichsam blind die von dem Künstler auf das Herz beabsichtete Wirkung, ohne die Magie zu durchblicken, vermittelst welcher die Kunst diese Macht über ihn ausübte. (NA 20, S. 147)

Eröffnet sich damit aber nicht doch ein Widerspruch zur Eingangsbehauptung, Kunst dürfe nicht länger einem moralischen Diktat unterstellt werden? Versucht man eine Formel zu finden für das, was Schiller vorgeschwebt haben mag, dann ließe es sich so umschreiben: Jeder Dichter hat die Aufgabe, zum Glück der Menschen beizutragen. Er tut dies, indem uns Literatur Vergnügen bereitet, da wir dabei erkennen, dass wir moralisch frei sind, also über den Zwängen einer natur- und triebgeleiteten Zweckmäßigkeit stehen.

Die Systematik, die Schiller entwickelt, ist eher aphoristisch zu nennen. Seine Differenzierungsvorschläge etwa von ‚schöner Kunst' und ‚rührender Kunst' verfolgen insgesamt nur ein Ziel, eine „Gesetzgebung in ästhetischen Dingen" (NA 20, S. 137) zu entwickeln. Ordnungen der Tragödie schweben ihm vor, alle möglichen Klassifikationskriterien, gar eine vollständige Tafel aller Tragödientypen will er generieren, um deren Wirkung im Voraus berechnen zu können (vgl. NA 20, S. 140). Weshalb aber? Dies wird nicht begründet, zu unhinterfragt ist für den Autor die Autorität Kants. Letztlich erklärt Schiller nicht, wie aus der Titelgebung dieses Essays zu erwarten gewesen wäre, weshalb tragische Gegenstände Vergnügen bereiten, sofern sie das überhaupt tun. Denn dieses Vergnügen ist ein angenommenes Vergnügen, keineswegs aber ein psychologisch begründetes. Das Problem von Schillers Überlegungen liegt darin, dass er bei der Bewertung des Zustands ästhetischer Erfahrung die Seite individueller Rezeptionsmuster völlig außer Acht lässt und ausschließlich postulativ, gar normativ argumentiert.

Der Essay *Über die tragische Kunst* kann als zweiter Teil oder Fortsetzung des Essays *Über den Grund des Vergnügens an tragischen Gegenständen* verstanden werden. Allerdings ist er in Ton und Duktus eindeutig ein Vorlesungstext, so dass man in diesem Essay den ursprünglich ersten Teil erkennen kann, dessen dramentheoretische und grundsätzlich poetologische Fragestellungen dann in der Schrift *Über den Grund des Vergnügens an tragischen Gegenständen* philosophisch erweitert und reflektiert werden. Damit wäre freilich nicht die Frage beantwortet, weshalb sie Schiller dann in umgekehrter Reihenfolge veröffentlichte.

Schiller geht von einer klassisch zu nennenden Frage der Literatur- und Dramentheorie aus, der Frage nämlich, weshalb die Menschen Lust am Leid anderer entwickeln. Diese Frage hat Lukrez in seinem Buch *De rerum natura* aufgeworfen und für die abendländische Philosophiegeschichte richtungweisend beantwortet:

> Süß, wenn auf hohem Meer die Stürme die Weiten erregen,
> ist es, des anderen mächtige Not vom Lande zu schauen,
> nicht weil wohlige Wonne das ist, daß ein andrer sich abquält,
> sondern zu merken, weil süß es ist, welcher Leiden du ledig.[26]

Schiller formuliert die Fragestellung kantisch um und stellt fest, dass die Lust an einem unangenehmen Affekt größer sei als die Lust an einem angenehmen Affekt. Insofern steht die Affektlust in umgekehrter Proportion zur Affektqualität. Schiller diskutiert nicht, ob diese Behauptung richtig oder falsch ist, sondern geht von der Richtigkeit der Behauptung aus, die er allgemein anthropologisch formuliert. Diese „Lust am Affekt" (NA 20, S. 148) müsse also „in der ursprünglichen Anlage des menschlichen Gemüths gegründet, und durch ein allgemeines psychologisches Gesetz zu erklären seyn" (NA 20, S. 149). Allerdings fällt Schillers Erklärung in der Folge weniger psychologisch als vielmehr transzendentalphilosophisch aus. Die Lust und Unlust an Affekten wird über das Verhältnis der Begrenzung oder Freiheit von Sinnlichkeit und Sittlichkeit gesteuert. Wenn der sinnliche Reiz besonders groß ist, fällt die Anstrengung ihn zu überwinden und ihn sich sittlich anzuverwandeln, ebenfalls groß aus, desto größer ist dann auch das Vergnügen sich sittliche Freiheit verschaffen zu können. Das individuelle Ich zeigt „Gehorsam gegen allgemeine Vernunftgesetze" (NA 20, S. 150), indem es durch die Vernunft seinem „Trieb" „Gewalt" (NA 20, S. 150) antut und ihn beherrscht. Ein besonders intensiver, großer Reiz nun ist in der

---

26 Titus Lucretius Carus: De rerum natura. Welt aus Atomen. Lateinisch und deutsch. Übersetzt u. mit einem Nachwort hgg. v. Karl Büchner. Stuttgart 2000, S. 85 [= Buch II, V. 1–4].

tragischen Literatur ein unangenehmer Affekt, dessen Darstellung das Leiden einer Hauptfigur und dessen Ursachen zum Inhalt hat. In Schillers Perspektive muss dieser Prozess der Selbstdisziplinierung so lange fortgesetzt werden, bis wir in der Lage sind, „mit uns selbst wie mit Fremdlingen umzugehen" (NA 20, S. 151). Schiller erinnert daran, dass man zweierlei Quellen des grundsätzlichen Vergnügens an Affekten annehmen könne. Einmal sei dies die „Befriedigung des Glükseligkeitstriebes", zum anderen die „Erfüllung moralischer Gesetze" (NA 20, S. 151). Woraus diese moralischen Gesetze bestehen, führt Schiller nicht aus. Das lässt sich aber aus dem Gang der Argumentation erschließen. Schiller kritisiert die bisherigen Erklärungsmodelle für das Bedürfnis des Menschen nach Mitleid und für das Vergnügen am tragischen Affekt des Mitleids. Die Begriffe ‚Rührung' und ‚Mitleid' verwendet Schiller übrigens synonym. Spricht er vom Vergnügen an der Rührung, so spricht er von der Lust am Mitleid.[27] Diejenige Kunst nun, welche den Zweck der Lust am Mitleid vornehmlich verfolgt, ist die tragische Kunst. Sie erfüllt diesen Zweck, indem sie die Natur nachahmt, und das heißt auch, indem sie die Bedingungen nachahmt, unter denen dieses Vergnügen hervorgebracht wird. Es sind stets die Umstände, die zu einem tragischen Unglück führen und die den Dichter interessieren, nicht böser Wille, nicht Mangel des Verstandes und nicht das Schicksal. An dieser Fixierung auf ein tragisch obwaltendes Schicksal macht Schiller übrigens auch seine Kritik an der griechischen Tragödie fest.

Schiller spricht dann von der „moralische[n] Würde der Kunst" (NA 20, S. 157), die zu entfalten ein Privileg der modernen Kunst sei. Gemeint ist damit die sittliche Würde, denn nach den Ausführungen im ersten Teil dieses Essays darf die Kunst keinen moralischen Zweck verfolgen. Das sind zuweilen begriffliche Ungenauigkeiten, die hier nicht beckmesserisch angemahnt werden sollen, sondern die unterstreichen, dass es Schiller nicht um die Präzision des Einzelarguments und um dessen begriffliche Schärfe geht, sondern dass er in seinen essayistischen Schriften stets zielorientiert schreibt. Er will erklären, weshalb die Tragödie die höchste Kunstform darstellt, wie sie wirkt und weshalb sie so wirkt.

---

27 Zur historischen Systematik der ästhetischen Kategorie der Rührung vgl. die Arbeit von Caroline Torra-Mattenklott: Metaphorologie der Rührung. Ästhetische Theorie und Mechanik im 18. Jahrhundert. München 2002, die allerdings gerade diesen Schiller-Bezug in der für Kant unspezifischen Form der Gleichsetzung von Rührung und Mitleid nicht berücksichtigt.

Um das Verhältnis zwischen Sinnlichkeit und Sittlichkeit im Zuschauer entsprechend der wirkungsästhetischen Vorgaben steuern zu können, formuliert Schiller eine bemerkenswerte Forderung, die bereits eine poetologische Position seiner klassischen Dramen vorwegnimmt. Der Tragödiendichter müsse „allgemeine Wahrheiten oder Sittensprüche, an der rechten Stelle in den dramatischen Dialog" einstreuen (NA 20, S. 158). So könne die Sittlichkeit gestärkt, die Vernunft bei ihrer Arbeit der Disziplinierung der Sinnlichkeit unterstützt werden und das Ziel völliger Freiheit von den Sinnen und Sinnenreizen erreicht werden. Hier liegt der Ursprung von Schillers poetologischer Konzeptidee seiner klassischen Dramen. Kritisch betrachtet bedeutet dies aber wieder die Rückkehr der Literatur zu ihrer didaktisch-moralischen Funktion, wogegen sich Schiller ja explizit in dem Essay *Über den Grund des Vergnügens an tragischen Gegenständen* gewehrt hatte.

Um einen Affekt des Mitleids evozieren zu können, müssen bestimmte Voraussetzungen erfüllt werden, da Mitleid auf Leidensvorstellungen basiert. Zu diesen Voraussetzungen zählt Schiller:

1. Die Intensität der Vorstellung – Je intensiver ein Reiz ist, desto stärker ist die affektive Wirkung und desto größer ist der sittliche Widerstand dagegen. In dieser Bedingung liegt nach Schiller ein Grund dafür, dass die epische Schreibweise weniger geeignet ist, diese Wirkung zu erzielen als die dramatische. Denn in der Epik schaffe der Erzähler durch Erzählerkommentare zu viel Distanz. Darin kann man auch einen Grund dafür erkennen, dass Schiller seine Karriere als Erzähler sehr schnell wieder beendet hatte. Die weitere Entwicklung der Literaturgeschichte aber hin zur Erzählliteratur der klassischen Moderne wird erweisen, dass sich Schiller in seiner grundsätzlichen Beurteilung des Epischen gründlich getäuscht hat.

2. Die Identifikation mit dem Vorgestellten – Die *„Aehnlichkeit* zwischen uns und dem leidenden Subjekt" der Tragödie muss so groß sein, dass wir freiwillig „unser eigenes Ich" (NA 20, S. 160) im Zustand der handelnden und leidenden Person erkennen. Schiller verhandelt dies auch unter dem Stichwort der ‚Wahrheit', die objektiv dann ist, wenn sie intersubjektiv überprüfbar ist.

3. Die Vollständigkeit der Vorstellung – Die Bedingungen, aus denen ein Affekt entsteht, müssen vollständig und umfassend dargelegt werden. Das bedeutet dramaturgisch, dass neben einer Haupt-

handlung weitere Einzelhandlungen entwickelt und schließlich zusammengeführt werden.

4. Die Kontinuität der Vorstellung – Die Affekte dürfen in einer Tragödie nicht monoton gleich bleiben, sondern müssen immer wieder wechseln und unterbrochen, in Affekt und Gegenaffekt aufgeteilt und so zunehmend gesteigert werden. So heißt dies beispielsweise für die klassischen Hauptaffekte einer Tragödie, Furcht und Mitleid, dass sie nicht auf einmal wie ein „Donnerstrahl" (NA 20, S. 164) den Zuschauer ereilen, sondern sukzessive vorbereitet werden, um ihn dann affektiv zu entzünden. Die aristotelische *Poetik* spricht an dieser Stelle von der kathartischen Wirkung der Tragödie – ein Begriff, den Schiller an keiner Stelle seines Essays gebraucht, den er aber stets umkreist.

Schiller fasst am Ende seine Ergebnisse in einer höchst konventionellen Formel zusammen: „Die Tragödie wäre demnach dichterische Nachahmung einer zusammenhängenden Reihe von Begebenheiten (einer vollständigen Handlung) welche uns Menschen in einem Zustand des Leidens zeigt, und zur Absicht hat, unser Mitleid zu erregen." (NA 20, S. 164) Man kann diese Ausführungen und Reflexionen Schillers als eine Art Verschnitt der aristotelischen *Poetik* betrachten, ist doch immerhin vom Pragma-Begriff die Rede, von der systasis pragmaton, von eleos und phobos, von den pathematon, verkürzt jedoch um die bei Aristoteles so wichtige hedone, die Lust und das Vergnügen an der Literatur. Bisher hat es die Schiller-Forschung nicht sonderlich interessiert, inwieweit hier Einflüsse sinnvoll zu verbuchen sind.[28] Erst in der Phase des intensiven Gedankenaustausches mit Goethe (*Über epische und dramatische Dichtung*) wird Schiller die aristotelische *Poetik* zur Hand nehmen und eingehend studieren, mit dem Ergebnis, das er am 5. Mai 1797 Goethe mitteilt: „Ich bin mit dem Aristoteles sehr zufrieden, und nicht bloß mit ihm, auch mit mir selbst" (NA 29, S. 72). Er betont in diesem Brief, dass er die Poetik nicht schon früher gelesen habe sei ein großer Vorteil für das Verständnis gewesen; er bewundert die Empirie der Argu-

---

28 Vgl. dazu Grünewald. Das Theater – eine moralische Anstalt?, und die von mir formulierten Vorbehalte gegen Grünewalds Ausführungen in: Luserke: Die Bändigung der wilden Seele, S. 324. – Vgl. auch Albert Meier: Die Schaubühne als eine moralische Arznei betrachtet. Schillers erfahrungsseelenkundliche Umdeutung der Katharsis-Theorie Lessings, in: Lenz-Jahrbuch 2 (1992), S. 151–162. – Ernst-Richard Schwinge: Schillers Tragikkonzept und die Tragödie der Griechen, in: JbDSG 47 (2003), S. 123–140.

mente und die vermeintlich fehlende Deduktion von Begriffen. Allerdings lässt sich Schillers Kritik an dem aristotelischen Schreibverfahren auch als ein Eingeständnis seiner eigenen ungenügenden philosophischen Reflexion lesen, wenn er die „rapsodistische Manier" und die „seltsame DurcheinanderWerfung der allgemeinen und der allerpartikularsten Regeln, der logischen, prosodischen, rhetorischen und poetischen Sätze" (NA 29, S. 73) rügt. „Ich habe vor einiger Zeit Aristoteles Poetik, zugleich mit Göthen, gelesen und sie hat mich nicht nur nicht niedergeschlagen und eingeengt, sondern wahrhaft gestärkt und erleichtert" (NA 29, S. 82), resümiert er aber am 3. Juni 1797 Körner gegenüber und fügt mit Blick auf seinen *Wallenstein* an: „Ich fühle, daß ich ihm […] in allen wesentlichen Foderungen Genüge geleistet habe und leisten werde" (NA 29, S. 82). Die ‚Aristotelismen' bei Schiller sind aber im Einzelnen nicht Ergebnis einer intensiven Lektüre von dessen *Poetik*, sondern eine Art Bodensatz zeitgenössischer Ästhetik- und Poetiktheorien.

Über die tragische Kunst enthält also auch eine Erklärung dafür, weshalb Schiller seine schriftstellerische Karriere nicht als Erzähler fortgesetzt hat. In diesem Punkt bleibt er konservativ: Die Tragödie gilt ihm als höchste Kunstform der Literatur. Ihn stört der Erzählereinschub in Erzählungen und er übersieht dabei, dass es schon zeitgenössisch durchaus auch andere Formen von Erzähltypen gab; zu denken wäre hier beispielsweise an die Unmittelbarkeit der Darstellung in einem Briefroman. „Alle erzählende Formen machen das Gegenwärtige zum Vergangenen; alle *dramatische* machen das Vergangene gegenwärtig" (NA 16, S. 165), so apodiktisch formuliert es Schiller. Er bestimmt fünf Eigenschaften der Tragödie, die er auch explizit „Regeln" (NA 20, S. 168) nennt, deren Beachtung er vom Tragödiendichter fordert, um das „*Ideal* der Tragödie" (NA 20, S. 169) konstituieren zu können: 1.) Die Tragödie wird als Nachahmung einer Handlung definiert. Diese Handlung ist vergangen, Gegenwart kann also nicht Stoff einer Tragödie sein. 2.) Die Handlung besteht aus einer Aneinanderkettung von einzelnen Begebenheiten, damit die Entstehung von Affekten bei den tragisch handelnden Personen verständlich wird. 3.) Die nachgeahmte Handlung muss vollständig sein – dieser Gedanke setzt den Aspekt der Verschränkung einzelner Begebenheiten fort –, damit die Zuschauer die Möglichkeit zur Identifikation bekommen. Wenn man nicht fühle, so Schiller, dass man selbst jederzeit vom dargestellten tragischen Geschehen betroffen sein könne, dann wird auch nicht der Affekt des Mitleids hervorgerufen werden können. Durch den Wechsel unterschiedlicher

Affekte wird das Martyrium der Zuschauer unter der Dominanz ihrer Sinnenreize kontinuierlich verlängert; umso größer ist am Ende das Gefühl sittlicher Freiheit. 4.) Die Tragödie ahmt eine mitleidswürdige Handlung nach. Sie verfolgt den einen Zweck „zu *rühren*, und durch Rührung zu *ergötzen*" (NA 20, S. 166). 5.) Die Handlung einer Tragödie hat schließlich stets leidende Menschen zum Inhalt.

Der normative Anspruch von Schillers Überlegungen ist unübersehbar. Zugleich begibt er sich mit diesem Aufsatz schon deutlich in Distanz zum Publikum und vollzieht damit einen wichtigen Schritt auf dem Weg zur Klassik. Ein genügsames Publikum sei, so schreibt er am Ende seines Essays, gleichermaßen „beschimpfend und abschreckend für das Genie" (NA 20, S. 170). Hohe Dichtung zielt also nicht auf die Zustimmung, gar den Geschmack eines Publikums ab, sondern verfolgt allein das Ideal ihrer Gattung. Auch von einer Bildung des Publikums durch das Theater ist nun nicht mehr die Rede. Stattdessen wird die Argumentation auf die Modellierung des Affekthaushalts der Zuschauer verlagert. Die Antwort, weshalb aber die Affekte der Zuschauer, insbesondere ihre Mitleidsfähigkeit, modelliert werden sollen, bleibt Schiller zunächst schuldig und verweist lediglich in einem zirkulären Schluss auf die Zweckbestimmung der Tragödie. Schiller steht mit diesem Essay *Über die tragische Kunst* an einem Scheideweg; er muss klären, ob er nun solipsistisch, in sich selbst kreisend, normativ und deduktiv ein Dichtungsideal um seiner selbst willen anstrebt oder ob er noch eine grundlegende anthropologische Absicht mit der Dichtung verfolgt.

5.6 *Vom Erhabenen* (1793), *Über das Pathetische* (1793), *Über das Erhabene* (1801)

Die Essays *Vom Erhabenen* und *Über das Pathetische* erschienen in der *Neuen Thalia* 1793, für die Schiller als Herausgeber dringend Beiträge benötigte. Zeitgleich zu diesen beiden Texten schrieb er auch schon an dem Essay *Über Anmut und Würde*. Die Schiller-Kommentatoren nehmen an, dass er „irgendwann in den Jahren zwischen 1794 und 1796" (NA 21, S. 328), „vielleicht um die Jahreswende 1795" (FA 8, S. 1448) an dem kleinen Aufsatz *Über das Erhabene* gearbeitet haben dürfte, der den Essay *Vom Erhabenen* später ersetzte, aber erst 1801 von Schiller veröffentlicht wurde. Allerdings gibt es für diese Einschätzung nur ungenaue Argumente. Der Gleichklang im Titel des Essays und die behandelten Themen mögen diese Vermutung plausibel erscheinen lassen, einer genaueren inhaltlich-argumentativen Überprüfung hält sie aber nur schwer stand. Denn Schiller formuliert nun unübersehbar Positionen einer vehementen Aufklärungskritik und geht deutlich auf Distanz zur kantischen Philosphie. Hier wer- *gegen Kant* den schon Natur gegen Vernunft, reale Welthistorie gegen die moralische Welt, philosophische Postulate gegen die Empirie ausgespielt. Von daher ist anzunehmen, dass Schiller zwar nochmals das Thema des Zusammenspiels vom Erhabenen und Schönen aufgreift, die literarische Behandlung aber einen völlig anderen Weg geht und schon deutlich Positionen seiner ‚Klassik' stark macht. Zwei Beispiele mögen genügen: Der „dürftigen Fackel des Verstandes" (NA 21, S. 48) – immerhin das ikonographische Symbol des aufgeklärten Jahrhunderts – setzt er nun die Dominanz der Natur entgegen; und: „Alle wohlgemeynte Versuche der Philosophie, das, was die moralische Welt *fordert*, mit dem, was die wirkliche *leistet*, in Uebereinstimmung zu bringen, werden durch die Aussagen der Erfahrungen widerlegt" (NA 21, S. 49).

Vom Erhabenen trägt den in Parenthese gesetzten Untertitel *Zur weiteren Ausführung einiger Kantischen Ideen* und macht damit bereits deutlich, dass es sich bei diesem Essay um eine enge Teilparaphrase von Kants *Kritik der Urteilskraft* handelt. Schiller hat denn auch 1801 darauf verzichtet, diesen Essay als eigenständige Veröffentlichung in den dritten Band seiner *Kleineren prosaischen Arbeiten* aufzunehmen. Insofern wäre es zweckmäßig, hinsichtlich dieses Textes statt von einem Essay besser von einer Bearbeitung kantischer Philosopheme zu sprechen. Bemerkenswert an *Vom Erhabenen* ist allerdings der Schluss. Schiller formuliert „die beiden Fundamentalgesetze aller *tr.* tragischen Kunst. Diese sind *erstlich*: Darstellung der leidenden *Kunst* Natur; *zweytens*: Darstellung der moralischen Selbstständigkeit im Leiden" (NA 20, S. 195). Damit wiederholt er nochmals auch den normativen Anspruch seines Philosophierens.

Schöner Schein, ‚aufrichtiger Schein' nach Schiller, bedeutet aufrichtiges Erscheinen des Idealen und Wahren im Medium des Schönen. Um die mögliche ästhetische Intention von Schillers klassischen Dramen zu erkennen, ist es erforderlich, den idealistischen Ansatz dieses Gedankens zu rekonstruieren und genauer auf diese essayistischen Schriften einzugehen. In seiner Abhandlung *Über das Pathetische* (1801) führt Schiller aus, dass wir rational zu urteilen und zu handeln vermögen, obwohl wir beim Anblick eines tragischen Geschehens auf der Bühne affektiv berührt und bewegt sind. Die Aufgabe der tragischen Kunst ist es uns dies im buchstäblichen Sinn

Widerstand → Freiheit

vor Augen zu führen. Nur der Widerstand gegen die Macht der Affekte, wenn wir identifikatorisch oder kontraidentifikatorisch auf eine ästhetische Erfahrung reagieren, macht uns deutlich, dass wir die emotionale, moralische und intellektuelle Freiheit besitzen, uns gegen die Suggestivkraft des Affekts zu stellen, uns nicht triebbestimmt, sondern vernunftgeleitet zu verhalten. Und dies soll die tragische Kunst leisten. Die Affizierbarkeit des Einzelnen ist zwar Voraussetzung dafür, doch muss das gespielte oder gelesene Stück, muss die Tragödie selbst uns die Mittel – Schiller spricht von den Ideen der Vernunft – dazu bereitstellen, uns im Widerstand gegen die Affekte unserer Urteils- und Handlungsfreiheit zu versichern. Demzufolge formuliert Schiller ein erstes Gesetz der tragischen Kunst: Die Tragödie muss Pathos darstellen, den leidenden Helden oder die Leid erzeugende Situation vorstellen, denn der Affekt des Mitleids ist nur zu mobilisieren, wenn die Figuren auch so leiden oder die Situationen auch so leidverhaftet sind, dass Mitleid möglich wird. Das zweite Gesetz betrifft eben jenen moralischen, d.h. emotionalen und rationalen Widerstand gegen das Leiden, das dargestellt werden soll, um sich im Widerstand der Freiheit über das Widerständige, was den Widerstand hervortreibt, zu versichern. Dieser Widerstand macht im Medium der Kunst, der Schönheit, die Gemütsfreiheit des Einzelnen sichtbar, deshalb trägt Schiller der Kunst auf, den Geist, also die Vernunft zu ergötzen und dieser Freiheit zu gefallen. Erst wenn die dargebotene Kunst der Gemütsfreiheit des Einzelnen gefällt, ist es möglich, aus ihr ästhetischen Gewinn zu ziehen. Die Gemütsfreiheit ist, als genitivus objectivus verstanden, die Freiheit vom Gemüt, also jene rationale Freiheit, die es uns erlaubt, uns über die Macht der Affekte zu erheben. Die Literatur kann, so schließt Schiller seine Abhandlung, keinen direkten Einfluss auf ein aktuelles Geschehen nehmen, schon gar nicht kann sie konkretes Handeln ersetzen. Aber sie vermag, solange dieser Zustand des individuellen und gesellschaftlichen Ungenügens andauert, die Forderung nach jener Freiheit zu erheben, sie kann den Einzelnen „erziehn, zu Taten kann sie ihn rufen, und zu allem, was er sein soll, ihn mit Stärke ausrüsten" (FA 8, S. 449). In seiner Abhandlung *Über den moralischen Nutzen ästhetischer Sitten* (1796) hatte dies Schiller ähnlich formuliert. „Gesetzt nun, daß die schöne Kultur ganz und gar nichts dazu beitragen könnte, uns besser gesinnt zu machen, so macht sie uns wenigstens geschickt, auch ohne eine wahrhaft sittliche Gesinnung also zu handeln, wie eine sittliche Gesinnung es würde mit sich gebracht haben" (FA 8, S. 819). Daraus bezieht

Dichtung ihre ästhetische Kraft. Was Literatur zu leisten vermag, ist im konstruierten Vorgriff vor Augen zu stellen, dass nämlich richtiges – und das heißt für Schiller freies – Handeln grundsätzlich möglich ist, „d.h. daß keine Empfindung, wie mächtig sie auch sei, die Freiheit des Gemüts zu unterdrücken vermöge" (FA 8, S. 449f.). Literatur wird so zum Gegenwort von Resignation und Verzagtheit, von Gleichgültigkeit und Ungerechtigkeit.

Freiheit meint aber nicht nur die Ästhetisierung der Freiheit, sondern auch ästhetische Freiheit, „denn nichts beschränkt die freie Dichterkraft" (V. 194), wie Schiller in der *Huldigung der Künste* (1805) schreiben wird. In dem Essay *Über das Erhabene* (1801) konstatiert er, dass jeder Mensch im sinnlichen Anteil seiner Natur immer noch den Rest einer ästhetischen Tendenz aufweise, welche gezielt – eben durch entsprechend eingerichtete Tragödien – geweckt und durch einen kathartischen Vorgang, dessen Ergebnis die Gemütsfreiheit ist, zum „idealistischen Schwung des Gemüts" (FA 8, S. 824) ausgebildet, kultiviert werden kann. Während das Schöne die Harmonie zwischen Sinnlichkeit und Vernunft bedeutet, markiert das Erhabene die völlige Unabhängigkeit der Vernunft und des Willens vom Affekt. Rationale Entscheidungen und rationales Handeln sind hier nicht mehr durch die Dominanz von Emotionen zu beeinflussen. Die Fähigkeit, Erhabenes und Schönes zu empfinden, ist in allen Menschen zwar gleichermaßen angelegt, doch entwickelt sie sich je unterschiedlich. Die Aufgabe der Kunst besteht nun darin, diese Entwicklung hin zur Freiheit zu befördern.

Die zentralen Aussagen der Schrift *Über das Pathetische* lassen sich also in wenigen Punkten zusammenfassen. Eingangs betont Schiller, die Tragödie zeige das Ziel jeder großen Kunst, nämlich die Freiheit des Menschen vom Sinnlichen, sie bringe also die moralische Unabhängigkeit des Menschen von seiner Natur- oder Triebseite in der Situation des affektiven Augenblicks zur Darstellung. In der Tragödie wird mithin vorgeführt, dass der Mensch und wie der Mensch letztlich seine Affekte zu disziplinieren vermag. Auch dieses Bekenntnis Schillers ist poetikgeschichtlich gesehen nicht neu, sondern gehört zum abendländischen Basiswissen über die Funktionsbestimmung der Tragödie seit den Zeiten der aristotelischen *Poetik*. Neu hingegen ist der terminologische Überbau, den Schiller für diese Funktionsbestimmung schafft und der sich hart an der kantischen Philosophie orientiert. Dem tragischen Helden fällt dabei die Aufgabe zu, sich zunächst als sinnliches Wesen zu zeigen, das affektiv handelt und sich dann zum „Vernunftwesen" (NA 20, S. 196) entwickelt, dessen

Vermögen zur Rationalisierung von Affekten letztlich obsiegt. Für den Dichter gelingt eine solche Darstellung, indem er seiner Tragödie eine Pathosgrammatik einschreibt; er muss damit dem Leser „die ganze volle Ladung des Leidens" (NA 20, S. 197) vor Augen stellen. Schiller liefert hierfür eine anthropologische Begründung. Der Mensch ist von Natur aus ein vernünftig empfindendes Wesen, das der Pflicht unterliegt, „die Natur nicht über sich herrschen zu lassen, sondern sie zu beherrschen" (NA 20, S. 199). Mit ‚Natur' ist die affektive oder Triebseite des Menschen gemeint; entsprechend heißt es in *Über das Erhabene*: „Natur (zu der alle Affekte im Menschen gezählt werden müssen)" (NA 21, S. 49). Wenn diese Selbstdisziplinierung gelungen, also die Fähigkeit Fremdzwang in Selbstzwang zu verwandeln erworben ist, dann kann sich der Mensch zu einem sozialfähigen Individuum entwickeln, er wird ein *„civilisirtes* Wesen" (NA 20, S. 199). In seinem Essay *Über das Erhabene* wird Schiller diesen Aspekt weiterentwickeln und dann formulieren: „Die Kultur soll den Menschen in Freyheit setzen und ihm dazu behülflich seyn, seinen ganzen Begriff zu erfüllen. Sie soll ihn also fähig machen, seinen Willen zu behaupten, denn der Mensch ist das Wesen, welches will." (NA 21, S. 39) Keine Empfindung dürfe am Ende des Zustands ästhetischer Erfahrung den Kunstgenießenden dominieren. Im Gegenteil, seine „Freyheit des Gemüths" (NA 20, S. 220) muss so stabilisiert sein, dass der Rezipient die Gewalt des Affekts zu beherrschen weiß.

Die Tragödie bleibt bei Schiller wie die Literatur insgesamt ein Ort der Einübung von disziplinären Mechanismen, die der Mensch als Apparaturen moralischer Freiheit begreifen soll. Diese Funktionsbestimmung der Literatur ist am Ende des 18. Jahrhunderts ein Anachronismus und so verwundert es nicht, dass die zeitgenössischen Reaktionen auf diese ersten philosophischen Essays von Schiller größtenteils zurückhaltend bis ablehnend waren.

5.7 *Kallias*-Briefe und *Über Anmut und Würde* (1793)

Über Anmut und Würde erschien Mitte Juni 1793 im zweiten Stück der *Neuen Thalia*. Schiller hat diesen Essay, der zu den bekannteren theoretischen Abhandlungen seines Werks gehört, innerhalb von sechs Wochen niedergeschrieben. Wiederum war der unmittelbare Anlass die Notwendigkeit, die eigene Zeitschrift mit Beiträgen zu versorgen. In die ästhetische Gesamtthematik war er aufgrund seiner

Vorlesungen an der Universität in Jena bestens eingearbeitet. Um den philosophischen Kenntnisstand Schillers und den Erkenntnisgewinn dieses Essays würdigen zu können, muss an die so genannten *Kallias*-Briefe erinnert werden. Das sind Briefe, die Schiller im Januar und Februar 1793 an Körner geschrieben hat und in denen er sich erstmals umfassend zu seiner Theorie des Schönen äußert. Er wollte diese Privatbriefe zu einem dialogischen Text ordnen und veröffentlichen, wozu es aber nie kam. Die *Kallias*-Korrespondenz beginnt im Januar 1793 und endet am 28. Februar 1793. Sie umfasst neben den Briefen Schillers auch die Gegenbriefe Körners. Dann bricht sie ab und der Essay *Über Anmut und Würde* bildet gleichsam die inhaltliche und dann durch den Druck öffentlich gemachte Fortsetzung dieser Briefe.

In Schillers Arbeiten tritt im Februar 1791 durch den Beginn der Kant-Lektüre eine entscheidende Wende ein. Den ersten deutlichen Niederschlag im „sehr weite[n] Feld" (NA 26, S. 175) der Ästhetik findet man am 21. Dezember 1792 in einem Brief Schillers an Körner. „Ueber die Natur des Schönen ist mir viel Licht aufgegangen […]. Den objectiven Begriff des Schönen, […] an welchem Kant verzweifelt, glaube ich gefunden zu haben" (NA 26, S. 170). Doch schon im ersten *Kallias*-Brief vom 25. Januar 1793 weicht diese Euphorie einer Ernüchterung. Schiller stellt fest: „Die Schwürigkeit einen Begriff der Schönheit objectiv aufzustellen und ihn aus der Natur der Vernunft völlig a priori zu legitimiren […] ist fast unübersehbar. Ich habe wirklich eine Deduction meines Begriffs vom Schönen versucht, aber es ist ohne das Zeugniß der Erfahrung nicht auszukommen" (NA 26, S. 175). Denn „Schönheit […] wohnt nur im Feld der Erscheinungen" (NA 26, S. 193). Hier bleibt kein Raum für eine platonische Idee. Schönheit ist eine Eigenschaft der Dinge, der Erkenntnisgegenstände, ein ‚Ding ohne Eigenschaften' ist schlicht ein Unding. Dann findet Schiller jene berühmt gewordene Formel, Schönheit sei nichts anderes als Freiheit in der Erscheinung. Schiller konstruiert nun eine ingeniöse Analogie zur reinen Willensbestimmung. Ein Wille ist frei, wenn er sich nur aus sich selbst, nach Vernunftprinzipien bestimmt; analog hierzu heißt eine Erscheinung in der Sinnenwelt dann frei, wenn sie „bloß durch sich selbst bestimmt erscheint, *Darstellung der Freiheit*" (NA 26, S. 192). Freiheit in der Erscheinung heißt aber nicht nur Erscheinen bzw. Scheinen der Freiheit, sondern auch Freiheit des Erscheinens, also auch „Freiheit der Darstellung" (NA 26, S. 222). Schönheit als Freiheit in der Erscheinung hat bei Schiller also zunächst den doppelten Aspekt von

Darstellung der Freiheit und Freiheit der Darstellung.[29] Indem er den Schönheitsbegriff der *Kallias*-Briefe per definitionem so mit dem Begriff der Freiheit koppelt, wird auch Freiheit (in der Erscheinung, als Fiktion) zur „Eigenschaft der Dinge" (NA 26, S. 199), und zwar zur unveräußerlichen Eigenschaft. Ein ‚Mensch ohne Eigenschaften' wäre folglich nicht jener bekannte, utopische, alles Akzidentielle abstreifende Individualtypus musilscher Prägung, sondern der Mensch ohne Freiheit der Erscheinung, der nur vom Akzidentiellen gesteuert wird, der determinierte, der unveränderbare Mensch – für Schiller ein Widerspruch in sich. Allerdings spricht er nun nicht mehr von der „Freiheit des Denkens" (FA 7, S. 679), die durch Despoten zerstört werde, wie noch im *Geisterseher* (1787/89) – ein Gedanke, den er im Juli 1789 einschränkte: „Bey allem unserm gerühmten Freiheitssinn sind wir doch warlich nur *Sclaven* und *Opfer* der Umstände und der Meynung" (NA 25, S. 268).

Freiheit heißt aber auch selbst, von innen heraus, bestimmt zu sein, keine Fremdbestimmung erfahren zu müssen (vgl. NA 26, S. 200). Diese Durch-sich-selbst-Bestimmtheit fasst Schiller im Begriff der Natur. Dem stellt er den Begriff der Kunst oder Kunstmäßigkeit gegenüber, die fremd, nämlich durch Regeln, bestimmt ist. So gelangt Schiller zu der weiteren Definition: „Schönheit ist Natur in der Kunstmäßigkeit" (NA 26, S. 203). Schönheit dulde nicht, dass ein Ding dem andern das Joch trage; die Welt der ästhetischen Gegenstände sei ein „Symbol" dafür, wie die moralische Welt sein solle, sie rufe dem Menschen zu: „Sey frey wie ich" (NA 26, S. 216). Dieser Schönheitsbegriff schärft kritisches Bewusstsein, denn er führe dazu, dass uns jede Verletzung oder Missachtung der Naturfreiheit in politischen Verfassungen, gesellschaftlichen Gewohnheiten oder bürgerlichen Gesetzen störe. Das Scheinen ästhetischer Freiheit wird somit zur Antizipation der Erscheinung menschlicher Freiheit und Schiller zeigt sich damit weitaus politischer als in den später veröffentlichten *Ästhetischen Briefen*.

Wo ist nun der Ort des Dichters in diesem Gefüge der Bestimmungen? Der Dichter sei, meinte Schiller in einem Brief an Goethe vom 7. Januar 1795, „der einzige wahre *Mensch*, und der beßte

---

29 Insofern ist die Erklärung, die Bruno Schläpfer zu dieser schillerschen Definition gibt, zu rezeptionsästhetisch orientiert: „Ein Betrachter spricht sowohl dem sinnlich Wahrgenommenen als auch dem bloss Eingebildeten entweder Freiheit, weil es in ihm ästhetische Stimmung erzeugt, oder Schönheit zu, weil es selbstbestimmt erscheint" (Bruno Schläpfer: Schillers Freiheitsbegriffe. Bern 1984, S. 84).

Philosoph ist nur eine Carricatur gegen ihn" (NA 27, S. 116). Das Medium dieses einzigen wahren Menschen, so heißt es nun weiter in den *Kallias*-Briefen, sind „*Worte*; also abstrakte Zeichen für Arten und Gattungen, niemals für Individuen" (NA 26, S. 227). Es komme dem Dichter nicht darauf an, was das Wort an sich selbst bedeute, sondern welche Vorstellung es erwecke. Um das Individuelle darstellen zu können, müsse der Dichter zum Mittel der „künstliche[n] *Zusammensetzung des Allgemeinen*" (NA 26, S. 228) greifen. Die Dichtkunst will Anschauungen, die Sprache gibt aber nur Begriffe. Schillers Lösung, die er am Ende seines Essays formuliert, lautet: Die Natur der Sprache, d.h. die Begrifflichkeit als Tendenz zum Allgemeinen, „muß in der ihr gegebenen Form völlig untergehn, der Körper muß sich in der Idee, das Zeichen in dem Bezeichneten, die Wirklichkeit in der Erscheinung verlieren" (NA 26, S. 229). Literarische Schönheit ist Freiheit in den „Feßeln der Sprache" (NA 26, S. 229). Kunst generell gilt Schiller als eine „Tochter der Freyheit" (NA 20, S. 311), wie er im zweiten Brief der *Ästhetischen Briefe* schreiben wird. Demnach bedeutet Literatur Freiheit der Sprache und Sprache der Freiheit. Die Rezeption von Schönheit erfordert keinen willensfreien Akt, keine Kontemplation, sondern ist Ergebnis des ästhetischen Zustands, der nicht durch Versenkung, vielmehr durch die ästhetische Erziehung des Menschen zugänglich gemacht werden kann.

Der Essay *Über Anmut und Würde* ist ein Schmelztiegel von Schillers ästhetischen Anschauungen. Kants *Kritik der Urteilskraft*, Henry Homes *Elements of Criticism* (1762, dt. 1763–66), Wielands *Musarion oder Die Philosophie der Grazien* (1768), Mendelssohns *Über die Empfindungen* (1755) und Sulzers *Allgemeine Theorie der schönen Künste* (1771–74) haben unschwer zu erkennende Lesespuren hinterlassen. Eine systematische Auseinandersetzung mit diesen Prätexten findet jedoch nicht statt, von gelegentlichen Kant-Referenzen abgesehen. Auch das zugrunde gelegte Konzept entspricht nicht einer systematischen, deduktiv entwickelten Ordnung. Dies ist auch nicht Schillers Absicht. Er verfährt in diesem Essay weiterhin konsequent rhapsodisch, gelegentlich assoziativ, Redundanzen in Kauf nehmend, Widersprüche nicht um jeden Preis vermeidend – oder wie er es einmal in einem Brief an Körner vom 25. Februar 1789 formuliert hat: „meine Ideen sind nicht klar, eh ich schreibe." (NA 25, S. 211)

Eingangs definiert er Anmut – einen der zentralen Begriffe der ästhetischen Diskussion des 18. Jahrhunderts – als bewegliche Schönheit (vgl. NA 20, S. 252). Anmut ist tatsächlich Schönheit in

Das Schöne = Natur & Teil des Intelligiblen

Bewegung und nicht nur scheinbar. Sie ist eine essenzielle Eigenschaft ihres Gegenstands. Sie ist aber nicht naturgegeben, sondern wird vom Gegenstand selbst hervorgebracht. Da die Seele das bewegende Prinzip der Anmut ist, kann sie folglich nur eine Eigenschaft des Menschen sein.

Das Schöne

Das Schöne ist objektiv ein Effekt der Natur und subjektiv Teil des Intelligiblen. Schiller bezeichnet demzufolge Schönheit als „Bürgerin zwoer Welten [...]; sie empfängt ihre Existenz in der sinnlichen Natur, und *erlangt* in der Vernunftwelt das Bürgerrecht" (NA 20, S. 260). Es bleibt dabei zunächst unklar, weshalb Schönheit so prädiziert wird und weshalb Schönheit Teilhaberin der Vernunft werden soll. Die von Schiller versprochene Analytik des Schönen, worin er sich dazu äußern wollte, blieb ungeschrieben. Erst im weiteren Verlauf des Essays, nachdem also der ästhetische Diskurs mit einem moralphilosophischen Diskurs verflochten worden ist, liefert Schiller die begründende Behauptung nach, Schönheit sei eine „*Pflicht* der Erscheinungen" (NA 20, S. 264), denn jedes Subjekt habe, fest verankert in seinen Vernunftideen, das Bedürfnis nach Schönheit. Daraus leitet er ab, dass dieses Bedürfnis allgemein und notwendig sei. Schönheit wird also zur Teilhaberin der Vernunft, da das Bedürfnis nach ihr selbst vernünftig ist. Die Entscheidung darüber, dem Bedürfnis nachzugeben und dies in einer bestimmten Form zu tun, ist für Schiller eine grundsätzlich freie Willensentscheidung, „Freyheit regiert also jetzt die Schönheit" (NA 20, S. 264). Die hierarchische Verbindung von Freiheit, beweglicher Schönheit, Gestalt und Anmut definiert Schiller so: „Anmuth ist die Schönheit der Gestalt unter dem Einfluß der Freyheit" (NA 20, S. 264). Grazie hingegen sei die „Schönheit der *durch Freyheit bewegten Gestalt*" (NA 20, S. 265).

Anmut & Grazie

Genau besehen ist die Differenzierung wenig trennscharf, denn was sich unter dem Einfluss der Freiheit bewegt, bewegt sich auch durch die Freiheit beeinflusst. Die zunächst nur definitorischen Festsetzungen bekommen zunehmend einen nomothetischen Charakter; Schiller formuliert Definitionen, die im ästhetischen Regelwerk Gesetzescharakter annehmen. Und doch ist es nahezu unmöglich, daraus eine Art Produktionsästhetik abzuleiten mit klaren Anweisungen für den Künstler zur Herstellung besonders gelungener Kunstwerke. Denn zu allgemein bleiben die Formulierungen und zu ungenau die Versuche inhaltlicher Bestimmung. So ist weiterhin unklar, weshalb Schönheit nur an sich bewegende Objekte gebunden bleibt – was wiederum genau besehen einen Widerspruch in sich darstellt, denn wenn Schönheit eine Eigenschaft der Bewegung

aha!

Grazie → unwillkürlich

Anmut → willkürlich

Vernunft, Sinnlichkeit und Sittlichkeit, Neigung und Pflicht nicht nur ausbalanciert, sondern harmonieren regelrecht miteinander (vgl. NA 20, S. 288). Eine schöne Seele manifestiere sich als Grazie. Schiller verwendet nun die Begriffe Grazie und Anmut synonym, denn anders ist nicht zu erklären, dass er wenige Zeilen später in einem Kapitel, das mit ‚Würde‘ überschrieben ist, Anmut als Ausdruck einer schönen Seele definiert (vgl. NA 20, S. 289). Da Anmut zugleich aber auch Ausdruck weiblicher Tugend sei, muss demzufolge eine schöne Seele genustypologisch verstanden werden. Und in der Tat, Schiller bindet das Modell der ‚schönen Seele‘ an den zarten weiblichen Körperbau (vgl. NA 20, S. 288f.). Diese geschlechterstereotype Passage entbehrt nicht einer unfreiwilligen Komik, wenn man sie unmittelbar mit einer Bemerkung konfrontiert, die Schiller in seinem Essay dort notiert hat, wo er den allmählichen Übergang von der Form zur Masse illustriert. Zarte Linien der Haut, so ist zu lesen, senkten sich zu Gruben und würfen „wurstförmige Falten“ auf, das reizende, vielfältige Spiel schöner Linien verlöre sich „in einem gleichförmig schwellenden Polster von Fette“ (NA 20, S. 275). Das ist das Schreckbild einer gealterten schönen Seele. Diesem Bild entgegen modelliert Schiller als „Ideal menschlicher Schönheit“ (NA 20, S. 301) den Sieg der Vernunftfreiheit über die Naturnotwendigkeit, auch wenn deren Untergang erhaben gestaltet wird. Dies ist ein offensichtlicher Widerspruch zum Modell der Harmonie konstituierenden schönen Seele. Unscharf bleibt der Text auch dort, wo es um das Verhältnis von Anmut und Würde auf der einen und Willkürlichkeit und Unwillkürlichkeit auf der anderen Seite geht. In der Freiheit willkürlicher Bewegungen liege Anmut, führt Schiller aus, und Würde in der Beherrschung der unwillkürlichen Bewegungen (vgl. NA 20, S. 297). Wie aber sind demnach die Freiheit unwillkürlicher und die Beherrschung willkürlicher Bewegungen zu begreifen? Wollte man Schillers Phänomenologie der Schönheit an der Konsistenz philosophischer Systeme messen, müsste man an dieser Stelle einen blinden Fleck konstatieren. Allerdings – dies darf bei aller kritischen Lektüre nicht vergessen werden – Schiller erhebt keineswegs den Anspruch auf die Geschlossenheit eines philosophischen Systems, auch wenn er sich mit dem Habitus eines solchen kleidet.

Die Frage, die am Ende einer Lektüre dieses Essays gestellt werden muss, ist die klassische Frage nach dem ‚Cui bono?‘, wem nutzt es und wofür nutzt es, wenn man Anmut und Würde zwar normativ zu unterscheiden weiß, sie im Menschen aber doch zusammen

vorkommen, sogar in demselben Zustand eines Menschen auftreten *wichtig*
können (vgl. NA 20, S. 300)? Das Dilemma von Schillers Essays liegt *für die*
darin, dass sie versuchen, Sprache auf das festzulegen, was Kunst per *"Kritik"*
se unterläuft, Einsinnigkeit. Eine weitere Schwierigkeit ergibt sich
dadurch, dass Schiller die ästhetische Durchdringung an moralphilosophische Maximen fesselt. Besonders deutlich ist dies an seiner
Bemerkung zu erkennen, dass der *„ästhetische* Sinn" des Menschen
sich nie nur mit dem bloßen Stoff zufrieden gebe, vielmehr „ein
freyes Vergnügen" in der Form suche und sich mit „Ekel" abwende,
wenn er feststellen müsse, dass das Sinnliche in der Darstellung
überwiege (vgl. NA 20, S. 281). Welche Imaginationen hatte Schiller
dabei vor Augen?

Der Stil dieses Essays ist wiederum apodiktisch, normativ, nomo-
thetisch. Das zeigen recht deutlich vermeintliche Beweisführungen,
die sich entweder auf Evidenzapriorität stützen oder diese einfach
reklamieren. Schiller spricht viel von ‚Gesetzen' (vgl. NA 20,
S. 297f.), also ästhetischen Regularien, die er formulieren will, und
unterstreicht damit seinen Anspruch einer normativen Ästhetik. Das
bedeutet im Umkehrschluss, dass nahezu überall dort, wo Schiller
scheinbar nur beschreibt (deskriptiv), sich tatsächlich Erwartungen
(normativ) formuliert finden. Wenn es also beispielsweise im Text *aha*
heißt: ‚Grazie ist', so soll dies in der Diktion des Textes als ‚Grazie
muss sein' gelesen werden. Das assertorische Urteil gerät Schiller
unter der Hand zu einem apodiktischen Urteil, wenn man diese
Beschreibungen aus Kants Urteilstafel heranziehen will. Wenn er
beispielsweise in Parenthese anmerkt, „[...] (nach einem Gesetz, das
wir nicht ergründen können) [...]" (NA 20, S. 278), so verweist dies
auf eine imaginäre Letztbegründung, die als Autorität angerufen
wird und als Argument Evidenzapriorität behaupten soll. Weshalb
darf, so kann man weiter fragen, „das Subjekt selbst [...] nie so
aussehen, als wenn es *um seine Anmuth wüßte*" (NA 20, S. 269)? Und
über den Begriff der Bildung, die Schiller als das Zusammenspiel von
körperlicher „Gestalt" und entwickeltem „Charakter" versteht, liest
man: „Die Bildung eines Menschen ist also nur in so weit *seine* Bildung, als sie mimisch ist; aber auch *so weit sie mimisch* ist, ist sie sein"
(NA 20, S. 273). Abgesehen davon, dass der Begriff des Mimischen
von Schiller völlig unvermittelt eingeführt und nicht weiter präzi-
siert wird – handelt es sich bei dieser Aussage nicht um einen klassischen Zirkelschluss?

Entscheidend für die literarische Entwicklung Schillers ist, dass er
das Ungenügen an seinem essayistisch-philosophischen Werk selbst

erkannt hat. Selbstkritisch bezeichnet er sich 1794 als eine „Zwitter-Art": „Dieß ist es, was mir, besonders in frühern Jahren, sowohl auf dem Felde der Speculation als der Dichtkunst ein ziemlich linkisches Ansehen gegeben; denn gewöhnlich übereilte mich der Poet, wo ich philosophieren sollte, und der philosophische Geist, wo ich dichten wollte" (NA 27, S. 32). Körner gegenüber bekennt er am 4. September 1794: „Ich glaube mit jedem Tag mehr zu finden, daß ich eigentlich nichts weniger vorstellen kann als einen Dichter, und daß höchstens da, wo ich philosophieren will, der poetische Geist mich überrascht" (NA 27, S. 38). Und schließlich vertraut er sich am 7. Januar 1795 Goethe an. In der Philosphie sei „alles so strenge, so rigid und abstrakt, und so höchst unnatürlich, weil alle Natur nur Synthesis und alle Philosophie Antithesis ist", nur zu deutlich fühle er den „unendlichen Abstand zwischen dem Leben und dem Raisonnement" (NA 27, S. 116). Noch aber liegt vor ihm die Veröffentlichung zweier wichtiger essayistischer Arbeiten, der *Ästhetischen Briefe* und der Schrift *Über naive und sentimentalische Dichtung*.

5.8 *Über die ästhetische Erziehung des Menschen in einer Reihe von Briefen* (1795)

Der Essay *Über die ästhetische Erziehung des Menschen in einer Reihe von Briefen* – von der Forschung auch kurz *Ästhetische Briefe* genannt – geht auf die Augustenburger Briefe zurück, deren Originale beim Schlossbrand 1794 vernichtet wurden. Schiller hatte am 13. Dezember 1791 vom Prinzen Friedrich Christian von Schleswig-Holstein-Augustenburg ein dreijähriges Stipendium erhalten, das ihm vorübergehend den Lebensunterhalt sicherte und ein freies Arbeiten ermöglichte. Auch während der langen Entstehungs- und Druckgeschichte der *Ästhetischen Briefe* hat Schiller seine Arbeit immer wieder unterbrochen, um andere Projekte fortzuführen. Der Plan, aus den Briefen eine ästhetische Lehre in Buchform zu komponieren, wurde nicht verwirklicht. Alle 27 Einzelbriefe erschienen überarbeitet 1795 in den *Horen*.[30]

---

30 Zum Vergleich zwischen den Augustenburger Briefen und der späteren Druckfassung der *Ästhetischen Briefe* vgl. Wolfhart Henckmann (Hg.): Friedrich Schiller. *Über die ästhetische Erziehung des Menschen*. Briefe an den Augustenburger, Ankündigung der *Horen* und letzte, verbesserte Fassung. München 1967.

Zur Geschichte der *Ästhetischen Briefe* gehören die so genannten *Kallias*-Briefe. Bereits am 21. Dezember 1792, zu einem Zeitpunkt, als Schiller im Wintersemester Vorlesungen über die Geschichte und Theorie der Ästhetik hielt, hatte er Körner bekannt, ihm sei über die Natur des Schönen „viel Licht aufgegangen", er glaube den „objectiven Begriff des Schönen" (NA 26, S. 170) – den Kant immerhin für unmöglich gehalten hatte – gefunden zu haben. Schiller wollte diese Überlegungen in einer Dialogschrift unter dem Titel *Kallias oder Über die Schönheit* veröffentlichen und darin ästhetische Lehrmeinungen unter anderem von Batteux, Burke, Mendelssohn, Mengs, Sulzer, Webb und Winckelmann diskutieren und seine ästhetische Theorie in Beispielen vorstellen. Im Februar 1793 lässt er dieses Projekt fallen, da sich andere Arbeiten dazwischenschieben. Im Juli 1793 schreibt er bereits den ersten Brief an den Augustenburger Herzog, nachdem er von Körner seine *Kallias*-Notate erbeten hatte. Schillers berühmt gewordene und weit über Kants *Kritik der Urteilskraft* hinausgehende Formel, „Schönheit also ist nichts anders als Freiheit in der Erscheinung" (NA 26, S. 183), findet sich erstmals so formuliert im *Kallias*-Brief vom 8. Februar 1793. In den *Ästhetischen Briefen* taucht diese Formel dann nur noch im 23. Brief in einer Fußnote auf: „Schönheit aber ist der einzig mögliche Ausdruck der Freyheit in der Erscheinung" (NA 20, S. 386).

Schiller teilt die *Ästhetischen Briefe* in insgesamt 27 Einzelbriefe ein. Es geht dabei weniger um die Fragen, wie eine ästhetische Erziehung des Menschen ins Werk zu setzen sei, als vielmehr um die Grundlagen des Ästhetischen schlechthin oder, wie er in einer Fußnote zum 20. Brief bemerkt, die *Ästhetischen Briefe* handelten von fast nichts anderem als davon, den Irrtum zu widerlegen, dass es im Begriff des Ästhetischen etwas Willkürliches gebe (vgl. NA 20, S. 376). Schiller beansprucht eine transzendentalphilosophische Argumentation und verzichtet nahezu vollständig auf eine ausführliche Erörterung zeitgenössischer Philosophien über das Ästhetische. Gleichwohl verbirgt er seine Nähe zu Kant und Fichte keineswegs, auch wenn er in vielen Details und einigen Grundaussagen – etwa bei der Bedeutung des ästhetischen Scheins – einen völlig anderen Weg der ‚Beweisführung' einschlägt.[31] Mit diesen Anführungszeichen ist bereits

---

31 Vgl. die beiden Aufsätze von Wolfram Hogrebe: Fichte und Schiller. Eine Skizze, in: Schillers Briefe über die ästhetische Erziehung. Hgg. v. Jürgen Bolten. Frankfurt a.M. 1984, S. 276–289, und Wolfgang Düsing: Ästhetische Form als Darstellung der Subjektivität. Zur Rezeption Kantischer Begriffe in Schillers Ästhetik, in: Ebd., S. 185–228.

ein grundlegendes Dilemma bezeichnet: Schiller beansprucht eben dies, eine völlig kritikresistente Beweisführung liefern zu können, wählt aber ein Verfahren, das eine beschwerliche Vermischung von „Behauptungen" (NA 20, S. 309) und empirisch gesicherten Evidenzen offenbart. Die eigentlich zentrale Frage bei einem solch außerordentlich hohen philosophischen Anspruch bleibt dabei ausgeblendet, die Frage nämlich, weshalb es überhaupt einer transzendentalphilosophischen Begründung des Ästhetischen bedarf. Im zweiten Brief behauptet er nebenbei, es sei Zeit, ein „Gesetzbuch für die ästhetische Welt" (NA 20, S. 311) zu schaffen, doch auch dies klärt nicht die Frage, weshalb die Welt ein solches Gesetzbuch benötigt. Zugleich versteht es Schiller, die Leser dadurch zu verwirren, dass er durch immer weitergehende Antinomien und Formulierungen Redundanzen schafft, die sich nicht immer dem Eindruck eines immanenten Widerspruchs entziehen können. Beschwört er eingangs der *Ästhetischen Briefe* noch die Magie der Schönheit – an anderer Stelle spricht er auch von der „Zauberkraft der schönene Diktion" (NA 21, S. 9) –, so entkleidet gerade die begriffsanalytische Zergliederung die Schönheit ihrer magischen Erscheinung.

Diejenige Kunst, welche Schiller meint, wenn er von Kunst spricht, ist die „Kunst des Ideals" (NA, S. 311), die sich nicht an die Wirklichkeit und ihren Anspruch der sinnlichen Befriedigung hält. Schon hier fügt Schiller ein, dass sich Kunst aus Freiheit herleite und sich insofern die Ansprüche einer politischen Freiheit – Schiller hat durchaus die aktuelle zeitgenössische Diskussion um die Folgen der Französischen Revolution im Blick – nur auf dem Weg des Ästhetischen diskutieren und klären lassen. Am Ende der *Ästhetischen Briefe* wird er hingegen dargelegt haben, dass der Begriff der ästhetischen Freiheit in keiner Verbindung mit dem Begriff der politischen Freiheit steht. Daran lässt sich deutlich eine Entwicklung, gar Veränderung der Argumentationsstrategie innerhalb der *Ästhetischen Briefe* ablesen, die möglicherweise ihrer Entstehungsgeschichte geschuldet ist.

Dem natürlichen Charakter des Menschen steht der sittliche Charakter konträr gegenüber, eine dritte, gleichsam vermittelnde Variante stellt der ästhetische Charakter dar (vgl. dritter Brief). „Der gebildete Mensch macht die Natur zu seinem Freund, und ehrt ihre Freyheit, indem er bloß ihre Willkühr zügelt" (NA 20, S. 318). Doch sein Zeitalter sieht Schiller weit entfernt von einer wahren Aufklärung (vgl. fünfter und sechster Brief), er misstraut dem aufgeklärten Fortschrittsdenken und stellt im achten Brief die viel zitierte

Frage: „Das Zeitalter ist aufgeklärt, [...] woran liegt es, daß wir noch immer Barbaren sind?" (NA 20, S. 331) Nur dann kann es eine tatsächliche politisch-gesellschaftliche Veränderung geben, wenn der Mensch sich selbst verändert, wenn die Widersprüche, die er in sich trägt, in einer höheren Einheit aufgehoben werden. Den „Antagonism der Kräfte" bezeichnet Schiller als „das große Instrument der Kultur" (NA 20, S. 326). Daraus könnte man ableiten: Wird dieser Antagonismus gestoppt, wenn beispielsweise die Gespaltenheit des inneren Menschen überwunden und das politische Ziel der Gleichheit aller erreicht ist, dann endet die kulturelle Entwicklung. Doch da es sich bei dieser Vorstellung nur um eine Form der Idee handelt, also ein Ideal diskutiert wird, ist dessen Realisierbarkeit in der historisch-gesellschaftlichen Wirklichkeit eine ganz andere Frage. Am Ende der *Ästhetischen Briefe* wird Schiller allerdings erklären, dass eine solche Veränderung nicht möglich ist.

Zunächst aber stellt Schiller der zeitgenössischen epochalen Forderung nach einer Aufklärung des Verstandes seine Forderung nach einer „Ausbildung des Empfindungsvermögens" (NA 20, S. 332) als dringenderes Bedürfnis gegenüber, da dadurch die Fähigkeit des Menschen zur Einsicht verbessert werde. Denn den Verstand erreicht man nur über das Herz, eine Bewusstseinsänderung mit konkreten gesellschaftlichen Folgen kann nur über die Sensibilisierung durch die Sinne des Menschen ermöglicht werden. Reine Vernunft- und Begriffsarbeit scheitert hier. Es wird deutlich, dass Schiller in diesem Feld der sinnlichen Seite des Menschen die Stärke des Ästhetischen zu mobilisieren gedenkt. Selbst unter dem Einfluss einer barbarischen Staatsverfassung – so Schiller eingangs des neunten Briefes – gebe es nur ein Instrument, um eine Veränderung im Politischen zu bewirken, und das sei das „Werkzeug" (NA 20, S. 333) der schönen Kunst.

Nun aber behauptet Schiller und bereitet damit einen wichtigen Aspekt der Kunstautonomie vor die Unempfindlichkeit der Kunst gegenüber menschlicher Willkür. Doch wie ist das zu denken? Entweder muss dabei ein substanzialistisches Verständnis von Kunst angenommen werden, wonach die Kunst ein selbständiges, handlungsautonomes Wesen ist, das sich in einer Interaktion mit dem Menschen verständigt. Oder aber die Kunst besitzt doch keine vollständige Immunität gegenüber äußeren Einflüssen, dann kann sie aber auch nicht immun sein gegen Willkürakte. Schiller löst das Rätsel später: Das Kennzeichen der Kunst ist der ästhetische Schein und der ästhetische Schein ist ein vom Menschen Gemachtes, eignet also nicht den Dingen. Damit ist es aber – gegen Schiller geschlossen – unmöglich, die Kunst vor menschlichen Einflüssen zu immunisieren.

Schiller fügt im neunten Brief einen knappen Exkurs über die Produktionsästhetik der Kunstautonomie ein. Der Künstler sei zwar Kind seiner Zeit, doch müsse er seine künstlerische Prägung fern der zeitgenössischen Einflüsse erfahren, um sein Jahrhundert zu reinigen. Diesen Sendungsauftrag rechtfertigt der Autor mit dem Hinweis, dass der Künstler – und man muss hinzufügen: der wahre Künstler – über eine absolut unwandelbare Einheit seines Wesens verfüge: „Hier aus dem reinen Aether seiner dämonischen Natur rinnt die Quelle der Schönheit herab, unangesteckt von der Verderbniß der Geschlechter und Zeiten [...]" (NA 20, S. 333). Der Künstler produziert also selbst das, was ihm als unverrückbarer Maßstab alles Ästhetischen dient. An diesem Punkt berührt sich das Modell einer Kunstautonomie, wie es die Literatur der ‚Weimarer Klassik' kennzeichnet und zu deren Formulierung Schiller wesentlich beiträgt, durchaus mit den genieästhetischen Vorstellungen der Literatur des Sturm und Drang. Der Künstler wehrt alle zeitbedingten Einflüsse ab, indem er Urteile ignoriert. Seine eigentliche Aufgabe sieht Schiller darin, „aus dem Bunde des Möglichen mit dem Notwendigen das Ideal zu erzeugen" (NA 20, S. 334). Der Kunstautonomie korrespondiert zunächst und zuallererst eine ‚Künstlerautonomie'.

Schiller versucht Schönheit als reinen Vernunftbegriff zu entwickeln und als eine notwendige Bedingung eines Begriffs der Menschheit zu erweisen. Dies ist ein erstaunlich konsequentes Unterfangen, denn in einem früheren Brief an Körner hatte er unter dem Datum vom 25. Oktober 1794 ausgeführt: „Das Schöne ist kein Erfahrungsbegriff, sondern vielmehr ein Imperatif. [...] Es ist etwas völlig subjektives, ob wir das Schöne als schön empfinden, aber objektiv sollte es so seyn." (NA 27, S. 71) War es in den *Kallias*-Briefen noch die Erfahrung, die den Begriff der Schönheit bestimmte, so heißt es nun entgegengesetzt, dass es keinen „empirischen Begriff von Schönheit" (NA 27, S. 70) gebe, was wir als schön empfänden, sei in Wirklichkeit gar nicht das Schöne (vgl. NA 27, S. 71). Schönheit wird somit als ein „Effekt der Einbildungskraft" (NA 27, S. 70) definiert. Am Ende des zehnten Briefes schreibt Schiller selbst, in den Briefen elf und zwölf beschreite er einen tranzendentalen Weg, um diese Beweisführung zu sichern.

Dem Menschen eignen zwei grundsätzliche Triebe, der Stofftrieb und der Formtrieb. Beide Triebe sind im Spieltrieb miteinander verbunden (vgl. 14. Brief). Der Spieltrieb vermag den Menschen in physischer und in moralischer Hinsicht in Freiheit zu setzen und somit Vernunft und Natur im Menschen zu versöhnen. Nun behauptet Schiller im 15. Brief, die Vernunft stelle „aus transcendentalen Gründen die Foderung auf: es soll eine Gemeinschaft zwischen Formtrieb und Stofftrieb, das heißt, ein Spieltrieb seyn" (NA 20, S. 356), weil nur diese Einheit den Begriff der Menschheit, von dem Schiller ja ausgegangen war, vollende. Das heißt mit anderen Worten, die Forderung nach Vollendung des Begriffs der Menschheit impliziert die Forderung nach einem Begriff von Schönheit, da Schönheit der Gegenstand des Spieltriebs ist. Im wirklichen Leben sucht man diese Schönheit indes vergebens; Schiller geht es um ein „Ideal der Schönheit" (NA 20, S. 358), das durch die Vernunft aufgestellt wird. Dieses Schönheitsideal ließe sich in Griechenland finden. Dies erklärt auch nebenbei die Bedeutung, die Schiller als Theoretiker und als klassischer Lyriker und Dramatiker der griechischen Mythologie beimisst. Die Aufgabe des Menschen ist es, mit der Schönheit zu spielen, und er ist nur dort ganz Mensch, wo er auch spielt. Am Ende dieses Argumentationsparcours berührt Schiller wieder die Magie der Dichtung. Denn wenn der Mensch ‚spielt', dann befindet er sich in einem ästhetischen Zustand „und es entsteht jene wunderbare Rührung, für welche der Verstand keinen Begriff und die Sprache keinen Nahmen hat" (NA 20, S. 360). Wie ist dann aber ein Sprechen hierüber möglich?

Schiller verknüpft im 17. Brief den anthropologischen Diskurs mit dem ästhetischen unauflöslich. Schönheit, so führt er aus, mache „den Menschen zu einem in sich selbst vollendeten Ganzen" (NA 20, S. 364). Dies ist eine bemerkenswerte Formulierung, denn Schiller greift eine ältere Definition von Karl Philipp Moritz auf und formuliert sie um, er modelliert gleichsam einen wichtigen theoretischen Baustein der Kunstautonomie der ‚Weimarer Klassik'.[32] Moritz hatte in seinem Essay *Über den Begriff des in sich selbst Vollendeten* (1785) geschrieben, das Schöne sei bloß um seiner selbst willen hervorgebracht, ohne Zweck, darin stimmt Schiller mit Moritz überein (vgl. den 21. Brief), und funktionslos, es sei „etwas in sich Vollendetes".[33] Schiller überträgt diesen Gedanken auf den Menschen und prädiziert ihm das, was bei Moritz dem schönen Kunstwerk gegolten hatte. Damit wird deutlich, dass Schiller gewissermaßen den ‚Sitz im Le-

---

32 Den Kommentatoren der Schiller-Ausgaben blieb dies verborgen.
33 Moritz: Werke, Bd. 2, S. 545.

ben' seiner anthropologisch-philosophischen Überlegungen fest-
schreibt. Der Weg zu dieser Zeichenlehre des Humanen führt durch
ein poetologisch-normatives Feld. Die vollkommene Poesie erkenne
man daran, dass sie mächtig ergreife und doch zugleich auch „mit
ruhiger Klarheit" (NA 20, S. 381) umgebe. Weshalb aber? Ist dies
nur ein systemimmanentes Erfordernis oder ein transzendentalphilosophisches Argument oder eine empirische Beobachtung?

Der Stoff müsse – so Schiller weiter im 22. Brief – durch die Form
regelrecht vertilgt werden, da nur von der Form ästhetische Freiheit
erwartet werden könne. Die Poesie muss demnach affektiv ergreifen
und dennoch die Affekte neutralisieren. In welche Schwierigkeiten
diese Überlegung Schiller bringen würde, wenn er denn eine Gat-
tungslehre versuchte, zeigt der Ausblick auf die hohe Kunst der
Affekte in der Tragödie, den er abbreviatorisch wagt. Die Tragödie ist
danach keine ganz freie Kunst, da ihre Pathosanteile zu offensichtlich sind. Eine Tragödie ist um so vollkommener, je mehr sie trotz
höchster affektiver Erregung die Gemütsfreiheit schont. Eine solche
Tragödie ist aber, das muss kritisch eingeworfen werden, nur schwer
vorzustellen. „Eine schöne Kunst der Leidenschaft giebt es, aber eine
schöne leidenschaftliche Kunst ist ein Widerspruch, denn der unaus-
bleibliche Effekt des Schönen ist Freiheit von Leidenschaften" (NA
20, S. 382).[34] Damit installiert Schiller die Tragödie, mithin die Literatur und Kunst, als Apparatur zur Disziplinierung menschlicher
Leidenschaften. Im Essay *Über den moralischen Nutzen ästhetischer Sitten*
(1796) formuliert es Schiller noch präziser. Die Menschen seien
verpflichtet sich durch Religion und ästhetische Gesetze zu binden,
„damit unsre Leidenschaft in den Perioden ihrer Herrschaft nicht die
physische Ordnung verletze" (NA 21, S. 36). Wie sich dies mit Schillers Vorstellung einer Gleichberechtigung des sinnlichen Triebs
neben dem vernunftbedingten Formtrieb in der höheren Einheit des
ästhetischen Spieltriebs verträgt, bleibt unklar. Denn Freiheit von
Leidenschaften bedeutet nichts anderes als Neutralisierung des affektiven, sinnlichen Anteils im Spieltrieb.

Im 23. Brief schärft Schiller weiter das Profil seiner Argumentation. Es gebe keine andere Möglichkeit, den sinnlichen Antcil des
Menschen in einen vernünftigen zu überführen, als zuvor den sinn-

---

34 Dies ist eine Formulierung, die sehr an den § 44 aus Kants *Kritik der Urteilskraft*
   erinnert: „Es gibt weder eine Wissenschaft des Schönen, sondern nur Kritik,
   noch schöne Wissenschaft, sondern nur schöne Kunst." (Immanuel Kant:
   Kritik der Urteilskraft. Hgg. v. Wilhelm Weischedel. Frankfurt a.M. 1974,
   S. 239. [= Werkausgabe Bd. 10]).

lichen ästhetisch zu machen, ihn also in den „mittleren Zustand ästhetischer Freyheit" (NA 20, S. 383) zu transformieren. Demzufolge generiert Schiller ein Postulat kultureller Entwicklung. Aufgabe der Kultur sei es, den Menschen zu ästhetisieren, da sich nur aus dem ästhetischen Zustand der moralische, vernunftgeleitete Mensch entwickeln könne. Weshalb ist diese ‚Vermittlungsinstanz' des Ästhetischen aber zwingend notwendig? Schillers Antwort, dass das Sinnliche und das Vernünftige voneinander getrennt und daher nicht kompatibel seien, wird an späterer Stelle der *Ästhetischen Briefe* zurückgenommen, wenn er hervorhebt, dass die Übergänge zwischen beiden Anteilsmengen fließend seien, es also gemeinsame Schnittmengen gäbe. Den Schönheitssinn nennt Schiller in seinem Essay *Über die notwendigen Grenzen beim Gebrauch schöner Formen* (1795) auch „den Statthalter der Vernunft in der Sinnenwelt" (NA 21, S. 27). Im 24. Brief heißt es sogar, Natur und Vernunft sollen im Menschen unabhängig voneinander sein (vgl. NA 20, S. 393). Daraus lässt sich ableiten, dass sie es tatsächlich nicht sind. Und im 25. Brief führt er die Natur an, die den Menschen von der Realität durch das Ästhetische zur Erkenntnis geleite (vgl. NA 20, S. 400).

Im 24. Brief entwickelt Schiller diesen Gedanken einer Kulturgeschichte des Menschen weiter. Wie problematisch diese Ausführungen sind, zeigt die Vermengung von phylogenetischen (Gattung) und ontogenetischen (Individuum) Argumenten. Der Kernsatz lautet, „der Mensch […] soll Mensch seyn" (NA 20, S. 393). Schiller erhebt zum Beweis, was lediglich eine Behauptung ist: „Da nun aber bey dem Genuß der Schönheit […] eine wirkliche *Vereinigung* […] der Materie mit der Form […] vor sich geht, so ist eben dadurch die *Vereinbarkeit* beyder Naturen […] bewiesen" (NA 20, S. 397). Dieses rezeptionsästhetische Argument ist durch kein transzendentalphilosophisches Argument abgesichert. Die Schönheit ist das Medium, das zum einen bereits in die Vernunftwelt der Ideen und Ideale blicken lässt, zum anderen immer noch der sinnlichen Grundlage des Menschen verhaftet bleibt. Die Reflexion wird zum Gefühl, die Schönheit gleichermaßen zum Zustand wie zum Gegenstand. Im 26. Brief führt Schiller den zentralen Begriff des ästhetischen Scheins ein. Schiller begreift die (behauptete) Gleichgültigkeit des Menschen gegenüber der Wirklichkeit und sein Interesse für den ästhetischen Schein als das spezifische Merkmal kulturellen Fortschritts. „Der Schein der Dinge ist des Menschen Werk" (NA 20, S. 399). Schiller weist also dem Ästhetischen keinen ontologischen Status zu, sondern definiert den ästhetischen Schein – und das heißt mithin Schönheit – als subjektiv Gemachtes. Dies aber kollidiert eklatant mit Schillers Rede vom Wesen der Schönheit.

Über den ästhetischen Schein schreibt Schiller und formuliert damit programmatisch eine kleine Poetologie der Kunstautonomie: „Nur soweit er *aufrichtig* ist, (sich von allem Anspruch auf Realität ausdrücklich lossagt) und nur soweit er *selbstständig* ist, (allen Beystand der Realität entbehrt) ist der Schein ästhetisch." (NA 20, S. 402) Ästhetischer Schein ist also Schein, der nicht die Wirklichkeit abbildet und sie auch nicht abbilden muss, da er der Wirklichkeit gegenüber frei und unabhängig ist. Diesen Gedanken behauptet Schiller gegenüber der aufgeklärten Nachahmungsästhetik, wonach die Aufgabe der Kunst die Nachahmung der Natur sei. Im letzten Brief kommt Schiller auf sein Ausgangsthema zurück, wie er es im zweiten Brief entfaltet hat. Dort hieß es, das vollkommenste Kunstwerk sei der „Bau einer wahren politischen Freyheit" (NA 20, S. 311), der sich aber nur auf dem Weg durch das Ästhetische gestalten ließe, „weil es die Schönheit ist, durch welche man zu der Freyheit wandert" (NA 20, S. 312). Wie steht es also am Ende der *Ästhetischen Briefe* mit diesem politischen Freiheitsbegriff? Schiller hat nachgewiesen, dass die Eingangsbehauptung innerhalb seiner Argumentation schlüssig ist, dass aus empirischen und transzendental-philosophischen Gründen tatsächlich ein Vermittlungszustand des Ästhetischen zwischen den Naturgegebenheiten und dem reinen Ideal anzunehmen ist. Wenn der ästhetische Schein subjektiv vom Menschen erzeugt wird, angetrieben von einem ästhetischen Bildungstrieb, wie es Schiller nennt, dann bedeutet dies im Umkehrschluss, dass der Mensch auch grundsätzlich die Möglichkeit besitzt, diesen Schein nicht zu erzeugen. Der ästhetische Schein existiert also nicht unabhängig vom Menschen. Nur derjenige, der ihn hervorzubringen vermag, kann zu Vernunfterkenntnis und zu den Idealen, mithin zu einer Vorstellung von politischer Freiheit gelangen. Hier beginnt nun das eigentliche Erziehungswerk. Die Menschen müssen dazu angehalten werden, Schönheit zu erzeugen, um auf diese Weise das ferne Ziel eines allgemeinen Ideals von Freiheit überhaupt erst in den Blick zu bekommen. Eine Antizipation dieser Vision findet Schiller in dem, was er den ästhetischen Staat nennt, einen kleinen geselligen Zirkel, in dem das zur Harmonie eines geselligen Charakters sich stimmt, was als Naturanlage den Menschen zum sozialen Wesen macht und als Vernunftgesetz von ihm kommunikative Geselligkeit fordert (vgl. NA 20, S. 410). In diesem ästhetischen Staat – der nicht mit einem realen Staatsgebilde verwechselt werden darf – sind alle Menschen freie Bürger; hier regiert der ästhetische Schein, also Schönheit, hier „wird das Ideal der Gleichheit erfüllt" (NA 20, S. 412). Schiller bindet mithin am Ende seiner *Ästhetischen Briefe* die grundsätzlichen philosophischen und ästhetischen Überlegungen wieder in einen politisch-anthropologischen Diskurs ein. Er verzichtet aber auf jenes Pathos, das in der Auslegungsgeschichte der *Ästhetischen Briefe* viele seiner Exegeten ihm gerne in den Mund legten. Denn Schiller findet – ähnlich auch schon im fünften Brief – zu einer erstaunlichen Apologie des aufgeklärten Absolutismus, fern von jeglicher republikanischen oder gar revolutionären Gesinnung. Er bezeichnet jene als Schwärmer – und der Wortsinn des Kontextes setzt die pejorative Bedeutung frei –, die meinten, dieses Ideal der Gleichheit müsse verwirklicht werden. Denn Ungleichheit, Unterdrückung und Ungerechtigkeit sind jene Bedingungen, unter denen überhaupt erst das Bedürfnis des Menschen nach Idealen erwächst. Diese „gütige Schickung" (NA 20, S. 412) schränke den Menschen nur deshalb in der Wirklichkeit ein, „um ihn in eine idealische Welt zu treiben" (NA 20, S. 412). Hieß es am Ende von *Über Anmut und Würde*: „Aber was in einem politischen Reiche gut und löblich seyn mag, ist es nicht immer in einem Reiche des Geschmacks" (NA 20, S. 299f.), so ließe sich diese Aussage nach der Lektüre der *Ästhetischen Briefe* auch durchaus umkehren. Klarer noch wehrt Schiller in dem Essay *Über naive und sentimentalische Dichtung* die Klagen über die Mühsal des Lebens ab, „über die Ungleichheit der Konditionen, über den Druck der Verhältnisse, über die Unsicherheit des Besitzes, über Undank, Unterdrückung, Verfolgung"; sie seien als „Naturbedingungen des Einzig guten" (NA 20, S. 428) zu respektieren.

Bedeutet dies am Ende den Verzicht auf das Programm einer ästhetischen Erziehung? Der Text lässt dies offen, möglicherweise auch mit Rücksicht auf den ursprünglichen Adressaten der *Ästhetischen Briefe* und im Hinblick auf die politischen Zeitumstände. Entscheidend ist, dass durch die ästhetische Erziehung zur Schönheit der Weg für eine gesellschaftliche Utopie der Gleicheit und Wohlfahrt aller geebnet werden könnte. Ob dieser Weg aber gangbar ist, bleibt strittig, denn schon an den Beispielen, die Schiller für seine Vorstellung von gültiger Schönheit anführt, zeigt sich, wie eng ein ästhetisches Urteil mit einem moralischen Urteil und einem Geschmacksurteil, das historischen und kulturellen Einschreibungen unterworfen ist, verflochten bleibt. Dass es letztlich stets um diese Verbindung in der Ausbildung eines ‚guten Geschmacks' geht, tritt besonders deutlich auch in Schillers Essay *Über den moralischen Nutzen ästhetischer Sitten* (1796) hervor, dessen Inhalt sich größtenteils mit dem Brief vom 3. Dezember 1793 an den Herzog von Augustenburg deckt. Der Autor schreibt: „In aesthetisch verfeinerten Seelen ist noch eine Instanz mehr, welche nicht selten die Tugend ersetzt, wo sie mangelt, und da erleichtert, wo sie ist. Diese Instanz ist der Geschmack" (NA 21, S. 31). Selbst wenn eine ästhetische Erziehung nichts zur sittlichen Verbesserung des Menschen beitrüge, so versetze sie uns doch in die Lage so zu handeln, „wie eine sittliche Gesinnung es würde mit sich gebracht haben" (NA 21, S. 35).

Tabellarische Übersicht über einige der zentralen von Schiller in den *Ästhetischen Briefen* gebrauchten antagonistischen Begriffspaare:

Sittlichkeit	Sinnlichkeit
Pflicht	Neigung
Wirklichkeit	Ideal
individueller Mensch	idealischer Mensch
Mensch in der Zeit	Mensch in der Idee
Mannigfaltigkeit	Einheit
Natur	Vernunft
Natur	Kunst
Gefühl	Bewusstsein
Materie/Stoff	Form
Sinnenwelt	Ideenreich
Trieb	Wahrheit
Herz	Kopf
praktische Kultur	theoretische Kultur
sinnlicher Trieb	Formtrieb
Gefühlsvermögen	Vernunftvermögen
Sinnlichkeit	Freiheit
Stofftrieb	Formtrieb
Werden	absolutes Sein
Veränderung	Identität
Leben	Gestalt
Leiden	Freiheit
Realität	Form
Zufälligkeit	Notwendigkeit
angespannter Mensch	abgespannter Mensch
Harmonie	Energie
Leiden	Tätigkeit
Endlichkeit	Unendlichkeit

Friedrich Schlegel urteilt in seinem Brief an den Bruder August Wilhelm vom 17. August 1795 über die *Ästhetischen Briefe*: „Schiller und Humbold pfuschen viel in der Metaphysik, aber sie haben den Kant nicht verdaut, und leiden nun an Indigestion und Kolik."[35] Selbst jener Herzog von Augustenburg, der Schiller erst das freie, unbeschwerte Arbeiten ermöglicht hatte, war enttäuscht über das Ergebnis: „[...] der gute Schiller ist doch eigentlich nicht zum Philosophen geschaffen. Er bedarf einen Uebersetzer, der das poetisch schön Gesagte mit philosophischer Präzision entwickelt, der ihn aus dem Poetischen in die philosophische Sprache übersetzt."[36] Zustimmende Reaktionen gab es unter anderem von Kant und Goethe.

Sicherlich ist es nicht so, dass mit den *Ästhetischen Briefen* in Deutschland der Diskurs der Moderne beginnt, „d.h. die Diskussion um eine gesellschaftsbezogene Kunsttheorie".[37] Das würde auch das unübersehbare Faktum von „gedanklichen Zirkelschlüssen und mutwilligen Setzungen"[38] leugnen. Schiller mag letztendlich an seinem kühnen Projekt einer ästhetischen Erziehung des Menschen gescheitert sein. Für Dieter Henrich war ausgemacht, Schiller habe „als Philosoph resigniert, der Spekulation den Rücken gekehrt", das „Scheitern der Schillerschen Gedankenbestimmungen"[39] sei offensichtlich. Ob er aber an dem theoretischen Teil seines Werkes „selbst schließlich verzweifelte",[40] mag dahingestellt bleiben. Die Betrachtung der weiteren Entwicklung der ästhetischen Diskussion in Deutschland von den frühen 1790er Jahren bis zum Ende des Jahrhunderts macht aber deutlich, welche Wirkungsmächtigkeit vornehmlich die *Ästhetischen Briefe* gezeitigt haben. Schiller bewegt sich an der Nahtstelle von Kritizismus und spekulativem Idealismus. „Damit aber steht Schiller genau auf dem Punkte, an welchem die

---

35 Zitiert nach NA 27, S. 238.

36 Hans Schulz: Friedrich Christian Herzog zu Schleswig-Holstein. Ein Lebenslauf. Stuttgart, Leipzig 1910, S. 193.

37 Klaus L. Berghahn: Schiller. Ansichten eines Idealisten. Frankfurt a.M. 1986, S. 227. – Zur Rezeptionsgeschichte der *Ästhetischen Briefe* vgl. Elisabeth M. Wilkinson, L.A. Willoughby: Schillers Ästhetische Erziehung des Menschen. Eine Einführung. München 1977, S. 143ff.

38 Jutta Schlich: Literarische Authentizität. Prinzip und Geschichte. Tübingen 2002, S. 145.

39 Dieter Henrich: Der Begriff der Schönheit in Schillers Ästhetik, in: Zeitschrift für philosophische Forschung 11 (1957), S. 527–547, hier S. 545.

40 Henrich: Der Begriff der Schönheit, S. 547.

transzendentale Methode Kants in die dialektische Methode seiner Nachfolger überzugehen beginnt".[41] Die Jahre 1796/97 leiten einen beeindruckenden Innovationsschub in der Philosophie der Kunst ein, der unter Absehung von Schillers ästhetischer Reflexion in seiner weiteren Entfaltung nicht angemessen verstanden werden kann. Im so genannten *Ältesten Systemprogramm des deutschen Idealismus*[42] von Hegel eröffnet sich neben der Möglichkeit einer konsequenten Metaphysik des Schönen, die Schiller nicht ausarbeitet, ein zweiter Weg, der im Rückgriff auf Schillers anfängliches ästhetisches Interesse die Überwindung der Krise ästhetischen Reflektierens perspektiviert. Das ursprüngliche emanzipatorische Interesse von seiner Ästhetik bleibt hier gesichert; dies ermöglicht einen Neuansatz, welcher der Gefahr der schillerschen Krise prinzipiell zu entgehen vermag. Es genügt, vier programmatische Punkte dieses Textes zu nennen, um die Verknüpfung augenfällig zu machen und sich vorzustellen, wie Schillers ästhetische Reflexionen hätten weitergeführt werden können. Der Mensch sei ein absolut freies Wesen, ist dort zu lesen, deshalb müsse er über den Staat hinaus, „denn jeder Staat muß freie Menschen als mechanisches Räderwerk behandeln; und das soll er nicht; also soll er *aufhören*".[43] Der höchste Akt der Vernunft wird als ein ästhetischer Akt verstanden, Wahrheit und Güte seien in der Schönheit vereint. „Die Menschen ohne ästhetischen Sinn sind unsere Buchstabenphilosophen".[44] Die Poesie soll wieder zur *„Lehrerin der Menschheit"* werden, „[...] die Dichtkunst allein wird alle übrigen Wissenschaften und Künste überleben".[45]

---

41 Ernst Cassirer: Idee und Gestalt. Goethe, Schiller, Hölderlin, Kleist. Nachdruck Darmstadt 1981, S. 98.
42 Vgl. Georg Wilhelm Friedrich Hegel: Werke in zwanzig Bänden. Theorie-Werkausgabe. Frankfurt a.M. 1983, Bd. 1, S. 234–236. – Christoph Jamme, Helmut Schneider (Hg.): Mythologie der Vernunft. Hegels ‚ältestes Systemprogramm des deutschen Idealismus'. Frankfurt a.M. 1984. Hier findet sich auch eine kritische Edition des Textes. Zur Datierungsfrage vgl. ebd., S. 42: Abfassungszeitraum Weihnachten 1796 bis 9. Februar 1797. – Die Bedeutung von Schillers ästhetischen Schriften für die Genese der Ästhetik Hegels hat Annemarie Gethmann-Siefert herausgearbeitet im Kapitel *Hegels Schillerrezeption. Zur Bestimmung der Kunst in den Frühschriften*, in: Dies.: Die Funktion der Kunst in der Geschichte. Untersuchungen zu Hegels Ästhetik. Bonn 1984, S. 17ff.
43 Hegel: Werke, Bd. 1, S. 234f.
44 Hegel: Werke, Bd. 1, S. 235.
45 Hegel: Werke, Bd. 1, S. 235.

Das Volk müsse vernünftig werden, „dann herrscht allgemeine Freiheit und Gleichheit".[46]

5.9 *Über naive und sentimentalische Dichtung* (1795/1796)

Schon während seiner Schwabenreise befasst sich Schiller im Oktober 1793 mit dem Problem des Naiven in der Kunst. Körner gegenüber erwähnt er seine Absicht, eine kleine Schrift zu diesem Thema zu verfassen, da er mit der landläufigen Erklärung des Phänomens nicht zufrieden sei. 1794 werden diese Überlegungen durch die Beschäftigung mit dem *Wallenstein*-Projekt unterbrochen, die *Ästhetischen Briefe* werden weitergeführt und Ende Oktober 1794 liest man, er wolle zuerst diese Abhandlung über das Naive beenden, bevor er sich neuen Projekten zuwende. Es folgt eine einjährige Unterbrechung. Von Oktober bis Dezember 1795 wird der Essay schließlich abgeschlossen. Die Veröffentlichung erfolgt im Band vier und fünf der *Horen* 1795 und 1796.

Schiller selbst empfand das Ungenügen an der Darstellung, die „mehr Skitze als ordentliche Ausführung" (NA 28, S. 81) sei und, wie er Goethe bekennt, „sehr popular geschrieben" (NA 28, S. 79). Und in der Tat mischt Schiller in dieser Abhandlung unterschiedliche Diskursformen, geschichtsphilosophische, moralphilosophische, kulturkritische, Rezensionen (etwa über Klopstocks Schriften) und gattungstheoretische Gedanken werden vorgetragen. Eine stringente Argumentation wird auch in diesem Essay nicht eingehalten.

Um welches ‚Phänomen' geht es dabei? Schiller definiert Natur als naiv, sie stehe zur Kunst in Kontrast.[47] Wenn er allerdings am Anfang des Essays schreibt, Natur sei „das freiwillige Daseyn, das Bestehen der Dinge durch sich selbst, die Existenz nach eignen und unabänderlichen Gesetzen" (NA 20, S. 413), dann setzt er sich damit

---

46 Hegel: Werke, Bd. 1, S. 236. – „Unter dem Programm einer ‚Mythologie der Vernunft' wird die an Schiller orientierte philosophische Ästhetik des deutschen Idealismus diese Aporien [sc. Verlust der „geforderten und erforderlichen Definierbarkeit der gesellschaftskritischen Funktion der Kunst"] zu lösen versuchen" (Annemarie Gethmann-Siefert: Idylle und Utopie. Zur gesellschaftskritischen Funktion der Kunst in Schillers Ästhetik, in: JbDSG 24 [1980], S. 32–67, hier S. 67).

47 Im Schlussteil über die Idylle unterscheidet Schiller zwischen ‚wahrer Natur' und ‚wirklicher Natur' (vgl. NA 20, S. 476f.). Auf die Schwierigkeiten, die sich daraus ergeben, gehe ich nicht weiter ein, da sie für den Verlauf der Gedankenführung Schillers unerheblich sind.

gleich in Widerspruch zum Ende seiner Abhandlung, wo er urteilt: „Nichts ist frey in der Natur, aber auch nichts ist willkürlich in derselben" (NA 20, S. 493). Dieses Verfahren des verschleppten Widerspruchs macht auch die Argumentationsführung dieses Essays höchst problematisch, zumal Schiller nicht gewillt ist, sich an Sprachkonventionen der Philosophie und Poetik zu halten. Dies betrifft die Leitantinomie von naiv und sentimentalisch ebenso wie die weiteren gattungstheoretischen Differenzierungsversuche. Dennoch wiederholt Schiller das Postulat, die Natur müsse über die Kunst den Sieg davontragen (vgl. NA 20, S. 417f.) und zwar als „moralische Größe" (NA 20, S. 419). Doch werden die Menschen nicht von den natürlichen Gegenständen als solchen affiziert, sondern von den durch sie repräsentierten Ideen. Der Weg des Menschen führt von der Natur weg durch die Kultur hindurch zur Natur zurück. Nur derjenige kann Genie haben, der auch naiv ist. Diese Überlegungen knüpfen wiederum an die Genieästhetik des Sturm und Drang an, wenn Schiller ausführt, die Einfälle des Genies seien „Eingebungen Gottes" und seine Gesetze würden „für alle Zeiten" (NA 20, S. 424) gelten.

Dem Begriff des Naiven setzt er nun den Begriff des Sentimentalischen gegenüber. Je mehr das Natürliche aus der Erfahrungswelt des Menschen verschwindet, desto größere Bedeutung gewinnt Natur als Idee und als Gegenstand der Dichtung. So ist es zu verstehen, wenn Schiller emphatisch ausruft, „die Dichter sind überall [...] die *Bewahrer* der Natur" (NA 20, S. 432), indem sie selbst entweder Natur sind oder die verlorene Natur suchen. Daraus leitet er zwei grundsätzlich verschiedene Dichtungsweisen ab, die mithin einer antinomischen Typologie des Dichters entsprechen. Es gebe unabhängig von den Zeitläuften naive oder sentimentalische Dichter (vgl. NA 20, S. 432). Der naive Dichter ist Natur, der sentimentalische sucht Natur (vgl. NA 20, S. 436). Beispiele für den naiven Dichtertypus sind Homer, Shakespeare und Molière. Schillers Hinweis, dass man beide Dichtungsweisen oft in einem Text vereint findet – als Beispiel führt er Goethes *Werther* an –, nimmt einer terminologischen Differenzierungsnotwendigkeit ihre Schlagkraft. Hatte in den *Ästhetischen Briefen* noch die ästhetische Kultur, Schönheit und Kunst, die Funktion, die Natur des Menschen mit den Vernunftgesetzen und moralischen Bestimmungen zu versöhnen, so heißt es nun, Kunst trenne und entzweie den Menschen und nur „durch das Ideal kehrt er zur Einheit [der Natur, M.L.-J.] zurück" (NA 20, S. 438). Zu Missverständnissen und Fehlinterpretationen dieses Essays hat immer wieder die Annahme geführt, Schiller meine mit ‚naiv' die alten und mit ‚sentimentalisch' die modernen Dichter, gar die klassisch-romantische Literatur seiner Gegenwart.[48] Diese Interpretationen sind schwer nachzuvollziehen, vielmehr stellt Schiller in einer Anmerkung klar, dass die Einführung der Differenz von ‚alten' und ‚neuen' Dichtern nicht eine historische Differenz meine, sondern den „Unterschied der Manier" (NA 20, S. 438). Während der naive Dichter sich nur auf die Nachahmung der Wirklichkeit beschränke, reflektiere der sentimentalische Dichter seine Sinneseindrücke. Im Spannungsfeld dieser neuen Antinomie von Nachahmung und Reflexion bewegen sich nun die folgenden gattungstheoretischen Überlegungen Schillers.

Der sentimentalische Dichter ist vor die grundsätzliche Frage gestellt, ob er sich mehr der Reflexion über die Wirklichkeit oder der Darstellung des Ideals zuwendet. Diese Alternative wird von Schiller mit zwei Wirkungsaffekten verknüpft: Die Wirklichkeit erzeuge beim sentimentalischen Dichter Abneigung, zu den Idealen hingegen entwickle dieser Zuneigung. Folgt er der Abneigung, stellt also Wirklichkeit dar, dann wird diese Darstellung satirisch, folgt er der Zuneigung, stellt also das Ideal heraus, dann wird die Darstellung elegisch (vgl. NA 20, S. 441). An einer späteren Stelle streicht Schiller in einer Anmerkung heraus, dass er mit den Begriffen der Satire, der Elegie und der Idylle, die am Ende des Essays ausführlich dargestellt wird, nicht deren gattungshistorische Semantik meine. Seine Einteilung dieser drei grundsätzlich möglichen Arten sentimentalischer Poesie habe „mit den drey besondern Gedichtarten, welche man unter diesem Nahmen kennt, nichts gemein" (NA 20, S. 466). Satire betrachtet Wirklichkeit als einen defizienten Modus und das Ideal als höchste Realität. Der Gegenstand der satirischen Dichtung im schillerschen Verständnis ist die Entfernung von der Natur und der

---

48 Nur so ist es zu begreifen, dass sich folgende falsche Darstellung im *Reallexikon der deutschen Literaturwissenschaft* findet: „In der Abhandlung ‚Über naive und sentimentalische Dichtung' (1795/96) bezeichnet die sentimentalische Dichtungsart die Erscheinung des ‚Naiven', jedoch unter Bedingungen der Reflexion. Der Unterscheidung von ‚naiv' und ‚sentimentalisch', die die ‚moderne' (klassisch-romantische) Dichtung begründet, liegt der vollzogene Übergang von der Natur zur Idee der Natur (Natur als Gegenstand der Reflexion) zugrunde" (Hans-Georg Pott: Sentimentalisch, in: Reallexikon der deutschen Literaturwissenschaft. Bd. 3. Hgg. v. Jan-Dirk Müller. Berlin 2003, S. 427–429, hier S. 428). Das Sentimentalische ist nicht die Erscheinung des Naiven, sondern das Naive ist die Nachahmung des Wirklichen und das Sentimentalische ist die Reflexion über das Wirkliche.

Widerspruch zwischen Wirklichkeit und Ideal. Die satirische Darstellung kann demzufolge strafend, pathetisch oder scherzhaft sein.
Diese Feingliederung bleibt allerdings für den weiteren Argumenta-
tionsverlauf folgenlos und ist auch wenig begründet.

Auch die Elegie unterteilt Schiller in zwei Klassen, die Elegie im
engeren und die Idylle im weiteren Sinne. Die Elegie im engeren
Sinne stellt den Verlust der Natur und die Unerreichbarkeit des
Ideals dar und ist insofern Gegenstand der Trauer. Unklar bleibt
hier, worin dann die Differenz zur Satire besteht. Die Idylle im weiteren Sinn, die an dieser Stelle noch dem elegischen Dichter zu-
geordnet wird, wählt den Gegenstand der Freude, sofern Natur und
Ideal als wirklich dargestellt werden. Wieder fügt Schiller eine Anmerkung ein, worin er betont, dass er sich nicht legitimieren müsse
für seinen eigenwilligen Begriffsgebrauch. Ihm gehe es allein um
die unterschiedlichen Empfindungsweisen, die in diesen Dichtungs-
arten vorherrschten. Der elegische Dichter sucht die Natur als vollkommene Idee darzustellen. Als Beispiele führt Schiller die Ossian-
Dichtung an, Rousseau wird genannt, ebenso Haller, Ewald von
Kleist und Klopstock, Uz, Denis, Geßner, Jacobi, Gerstenberg, Hölty
und Goeckingk. Die Passage umfasst mehrere Seiten und gleicht
einer literaturkritischen Rezension. Besonders Schillers Klopstock-
Kritik verdeutlicht, wie weit sich der Autor inzwischen von seinen
literaturgeschichtlichen Wurzeln im Sturm und Drang entfernt hat;
immerhin galt Klopstock den Sturm-und-Drang-Literaten als poetisches Vorbild. Gleichwohl ist für Schiller Klopstock ein „Meister auf
dem ganzen Felde sentimentalischer Dichtung" (NA 20, S. 458). Erst
an dieser Stelle kippt Schillers Argumentation, nun setzt er ‚naiv' mit
‚alt' und ‚sentimentalisch' mit ‚modern' gleich, ein nicht aufzuhe-
bender Widerspruch zur Eingangsbegründung seines Essays, zumal
er wenig später zu dieser ursprünglichen Bestimmung zurückkehrt
und – ohne Namen zu nennen – von den „vornehmsten sentimentalischen [!] Dichtern in der alten römischen Welt" (NA 20, S. 476)
spricht. Die sentimentalischen Dichter haben keine so große Macht
über den Affekthaushalt der Zuschauer wie die naiven Dichter (vgl.
NA 20, S. 459). Schon zuvor wurde dies prädiziert; naive Dichtungen machen den Leser fröhlich und ruhig, sentimentalische hingegen angespannt und ernst (vgl. NA 20, S. 441).

Schiller schließt seinen Essay mit einer breiten Ausführung zum
Begriff der Idylle ab, der zweiten elegischen Dichtungsart. Sie wird
definiert als „die poetische Darstellung unschuldiger und glücklicher
Menschheit" (NA 20, S. 467). Unschuld bestimmt Schiller als Har-

monie und Frieden mit sich selbst. Dies ist ein Zustand, den er für den Menschen vor dessen kultureller Entwicklung annimmt. Zugleich stellt dieser Zustand den Verlust der menschheitsgeschichtlichen Kindheit dar und dient insofern wiederum als utopischer Zielpunkt, den zu verfolgen Aufgabe des sentimentalischen Dichters ist. Diese Utopie (als Idee) muss als mögliche Realität in der Idylle eine sinnlich erfahrbare Veranschaulichung finden. Irritierend ist wiederum Schillers unvermittelt eingeführte Differenzierung zwischen einer sentimentalischen Hirtenidylle und einer naiven Hirtenidylle (vgl. NA 20, S. 469). Diese Unterscheidung widerspricht streng genommen dem Begriff der Idylle, da diese per definitionem als Form sentimentalischer Dichtung festgelegt worden war. Doch nicht genug, Schiller beschreitet nun einen Weg der Gedankenführung, der seine Terminologie uneinholbar metaphysisch auflädt. Der naive Dichter nämlich wolle individualisieren durch eine „absolute Darstellung" (NA 20, S. 470), das ist die Natur, der sentimentalische Dichter hingegen idealisiere durch die „Darstellung eines Absoluten" (NA 20, S. 470), das ist die Idee. Der naive Dichter hält sich strikt an die Darstellung der Natur, „welche immer durchgängig begrenzt, d.h. der Form nach unendlich ist" (NA 20, S. 470). Wie aber hat man sich dies vorzustellen, dass etwas unendlich und begrenzt zugleich ist? Zumal Schiller selbst wenig später darauf hinweist, dass, was unbegrenzt sei, auch nicht überschritten werden könne (vgl. NA 20, S. 483). Dieser Paralogismus bleibt also unaufgelöst. Und wie problematisch Schillers Bewertungskriterien sind, zeigt sich nun bei der Beurteilung von Geßners Idyllendichtung, die vor einem strengen Geschmack, den auszubilden ja Schillers Anliegen ist, nicht bestehen könne, da der Geschmack in ästhetischen Fragen keine Halbheiten dulde (vgl. NA 20, S. 471). Als unerreichtes Beispiel schöner sentimentalischer Idyllendichtung hingegen gilt ihm Miltons *Paradise Lost* (1667), als Beispiel einer naiven Idylle nennt er die *Luise* (1783/84) von Voß. Weitere naive Idyllendichter sind Homer und Bodmer, Aristophanes und Plautus, Shakespeare, die Minnesänger, Fielding, Lope de Vega, Molière, Goldoni, Schlegel, Rabener und Lessing (vgl. NA 20, S. 478f.).[49] Also auch aus diesen Beispielen, die Schiller nennt, geht eindeutig hervor, dass eine synonyme Zuordnung von ‚alt' und ‚naiv' auf der einen und ‚modern' und ‚sentimentalisch' auf

---

49 Zur historischen Situierung von Schillers Idyllentheorie vgl. die Arbeit von Carsten Behle: „Heil dem Bürger des kleinen Städtchens". Studien zur sozialen Theorie der Idylle im 18. Jahrhundert. Tübingen 2002.

der anderen Seite vom Text her nicht zu rechtfertigen ist.[50] Man muss also festhalten, dass Schiller den Begriff der Idylle inzwischen aus der ausschließlich sentimentalischen Zuordnung herausgelöst und als eigenständige Gattung installiert hat, die demnach sowohl naiv als auch sentimentalisch sein kann. Die sentimentalische Idylle wendet das „Ideal der Schönheit" (NA 20, S. 472) auf das wirkliche Leben an. Für die sentimentalische Dichtung insgesamt galt ja schon, dass sie die Wirklichkeit auf Ideen und Ideen auf die Wirklichkeit bezieht (vgl. NA 20, S. 466). Die naive Dichtung hingegen ist frei von jeglicher Reflexion (vgl. NA 20, S. 475).

„Der Mensch [...] darf [...] nur für das Ideal [...] die Wirklichkeit verlassen" (NA 20, S. 485). Das deckt sich mit Schillers Bestimmung der Aufgabe eines sentimentalischen Dichters, der ebenfalls nur um der Idee willen die Wirklichkeit verlassen dürfe. Seine Dichtung solle, „durch eine sentimentalische Operation aus einem beschränkten Objekt ein unendliches [...] machen" (NA 20, S. 478). Dies leistet das Ideal der Veredlung, die der Dichter verfolgen muss (NA 20, S. 489). Diese Veredlung zielt auf das, was Schiller an anderer Stelle seines Essays mit Blick auf das Drama ausgeführt hatte. In der Tragödie wird die Gemütsfreiheit des Menschen künstlich aufgehoben und hinterher wiederhergestellt. Das Ziel der Komödie „ist einerley mit dem höchsten, wornach der Mensch zu ringen hat, frey von Leidenschaft zu seyn" (NA 20, S. 446). Dann gelangt Schiller am Ende seines Essays zu einer bemerkenswerten neuen Definition dessen, was für ihn „das wahre Schöne" (NA 20, S. 469) darstellt:

> Die Schönheit ist das Produkt der Zusammenstimmung zwischen dem Geist und den Sinnen, es spricht zu allen Vermögen des Menschen zugleich, und kann daher nur unter der Voraussetzung eines vollständigen und freyen Gebrauchs aller seiner Kräfte empfunden und gewürdiget werden. (NA 20, S. 487)

Dass diese Präzisierung des Schönheitsbegriffs[51] letztlich auf das Modell einer Elitekultur der Provenienz der ‚Weimarer Klassik'

---

50 Bemerkenswert ist auch Schillers Schlusssatz zu diesen Beispielen: „Von den neuesten Schriftstellern in dieser Gattung nenne ich keinen, da ich keinen ausnehmen kann" (NA 20, S. 479).

51 Insofern ist der Bemerkung Meins entschieden zu widersprechen, Schillers Definition des Schönen laute in allen seinen ästhetischen Schriften gleich (und das meint im Sinne der *Kallias*-Definition), vgl. Georg Mein: Die Konzeption des Schönen. Der ästhetische Diskurs zwischen Aufklärung und Romantik. Kant – Moritz – Hölderlin – Schiller. Bielefeld 2000, S. 165.

hinausläuft, geht aus jener Passage des Textes hervor, wo Schiller die Rezeptionsbedingungen ‚klassischer' Literatur erläutert. „Wessen Gemüth nicht schon zubereitet ist, über die Wirklichkeit hinaus ins Ideenreich zu gehen" (NA 20, S. 439), für den bleibe die idealistische Kunst bezugslos. Nur eine „Volksklasse" (NA 20, S. 491), die nicht arbeiten müsse, sei überhaupt in der Lage dazu, diese Kunst angemessen zu rezipieren. Ob dies einer Immunisierungsstrategie gleicht, die den Zweck verfolgt, sich gegen Kritik zu schützen, muss die Diskussion um Schillers klassische Dramen zeigen.

Beurteilt man den Essay *Über naive und sentimentalische Dichtung* vom Ergebnis seiner höchst unterschiedlichen Argumentationsebenen her, dann ergibt sich ein wenig überraschendes, nahezu bemerkenswert triviales Ergebnis, das Jutta Schlich zu der Feststellung veranlasste, Schiller verderbe seine guten Denkansätze mit destruktiver Konsequenz selbst.[52] Weder der naive noch der sentimentalische Charakter des Menschen, mithin weder naive noch sentimentalische Dichtung vermögen ein „Ideal schöner Menschlichkeit" (NA 20, S. 491) ganz zu erschöpfen; demnach erwächst das Ideal dichterischer Schönheit allein aus der wechselseitigen Durchdringung von naiven und sentimentalischen Momenten in einer Dichtung.

Die Briefe *Über die ästhetische Erziehung des Menschen* versuchten noch die Spannung des sich anbahnenden Paradigmenwechsels bei Schiller hin zur symbolischen Anthropologie des Ideals auszuhalten. Doch sie stehen bereits in dem immer länger werdenden Schatten des klassischen, des griechischen Ideals. „Jeder individuelle Mensch" – hieß es dort im vierten Brief – „trägt, der Anlage und Bestimmung nach, einen reinen idealischen Menschen in sich" (NA 20, S. 316). Im Erstdruck seines Aufsatzes *Über naive und sentimentalische Dichtung* bestimmt Schiller Individualität als den „Charakter" des Alten, der Griechen, Idealität als die „Stärke" des Modernen (NA 21, S. 287). Doch sichert er in der Charakterisierung der Aufgabe von Dichtkunst überhaupt die dialektische Aufhebung dieser Antinomie, die darin besteht, „das ideale zu individualisieren und das individuelle zu

---

52 Vgl. Schlich: Literarische Authentizität, S. 157. – Schillers abschließende Diskussion des Unterschieds zwischen einem Realisten und einem Idealisten lasse ich unberücksichtigt, da sie wiederum einen inkohärenten Exkurs zum Gesamttext des Essays darstellt. Man kann gegebenenfalls durchaus Schillers eigenes Bekenntnis Humboldt gegenüber heranziehen, dass ihm das Ende des Essays „zu entleiden" [!] beginne: „Ich verliere immer gegen das Ende die Geduld" (NA 28, S. 134).

idealisieren" (NA 21, S. 288). Zuvor muss Schiller aber eine ästhetische Krise durchlaufen, aus der seine Ästhetik verändert, nämlich unter Verlust des Freiheitsbegriffs – und das heißt seiner Ästhetik der Freiheit – hervorgeht. Diese Krise lässt sich in aller Kürze anhand dreier Briefstellen charakterisieren. Am 26. Oktober 1795 stellt er Humboldt die entscheidende Frage seiner idealistischen Ästhetik: „In wiefern kann ich bey dieser Entfernung von dem Geiste der Griechischen Poesie noch Dichter seyn, und zwar besserer Dichter, als der *Grad* jener Entfernung zu erlauben scheint?" (NA 28, S. 83), und: „sollten […] neuere Dichter nicht besser thun, das *Ideal* als die *Wirklichkeit* zu bearbeiten?" (NA 28, S. 85) Am 4. November desselben Jahres heißt es an Herder:

> Es läßt sich […] beweisen, daß unser Denken und Treiben, unser bürgerliches, politisches, religiöses, wissenschaftliches Leben und Wirken […] der Poesie entgegengesetzt ist. […] Daher weiß ich für den poetischen Genius kein Heil, als daß er sich aus dem Gebiet der wirklichen Welt zurückzieht und […] auf die strengste Separation sein Bestreben richtet. Daher scheint es mir gerade ein Gewinn für ihn zu sein, daß er seine eigne Welt formiret und durch die Griechischen Mythen der Verwandte eines fernen, fremden und idealischen Zeitalters bleibt, da ihn die Wirklichkeit nur beschmutzen würde. (NA 28, S. 98)

Und schließlich liest man am 30. November 1795 wiederum in einem Brief an Humboldt: „Eine Scene im Olymp darzustellen, welcher höchste aller Genüsse! Ich verzweifle nicht ganz daran, wenn mein Gemüth nur erst ganz frey und von allem Unrath der Wirklichkeit recht rein gewaschen ist" (NA 28, S. 120). Der gesellschaftskritische Impetus der *Kallias*-Briefe ist verpufft. Im Frühjahr 1797 stellt Schiller seine theoretische Produktion ein und wendet sich ausschließlich wieder lyrischen und dramatischen Arbeiten zu. Diesen „sauren Weg" (NA 28, S. 79) der philosophischen Reflexion einzuschlagen sei aber notwendig gewesen, teilte er Goethe am 16. Oktober 1795 mit. Nun sei er allerdings froh, wieder zur poetischen Arbeit zurückkehren zu können. Wie eine etwas bittere Quintessenz klingt es, wenn er resümiert, „die Philosophie erscheint immer lächerlich, wenn sie […] der Welt Gesetze geben will" (NA 28, S. 79). So intensiv und affirmativ sich Schiller mit der Philosophie Kants beschäftigt hat, so deutlich geht er am Ende des Jahrhunderts auf Distanz zum Königsberger Philosophen. Schon im Essay *Über Anmut und Würde* hatte er an Kants Moralphilosophie moniert, dass sie den Weg zu einer „finstern und mönchischen

Ascetik" (NA 20, S. 284) bahnen könne. Nun, im Dezember 1798, erinnert ihn Kant an einen Mönch (vgl. NA 30, S. 15). Ähnlich heißt es auch im Sommer 1799 in einem Brief an Goethe, Kants Entwicklung sei „gar zu mönchisch" (NA 30, S. 77); er habe nie damit versöhnt werden können. Schon am 17. Dezember 1795 hatte Schiller Goethe brieflich mitgeteilt, es sei „hohe Zeit, daß ich für eine Weile die philosophische Bude schließe" (NA 28, S. 132). Und anlässlich einer Rezension zur *Jungfrau von Orleans* hatte Schiller am 20. Januar 1802 an Goethe geschrieben, es sei ihm wieder deutlich geworden, dass „von der Transcendentalen Philosophie zu dem wirklichen Factum", nämlich dem Kunstwerk, „noch eine Brücke" fehle, mit „allgemeinen hohlen Formeln" (NA 31, S. 88) sei wenig gewonnen. Ob Schiller dabei auch an seine eigenen philosophischen Arbeiten der 1790er Jahre gedacht hat, bleibt dahingestellt, auch wenn er jenseits eines epistolaren Understatements gelegentlich eine solche Einsicht erkennen lässt. „Meine lange Entwöhnung von allen theoretischen Kunstansichten und allem Raisonement hat mich ordentlich dagegen stumpf gemacht, auch hat mir das leere metaphysische Geschwätz der Kunstphilosophen alles Theoretisieren verleidet. In der That verträgt sich diese Geistesoperation nicht mit der Ausübung, denn da muss man die Gesetze aus dem Gegenstande schöpfen und findet sich mit keiner allgemeinen Formel gefördert" (NA 32, S. 173f.). Später, am 2. April 1805, resümiert er ernüchternd: „Die speculative Philosophie, wenn sie mich je gehabt hat, hat mich durch ihre hohle Formeln verscheucht, ich habe auf diesem kahlen Gefild keine lebendige Quelle und keine Nahrung für mich gefunden" (NA 32, S. 208). Am Ende dieser Essays also steht die Einsicht, das philosophische Geschäft tauge nicht für die Praxis des literarischen Schreibens. Der 7. Dezember 1795 markiert daher einen Wendepunkt in Schillers essayistischem Schreiben, mithin in seiner Beschäftigung mit Fragen der Kunst- und Moralphilosophie. Wilhelm von Humboldt gegenüber stellt er fest, er sei entschlossen, sich von der „philosophischen Schriftstellerey" (NA 28, S. 124) zurückzuziehen. Die Arbeit am *Wallenstein* hatte längst begonnen.

6 Das dramatische Werk II –
Klassische Dramen

6.1 Schillers ‚Weimarer Klassik‘

Zu Schillers klassischen Dramen zählen gemeinhin die *Wallenstein*-Trilogie (1800), *Maria Stuart* (1801), *Die Jungfrau von Orleans* (1801), *Die Braut von Messina* (1803), *Wilhelm Tell* (1804) und das Dramolett *Die Huldigung der Künste* (1805), Werke also, die nach Abschluss der philosophisch-ästhetischen Reflexions- und Schreibphase entstanden sind. Bahnte sich mit dem *Don Karlos* in Schillers dramatischem Werk der Übergang von den Jugenddramen zu den klassischen Dichtungen an – so die Ansicht von Paul Böckmann[1] –, so hat Schiller mit dem Abschluss seiner essayistisch-philosophischen Schriften und mit dem *Wallenstein* definitiv eine ästhetische Norm festgelegt, deren Beurteilung und Handhabung in der Forschung höchst unterschiedlich ausfällt. Es geht dabei im Wesentlichen um die Frage, ob es legitim sei, die klassischen Dramen Schillers an seinem eigenen theoretischen Programm zu messen und die Figuren als Figurationen, die Stücke als Konfigurationen seiner Ästhetik zu lesen. Versuche von Letztbegründungen müssen an dieser Frage scheitern, lediglich Plausibilitätsargumente können vorgetragen werden. Die Ansicht liegt zunächst nahe, dass Schiller seine ästhetischen Überlegungen unter dem Eindruck der Ästhetikdebatte der 1790er Jahre nun im Medium der Kunst, also in den Dramen fortsetzt. Problematisch bleibt es aber allemal, in den ästhetischen Schriften den ausschließlichen interpretatorischen Schlussel zu den klassischen Dramen erkennen zu wollen. Gegen eine solche Vereinnahmung der fiktionalen Stücke durch Schillers expositorische Texte wird in der Regel zu Recht auf Schillers Brief vom 17. Dezember 1795 an Goethe

---

1 Vgl. Schillers *Don Karlos*, 1974, S. 9.

hingewiesen. Darin bekennt er, es sei „hohe Zeit, daß ich für eine Weile die philosophische Bude schließe" (NA 28, S. 132). Die im Februar 1791 begonnene intensive Phase der theoretischen Reflexion ist zu diesem Zeitpunkt Ende 1795 also abgeschlossen. Die Kluft zwischen Kunst und Kunstphilosophie indes wird auch in Schillers klassischen Dramen nicht überwunden. Dies bedeutet das indirekte Eingeständnis, dass seine eigenen bisherigen philosophischen Arbeiten im Fahrwasser der idealistischen Philosophie Kants zur Vereinzelung von Problemlage und Problemlösung geführt haben, dass nun die Modifizierung des Konzepts einer ästhetischen Erziehung des Menschen das Gebot der Stunde ist. Schiller reaktiviert am Ende der Aufklärung und zu Beginn des 19. Jahrhunderts nochmals die aus der aristotelischen *Poetik* sich herleitende poetologische Affektenlehre. Diesem Programm des künstlichen Pathos, das durch das vernünftige Rezipieren überwunden wird und so die Freiheit, die Erhabenheit des Menschen über die Sinnlichkeit vor Augen stellt, sind Schillers klassische Dramen verpflichtet. Allerdings hatte schon Körner als ein kritischer Zeitgenosse offen beispielsweise über die Dialogführung des *Wilhelm Tell* geäußert, dass sie „weniger geschmückt" (NA 40/I, S. 186; Brief an Schiller vom 17. März 1804) sei als in früheren Werken Schillers, weniger pathetisch, weniger künstlich, und dadurch besser wirke. Die Beurteilung, wie pathetisch ein Text wirkt, hängt also nicht zuletzt entscheidend davon ab, wie die kontemporären Rezeptionsbedingungen Geschmacksvorstellungen und ästhetische Erwartungen prägen.

Die Grundlage dessen, was man als ein theoretisches Reflektieren der ‚Weimarer Klassik' bezeichnen könnte, liefert Karl Philipp Moritz. Er entwirft ein ästhetisches Denken, das unter dem Begriff der Autonomieästhetik Eingang in die Literaturgeschichte gefunden hat. In seiner Schrift *Über den Begriff des in sich selbst Vollendeten* (1785) charakterisiert er den Zustand der ästhetischen Erfahrung. Er schreibt über das Schöne im Kunstwerk, man könne es dann rein und unvermischt ästhetisch erfahren, wenn man es „als etwas betrachte, das bloß um sein selbst willen hervorgebracht ist, damit es etwas in sich Vollendetes sei. [...] Ein Ding kann also nicht deswegen schön sein, weil es uns Vergnügen macht, sonst müßte auch alles Nützliche schön sein; sondern was uns Vergnügen macht, ohne eigentlich zu nützen, nennen wir schön."[2] Schiller wird einige Jahre

---

2 Karl Philipp Moritz: Werke. Hgg. v. Horst Günther. Frankfurt a.M. 1981, Bd. 2, S. 545. Vgl. dazu auch Gerhard Sauder: Ästhetische Autonomie als Norm der

später in einem Brief an Christian Gottfried Schütz vom 22. Januar 1802 die Formel prägen, ein poetisches Werk müsse „ein in sich selbst organisirtes Ganze" (NA 31, S. 94) sein. Ob damit gesagt ist, dass in der ästhetischen Autonomie – wie sie Moritz darlegt und wie sie in den poetischen Texten von Schiller und Goethe aufgegriffen wurde – bereits die Antizipation einer allgemeinen gesellschaftlichen Autonomie aufscheint, auf die jene gleichsam vorbereiten soll, ist umstritten, allein von Schillers klassischen Dramen her gesehen prinzipiell zu rechtfertigen.

,Weimarer Klassik' setzt nicht bei einem historischen und ästhetikgeschichtlichen Nullpunkt an. Die Forschung hat in der Vergangenheit diesen ,Klassik-Mythos' gründlich entlarvt und verstärkt die historischen Wurzeln der Klassik, ihre ideengeschichtlichen und gesellschaftlichen Kontexte und durchaus auch ihre Traditionalität untersucht, eingedenk der Mahnung Borchmeyers: „Jede Klassik ist im Grunde eine ,Legende', ein Rezeptionsphänomen".[3] Trotz der kunstästhetisch und philosophisch reflektierenden Essays von Moritz und Schiller kann man nicht von einem geschlossenen ästhetischen Programm, gar einem poetischen System der ,Weimarer Klassik' sprechen. Wohl haben Schiller und Goethe, Wieland, Herder und Wilhelm von Humboldt, Hölderlin und Körner sich – meist brieflich – zu poetischen und allgemein ästhetischen Fragen geäußert. Schillers eigene philosophische Abhandlungen erörtern zwar durchaus Probleme einer idealistischen Ästhetik, doch ist dieses Denken stets auch Selbstzweifeln, Korrekturen, Widersprüchen und überbordenden Assoziationen unterworfen. Dennoch scheint es so etwas wie ein poetisches Bekenntnis von Schillers ,Weimarer Klassik' zu geben, das sich nicht aus den ästhetischen Schriften destillieren lässt, sondern allein aus den poetischen Texten zu gewinnen ist. Denn die grundsätzliche Frage bleibt strittig, ob zugestanden wird, dass Schillers klassische Dramen eine Antwort auf seine theoretischen Problembenennungen anbieten. Auch steht mahnend ein Einspruch Schillers im Raum, den er in jenem Brief an Schütz erhob, als seine *Jungfrau von Orleans* eine von Schellings Philosophie inspirierte Rezension erfahren hatte. Schiller warnte davor, eine „Kunstmetaphysik auf

---

Weimarer Klassik, in: Normen und Werte. Hgg. v. Friedrich Hiller. Heidelberg 1982, S. 130–150, sowie den informativen Überblick von Michael Einfalt: Autonomie, in: Ästhetische Grundbegriffe. Hgg. v. Karlheinz Barck, Martin Fontius, Dieter Schlenstedt u.a. Stuttgart 2000, Bd. 1, S. 431–479.

3 Dieter Borchmeyer: Weimarer Klassik. Portrait einer Epoche. Weinheim 1994, S. 39.

ein vorhandenes Werk anzupassen und anzuwenden" (NA 31, S. 94). Die Frage also lautet: Wie ist ein ‚klassisches' Drama zu bewerkstelligen? Die Antwort muss auch angesichts der Tatsache, dass es keine Tragödie der ‚Weimarer Klassik' gibt, welche als Schulbeispiel eines klassischen Dramas dienen soll, summarisch ausfallen.

Die Konzentration auf das Wesentliche wird in der Lesart der ‚Weimarer Klassik' durch die Rhythmisierung der Verssprache gewährleistet. Prosodie und Rhythmus als konstitutive Merkmale der Form scheiden das Unwesentliche des Stoffes aus. Als Schiller daran geht, den *Wallenstein* in Jamben zu schreiben, teilt er Goethe am 24. November 1797 folgende Überlegung mit: „Seitdem ich meine prosaische Sprache in eine poetische=rhythmische verwandle, befinde ich mich unter einer ganz andern Gerichtsbarkeit als vorher, [...] der Vers fodert schlechterdings Beziehungen auf die Einbildungskraft" (NA 29, S. 159). Noch grundsätzlicher argumentiert er am Ende dieses Briefs:

> Der Rhythmus leistet bei einer dramatischen Production noch dieses große und bedeutende, daß er, indem er alle Charactere und alle Situationen nach Einem Gesetz behandelt, und sie, trotz ihres innern Unterschiedes in Einer Form ausführt, er dadurch den Dichter und seinen Leser nöthiget, von allem noch so characteristisch=verschiedenem etwas Allgemeines, rein menschliches zu verlangen. Alles soll sich in dem Geschlechtsbegriff des Poetischen vereinigen, und diesem Gesetz dient der Rhythmus sowohl zum Repraesentanten als zum Werkzeug, da er alles unter Seinem Gesetze begreift. Er bildet auf diese Weise die Atmosphaere für die poetische Schöpfung, das gröbere bleibt zurück, nur das geistige kann von diesem dünnen Elemente getragen werden. (NA 29, S. 160)

Schon in dem Essay *Über die ästhetische Erziehung des Menschen* (1795) hatte Schiller im 22. Brief geschrieben, dass die Form den Stoff vertilgen müsse, „in einem wahrhaft schönen Kunstwerk soll der Inhalt nichts, die Form aber alles tun", darin läge das „eigentliche Kunstgeheimnis" (FA 8, S. 641). Übrig bliebe so ein Kondensat des Geschichtlich-Menschlichen, das dann in der gezielten ästhetischen Profilierung, dem Akt der Idealisierung, als Fluchtpunkt der freien Vernunfthandlung diene. Die einzelnen dramatischen oder literarischen Figuren begreift Schiller als „symbolische Wesen", wie es in einem Brief an Goethe vom 24. August 1798 heißt, die „immer allgemeine der Menschheit darzustellen und auszusprechen haben" (NA 29, S. 266). Außerdem müsse sich der Dichter von der Wirklichkeit entfernen und dabei stets an diesen Idealisierungsprozess erinnern. Dies kann der Dichter vornehmlich durch eine ausgedehnte, pathetische, versifizierte Sprache seiner Figuren. ‚Weimarer Klassik' bedeutet in diesem Sinne also symbolhafte sprachliche, rhetorische, allegorische, metrische und dramaturgische Verdichtung der Menschheitsgeschichte. Die Tragödie kann nur einzelne außergewöhnliche Momente der Menschheit beispielhaft fixieren. Dies ist ihre Aufgabe und dies tut sie mit Hilfe eines Maximums an sprachlichem, rhythmischem und inhaltlichem Pathos. Schiller ist sich selbst durchaus der Gefahr bewusst, die aus einem solchen Gestaltungswillen zu resultieren vermag, dass nämlich – in den Worten seines Freundes Körner – „die Stümperey beym Idealisiren [...] nur in der Personificirung leerer Abstracte" (NA 38/I, S. 301) bestehe. Dieses Risiko zum Sentenzenhaften und zu figurierten Worthülsen liegt dem marxschen Neologismus ‚das Schillern' zugrunde.

Das Ideal der Kunstautonomie der ‚Weimarer Klassik', das in den essayistischen Schriften vorbereitet wird und in Schillers klassischen Dramen einen literarischen Ausdruck gefunden hat, bedeutet eine Absage an den Publikumsgeschmack. Nur so ist es zu verstehen, wenn Schiller am 4. August 1795 Fichte erklärt, seine Schriften seien „eine directe Opposition gegen den Zeitcharakter [...]. Beynahe jede Zeile, die seit den letzten Jahren aus meiner Feder geflossen ist, trägt dieses Gepräge" (NA 28, S. 21). Schillers klassische Dramen bedeuten eine Attacke auf das Illusionstheater seiner Zeit. Die Forderung, der Dichter müsse die Wirklichkeit verlassen, bedeutet die bewusste Destruktion der ästhetischen Illusion z.B. durch die freie Handhabung historischer Fakten wie in der *Maria Stuart* und der *Jungfrau von Orleans*, durch die Einführung des Chors und der Überzeichnung des Sprachpathos wie in der *Braut von Messina*, durch die häufigen Sentenzen wie im *Wilhelm Tell*, bedeutet die Aufdeckung also der Fiktionalität des Dargebotenen. Nur so kann die emotionale und intellektuelle Freiheit des Einzelnen bewahrt bleiben und als Voraussetzung für gesellschaftliche Freiheit ausgebildet werden. Die Illusion, d.h. die Künstlichkeit der Kunst muss für die Zuschauer erkennbar bleiben; Kunst darf das Dargestellte nicht als Wirklichkeit vortäuschen. Vielmehr wird in Schillers klassischen Dramen die Einsicht gewonnen und gefestigt, dass Kunst künstlich ist, um dadurch einen Darstellungs- und Wahrheitswert zu erringen, den nur Kunst – und nicht etwa Natur oder Naturnachahmung – birgt. Schillers Interesse gilt nicht dem kleinen realistischen Detail, sondern der großen Linie des Geschichts- und Menschheitsprozesses, dem anthropologischen Fundament des Weltgeschehens. Die stilisierte

Sprache, die Verssprache mit dem häufigen Wegfall der Hilfsverben, die metrische Diktion, die Reimschemata, der Gedanke der Stilisierung als Kunstprinzip – all das dient dazu, die Illusion von Wirklichkeit, also den falschen Schein, zu zerstören. Schillers Dramen der ‚Weimarer Klassik‘ spiegeln die energische Abkehr vom mimetischen Prinzip.

‚Weimarer Klassik‘ bedeutet auch Publikumsschelte. Diese reicht von Goethes Aufsatz *Literarischer Sanscülottismus* (1795), wo vom großen Publikum ohne Geschmack die Rede ist, bis hin zu Schillers brieflichen Äußerungen, dass er sich weigere, sich am herrschenden Geschmack des Publikums zu orientieren. Noch kurz vor seinem Tod teilt er am 2. April 1805 Wilhem von Humboldt mit: „Die Werke des dramatischen Dichters werden schneller als alle andre von dem Zeitstrom ergriffen, er kommt selbst wider Willen mit der großen Masse in eine vielseitige Berührung, bei der man nicht immer rein bleibt." (NA 32, S. 206) Darin Weltflucht und Berührungsscheu zu sehen, ist eine Möglichkeit. Eine andre Lesart aber ist es, darin die konsequente Weigerung anzuerkennen, das eigene poetische Schaffen dem Zeitgeschmack und dem Diktat der Kulturindustrie unterzuordnen. Die ‚Weimarer Klassik‘ kann so als einer der letzten Versuche gelten, den anthropologischen Grundauftrag von Dichtung, die Suche nach einem besseren Menschen, zu bewahren. Das Urteil darüber, wie Schillers klassische Dramen zu bewerten sind, war schon bei den Zeitgenossen geteilt. Keineswegs einheitlich sind die Rezeptionszeugnisse, von den veröffentlichten Besprechungen der Aufführungen und Buchausgaben bis hin zur privaten Korrespondenz. Und keineswegs einhellig war der zeitgenössische herrschende Geschmack. Schiller bediente mit seinen klassischen Dramen nur ein kleines Publikum. Vielleicht hat Henriette von Knebel das ausgesprochen, was viele dachten. An ihren Bruder Karl Ludwig Knebel schrieb sie am 18. März 1803 über die bevorstehende Aufführung der *Braut von Messina*: „Morgen sollen wir das schwere Trauerspiel sehen. Ich kann mich unmöglich freuen, da mich die langen Reden und die gewichtigen Worte auf der Bühne ermüden. Wenn ich nur ein rechter Tyrann wäre, und es verbieten könnte, dass jemals ein schillersches Trauerspiel gegeben würde!"[4] Zwei Jahrzehnte später resümierte Ludwig Tieck sehr kritisch:

---

4 Aus Karl Ludwig von Knebels Briefwechsel mit seiner Schwester Henriette. Hgg. v. Heinrich Düntzer. Jena 1858, S. 166.

> Dergleichen hat Schiller in allen seinen Werken, und dass diese schildern-
> den Sentenzen, diese gewissermaßen gesungenen Gesinnungen so isoliert
> stehen, aus dem Werke herausfallen, das ist es gerade, was sie so beliebt
> gemacht und so viele Nachahmungen erregt hat. Diese undramatische
> Eigenheit ist in der *Maria Stuart* einigemal noch stärker, auffallender noch
> in der *Jungfrau,* und in der *Braut* auf die höchste Spitze getrieben. Dies
> Tadelnswürdige hat begeistert, und ist seitdem verzerrt in Nachäffungen
> wiedergegeben worden, und man kann darum behaupten, dass Schiller
> selbst, sowie er gewissermaßen erst unser Theater gegründet hat, auch der
> ist, der es zuerst wieder zerstören half.[5]

Solchermaßen missverstanden wurde das klassische Dramenwerk
Schillers schon zu seinen Lebzeiten. Zu denken ist hier an Karl
August Böttiger, der in seinem Bericht über die erste Aufführung der
Piccolomini auf dem Weimarischen Hoftheater im *Journal des Luxus
und der Moden* vom Februar 1799 den – angesichts der tatsächlichen
Rezeptionsgeschichte der klassischen Dramen Schillers – verhäng-
nisvollen Satz sprach: „Einige hundert Verse daraus müssen bald
Denksprüche im Munde der Gebildeten unsrer Nation werden".[6]
Schiller wurde für zitierfähig gehalten, er war zum Klassiker geadelt.
Den Rest besorgten das Bildungsbürgertum und die politischen
Konstellationen im 19. Jahrhundert, indem sie dem Dichter, seinem
Werk wie der ‚Weimarer Klassik' insgesamt die Fähigkeit zur Bil-
dung einer deutschen Nationalidentität unterschoben – ungeachtet
der Tatsache, dass Schiller selbst etwa in dem Essay *Über das Pathe-
tische* davor warnte, eine nationale Identität über die Institution einer
Nationalbühne zu erzwingen und die Dichtung mit der Bildung einer
Nationalliteratur zu beauftragen. Unmissverständlich heißt es hier,
die Poesie solle „nicht auf den Staatsbürger in den Menschen, sondern auf den Menschen in dem Staatsbürger zielen" (FA 8, S. 449).
Mögen die zitierten zeitgenössischen Urteile auch von der damaligen
Aufführungspraxis mit dem Hang ins Opernhafte und Pompöse
beeinflusst sein, die klassischen Dramen Schillers gelten heute noch
als sperrig. Der Popularität des *Wilhelm Tell* steht die Unkenntnis der
Braut von Messina gegenüber, die *Jungfrau von Orleans* hat es schwer,

---

5 Schiller   Zeitgenosse aller Epochen. Dokumente zur Wirkungsgeschichte
   Schillers in Deutschland. Teil II: 1860–1966. Hgg., eingeleitet u. kommentiert
   v. Norbert Oellers. München 1976, S. 168.
6 Schiller und Goethe im Urtheile ihrer Zeitgenossen. Zeitungskritiken, Berichte
   und Notizen. Schiller und Goethe und deren Werke betreffend, aus den Jahren
   1773–1812. Gesammelt u. hgg. v. Julius W. Braun. Bd. I/2. Leipzig 1882,
   S. 343.

sich in der öffentlichen Wahrnehmung gegen den kanonisierten *Wallenstein* zu behaupten. Der Appell Friedrich Sengles, gesprochen vor mehr als drei Jahrzehnten, hat zwar an Emphase, nicht aber an Ernsthaftigkeit verloren. Er hatte sich gegen einen „Literaturpietismus" gewandt und den unverkrampften Umgang mit dem Klassiker Friedrich Schiller verlangt: „Hören wir doch endlich auf, ihn auf seine kanonische Gültigkeit, auf seinen Ewigkeitsgehalt abzuhorchen!"[7]

Die klassifikatorischen Benennungen der klassischen Dramen *Wallenstein, Maria Stuart, Die Jungfrau von Orleans, Die Braut von Messina, Wilhelm Tell* und *Die Huldigung der Künste* reichen von Geschichtsdrama, Schicksalsdrama, Festspiel und Mysterienspiel bis hin zu Charakterdrama. Zu heterogen sind diese Texte, als dass sie sich einer eindeutigen typologischen Identität zuordneten. Auch kann der Versuch, diese Dramen ausschließlich als Beispiele und Veranschaulichungen des Dichters für seine philosophisch-ästhetischen Reflexionen zu lesen, nicht restlos überzeugen. Schon allein die unterschiedlichen Entstehungsdaten der Essays und dieser Dramen lassen Zweifel aufkommen. Doch auch der gegenteilige Versuch, die nicht-fiktionalen Essays und die fiktionalen Dramen als unvergleichbar, quasi als zwei verschiedenen Gewichtsklassen angehörend, auszuweisen, kann gleichfalls nicht befriedigen, zu offensichtlich greift Schiller selbst immer wieder auf die ästhetischen Problembenennungen seiner theoretischen Schriften zurück. So fraglich es daher sein kann, den Theaterdichter Schiller an seinen eigenen theoretischen Postulaten zu messen, die klassischen Dramen also mit den eigenen philosophischen, ästhetisch-theoretischen Texten zu lesen, so aufschlussreich und geboten ist dies zuweilen (und von der Forschung wurde dies auch stets versucht). Darin mag auch der Grund für die unabgeschlossene Diskussion um die Modernität der klassischen Dramen Schillers zu sehen sein. Der jeweilige Erkenntnisgewinn ist allein an der Genauigkeit der Argumentation zu bemessen.

---

7 Friedrich Sengle: Biedermeierzeit. Deutsche Literatur im Spannungsfeld zwischen Restauration und Revolution 1815–1848. Bd. 2. Stuttgart 1972, S. 271.

6.2 *Wallenstein*-Trilogie (1800)

E: Januar 1791 – Oktober 1798
D: Ende Juni 1800 (2 Bde.)
UA: 12. Oktober 1798: *Wallensteins Lager* (Weimar)
30. Januar 1799: *Die Piccolomini* (Weimar)
20. April 1799: *Wallensteins Tod* (Weimar)

Die weitere Entstehungszeit der *Wallenstein*-Trilogie reicht bis ins
Jahr 1786 zurück, sofern man Schillers intensive Beschäftigung mit
den historischen Ereignissen des Dreißigjährigen Kriegs, die dann in
seine Schrift *Geschichte des Dreyßigjährigen Kriegs* (1790/92) mündete,
hinzurechnet (zur detaillierten tabellarischen Darstellung der Entstehungsgeschichte vgl. den Überblick in FA 4, S. 564–568). Die
Trilogie umfasst die Teile *Wallensteins Lager*, *Die Piccolomini* und *Wallensteins Tod* (zu den Vorabdrucken und den Theatermanuskripten
vgl. NA 8, S. 409ff.). Die ersten dokumentierten Überlegungen zu
einem *Wallenstein*-Drama datieren auf Januar 1791. Allerdings blieb
die Ausführung von Ideensammlungen und Skizzen immer wieder
liegen, wurde durch andere Arbeiten, insbesondere durch die essayistischen Werke, und durch Schillers angeschlagene Gesundheit
unterbrochen. Erst vom Frühjahr 1796 an lässt sich von einer inten-
siveren Beschäftigung mit dem *Wallenstein*-Stoff sprechen. So versichert Schiller etwa am 21. März 1796 Humboldt, er habe die Arbeit
am Stück wieder ernsthaft aufgenommen und sei dabei, die Ideen
zum Stoff, die er in der Vergangenheit notiert habe, zu überarbeiten
(vgl. NA 28, S. 203). Schiller nennt diese Phase die Arbeit an
einem dramatischen „Knochengebäude" (NA 28, S. 201; an Goethe,
18. März 1796). Allerdings wurde auch diese Phase durch andere
Tätigkeiten wie etwa die Bearbeitung von Goethes *Egmont* für das
Weimarer Theater unterbrochen. Die konzentrierte Arbeit nahm
Schiller dann am 22. Oktober 1796 mit einem genauen Quellen-
studium auf. Dieses Datum hielt er in seinem *Kalender* fest.[8] Zwischen Februar und Mai 1797 reifte der Plan, die Lager-Szenen als
eigenen Teil zu gestalten, mithin die Organisation des Stoffs durch
die Form eines mehrteiligen Zyklus zu unterstützen. Am 4. November 1797 notiert er im *Kalender*, den *Wallenstein* durchweg „in Jamben zu machen" (NA 41/I, S. 76). Im Spätsommer 1798 war „nach
reifer Ueberlegung und vielen Conferenzen mit Göthe" (NA 29,
S. 280) die Entscheidung gefallen, den *Wallenstein* zunächst auf zwei

---

8 Zur mustergültigen Edition dieser *Kalender* vgl. nun NA 41/I.

Stücke hin, später dann als Trilogie, mit einem *Prolog* anzulegen, da das Drama sonst ein „Monstrum" (NA 29, S. 280) geworden wäre. Ende 1798 erhielten Iffland und Goethe die *Piccolomini* im Manuskript. Am 30. Januar 1799 erfolgte in Weimar die Uraufführung der *Piccolomini*, am 20. April 1799 ebenfalls in Weimar die Uraufführung von *Wallensteins Tod*. Unter dem Datum vom 17. März 1799 hatte Schiller in seinen *Kalender* notiert: „Wallenstein geendigt" (NA 41/I, S. 113). Für die Buchausgabe unterzog der Autor den Text noch einigen Änderungen, bis er die endgültige bis heute maßgebliche Druckgestalt gefunden hatte.

Textinterpretation

Der erste Teil der Trilogie, *Wallensteins Lager*, unterteilt sich in den *Prolog* und in die eigentlichen Lagerszenen. Der unmittelbare Anlass für die Konzeption des *Prologs* zum *Wallenstein* war die Wiedereröffnung des frisch renovierten Weimarer Theaters am 12. Oktober 1798. Für diese Verwendung schrieb Schiller den *Prolog* um und erweiterte ihn erheblich (vgl. seinen Bericht an Körner, NA 29, S. 280). Man kann im Text des *Prologs* aber auch eine zeichenhafte, symbolische Bedeutung für das Bewusstsein einer historischen Zäsur, gar einer Epochenschwelle erkennen. Demnach setzt der *Prolog* ein Markierungszeichen klassischen Schreibens, klassischen Stilwillens und klassischer Denkhaltung. Schiller unternimmt eine klare Funktionsbestimmung klassischer Kunst und das heißt in diesem Zusammenhang klassischer Dichtung und Bühnenkunst. Er stellt fest, die Seele des Menschen sei affektiv zu beeinflussen; dies vermöge die Kunst, sie gleiche darin einem „Zauber" (WL Prolog, V. 36).[9] Die neue Zeit, die nun beginnt, ermutigt den Dichter neue Wege zu beschreiten, das Programm klassischer Idealität umzusetzen, denn nur die dramatische Darstellung eines großen Gegenstands – etwa einer großen historischen Figur wie Wallenstein – ist überhaupt in der Lage anthropologische Tiefenwirkung zu entfalten. Die Aufgabe der Dichtung besteht nun darin, das Außergewöhnliche und Exemplarische dieses Charakters den Zuschauern resp. Lesern „menschlich" (WL Prolog, V. 105) näher zu bringen. Ein Status

---

9 Um das schnelle Auffinden der Belegstellen zu erleichtern, wird in diesem Kapitel zur *Wallenstein*-Trilogie ausnahmsweise vom bisherigen Zitierverfahren mit Band- und Seitenangabe nach der *Frankfurter Ausgabe* abgewichen. Statt dessen gelten folgende Siglen mit Versangaben: WL Prolog = *Wallensteins Lager, Prolog*; WL = *Wallensteins Lager;* Picc. = *Piccolomini;* WT = *Wallensteins Tod.*

objektiver Darstellung oder historischer Detailtreue wird also von vornherein, gleichsam programmatisch, durch die Kunst unterlaufen. „Denn jedes Äußerste führt *sie*, die alles / Begrenzt und bindet, zur Natur zurück" (WL Prolog, V. 106f.).

> Die neue Ära, die der Kunst Thaliens
> Auf dieser Bühne heut beginnt, macht auch
> Den Dichter kühn, die alte Bahn verlassend,
> Euch aus des Bürgerlebens engem Kreis,
> Auf einen höhern Schauplatz zu versetzen,
> Nicht unwert des erhabenen Moments
> Der Zeit, in dem wir strebend uns bewegen.
> Denn nur der große Gegenstand vermag
> Den tiefen Grund der Menschheit aufzuregen,
> Im engen Kreis verengert sich der Sinn,
> Es wächst der Mensch mit seinen größern Zwecken.
>   Und jetzt an des Jahrhunderts ernstem Ende,
> Wo selbst die Wirklichkeit zur Dichtung wird,
> Wo wir den Kampf gewaltiger Naturen
> Um ein bedeutend Ziel vor Augen sehn,
> Und um der Menschheit große Gegenstände
> Um Herrschaft und um Freiheit wird gerungen,
> Jetzt darf die Kunst auf ihrer Schattenbühne
> Auch höhern Flug versuchen, ja sie muß,
> Soll nicht des Lebens Bühne sie beschämen. (WL Prolog, V. 50–69)

Gleichzeitig weist Schiller schon im *Prolog* auf ein wichtiges Leitmotiv des Stücks hin; es ist Wallensteins Machtbegehren, das „sein Herz verführt" (WL Prolog, V. 117).

Wallensteins Lager kommt ohne Aktzählung aus, dieses Stück gliedert sich lediglich in elf einzelne Szenen (Schiller spricht von Auftritten), die allesamt vor dem böhmischen Pilsen im Lager der wallensteinschen Truppen spielen. Die Verssprache ist einfach, geradezu holperig gehalten; unverkennbar sollen hier die Soldatensprache und der derbe Umgangston im Söldnerheer nachgestellt werden. Ein mimetisch-‚realistischer' Eindruck wird aber allein schon durch den Zwang zur Endreimbildung unterbunden. Die Soldaten diskutieren ihre gesellschaftliche Stellung und ihren historischen Auftrag, sie fühlen sich in die Zeiten des Naturrechts zurückversetzt, wo die Macht des Stärkeren Recht sprach und Soldaten hohes Ansehen genossen. Die Freiheit ihres Berufs stellen sie über die Mühsal bäuerlichen Lebens oder die Enge einer bürgerlichen Existenz. Über dem Leben steht aber die Ehre (vgl. WL, V. 918). Die

Soldaten wissen, dass Freiheit allein bei demjenigen ist, der mächtig ist, und noch hat Wallenstein die Macht (vgl. WL, V. 1023f.). So gesehen sind die mehr als ein Dutzend Soldaten, die in diesem Teil der Trilogie zu Wort kommen, militärische ‚Genies‘, Tatmenschen, die handeln und die Freiheit ihres Tuns mythologisieren. Goethes Figur des Götz von Berlichingen, der als ‚Urvater‘ dieser Selbsthelfertypologie gilt, ist bei Schiller in der Moderne angekommen; das Individuum erscheint nun als individuierte Masse. Nicht mehr der Einzelne ist mächtig, sondern, wie der erste Jäger erkennt, „im Ganzen, da sitzt die Macht!" (WL, V. 748). Geradezu als eine Persiflage auf das französische Modell der drei Musketiere mit dem Wahlspruch ‚Alle für Einen, Einer für Alle‘ lässt sich die Äußerung des Kürassiers lesen: „Wir stehen alle für Einen Mann" (WL, V. 833), die wenig später von einem Jäger in den Worten wiederholt wird: „laßt uns Alle für Einen stehn" (WL, V. 1001). *Wallensteins Lager* „hält einen Zustand fest, in dem weniger Handlungen als Meinungen und das ideologische Selbstverständnis eines Berufsstandes präsentiert werden".[10]

In diesen Eingangsszenen wird auch eine erste Charakterisierung Wallensteins angedeutet. Er wird erstmals vom Wachtmeister zitiert, der dessen Parole wiederholt und damit das Gewaltprogramm und die Machtsprache des Generalissimus beschreibt: „Das Wort ist frei, / Die Tat ist stumm, der Gehorsam blind" (WL, V. 339f.). Wallenstein soll in den Sternen lesen, soll Umgang mit dem Teufel pflegen, ohne festen Glauben sein – was in der Lesart des Kapuziners bedeutet, dass Wallenstein den falschen Glauben vertritt –, zugleich aber vermag er unterschiedlichste Interessen unter den Soldaten zu vereinen; ihm wird ein Führungscharisma bescheinigt, das in den unbedingten Anspruch mündet: „Absolute Gewalt" (WL, V. 848) habe er sich vom Kaiser garantieren lassen. Seine Eitelkeit wird ebenso genannt – immerhin lässt sich Wallenstein eigene Münzen mit seinem Konterfei prägen – wie seine Eigenschaft, ein verständnisvoller „Soldatenvater" (WL, V. 1034) sein zu können. In *Wallensteins Tod* wird er auch als ein Mensch geschildert, der aus Eis bestehe und mit dem Teufel paktiere, sein Leib sei unverwundbar (vgl. WT, V. 3338f.), die Schwägerin nennt ihn kurz vor seiner Ermordung sogar „unser Licht und unsre Sonne" (WT, V. 3401) und evoziert damit christologische Attribute. *Wallensteins Lager* endet mit dem

---

10 Walter Hinderer: Von der Idee des Menschen. Über Friedrich Schiller. Würzburg 1998, S. 287.

Entschluss, Max Piccolomini damit zu beauftragen, Wallenstein von der Teilung des Heers abzuhalten, die durch eine Verlegung von Truppenteilen droht. Die Überleitung zur Hauptfigur ist damit gegeben. Schiller selbst hat schon während der Arbeit am ersten Teil der Trilogie durchaus erkannt, dass *Wallensteins Lager* sehr „statisch" (NA 29, S. 163) ausfällt; er spricht in diesem Zusammenhang von einem „ruhigen Anfang", den er benutzt habe, „die Welt und das Allgemeine, worauf sich die Handlung bezieht, zu meinem eigentlichen Gegenstand zu machen. So erweitert sich der Geist und das Gemüth des Zuhörers [!], und der Schwung, in den man dadurch gleich anfangs versetzt wird, soll wie ich hoffe die ganze Handlung in der Höhe erhalten" (NA 29, S. 163).

Die Piccolomini sind anders als *Wallensteins Lager* gesetzmäßig strukturiert. Es handelt sich um eine fünfaktige Tragödie. Schon die Ortsangabe stellt den Kontrast zu *Wallensteins Lager* her. In einem alten gotischen Saal des Rathauses von Pilsen spielt nun das Drama; der Schauplatz ist vom ungebändigten Ort des Lagerlebens vor der Stadt in die Stadt selbst hineinverlegt. Auch die Verssprache bedient sich dieses Kontrastierungsverfahrens; nun sprechen die Figuren in Blankversen (fünfhebige Jamben), die Sprache wird von einem gehobenen Stil getragen. Die Titelfiguren, Vater und Sohn Piccolomini, stehen im Vordergrund der Handlung. Octavio Piccolomini ist Generalleutnant, gewissermaßen Wallensteins Stellvertreter, sein Sohn Max ist Oberst eines eigenen Regiments. Wallenstein selbst tritt nicht auf. Da er aber stets Bezugspunkt nahezu aller Gespräche bleibt, wird durch seine Abwesenheit die Konzentration auf seine Bedeutung gelenkt. Durch die Gespräche über Wallenstein konstituiert sich für die Leser oder Zuschauer sukzessive Wallensteins Charakter. Er wird nun aus der Sicht der Offiziere als Hoffnungsträger der militärischen Elite beschrieben, die Macht, Ansehen und Besitz von ihm erwartet oder bereits erhalten haben. Dadurch hat Wallenstein sich ein System der persönlichen Abhängigkeit geschaffen, das als Freundschaft oder soldatische Treue camoufliert wird, sich am Ende aber etwa in der Gestalt Buttlers als korrupt erweist.

Der kaiserliche Minister Questenberg hat den Auftrag Böhmen von seinen Verbündeten, den wallensteinschen Truppen, durch geschickte, aber bestimmte Diplomatie zu befreien. Während Wallensteins Generalstab erklärt, der Krieg rechtfertige den Krieg, will der Kaiser ein Ende der Kriegshandlungen und die Konversion der Armee in Arbeitskräfte der Landwirtschaft (vgl. Picc., V. 143f.). Argumente der Kriegspropaganda und Kriegslegitimation leiten die

Antworten der Offiziere im Gespräch mit Questenberg. Den Krieg vergleichen sie mit einem rohen und gewaltsamen Handwerk, Kühnheit und Freiheit werden als Leitbegriffe der Soldaten definiert (vgl. Picc., V. 260). Jener Buttler, der am Ende das Mordkomplott an Wallenstein vollstrecken wird, gibt hier noch zu Protokoll, dass Wallenstein mächtiger als der Kaiser, gar dieser von jenem abhängig sei. Der Minister erkennt die Machtverschiebung zugunsten des Feldherrn. Die militärische Macht Wallensteins stellt eine Gefahr für die Habsburger dar, denn „der Fürst ist Kaiser" (Picc., V. 294). Octavio Piccolomini entpuppt sich im Gespräch mit Questenberg schnell als Verräter, der die politischen Fronten gewechselt hat und bereits als Nachfolger Wallensteins feststeht. Damit entwickelt sich eine Spannung zwischen dem Vater Octavio und dem Sohn Max Piccolomini, da dieser ein glühender Verehrer Wallensteins ist und ihm blind vertraut. Max idealisiert Wallenstein wegen seines militärisch-politischen Führungsanspruchs als Vaterautorität, Mittelpunkt sei er, Halt und feste Säule, er habe eine Herrscherseele und handle „Buchstäblich zu vollstrecken die Natur, / Dem Herrschtalent den Herrschplatz zu erobern" (Picc., V. 440f.). In diese euphorische Charakterisierung Wallensteins durch den jungen Piccolomini ist zugleich ein kritisches Moment eingewoben, denn wenn so grundsätzlich naturrechtlich-biologistisch und sozialgeschichtlich, einem spätmittelalterlichen Standesdenken verpflichtet, argumentiert wird, wonach es eine Frage der Naturveranlagung sei, wer zum Herrschen, wer zum Dienen geboren werde, dann kann darin keine individuelle Willensfreiheit mehr erkannt werden, die ein Handeln autonom und unabhängig von natürlichen Triebbestimmungen macht und die als wesentlicher moralphilosophischer Bestandteil von Schillers Essays festgehalten werden konnte. Darin drückt sich übrigens auch das alte Adelsprivileg aus, ausschließlich herrschen zu dürfen und allenfalls dem Kaiser untertan zu sein. Max geht in seiner Idealisierung, aus der sich durchaus eine Art Idealisierungstypologie gewinnen ließe, noch einen Schritt weiter und wirft dem Kaiser vor, den Frieden selbst zu verhindern und schuld an dem Dissens mit Wallenstein zu sein (vgl. Picc., V. 565).

In der zweiten Szene tritt Wallenstein erstmals auf. Bereits die ersten Worte dieses Dialogs mit seiner Frau können dem gesamten weiteren Geschehen Gewicht verleihen. Wallenstein erkundigt sich nämlich danach, wie es um sein Ansehen bei Hof bestellt ist. Er erweist sich als uneinsichtig und urteilt über den Hof, „sie zwingen mich, sie stoßen / Gewaltsam, wider meinen Willen, mich hinein"

(Picc., V. 701f.). Was aber ist Wallensteins Wille? Wenn man den Ausführungen Max Piccolominis folgt, kann er nur in der ‚buchstäblichen' Verfolgung seines natürlichen Herrschertriebs niedergelegt sein. Dies aber konfligiert rundum mit den politisch-militärischen Absichten des Kaisers. Schon hier wird deutlich, dass Wallenstein sich außerhalb der politischen Ordnung positioniert; er erteilt sich Dispens für die Folgen, die aus den militärischen Intrigen resultieren werden. Eine weitere Charakterseite Wallensteins benennt Schiller gleich zu Beginn des zweiten Aktes. Diese betrifft wiederum seine Eitelkeit und seinen Hochmut, denn er möchte seine Tochter mit einem Vertreter eines europäischen Königshauses verheiraten (vgl. Picc., V. 752):

> Mich soll das Reich als seinen Schirmer ehren,
> Reichsfürstlich mich erweisend, will ich würdig
> Mich bei des Reiches Fürsten niedersetzen. (Picc., V. 835ff.)

Doch es wird gerade diese Tochter sein, die des Vaters ehrgeizige Wunschvorstellungen einer steilen aristokratischen Karriere im europäischen Hochadel (vgl. WT, V. 1513 u. 1522f.) verhindert. Denn Thekla hat sich bereits in Max Piccolomini verliebt – eine weitere Konfliktlinie des Stücks ist eröffnet. Bis hierin sind im Text zwei wichtige Begriffe genannt, die Wallensteins Handeln maßgeblich bestimmen, nämlich Gewalt und Macht („Es macht mir Freude, meine Macht zu kennen", Picc., V. 868). Dass damit nicht nur militärische und politische Macht gemeint sind, sondern auch die Macht des Worts, wird in den nächsten Szenen deutlich. Zum einen ist es diese Macht des Worts, die der Astrologe Baptista Seni über Wallenstein hat,[11] zum anderen betrifft es die Macht des väterlichen Worts, die Wallenstein über die Tochter Thekla und über Max Piccolomini ausübt, für den er ja lange die idealisierte Vaterfigur darstellt. Der Verlust dieser Wortmacht wiederum kündigt den Verlust der militärischen Macht, der Katastrophe an. Thekla wird sich gegen das Vaterwort stellen. So kann es auch geschehen, dass Wallenstein die politischen Pläne Octavios nicht durchschaut und ihm bis zuletzt blind vertraut, da die Macht des astrologischen Worts (vgl. Picc., V. 888) größer ist als Beobachtung, Vernunft und der Rat von Wallensteins engsten Vertrauten zu einem gesunden Misstrauen

---

11 Zur Bedeutung des ‚astrologischen Motivs' im *Wallenstein* vgl. Wolfgang Ranke: Dichtung unter den Bedingungen der Reflexion. Interpretationen zu Schillers philosophischer Poetik und ihren Auswirkungen im *Wallenstein*. Würzburg 1990, S. 323ff.

Octavio Piccolomini gegenüber. Wallenstein erweist sich einmal mehr als hartnäckig beratungsresistent. Dies zeigt sich im Dialog zwischen Illo und Wallenstein, als ihm Illo vorwirft, den falschen Personen sein Vertrauen zu schenken. Wallenstein beruft sich in seiner Antwort auf die „tiefste Wissenschaft" (WT, V. 892), und das ist eben Senis Astrologie. Danach sei Octavio sogar Wallensteins „guter Engel" (WT, V. 947), einen Zufall gebe es nicht. Selbst als diese irrtümliche Vorhersage in ihrer Konsequenz nicht mehr zu leugnen ist, beharrt Wallenstein immer noch auf der Gültigkeit der Astrologie; es gebe Ereignisse, die den astrologischen Annahmen entgegen jenseits eines obwaltenden Schicksals geschähen: „Die Sterne lügen nicht, *das* aber ist / Geschehen wider Sternenlauf und Schicksal" (WT, V. 1668f.).

Zugleich wird Wallenstein aber nicht nur als entschlossener, machtbesessener Karrierist gezeichnet, sondern auch als zweifelnd und unentschlossen geschildert. Sein Vertrauter Illo kennt diese Schwäche, „Der einz'ge, der dir schadet, ist der *Zweifel*" (Picc., V. 965). So ist es denn auch schlüssig, dass Wallenstein seine Reaktion auf die kaiserliche Forderung noch nicht benennen kann. Nachgeben wolle er nicht und auch eine Absetzung seiner Person schließt er kategorisch aus, was die Drohung von Gegengewalt beinhaltet (vgl. Picc., V. 1000f.). Der Kaiser verlangt von Wallenstein, dass dieser seine Truppen aus Böhmen abziehe (vgl. Picc., V. 1186). Da Wallenstein bei seiner Weigerung bleibt auf diese Forderung einzugehen, ist die weitere Konfliktlage programmiert.

Als Gegengewicht zu dieser militärisch-politischen Welt ist die Liebesgeschichte zwischen Thekla und Max Piccolomini zunächst angelegt. Am Ende wird sich aber auch hier zeigen, dass in der Sphäre der Macht das scheinbar Private stets öffentlich und politisch ist. Doch auf dem Weg zu diesem Ergebnis steht die Umkehrung der herrschenden Geschlechterordnung, die Schiller am Beispiel von Theklas Handeln gegen den Vater inszeniert. Thekla versucht Liebe als gleichsam exterritorialen Raum außerhalb von Politik und Geschichte zu definieren. Nur die Liebe zwischen ihr und Max Piccolomini generiere Wahrheit. Politik und Gesellschaft, also die Sphäre des Vaterworts, hingegen sei durchdrungen von Unwahrheit:

> Wo aber wäre Wahrheit hier für dich,
> Wenn du sie nicht auf meinem Munde findest?
> Wir haben uns gefunden, halten uns
> Umschlungen, fest und ewig. Glaube mir! (Picc., V. 1727ff.)

Diese Haltung wird sich Max Piccolomini später zu eigen gemacht haben, wenn er seinem Vater entgegnet: „Der einzig reine Ort ist unsre Liebe, / Der unentweihte in der Menschlichkeit" (WT, V. 1220f.). Dramaturgisch gesehen hat die Liebesgeschichte zwischen Thekla und Max Piccolomini lediglich die Funktion eines retardierenden Moments und kontrastiert die Defizienz des gänzlich an den Konstituenten der Macht ausgerichteten Lebens des Vaters Wallenstein, wenn Thekla beispielsweise in ihrem Trauermonolog fragt: „Was ist das Leben ohne Liebesglanz?" (WT, V. 3163). Doch zunächst wird Max in der darauf folgenden Szene der *Piccolomini* Thekla fest an sich drücken, allerdings währt dies nur einen Augenblick. Sein Tod in der Schlacht beendet diesen Ewigkeitsmoment. Auch wenn Schiller diesen Liebesdiskurs nicht als tragende Struktur der Trilogie ausbaut, so skizziert er Liebe doch als Gegenwelt zur Politik- und Machtsphäre. Dies wird auch auf der Ebene von Sprache und Vers sehr deutlich, denn die siebte Szene besteht nur aus zwei Strophen, die Thekla zur Gitarrenbegleitung – später wird sie eine Zither spielen (vgl. WT, III/4) – singt. Schiller ruft damit – ob absichtsvoll oder unwillentlich sei dahingestellt – jene Szene aus den *Räubern* auf, wo Amalia den bereits totgeglaubten Geliebten Karl Moor in einem Lied besingt (vgl. *Räuber*, III/1). Auch Thekla ist in einer schwermütigen Stimmung, sie resümiert ihr bisheriges kurzes Leben in den Worten: „Ich habe gelebt und geliebet" (Picc., V. 1766). Liebe bedeutet für sie Leben, Leben Liebe. Damit stellt sie sich endgültig gegen das Vaterwort, das Leben nur im Besitz symbolischen Kapitals von Macht und Titelehren erblickt. Theklas Tante Gräfin Terzky reproduziert erwartungsgemäß das geschlechterstereotype Rollenbild, als sie Theklas Gemütsstimmung erkennt. Eine individuelle weibliche Identität ist demnach nicht statthaft (vgl. Picc., V. 1824ff.). Thekla pariert dies mit der entschiedenen Haltung des Widerspruchs gegen das Vaterwort: „Was niemand wagt, kann seine Tochter wagen" (Picc., V. 1861). Damit sind alle Konfliktlinien im Stück vorgezeichnet; Wallensteins Untergang entbehrt spektakulärer retardierender Momente. Im Grunde genommen ist das Stück mit dem Ende des dritten Aktes der *Piccolomini* auch wirklich zu Ende. Die Akte vier und fünf sind ein in die Länge gezogener Show-down, der die Geduld vieler Leser auf eine harte Probe stellt. Wallensteins engste militärische Vertraute lassen sich im vierten Akt bei einem Gelage von den Kommandeuren durch eine List schriftlich ihre Treue bestätigen. Allerdings spielt dieses Dokument für den weiteren Textverlauf keine Rolle, es dient lediglich dazu, eine angenommene

Spannung zu unterstreichen, obwohl dem Leser zu diesem Zeitpunkt die mutmaßliche Untreue der Truppe deutlich vor Augen steht. Dies gilt auch für *Wallensteins Tod* (I/5), wo die Eidesformel von Wallenstein selbst dem schwedischen Unterhändler Wrangel vorgelegt wird. Der fünfte Akt zeigt Vater und Sohn Piccolomini. Octavio will Max für die Verschwörung gewinnen; Wallenstein wolle Böhmen für sich behalten und mit den Schweden paktieren, um so den Kaiser unter Druck zu setzen. Schließlich erfährt Max, dass Wallenstein vom Kaiser wegen Hochverrats bereits verurteilt und geächtet ist.

Wallensteins Ende steht also längst vor dem dritten Teil der Trilogie *Wallensteins Tod* fest. Obwohl die politischen Absichten Wallensteins durch Spionage bereits zum Teil aufgedeckt worden sind, glaubt er sich nach wie vor sicher. Er vertraut auf die Treue seiner Soldaten, die ihn nicht verlassen würden. Er schließt fälschlich daraus: „Die Macht ist mein" (WT, V. 79 u. V. 118). Nun tritt neben seine charakterliche Hybris und neben den Hang zur Zögerlichkeit ein weiteres für die Wallenstein-Figur konstitutives charakterliches Merkmal, die Realitätsblindheit. So zeigt die vierte Szene im ersten Akt einen Wallenstein, der zwischen dieser Verkennung der gegebenen Verhältnisse und Selbstüberschätzung hin und her schwankt und erstmals nicht dem fast schon mythischen Bild des unangefochtenen Herrschers entspricht. *Wallensteins Tod* als Stück wie auch sein Tod als Handlungselement wird also mit der sukzessiven ‚Vermenschlichung' dieses ‚Geschichtsmythos Wallenstein' eingeleitet. Dies beginnt damit, dass Wallenstein erkennen muss, nicht mehr Herr des Verfahrens zu sein. Seine Überlegungen zu wechselnden militärischen Allianzen sind durchschaut, seine Pläne behindert, noch bevor sie ausgeführt werden können. Wallenstein muss diese allmähliche Selbstdemontage erkennen; er weiß, dass er nicht mehr so handeln kann, wie er will (vgl. WT, V. 139). Er fragt sich, was er will, und antwortet darauf unmissverständlich „die Macht" (WT, V. 193). Er hat aber bereits seine individuelle Willensfreiheit, die auf Machterhalt und Machtvermehrung ausgerichtet war, verloren. Er bilanziert dies in den Worten: „aus Gemeinem ist der Mensch gemacht" (WT, V. 211). Das bedeutet, dass er die Gewöhnung der Menschen an die bestehende politische Ordnung nicht zu ändern vermag. In dieser Einsicht liegt zugleich auch ein Moment tragischer Entwicklung, da Wallenstein dies erkennt, aber nicht dagegen handeln kann. Diese Handlungsfreiheit ist ihm bereits durch die politischen und militärischen Umstände genommen. Verantwortlich hingegen für die weitere katastrophale Entwicklung ist aus der Sicht des Generalissimus der Kaiser selbst. Dieser zwinge ihn so und nicht anders zu handeln. Allerdings steht auch vor diesem Entschluss Wallensteins langes Zögern, ob er mit den Schweden tatsächlich paktieren solle. Erst ein Gespräch mit seiner Schwester bewegt ihn sichtlich; der Hinweis auf eine mögliche günstige astrologische Konstellation lässt Wallenstein dann plötzlich stillstehen (vgl. WT, vor V. 643, Regieanweisung) und das Gespräch mit der Bemerkung unterbrechen, dass geschehen solle, was geschehen müsse. Wallenstein selbst spricht von nun an von seinem „Schicksal" (WT, V. 655). Doch was hier als Schicksal – das als eine „von den Figuren bevorzugte Deutungsmatrix"[12] fungiert – deklariert wird, hat nichts mit dem griechischen Verständnis von ‚moira' als götterbestimmtem Schicksal und als Kriterium einer tragischen Entwicklung im Sinne der aristotelischen *Poetik* zu tun. Schicksal meint auch nicht ein astrologisch sedimentiertes Horoskop, sondern in Wallensteins Wirklichkeit ist ‚Schicksal' ein Konglomerat von Entscheidungs- und Handlungsstrukturen, die von ihm selbst frei gewählt wurden. ‚Schicksal' bedeutet für ihn – so gesehen – Legitimation seines Handelns.

In II/2 macht Wallenstein seine Entscheidung, ein Bündnis mit den Schweden einzugehen und sich gegen den Kaiser zu stellen, publik. Züge eines versuchten politischen Cäsarismus erkennt Wallenstein sogar an sich selbst und bekennt sich auch zu diesen (vgl. WT, V. 842), womit er wiederum seine als „Notwendigkeit" (WT, V. 1747) resp. als Gesetz des Schicksals camouflierten Entscheidungen rechtfertigt. Seine Selbstcharakterisierung unterstreicht diese Differenz von objektivem Schicksal und subjektivem Handeln:

> Mich schuf aus gröberm Stoffe die Natur,
> Und zu der Erde zieht mich die Begierde.
> Dem bösen Geist gehört die Erde, nicht
> Dem guten. [...] (WT, V. 797ff.)

Am Ende begreift sich Wallenstein sogar als „Mann des Schicksals" (WT, V. 1989), was in der Lesart der Tragödie nichts anderes heißen kann, als Vollstrecker des Schicksals zu sein. Dieser Schicksalsbegriff wird im vierten Akt wieder von Buttler beschworen, der für sich in Anspruch nimmt, im Namen der „Schicksalsgöttin" (WT, V. 2434) Wallenstein die Grenzen seiner politischen Allianzen aufzuzeigen. Tatsächlich aber handelt es sich lediglich um eine unverhohlene

---

12 Barthold Pelzer: Tragische Nemesis und historischer Sinn in Schillers *Wallenstein*-Trilogie. Eine rekonstruierende Lektüre. Frankfurt a.M. 1997, S. 359.

Drohung. Das erkennt auch Gordon, wenn er beklagt, dass die „Menschengröße" (WT, V. 2480) Wallensteins angesichts der kaiserlichen Acht bedeutungslos wird. Gordon wendet dies sogar ins grundsätzlich Anthropologische; der Mensch sei von Natur aus nicht in der Lage sich zu mäßigen und zu bändigen, die Apparaturen der Disziplinierung versagten, sobald er nicht mehr den gesellschaftlichen Regulativen (den Gesetzen) oder den kulturellen Regeln (den Gewohnheiten) folge (vgl. WT, V. 2484ff.). In dieser grundsätzlichen Einsicht erkennt Gordon zugleich auch eine Legitimation für das von ihm geforderte Verständnis eines unbedingten Gehorsams. Denn nur der Mächtige sei frei und nur der Freie könne einem „schönen menschlichen Gefühl" (WT, V. 2509) folgen, also nach ethischen und religiösen Leitideen sein Handeln ausrichten. Und mächtig, also frei, sind auf dem Tableau des Stücks – wie in *Wallensteins Lager* schon ausgeführt wurde – allein Wallenstein und der Kaiser. Man mag darin ein Moment der Selbstkritik des Autors Schiller erkennen, enthüllt er damit doch zugleich die Wirkungslosigkeit seiner moralphilosophischen Argumentation in den ästhetischen Schriften, die versuchten, die Apparaturen der Selbstdisziplinierung als allgemein erlernbare anthropologische Konstanten des Handelns auszuweisen.

Die diffuse Vorstellung einer „neue[n] Ordnung" (WT, V. 2609), die Wallenstein entwickelt und die lediglich auf der Ordnung militärischer Macht basiert, wird er nicht weiter ins Werk setzen können, da in IV/6 die Ausführung des Mordkomplotts zwischen Buttler und Gordon beschlossen wird. Buttler exkulpiert sich selbst mit dem wiederholten Rückgriff auf eine Schicksalsmacht, die als Notwendigkeit auftritt. Über Wallenstein sagt er:

> Sein böses Schicksal ist's. […]
> […] Er ist das Spielwerk nur der blinden
> Gewalt, die aus der eignen Wahl ihm schnell
> Die furchtbare Notwendigkeit erschafft. (WT, V. 2874ff.)

Auch Wallensteins Tochter Thekla nimmt eine Schicksalsführung für sich in Anspruch, als sie sich von einem schwedischen Hauptmann den Tod ihres Geliebten Max Piccolomini schildern lässt (vgl. WT, IV/10). Angesichts dieser Häufung der Schicksalsevokationen lässt sich die Überlegung plausibilisieren, dass Schiller mit der *Wallenstein*-Trilogie doch die moderne Adaption einer griechischen Schicksalstragödie geschaffen haben könnte. Das aber würde voraussetzen, sich als Leser und Interpret auch die griechische Vorstellung einer Nemesis, einer Schicksalsgöttin, anzuverwandeln und das kann ernsthaft heutzutage niemand mehr erwarten. Insofern ist die forschungsgeschichtlich zeitweise mit harten Bandagen geführte Diskussion um die Bedeutung der Nemesis als schillerscher Reflexionsfigur nicht mehr in allen Einzelheiten nachzuvollziehen. Wie vollends angenommen werden konnte, Wallensteins Größe bestehe gerade darin, dass er „sich [...] nicht um die Nemesis kümmert",[13] bleibt seltsam zeitenthoben. Auch der in diesem Zusammenhang oft bemühte briefliche Hinweis Schillers, er wolle „eine Nemesis für meinen Wallenstein [...] als Vignette auf dem Titelblatt" (NA 29, S. 163; 1. Dezember 1797, an Goethe), wozu es dann nicht kam, ist eher als Zugeständnis an den herrschenden antikisierenden Geschmack denn als Interpretationsfigur für die Trilogie selbst zu werten. Ein Beispiel jenes Geschmacks findet sich in der Schrift *Nemesis. Ein lehrendes Sinnbild* (1786) des Weimarer Pfarrers Herder, deren pathetische Schlussformel lautet: „Ehrt also die Nemesis, ihr Sterblichen, und in allen Dingen sei euch das Maas heilig".[14] Eine kategorische Aussage des Musters „der *Wallenstein* ist eine Nemesis-Tragödie"[15] ist also wenig hilfreich. Hilfreich für die Leser indes ist in diesem Zusammenhang die Lesart Norbert Oellers, im *Wallenstein* sei ,Schicksal' „das Zufällige, das von dem, der mit ihm zu tun hat (Wallenstein oder der Leser/Zuschauer des Wallenstein-Dramas), als gesetzgebend, als das Notwendige, also das notwendig Bewirkende angesehen wird".[16] Den Tod Wallensteins abzuwenden bemühen sich auch Seni und Gordon; der Astrologe liest aus den Sternen eine tragische Begebenheit und der Kommandant von Eger kennt bereits die Mordpläne. Aber Wallenstein verschließt sich bis zuletzt hartnäckig den Warnungen. Mit diesem düsteren Bild von Wallensteins Ermordung endet die Tragödie.

---

13 Wolfgang Wittkowski: Theodizee oder Nemesistragödie? Schillers *Wallenstein* zwischen Hegel und politischer Ethik, in: JbFDH 1980, S. 177–237, hier S. 194. Vgl. auch ders.: Schillers Nemesis-Figuren, in: Amsterdamer Beiträge zur neueren Germanistik 45 (1999), S, 89–103.

14 Johann Gottfried Herder: Nemesis. Ein lehrendes Sinnbild, in: Ders.: Sämmtliche Werke Bd. 15. Hgg.v. Bernhard Suphan. Berlin 1888, S. 395–428, hier S. 428.

15 Alfons Glück: Schillers *Wallenstein*. München 1976, S. 129.

16 Oellers: Friedrich Schiller. Zur Modernität eines Klassikers, S. 233f. – Oellers verweist auch die Nemesis-Suche der Forschung zu Recht und entschieden in ihre Schranken, vgl. ebd., S. 244. – Eine gründliche Suche hätte im Übrigen in den *Räubern* die einschlägige Textstelle zutage gefördert, wo Karl Moor ausruft: „O unbegreiflicher Finger der rachekundigen Nemesis!" (IV/5). Doch auch dies ist nicht mehr als eine rhetorische Geste.

Ob man in Schillers *Wallenstein* wirklich „das berühmteste Ge-schichtsdrama der deutschen Literatur" (FA 4, S. 548) erkennen will und ob die Trilogie tatsächlich „der gewichtigste Beitrag Schillers zur Weimarer Klassik und darüber hinaus zur Weltliteratur" (FA 4, S. 547) ist, muss jeder Leser selbst entscheiden. Immerhin wird die Trilogie *Wallenstein* von ihrem Autor im Untertitel als ein drama-tisches Gedicht bezeichnet. Damit nimmt Schiller eine gattungs-typologische Zuweisung vor, die er auch der *Theater*-Ausgabe des *Don Karlos* von 1805 wird zuteil werden lassen und die nachdrücklich den Fiktionalitätscharakter der Gestaltungsinhalte und nicht nur der Gestaltungsform betont.[17] Denn höchst strittig bleibt die Frage, ob Schiller mit dem *Wallenstein* ein Historiendrama schreiben und in-sofern auch so beurteilt werden wollte.[18] Die Figur des Max Piccolo-mini beispielsweise ist erfunden; in vielen Details weicht Schiller von der historischen Genauigkeit deutlich ab. Deshalb ist es vonnöten, an Schillers Geschichtsverständnis und das Verhältnis von Geschichte und Tragödie in Schillers klassischen Dramen zu erinnern, das sich kompakt aus folgender Textstelle gewinnen lässt: „Es verräth daher sehr beschränkte Begriffe von der tragischen Kunst, ja von der Dichtkunst überhaupt, den Tragödiendichter vor das Tribunal der Geschichte zu ziehen, und *Unterricht* von demjenigen zu fodern, der sich schon vermöge seines Nahmens bloß zu Rührung und Er-götzung verbindlich macht." (NA 20, S. 167) Dies schreibt Schiller in seinem Essay *Über die tragische Kunst*. Nur am Rande sei auf Alfred Döblins monumentalen *Wallenstein*-Roman hingewiesen, der 1920 erschien und der ebenfalls eine grundsätzliche Erörterung des Ver-hältnisses von Literatur und Geschichte aufzuwerfen in der Lage ist. Ein exakter Vergleich zwischen Schillers *Wallenstein*-Trilogie und Döblins epischer Darstellung indes steht in der Forschung noch aus; erst jüngst wurden grundsätzliche Gemeinsamkeiten und Über-

---

17 Vgl. dazu Theo Elm: „Ein Ganzes der Kunst und der Wahrheit". Zum Verhält-nis von Poesie und Historie in Schillers *Wallenstein*, in: Hans-Jörg Knobloch u. Helmut Koopmann (Hg.): Schiller heute. Tübingen 1996, S. 83–97, und Otto Dann, Norbert Oellers u. Ernst Osterkamp (Hg.): Schiller als Historiker. Stutt-gart, Weimar 1995, sowie Ernst Osterkamp: Friedrich Schiller als Historiker, in: Friedrich Schiller. Goethes großer Freund. Texte zur gegenwärtigen Einschät-zung des Dichters. Halle a.d. Saale 2002, S. 38–63.
18 Zum Thema der dramatischen Anverwandlung des historischen Stoffs vgl. die Dissertation von Eugene Moutoux: Schiller's use of history in *Fiesco* and in *Wallenstein*. Diss. masch. [MF]. University of California. Santa Barbara 1981.

einstimmungen festgestellt.[19] Schillers *Wallenstein* jedenfalls ist ein
Werk, das zu widersprüchlichen Stellungnahmen förmlich heraus-
fordert. Allein die Sentenzenhaftigkeit, ja Sentenzenlastigkeit der
Sprechtexte polarisiert die Rezeption und wurde schon von zeitgenössischen Rezensenten gerügt, mehr noch aber bewundert.[20] Viele
dieser schillerschen Sentenzen sind im Laufe der Wirkungsgeschichte
der Texte in den allgemeinen Sprachschatz übergegangen, das reicht
von „Spät kommt ihr – Doch ihr kommt!" (Picc., V. 1) und „Was
ist der langen Rede kurzer Sinn?" (Picc., V. 241) über „das ewig
Gestrige" (WL, V. 208) bis hin zu „Daran erkenn' ich meine Pappen-
heimer" (WT, V. 1462) und „in dem Heute wandelt schon das Morgen" (WT, V. 3489) und Ähnlichem und wird sich mit „die Axt im
Haus ersetzt den Zimmermann" im *Wilhelm Tell* fortsetzen. Schiller
selbst war sich am 13. Mai 1801 in einem Punkt sicher: „In meiner
jetzigen Klarheit über mich selbst und über die Kunst die ich treibe,
hätte ich den Wallenstein nicht gewählt" (NA 31, S. 35).

6.3 *Maria Stuart* (1801)

E: 1783–9. Juni 1800
D: April 1801
UA: 14. Juni 1800 (Weimar)

Schillers erste Überlegungen zu einem *Maria Stuart*-Drama reichen
bis in das Jahr 1783 zurück. Er las in diesem Jahr das historische
Werk von William Camden (1551–1623) über die Regierungszeit der
englischen Königin Elisabeth (1533–1603). An seinen Freund Reinwald schrieb er, dass er neben Camdens Werk noch weitere Bücher
über die schottische Königin Maria Stuart (1542–1587) benötige
(vgl. NA 23, S. 69). Allerdings entstand in dieser Zeit nicht viel mehr
als eine Art Stoffsammlung, denn die Arbeit am *Don Karlos* schob
sich in den Vordergrund. Dass Schiller aber den Maria Stuart-Stoff
nicht aus den Augen verlor, belegt auch ein Brief von Ende März
1788 an seine spätere Braut Charlotte von Lengefeld: „Hier schicke
ich Ihnen die verlangte Geschichte von Schottland; das englische
Original habe ich nicht bekommen können. Laßen Sie Sich die

19 Vgl. Josef Quack: Geschichtsroman und Geschichtskritik. Zu Alfred Döblins
Wallenstein. Würzburg 2004, bes. S. 237–240.
20 Vgl. zu diesem Thema ausführlich Barbara Lange: Die Sprache von Schillers
Wallenstein. Berlin 1973, S. 191ff.

Leiden der armen Königinn zu Herzen gehen!" (NA 25, S. 32) Vermutlich handelte es sich bei dem erwähnten Werk um das Buch *The
History of Scotland* (1759) von William Robertson.

Nach dem Abschluss der *Wallenstein*-Trilogie griff Schiller den Plan
zu einem solchen Drama wieder auf. Die *Maria Stuart* scheint zunächst aber unter keinem guten Stern zu stehen. Am 19. März 1799
schreibt Schiller an Goethe: „Neigung und Bedürfniß ziehen mich zu
einem frei phantasierten, nicht historischen, und zu einem bloß
leidenschaftlichen und menschlichen Stoff, denn Soldaten Helden
und Herrscher habe ich vor jetzt herzlich satt" (NA 30, S. 39). Am
26. April 1799 fing er an, sich erneut in die Geschichte Maria Stuarts
zu vertiefen, bereits am 4. Juni erfolgte der Beginn der Niederschrift.
Vom 15. Mai 1800 an zog sich Schiller auf Einladung des Herzogs
Karl August für drei Wochen auf Schloss Ettersburg zurück, um in
Ruhe den letzten Akt der *Maria Stuart* schreiben und das Stück beenden zu können. Innerhalb eines Jahres war das Stück vollendet; am
9. Juni 1800 konnte Schiller den Abschluss des Dramas in seinen
Kalender eintragen. Freilich wurde auch diese Phase der poetischen
Produktion immer wieder durch andere Vorhaben und Verpflichtungen unterbrochen, so etwa durch die Beiträge für den *Musen-
Almanach für das Jahr 1800* und die Übersetzung von Shakespeares
Macbeth. Auch die Geburt der Tochter Caroline und die Erkrankung
seiner Frau zwangen Schiller zu Arbeitspausen. Am 3. Dezember
1799 zog Schiller von Jena nach Weimar um; das dortige Theater-
und Kulturleben bot ihm die notwendigen Anregungen für sein
eigenes poetisches Schaffen. Insbesondere der unmittelbare und
lebhafte Gedankenaustausch mit Goethe wurde für ihn unverzichtbar. Bereits am 14. Juni 1800 erfolgte die Uraufführung auf dem
Weimarer Hoftheater. Noch während Schiller am Text arbeitete,
wurde das Manuskript ins Englische übersetzt. Die zahlreichen
Quellen, die er für seine Arbeit heranzog, sind in der älteren Forschung eingehend gewürdigt worden (vgl. FA 5, S. 539f.).

Anlässlich dieses Dramas hatte Schiller am 16. Juni 1800 Körner
zwar bekannt: „Ich fange endlich an, mich des dramatischen Organs
zu bemächtigen und mein Handwerk zu verstehen" (NA 30, S. 162).
Doch erst vier Jahre später, nach der Aufführung des *Wilhelm Tell*,
hatte er als Autor das Gefühl, dass er „nach und nach des theatralischen mächtig werde" (NA 32, S. 123; an Körner vom 12. April
1804). Dieser Selbsteinschätzungen Schillers eingedenk lassen sich
die klassischen Dramen nicht als letztgültiger Maßstab, als der Abschluss zum theoretischen Programm, sondern als Experimente

verstehen. In Schillers eigenen Worten liest sich dies in einem Brief an Körner vom 21. Januar 1802 so: „Wenn man die Kunst so wie die Philosophie als etwas das immer *wird* und nie *ist*, also nur dynamisch [...] betrachtet, so kann man gegen jedes Product gerecht seyn ohne dadurch eingeschränkt zu werden." (NA 31, S. 90)

Einen Einblick in seine Figurenkonzeption gibt Schiller in einem Brief an Goethe vom 18. Juni 1799. Dort heißt es: „Meine Maria wird keine weiche Stimmung erregen, es ist meine Absicht nicht, ich will sie immer als ein physisches Wesen halten, und das pathetische muß mehr eine allgemeine tiefe Rührung, als ein persönlich und individuelles Mitgefühl seyn. Sie empfindet und erregt keine Zärtlichkeit, ihr Schicksal ist nur heftige Paßionen zu erfahren und zu entzünden." (NA 30, S. 61) Körner wird am 9. Juli 1800 über das Stück lobend bemerken:

> Du näherst Dich hier mehr der Manier der Alten, eine *Handlung* darzustellen. Es giebt keinen Helden in Deinem Stück, selbst die HauptPersonen sind nicht idealisirt, und keine ihrer Schwächen und gehäßigen Seiten verborgen, an denen sie in der Geschichte kenntlich sind. Talbot ist der einzige den wir ehren und lieben, aber er bleibt immer eine Nebenfigur, und vertritt gleichsam die Stelle des griechischen Chors. Wie sehr ist es Dir gleichwohl gelungen, jene hohe Rührung hervorzubringen, die der ächten Tragödie eigenthümlich ist! (NA 38/I, S. 287)

Noch zweieinhalb Jahre später beschwert sich Schiller im Brief vom 5. Oktober 1801 an seinen Freund Körner über das unverständige Publikum, „wenn auch der Schauspieler alles dafür thäte, so kann sich das Publicum nicht darein finden, an einer reinen Handlung, ohne Interesse für einen Helden, ein freies Gefallen zu finden" (NA 31, S. 61). Dem Dichter geht es darum, „der Phantasie eine Freiheit über die Geschichte zu verschaffen" (NA 30, S. 73), so ist in einem früheren Brief an Goethe vom 19. Juli 1799 zu lesen. Die Anstrengung sich von der Macht der Historie zu befreien zeitigte also ein Drama, das sich der Geschichte bedient um grundlegende menschliche und politische Konflikte zu exponieren. Doch gerade von der historischen Suggestivkraft dieses Dramas ging und geht immer noch eine starke Wirkung aus.

Textinterpretation

Die *Maria Stuart* mit dem gattungstypologischen Untertitel *Trauerspiel in fünf Aufzügen* ist weder ein Geschichtsdrama noch ein Schicksalsdrama. Weder gelangt eine antike Schicksalsmacht zum blinden Vollzug noch liegt es in der Absicht des Dichters, ein Historiengemälde zu liefern. Worin besteht also diese ‚reine Handlung', von der Schiller spricht (vgl. NA 31, S. 61)? Die *Maria Stuart* ist ein analytisches Drama, der Stoff qualifiziere sich – wie Schiller Goethe am 26. April 1799 mitteilt – besonders „zu der Euripidischen Methode" (NA 30, S. 45), die Gefahr einer „Tendenz zur Trockenheit" (NA 30, S. 71; an Goethe, 12. Juil 1799) ist dem Dichter dabei durchaus bewusst. Das Stück ist gekennzeichnet von einer ausgefeilten ästhetischen Architektonik, in der nicht zu Unrecht ein klassischer Stil- und Formwille gesehen wurde. Im Kern wird eine Symmetrie der tragischen Handlungsabläufe erkennbar, die trotz vielfältiger Brechungen am Ende des Stücks die Umkehrung von dessen Ausgangssituation erreicht. Bereits im ersten Akt (Aufzug) werden alle wesentlichen Informationen für die Zuschauer oder Leser zur tragischen Entwicklung geliefert: Die schottische Königin Maria ist gefangen gesetzt und wird zum Tod verurteilt. Dieser Vorschein des Todes überschattet und erhellt gleichermaßen das Stück von Beginn an. Maria lebt im Bewusstsein ihres Endes, ihre Gegenspielerin Elisabeth im Bewusstsein eines (Neu-)Anfangs und am Ende hat sich die Situation verkehrt. Maria wird im religiösen und moralischen Sinne ihre Schuld vergeben; sie zielt auf einen Anfang im Jenseits. Elisabeth hingegen lebt vom Beginn der Hinrichtung Marias mit dem Wissen, an ihrem Tod schuldig geworden zu sein, für sie ist Marias religiöser Neuanfang und physisches Ende auch das Ende eines schuldfreien Lebens.

In Maria eine christliche Märtyrerin zu sehen folgt dabei nur einer Tradition der europäischen Literaturgeschichte. Seit dem späten 16. Jahrhundert wurde die schottische Königin zur Hauptfigur diverser Märtyrerdramen. Die andere Tradition stellte den Konflikt zwischen Elisabeth und Maria in den Mittelpunkt.[21] Vernachlässigt man einige wenige lateinisch geschriebene Ordensdramen, dann liegt im deutschen Sprachgebiet mit Christoph Kormarts *Maria Stuart Oder Gemarterte Majestät* von 1673 die erste Maria Stuart-Tragödie vor. Elisabeth erscheint nun als eigene Figur der Dramatis personae. Damit intendiert der Verfasser die Möglichkeit für die Rezipienten,

---

21 Vgl. Thomas Diecks: „Schuldige Unschuld". Schillers *Maria Stuart* vor dem Hintergrund barocker Dramatisierungen des Stoffes, in: Achim Aurnhammer, Klaus Manger u. Friedrich Strack (Hg.): Schiller und die höfische Welt, S. 233–246, hier S. 233f.

auf beide Figuren gleichermaßen Mitleid und Sympathie oder Abneigung zu verteilen. Wenn man aber in Schillers *Maria Stuart* die Figur der Maria als Märtyrerin deutet, so stellt sich die Frage, inwieweit dies vom Text her gerechtfertigt ist; ob nicht vielmehr das Drama selbst auf eine Ausgewogenheit bei der moralischen bzw. ästhetischen Beurteilung der beiden Königinnen hinzielt. Bleibt man bei dieser Lesart, dann ist ferner zu fragen, ob Maria von Beginn des Stücks an eine Märtyrerin ist oder erst am Ende dazu wird, oder anders gefragt: Ist Marias vielbeschworene Läuterung ein Prozess (vom Beginn an) oder ein Ereignis, das sich in der Abendmahlszene am Ende des Stücks vollzieht?[22] Diese Szene bewog im Übrigen den Theatermann Goethe zu folgender Bitte an Schiller: „Der kühne Gedancke, eine Communion aufs Theater zu bringen, ist schon ruchtbar geworden und ich werde veranlaßt Sie zu ersuchen diese Funcktion zu umgehen. Ich darf jetzt bekennen daß es mir selbst dabey nicht wohl zu Muthe war, nun da man schon zum voraus dagegen protestirt, ist es in doppelter Betrachtung nicht räthlich." (NA 38/I, S. 269) Handelt es sich zuletzt tatsächlich um eine Apotheose Marias?[23] Obwohl gleich im ersten Aufzug von Marias „Märtyrtum" (V. 516)[24] die Rede ist, ist *Maria Stuart* aber kein Märtyrerdrama, Maria selbst ist keine Heilige. Sie ist menschlich, gleichermaßen unbesonnen wie diszipliniert, ihre Körperbewegungen sind stets Ausdruck ihrer inneren Haltung (man beachte in diesem Zusammenhang Schillers Regieanweisungen). Die doppelte Kommentierung ihrer Person durch Kennedy und Paulet unterstreicht den zwiespältig-menschlichen Charakter dieser Hauptfigur.[25]

Maria Stuart ist auch kein Drama, das einer Dynamik der strengen Handlungsführung folgt. Schiller sah, während er an seinem Stück arbeitete, den wesentlichen Vorzug des historischen Gegenstands zunächst darin, „daß die Handlung in einen thatvollen Moment concentriert ist und zwischen Furcht und Hofnung rasch zum Ende eilen muß." (NA 30, S. 58; an Goethe vom 11. Juni 1799) Doch tritt

---

22 Vgl. Karl S. Guthke: Schillers Dramen. Idealismus und Skepsis. Tübingen, Basel 1994, S. 207ff.
23 Vgl. Ferdinand van Ingen: Macht und Gewissen: Schillers *Maria Stuart*, in: Verantwortung und Utopie. Zur Literatur der Goethezeit. Ein Symposium. Hgg. v. Wolfgang Wittkowski. Tübingen 1988, S. 283–309, hier S. 308, und F.J. Lamport: Krise und Legitimitätsanspruch. *Maria Stuart* als Geschichtstragödie, in: ZfdPh, Sonderheft 109 (1990), S. 134–144, hier S. 144.
24 Zitiert wird wiederum mit der Versangabe nach dem Wortlaut der *Frankfurter Ausgabe*.
25 Vgl. Guthke: Schillers Dramen, S. 223.

Klassisches Drama ?

die Handlung tatsächlich auf der Stelle, die Figuren reflektieren das Vergangene und das zu Erwartende; bereits in der Exposition (erster Akt) wird der Zuschauer an den entscheidenden Punkt der tragischen Entwicklung herangeführt, die Frage nämlich, ob Maria zum Tode verurteilt wird. Im ersten Akt dominiert Maria, im zweiten Akt Elisabeth, im dritten Akt begegnen sich die beiden Frauen, im vierten Akt dominiert wieder Elisabeth und im fünften Akt ist es wiederum Maria, die den moralischen Sieg über Elisabeth davonträgt.

Der erste Akt spielt in Schloss Fotheringhay. Die katholische schottische Königin Maria Stuart wird dort von der anglikanischen englischen Königin Elisabeth gefangen gehalten, da sie der Anstiftung zum Mord Elisabeths beschuldigt wird. Sprechen Maria und ihre Amme Kennedy von Kerker, von Armut und Enge, dann bezieht sich dies auf den Verlust des privilegierten hochadeligen Lebensstandards. Bereits die zweite Szene trägt das zentrale Anliegen Marias vor, das der Architektur des Stücks die dramatische Statik verleiht. Maria bittet um eine Unterredung mit Elisabeth (vgl. V. 169), um ein Abendmahl und um Schreiber, die ihren letzten Willen notieren sollen. Dieses Arrangement von geistlichem und weltlichem Vermächtnis wird dann in den Schlussszenen des Stücks die Augenblicke unmittelbar vor der Hinrichtung Marias bestimmen. Die entscheidende Bitte aber ist das Treffen mit der englischen Königin.

Auch Maria spricht von ihrem Schicksal, das ausschließlich in der Hand ihrer Feinde und das meint in der Hand Elisabeths liege (vgl. V. 215). Der Schicksalsbegriff wird in der *Maria Stuart* also nicht mehr so mythisch ambivalent aufgeladen wie noch im *Wallenstein*. Im Stück wird das Verbrechen der historischen Maria Stuart genannt, die ihren zweiten Mann Henry Stuart in der Nacht vom 9. auf den 10. Februar 1567 hatte umbringen lassen. Der erste Akt zeigt Maria, wie sie unter den Gewissensqualen dieser Tat leidet. In dem jungen Mortimer, dem Neffen von Marias persönlichem Wächter Paulet, findet Maria zunächst einen verständnisvollen Verbündeten. Er hat sich im französischen Rheims in das Bildnis Marias, die als „die schönste aller Frauen" (V. 509) gilt, verliebt, „von rührend wundersamem Reiz, gewaltig / Ergriff es mich in meiner tiefsten Seele" (V. 504f.). Nun soll er im Auftrag der katholischen Kirche die Befreiung Marias aus ihrer Gefangenschaft planen und durchführen. Von Mortimer erfährt sie auch, dass ihr Todesurteil gesprochen wurde und sie hingerichtet werden soll. Allerdings verkennt Maria Mortimers Begehren, der mit einer politisch motivierten Tat seine sexuellen Wünsche camoufliert. Denn Maria vertraut zunächst nur

Robert Dudley, Graf von Leicester – in der Figurenrede von Schillers Drama stets phonetisch geschrieben als Graf Lester –, weiht Mortimer aber in dieses Vertrauen ein. „Bin ich zu retten, ist's allein durch ihn" (V. 671), teilt sie ihm mit. Die Kränkung, die Mortimer dadurch erfahren muss, vollzieht sich nichtsprachlich. Schiller notiert in der Regieanweisung, dass Maria Mortimer ein Schriftstück überreicht, welches ihr Bild enthält. Mortimer tritt zurück und zögert es anzunehmen (vgl. nach V. 674). Verwirrt bittet er: „Königin – dies Rätsel – / Erklärt es mir –" (V. 678f.). Erst im zweiten Akt wird Lester selbst die Lösung offerieren; er ist trotz seiner Stellung am Hof Elisabeths Verschworener Marias und liebt sie.

Maria Stuart wird von Paulet mit Helena verglichen (vgl. V. 84), die als Sinnbild weiblicher Schönheit gilt und nicht zuletzt in Goethes *Faust* ein bedeutendes literarisches Profil erhalten hat. Immerhin hatte sich die Helena der griechischen Mythologie von dem Trojaner Paris entführen lassen und dadurch den Trojanischen Krieg ausgelöst, an dessen Ende der Untergang Trojas stand. Diese Helena-Referenz enthält also zugleich auch den Hinweis auf die Gefahren, die mit einer möglichen Befreiung Marias für England verknüpft sind. Die Diskursfelder von Schönheit und Macht werden in diesem Drama geschlechterdifferent derart zugespitzt, dass sie eine männliche Lösung scheinbar nicht mehr zulassen. Am Ende freilich wird der Leser erkennen, dass auch die vermeintlich weiblich handelnde Elisabeth Vollstreckerin patriarchaler Macht ist. Der englische Großschatzmeister Burleigh, der ebenfalls zum Beraterkreis Elisabeths gehört, greift diese angstbesetzte Helena-Faszination der Männer wieder auf. „Zu groß ist ihre Macht auf die Gemüter / Und ihrer Tränen weibliche Gewalt" (V. 991f.), sagt er über Maria, als er von Paulet auf die ordnungsgemäße Gegenüberstellung der Belastungszeugen mit der Angeklagten hingewiesen wird und diese ablehnt. Burleigh wendet diese Erkenntnis sogar in eine grundsätzliche Aussage über die Geschlechterordnung:

> Das Richterschwert, womit der Mann sich ziert,
> Verhaßt ist's in der Frauen Hand. Die Welt
> Glaubt nicht an die Gerechtigkeit des Weibes,
> Sobald ein Weib das Opfer wird. (V. 1018ff.)

Demgegenüber nimmt Elisabeth in ihrem ersten Auftritt eine geschlechterdistinkte Position ein: „Die Könige sind nur Sklaven ihres Standes, / Dem eignen Herzen dürfen sie nicht folgen" (V. 1155f.). Es stellt sich die Frage – und der Text gibt darauf unverzüglich Antwort –, gilt dies auch für Königinnen? Wie eine Bürgerliche erfährt Elisabeth den Zwang, den normativen Druck dessen, was in der bürgerlich-aufgeklärten Gesellschaft Schillers als „Ordnung der Natur" (V. 1173) sich in der Ordnung der Gesellschaft und schließlich in der Ordnung der Familie widerspiegelt. Statt eine Liebesheirat eingehen zu dürfen fordern Staat bzw. die bürgerliche Familie die Konvenienzehe. Elisabeth erkennt: „Hat die Königin doch nichts / Voraus vor dem gemeinen Bürgerweibe!" (V. 1207f.) Nicht den Mann ihrer Liebe kann sie heiraten, sondern sie muss sich aus Gründen der Staatsräson und des politischen Kalküls (des Machtzuwachses der englischen Krone) mit dem Ungeliebten vermählen. Da also Könige und Königinnen nicht aus Liebe heiraten können, hat Elisabeth sich entschieden unverheiratet zu bleiben und ihre Jungfräulichkeit als „höchstes Gut" (V. 1167) zu feiern. Ihr Verzicht variiert damit einen Virginitätsmythos, der als väterliches, symbolisches Kapital kennzeichnend für die Darstellung bürgerlicher Bewusstseinsformen in bürgerlichen Trauerspielen ist. Die Aristokratin Elisabeth hingegen phantasiert ein freiwilliges Opfer für eine ‚Volksgemeinschaft', die als symbolischer Bräutigam den Rang eines religiösen Substituts für die Novizin der Macht gewinnt, die ein Keuschheitsgelübde der ‚reinen' Herrschaft abgelegt zu haben scheint. In dieser Szene reflektiert Elisabeth nun weiter über die geschlechterdifferenten Rollenmuster. Da eine Liebesheirat nach bürgerlichem Muster für sie nicht möglich ist und Herrschaft Sexualität ersetzt, gilt für eine Königin,

> [...] die unverdrossen, unermüdet,
> Die schwerste aller Pflichten übt, *die* sollte
> Von dem Naturzweck ausgenommen sein,
> Der Eine Hälfte des Geschlechts der Menschen
> Der andern unterwürfig macht – (V. 1180ff.).

Diese Überlegungen reifen, als sie sich nicht länger der politischen Zweckehe mit dem französischen Thronfolger verschließen kann. Elisabeth beendet ihre Betrachtungen mit der Erkenntnis, dass eine Königin nichts der Bürgerin voraus habe (vgl. V. 1207f.). Allerdings wehrt sie sich vehement gegen eine politische Geschlechtsspezifik, als es um die Hinrichtung ihrer Widersacherin Maria Stuart geht:

> Das Weib ist nicht schwach. Es gibt starke Seelen
> In dem Geschlecht – Ich will in meinem Beisein
> Nichts von der Schwäche des Geschlechtes hören. (V. 1374ff.)

Nur im individuellen Umgang mit Gefühlen und mit ihrer Sexualität bringt sie eine geschlechtsspezifische Standesdifferenz ins Spiel: „Und wie beneid' ich andre Weiber, / Die das erhöhen dürfen, was sie lieben." (V. 1970f.) Die mächtigste Frau der Welt bilanziert ihre Erfahrungen und Wahrnehmungen in diesen Worten:

> So sind die Männer. Lüstlinge sind alle!
> Dem Leichtsinn eilen sie, der Freude zu,
> Und schätzen nichts, was sie verehren müssen. (V. 1988ff.)

Talbot, der Graf von Schrewsbury, nimmt in der Frage, ob Maria hingerichtet werden soll, eine gemäßigte Position ein und rät der Königin zur Milde – auch mit dem Hinweis darauf, dass sie über eine absolute Freiheit des Willens verfüge, da sie die absolute Macht im Staat repräsentiere. Mit Talbot verbündet sich scheinbar sein eigentlicher Gegenspieler Graf Lester, der nun auch für den Aufschub des Vollstreckungsbeschlusses plädiert. Schließlich wird Elisabeth von Paulet Marias Bitte um eine Begegnung der beiden Königinnen vorgetragen. Die Lektüre von Marias Brief löst eine empfindsame Reaktion aus, Elisabeth trocknet sich die Tränen und sinniert grundsätzlich über die Frage: „Was ist der Mensch!" (V. 1528) Charakteristischerweise formuliert sie dies nicht als Frage, sondern in einem imperativischen Ausruf. Sie beauftragt Mortimer, dem sie vertraut, Maria zu meucheln. Als Mortimer alleine ist, legt er ein nun auch für die Leser und Zuschauer nachzuvollziehendes Bekenntnis ab. „Geh', falsche, gleisnerische Königin!" (V. 1632) – mit diesen Worten kommentiert er den Abgang Elisabeths, mit einem in Endreimen vorgetragenen Bekenntnis seiner Liebe zu Maria beendet er diesen Monolog. Er phantasiert die schottische Königin als Göttin und Garantin reiner Lebenslust. Allein ihm stünden auch der Ruhm und der „Preis" (V. 1661) für die Gefahren ihrer Befreiung zu. Damit begibt sich Mortimer in Konfrontation zu Graf Lester, der wiederum Mortimer wenig später berichten wird, in einem Brief habe Maria ihm versichert, dass sie ihm sein Werben um die englische Königin verzeihe und „sich mir / Zum Preise schenken will, wenn ich sie rette" (V. 1821). Mortimer wird seinen Besitzanspruch in die Worte kleiden: „*Ich* will sie / Befreien" (V. 1842f.). Schwört Lester eben noch Maria seine Liebe, so trägt er in der darauf folgenden Szene Elisabeth eine Liebeserklärung vor (vgl. V. 1964). Dieses Spiel von falschem und echtem Liebesbekenntnis Lesters sowie die Konfliktlinie zwischen den beiden Männern Mortimer und Lester unterstützt die Schürzung des dramatischen Knotens und unterstreicht den bedeutenden Aspekt, dass in der Sphäre der Macht keineswegs nach rationalen Gesichtspunkten entschieden und gehandelt wird.

Zunächst wehrt Elisabeth eine Begegnung mit Maria rigoros ab, doch schließlich gelingt es Graf Lester sie dazu zu überreden. Dieses entscheidende Treffen der beiden Königinnen findet dann gleich zu Beginn des dritten Aktes statt. In der ersten Szene wechselt Schiller auch das Versmaß. Fanden bislang jambische Pentameter Anwendung, so spricht Maria nun in einem vierhebigen daktylischen Silbenmaß,[26] ein metrischer Wechsel, der bereits die Zeitgenossen irritiert hat. Als Schiller an dieser Szene arbeitete, schrieb er Goethe: „Ich fange in der Maria Stuart an mich einer größern Freiheit oder vielmehr Mannichfaltigkeit im Silbenmaaß zu bedienen, wo die Gelegenheit es rechtfertigt. Diese Abwechßlung ist ja auch in den griechischen Stücken und man muß das Publicum an alles gewöhnen" (NA 30, S. 95):

> Eilende Wolken! Segler der Lüfte!
> Wer mit euch wanderte, mit euch schiffte!
> Grüßet mir freundlich mein Jugendland!
> Ich bin gefangen, ich bin in Banden,
> Ach, ich hab' keinen andern Gesandten!
> Frei in Lüften ist eure Bahn,
> Ihr seid nicht dieser Königin untertan. (V. 2098ff.)

Im Park von Schloss Fotheringhay begegnen sich schließlich die beiden Königinnen. Als Maria Stuart von dem Treffen unmittelbar vor dem Auftritt Elisabeths erfährt, vermag sie kaum mehr ihre Gefühle zu kontrollieren; der ersehnte Augenblick der Gegenüberstellung ist in Wirklichkeit höchst angstbesetzt. Die Strategien der rhetorischen Überzeugungskunst versagen:

> [...] alles hab' ich mir
> Gesagt und ins Gedächtnis eingeschrieben,
> Wie ich sie rühren wollte und bewegen!
> Vergessen plötzlich, ausgelöscht ist alles,
> Nichts lebt in mir in diesem Augenblick,
> Als meiner Leiden brennendes Gefühl. (V. 2178ff.)

Diese affektive und rationale Erschütterung erklärt denn auch Marias später eintretende und sich mit ungeheurer Wucht entladende Aggressivität gegenüber Elisabeth und das desaströse Ende

---

26 Anders NA 9, S. 371f., wo von einem anapästischen Grundrhythmus gesprochen wird (vgl. dazu meinen Kommentar in FA 5, S. 592).

dieser Begegnung. Schiller hat in den Regieanweisungen, welche das Verhalten Maria Stuarts kommentieren, sehr genau ihre emotionalen und körperlichen Reaktionen festgehalten. In III/4 heißt es, Maria verfolge Elisabeth mit gespanntem Blick, sie schaudert und wirft sich ihrer Amme an die Brust, sie schaudert erneut, bleibt stehen und *„ihre Gebärden drücken den heftigsten Kampf aus"* (nach V. 2241). Mit zunehmendem Affekt reagiert sie auf die ablehnende Distanz Elisabeths. Erst in der Mitte dieser Begegnung, als sie Elisabeths „Eisesblick" (V. 2275) überwunden hat, vermag sie sich wieder höfischer Umgangsformen zu bedienen. Sie versucht ihren Ton zutraulich und schmeichlerisch (vgl. vor V. 2320) klingen zu lassen; am Ende jedoch glüht sie vor Zorn, während Elisabeth aus demselben Affekt heraus sprachlos wird. Die Affektsprache der beiden Königinnen zeigt, dass sie in dieser Szene nicht den höfischen Standards entsprechend miteinander kommunizieren.

Maria Stuart erkennt, dass Elisabeth Macht repräsentiert und alles Menschliche ihr mangelt. Sie fällt vor Elisabeth auf die Knie und erwartet nun eine Geste, dass sie sich wieder aufrichten kann. Diese unterbleibt aber und der Konflikt bricht auf. Die für eine Königin ausgesprochen ungewöhnliche Körperhaltung der Unterwerfung unterstreicht, wie sehr Maria Stuart bis zu diesem Zeitpunkt noch von der Ernsthaftigkeit einer Aussprache mit Elisabeth überzeugt ist. Die Geste dokumentiert aber auch, dass Maria Stuart die gegebenen politischen Verhältnisse völlig falsch einschätzt. Sie versucht zuletzt noch eine Form der Fraternisierung – sie spricht Elisabeth mit „Schwester" (V. 2321) an –, indem sie die Herrschenden schlechthin von jeglicher Verantwortung für die Folgen ihres Handelns freispricht. Sie sagt zu Elisabeth:

> *Ihr* seid nicht schuldig, *ich* bin auch nicht schuldig,
> Ein böser Geist stieg aus dem Abgrund auf,
> Den Haß in unsern Herzen zu entzünden,
> […]
> Das ist das Fluchgeschick der Könige,
> Daß sie, entzweit, die Welt in Haß zerreißen,
> Und jeder Zwietracht Furien entfesseln. (V. 2308ff.)

Maria versucht sogar, mit einem politischen Zugeständnis Elisabeths Sympathie zu gewinnen, sie bietet ihr den Verzicht darauf an, England für die schottische Krone zu beanspruchen. Dann allerdings ändert sich ihr Ton, sie verlangt nun von Elisabeth sie frei zu lassen. Innerhalb weniger Zeilen (zwischen V. 2386 und V. 2397) wird aus der Bitte „sprecht" und „sagt" die Erwartung „ich warte" und schließlich die Drohung „weh euch". Maria Stuarts Wandlung aus Affekt gibt Elisabeth selbst die Gelegenheit, entsprechend hochmütig zu reagieren; die Begegnung endet in gegenseitigen Beschimpfungen. Als Maria Stuart wieder mit ihrer Amme allein ist, spricht sie von dieser Auseinandersetzung als einem „Augenblick der Rache, des Triumphs" (V. 2457). Damit ist das tragische Ende des Stücks besiegelt und die Spannung ist aus der Handlung genommen. Mortimers leidenschaftliches Liebesbekenntnis in der nächsten Szene, das bis zu einer heftigen körperlichen Attacke reicht, stürzt die schottische Königin emotional in einen weiteren Abgrund. Das Begehren, das ihr in seiner Gestalt begegnet, spiegelt ihr zugleich einen Teil ihrer eigenen Vergangenheit, die mit Ursache für ihr Unglück ist. Nur die Flucht rettet sie vor ihrem selbst ernannten Erretter.

Im vierten Akt erfolgt ein Attentatsversuch auf Elisabeth, ihre Verlobung mit dem französischen Thronfolger wird aufgelöst und Graf Lester muss erkennen: „Ich bin entdeckt, ich bin durchschaut" (V. 2741). Marias heimliche Befreier müssen das Land verlassen, Mortimer bringt sich um und erst in IV/5 ist Elisabeth mit ihren eigenen Worten zu hören, Maria solle sterben (vgl. V. 2846). Die Unterzeichnung des Todesurteils und dessen Aushändigung zur Vollstreckung sind in einen langen Prozess der Selbstreflexion eingebettet. Elisabeth will bis zuletzt nicht selbst die Verantwortung für den Tod der schottischen Königin übernehmen. Während Graf Lester einerseits ihr nun zur Unterzeichnung des Todesurteils rät, erinnert sie Talbot, Graf von Schrewsbury, andererseits daran: „Du bist ein Mensch" (V. 3090); im Affekt treffe man keine solch wichtige politische Entscheidung. Zudem könne eine hingerichtete Maria eher als ein identitätsstiftendes Emblem des politischen Widerstands mythisiert werden. Die von Talbot ins Spiel gebrachte menschliche Seite Elisabeths zeigt sie selbst in einer dem politischen Kalkül ihrer Berater entgegenlaufenden Weise; sie erwägt auf ihre Krone zu verzichten: „Bin ich / Zur Herrscherin doch nicht gemacht! [...] mein Herz ist weich." (V. 3159ff.)

Im anschließenden Monolog Elisabeths beruft sie sich auf die Geschlechterdifferenz als Index ihres politischen Handelns, „ich [...] / Ein wehrlos Weib!" (V. 3220f.) Mit der zunehmenden Stärke Marias definiert sich Elisabeth als schwach. Dieses Rollenstereotyp der schwachen Frau konterkariert damit zutiefst die tatsächliche politische Macht der Königin. Elisabeth fühlt sich als Königin unfrei, da sie nach Ansicht Talbots auf die öffentliche Meinung Rücksicht nehmen und Maria Stuart nicht hinrichten lassen soll. Sie verlagert die Tragweite ihrer Entscheidung von der politischen Diskursebene auf die affektiv basierte Ebene einer narzisstischen Kränkung. Maria Stuart erscheint ihr nun als ein „ewig drohendes Gespenst" (V. 2327), als ein vom Schicksal angehefteter „Plagegeist" (V. 3231), Maria Stuart schließlich heiße „jedes Unglück, das mich niederschlägt" (V. 3236). „Das schönste Weib auf dieser Erde" (V. 2478), wie Mortimer sie nannte, ist tatsächlich die große Rivalin der Elisabeth, die durch sie auf den Makel ihrer aristokratischen Herkunft hingewiesen wurde, denn Anne Boleyn, die Mutter Elisabeths und zweite Ehefrau Heinrich VIII., wurde wegen angeblichen Ehebruchs 1536 hingerichtet. Am Ende unterzeichnet Elisabeth das Todesurteil.

Der fünfte Akt stellt Maria Stuarts Wandlung vor. In V/6 ist sie weiß und festlich gekleidet, sie fühlt sich wieder als Königin von Schottland, „den würd'gen Stolz in meiner edeln Seele!" (V. 3494) Sie bittet um Abendmahl und Beichte, sie bekennt und bereut die Ermordung ihres Mannes und ein Liebesverhältnis (vgl. V. 3697f.). Unter dem Sakrament der Ohrenbeichte bestätigt Maria Stuart nochmals, dass sie keine Verschwörung zum Sturz Elisabeths geplant hatte. Am Ende wird Maria Stuart exekutiert.

Die Läuterung Maria Stuarts steht in deutlichem Gegensatz zu ihrem affektbesetzten Auftritt in der Begegnung mit Elisabeth. Was genau diese Wandlung Marias ausgelöst hat, bleibt vom Text her unscharf. Das Stück endet allerdings nicht mit dem Blick auf ihre Hinrichtung, sondern mit der wahren Verliererin dieses Machtduells zwischen schottischer und englischer Königin. Elisabeth ist allein, ihre Berater haben sie verlassen, eine Verantwortung oder zumindest Mitverantwortung für die Hinrichtung weist sie nach wie vor weit von sich. Im Gegenteil, ihr Staatssekretär, der den Hinrichtungsbefehl in Empfang genommen hat, wird für sein Pflichthandeln bestraft. Der absolutistische Herrschaftsanspruch Elisabeths wird deutlich herausgestellt, wenn sie zu ihm sagt:

> Nichtswürdiger! Du wagst es, meine Worte
> Zu *deuten*? Deinen eignen blutgen Sinn
> Hinein zu legen? (V. 3981ff.)

Wollte man Schillers Tragödie nur als Spiel von Schuld und Verwerfung erkennen, hieße dies das Drama um eine wesentliche Deutungsdimension zu verkürzen. Vielmehr begegnen sich in den beiden Königinnen zwei Repräsentantinnen von staatlicher Macht und es treffen auch zwei Frauen aufeinander. Schiller hat seinem Drama ein geschlechterdifferentes Widerspiel von Öffentlichkeit und Privatheit, von geschichtlich-öffentlichem und privatem Prozess eingeschrieben.[27] Die religiöse, moralische und ästhetische Bedeutung des Textes muss man also durch eine sozialgeschichtliche und geschlechterdifferente Lesart ergänzen, denn *Maria Stuart* ist auch eine „Tragödie des Patriarchalismus".[28] Öffentliche Interessen kollidieren mit den privaten Interessen der Königinnen, private Leidenschaften von Elisabeth und Maria werden zum Politikum dadurch, dass sie von den Königinnen zur Machtausübung funktionalisiert werden.

Im Unterschied zur Jungfrau von Orleans hat Maria Stuart bereits in ihrer Jugend schwere Schuld auf sich geladen (vgl. V. 285ff.), sie ist wissentlich in den Mord an ihrem Mann verstrickt, wenngleich Hanna Kennedy, ihre Amme, den „Wahnsinn blinder Liebesglut" (V. 325) verantwortlich macht und Maria damit von ihrer Gewissensqual zu entlasten versucht. Auch in diesem Motiv spiegelt sich Schillers dramaturgische Architektonik. Die Anstiftung zum Mord und die Mitwisserschaft aus Leidenschaft nehmen Elisabeths Schuld und Qual vorweg. Auch sie weiß um die Hinrichtung Marias, sie unterzeichnet das Todesurteil und versucht am Ende sich selbst durch das Phantasma einer Hofintrige – die gegen ihren Willen das Todesurteil zur Vollstreckung gebracht habe – von jeglicher Verantwortung freizusprechen, aber auch sie muss mit dieser Schuld weiterleben. Kein obwaltendes Schicksal, das sich zwangsläufig im historischen Augenblick zu vollziehen habe, wird hierfür von Schiller verantwortlich gemacht, sondern die Verstrickung in individuelle wie politische Schuld im Fadenkreuz von Privatheit und Öffentlichkeit.

Das Stück erschöpft sich nicht in der Thematisierung der privaten Liebesprobleme zweier Königinnen oder der Darstellung der Verhaltensstandards und Bewusstseinsformen der höfischen Welt. Vielmehr exponiert der Autor in der Darstellung zweier Frauenfiguren aristokratischer Herkunft auch die Verhaltensweisen und Moralvorstellungen der bürgerlichen Gesellschaft, also der Gesellschaft um 1800. Schillers *Maria Stuart* intendiert einen Modernitätsanspruch, den jede Deutung des Textes und jede Inszenierung mitzubedenken

---

27 Vgl. hierzu Gert Sautermeister: *Maria Stuart.* Ästhetik, Seelenkunde. Historisch-gesellschaftlicher Ort, in: Interpretationen. Schillers Dramen. Hgg. v. Walter Hinderer. Stuttgart 1992, S. 280–335.
28 Sautermeister: *Maria Stuart*, S. 292.

haben. Und zugleich bindet Schiller in die Darstellung deren Kritik und utopische Überschreitung im ästhetischen Modell der schönen Seele mit ein. Im Widerstreit von Naturtrieb (von Schiller auch Neigung oder Sinnlichkeit genannt, also dem affektiven Ausbruch Marias in der Begegnung mit Elisabeth) und Sittlichkeit (auch Pflicht, also der Bändigung aller Leidenschaften) siegt das Gebot der Vernunft: Maria ist geläutert und versöhnt sich mit sich selbst. Zugleich macht Schiller an Maria deutlich, wie bedroht die Existenz einer schönen Seele ist, dass sie ihren historischen Ort in der Gesellschaft erst noch erfechten muss, denn derjenigen, die bleibt, Elisabeth, gelingt das nicht.

Es ist durchaus legitim, in *Maria Stuart* – wie übrigens auch in den anderen klassischen Dramen Schillers – einen dramatischen Widerhall von Schillers eigenen philosophischen Arbeiten zu sehen. In diesem Zusammenhang wäre vor allem an die Schrift *Über Anmut und Würde* zu denken. Darin entfaltet Schiller den Begriff der schönen Seele. Er schreibt: „In einer schönen Seele ist es also, wo Sinnlichkeit und Vernunft, Pflicht und Neigung harmonieren […]" (FA 8, S. 371). Erst diese Harmonie ermöglicht jene Schönheit, die Schiller in den *Kallias*-Briefen als Freiheit in der Erscheinung definiert hatte (vgl. FA 8, S. 285). Eine schöne Seele drückt sich in und mit Anmut aus. Dieses Recht hat Schiller den Frauen vorbehalten, und seine geschlechterdifferenten Äußerungen lassen sich ohne Weiteres mit Blick auf Maria und Elisabeth verstehen:

> Der zärtere weibliche Bau empfängt jeden Eindruck schneller und läßt ihn schneller wieder verschwinden. Feste Konstitutionen kommen nur durch einen Sturm in Bewegung, und wenn starke Muskeln angezogen werden, so können sie die Leichtigkeit nicht zeigen, die zur Grazie erfodert wird. Was in einem weiblichen Gesicht noch schöne Empfindsamkeit ist, würde in einem männlichen schon Leiden ausdrücken. Die zarte Fiber des Weibes neigt sich wie dünnes Schilfrohr unter dem leisesten Hauch des Affekts. In leichten und lieblichen Wellen gleitet die Seele über das sprechende Angesicht, das sich bald wieder zu einem ruhigen Spiegel ebnet.
>
> Auch der Beitrag, den die Seele zu der Grazie geben muß, kann bei dem Weibe leichter als bei dem Manne erfüllt werden. Selten wird sich der weibliche Charakter zu der höchsten Idee sittlicher Reinheit erheben, und es selten weiter als zu *affektionierten* Handlungen bringen. Er wird der Sinnlichkeit oft mit heroischer Stärke, aber nur *durch* die Sinnlichkeit widerstehen. Weil nun die Sittlichkeit des Weibes gewöhnlich auf Seiten der Neigung ist, so wird es sich in der Erscheinung eben so ausnehmen, als wenn die Neigung auf Seiten der Sittlichkeit wäre. Anmut wird also

der Ausdruck der weiblichen Tugend sein, der sehr oft der männlichen fehlen dürfte. (FA 8, S. 372)

Im *Journal des Luxus und der Moden* vom Juli 1800 war über die Uraufführung des Stücks zu lesen:

Den 14ten und 16ten dies.[es] M.[onats] ist das neue Trauerspiel Maria Stuart von Schiller in Jamben hier aufgeführt worden. Es bleibt billig andern Kunstrichtern die hierzu innern und äußern Beruf in sich fühlen, überlassen, die Vorzüge des Stücks selbst genauer zu beleuchten und auseinander zu setzen. Man hatte viel erwartet. Man hat sehr viel und vieles anders, als man erwartet hatte, gefunden. Darüber kann aber nur Eine Stimme seyn, daß auch durch dieß langsam gereifte Werk eines anerkannten Meisters, unsre vaterländische Literatur um ein vorzügliches Stück reicher geworden ist, zu dessen vollkommner Würdigung vielleicht das Publikum selbst noch nicht den rechten Maßstab in der Hand hat. (FA 5, S. 564f.)

Vielleicht mag das die ja auch von Schiller selbst konstatierte ,Unreife' des Publikums erklären: *Maria Stuart* geht weit über die Bedingungen und Erwartungen einer ,hohen' Tragödie hinaus, sie begrenzt sich nicht freiwillig auf die Darstellung höfischen Lebens oder aristokratischer Etikette im Sinne eines wohlfeilen Spiegels für die bürgerlichen Zuschauer. Indem das Drama bürgerliche Verhaltensweisen und Mentalitäten an hohen Personen zur Anschauung bringt, verknüpft es die poetologische Norm der Ständeklausel und der Fallhöhe mit dem Interesse der psychischen Binnenperspektive des bürgerlichen Trauerspiels. Das ist für Schillers Zeit ungewohnt und darin kann man durchaus ein Moment von Modernität dieses Dramas der ,Weimarer Klassik' erkennen.

6.4 *Die Jungfrau von Orleans* (1801)

E: 1. Juli 1800–16. April 1801
D: Oktober 1801
UA: 11. September 1801 (Leipzig)

Am 1. Juli 1800 beginnt Schiller mit der Arbeit am Drama *Die Jungfrau von Orleans*. Am 11. Februar 1801, also nach nur sieben Monaten, sind die ersten drei Akte fertig. Den vierten Akt schreibt er in Jena, wohin er sich zurückgezogen hat; am 16. April 1801 ist die Arbeit an der Tragödie beendet. Für den Druck wählt Schiller selbst das Titelkupfer aus, er bestimmt die Auswahl des Papiers und der Schrifttypen sowie das Format. Das Drama erscheint im Oktober 1801 im *Kalender auf das Jahr 1802* des Berliner Verlegers Johann Friedrich Unger, der auch Werke von Ludwig Tieck und anderen Romantikern verlegte.

Schiller nutzte zum Studium der mittelalterlichen Geschichte einschlägige historische Werke unter anderem von Paul de Rapin-Thoyras, David Hume, Johann Georg Meusel, Millot und Pitaval. Trotz dieses intensiven Quellenstudiums ist die *Jungfrau von Orleans* kein Geschichtsdrama, obwohl der Untertitel „eine romantische Tragödie" im zeitgenössisch modernen Sinne sicherlich mit dieser Vorannahme kalkuliert. Damit kann mehrerlei bezeichnet werden, das gleichsam als Leserlenkung dienen soll und verschiedene semantische Nuancen entfaltet. ‚Romantisch' kann demnach heißen, dass Schiller sich den Stoff des Dramas aus dem späten Mittelalter borgt; das Stück spielt immerhin im Jahr 1430. Noch an einer weiteren Textstelle verwendet Schiller das Epitheton romantisch. In I/2 fügte er eine erklärende Fußnote zur Figur des Königs René ein, der in „romantischem Geist" (FA 5, S. 166) sich zum Schäfer gemacht habe und als Beispiel für Weltflucht gelte. Die Fußnote wurde in den Schiller-Ausgaben zwischen 1895 und 1995 in den Apparat verbannt. Im so genannten ‚Cottaschen Exemplar' hat Schiller sie sogar eigenhändig gestrichen. Erst im Rahmen der *Frankfurter Ausgabe* 1996 wurde die Fußnote wieder an die ursprüngliche Textstelle gerückt. ‚Romantisch' bedeutet hier also soviel wie ‚mittelalterbezogen'. Der Untertitel kann aber auch heißen, dass das Stück Elemente enthält, die zeitgenössisch als genuin romantisch verstanden wurden; man denke etwa an die Bedeutung des Wunderglaubens, der Religion, an die Elemente des mittelalterlichen Katholizismus oder an die umstrittene Figur des schwarzen Ritters. Mit diesem Verständnis des Begriffs verbände sich ein inhaltlicher Hinweis auf die romantisierenden Stil- und Darstellungsformen im Stück. Das Wort romantisch reflektiert bei Schillers *Jungfrau von Orleans* aber auch den Sprachgebrauch des 18. Jahrhunderts, wonach damit das Romanhafte, das Sonder- und Wunderbare des Dramas bezeichnet werden soll. Möglicherweise ist auch „jede Selbstdarstellung eines kollektiven Willens, sofern sie mythische Objektivität erlangt",[29] als romantisch zu verstehen. Sicherlich bedeutet ‚roman-

---

29 Peter Pfaff: König René oder die Geschichte. Zu Schillers *Jungfrau von Orleans*, in: Schiller und die höfische Welt, S. 407–421, hier S. 419.

tisch' aber nicht „vaterländischer Geist".[30] In der Wahl des Untertitels könnte schließlich ein deutliches Signal der Entgegensetzung zu Voltaires Darstellung der Jeanne d'Arc erkannt werden. Schiller war mit Voltaires Arbeit vertraut. Sein Stück führt nicht zuletzt einen „subtilen Dialog"[31] mit dessen *Pucelle*, den zu erkennen den Zeitgenossen leichter fiel. Im Brief an Wieland vom 17. Oktober 1801 klagt Schiller, „daß Voltaire sein möglichstes gethan, einem dramatischen Nachfolger das Spiel schwer zu machen. Hat er seine Pucelle zu tief in den Schmutz herabgezogen, so habe ich die meinige vielleicht zu hoch gestellt" (NA 31, S. 65).[32] ‚Romantisch' kann schließlich auch als Signalwort verstanden werden. In dieser Lesart würden der Untertitel und damit das Stück absichtsvoll auf die bis 1801 erschienene zeitgenössische romantische Literatur anspielen. In dem Zusammenhang mag es nicht ganz nebensächlich sein, dass die *Jungfrau von Orleans* just von jenem Drucker und Verleger Johann Friedrich Unger ins Programm genommen wurde, bei dem 1797 Wackenroders und Tiecks *Herzensergießungen* sowie Tiecks Roman *Franz Sternbalds Wanderungen* (1798) erschienen waren. Wenn ein Verleger gerade im Jahr 1801 den schillerschen Untertitel favorisierte, dann mag es nicht ganz abwegig scheinen, darin ein verkaufsförderndes Moment zu erkennen, auch wenn sich dies aus den vorliegenden Quellen nicht eindeutig belegen lässt.

Textinterpretation

Bereits die erste Regieanweisung im Prolog zur *Jungfrau von Orleans* entfaltet die Problematik zwischen heidnischem Wunderglauben und christianisierter Anverwandlung. Dort ist zu lesen, vorne rechts an der Bühne sei ein Heiligenbild in einer Kapelle zu sehen, während links eine hohe Eiche stehe. Damit sind auch die Pole genannt,

---

30 Pfaff: König René oder die Geschichte, S. 419. – Zur Epochendiskussion ‚Klassik' und ‚Romantik' mit Blick auf dieses schillersche Drama vgl. Matthias Luserke-Jaqui: Über Schillers *Jungfrau von Orleans* als Zeugnis eines Epochenumbruchs, in: Ders.: Über Literatur und Literaturwissenschaft, S. 79–94, sowie Marie-Christin Wilm: *Die Jungfrau von Orleans*, tragödientheoretisch gelesen. Schillers *Romantische Tragödie* und ihre praktische Theorie, in: JbDSG 47 (2003), S. 141–170, die Schillers Text „als Dokument des ästhetischen Wettstreites zwischen Klassik, Spätaufklärung und Romantik begreift" (ebd., S. 170).

31 Gerhard Sauder: *Die Jungfrau von Orleans*, in: Interpretationen. Schillers Dramen, S. 336–384, hier S. 351.

32 Zur Frage des Einflusses von Voltaires *Pucelle* auf Schiller vgl. Ivan Quiquerez: Quellenstudien zu Schillers *Jungfrau von Orleans*. Eine litterarhistorische Untersuchung. Leipzig 1893, S. 50ff.

zwischen denen sich Johanna d'Arc – Schiller gebraucht den deutschen Vornamen – bewegt, zwischen denen sie hin und her gerissen werden wird. Ihre göttliche Inspiration und ihren politischen Auftrag erhält sie nämlich unter diesem Baum, der volkstümlich im Stück als Zauberbaum geheimnisvoll umwittert und negativ besetzt ist. Zum Zweiten exponiert Schiller im Prolog bereits in den Eingangsversen des Vaters einen genderspezifischen Aspekt, der das gesamte Stück in einer regelrechten Architektur der Umkehrung von Geschlechterrollen durchziehen wird. Thibaut d'Arc will seine drei Töchter verheiraten; er ist der Ansicht, dass Frauen besonders in Kriegs- und das bedeutet Krisenzeiten des männlichen Schutzes bedürften (vgl. V. 21ff.). Thibaut gehört keineswegs zur armen Landbevölkerung, sondern er wird im Verzeichnis der Dramatis personae von Schiller ausdrücklich als ein „reicher Landmann" beschrieben. Insofern ist auch Johannas späteres soziales Argument, sie sei „nur eines Hirten niedre Tochter" (V. 1048), das sie dem Erzbischof von Rheims gegenüber anführt, nicht aufrichtig. Man kann das bereits als Johannas Versuch werten, sich selbst als unterschichtige Frau zu inszenieren und den christlichen Glauben an die arme Geburt Jesu Christi auf ihre eigene Herkunft zu übertragen. Wollte man dies so verstehen, dann würde sich darin bereits sehr früh im Text ein Signal ihrer sich sukzessive abzeichnenden Hybris erkennen lassen.

Johannas Vater versteht die Verheiratung seiner Töchter als Verwandlung – die Parallele zur Eucharistie ist offensichtlich – des symbolischen Kapitals der Töchter in ihr ökonomisches Kapital des Landbesitzes, immerhin bekommt jede Tochter 30 Acker Land, eine eigene Herde sowie einen eigenen Hof mit in die Aussteuer (vgl. V. 25 u. 36f.). Allerdings ist es auch der Vater, der jenes Signalwort als erster im Munde führt, das später Johannas Handeln und Sterben prägen wird: Herz. Mit diesem der Empfindsamkeit verpflichteten Terminus nimmt Schiller ein dominantes soziales und literarisches Thema der Aufklärung variierend auf.[33] Johannas Abneigung, gar Verweigerung, den verständigen Raimond zu heiraten, kann sich der Vater nur als eine „schwere Irrung der Natur" (V. 62) erklären. Sie verstößt, indem sie sich der Ordnung der Geschlechter entzieht, gegen die natürliche Ordnung. Das setzt sie von Beginn an auch außerhalb der politischen Ordnung. Später wird König Karl feststellen, dass Johannas Wundertaten „nicht in dem Laufe der Natur" (V. 999) seien. Ihre Digression wird deshalb nur so lange von der

---

33 Vgl. Sauder: *Die Jungfrau von Orleans*, S. 357.

männlichen politischen Ordnung toleriert, wie diese benötigt um sich wieder zu stabilisieren. Dulden aber kann diese Ordnung ein solches Verhalten nicht. Johanna ist es von Beginn an bewusst, dass in ihren Auftrag zugleich auch ihr Untergang eingeschrieben ist.

Johanna scheint „was höh'res zu bedeuten" (V. 78), das ahnt bereits Raimond, noch bevor sie sich ihrer Familie offenbart. Wie die Erfüllung einer unheilvollen Prophezeiung liest es sich, wenn der Vater rhetorisch fragt, ob er sein eigenes Kind anklagen solle (vgl. V. 146). Genau diese Anklage des Vaters wird am Ende ursächlich zu Johannas Verlust der bürgerlichen Rechte und zu ihrem Tod führen. Sie bedarf aber zum Handeln stets der äußeren Zeichen. So tritt im dritten Auftritt des Prologs der Bauer Bertrand mit einem Helm auf, den er auf dem Markt von einer Zigeunerin erhalten haben will. Dieses ‚dramatische Dingsymbol' vermag immerhin Johanna zu ihren ersten Worten zu bewegen. Sie fordert den Helm für sich, greift nach ihm und entreisst ihn schließlich Bertrands Händen. Sie erhebt Besitzanspruch und wird darin von Raimond unterstützt, der zu diesem Zeitpunkt ebenso wenig darüber wissen kann wie der Leser oder Zuschauer. Er liefert aber den Schlüssel zum weiteren Verstehen: Ein männliches Verhalten kennzeichne Johanna, ihr Herz sei „ein männlich Herz" (V. 196). Damit ist nun im Prolog eine tragische Konfliktlinie festgelegt, um die Schiller den dramatischen Knoten schürzen wird: Johanna trägt in sich einen Geschlechter- oder Rollenkonflikt aus. Als Frau beansprucht sie männliche Verhaltensweisen und Attribute der Macht, die in der kulturellen Ordnung des späten Mittelalters allein männlich prädiziert sind. Diese Festschreibungen der Geschlechterdifferenz, die mit väterlicher Autorität beschworen werden (vgl. V. 293), wenden später Johannas Handeln ins Tragische. Mit dem Ausruf: „Der Retter naht" (V. 303) und dem Hinweis, es würden noch Wunder geschehen, beansprucht Johanna endgültig die Fähigkeit zur Prophezeiung und reklamiert alleinige Deutungshoheit. Sie spricht von sich selbst in der dritten Person Singular, weist darauf hin, dass eine Jungfrau Gott verherrlichen und den bedrohten König, mithin die politische Ordnung Frankreichs, retten werde. Im Stil einer rhetorisch geschickt strukturierten Klimax mit einer regelrechten, anaphorisch gestalteten Fragenkette vermischt sie ihren politischen Auftrag mit dem kulturellen Wissen ihrer Zeit in einem psalmodischen Hymnus (vgl. V. 344–365). Die bisherigen Blankverse wandeln sich nun in Johannas Monolog im vierten Auftritt in ein fünfhebiges, jambisches Reimschema nach dem Muster ababbcc. Dieses deutliche Signal der kunstvollen Form unterstreicht den Inhalt der Rede Johannas. Sie verabschiedet sich von ihrer Herkunft in dem Wissen, dass sie diese für immer hinter sich lassen wird. Zudem erklärt sie, dass die Stimme Gottes aus der (heidnischen) Eiche zu ihr gesprochen und ihr einen eindeutigen Auftrag erteilt habe. Sie solle kämpfen, nicht lieben, und dem König zur Krönung verhelfen. Der politisch-militärische Auftrag sowie die Neutralisierung ihres Begehrens sind also die zentralen Momente dieses Auftrags. Versprochen wird ihr für die Erfüllung dieses Auftrags ihre Verklärung, womit Schiller wiederum einen alten religiösen Begriff anführt, der einen Zustand größter Gottesnähe in der Stunde des Todes meint. Johanna weiß aber auch, dass sie die Ausführung dieses Auftrags nicht überleben wird. Der Monolog dient ihr nochmals zur Selbstreflexion, ja zur Selbstvergewisserung, dass sie tatsächlich einen Sendungsauftrag hat, nach dem sie handelt, und ihr Handeln nicht nur Resultat eines Sendungsbewusstseins ist. Zugleich verbirgt sich dahinter ein dramaturgischer Trick, mit dem Schiller erreicht, dass seine Hauptfigur und die Zuschauer bzw. Leser nun über dasselbe Wissen um Johannas Auftrag verfügen, während die anderen Figuren des Stücks unwissend bleiben. Um Zeichen und Wunder hat Johanna den Himmel gebeten, jetzt ist sie selbst das Wunder, der Helm ist das Zeichen. Dass Schiller damit einen genuinen biblischen Topos profaniert und variiert (vgl. etwa Dan. 6, 28; Joh. 4, 48; Apg. 2, 43 u. 4, 30), betont den prophetisch-messianischen Anspruch Johannas – für Schillers Zeitgenossen mag dies provokanter gewirkt haben, als es uns heute erscheint. Johanna beginnt also im Prolog bereits mit ihrer Selbstinszenierung als Sendungsbeauftragte.

Die Titelfigur unterliegt einem strengen Liebestabu. „Nicht Männerliebe darf dein Herz berühren" (V. 411) heißt es schon im Prolog. Dies ist ein wörtliches Zitat von Johannas Berufungsgeist. Auch in Vers 2204 ist zu lesen: „Und keinem Manne kann ich Gattin sein". Später variiert sie dies etwas:

> Eine reine Jungfrau
> Vollbringt jedwedes Herrliche auf Erden,
> Wenn sie der ird'schen Liebe widersteht (V. 1087ff.).

Hier ist es ein wörtliches Zitat der Muttergottes. Karl, Dünois und La Hire wirft sie in III/4 vor, in ihr „nichts als ein Weib" (V. 2254) sehen zu wollen. Johanna verwahrt sich gegen ihre Geschlechtsidentität. Überhaupt mangelt ihr aus der Sicht ihrer Mitmenschen Identität. Der Vater wertet es als Irrung der Natur, dass sie sich trotz ihrer körperlichen Schönheit nicht für Männer interessiert. Der Verstoß gegen die natürliche Ordnung wird als Verstoß gegen die väterliche Ordnung gewertet und als Verstoß gegen die göttliche Ordnung begriffen, wie auch Johanna später bekräftigen wird: „Weil es vom Vater kam, so kam's von Gott" (V. 3150). Wenn sich Johanna also dem Druck des Ordnungsdenkens, das patriarchal-autoritär strukturiert ist, widersetzt, dann verstößt sie damit gegen das gesellschaftliche Selbstverständnis des ausgehenden Mittelalters ebenso wie gegen das bürgerliche Selbstverständnis zu Beginn des 19. Jahrhunderts. Insofern muss der Konflikt, den Johanna austragen wird, stets ein tragischer sein, da er keine Versöhnung zulässt. Zugespitzt formuliert kann man sagen: Die Geschlechterdifferenz mit ihren kulturellen Kodierungen erweist sich als Ausgangspunkt des tragischen Geschehens. Es ist der Vater, der bereits in den ersten Zeilen des Stücks diese Differenz beschwört, indem er sich auf seine väterliche Autorität beruft und seine drei Töchter verheiraten will.

Im ersten Akt begegnet dem Leser der königliche Hofstaat. Noch geht König Karl VII. davon aus, dass seine Geliebte Agnes Sorel diejenige Frau sein wird, mit deren Hilfe er zum König von Frankreich gekrönt werden wird. „Hier steht die Heldin, die nach Rheims mich führt, / Durch meiner Agnes Liebe werd' ich siegen!" (V. 659f.) Schiller stellt damit Sorel als die unmittelbare Gegenfigur zu Johanna vor. Sorel ist denn auch diejenige, die Karl gegenüber die Geschlechterdifferenz beschwört und ihn zu männlichem Verhalten auffordert; er solle seine Absetzung als König durch das Parlament „männlich fassen" (V. 774) und dagegen kämpfen. Umgekehrt wird Sorel später auch sehr genau wissen, wie sich eine Frau innerhalb der Geschlechterordnung zu positionieren hat, wenn sie von Johanna verlangt, sie solle sich wie eine Frau verhalten, dann werde sie „Liebe fühlen" (V. 2643). Von Agnes Sorel geht auch zunächst der politische Impuls zum militärischen Handeln aus, nicht von Johanna. Zudem weissagt sie dem König, dass er die nationale Identität stiften wird (vgl. V. 795), lange bevor Johanna mit dem König das erste Wort gewechselt hat. Das bedeutet für die Textinterpretation, dass Johannas politische Argumente an Stichhaltigkeit verlieren und dies wiederum die Glaubwürdigkeit der Objektivität ihres Sendungsauftrags zu erschüttern vermag. Erst im neunten Auftritt wird von der Koinzidenz, wonach Johanna zeitgleich zu den Exilüberlegungen des Königs erste militärische Erfolge erzielt, die Rede sein.

Der Ritter Raoul berichtet von einem seltsamen Wunder und löst mit diesen Worten Johannas Versprechen aus dem Prolog ein, dass

noch Wunder geschehen werden (vgl. V. 315). Eine junge Frau habe
plötzlich das Schlachtfeld betreten und, wie eine antike Kriegsgöttin
gewandet, den Sieg herbeigeführt, indem sie die französischen Truppen mit fünfundzwanzig Worten anspricht. In diesem knappen
Bericht wird die Ambivalenz von Sendungsbewusstsein und Sendungsauftrag deutlich. Während Raoul eine glänzende Erscheinung
himmlischer Verklärung für möglich hält, sind es in Wirklichkeit
lediglich Johannas blonde Haare, die ihr „in goldnen Ringen"
(V. 958) um den Nacken fallen. Die Feinde fliehen und werden von
den französischen Truppen niedergemetzelt, die selbst ohne Verluste
bleiben. Dieser Bericht leitet direkt auf die zentrale Frage hin, die
Agnes Sorel stellt: „Wer ist sie?" (V. 987) Mehrmals wird diese Frage
variiert, weil stets die Identität Johannas und der Widerspruch der
Geschlechterdifferenz, den sie ausagiert, Rätsel aufgeben. So wird sie
der König fragen, wer sie sei und woher sie komme (vgl. V. 1032),
ebenso der Erzbischof (vgl. V. 1044), Talbot (vgl. V. 1542) und
Lionel (vgl. V. 2487). Auf diese leitmotivische Frage gibt es unterschiedliche Antworten. Zunächst aber erfährt Johanna durch die
höchste weltliche Macht, den König, ihre Beglaubigung. Karl erkennt an, dass Johanna von Gott geschickt wurde und bekennt sich
damit zu ihrem objektiven Sendungsauftrag (vgl. V. 1043). Johanna
reagiert auf diese moralische Nobilitierung durch den König mit
einer Unwahrheit. Sie erklärt dem Erzbischof, sie sei „eines Hirten
niedre Tochter" (V. 1048). Der Widerspruch zu ihrer tatsächlichen
sozialen Herkunft lässt sich nur so erklären – wenn man nicht gerade
annehmen will, dass sie sich selbst erniedrigt, um eine desto größere
Erhöhung in der Schlussapotheose des Stücks zu erfahren –, dass
Johanna nun bereits ihre eigene Biographie der messianischen
Geburtsgeschichte Jesu anpasst und dadurch den religiösen Anspruch ihres politischen Auftrags unterstreicht. Macht sie selbst die
Geschlechterdifferenz zum Kern ihres religiös motivierten politischen Auftrags und setzt sich damit in Widerspruch zur bestehenden Ordnung der Geschlechter, so beruft sie sich dabei auf die Muttergottes, die von ihr verlange dem Begehren zu entsagen (vgl.
V. 411 u. 1089). Sie ist es, die ihr im Traum erscheint und ihren
Auftrag formuliert, die zürnt, als Johanna zögert; sie verleiht
ihren Worten mit dem Appell an die Geschlechterdifferenz Nachdruck:

Gehorsam ist des Weibes Pflicht auf Erden,
Das harte Dulden ist ihr schweres Los,

Durch strengen Dienst muß sie geläutert werden,
Der hier gedienet, ist dort oben groß. (V. 1102ff.)

Dies ist die zweite Textstelle im Stück, an der Johanna wörtlich aus ihrem Auftrag zitiert. Der Wortlaut weicht zwar von der ersten Nennung im Prolog ab, jedoch ist der berichtete Auftragsinhalt der gleiche, Johanna solle gehorchen, das Begehren negieren, den militärischen Sieg davontragen und den König zur Krönung nach Rheims führen. Erst nach dem Hinweis auf ihre Gehorsamspflicht als Frau erfährt sie auch die „Beglaubigung" (V. 1111) durch die Instanz der kirchlichen Macht, den Erzbischof.

Galt bis dahin den politischen und militärischen Akteuren Johanna als ein seltsames Mädchen, das Wunder vollbringt, so erfährt sie zu Beginn des zweiten Aktes erstmals die Kriminalisierung ihres Handelns. Von dem noch auf Seiten der Engländer kämpfenden Herzog von Burgund wird sie als Teufel bezeichnet, später auch von Talbot so genannt. Auch Karls Mutter, Königin Isabeau, die als militärisch handelnde Frau eine direkte Gegenspielerin Johannas darstellt, malefiziert die Tochter eines reichen Landmanns (vgl. Verzeichnis der Dramatis personae). Isabeau erhebt sogar denselben Anspruch wie Johanna, wenn sie im Gespräch mit dem englischen Generalstab die Führung des Heeres beansprucht: „Ich will das eure führen, *ich* will euch / Statt einer Jungfrau und [!] Prophetin sein" (V. 1377f.). Sowohl Talbot als auch Montgomery erfahren Johannas Verstoß gegen die Geschlechterordnung als Provokation (vgl. II/5 und II/6). Montgomery wird dies mit dem Tod bezahlen, denn Johannas Sendungsauftrag beinhaltet auch einen Tötungsauftrag; sie solle alle Soldaten töten, die ihr in den Schlachten begegnen (vgl. V. 1601). Diesen „Vertrag" (V. 1600) macht sie auch in der Begegnung mit dem für England kämpfenden Montgomery geltend. Während dieser ihre Schönheit und ihren sanften Blick beschwört, verweist sie auf ihre vermeintliche Geschlechtslosigkeit. Damit evoziert sie das Bild eines Engels, der zeitgenössischem Verständnis entsprechend als geschlechtslos gilt, und hebt wiederum ihren objektiven göttlichen Sendungsauftrag hervor. Diese subjektive Aufhebung der Geschlechterdifferenz steht darüber hinaus auch in deutlichem Widerspruch zur Regieanweisung am Beginn von II/4, wo die männlichen militärischen Insignien wie Fahne, Helm und Brustharnisch zwar angeführt sind, ansonsten aber ausdrücklich ihre weibliche Kleidung hervorgehoben wird.

Johanna verschont zunächst lediglich den burgundischen Herzog, den sie überzeugen kann, sich auf die Seite der Franzosen zu schlagen. Diese Szene ist insofern bemerkenswert, als sie Johanna zeigt, wie sie durch Rede einen Menschen überhaupt zu überzeugen vermag, nicht durch vernünftiges Argumentieren, sondern durch leidenschaftliche Ansprache. Ansonsten besticht sie durch die Überzeugungskraft ihrer Taten. Selbst als sie schwer beschuldigt und der Hexerei verdächtigt wird, schweigt sie. Der Kraft des Wortes wird in der *Jungfrau von Orleans* die Macht der Tat entgegengesetzt. Nicht durch Vernunft oder vernünftige Argumente vermag Johanna ihre Mitmenschen von ihrem Sendungsauftrag zu überzeugen, sondern allein indem sie die Herzen berührt, ihre Rede also affektiv wirkt, am deutlichsten wohl in dieser Burgund-Szene, oder indem sie durch Taten überzeugt. Durch sein Herz fühlt Burgund beglaubigt, dass Johanna tatsächlich „die Gottgesandte" (V. 1764) ist, als die sie sich bezeichnet. Nach seiner Konversion zeigt Johanna erstmals menschliche Züge; sie umschlingt Burgund *„mit leidenschaftlichem Ungestüm"* (Regieanweisung nach V. 1811). Mit dieser affektiven Regung macht sie deutlich, dass sie ein Mensch ist und als solcher in der Geschlechterordnung steht. Alle Versuche dies zu leugnen werden von nun an das tragische Geschehen erheblich beschleunigen.

Das eigentliche Problem Johannas, der Beginn ihrer Bestimmung zum Tode und damit der heimliche Höhepunkt des Stücks liegt im dritten Akt, als sie vom männlichen Begehren kolonisiert wird. Zwar hat sie schon in ihrem Dorf die Anträge des Bauern Raimond drei Jahre lang erfolgreich abgewehrt, doch nun versuchen Dünois und Lionel sie als Braut zu gewinnen. Der König will sie verheiraten, aber Johanna wehrt entschieden ab. Damit wird deutlich, dass in der Ablehnung der Geschlechtsidentität der Grund für ihren Fall zu sehen ist; sie will um jeden Preis Jungfrau bleiben, worin sich übrigens eine Begehrensverweigerung ausdrückt, die sie mit der englischen Königin Elisabeth der *Maria Stuart* teilt. Biologisches und kulturelles Geschlecht und die Erwartungen, die daran geknüpft sind, kollidieren. Zugleich verschiebt sich aber auch Johannas Legitimation ihres militärischen Auftretens, ihres Sendungsauftrags. Galt bislang, dass sie so lange kämpfe, bis König Karl wieder rechtmäßig im Amt sei, so beschwört sie nun die Einheit des Landes; sie will kämpfen, bis der letzte Engländer aus dem Land vertrieben ist. Das Ziel der politischen Einigung wird sukzessive ersetzt durch ein Ziel militärischen Interesses. Diese Lesart wird auch durch die Tatsache gestützt, dass sich an diese Szenen unmittelbar Johannas Begegnung mit dem schwarzen Ritter anschließt. Dieser tritt mit dem Auftrag auf sie vor den Folgen der Hybris zu warnen. Johannas Prozess der ‚Vermenschlichung', der wiederum unabdingbare Voraussetzung für ihre Apotheose ist, wird besonders in diesem dritten Akt deutlich, der mit Dünois' Bekenntnis seiner Liebe zu Johanna eingeleitet wird. König Karl, der in der Ordnung der Vaterautoritäten unter der Autorität von Gottvater an zweiter Stelle steht, reklamiert nun als Landesvater die Vaterautorität des eigentlichen Familienvaters. Er will sie – ebenso wie Johannas leiblicher Vater zu Beginn des Stücks – verheiraten (vgl. V. 2154) und ahnt dabei nicht, dass er damit ihren ‚Geschlechtervertrag' verletzt, das Begehren zu negieren und sexuell unschuldig zu bleiben. In völliger Verkennung der Situation will Karl Johanna mit Dünois vermählen. Johanna wiederholt aber den Inhalt des ‚Vertrags':

> Berufen bin ich zu ganz anderm Werk,
> Die reine Jungfrau nur kann es vollenden.
> Ich bin die Kriegerin des höchsten Gottes,
> Und keinem Manne kann ich Gattin sein. (V. 2201ff.)

Der Erzbischof allerdings beruft sich auf die natürliche Ordnung der Geschlechter und mahnt Johanna zu einer Paarbeziehung. Unverkennbar erweist sich der Geschlechterkonflikt zunehmend als die eigentliche Sollbruchstelle des dramatischen Geschehens, aus dem heraus der tragische Knoten geschürzt wird. Johanna verwahrt sich dagegen, als Frau in die anthropologische Ordnung von Macht und Gehorsam eingebunden zu werden: „Der Männer Auge schon, das mich begehrt, / Ist mir ein Grauen und Entheiligung" (V. 2263f.).

Die eigentliche Versuchung – und in dieser Szene lässt sich durchaus eine profane Anspielung auf die Versuchung Christi in der Wüste erkennen – widerfährt Johanna dann in der Begegnung mit dem schwarzen Ritter. Dies ist eine der rätselhaftesten Szenen in Schillers Werk. In III/9 tritt dieser namenlose Ritter in schwarzer Rüstung und mit verschlossenem Visier auf; er wird von Johanna verfolgt. Bei der Deutung dieser Figur stützte sich die Forschung meist auf einen Hinweis von Karl August Böttiger aus dem Jahre 1838, der sich wiederum auf eine Äußerung Schillers von 1801 bezog:

> Der schwarze Ritter soll dazu dienen, um mit einem neuen Band an die romantische Geisterwelt zu knüpfen, da hier immer zwei Welten miteinander spielen. Eigentlich dachte sich Schiller den Geist des kurz vorher

verschiedenen, als Atheist der Hölle zugehörigen, Talbot. Immer sind die Menschen auf der höchsten Spitze stehend gefallen. Das widerfährt von dieser Scene an auch der Johanna (FA 5, S. 656).

Für die Darstellung Böttigers spricht Schillers Nennung der Figur im Verzeichnis der Dramatis personae – typographisch deutlich von den anderen handelnden Figuren abgehoben –, wo er nur schreibt: „Die Erscheinung eines schwarzen Ritters". Insofern bleibt es mehrdeutig, ob diese Figur tatsächlich als gespensterhafte Erscheinung oder als reale Figur inszeniert werden soll, wie dies ja auch das Versinken bei seinem Abgang offen lässt. Und schließlich muss der Donnerschlag, der zusammen mit Nacht und Blitz den Abgang des Ritters begleitet, nicht unbedingt in Analogie zum Donnerschlag in der Kathedrale zu Rheims gesetzt werden, wo er zweifelsfrei die Bedeutung eines göttlichen Zeichens besitzt. Auch ist dies kein spezifisch romantisches Attribut des Textes,[34] wie man möglicherweise die Donnerschläge im wilden dunklen Wald, dem klassischen locus horribilis, verstehen könnte, als Johannas Weg zu den Köhlerhütten von Dunkelheit, heftigem Blitzen, Stürmen und Donnern flankiert wird (vgl. V/1).

Die Figur des englischen Feldherrn Talbot wird in der Schiller-Forschung als „Repräsentant einer verständigen Aufklärung"[35] interpretiert. Die Argumente hierfür, die der Text selbst bereitstellt, sind folgende: Die Rede von Johanna als einer Gottgesandten, die übernatürliche Fähigkeiten besitze und siegreich das Heer der Franzosen anführe, bezeichnet Talbot als Gerede, als grobes Gaukelspiel (vgl. V. 2336). In Wahrheit sei die Überlegenheit Johannas Ausdruck der eigenen „Dummheit" (V. 2319). Talbot nennt Johanna im Laufe seiner wenigen Auftritte unter anderem „Furchtbild der erschreckten Einbildung" (V. 1469) und „jungfräulichen Teufel" (V. 1480). Er bezeichnet sie als „eine Gauklerin, die die gelernte Rolle / Der Heldin spielt" (V. 1546f.). Talbot vermag in Johanna keine satanische Erscheinung zu sehen. Was die anderen Soldaten Teufel nennen, sei der „Teufel unsrer Narrheit" (V. 1247). Er versucht also, über die Strategien der Diffamierung, mithin durch die Pathologisierung und Dämonisierung der Frau zu einer analytischen Vernunfterklärung zu gelangen und Johanna als Phantasma auszuweisen. Wenn nun der

---

34 Vgl. Gerhard Kaiser: Von Arkadien nach Elysium. Schiller-Studien. Göttingen 1978, S. 124.
35 Gernot Herrmann: Schillers Kritik der Verstandesaufklärung in der *Jungfrau von Orleans*. Eine Interpretation der Figuren des Talbot und des Schwarzen Ritters, in: Euphorion 84 (1990), S. 163–186, hier S. 170.

englische Feldherr Talbot als Vertreter der Aufklärung und der schwarze Ritter als dessen Geistererscheinung interpretiert werden, lässt das die Deutung zu, dass die Aufklärung in der Figuration Talbots zwar untergeht, sich aber in der Romantik in der Figuration des schwarzen Ritters fortsetzt.[36] Diesen literaturgeschichtlichen Epochenumbruch kann man am Textverlauf verfolgen. In Szene III/7 stirbt Talbot, in III/9 erscheint der schwarze Ritter und in III/10 ist die Peripetie des Stücks, der klassische Wendepunkt vom Glück ins Unglück erreicht, wie ihn Aristoteles im elften Kapitel seiner *Poetik* beschrieben hat. Zugleich fällt die Peripetie mit einer Variante der klassischen Anagnorisis zusammen. Johanna erkennt, dass sie menschlich ist; sie verliebt sich in den Engländer Lionel und gefährdet damit ihren Sendungsauftrag oder zumindest ihr starkes Sendungsbewusstsein. Ebenso lässt sich aber auch mit guten Argumenten im schwarzen Ritter Johannas ins Übersinnliche transponiertes Sendungsbewusstsein erkennen.[37] Man kann sich die Figur streng triebtheoretisch als Ergebnis von Johannas extremer Verdrängungsleistung denken[38] oder darin die Verkörperung von Johannas Berufungsgeist mutmaßen[39] oder eine Gemengelage unterschiedlicher Motivationen der interagierenden Figuren annehmen.[40] Wie auch immer man dies im Einzelnen deuten mag, die Farbe Schwarz jedenfalls steht in plakativem Kontrast zur weißen Farbe von Johannas Fahne (vgl. V. 1157). Zudem ist Weiß die Farbe der Unschuld und Jungfräulichkeit, während Schwarz als die Farbe der Bedrohung und des Todes gilt. Außerdem sind es nur zwei Figuren, die schwarz gekleidet im Text auftreten, wodurch nochmals die Bedeutung der Szene mit dem schwarzen Ritter betont wird. In IV/8 tritt Johannas Vater wie der schwarze Ritter, nämlich *„schwarz gekleidet"* (Regieanweisung vor V. 2829), auf. Anders als bei den drei schwarzen Masken im *Fiesko*, die dort in I/7 ihre Masken abnehmen, bleibt die Identität des schwarzen Ritters aber verborgen. Johanna stellt ihm jene Frage, die selbst zu hören sie durch das gesamte Stück hindurch

---

36 Dieser Deutung wird allerdings von Frey widersprochen, vgl. John R. Frey: Schillers schwarzer Ritter, in: The German Quarterly 32 (1959), S. 302–315.

37 Vgl. Edith Braemer: Schillers romantische Tragödie *Die Jungfrau von Orleans*, in: Edith Braemer, Ursula Wertheim: Studien zur deutschen Klassik. Berlin 1960, S. 215–296, hier S. 259.

38 Vgl. Pfaff: König René oder die Geschichte, S. 417.

39 Vgl. Robin Harrison: Heilige oder Hexe? Schillers *Jungfrau von Orleans* im Lichte des biblischen und griechischen Anspielungen, in: JbDSG 30 (1986), S. 265–305.

40 Vgl. Guthke: Schillers Dramen, S. 252.

genötigt wird, „wer bist du?" (V. 2414). Diese Frage birgt, auch bei
Johanna, ungläubiges Erstaunen über etwas, das rational nicht zu
fassen ist. Johanna verlangt vom Ritter, was sie selbst am Ende
verweigert, er solle reden. Der schwarze Ritter gehört zu den Unsterblichen; er vermag mit einer Handberührung Johanna unbeweglich zu machen und fordert sie auf, nur Sterbliche zu töten (vgl.
V. 2445). Auch in der folgenden Szene erstarrt sie, als sie Lionel
anblickt und sich verliebt. Und in jener Diffamierungsszene im
vierten Akt ist insgesamt viermal in den Regieanweisungen die Rede
davon, dass Johanna unbeweglich steht und auf die Vorwürfe, sie sei
im Bund mit dem Teufel, nicht antwortet. Johannas Unbeweglichkeit als Körperreaktion und psychische Reaktion korrespondiert ihre
‚Unbeweglichkeit' in der Angelegenheit ihres Auftrags. Sie will ihn
zu Ende bringen, obwohl sie weiß, dass dies ihren eigenen Untergang bedeutet. Den schwarzen Ritter erklärt sie sich selbst als ein
Bild der Hölle (vgl. V. 2446f.); sie deutet damit das Phänomen just in
der Weise, wie sie selbst von Talbot und anderen gedeutet wird.

In der Szene mit dem schwarzen Ritter vollziehen sich zweierlei
einschneidende Änderungen ihres ‚Vertrags'. Zum einen ändert sie
ihr politisches Ziel; nun heißt ihr oberstes militärisches Gebot nicht
mehr die Krönung König Karls, sondern die restlose Vertreibung der
Engländer aus Frankreich (vgl. V. 2433). Zum anderen geht sie aus
der Begegnung mit der übermenschlichen Erscheinung des schwarzen Ritters selbst als Mensch hervor, sie vermag nun nicht länger ihr
Begehren zu negieren. Als Johanna in der folgenden Szene III/10
wild und entschlossen mit Lionel ficht, schlägt sie ihm das Schwert
aus der Hand, ringt mit ihm und reißt ihm den Helm vom Kopf. In
dem Moment, in dem sie ihm ins Gesicht blickt, wird sie wieder von
Unbeweglichkeit erfasst und erfährt eine Tötungshemmung. Johanna ist also nicht grundsätzlich unempfänglich für das Begehren. Sie
fordert Lionel auf zu fliehen, ja sogar sie selbst zu töten. Sie zeigt
hier jenes schillersche Empfindungsvermögen; sie ist affizierbar, ihr
Herz gewinnt die Macht über ihren Willen, Pflicht und Neigung
liegen so sehr im Widerstreit, dass die Sinnlichkeit über die Sittlichkeit, der Trieb über die Vernunft siegt. Erst als sie das Gesicht abwen-
det, findet Johanna wieder die Kraft einen weiteren Tötungsversuch
zu unternehmen. Doch auch dieser scheitert in dem Augenblick, in
dem sie Lionel, den Mann und den Feind, anblickt. Raimond gegenüber wird sie später gestehen, dass sie „das Unsterbliche mit Augen
/ Gesehen" habe (V. 3191f.). Gleichsam den platonischen Ideenhim-
mel hat sie geschaut, die Ideen des Wahren, Guten und Schönen,

deren irdisches Scheinen nur mangelhaft den Glanz des Ursprünglichen wahrt. Sinnliche Wahrnehmung siegt über die Vernunftarbeit. Johanna hat sich verliebt; sie erkennt, dass ihr Vorhaben Frankreich zu einen bedroht ist (vgl. V. 2483). Dieses Mal überzeugt sie nicht durch ihr Scheinen, durch Rede und nicht durch Tat, sondern durch den Verzicht darauf, durch ihr bloßes Sein. Schließlich entreißt Lionel ihr das Schwert. Was als Liebespfand gedacht ist, bedeutet tatsächlich Johannas symbolische Entmachtung und den Beginn ihres Untergangs.

Der Eingangsmonolog zum vierten Akt zeigt Johanna schuldbewusst. Ihr Herz, das bislang glühend für König und Vaterland schlug, wird nun zum Ort kritischer Selbstbefragung und zur moralischen Instanz anthropologischer Selbstbestimmung. Nun erkennt auch Johanna selbst den Zusammenhang von Geschlechterordnung und anthropologischer Selbstreflexion. „Und bin ich strafbar, weil ich menschlich war?" (V. 2567), fragt sie. Sie erkennt, dass Mitleid ein zentrales Kriterium anthropologischer Selbstbestimmung ist; innerhalb von zwei Versen wiederholt sie das Wort Mitleid dreimal. Doch der tragische Knoten ist geschürzt, gelöst werden kann er nicht mehr. Denn verhielte sich Johanna mitleidsvoll, verstieße sie gegen ihren ‚Vertrag' und Auftrag. Handelte sie hingegen mitleidslos, müsste dies mit der anthropologischen Ordnung der Geschlechter ebenso kollidieren wie mit der politischen Ordnung der Macht; Johanna wird so tatsächlich zu einem „Phantom des Schreckens" (V. 1478), wie sie Talbot prädiziert hatte.

Ausgerechnet der Vater ist es, der während der Krönungsfeierlichkeiten in Rheims auftritt um sein Kind zu retten und damit einen Anspruch väterlicher Autorität beschwört, den zuvor schon der schwarze Ritter (in III/9) und Lionel (in III/10) beansprucht hatten. Der Vater wirft Johanna einen Verstoß gegen die göttliche Ordnung vor; er ignoriert damit als einziger im Stück konsequent von Beginn an bis zum Schluss ihren Sendungsanspruch. Er wirft stattdessen Johanna vor, sich von Gott entfernt, ihm sogar abgeschworen und sich der „Teufels Kunst" (V. 2976) bedient zu haben. In Thibaut d'Arc und Johanna prallen also zwei völlig konträre Gottesvorstellungen aufeinander, die maßgeblich von den je verschiedenen individuellen Vorstellungen über Geschlechter- und Menschenordnungen geprägt sind. Aufgrund der Anschuldigungen ihres Vaters beginnen auch der König und alle Umstehenden an Johannas objektivem Sendungsauftrag zu zweifeln. Trotz mehrmaligen Befragens bleibt sie stumm und verweigert die Antwort auf die Frage, ob die

Anschuldigungen zu Recht vorgebracht worden seien. Johannas Schwester Louison bringt ihr das delphische ‚Gnothi seauton!' in Erinnerung. „Erkenne dich" (V. 2920) verlangt sie, und wiederholt damit unwissend den nämlichen Appell, den Agnes Sorel kurz zuvor vorgetragen hatte: „Erkenne dich, du siehst nichts wirkliches!" (V. 2739) Die beiden Frauen Louison und Agnes Sorel verlangen von Johanna die Realität nicht länger mit einem Traum zu verwechseln. Erst später, während ihres dreitägigen Marsches – von einer Flucht kann man nicht sprechen, da der König Johanna freies Geleit versprochen hat –, lernt sie sich selbst erkennen (vgl. V. 3170). Während dieser Zeit ist ihr Verlobter Raimond der einzige Mensch, der Verständnis für sie aufbringt und ihr vertraut. So kommt es zum letzten Wunder von Johannas Sendungsauftrag. Als der König mit seinen Truppen in weiteren Schlachten eine militärische Niederlage nach der anderen hinnehmen muss, besinnt man sich der militärischen Wunder Johannas und bedauert ihren Weggang. In diesem Moment tritt Raimond auf und berichtet dem königlichen Lager, dass Johanna von Isabeau gefangen genommen worden sei. Es kommt zur Schlacht und Johanna gelingt es ihre dreifachen Ketten zu sprengen und in das Schlachtgeschehen einzugreifen. Wie durch ein Wunder siegen die Franzosen, Johanna hingegen ist tödlich verwundet. Das Stück endet mit Johannas Apotheose.

In diesem Zusammenhang ist ein Brief Schillers aufschlussreich, den er am 26. Juli 1800 an Johann Wilhelm Süvern (1775–1829) geschrieben hat. Darin heißt es, Kunst müsse immer dynamisch und lebendig entstehen und auch wirken:

> Unsre Tragödie [,] wenn wir eine solche hätten, hat mit der Ohnmacht, der Schlaffheit, der Charakterlosigkeit des Zeitgeistes und mit einer gemeinen Denkart zu ringen, sie muß also Kraft und Charakter zeigen, sie muß das Gemüth zu erschüttern, zu erheben, aber nicht aufzulösen suchen. Die Schönheit ist für ein glückliches Geschlecht, aber ein unglückliches muß man erhaben zu rühren suchen. (NA 30, S. 177)

Dies schreibt Schiller nur wenige Wochen, nachdem er mit der Arbeit an seinem Drama begonnen hat, insofern kommt der Briefstelle durchaus eine programmatische Bedeutung zu. Schiller lässt keinen Zweifel daran, wie er über seine Zeit, seine Zeitgenossen und den Zustand des zeitgenössischen Theaters denkt. Es ist ein unglückliches Geschlecht um 1800, von dem er spricht und dessen psycho-sozialer Zustand empfindlich getroffen werden muss, wenn man denn den Begriff der Gemütserschütterung in eine moderne Vokabel übersetzen will. Und dies gelingt nur, wenn Leser und Zuschauer – männlichen und weiblichen Geschlechts – sich vom verhandelten Gegenstand der Tragödie betroffen fühlen. Die *Jungfrau von Orleans* stellt daher keine Flucht in die Geschichte dar, sondern die Geschichte dient wiederum als Brennglas die Konflikte, die Befindlichkeit des gesellschaftlichen Lebens um 1800 zu bündeln und aus der Historie wiederum in die Gegenwart zu verweisen. Insofern ist die Frage durchaus berechtigt, ob es sich am Ende des Stücks – wie die Forschung einhellig annimmt – auch tatsächlich um eine Apotheose Johannas handelt und nicht vielmehr um eine Selbsterhöhung. Unstrittig ist, dass Johanna von der Apotheose Marias berichtet (vgl. V. 1106ff.) und mit ihrem Bericht, welcher auch der Legitimation ihres eigenen Auftrags dienen soll, bei König Karl, Agnes Sorel, dem Erzbischof und Dünois große Rührung auslöst. Doch während in dieser Szene Schiller über Maria schreibt: „Und goldne Wolken trugen sie hinauf" (V. 1109), spricht Johanna in der Schlussszene am Ende des Stücks:

> Wie wird mir – Leichte Wolken heben mich –
> Der schwere Panzer wird zum Flügelkleide.
> Hinauf – hinauf – die Erde flieht zurück –
> Kurz ist der Schmerz und ewig ist die Freude! (V. 3541ff.)

Vielleicht haben sich die bisherigen Deutungen zu sehr von einer Äußerung Fritz von Steins leiten lassen, der am 31. Oktober 1801 an Charlotte Schiller geschrieben hatte, „wie reizend erhaben zuletzt die Apotheose der Jungfrau aus ihrem eigenen Munde" sei (FA 5, S. 650). Während Johanna also subjektiv die Erfahrung macht, in den Himmel gehoben zu werden, sinkt sie objektiv zu Boden, ihr Körper bleibt erdverhaftet, sie erfährt keine Himmelfahrt, sondern *„sinkt tot"* (Regieanweisung) zu Boden. Auch in dieser Szene sind die Umstehenden (der König, Agnes Sorel, der Herzog von Burgund) gerührt (vgl. die Regieanweisung), allerdings diesmal sprachlos gerührt. Sie werde sich verklären, hatte ihr die Muttergottes im Prolog verheißen; vom „verklärte[n] Geist" (V. 3515) Johannas spricht auch König Karl in der Schlussszene. Dieser Aspekt der Verklärung eröffnet, je nachdem, wie stark er hervorgehoben wird, einen Meinungsstreit, der Anlass gibt der Jungfrau von Orleans einen objektiven Sendungsauftrag zu attestieren oder nur ein subjektives Sendungsbewusstsein zu konzedieren. Vom Text her gesehen muss diese Entscheidung offen bleiben; zu komplex ist das Gebilde einer „reinen Tragödie" (NA 30, S. 173), wie Schiller die

Jungfrau von Orleans nannte. Zu dieser Komplexität gehört auch, dass das Stück als ein wichtiges Verbindungsglied zwischen Klassik und Romantik gelesen werden kann. So gesehen führt Schillers Drama einen feinsinnigen, gleichwohl kritischen Dialog mit Positionen der Aufklärung, der Kunstautonomie der ‚Weimarer Klassik' und mit frühromantischen Kunst- und Literaturtheoremen. Die *Jungfrau von Orleans* ist also auch eine Epochenmarkierung, die den Dialog mit romantischen Schreibhaltungen sucht, zugleich aber auf Positionen klassischer Programmatik beharrt. So könnte man bilanzieren: Der *Don Karlos* markiert den Schritt vom Sturm und Drang zur Klassik, die *Jungfrau von Orleans* den Schritt von der Klassik zur Romantik, ohne jeweils vollständig darin aufzugehen.

Schillers *Jungfrau von Orleans* obliegt – anders etwa als sein *Wallenstein* oder die *Maria Stuart* – einer grundlegend veränderten dramatischen Konzeption. Schiller hatte anfänglich mit Schwierigkeiten zu kämpfen, die vor allem in der Entfaltung der poetischen Motivik lagen. Erst am Heiligabend 1800 konnte er befreit Goethe mitteilen, dass er das Historische des Stoffes zwar genutzt, aber doch zugleich auch überwunden habe. Der Konflikt, welcher das tragische Potenzial entfaltet, entwickelt sich nicht mehr zwischen Held oder Heldin und Gegenspieler oder Gegenspielerin. In der *Jungfrau von Orleans* ist diese dramatische Konstellation in die Hauptfigur selbst hineingelegt; Johanna trägt den tragischen Konflikt in sich aus. Insofern muss es zu Missverständnissen oder zu Unverständnis führen, wenn man in diesem Stück nach der Klarheit eines Geschichtsdramas oder dem Mystizismus eines religiösen Festspiels sucht. Die *Jungfrau von Orleans* ist eine deutliche Absage an solche einsinnigen Deutungsversuche; der tragische Knoten bleibt komplex und lässt sich nicht mit einem Schlagwort zerhauen. Die Rezeptionsgeschichte des Stücks – auch die wissenschaftliche – ist gekennzeichnet von der Suche nach einer religiösen Transzendenz oder nach einer geschichtlichen Immanenz. Auch hier stellt sich, wie bei anderen Texten des Autors, die Frage, ob die tragische Gestaltung im Dichtwerk die philosophische Reflexion ihres Autors bestätigt. Ist also Johanna die Illustration zu Schillers Erhabenheitsästhetik? Solche Überlegungen sind zulässig und sinnvoll, doch verdecken sie gelegentlich nur mangelhaft sowohl die Ratlosigkeit der Interpreten als auch deren sinnentleerten Sprachgebrauch. Denn entscheidend bleibt die Frage, was damit gemeint ist, wenn man vom Göttlichen im Stück oder vom Göttlichen in der Figur Johannas spricht. Wie wird Schillers Vermischung von christlicher Theologie und griechischer Götterlehre verstanden? Johanna ist trotz der geschichtlichen Realien, die Schiller auch integriert, eine „Kunstfigur",[41] ebenso überzeichnet, wie es die pathosgeladene Sprache des Dramas ist. Aber diese Überzeichnung ist bei Schiller Programm, sie dient als Bedeutungsträgerin für die Darstellung der dramatischen Absicht. Ob es tatsächlich ausreicht zu sagen, Johanna stünde „in jener schwebenden Mitte zwischen Menschlichem und Heiligem, zwischen Irdischem und Göttlichem" (NA 9, S. 422), bleibt demnach zweifelhaft. Auch müssen Bedenken angebracht sein, ob Johanna wirklich die „Volksheldin" ist, als die sie lange in der marxistischen Forschung gesehen wurde, die als „Repräsentantin des Volkes"[42] gegen Feudalaristokratie und Herrschaftswillkür kämpft und eine Zeit lang breite gesellschaftliche Akzeptanz erfährt. Das Drama ist eher ein Stück des Widerspruchs, das Widerspruch produziert und Widersprüche transportiert. Johanna unterliegt einem göttlichen Auftrag, der als solcher vom Text her aber undeutlich, d.h. nur durch Johanna vermittelt bleibt; er ist zumindest nicht als objektive Tatsache autorisiert. Insofern ist es hilfreich, zwischen Sendungsauftrag und Sendungsbewusstsein zu unterscheiden.[43] In Schillers Stück – so kann man diese Lesart weiterführen – werden demnach Bewusstseinsformen vorgestellt, die nicht nach Richtigkeit und Wahrheit befragt werden können, sondern nach Echtheit und Ernsthaftigkeit. Entscheidend ist nicht, ob Johanna tatsächlich einen göttlichen Auftrag zu erfüllen hatte, sondern ausschlaggebend ist, dass sie handelt und spricht im Bewusstsein der Tatsächlichkeit dieses Auftrags. Deutungen, welche einzig den göttlichen Auftrag Johannas herausstellen und das Problem der Vollkommenheit des Menschen auf Erden im Text thematisiert sehen, blenden leicht aus, dass es Schiller zunächst um die Darstellung eines mit allen Schwächen behafteten Menschen geht. Nicht von ungefähr rückt der Autor in den Mittelpunkt der poetischen Motivik seiner Tragödie einen zentralen Begriff der Empfindsamkeit, denjenigen des Herzens. In seinem berühmten Brief an den Verleger Georg Joachim Göschen vom 10. Februar 1802 bemerkt Schiller: „Wie angenehm war es mir, mein lieber Freund, was Sie mir über meine Jungfrau von Orleans schrieben. Dieses Stück floß *aus dem Herzen* und *zu dem Herzen* sollte es auch sprechen. Aber dazu gehört, daß man auch ein Herz habe und das ist leider nicht überal der Fall." (NA 31, S. 101) Diese „Ar-

---

41 Sauder: *Die Jungfrau von Orleans*, S. 341.
42 Braemer, Wertheim: Studien zur deutschen Klassik, S. 264.
43 Vgl. Guthke: Schillers Dramen, S. 235ff.

mut des Herzens" (FA 8, S. 747) war es denn auch, die Schiller bei Voltaires *Pucelle* vermisste. In seinem Gedicht *Das Mädchen von Orleans* geißelte Schiller dessen Spott und bemühte sich Jeanne d'Arc zu rehabilitieren:

> Reicht dir die Dichtkunst ihre Götterrechte,
> Schwingt sich mit dir den ew'gen Sternen zu,
> Mit einer Glorie hat sie dich umgeben,
> Dich schuf das Herz, du wirst unsterblich leben. (FA 1, S. 227)

Die vom Autor angestrebte Identität von Produktionsästhetik und Wirkungsästhetik wird über spezifische Regularien der Affekterregung hergestellt. Darüber hat sich Schiller unter anderem in seiner Schrift *Über die tragische Kunst* geäußert. Gerhard Sauder hat in diesem Zusammenhang von regelrechten Pathos-Linien gesprochen, welche das Stück durchzögen.[44] Dieser Absicht, bei Lesern und Zuschauern Affekte zu erregen, kommt Johannas komplexer Charakter entgegen. Ihm wohnen ein Wille zur Macht und nationaler Chauvinismus ebenso inne wie religiöse Inbrunst und der Glaube für eine gerechte Sache zu kämpfen. Schillers Johanna kennt aber – im Unterschied etwa zur historischen Jeanne d'Arc – keine Tötungshemmung. Vielmehr besteht für sie ein direkter Zusammenhang zwischen Tötungsgebot und Liebesverbot. „Tödlich ist's, der Jungfrau zu begegnen" (V. 1597), sagt sie zu Montgomery und verweigert kurz darauf ihre Geschlechtsidentität: „Nenne mich nicht Weib" (V. 1609) und „schließ ich mich an kein Geschlecht / Der Menschen an" (V. 1610f.). Der Psychomachie in Johannas Innerem, „der Streit in meiner Brust" (V. 3172), in der sich nach Raimonds Worten ein männliches Herz verschließt (vgl. V. 196), entspricht der reale Kampf auf dem Schlachtfeld. Die Inszenierung von äußerlicher, historischer Gewalt korreliert mit der binnenperspektivischen Gewalt, dem Seelenkampf der Hauptfigur. Denn Schillers Johanna versteht sich als „Seherin und Gott- / Gesendete Prophetin" (V. 989f., vgl. auch V. 1764), die notwendigerweise mit den Bedingungen von Mensch und Gesellschaft zusammenstoßen muss. Johanna ist aber nicht nur die schweigende Dulderin, die im Bewusstsein der Rechtmäßigkeit ihrer Sendung handelt. Sie wird von

---

44 Vgl. Sauder: *Die Jungfrau von Orleans*, S. 357. – Zur rhetorischen Tradition, die für Schillers Tragödienverständnis nachweislich konstitutiv ist, vgl. Gert Ueding: Schillers Rhetorik. Idealistische Wirkungsästhetik und rhetorische Tradition. Tübingen 1971.

Schiller – versteckt zwar in der Regieanweisung – auch als leidenschaftliche Frau charakterisiert. *„Mit leidenschaftlichem Ungestüm"* (nach V. 1811) umarmt sie den Herzog von Burgund, an anderer Stelle begleitet sie den teichoskopischen Bericht eines Soldaten *„mit leidenschaftlichen Bewegungen"* (vor V. 3459). Johanna ist also Mensch, ist Frau, doch muss sie um des Bewusstseins ihrer Sendung willen ihre menschliche, ihre gesellschaftliche und ihre geschlechtliche Identität verleugnen. Schiller inszeniert damit in historischem Rahmen auch einen klassischen Rollenkonflikt. Johanna selbst ist also durchaus auch affektiv; sie ist keine an den Fäden der Rationalität gezogene Marionette.

In den Regieanweisungen wird immer wieder die ausgesprochen starke Körper- und Gefühlsdynamik hervorgehoben. Um so krasser rückt diese Dynamik Johannas Unbeweglichkeit ins Licht. Die innere Erstarrung ist Ausdruck verlorener Identität. Schiller zeichnet also einen Frauencharakter, der nicht mehr in allen Punkten dem Bild der sich selbst disziplinierenden Frau des bürgerlichen Trauerspiels und der bürgerlichen Gesellschaft entspricht. Nach der Begegnung mit dem schwarzen Ritter und daran anschließend mit Lionel fühlt sich Johanna „verwandelt und gewendet" (V. 2536); sie gesteht sich in IV/1 ihre Liebe ein. War bislang der Traum in Gestalt ihrer Prophezeiungen für Johanna Wirklichkeit, so wird nun die Wirklichkeit für sie „Traum" (V. 2861): „War das alles nur / Ein langer Traum und ich bin aufgewacht?" (V. 2905f.) Noch wenige Augenblicke vor ihrem Tod wird sie die Frage stellen: „Wo bin ich?" (V. 3519). Traum und Wirklichkeit nähern sich bereits einem ‚romantischen Mischungsverhältnis'.

Johanna versucht eine anthropologische Negation und scheitert daran. Sie negiert ihre Geschlechtsidentität und ihre Menschlichkeit; sie begreift sich selbst so lange als geschlechtslos, bis das Begehren in der Lionel-Szene sie zur Verletzung ihres Gelübdes zwingt. Das macht deutlich, dass ein Verstoß gegen die Geschlechterordnung als Verstoß gegen die politisch-gesellschaftliche Ordnung gewertet wird. Das tragische Geschehen entwickelt sich aus dem Versuch das Begehren auszulöschen, die Geschlechterordnung, die von Johannas Mitfiguren als natürliche Ordnung erfahren wird, umzuschreiben und die anthropologische Selbstbestimmung ebenso zu leugnen wie die Geschlechterdifferenz. Durch den Verzicht auf Mitleid als einer zentralen anthropologischen Kategorie im Selbstverständnis der Aufklärung verzichtet Johanna auf ihr Menschsein und leugnet ihr Frausein (vgl. V. 2568f.). Die Figur der Johanna veranschaulicht also, welche tragischen Konflikte entstehen können, wenn des Menschen Wille ebenso aufgehoben wird wie seine Identität als Geschlechtswesen (vgl. V. 2567).

Die Uraufführung der *Jungfrau von Orleans*, die von Goethe als Schillers bestes Werk gelobt wurde (vgl. NA 31, S. 36f.), fand in Leipzig am 11. September 1801 statt. Bei der dritten Aufführung am 17. September 1801 war Schiller dort selbst anwesend. Schon nach dem ersten Aufzug musste sich der Dichter beim Publikum für den Zuruf „Es lebe Friedrich Schiller!" bedanken. Im *Journal des Luxus und der Moden* wird berichtet, dass man den Dichter „unter dem Ertönen der Pauken und Trompeten, mit allgemeinem Klatschen, Vivat und Zuruf" (FA 5, S. 645) bereits empfangen habe. Als Schiller nach der Aufführung aus dem Theater kam – dies teilt Schillers Mutter im Brief vom 28. Oktober 1801 ihrer Tochter Louise mit –, nahmen die Menschen die Hüte vor ihm ab und riefen nochmals: „Vivat, es lebe Schiller, der große Mann!" (FA 5, S. 649). Auf dem Weimarer Hoftheater wurde das Stück erstmals am 23. April 1803 gespielt und fand, wie Schiller selbst schreibt, großen Beifall (vgl. NA 22, S. 36f.). Die Aufführungen des Dramas in Leipzig, Berlin und Dresden wurden größtenteils enthusiastisch aufgenommen. Auch die Zeitungs- und Journalkritiker reagierten meist zustimmend. Vorbehalte wurden in religiöser und sittlicher Hinsicht wegen der Vermischung von heidnischer Volksreligion und christlichem Glauben formuliert; man kritisierte das angestrengt Romantische im Stück oder bemängelte – in Erwartung eines Historiendramas – Schillers Abweichungen von den tatsächlichen historischen Ereignissen. Die Berliner und die Dresdener Aufführungen waren jeweils massiven Eingriffen durch die Zensur unterworfen. Körner berichtet in seinem Brief vom 27. Januar 1802 an Schiller ausführlich über die Dresdener Aufführung (vgl. NA 39/1, S. 180f.). In Wien sollte die *Jungfrau von Orleans* schon im Herbst 1801 gespielt werden, doch verbot die Zensur eine Aufführung.[45] Am 27. Januar 1802 wurde das Stück in einer erheblichen Bearbeitung ohne Nennung des Autors und unter dem Titel *Johanna d'Arc* am Burgtheater gegeben. Änderungen etwa in den Figurenkonstellationen und in der Motivstruktur, willkürliche Umstellungen dramaturgischer Einzelheiten und

---

45 Vgl. H.H. Houben: Verbotene Literatur. Von der klassischen Zeit bis zur Gegenwart. Ein kritisch-historisches Lexikon über verbotene Bücher, Zeitschriften und Theaterstücke, Schriftsteller und Verleger. 2. verbesserte Aufl. Dessau 1925, S. 559ff.

Streichung sinntragender Verse führten dazu, dass das Stück nach fünf Aufführungen wieder abgesetzt werden musste. Erst am 14. November 1820 wurde Schillers *Jungfrau von Orleans* nahezu ohne zensurbedingte Veränderungen in Wien aufgeführt.

6.5 *Die Braut von Messina* (1803)

E: 1798–1. Februar 1803
D: 1803
UA: 19. März 1803 (Weimar)

Die Braut von Messina oder die feindlichen Brüder ein Trauerspiel mit Chören kann in zweifacher Hinsicht als ein Experiment gelten. Zum einen formal, indem es den Anschluss an strukturelle Gesetzmäßigkeiten der antiken griechischen Tragödie sucht. Zum anderen inhaltlich, indem es ein Höchstmaß an Wirkungsmächtigkeit und das heißt an affektiver Bereitschaft beim Lese- und Zuschauerpublikum zu erzielen versucht. Die Absicht Schillers ist, eine ‚echte' moderne Tragödie zu schaffen – ein nicht geringer Anspruch.

Der Stoff zur *Braut von Messina* ist vom Dichter frei erfunden. Er greift weder auf eine literarische Vorlage noch auf eine historische Begebenheit zurück. Allerdings ist unbestritten – Schiller selbst weist ja darauf hin –, dass das griechische Drama *König Ödipus* von Sophokles den Bezugspunkt bildet für seine *Braut von Messina*, jedoch nicht im Sinne einer einfachen Nachahmung. Die Frage, inwiefern die tragische Situation des Stücks strengen antiken Mustern unterliegt, wird je nach Erkenntnisinteresse unterschiedlich beantwortet. Schillers Rückgriff auf antike dramatische Muster verfolgt die Absicht, die erheblichen Vorteile der Dramaturgie und Poetologie der griechischen Tragödie für ein modernes Trauerspiel um 1800 zu nutzen. Sein Interesse gilt diesen strukturellen Vorteilen und daraus leitet sich auch für ihn die Bedeutung des Chors ab. Die analytische Methode des sophokleischen Dramas ist Schiller wichtiger als die Übernahme der Bedeutung des Schicksals- und Schuldmotivs aus der griechischen Tragödie. In einem Brief vom 26. Juli 1800 an den Altphilologen Johann Wilhelm Süvern, der in der Abhandlung *Über Schillers Wallenstein in Hinsicht auf griechische Tragödie* (1800) Schiller wegen seiner Verstöße gegen klassische Dramenregeln gerügt hatte, unterstreicht er seine „unbedingte Verehrung der Sophokleischen Tragödie" (NA 30, S. 177). Zugleich betont er aber, dass es heutzutage nicht mehr darum gehen könne, dieses antike Muster nur zu kopieren (vgl. NA 30, S. 177).

Am 5. Januar 1798 hatte er, der gerade am *Wallenstein* arbeitete, an Goethe geschrieben:

> Ich werde es mir gesagt seyn laßen, keine andre als historische Stoffe zu wählen, frey erfundene würden meine Klippe seyn. Es ist eine ganz andere Operation das realistische zu idealisieren, als das ideale zu realisieren, und letzteres ist der eigentliche Fall bei freien Fictionen. Es steht in meinem Vermögen, eine gegebene bestimmte und beschränkte Materie zu beleben, zu erwärmen und gleichsam aufquellen zu machen, während daß die objective Bestimmtheit eines solchen Stofs meine Phantasie zügelt und meiner Willkühr widersteht. (NA 29, S. 183)

Schiller wurde diesem Vorsatz also untreu. Als er im März 1799 den *Wallenstein* abgeschlossen hatte, wählte er als nächsten Stoff für eine Tragödie gerade ein frei erfundenes tragisches Sujet. Im Gespräch mit Goethe am 21. März 1799 erwähnte er einen Dramenplan mit dem Titel *Die feindlichen Brüder*. Diese Absicht wurde aber zunächst wieder zurückgedrängt; zwischenzeitlich schrieb er die Dramen *Maria Stuart* und *Die Jungfrau von Orleans* und beschäftigte sich mit den Plänen zu einem *Warbeck*- und *Maltheser*-Drama, die allerdings Fragment blieben (vgl. FA 10). Schiller war sich nicht sicher, welches dramatische Vorhaben er zu Ende bringen und welchen tragischen Stoff er als nächsten wählen sollte. Nur im Rückgriff auf ein konzeptuelles Muster der griechischen Tragödie war er entschieden: „Ich habe große Lust mich nunmehr in der einfachen Tragödie, nach der strengsten griechischen Form zu versuchen, und unter den Stoffen, die ich vorräthig habe, sind einige die sich gut dazu bequemen." (NA 31, S. 35; an Körner 13. Mai 1801) Der endgültige Titel *Die Braut von Messina* taucht erst in einem Brief an Körner vom 9. September 1802 auf. Vermutlich in dieser Zeit hat Schiller auch mit der Niederschrift dieser Tragödie begonnen. Wieder machten ihm aber seine angeschlagene Gesundheit und Schlaflosigkeit zu schaffen (vgl. den Brief an Körner vom 7. Januar 1803). Am 1. Februar 1803 schließlich konnte er in seinen *Kalender* eintragen: „Heute habe die Braut vollendet" (NA 41/I, S. 206).

Über den Gebrauch des Chors in der Tragödie

Seinem Drama hat Schiller eine knappe poetologische Abhandlung mit dem Titel *Über den Gebrauch des Chors in der Tragödie* vorangestellt.

Diese entstand in den Monaten Mai und Juni 1803. Er rechtfertigt darin die Wiedereinführung des Chors in einem modernen Trauerspiel, die literaturgeschichtlich gesehen an Impulse Klopstocks, Herders, Maler Müllers, Gerstenbergs und Wielands anknüpft, mit dem Hinweis auf dessen ursprüngliche Bedeutung in der griechischen antiken Tragödie. Unter anderem bei Aischylos und Sophokles, deren Werke Schiller eingehend studiert hatte, übernimmt der Chor die Funktion der öffentlichen Meinung. In dem wirkungsmächtigsten poetologischen Regelwerk des Abendlandes, der *Poetik* des Aristoteles, wird dem Chor die Aufgabe zugewiesen, die tragische Katharsis, die Erregung und Veräußerlichung der tragischen Affekte – in der Regel sind dies Furcht und Mitleid – mit bewirken zu helfen: „Den Chor muß man ebenso einbeziehen wie einen der Schauspieler, und er muß ein Teil des Ganzen sein und sich an der Handlung beteiligen [...]".[46] Wie schon in der *Maria Stuart* und in der *Jungfrau von Orleans* dient Schiller hierzu auch der hohe pathetische Stil. Er geht in seinem Rückgriff auf den tragischen Chor allerdings über die antike Tradition wesentlich hinaus. Für ihn verknüpft sich damit die „Einführung symbolischer Behelfe" (NA 29, S. 179), wie er Goethe am 29. Dezember 1797 schreibt, welche das Allgemeingültige der Handlung herausstreichen sollen.[47]

Schiller greift zunächst auf sein ästhetisches Idealisierungsprogramm zurück. Der Dichter müsse, wie jeder Künstler, einem Ideal nachstreben. Zugleich solle er die ästhetische Affizierbarkeit und das Vergnügen der Zuschauer am Theater veredeln. Diese Verschränkung von produktions- und rezeptionsästhetischen Anforderungen kulminiert in einer anthropologischen Begründung, geleitet vom Begriff der wahren Kunst. Deren Funktion bestehe darin, „den Menschen [...] wirklich und in der Tat frei zu *machen*" (FA 5, S. 283). Dies geschehe dadurch, dass Kunst im Menschen das Vermögen wecke und fördere, die Dominanz des Sinnlichen zu brechen und alles Gegenständliche durch Ideen zu überformen. Anders gesprochen wiederholt Schiller nochmals sein idealistisches Konzept einer Sublimierungsstrategie. Diese Befreiung von der Vorherrschaft des Sinnlichen gestaltet sich als intellektuelle Freiheit des Menschen. Dass dies weniger die Empirie beschreibt als vielmehr ein Programm

---

46 Aristoteles: Poetik. Griechisch / Deutsch. Übersetzt u. hgg. v. Manfred Fuhrmann. Stuttgart 1986, S. 59.
47 Zu der sehr eigenwilligen, gleichwohl anregenden Deutung der Funktion des antiken Chors durch Jacques Lacan vgl. meine Bemerkungen in: Luserke-Jaqui: Über Literatur und Literaturwissenschaft, S. 130ff.

darstellt, liegt auf der Hand. Diese Zielvorgabe löst der tragische Dichter nun dadurch ein, dass er ein mimetisches Prinzip streng vermeidet, welches sich an Darstellungen des Wirklichen hält. Fürs Drama und für die Theaterinszenierung gilt der Grundsatz: „alles ist nur ein Symbol des Wirklichen" (FA 5, S. 285). Dieser Symbolcharakter umreißt den Raum des Idealen, der beispielsweise durch die metrische Sprache des Stücks durchschritten wird. Die entscheidende Figuration des Idealen und der Träger des Symbolischen aber ist für Schiller der Chor. Er eignet sich am besten dazu, der Gefahr des Mimetischen und Naturalistischen in einer Tragödie zu begegnen; sein Verfremdungspotenzial und seine Symbolkraft können aus Schillers Sicht nicht hoch genug eingeschätzt werden. Der Chor soll „eine lebendige Mauer sein, die die Tragödie um sich herumzieht, um sich von der wirklichen Welt rein abzuschließen, und sich ihren idealen Boden, ihre poetische Freiheit zu bewahren" (FA 5, S. 285). An diesem Punkt ist die oft erhobene Klage, Schillers ‚Weimarer Klassik' sei weltabgewandt und apolitisch, sicherlich zutreffend; die Immunisierungsabsicht ist offensichtlich. Allein das Stück selbst zeigt, dass die Radikalität und damit die Einseitigkeit von Schillers Formulierung aus der Vorrede missverständlich sind, sofern man Schillers anthropologische Fundierung der Literatur anerkennt.

Der Chor ist ein „Kunstorgan" (FA 5, S. 286), das Poesie recht eigentlich erst hervorbringen hilft. Das Poetische, das ja immerhin die anthropologische Freiheit ermöglichen und stabilisieren soll, liegt in dem „Indifferenzpunkt des Ideellen und Sinnlichen" (FA 5, S. 288). Die Funktion der Balance zwischen Sinnlichkeit und Verstand, zwischen Natur und Vernunft, hat Schiller schon im Eingang seiner *Ästhetischen Briefe* als die eigentliche Funktion des Ästhetischen umschrieben. Er greift nun in der Vorrede diesen Gedanken nochmals auf. Die Macht des Sinnlichen zu verdängen heißt demnach, sie so weit zurückzudrängen, dass sich die Balance zwischen sinnlichem Gegenstand (und Trieb) und der Reflexion einzustellen vermag. Was der Poesie dann an Sinnlichem mangelt, gewinnt sie durch Sprache und Metrum wieder zurück. „Und dieses leistet nun der Chor in der Tragödie" (FA 5, S. 288). Er ist nicht an den Handlungsablauf gebunden, im Gegenteil, er verlässt die Handlung, unterbricht sie, er bringt *„Ruhe* in die Handlung" (FA 5, S. 289), er verzögert und kommentiert sie, um sich „über das Menschliche überhaupt zu verbreiten" (FA 5, S. 288). Galt bislang, dass für Schiller Literatur schlechthin das Medium anthropologischer Selbstreflexion darstellt, so wird dies (nun experimentell) in der *Braut von Messina* auf die Funktion des

Chors hin weiter zugespitzt. Einzig der Chor gibt uns Zuschauern unsere ästhetische Freiheit zurück, die in der Dominanz der Darstellung tragischer Leidenschaften (also eines wesentlichen Teiles des Sinnlichen) sonst verloren ginge. Den Chor begreift Schiller schließlich als „eine einzige ideale Person" (FA 5, S. 290). Allerdings gilt es dabei zu berücksichtigen, dass auch die tragischen Figuren für Schiller „ideale Personen" darstellen, welche ihre Gattung repräsentieren und „das Tiefe der Menschheit aussprechen" (FA 5, S. 290). Diese anthropologische Fundierung des Dramas, mithin der Literatur, die bereits in den Jugenddramen Programm war, findet in der *Braut von Messina* einen darstellungsästhetischen Höhepunkt durch den Gebrauch des Chors in der Tragödie.

Das Stück selbst unterliegt zwar der strengen Einhaltung der klassischen drei Einheiten von Ort, Zeit und Handlung. Die Hauptwirkung aber geht für Schiller vom Chor aus (vgl. NA 32, S. 15; Brief an Iffland vom 24. Februar 1803). Der Chor ist charakterisiert durch eine auffällige und auf den ersten Blick nicht zu vermittelnde Ambivalenz. Einmal soll er das allgemein Menschliche darstellen und als Organ der „ruhigen Reflexion" (Brief an Körner, 10. März 1803) dienen. Zum anderen soll er einen spezifischen, individuellen Charakter annehmen, wenn er in Leidenschaft gerät und selbst agierende Person, eine Art dramatischer Kollektivsingular, wird. Durch diese Ambivalenz sichert Schiller dem Chor eine dramaturgische Überlegenheit, die wiederum dazu dient, die Hauptfiguren des Stücks deutlicher zu profilieren. Allerdings nötigte die Bühnenwirklichkeit Schiller zu Zugeständnissen. Am 13. März 1803 schrieb er an Cotta, die Inszenierung in Stuttgart betreffend, über den Chor: „Ich habe ihn nehmlich in specifische Personen aufgelößt und diesen eigene Nahmen gegeben, damit man sie ordentlich austheilen kann. Die Reden werden bloß mit einer pathetischen Declamation recitiert, nicht gesungen noch mit Musik begleitet." (NA 32, S. 23) Schiller war entgegen seiner ursprünglichen Absicht, den Chor kollektiv als ,ideale Person' sprechen zu lassen, an den Grenzen der Schauspiel- und Theaterpraxis seiner Zeit gescheitert und hatte die Chorpartien an individuelle Sprecher verteilt. An anderer Stelle schreibt Schiller:

> Indem die Chorführer reden, müssen die übrigen Ritter Zeichen des Antheils geben, und besonders die leidenschaftlichen Stellen mit angemessenen Bewegungen begleiten.
> Die Stellung des Chors muß soviel möglich *symmetrisch*, seine Bewegungen langsam und abgemessen und durchaus kein Hin- und Herlaufen

seyn. Es braucht wohl nicht erinnert zu werden, dass die Reden des Chors nicht im Conversazionston zu sprechen sind, sondern mit einem Pathos und einer gewissen Feierlichkeit, doch ja nicht in singendem Ton recitirt werden müssen. (NA 10, S. 327)

Insofern ist der Chor tatsächlich gespalten und parteiisch von Schiller angelegt.[48] Denn auf die Kraft der Reflexion vertrauen heißt hier Partei ergreifen, Stellung beziehen – bis hin zum buchstäblichen Wortsinn. Am Ende des Stücks in jenem Schlussvers, der den Schuldbegriff bleibend reaktiviert und beinahe schon zum geflügelten Wort geworden ist, findet sich die entschiedene Absage an einen als antik verstandenen Schicksalsglauben: „Der Übel größtes aber ist die *Schuld*" (V. 2839). Kein übermächtiges Schicksal wird mehr beschworen, sondern schuldvolle menschliche Verstrickung beklagt.

Die erste Lesung im kleinen Kreis ausgewählter Zuhörer und Zuhörerinnen scheint Schillers Hoffnung, Erfolg mit seinem neuen Stück zu haben, zu bestätigen. Goethe berichtet er darüber, eine große Wirkung sei vom Chor ausgegangen, Furcht und Schrecken, die beiden zentralen poetologischen Bestimmungen der antiken Tragödie, hätten mächtig gewirkt (vgl. NA 32, S. 7f.). Der Chor dient Schiller als zentrales Instrument zum Ausgleich der evozierten Affekte der Figuren wie der Zuschauer. Im Unterschied zum antiken Drama motiviert Schiller seinen Chor aber anders.[49] In der Antike vertritt der Chor die Öffentlichkeit, der sich um die Wohlfahrt des Staatswesens sorgt und vor dem sich – im Sinne einer moralischen Instanz – die Menschen verantworten müssen. Sein Urteil, sei es Mitleid oder sei es Tadel, ist allgemein und verbindlich, der Chor besitzt kein individuelles Profil. Bei Schiller wird der Chor zum Vertrauten und erhält dadurch einen in sich widersprüchlichen ‚doppelten Charakter' (das Allgemeine und das Individuelle zu repräsentieren), der seiner im antiken Drama verbürgten Wirkungsmächtigkeit beraubt wird. Dieser ‚doppelte Charakter' ist freilich auch Kennzeichen des gesamten Stücks, es lässt sich nicht auf eine einsinnige Deutung festlegen. Don Cesar beispielsweise erscheint so gesehen weder bloß als Idealist noch bloß als Realist. Seine Person ist vielmehr gekennzeichnet durch beide Anschauungs- und Verhaltensweisen. Dies schließt die große sittliche Läuterung ebenso mit

---

48 Vgl. Joachim Müller: Choreographische Strategie. Zur Funktion der Chöre in Schillers Tragödie *Die Braut von Messina*, in: Friedrich Schiller. Angebot und Diskurs, S. 431–448, hier S. 433.
49 Vgl. Florian Prader: Schiller und Sophokles. Zürich 1954, S. 87.

ein, wie sie deren Widerruf in seinen menschlichen Schwächen nicht ausschließt. Diese Doppelnatur des Menschen ist, das wäre durchaus ein Ergebnis des Dramas, auch durch die Kraft der pathetischen Reflexion nicht wegzuzwingen.

Textinterpretation

Der Erstdruck der Tragödie enthält weder eine Akt- noch eine Szeneneinteilung, lediglich eine durchgehende Verszählung. Einige markante Szenenwechsel erlauben aber eine provisorische Einteilung nach Akten, wie sie die *Nationalausgabe* (vgl. NA 10) vorschlägt:

– Erster Akt: Vers 1 – Vers 980 (einschließlich der Regieanweisung danach).

– Zweiter Akt: Vers 981 (einschließlich der Regieanweisung davor) – Vers 1705 (einschließlich der Regieanweisung danach).

– Dritter Akt: Vers 1706 (einschließlich der Regieanweisung davor) – Vers 2027 (einschließlich der Regieanweisung danach).

– Vierter Akt: Vers 2028 (einschließlich der Regieanweisung davor) – Vers 2839.

Die Zahl der Dramatis personae ist auf ein Minimum begrenzt. Das Stück spielt im mittelalterlichen Sizilien. Den Ort Messina hatte Schiller gewählt, da sich dort nach seiner Vorstellung historisch drei religiöse Anschauungen gemischt hätten, wie er Körner am 10. März 1803 schreibt:

> Das Ideenkostüme, das ich mir erlaubte, hat dadurch seine Rechtfertigung, daß die Handlung nach Messina versezt ist, wo sich Christenthum, Griechische Mythologie und Mahomedanismus wirklich begegnet und vermischt haben. Das Christenthum war zwar die Basis und die herrschende Religion, aber das griechische Fabelwesen wirkte noch in der Sprache, in den alten Denkmälern, in dem Anblick der Städte selbst, welche von Griechen gegründet waren, lebendig fort; und der Mährchenglaube so wie das Zauberwesen schloß sich an die Maurische Religion an. Die Vermischung dieser drey Mythologien, die sonst den Charakter aufheben würde, wird also hier selbst zum Charakter. (NA 32, S. 20)

Auch in der Vorrede zum Stück hatte Schiller am Ende diese poetische Freiheit verteidigt. Für die Vermischung von christlicher Religion mit griechischer Götterlehre und maurischem Aberglauben reklamiert er das „Recht der Poesie, die verschiedenen Religionen als ein kollektives Ganze für die Einbildungskraft zu behandeln" (FA 5, S. 291).

Donna Isabella regiert als Witwe und Fürstin den Stadtstaat Messina, ihre Söhne Don Manuel und Don Cesar sind zu Beginn des Stücks bis aufs Blut verfeindet. Beatrice, Donna Isabellas Tochter, gilt als verstorben, doch werden die Leser schon frühzeitig ins Bild gesetzt, dass diese Figur als nicht entdeckte Schwester der beiden Brüder maßgeblich zur Schürzung des dramatischen Knotens beitragen wird. Neben diesen vier Figuren gewinnt noch der Chor an zentraler Bedeutung, dessen Funktion Schiller in seiner Vorrede *Über den Gebrauch des Chors in der Tragödie* beschrieben hatte. Dieser Figurenminimalismus, den Schiller zweifelsohne auch als ein Gegengewicht zu den überbordenden Figurenensembles der *Wallenstein*-Trilogie konzipiert hatte, drückt sich auch in der sparsamen Handlungsführung aus, die ohne Effekthascherei und ohne Aktionismus auskommt und sich vollständig auf das gesprochene Wort konzentriert. Insofern ist die *Braut von Messina* ein Wortdrama höchster Prägnanz, dem in beeindruckend progressiver Form ein nicht zu übersehender Hörspielcharakter eignet. Dem muss nicht widersprechen, dass Schiller in der Vorrede zum Stück gerade den ganzheitlichen Aspekt seines Dramas betont; das tragische Kunstwerk werde erst durch die Theatervorstellung mit Musik und Tanz „zu einem Ganzen" (FA 5, S. 281).

Das Stück wird mit einem Monolog Donna Isabellas eröffnet, worin sie den Bruderhass ihrer Söhne thematisiert und den Tag der Versöhnung für gekommen hält. Sie schickt einen Diener los, um die Tochter Beatrice aus dem Kloster zu holen. Die Brüder sollen erstmals von der Existenz ihrer Schwester erfahren. Der Chor teilt sich in zwei verschiedene Gruppen von Rittern, die jeweils die Anhänger eines Sohnes bilden. Sie erkennen in dieser Expositionsszene, dass sie von den Herrschenden lediglich zu deren Machterhalt funktionalisiert werden, sie begreifen sich selbst als „Sklaven" (V. 222) und wissen: „Ungleich verteilt sind des Lebens Güter / Unter der Menschen flüchtgem Geschlecht" (V. 228f.). Doch anstatt daraus dramaturgisches Kapital zu schlagen, lässt Schiller die Chorfiguren bei dem Bekenntnis stehen, dass sie gehorchen müssten. Die vom Chor aufgeworfene Alternative Krieg oder Frieden (vgl. V. 324) erweist sich jetzt zwar als eine rhetorisch beschworene Frage, wenig später indes ist sie von der Wirklichkeit des Geschehens überholt, ist es doch einer aus dem Chor, der von der Ehre des Kriegs sprechen und ihn als den „Beweger des Menschengeschicks" (V. 880) bezeichnen wird. Diese Worte können als Anspielung auf Kants *Kritik der Urteilskraft* (1790) gelesen werden, in der es im § 28 heißt: „Selbst der Krieg, wenn er mit Ordnung und Heiligachtung der bürgerlichen Rechte geführt wird, hat etwas Erhabenes an sich, und macht zugleich die Denkungsart des Volks, welches ihn auf diese Art führt, nur um desto erhabener, je mehreren Gefahren es ausgesetzt war, und sich mutig darunter hat behaupten können […]".[50]

In der *Braut von Messina* geht es denn auch weniger um begründete Handlungen, als vielmehr um die Darstellung komplexer seelischer Sachverhalte, die in Hinsicht auf eine kausale Begründung zwar marginal, im Blick auf ihre anthropologische Bedeutung aber zentral sind. Die Brüder agieren gewissermaßen eine Semiotik des Inhumanen aus, auch wenn diese zunächst im Zeichen einer Versöhnung steht. In Wahrheit, und das heißt in der Wahrheit des Textes, aber haben die beiden Brüder gar keine Alternative; sie können sich nicht ernstlich versöhnen, da sie nicht versöhnt werden wollen. Der autonome Wille ist eine Zeit lang abgesunken in das unbewusste Handeln und der geringste Anlass reißt die Wunde des Bruderkonflikts, die sich aus Neid und Kränkung speist, wieder auf. Die Mutter Isabella unterliegt von Beginn an einem Trugschluss; sie hält nur die Natur für „redlich" (V. 361) und dabei ist es doch gerade ‚Natur' – an anderer Stelle nennt Schiller dies auch Naturtrieb, Notwendigkeit oder Sinnlichkeit –, welche die Brüder so und nicht anders, nämlich einander feindlich gesinnt, handeln lässt. Zudem wird Isabella später erkennen müssen, dass in der Natur nichts mit Sinn sich vollzieht (vgl. V. 2392). Don Cesar wird am Ende ebenfalls diese Redlichkeit beschwören, die sein und das Handeln des Bruders bestimmt hätten; aber unter der Maßgabe der Mutter, nur Natur könne redlich sein, bedeutet dies, die Brüder haben naturgemäß, nämlich triebbestimmt gehandelt (vgl. V. 2440). Die Ursachen dieses Bruderkonflikts erkennt die Mutter in deren frühester Kindheit. Die Brüder hingegen fraternisieren für kurze Zeit und erklären herrschaftsdistinkt die Diener für die eigentlichen Urheber ihres Zwistes. Don Manuel meint: „Es ist der Fluch der Hohen, daß die Niedern / Sich ihres offnen Ohrs bemächtigen", worauf Don Cesar antwortet: „So ists, die Diener tragen alle Schuld!" (V. 487ff.) Sie seien als Verführte und Betrogene die blinden Werkzeuge fremder Leidenschaft gewesen (vgl. V. 495f.).

---

50 Kant: Kritik der Urteilskraft, S. 187. [= Werkausgabe Bd. 10].

Nach der kurzzeitigen Versöhnung wird die Nachricht überbracht, dass jene Frau gefunden worden sei, die Don Cesar kurz zuvor flüchtig kennen gelernt hat und zu der er in heftiger Liebe entbrannt ist. Noch weiß er nicht, dass es sich bei ihr um die vermisste Schwester handelt. Zeitgleich entfaltet Don Manuel seine Glücksphantasie, auch er hat eine Frau kennen gelernt, die er zur Fürstin von Messina erheben will und die sich später ebenfalls als seine Schwester Beatrice herausstellen wird. Im Dialog mit dem Chor entfaltet Don Manuel nun auch für den Zuschauer und Leser die Vorgeschichte. Der Akt wird damit abgeschlossen, dass der Chor das düstere Ende der weiteren Handlung beschwört: „und es endet nicht gut" (V. 970).

Nun wird im ‚zweiten Akt' mit einer Kapelle anstelle einer Säulenhalle im Hintergrund die Szene in einen Garten verwandelt. Diese Verlagerung von innen nach außen entspricht einem Perspektivenwechsel des Stücks, denn nun steht Beatrice im Mittelpunkt, die noch nicht in diese schwer belastete Familie aufgenommen und auch im Stück noch nicht zu Wort gekommen ist. Beatrice wartet auf ihren Geliebten, mit dem sie übers Meer fliehen will und dessen wahre Identität sie noch nicht kennt. Dieses Spiel der Identitäten, worin auch sie selbst eine aktive Rolle einnimmt, dient Schiller der weiteren Komplexitätssteigerung des tragischen Geschehens. Hat eben noch der Chor ein düsteres Ende prophezeit, so schwelgt Beatrice nun im deutlichen Kontrast dazu im Liebesglück. Sie erwartet Don Manuel – und Don Cesar tritt auf. Dieser erwirbt sie im Habitus patriarchal-aristokratischer Macht als symbolisches Kapital, dessen Herkunft und Identität ihn nicht interessieren, da der Gebrauchswert vom Augenblick abhängt. Ohne dass Beatrice auch nur ein Wort sprechen konnte, verkündet Don Cesar seinen Entschluss sie zu heiraten. Er wird später bekennen, dass er nur seine Mutter wie ein „Götterbild" (V. 1486) verehre und auf die Reden der Frauen nichts gebe. Beatricens Gefühlslage in dieser Szene lässt sich nur aus den Regieanweisungen rekonstruieren; diese aber verdichten die tragische Dramatik. Während Don Cesar ihre Hand ergreift – und nicht etwa nur hält –, zittert sie, wendet sich ab, erschrickt und schaudert zurück (vgl. V. 1114–1173). Die Brüder erfahren nun von ihrer Mutter, dass sie noch eine Schwester haben, die bislang im Verborgenen lebte, da sie eines unheilvollen Orakelspruchs wegen nach der Geburt hätte getötet werden sollen, was aber die Mutter gegen den Willen des Vaters verhinderte. Die Brüder beschließen, ihre Schwester zu finden.

Zu Beginn des ‚dritten Aktes' treten die beiden Chöre einander feindlich und aggressiv gesinnt gegenüber. In einer lehrbuchreifen Stichomythie (Wechselrede, die einen dramaturgisch dynamisierenden Effekt bewirken soll) vollziehen sie im symbolischen Vorgriff das, was sich nun wieder zwischen den Brüdern ereignen wird, die jähe Entfremdung nämlich und die offene Aggression. Don Manuel und Beatrice finden sich, Beatrice muss entdecken, dass der Geliebte ihr Bruder ist. Nun tritt, in einer ungeheuren dramatischen Beschleunigung, auch Don Cesar auf und als er seinen Bruder mit der vermeintlichen eigenen Braut entdeckt, ersticht er kurzerhand den Rivalen (vgl. V. 1903). Eine Tat im Affekt kann dies nicht genannt werden, da beide Brüder im Stück nur Affekt verkörpern: Sie können nicht anders als dem Naturtrieb gehorchend handeln, sie sind zu Rationalisierungen nicht fähig. Die beiden Chöre nehmen die Tat zum Anlass, ihre Zwietracht zu begraben und sich zu einem großen Chor mit differenten Stimmen zu vereinen, doch wird auch diese geballte Macht nur genutzt, um die bestehende Macht der Fürstenfamilie zu schützen. Die nachdenkliche Stimme aus dem Chor: „Was sind Hoffnungen, was sind Entwürfe, / Die der Mensch, der vergängliche, baut?" (V. 1961f., ähnlich auch V. 1970ff.), bleibt ungehört. Stattdessen steht am Ende dieser Chorrede die Anspielung auf die *Orestie* des Aischylos und ihren tragischen Ausgang.

Don Cesar bleibt bis zuletzt uneinsichtig, er deklariert seine Liebe als Schuld und Ursache des tragischen Brudermords (vgl. V. 2545). Erst in den Schlussversen wird er einsehen, dass die eigentliche Ursache für den Bruderkonflikt und die Affektstruktur seines Handelns „Neid" (V. 2727) war. Er bringt sich zur Sühnung seines Verbrechens selbst um und der Chor beendet die Tragödie mit der Bemerkung: „Der Übel größtes aber ist die *Schuld*" (V. 2839). Der Selbstmord Don Cesars wird von Schiller auch ausdrücklich als Gegenpunkt zum klassischen griechischen Drama gesetzt. In dem Essay *Über die tragische Kunst* (1792) hatte er geschrieben: „[…] so ist eine blinde Unterwürfigkeit unter das Schicksal immer demütigend und kränkend für freie sich selbst bestimmende Wesen. Dies ist es, was uns auch in den vortrefflichsten Stücken der Griechischen Bühne etwas zu wünschen übrig läßt, weil in allen diesen Stücken zuletzt an die Notwendigkeit appelliert wird, und für unsre Vernunftfodernde Vernunft immer ein unaufgelöster Knoten zurück bleibt." (FA 8, S. 261) Der dem griechischen Drama ursprünglich eignende Götterfluch, aus dem heraus sich die tragische Entwicklung vollzieht, wird in der *Braut von Messina* gleichsam nach innen gewendet und erfährt eine familiale Verinnerlichung. Die Fürstenfamilie entwickelt die tragische Situation und vollzieht die Katastrophe, weil ihre einzelnen Mitglieder nur nach Vorgabe ihrer Charaktereigenschaften oder nach Maßgabe ihres Begehrens handeln. Dies wird besonders deutlich in der unterschiedlichen Bewertung der tragischen Ereignisse. Während die Mutter Isabella den Glauben an eine mythische Schicksalsgewalt wachruft („Wann endlich wird der alte Fluch sich lösen, / Der über diesem Hause lastend ruht?", V. 1695), erkennt ihr Sohn Don Cesar seine Liebe zu Beatrice als eigentliche Schuldursache. Nicht unbedeutend ist es also, dass Schiller eine Fürstenfamilie wählt und nicht etwa eine bürgerliche Familie auf den Plan ruft, zeigt sich darin doch, dass die klassische poetologische Fallhöhe nach wie vor eine moderne dramatische Veranschaulichungskategorie zu Beginn des 19. Jahrhunderts ist. Selbstsucht, Hass, Unbeherrschtheit, Verletzlichkeit sind Eigenschaften, die den fürstlichen Personen des Stücks allesamt eignen. Die sozial Privilegierten unterliegen genau denselben anthropologischen Zwängen und Handlungsmustern wie die Bürgerlichen.

An Schillers Stück ist immer wieder bemängelt worden, dass die dramatische Motivierung der einzelnen Figuren nicht ausreichend und überzeugend sei, zu mechanisch und künstlich sei der tragische Knoten geschürzt. Doch die Schlichtheit der Handlungsführung ist gerade das Kennzeichen des Stücks. Aus der anfänglichen Versöhnung der beiden Brüder wird tödlicher Hass, die Rivalität um die gleiche Geliebte führt zum Brudermord, diese Geliebte erweist sich als Schwester der beiden Brüder, der Mörder richtet sich selbst.

Die Absage an eine ideengeschichtliche oder religionsgeschichtliche Interpretation des Stücks überzeugt noch heute. Die Mutlosigkeit der nachrevolutionären Jahre des ausgehenden 18. Jahrhunderts münde – so Friedrich Sengle – in das Konzept einer strengen Schicksalstragödie eines Friedrich Ludwig Zacharias Werner (*Der vierundzwanzigste Februar*), Adolph Müllner (*Der neunundzwanzigste Februar*) oder Franz Grillparzer (*Die Ahnfrau*).[51] Betrachtet man *Die Braut von Messina* in diesem literaturgeschichtlichen Licht, dann wird das Stück zu einem Weltschmerzdokument, und ob sich darin die Deutbarkeit und das heißt die Bedeutung des Textes erschöpft, scheint eher zweifelhaft. Moderne Deutungen hingegen entmytholo-

---

51 Vgl. Friedrich Sengle: *Die Braut von Messina*, in: Schiller. Zur Theorie und Praxis der Dramen. Hgg. v. Klaus L. Berghahn u. Reinhold Grimm. Darmstadt 1972, S. 249–273, hier S. 269.

gisieren und entmystifizieren das Schicksalsmotiv im Stück als Trieb-schicksal und Gewaltzusammenhang, womit in erster Linie die triebbedingte Determinierung des menschlichen Handelns herausge-stellt wird.[52] Konsequent wird die *Braut von Messina* dann nicht als Schicksalsdrama (nach dem Muster des Sophokles), sondern als Charakterdrama (nach dem Muster Shakespeares) gelesen. Die drei Dramen *Maria Stuart, Die Jungfrau von Orleans* und *Die Braut von Messina* lassen sich zusammen sogar als eine „Trilogie der Läute-rung"[53] lesen. Allerdings erfährt Don Cesar in der *Braut von Messina* seine wahre Katharsis – das konstitutive Merkmal einer solchen Läuterung – erst im Tod: „Der Tod hat eine reinigende Kraft" (V. 2731), bekennt er am Ende.

Das formal Neue empfindet Schiller als Herausforderung, er sucht die Annäherung an die Muster der antiken Tragödie, er spricht gar von einer „äschyleischen Tragödie" (NA 31, S. 159; Brief vom 9. Sep-tember 1802 an Körner), die er konzipiere. Die *Braut von Messina*, von der in diesem Brief die Rede ist, kündigt Schiller andernorts auch als eine Tragödie „im Stil der antiken Stücke" (NA 32, S. 4) an. Damit hatte er selbst für die späteren Kommentatoren und Inter-preten eine Spur gelegt, die bis in die Gegenwart hinein konsequent verfolgt wurde. Die strikte Einhaltung der so genannten aristote-lischen Einheiten, der Verzicht auf eine Akt- und Szenenaufteilung, das knappe Figurenensemble von nur fünf handelnden Figuren, die Begrenzung der Handlungsdauer auf ein Minimum, die symmetrisch angelegten Ortsveränderungen, die kommentierende Begleitung der Handlung durch den Chor, die formale metrische Strenge – all das sind Elemente, welche Schillers Rückgriff auf antike Muster deutlich unterstreichen. Das Stück „ist nach der Strenge der alten Tragödie gemacht" (NA 32, S. 15), wie Schiller in einem Brief an Iffland vom 24. Februar 1803 erklärt.[54] Aber diese Beobachtungen genügen nicht um den Beweis zu erbringen, Schiller habe ein ‚modernes' antikes Drama geschrieben oder zumindest schreiben wollen, und dem Stück damit die Zeitbezüge abzusprechen. So gesehen ist die „Tra-gödie in strenger Form" (NA 32, S. 11), wie Schiller die *Braut von Messina* auch Wilhelm von Humboldt gegenüber charakterisiert, ein

---

52 Vgl. Rolf-Peter Janz: Antike und Moderne in Schillers *Braut von Messina*, in: Unser Commercium. Goethes und Schillers Literaturpolitik. Hgg. v. Wilfried Barner, Eberhard Lämmert u. Norbert Oellers. Stuttgart 1984, S. 329–349, hier S. 332.
53 Guthke: Schillers Dramen, S. 260.
54 Vgl. dazu ausführlich Prader: Schiller und Sophokles, S. 56ff.

minimalistisches Klassikerdrama. Es stellt sich also die Frage, ob die *Braut von Messina* wirklich nur als ein „großartiges Zeugnis für den antikisierenden Kunstwillen der deutschen Klassik"[55] zu verstehen ist? Oder war es „eine Art poetisches Hilfs- oder Erziehungsmittel zur Lebensmeisterung"[56] und taugt es dazu heute noch? Bei diesen Fragen sollte nicht übersehen werden, dass Schillers *Braut von Messina* auch ein Stück ist, das gegen die zeitgenössische Literatur um 1800 geschrieben wurde. ‚Weimarer Klassik' bedeutet so verstanden Kritik an dieser Literatur, in erster Linie der Literatur der Spätaufklärung und der Romantiker. Daher ist die *Braut von Messina* mehr als ein modernes Lehrstück für Schillers vermeintlich oder tatsächlich antikisierende Ästhetik und Geschichtsphilosophie.

Nach der Aufführung vom 2. April 1803 wurde dem Dichter im Weimarer Hoftheater von Studenten ein ‚Vivat!' gebracht. Die Hofgesellschaft reagierte pikiert, der Korrespondent der *Zeitung für die elegante Welt* berichtete am 19. Mai 1803 mit einer gewissen Sympathie über den Vorgang:

> Es liegt allerdings etwas Unschickliches darin, an einem solchen Ort den Studenten zu machen, und man würde es unanständig und anmaßend finden müßen, in einem Theater zu Weimar über ein Kunstwerk ein so determinirtes Urtheil abgeben zu wollen, wenn nicht die Ueberwältigung eines Schillerschen Trauerspiels und hohe Achtung für den Dichter den Ausbruch von Enthusiasmus bei jungen Leuten zur Entschuldigung diente, die jetzt überall viel mehr als sonst mit dem Schönen in nähere Bekanntschaft gerathen. (FA 5, S. 682)

Am 26. August wurde die Meldung allerdings korrigiert, der Weimarer Hof habe die Missbilligung dieser „Ungezogenheit" nun der Polizei übertragen (vgl. FA 5, S. 682). So einhellig enthusiastisch wie das studentische Publikum reagierten Kritiker keineswegs auf Schillers Drama. In der öffentlichen Kritik wurden besonders die Vermengung der Religionen sowie Schillers Neuinterpretation des antiken Chors als unhistorisch getadelt. Man war sich weitgehend darin einig, dass das Stück nicht überzeuge; Schiller sei es geradezu misslungen. Aber noch im Scheitern habe er ein eindrucksvolles Dokument seines theatralischen Könnens hinterlassen. In der *Zeitung für*

---

55 Prader: Schiller und Sophokles, S. 94.
56 Wolfgang Albrecht: „Der freie Tod nur bricht die Kette des Geschickes". *Die Braut von Messina oder Die feindlichen Brüder*, in: Schiller. Das dramatische Werk in Einzelinterpretationen. Hgg. v. Hans-Dietrich Dahnke u. Bernd Leistner. Leipzig 1982, S. 218–247, hier S. 243.

die elegante Welt vom 3. Januar 1804 heißt es etwa über die Berliner Aufführung, Schiller sei „an einer Klippe gescheitert, an der Unzählige vor ihm gescheitert sind. Rühmlich unterscheidet er sich aber von seinen Vorgängern dadurch, daß er das, was er wollte, sehr richtig erkannt hatte, und es nur, vermöge seines eigenthümlichen Genies, das ihn vom Antiken ab, und zum Romantischen hinzieht, nicht zu leisten vermochte" (FA 5, S. 685). Lediglich bei Goethe, der die Weimarer Aufführung inszeniert hatte, bei Körner und – mit einigen Einschränkungen – auch bei Wilhelm von Humboldt fand das Stück im privaten Kreis Beifall. Dies charakterisiert ein besonderes Problem der Rezeption des Dramas, das Henriette von Knebel in einem Brief an ihren Bruder über die Lesung des Stücks mit diesen Worten beschrieb: „Man sieht wohl, daß er [Schiller] für sich schreibt, und wenig an das Publikum denkt, daher seinen langen Stücken doch immer die Grazie fehlt."[57] Schon von dem Zeitpunkt an, wo Schiller in einer kleinen Öffentlichkeit sein Drama vorgetragen hatte, mischten sich in die Kritiken schnell schärfere Töne, wenngleich diese Meinungen und Verurteilungen vorerst noch unter dem Schutzmantel der privaten Korrespondenz geäußert wurden. Am 18. März 1803 etwa wünschte sich Henriette von Knebel, „nur ein rechter Tyrann" zu sein, dann verböte sie, „daß jemals ein schillersches Trauerspiel gegeben würde!"[58] Zu Lebzeiten Schillers wurde *Die Braut von Messina* mehrmals aufgeführt. Nach der Uraufführung gelangte das Stück in Weimar noch achtmal auf die Bühne. Zwischen Mai 1803 und Dezember 1804 folgten Erstaufführungen in Hamburg, Berlin, Erfurt, Magdeburg, Kassel und Stuttgart. In Wien sprach die Zensurbehörde kein generelles Verbot gegen eine Aufführung aus, lediglich kleine Einwände wurden formuliert. So mussten unter anderem die Wörter ‚Kirche' in ‚Tempel' und ‚Kloster' in ‚Eiland' geändert werden. Doch der Polizeipräsident untersagte die öffentliche Aufführung; erst am 23. Januar 1810 wurde das Aufführungsverbot aufgehoben, die Tragödie konnte nun auch in Wien gespielt werden.[59]

Zu den zeitgenössischen Kritikern, welche die bloß pathetische Rezitation ohne Gesang beklagten, gehörte vermutlich schon E.T.A. Hoffmann. In einem harmlosen, als pornographisch inkriminierten

57 Aus Karl Ludwig von Knebels Briefwechsel mit seiner Schwester Henriette, S. 165.
58 Aus Karl Ludwig von Knebels Briefwechsel mit seiner Schwester Henriette, S. 166.
59 Vgl. Houben: Verbotene Literatur, S. 563.

Büchlein mit dem Titel *Schwester Monika* (1815), als dessen Verfasser Hoffmann lange Zeit angesehen wurde,[60] findet sich am Ende auch eine Parodie auf die *Braut von Messina*. Die Nonne Monika liest einen Brief Linchens vor, worin diese eine flagellantische Phantasie beschreibt. Sie sei von Mönchen betrunken gemacht worden, dann in eine traumartige Bewusstlosigkeit gefallen und habe geträumt, in Schillers *Braut von Messina* auf dem Münchner Theater die Rolle der Braut Beatrice selbst zu spielen. Von Don Cäsar und Don Manuel sei sie vor dem Publikum entkleidet, vergewaltigt und ausgepeitscht worden. Dem Genre entsprechend erfährt dies Linchen lustvoll. Die zitierten vermeintlichen Schiller-Verse lassen sich allerdings nicht verifizieren. Die Phantasie schließt damit, dass Linchen imaginiert im Tempel des aufständigen Dya-Na-Sore zu erwachen. „Den Staat muß er verachten; er findet ihn überall als eine denkende Maschine, aufgezogen, angetrieben, hin- und hergeworfen, nirgends Autorität des Ichs, überall die Gewalt des Seins – und – tierisch, glücklich".[61]

6.6 *Wilhelm Tell* (1804)

E: Ende Januar 1802–18. Februar 1804
D: Oktober 1804
UA: 17. März 1804 (Weimar)

Die Entstehungsgeschichte des *Wilhelm Tell* ist mit einem Makel versehen. Goethe beanspruchte in den Gesprächen mit Eckermann 1827 die Entdeckung des Stoffs für sich und behauptete, was sich in Schillers *Wilhelm Tell* an lokalen Schilderungen finde, habe er ihm erzählt.[62] In der Tat hatte sich Goethe schon während seiner dritten

---

60 Die Frage der Autorschaft dieses Textes ist freilich bis heute nicht restlos geklärt. – Ähnliche pornographische Schiller-Parodien hat das 19. Jahrhundert zuhauf hervorgebracht; sie sind teilweise veröffentlicht in dem Sammelband *Der Volks-Schiller. Gesänge aus der Ludlamshöhle. Pornographische Parodien aus dem Biedermeier.* Hgg. v. Joseph Kiermeier-Debre u. Fritz Franz Vogel. Wien 1995.

61 E.T.A. Hoffmann: Schwester Monika. Ungekürzte Originalausgabe. München 1977 [¹1815], S. 132. – Diese Anspielung im Text kann sich nur auf das voluminöse Buch von Wilhelm Friedrich Meyer: Dya-Na-Sore oder die Wanderer (Leipzig 1787–89, 2. Aufl. 1800) beziehen, das von Schiller 1788 negativ rezensiert worden war, vgl. NA 22, S. 196f.

62 Vgl. Johann Wolfgang Goethe: Sämtliche Werke nach Epochen seines Schaffens. Münchner Ausgabe. Bd. 19: Johann Peter Eckermann: Gespräche mit

Schweizer Reise 1797 mit dem Tell-Stoff beschäftigt und dies auch Schiller brieflich bekundet. Dieser ermuntert sogar Goethe eine Literarisierung in Angriff zu nehmen. Allerdings gilt es dabei zu berücksichtigen, dass Schiller selbst schon am 25. März 1789 von Charlotte von Lengefeld auf das damalige Standardwerk *Geschichten schweizerischer Eidgenossenschaft* (1786ff.) von Johannes von Müller (1752–1809) aufmerksam gemacht worden war (vgl. NA 10, S. 394–399 u. NA 33/I, S. 323). Erst seit Ende Januar 1802 entwickelte Schiller ein „mächtiger Interesse" (NA 31, S. 114) am Tell-Sujet. Zudem waren in der zweiten Hälfte des 18. Jahrhunderts schon mehrere *Tell*-Dramen veröffentlicht worden, so dass der Tell im 18. Jahrhundert zum allgemeinen Fundus literarischer Stoffe gehörte. So erschien etwa zeitgleich mit Schillers *Wilhelm Tell* im Jahr 1804 das Drama *Wilhelm Tell. Ein Schauspiel in Jamben* von Leonhard Wächter (1762–1837) unter dem Pseudonym Veit Weber.

Die eigentlichen Vorarbeiten zum *Wilhelm Tell* beginnen also Anfang 1802. Schiller studiert genau die historischen Quellen, Landkarten und Bücher, die Schweizer Topographie sowie die Lebensgewohnheiten und Charakteristika der Menschen. Bei dieser Arbeit stützt er sich neben vielen anderen vornehmlich auf die Bücher von Müller, auf Tschudis *Chronicon Helveticum* (1734–36) (vgl. dazu ausführlich NA 10, S. 389–393).[63] Erst nach Beendigung und Aufführung der *Braut von Messina* kann sich Schiller im Frühjahr 1803 ganz auf die Ausarbeitung des *Wilhelm Tell* konzentrieren. Am 25. August 1803 beginnt er dann auf der Grundlage seiner Vorstudien und Entwürfe mit der Ausarbeitung des Textes. Am 9. November 1803 schreibt er an Iffland: „Im Tell leb' ich und web' ich jezt, ich bin zufrieden mit dem was gemacht ist und habe die beste Hofnung zu dem was noch zu machen, ein rechtes Stück für das *ganze Publikum* verspreche ich Ihnen" (NA 32, S. 84). Noch Anfang Dezember 1803 ist Schiller entschlossen, selbst die Schweiz zu bereisen und die Originalschauplätze seines Stücks zu besuchen, bevor der Text in Druck gehen soll (vgl. NA 32, S. 89). Schiller arbeitet zunächst thematische Einheiten heraus; das Drama entsteht also „nicht Aktenweise", wie er Iffland mitteilt (vgl. NA 32, S. 89). Am 13. Januar 1804 ist der erste Akt abgeschlossen. Goethe ist der erste Leser, sein Urteil fällt zustimmend aus. Am 23. Januar 1804

Goethe in den letzten Jahren seines Lebens. Hgg. v. Heinz Schlaffer. München, Wien 1986, S. 194.
63 Vgl. auch: Die Quellen von Schillers *Wilhelm Tell*. Zusammengestellt v. Albert Leitzmann. Bonn 1912.

schickt Schiller den ersten Akt und Teile des zweiten Akts nach Berlin an Iffland. Am 18. Februar notiert er in seinem *Kalender* den Abschluss des Manuskripts. Zwei Tage später erhält Goethe den kompletten Text. Bereits am 1. März 1804 wird in Weimar mit den Proben begonnen, schon 16 Tage später, am 17. März 1804, findet die Uraufführung des *Wilhelm Tell* in Weimar statt. Im Mai und Juni 1804 erhält Schillers Verleger Cotta das Manuskript, der unverzüglich mit der Drucklegung beginnt. Im Oktober 1804 erscheint die Buchausgabe des *Wilhelm Tell*.

Schiller wusste, dass hohe Erwartungen an ihn und sein neues Stück gestellt würden. In seinem Brief an Körner vom 9. September 1802 bedenkt er das Verhältnis des Historischen zum Poetischen; er nennt es eine „verteufelte Aufgabe", die er sich stelle, wenn er den geschichtlichen Stoff ins Poetische übertrage, und macht sich die „Erwartungen [,] die das Publicum und das Zeitalter gerade zu diesem Stoff mitbringt" (NA 31, S. 160), bewusst. Schiller weiß, dass der Stoff des *Wilhelm Tell*, wenn er sich als Dichter nur an die historischen und mythologischen Begebenheiten hält, einer dramatischen Darstellung widerstrebt. Deshalb sucht er das genuin Tragische dieses Sujets deutlich herauszustellen; er habe, schreibt er in jenem Brief, schon

> soviel poetische Operation damit vorgenommen, daß sie aus dem historischen heraus und ins poetische eingetreten ist. Uebrigens brauche ich Dir nicht zu sagen, daß es eine verteufelte Aufgabe ist; denn wenn ich auch von allen Erwartungen die das Publicum und das Zeitalter gerade zu diesem Stoff mitbringt, wie billig abstrahiere, so bleibt mir doch eine sehr hohe poetische Forderung zu erfüllen, weil hier ein ganzes, local-bedingtes, Volk, ein ganzes und entferntes Zeitalter und, was die Hauptsache ist, ein ganz örtliches ja beinah individuelles und einziges Phänomen, mit dem Charakter der höchsten Nothwendigkeit und Wahrheit, soll zur Anschauung gebracht werden. (NA 31, S. 160)

Ein nicht unwesentlicher Beweggrund bei der Wahl des dramatischen Sujets mögen die wenig befriedigenden gesellschaftlichen und politischen Verhältnisse in Deutschland – die Zeitläufte im nachrevolutionären Frankreich und die Erfahrungen mit der Mainzer Republik vor Augen – bei der Idealisierung und fiktiven bis fiktionalen Überhöhung der Schweizer Gründungsgeschichte gewesen sein.[64] So

---

64 Zum historischen Hintergrund vgl. Thomas Höhle: Die Helvetische Republik [1798–1803] als zeitgeschichtlicher Hintergrund der Entstehung und Proble-

gesehen führt Schiller durchaus auch eine verdeckte Auseinandersetzung mit tagespolitischen Themen.[65] Einen politischen Gegenstand für ein zeitgenössisches Drama zu wählen war keineswegs
unproblematisch, wie etwa die Einwände und Ängste Ifflands zeigen,
wurde doch in den Jahren 1802 bis 1804, in jener Zeit also, in der
der *Wilhelm Tell* geschrieben wurde, jede republikanisch gesinnte
Äußerung als revolutionsfreundlich, jakobinisch diffamiert. Um wieviel mehr musste dann ein Drama politische Aussagekraft enthalten,
in dem revolutionäre Umtriebe dargestellt, der Mord an einem Politiker gerechtfertigt und schließlich eine freie Republik konstituiert
und politische Freiheitsrechte – wie in der Schlussszene – für alle
proklamiert wurden? Dies sollte bei einer heutigen Deutung mit-
bedacht werden.

Schillers *Wilhelm Tell* sprach nicht nur die politisch-historischen
Erfahrungen der Menschen am Ende des 18. und zu Beginn des 19.
Jahrhunderts an. Er führt auch einen feinsinnigen Dialog mit dem
‚Mythos Schweiz‘,[66] wie er Schillers Zeitgenossen literarhistorisch
vermittelt worden war, keineswegs nur sprachlich durch die zahlreichen im Text belegten Helvetismen. Exemplarisch seien hierfür
zwei Beispiele angeführt. Im Jahre 1729 veröffentlichte Albrecht von
Haller (1708–1777) sein Gedicht *Die Alpen*, in dem gängige Stereo-
type ausgebreitet werden:

> Hier herrscht kein Unterschied, den schlauer Stolz erfunden,
> Der Tugend untertan und Laster edel macht;
> Kein müßiger Verdruß verlängert hier die Stunden,
> Die Arbeit füllt den Tag und Ruh besetzt die Nacht;
> Hier läßt kein hoher Geist sich von der Ehrsucht blenden,
> Des Morgens Sorge frißt des Heutes Freude nie.
> Die Freiheit teilt dem Volk, aus milden Mutter-Händen,
> Mit immer gleichem Maß Vergnügen, Ruh und Müh.
> Kein unzufriedner Sinn zankt sich mit seinem Glücke,
> Man ißt, man schläft, man liebt und danket dem Geschicke.[67]

---

matik von Schillers *Wilhelm Tell*, in: Friedrich Schiller. Angebot und Diskurs,
S. 320–328.
65 Vgl. Gonthier-Louis Fink: Schillers *Wilhelm Tell*. Ein antijakobinisches republikanisches Schauspiel, in: Aufklärung 1/1 (1986), S. 57–81, hier S. 59.
66 Vgl. dazu Uwe Hentschel: Mythos Schweiz. Zum deutschen literarischen
Philhelvetismus zwischen 1700 und 1850. Tübingen 2002.
67 Albrecht von Haller: Die Alpen und andere Gedichte, S. 6.

Der Schweizer Maler und Dichter Johann Heinrich Füssli (1741–1825) besingt den Freiheitshelden Wilhelm Tell in seinem *Skolion* mit diesen Worten:

> Der komme nicht zu meinem Tisch
> der dich o Tell nicht kennt!
> Der heisse kein Helvetier
> der dich kennt und nicht singt!
>   Sind es nicht bald fünfhundert Jahre
> dass unsrer Väter Heer
> wie wir itzt thun, der Rebe Geist
> frey von Tirannen trank?
>   Sind es nicht bald fünfhundert Jahre
> dass jeder Knabe frey
> sein Mädchen küsst, nicht schüchtern hin
> nach einem Gessler blikt?
>   Doch Vater denkst du, wenn die Traube
> im Kelchglass schäumt an Tell?
> Denkt ihn dein Sohn, küsst er ein Kind
> das ist wie Milch und Blut?
>   Thut ihr's nicht, so gab Gott dem Schüze
> den Retterpfeil im Zorn!
> Und Tell hat nicht Helvetier
> Hat Sklavenvolk erlöst.[68]

In der Volksüberlieferung der Schweiz hat die Sage vom Freiheitshelden Wilhelm Tell einen festen Platz. In einer Chronik, dem so genannten *Weißen Buch* von Sarnen (um 1470), wird Wilhelm Tell erstmals erwähnt. Das Thema und die Tell-Figur sind in der Volksliedtradition der mündlichen Überlieferung schon früh fest verankert. Auch im 18. Jahrhundert waren bereits vor Schiller einige Tell-Dramen erschienen.[69] Schillers spätere Darstellung, erst das Gerücht, dass er an einem *Wilhelm Tell*-Drama arbeite, sei der eigentliche Anstoß für sein Stück gewesen, klingt daher wenig glaubhaft. Zu sehr betonte Schiller auch das Populäre des Stoffs, das sich einer Bearbeitung regelrecht anbiete. Schiller nennt sein Drama auch ein „Volksstück" (NA 32, S. 53) und meint damit jene „Volksmäßigkeit",

---

68 Erstmals gedruckt bei Arnold Federmann: Johann Heinrich Füssli. Dichter und Maler 1741–1825. […]. Zürich, Leipzig 1927, S. 99.

69 Vgl. Gustav Roethe: Die dramatischen Quellen des Schillerschen *Tell*, in: Forschungen zur deutschen Philologie. Festgabe für Rudolf Hildebrand. Hgg. v. Wilhelm Braune, Konrad Burdach, Ernst Elster u.a. Leipzig 1894, S. 224–276.

durch die sich das Stück „so sehr zum Theater empfiehlt" (NA 32, S. 63f.; Brief vom 18. August 1803 an Humboldt). Dies ist ein vom Autor selbst formulierter gewichtiger Einwand gegen alle Versuche, die Klassizität des Stücks in Themenwahl oder Verssprache gegen seine populäre Intention isolieren zu wollen. In seinem Essay *Über die notwendigen Grenzen beim Gebrauch schöner Formen* (1795) hatte Schiller sogar geschrieben, dass er denjenigen einen „Volksredner oder Volksschriftsteller" nenne, „der nicht ausschließend an den Gelehrten sich wendet" (NA 21, S. 7). Schiller wollte nach dem dramatischen und konzeptuellen Misserfolg der *Braut von Messina* endlich wieder ein erfolgreiches Stück schreiben. Das ist ihm mit dem *Wilhelm Tell*, wie die vergangenen 200 Jahre gezeigt haben, auch gelungen.

Textinterpretation

Der *Wilhelm Tell* bedeutet trotz aller stofflichen Popularität und Rücksichtnahme auf den Geschmack des Theaterpublikums keinen Bruch mit den vorhergehenden klassischen Dramen. Schiller selbst sieht sein neues Stück als konsequente Weiterentwicklung der konzeptuellen und poetologischen Überlegungen zur *Braut von Messina*. In einem Brief an Körner hält er am 15. November 1802 fest: „Sollte es mir gelingen einen historischen Stoff, wie etwa den Tell, in diesem Geist aufzufassen, wie mein jetziges Stück [*Die Braut von Messina*] geschrieben ist und auch viel leichter geschrieben werden konnte, so würde ich alles geleistet zu haben glauben, was billigerweise jezt gefodert werden kann." (NA 31, S. 172f.) Der gattungstypologische Untertitel des Stücks „Schauspiel" ist neutral gehalten. Obwohl der *Wilhelm Tell* auch tragische Momente enthält, lässt er sich doch nicht als Tragödie klassifizieren, da der mögliche Held Wilhelm Tell eben nicht tragisch scheitert, sondern am Ende erfolgreich seine Mission beendet. Außerdem umgeht Schiller die klassischen Merkmale der Ständeklausel und der Fallhöhe ebenso wie das der Katharsis. Das Stück *Wilhelm Tell* knüpft so gesehen poetologisch an Schillers Jugenddramen an und vereint mehr Merkmale eines bürgerlichen Trauerspiels als einer hohen Tragödie, obgleich allein das halbe Hundert der Dramatis personae auch dieses Kriterium letztlich aushebelt.

Im ersten Akt wird die erste von drei Mordtaten aus unterschiedlichen Beweggründen vorgestellt. Der Bürger Konrad Baumgarten hat im Affekt den kaiserlichen Burgvogt Wolfenschießen erschlagen, da dieser in absolutistischer Willkür seine Frau sexuell belästigte. Nun befindet sich Baumgarten auf der Flucht und muss, um seinen Verfolgern zu entkommen, über den Vierwaldstättersee übergesetzt werden. Wegen eines drohenden Unwetters weigert sich der Fährmann aber mit seinem Boot auszulaufen. In diesem Moment tritt Tell hinzu; er wird zunächst als Nebenperson eingeführt, die lediglich den Mut besitzt, bei Sturm sich auf die See zu wagen. Weshalb Baumgarten nicht selbst rudern kann, bleibt unklar; ganz deutlich soll Tell als Held eingeführt werden. Dies erklärt auch die stoische Gelassenheit, mit welcher Tell den Bedenken der Umstehenden sentenzengespickt begegnet: „Wo's Not tut, Fährmann, läßt sich alles wagen" (V. 136), „Der brave Mann denkt an sich selbst zuletzt" (V. 139) oder „Ich hab' getan, was ich nicht lassen konnte" (V. 160). Diese erste Szene endet damit, dass die Verfolger Baumgartens Strafaktionen ankündigen und der Fischer Ruodi die entscheidende, den weiteren Textverlauf leitende Frage stellt: „Wann wird der Retter kommen diesem Lande?" (V. 182).

Die zweite Szene zeigt die gegenüberliegende Seite des Sees mit dem Haus Werner Stauffachers. In einem grundsätzlichen politischen Gespräch mit seiner Frau Gertrud ist es diese, die in ihm einen „Sturm gefährlicher Gedanken" (V. 296) weckt, nämlich über die Notwendigkeit zum politischen Widerstand gegen die Fremdherrschaft nachzudenken. Auf diese Weise politisch eingestimmt, nimmt der Zuschauer und Leser nun die Ankunft Wilhelm Tells und Baumgartens an dieser Seeseite wahr. Tell und Stauffacher besuchen anschließend den weit vorangeschrittenen Bau der Festung Uri. Selbst dieses Symbol der Macht und Tyrannei vermag Tell nicht zu motivieren, politisch in den Kategorien Stauffachers zu denken. Statt für Taten plädiert Tell für „Geduld und Schweigen" (V. 420). Mehr noch, er entwickelt eine apolitische Idyllik des Häuslichen: „Ein jeder lebe still bei sich daheim, / Dem Friedlichen gewährt man gern den Frieden." (V. 427f.) Stauffachers Appell, an „die gemeine Sache" (V. 434) zu denken, wehrt Tell mit den Sentenzen ab: „Ein jeder zählt nur sicher auf sich selbst" (V. 435) und „Der Starke ist am mächtigsten *allein*" (V. 437). Selbst Stauffachers Argument der Staatsnotwehr vermag Tell nicht zu überzeugen. Das ist um so bemerkenswerter, weil Tell just dies für sich selbst am Ende des Stücks in Anspruch nimmt, als er dem Kaisermörder Johann von Schwaben entgegenhält, er habe nicht – wie er selbst – mit der „gerechten Notwehr eines Vaters" (V. 3176) gehandelt. Kein Zweifel, Wilhelm Tell wird vom Autor als ausgesprochener Individualist charakterisiert, allerdings mit einer entscheidenden Schwellenmarkierung: Bedürfte der kollektive Widerstand einer individuellen Tat, so stünde er bereit (vgl. V. 444f.). Der Individualist eignet sich nicht zum politischen Anführer, das Politische als das Öffentliche ist ihm fremd, sofern es nicht das Private berührt. Im weiteren Verlauf dieses Aktes wird in Abwesenheit Tells die Notwendigkeit zum Widerstand diskutiert; der Akt endet mit dem Entschluss einer Zusammenkunft auf dem Rütli.

Der zweite Akt besteht lediglich aus zwei Szenen, enthält aber die wichtigen Ereignisse um den Rütli-Schwur. Die erste Szene zeigt Freiherrn von Attinghausen als den obersten politischen Repräsentanten der Schweizer, der das alte System vertritt, und seinen Neffen Rudenz, der aus Liebe zu Bertha zum Verrat an seiner politischen, schweizerischen Identität bereit zu sein scheint, da er Bertha auf Seiten der österreichischen Okkupanten wähnt. Diese Bertha-Rudenz-Handlung kann als eigentliche Liebeshandlung gelten und liegt zunächst quer zu der dominierenden politischen Thematik des Stücks. Der Onkel Attinghausen durchschaut die wahren Beweggründe für Rudenz' Weigerung, seinem Vaterland mit politischem Handeln beizustehen: „Das Ritterfräulein willst du dir erwerben / Mit deinem Abfall von dem Land" (V. 938). Attinghausen spielt das Private (der Liebe) gegen das Öffentliche (der Staatsräson) aus und erkennt darin den eigentlichen Konflikt. Dies präludiert in prägnanter Weise die Tell-Hedwig-Konstellation ebenso wie die Gertrud-Stauffacher-Verbindung, allerdings mit einem entscheidenden Unterschied: Während die Frauen Bertha und Gertrud diejenigen sein werden, die ihre Männer zum politischen Widerstand motivieren, ist es gerade Tells Gattin Hedwig, die ihren im Privaten residierenden Mann an das Häusliche gebunden wissen will. Durch Hedwigs Insistieren wird Wilhelm Tell aber in seinem Entschluss die Öffentlichkeit zu suchen bestärkt.

In der eigentlichen Rütli-Szene, der zweiten dieses Akts, treten 33 Figuren auf, Wilhelm Tell jedoch ist nur im Gespräch gegenwärtig. Beschlossen und beschworen wird die Rückkehr zu den alten Werten, zum Schutz-und-Trutz-Bündnis, langatmig wird dessen Geschichte referiert. Die Stimmung der Teilnehmer drückt sich in Bekundungen aus wie „Wir sind Ein Volk, und einig wollen wir handeln" (V. 1204) und „Gewaltherrschaft ward nie bei uns geduldet" (V. 1243). Damit ist ein Stichwort gegeben, dessen Wortfeld gleichsam einen eignen Diskurs entfaltet, ausgehend von der Frage, ob Widerstand gegen Gewalt rechtens sei. In einem leidenschaftlichen Appell bringt Stauffacher diesen Gewaltdiskurs auf den Punkt:

> Wo Mensch dem Menschen gegenüber steht –
> Zum letzten Mittel, wenn kein andres mehr
> Verfangen will, ist ihm das Schwert gegeben –
> Der Güter höchstes dürfen wir verteid'gen
> Gegen Gewalt – [...]. (V. 1283ff.)

In der *Braut von Messina* hatte der Chor hingegen noch geurteilt – und dies markiert den Unterschied und zugleich die Weiterentwicklung des Dramatikers Schiller gegenüber dem früheren Text –: „Das Leben ist der Güter höchstes *nicht*, / Der Übel größtes aber ist die *Schuld*" (V. 2838f.). Die Schuldfrage wird erst gegen Ende des *Wilhelm Tell* diskutiert, wenn es um die Rechtfertigung des Tyrannenmordes geht, zu dem Stauffacher in der Rütli-Szene mit den Worten „eine Grenze hat Tyrannenmacht" (V. 1275) indirekt auffordert. Hier wird also der Widerstand vorbereitet; die habsburgischen Landvögte sollen vertrieben und ihre Schlösser zerstört werden, obwohl die Verschwörer wissen:

> [...] Schrecklich immer
> Auch in gerechter Sache ist Gewalt,
> Gott hilft nur dann, wenn Menschen nicht mehr helfen. (V. 1320ff.)

Erstmals fällt nun auch der Name Geßlers als einer der gefährlichsten Landvögte. Der von Tell gerettete Baumgarten stellt sich für einen Sondereinsatz zur Verfügung, der vorsieht, Geßler gegebenenfalls nicht zu schonen. Entscheidend an dieser Rütli-Szene ist einmal mehr der Wille zur Geschlossenheit der drei verschiedenen Kantone Schwyz, Unterwalden und Uri. Das Ende dieses Akts prägt der pompöse Charakter des Opernhaften zeitgenössischer Inszenierungsmöglichkeiten und das ist vom Autor Schiller durchaus beabsichtigt. Das Orchester soll mit einem *„prachtvollen Schwung"* (Regieanweisung, nach V. 1465) einfallen, nach dem Abgang der Figuren ist noch eine Zeit lang die aufgehende Sonne über den Gletschern sichtbar. Ähnlich musikalisch glanzvoll lesen sich die Regieanweisungen zur letzten Szene des Stücks.

Erst der dritte Akt zeigt Wilhelm Tell als handelnde Hauptfigur. Charakteristischerweise wird er in einer häuslichen Szene vorgestellt, die markant das Ende des zweiten Akts kontrastiert. Hedwig, deren Angst Tell ignoriert, ist diejenige Figur, welche das Politisch-Öffentliche nun mit dem Privaten verbindet. Sie erwähnt den Rütli-

Schwur mit dem Vorwurf an ihren Mann, dass er daran beteiligt sei. Tell entgegnet und diese Antwort kann als ein programmatisches Bekenntnis, mithin als eine Schaltstelle des Dramas verstanden werden: „Ich war nicht mit dabei – doch werd ich mich / Dem Lande nicht entziehen, wenn es ruft" (V. 1520f.). Wilhelm Tell ist also nicht grundsätzlich apolitisch, sondern es bedarf lediglich eines privat motivierten oder initiierten Anstoßes, um ihn zum öffentlichen Handeln zu bewegen.

Tell bricht nun zu einem Besuch in Altdorf auf und der Textverlauf legt schon die Vermutung nahe, dass es zu einer unvorhergesehenen Begegnung mit Geßler kommen wird. Dieses dramatische Spannungsmoment wird kurz unterbrochen durch die weitere Entwicklung der Bertha-Rudenz-Episode. Abseits einer Jagdgesellschaft bekennen beide einander ihre Liebe und Bertha vermag innerhalb kürzester Zeit Rudenz politisch zu bekehren. Nur wenn er seine Unterstützung der habsburgischen Besatzungsmacht aufgebe, erhalte er zum Preis ihre Zuneigung. Diesem Tauschgeschäft, dessen Grundlage Berthas Forderung ist, Rudenz solle „Gewalt" (V. 1645) gegen sich selbst ausüben und sich zu seinem Vaterland bekennen, droht Gefahr auch dadurch, dass Bertha eine politische Heirat mit einem kaiserlichen Günstling eingehen soll. Sie gibt den Befehl aus: „Die Liebe nur – die Eure kann mich retten!" (V. 1672). Diese Liebe aber wird nur erwidert, wenn Rudenz zuvor das politische Lager wechselt. Am Ende dieser zweiten Szene ist Rudenz tatsächlich ‚bekehrt' und Bertha gibt unter dem Klang der Jagdhörner die Parole aus:

> […] Kämpfe
> Für's Vaterland, du kämpfst für deine Liebe!
> Es ist Ein Feind, vor dem wir alle zittern,
> Und Eine Freiheit macht uns alle frei! (V. 1728ff.)

In diesen Worten ist das Private im Politischen des öffentlichen Handelns aufgegangen.

In der dritten Szene dieses Aktes erfolgt die Gefangennahme Wilhelm Tells, der sich weigert dem Hut des Landvogts seine Ehrerbietung zu zeigen. Sein Schwiegervater Walther Fürst kommentiert dieses Geschehen mit dem Begriff der Gewalt, ebenso auch der etwas hitzköpfige Melchthal, für den dieser Willkürakt „schreiende Gewalt" (V. 1840) darstellt. Indem also in der Figurenrede auf den Gewaltbegriff abgehoben wird, kann dies in der Logik der Rütli-Szene bereits als Legitimation für den Aufstand dienen, doch Tell beharrt noch auf seinem individuellen Widerstandsrecht: „Ich helfe mir schon selbst" (V. 1846). Geßler trifft ein und Tell wird von ihm zur Probe des Apfelschusses verurteilt, er solle mit der Armbrust einen Apfel vom Haupte seines Sohnes schießen. Mit einer scharfen Doppeldeutigkeit der Wortwahl vollzieht sich nicht nur Tells Schicksal, sondern wird auch Geßlers Untergang vorbereitet. Sein Befehl: „Öffnet die Gasse" (V. 1930) und Tells wenige Verse später erfolgende Wiederholung „Öffnet die Gasse!" (V. 1980) nehmen symbolisch jene hohle Gasse bei Küßnacht vorweg, in der Geßler zu Tode kommen wird (vgl. IV/3). Tell absolviert diese wagemutige Probe bekanntlich erfolgreich; er wird dennoch von Geßler gefangen genommen. Der Ausruf der Menge „Mit euch geht unser letzter Trost dahin!" (V. 2092) ist allerdings unmotiviert. Denn Tell ist zu diesem Zeitpunkt aus der Binnenperspektive des Stücks betrachtet noch keineswegs nationaler Hoffnungsträger und Symbolfigur des politischen Widerstands. Hier greift das Stück dem weiteren Verlauf voraus, ohne dass dies durch den Text bis dahin begründet ist.

Diese dramaturgische Schwäche setzt sich auch im vierten Akt fort, wo gleich zu Beginn ein Fischer mitteilt, dass „der Arm, der retten sollte" (V. 2126), gefesselt und der letzte Hoffnungsanker verloren sei. Woher aber weiß der Fischer, woher wissen wir Leser dies: dass Wilhelm Tell ,retten', dass er das Land befreien soll?

Das Schiff, das Tell in die Festung Uri bringen sollte, erleidet während eines Sturms Schiffbruch. Wilhelm Tell kann sich absetzen und sinnt von jetzt an auf Rache. Doch selbst die Parole, die er am Ende dieser Szene ausgibt: „Der Tell sei *frei* und seines Armes mächtig, / Bald werden sie ein weitres von mir hören" (V. 2297f.), richtet sich nicht an ein Kollektiv Aufständischer, sondern hat zum Adressaten unmittelbar seine Frau und seine Familie. Wilhelm Tell ist zu diesem Zeitpunkt immer noch nicht selbsternannter oder gewählter Wortführer des Widerstands, immer noch nicht ist für ihn jener Punkt gekommen, wo der private Leidensdruck ein öffentliches politisches Handeln erzwingt. Der ,Ruf des Landes' ist an ihn noch nicht ergangen. Seine Frau Hedwig erkennt die wahren Antriebskräfte für Tells individuelles Handeln, sie sieht sie in der Geschlechterdifferenz:

O rohes Herz der Männer! Wenn ihr Stolz
Beleidigt wird, dann achten sie nichts mehr,
Sie setzen in der blinden Wut des Spiels
Das Haupt des Kindes und das Herz der Mutter! (V. 2329ff.)

Die Bäuerin Frau Armgart,[70] die in der hohlen Gasse ebenfalls Geßler auflauern wird, erkennt die Geschlechterdifferenz als Ursache für ihre politische Unmündigkeit und denkt diesen Ansatz zu Ende: „Wär ich ein Mann, / Ich wüßte wohl was besseres, als hier / Im Staub zu liegen –" (V. 2771ff.). In Hedwigs Sicht wird also die persönliche Rache Tells als staatliche Notwehr kaschiert. Denn Hedwig weiß, dass Tell von nun an die symbolische Figur einer Kollektivphantasie der Errettung ist (vgl. V. 2365ff.). Diese Verschränkung von individuellem Motiv und politischem Handeln wird in der Bertha-Rudenz-Episode gespiegelt und dadurch in ihrer Bedeutung hervorgehoben. Rudenz erklärt, dass seine Geliebte verschwunden sei. Stauffacher charakterisiert dies sofort als Gewalttat (vgl. V. 2527 u. V. 2533) und stellt damit wieder den Interpretationsschlüssel des Rütli-Schwurs zur Verfügung. Rudenz wird kurzerhand zum Anführer gewählt, das Signal zum Aufstand wird verabredet.

Unterdessen hat sich Tell in der hohlen Gasse eingerichtet, deren Symbolik ja bereits in der Apfelschussszene vorbereitet wurde. „Durch diese hohle Gasse muß er kommen" (V. 2560) – so lauten die Eingangsworte von Tells langem Monolog, in dem er das Motiv seines Mordanschlags darlegt, und wohl kaum ein anderer Vers des *Wilhelm Tell* ist öfter zitiert, aber auch parodiert worden als dieser. Auch hier bleibt Tells Motivlage eindeutig; er handelt aus familiärem Interesse, seine Kinder will er verteidigen. Er sagt über sich selbst: „Zu schützen vor der Rache des Tyrannen / Will er zum Morde jetzt den Bogen spannen!" (V. 2633f.) Geßler wird von Tell erschossen, die inzwischen versammelte Menge bilanziert: „Das Land ist frei" (V. 2821). Erst nach der Tat wird Wilhelm Tell also unverhofft und ungewollt zum Freiheitshelden.

Damit könnte im Sinne eines runden Handlungsbogens das Stück enden, doch es folgt der fünfte Akt. Die Festung Uri, das architektonische Symbol fremder Gewaltherrschaft, wird zerstört, Bertha wird aus ihrer Gefangenschaft befreit, alle stehen *„malerisch gruppiert"* (vor V. 2923), wie es in einer Regieanweisung heißt, da trifft die Nachricht ein, der Kaiser sei ermordet worden. Der Täter ist sein Neffe Herzog Johann von Schwaben (1290–1313), Enkel König Rudolfs I. von Habsburg. Die historische Tat geschah am 1. Mai 1308. In Schillers Text wird der herzogliche Mörder Johannes Parricida genannt; Parricida heißt lateinisch Verwandten- und Vatermörder. Er soll auf

---

70 Nur im Personenverzeichnis findet sich die Schreibweise „Armgard" (vgl. FA 5, S. 387).

der Flucht sein und durchs Gebirge irren, eine Begegnung scheint – dramaturgisch – unvermeidlich. Erst am Ende dieser ersten Szene, nach weiteren politischen Diskussionen und Erklärungen, wird die Abwesenheit Tells bemerkt. Stauffacher ruft nochmals in Erinnerung, Tell sei der „Freiheit Stifter" (V. 3083), der „Retter" (V. 3086) von allen.

Die zweite und vorletzte Szene eröffnet den Blick aus Tells Haus heraus. Durch diese perspektivische Dramaturgie wird nochmals entscheidend das Moment des Privaten und Binnenperspektivischen von Tells Handeln unterstrichen. Johannes Parricida erscheint als Mönch verkleidet. Als Tell den Mörder des Kaisers erkennt, beginnt ein ethisches Kräftemessen, dessen Gewichte klar verteilt sind: Parricida handelte aus Besitzneid und „Ehrsucht" (V. 3175) – der Kaiser enthielt ihm sein Erbe vor – und deklariert dies als politische Tat, während Wilhelm Tell aus individuell-familiärer Notwehr mordete (er spricht von der „gerechten Notwehr eines Vaters", V. 3176) und sein Haus dreimal für ‚rein' erklärt. „Gemordet / Hast *du, ich* hab mein teuerstes verteidigt" (V. 3183f.). Tell ist in diesem Sinne moralisch schuldfrei, der Mord an Geßler ist gerechtfertigt, während die Kontrastfigur Parricida unter der Last des Schuldbewusstseins leidet. Tell beruft sich auf eine Art sittlichen Notstand: Während Parricida im sittlichen wie rechtlichen Sinne gemordet habe, sei für ihn seine Tat Verteidigung. Auf die Empfehlung Ifflands, die Parricida-Szene zu streichen, hatte Schiller mit dieser Rechtfertigung reagiert: „Der Casus gehört vor das poetische Forum und darüber kann ich keinen höhern Richter als mein Gefühl erkennen" (NA 32, S. 124). Die Frage, ob es sich im Stück um einen politisch motivierten Tyrannenmord, der sittlich legitimiert werden kann, handelt oder ob Tell aus ausschließlich eigennützigen, da familiären Gründen agiert, verliert angesichts des ‚poetischen Forums' an Bedeutung und damit an Ideologisierbarkeit. Schiller wollte, um dies zugespitzt zu formulieren, keine staatsrechtliche Abhandlung über die Rechtmäßigkeit des Tyrannenmords verfassen, sondern das verallgemeinerbar Tragische in der Figur des Wilhelm Tell wie im Stück selbst hervorheben, das in dem grundsätzlichen Konflikt zwischen privaten Interessen und öffentlicher Verpflichtung gesehen werden kann. Zwar ist der *Wilhelm Tell* auch ein „parallel zu den *Räubern* verlaufender Gegenentwurf",[71] denn Tell ist nicht mehr jener ausschließliche Selbst-

---

71 Gert Ueding: *Wilhelm Tell*, in: Interpretationen. Schillers Dramen, S. 385–425, hier S. 394.

helfertypus, der das Recht eigenmächtig in die Hand nimmt. Doch fraglich bleibt, ob sein Handeln tatsächlich von einer demokratischen Legitimation getragen wird und damit der Mord an Geßler zum legitimierten Tyrannenmord aufgewertet werden kann. Der ethische Rigorismus Tells – gipfelnd in seiner Empfehlung, Parricida solle zum Papst pilgern und Abbitte leisten – macht dessen ganze Problematik deutlich, die darin besteht, dass er selbst bis zum Schluss einen öffentlich-politischen Index seiner privat motivierten Tat ablehnt, aber gerade dafür von seinen Mitmenschen in Anspruch genommen wird: Er hat sein Haus und damit zugleich das Land verteidigt. Das Private ist in ihm und durch ihn öffentlich geworden. Wilhelm Tell ist in diesem Sinne ein mediales Konstrukt; durch das Medium der öffentlichen Meinung ist er zu dem geworden, der er tatsächlich nicht ist.

Schillers *Wilhelm Tell* spielt in der Mitte des 13. Jahrhunderts. Das Historische des Dramas gibt aber nur den Rahmen ab, innerhalb dessen sich die Handlung entfaltet. Die Geschichte der Eidgenossenschaft (das Historische) wird durch die Handlung, die Taten Tells, als eine Art nicht-theologische „Heilsgeschichte"[72] interpretierbar. Der realen Geschichte wird die Utopie förmlich aufgezwungen und gleichzeitig geht diese aus jener hervor; der Glaube von Freiheit und Gleichheit findet in der Geschichte seine bestätigende Entsprechung. Insofern kann man durchaus von einer „Apotheose der Freiheit"[73] im Schlusstableau sprechen. So wird der Mythos als Deutung der Geschichte verstanden. Mit dem *Wilhelm Tell* greift Schiller im Vergleich zu den anderen Dramen am weitesten historisch aus. Doch ist das Stück kein Mittelalterdrama und in der Verweigerung des Dichters, den Stoff als ein solches zu gestalten, liegt durchaus ein Moment der Kritik an der romantischen Mittelaltereuphorie. *Wilhelm Tell* ist auch weit mehr als ein bloßes Geschichtsdrama mit versöhnlichem Ausgang. Das Stück dramatisiert Geschichte nicht, sondern es stellt das, was Schiller als das Ideale der historischen Entwicklung erkennt, im buchstäblichen Sinn vor Augen. Die zunächst vereinzelt erscheinenden Handlungselemente entwickeln sich als Beispiele einer allgemeinen Menschheitsgeschichte und gestalten sich so zum Beispielfall zukünftiger Geschichte. Getragen wird diese Verweisdynamik vor allem von der Figur des Wilhelm Tell. Tell ist Individualist, kein Volksheld; nur so wird Schillers Charakterisierung der

---

72 Ueding: *Wilhelm Tell*, S. 390.
73 Ueding: *Wilhelm Tell*, S. 422.

Figur gegenüber Karl Schwarz verständlich: „Die Rolle erklärt sich selbst: eine edle Simplicität, eine ruhige, gehaltne Kraft ist der Charakter; mithin wenige, aber bedeutende Gesticulation, ein gelassenes Spiel, Nachdruck ohne Heftigkeit, durchaus eine edle schlichte Manneswürde" (NA 32, S. 118). Zwischen Tell als Dramenfigur und der eidgenössischen Revolution gibt es keinen Zusammenhang.[74] Strukturell hingegen ist der *Wilhelm Tell* Revolutionsdrama und Familiendrama zugleich, Privatheit und Öffentlichkeit zusammenführend. Aus dieser Verschränkung bezieht das Stück erst sein identifikatorisches Angebot. Schiller zeichnet seinen Tell nicht als Nationalhelden, vielmehr betont er den Aspekt der Privatheit für Tells Handeln nochmals am Ende, wenn Tell von „der gerechten Notwehr eines *Vaters*" (V. 3176, Hervorhebung M.L.-J.) spricht.

Schillers *Wilhelm Tell* ist ebenso wie seine *Braut von Messina* ein Experiment – es solle „ein mächtiges Ding werden, und die Bühnen von Deutschland erschüttern" (NA 32, S. 68), schreibt Schiller an Körner am 12. September 1803 – und gleichermaßen Gegenentwurf zum Zeitgeist. Das Drama erfüllt weder gesellschaftliche noch poetologische Erwartungen leicht und vollständig. Schiller geht mit ihm das Wagnis ein den Beweis zu erbringen, dass ein klassisches Drama nicht per se und grundsätzlich als ein Produkt der so genannten Höhenkammliteratur zu verstehen ist. *Wilhelm Tell* ist Schillers Versuch, das Modell ‚Weimarer Klassik‘ publikumsfähig zu machen, es aus der Privatheit des (halb-)höfischen Theaters in die Öffentlichkeit eines Volksstücks zu übertragen. Das Wagnis und der Versuch sind gelungen, wie die Rezeptionsgeschichte des Dramas bis heute zeigt, auch wenn *Wilhelm Tell* aus politischen Gründen in Wien erst am 29. November 1827 gespielt wurde.

Der Rezeptionsgeschichte des *Wilhelm Tell* hat die Sentenzenlastigkeit des Stücks, insbesondere der Titelfigur Wilhelm Tell, sicherlich geschadet. Geflügelte Worte wie: „Der kluge Mann baut vor" (V. 274), „Was Hände bauten, können Hände stürzen" (V. 387), „Früh übt sich, was ein Meister werden will" (V. 1481), „Die Axt im Haus erspart den Zimmermann" (V. 1514), „Wer gar zu viel bedenkt wird wenig leisten" (V. 1532) oder „Es kann der Frömmste nicht im Frieden bleiben, / Wenn es dem bösen Nachbar nicht gefällt" (V. 2682f.), mögen das Ihrige dazu beigetragen haben. Allerdings wäre es an der Zeit, über eine „Idee" Robert Walsers (1878–1956)

---

74 Guthke: Schillers Dramen, S. 286.

nachzudenken, der in seinem kleinen Essay *Wilhelm Tell* (ca. 1927) davon spricht, der „Landvogt und Tell seien eine einzige widerspruchsvolle Persönlichkeit",[75] sie bildeten eine unzertrennliche Einheit, einer sei ohne den anderen undenkbar. Dieses Phänomen der Dopplung auf die Bühne gebracht, müsste man sich Tell und Geßler in identischer Erscheinung vorstellen. Dann würde die aggressive Triebnatur des Menschen durch Geßler vertreten, der zugleich das Moment des öffentlichen Agierens repräsentierte, während Tell für das vernunftorientierte Pflichtbewusstsein stünde, das aus der privaten Sicherheit heraus aus Überzeugung handelt. So gesehen wäre der *Wilhelm Tell* dann ein Zeugnis für die historische Zäsur einer Dopplung bürgerlicher Identität zu Beginn des 19. Jahrhunderts.

Goethes Mutter schrieb anlässlich der Weimarer Aufführung des Stücks am 9. April 1804 an ihren Sohn:

> Grüße Schiller! Und sage Ihm, daß ich Ihn von Hertzen Hochschätze und Liebe – auch daß Seine Schrieften mir ein wahres Labsahl sind und bleiben – Auch macht Schiller und du mir eine unaussprechliche Freude das Ihr auf allen den Schnick – Schnack – von Rezenziren – gewäsche – Frau Baaßen geträsche nicht ein Wort antwortet; [...] Fahrt in diesem guten Verhalten immer fort – Eure Wercke bleiben vor die Ewigkeit – [...] puncktum.[76]

---

75 Robert Walser: *Wilhelm Tell*, in: Ders.: Europas schneeige Pelzboa. Texte zur Schweiz. Hgg. v. Bernhard Echte. Frankfurt a.M. 2003, S. 28f., hier S. 29. Ironisch allerdings urteilt Walser in seiner Erzählung *Tell* (1919/20), die er in die Moderne verlegt, indem er Tell mit Lenin und Trotzki sympathisieren lässt, und mit dem Satz beendet: „Da er bei aller Tatkraft friedliebend war und seine Aufgabe erfüllt hatte, so ging er still nach Hause an seine gewohnte Arbeit" (Robert Walser: *Tell*, in: Ders.: Feuer. Unbekannte Prosa und Gedichte. Hgg. v. Bernhard Echte. Frankfurt a.M. 2003, S. 53–55, hier S. 55).
76 Die Briefe der Frau Rath Goethe. Gesammelt u. hgg. v. Albert Köster. Leipzig 1904, Bd. 2, S. 117f.

6.7 *Die Huldigung der Künste* (1805)[77]

E: 4.–8. November 1804
D: 1805
UA: 12. November 1804 (Weimar)

Von Schillers Dramolett *Die Huldigung der Künste* mit dem Untertitel *Ein lyrisches Spiel* ist eine eigenhändige Reinschrift des Autors erhalten geblieben, die er am 12. November 1804 durch seinen Schwager Wilhelm von Wolzogen der Erbprinzessin und russischen Zarentochter Maria Paulowna (1786–1859) überreichen ließ. Anlass für dieses Geschenk war deren Vermählung mit dem Weimarer Erbprinzen Karl Friedrich. Von den ‚Weimarer Klassikern' Goethe und Schiller wurde für diesen Festakt entsprechende Huldigungspoesie in der Tradition der Kasuallyrik erwartet. Beide lehnten zunächst das Ansinnen ab, dann aber „wurde Goethen Angst, daß er allein sich auf nichts versehen habe und die ganze Welt erwartete etwas von uns" (NA 32, S. 170). So wurde Schiller unter Druck gesetzt, etwas Dramatisches zu Papier zu bringen. Unter dem Datum vom 4. November 1804 findet sich der Eintrag „an den Prolog gegangen" (NA 41/I, S. 249) in Schillers *Kalender*, vier Tage später ist dieser Prolog, womit *Die Huldigung der Künste* gemeint ist, fertig. Am 9. November 1804 heißt es im *Kalender*: „Einzug der Erbprinzeßin. Präsentation." (NA 41/I, S. 249) Am 12. November 1804 schickt Schiller seinem Schwager das Manuskript und abends wird das Dramolett in Weimar bereits uraufgeführt.[78] Lediglich ein Mal wird es in der Folge noch gespielt, am 9. November 1854 zum 50. Jahrestag. Die Erstausgabe erschien 1805. Überliefert sind Berichte von der Aufführung des Stücks. So heißt es im *Journal des Luxus und der Moden* im November 1804: „Heute begrüßte das Theater im festlichem Spiele die hohen Angekommenen. Doppelt genußreich war der Abend, da wir Hrn. Hofrath *von Schiller* die Weihe des Tages verdankten, der in einem sinnreich-allegorischen Vorspiele Kränze poetischer Immortellen dem Durchlauchtigen Paare reichte" (FA 5, S. 861). Auch die *Zeitung*

---

77 Den nachfolgenden Ausführungen liegt mein Artikel zugrunde: Matthias Luserke-Jaqui: *Die Huldigung der Künste*, in: Schiller-Handbuch. Hgg. v. Matthias Luserke-Jaqui unter Mitarbeit v. Grit Dommes. Stuttgart, Weimar 2005.

78 Vgl. die Faksimileausgabe: Zum 9. Mai 1905. Die Huldigung der Künste, Demetrius: Marfa's Monolog, Der Epilog zu Schillers Glocke in handschriftlicher Gestalt mit einer Einleitung hgg. v. Bernhard Suphan. Weimar 1905 (= Schriften der Goethe-Gesellschaft Bd. 20).

für die elegante Welt und *Der Freymüthige oder Ernst und Scherz* berichteten von der Aufführung.

Die Absicht Schillers, das Dramolett an erster Stelle im ersten Band seiner gesammelten Stücke abzudrucken, wurde als Indiz dafür gewertet, dass die *Huldigung der Künste* mehr sein müsse als bloße Gelegenheitsdichtung aus Anlass höfischer Erfordernis. Demgegenüber lässt sich aber in Anschlag bringen, dass der oft zitierte Brief Schillers an seinen Verleger Cotta vom 13. Dezember 1804 bereits von der Textsorte her gesehen ein Geschäftsbrief ist, der nahezu ausschließlich ökonomische und werbe- bzw. verkaufsorientierte Argumente anführt.[79] Schiller ist bemüht, seinen Verleger von der wirtschaftlichen Rentabilität einer fünfbändigen Sammlung seiner Theaterstücke zu überzeugen. Der Dichter schreibt dem Geschäftsmann unter anderem:

> Da es jezt allerdings zu spät ist, ein kleines Vorspiel nebst dem übersezten Lustspiel [= Schillers Bearbeitung von Picards *Der Parasit*, M.L-J.] in Form eines Neujahrsgeschenks herauszugeben, so habe ich Ihren Brief an Fromman zurückbehalten und schicke ihn hier zurück. Von jenem Vorspiel können wir einen noch beßern Gebrauch machen, wenn wir die Sammlung meiner Theaterstücke damit beginnen. Und von dieser Sammlung will ich heute mit Ihnen reden.
>
> Es wäre mir nicht lieb, wenn der Anfang abermals um ein Jahr hinausgeschoben würde, woran ich bisher selbst schuld war. Wenn es aber im Jahr 1805 zu Stande kommen soll, so müßte man eilen den Ersten Band noch auf die Ostermesse zu bringen. Es fragt sich also, ist es dazu noch Zeit und kann binnen 4 Monaten ein *schöner* Druck von 38 Bogen geleistet werden?
>
> Ich habe nehmlich nach reiflicher Ueberlegung gefunden, daß es beßer ist, die Bände größer zu machen, so daß jeder Band *mehrere* Stücke auch wenn diese noch so groß sind, faßt. (NA 32, S. 176f.)

Schiller verfolgte schon seit März 1795 den Plan, seine Theaterstücke in mehreren Bänden gesammelt herauszugeben (vgl. NA 27, S. 161f.), doch wurde dieses Vorhaben immer wieder verschoben. Am 25. März 1802 hatte er von seinem Verleger Cotta einen Honorarvorschuss in Höhe von 2.600 Gulden erhalten, wovon er sein Haus an der Esplanade erwarb. Das Darlehen sollte zu 4% verzinst und mit dem Honorar für die beabsichtigte Sammlung der Theaterstücke verrechnet werden. Doch das Vorhaben verzögerte sich

---

79 Vgl. zu diesem Thema grundsätzlich Karl-Heinz Hucke: Jene „Scheu vor allem Mercantilischen". Schillers „Arbeits- und Finanzplan". Tübingen 1984.

schließlich so lange, dass Schiller die Veröffentlichung des ersten Bandes *Theater von Schiller* im Jahre 1805 nicht mehr erlebte. Schiller weist in diesem Brief auch darauf hin, dass sich die einzelnen Bände in Gestalt und Umfang von den bisherigen Ausgaben seiner Stücke deutlich unterscheiden müssten. Der Kaufanreiz bei den Lesern könne so aufrechterhalten werden. Er schlägt dann vor, dass jeder Band 40 Druckbogen umfassen solle. Wenn es nun für den Autor um die Frage geht, an welchem Ort der fünfbändigen Ausgabe er sein Dramolett *Die Huldigung der Künste* platzieren wird, so kommt dafür nur ein Band, nämlich der erste, mit dem die Edition eröffnet werden soll, in Frage. Dies aus dreierlei Gründen: 1.) Der letzte, fünfte Band (*Wilhelm Tell, Demetrius* und *Zwey kleine Lustspiele nach dem Französischen*) schied aus, da er mit dem *Demetrius*-Projekt eine große Planungsunsicherheit barg; das Stück war noch nicht fertig geschrieben. 2.) Der zweite Band (mit den Dramen *Die Räuber, Fiesko, Kabale und Liebe* und *Der Parasit*) und der dritte Band (*Wallenstein, Braut von Messina*) kamen deshalb nicht in Frage, da sie bereits in Schillers Berechnung, die er detailliert im Brief durchführt, 40 Bogen Umfang aufwiesen. 3.) So hätte allein der vierte Band zur Verfügung gestanden, er hatte 39 Bogen Umfang (mit den Stücken und Bearbeitungen *Maria Stuart, Macbeth, Turandot* und *Iphigenia in Aulis nach Euripides*). Aber Schiller drängte darauf, dass die ersten drei Bände „rasch aufeinander folgen, daß der Käufer in Athem gesezt würde und diese 3 ersten Bände müßten also in 3 aufeinander folgenden Meßen herauskommen. Nachher wenn das Werk auf diese Art in ordentlichen Gang gebracht worden, folgte jedes Jahr ein neuer Band" (NA 32, S. 178). Zwei Bände sollten also pro Jahr erscheinen, nämlich zur Frühjahrs- und zur Herbstmesse. Nach Schillers Wunsch sollte der Druck rasch geschehen, bereits zur nächsten Ostermesse sollte der erste Band auf dem Markt sein. Schiller bittet darum, „alles aufzubieten" (NA 32, S. 178) und notfalls mit zwei Setzern und zwei Druckpressen gleichzeitig zu arbeiten, um diesen frühen Erscheinungstermin zu ermöglichen. So blieb also letztlich nur der erste Band als Publikationsort von Schillers Dramolett. Dieser Band erfüllte die Kriterien der schnellen Publikation und des Umfangs, mit 37 Bogen von *Don Karlos* und *Die Jungfrau von Orleans* war durchaus noch Platz für die einen Bogen umfassende *Huldigung der Künste*. Zudem bot der erste Band den geeigneten Ort das bereits fertig geschriebene Stück einigermaßen profitabel zu vermarkten; vier Carolin pro Bogen hatte sich Schiller vom Verleger ausbedungen. Jener „Sporn der Finanzen" (NA 30, S. 81), wie er es einmal 1799 in einem Brief an Körner formuliert hatte, war das mindeste, was ihn zur poetischen Arbeit motivieren konnte.

Schiller urteilte in einem anderen Brief an Cotta vom 21. November 1804 über den Text und seine Adressatin:

> Ich verspreche mir eine schöne Epoche für unser Weimar, wenn sie nur erst bei uns einheimisch wird geworden seyn.
>
> Es ist uns kaum ein paar Tage vor ihrer Ankunft aufgegeben worden, ihr eine Theater Fête zu geben, und da habe ich denn in aller Eile noch ein kleines Drama gedichtet, welches über alle Erwartungen gut reußierte und executiert wurde. (NA 32, S. 167f.)

Körner gegenüber nannte er das Stück ein Machwerk und eine flüchtige Arbeit (vgl. NA 32, S. 170) und noch im April 1805 spricht er in einem Brief an Wilhelm von Humboldt davon, es sei „ein Werk des Moments und im Verlauf weniger Tage ausgedacht, ausgeführt und dargestellt worden" (NA 32, S. 207). Schiller hat für die Ausarbeitung keine Quellen benutzt. Inwiefern aber allgemeine oder detaillierte Einflüsse des spanischen Theaters, namentlich Calderons, auszumachen sind und eine intertextuelle Referenz auf die *14. Olympische Ode* von Pindar angenommen werden kann, ist unsicher. Einen überzeugenden Nachweis hat die Forschung bislang noch nicht erbracht.[80]

Die Huldigung der Künste kommt mit einem knappen, kammerspielartigen Figurenensemble aus. Schiller beschwört die arkadische Idylle einer Hirtenfamilie – bestehend aus Vater, Mutter, Jüngling und Mädchen – und lässt einen Chor von Landleuten, einen Genius und die sieben Künste auftreten; sie figurieren das ‚lyrische Spiel'. Ein aus dem fernen Russland importierter Orangenbaum wird gepflanzt. Ob für diese Szene Ifflands Stück *Liebe um Liebe* (1785) unmittelbar Pate stand, wie vermutet wurde, bleibt umstritten.[81] Ein „Genius des Schönen" (FA 5, S. 515) steigt in Begleitung seiner sieben Künste vom Himmel herab. Dieser Chor der Künste besteht aus der Architektur, der Bildhauerei, der Malerei, der Poesie, der Musik, dem Tanz und der Schauspielkunst. Die Künste tanzen um den Baum und lassen die Zuschauer wissen, dass sie von jeher die

---

80 Vgl. Gerhard vom Hofe: Die Verkündigung des „ästhetischen Staats": *Die Huldigung der Künste*, in: Schiller und die höfische Welt, S. 168–183.

81 Vgl. Philipp Simon: *Die Huldigung der Künste*, in: Neue Jahrbücher für das klassische Altertum, Geschichte und deutsche Literatur 11 (1908), S. 714–721, hier S. 717.

Menschheit begleiten. „Wir suchen auf Erden ein bleibendes Haus" (FA 5, V. 45), das Stück thematisiert also den ‚Sitz im Leben' der Künste. Sie bekennen ihn nur dort zu finden, wo der Mensch sich auch kulturell entfaltet:

> Wir suchen der Menschen
> aufricht'ge Geschlechter;
> Wo kindliche Sitten
> Uns freundlich empfahn,
> Da bauen wir Hütten
> Und siedeln uns an. (FA 5, V. 62–67)

In ungewöhnlicher Direktheit spricht der Genius des Schönen die anwesende, im Publikum sitzende Fürstin an. In einer Regieanweisung wird dies auch ausdrücklich vermerkt. Schiller geht sogar noch einen Schritt weiter und lässt den Genius des Schönen im Namen aller Künste mit den Worten „Sind wir bereit, o Fürstin, Dir zu dienen" (FA 5, S. 517) erklären, die Künste würden sich freiwillig dem aristokratischen Gebrauch überantworten. Doch das Stück endet nicht mit dieser Einschreibung in eine höfische kulturelle Grammatik, vielmehr steht am Ende in Gestalt der beiden letzten Verse dieses Bekenntnis:

> Denn aus der Kräfte schön vereintem Streben
> Erhebt sich, wirkend erst das wahre Leben. (FA 5, S. 518)

Damit ist gleichermaßen Forderung und Aufgabenstellung verbunden. Die Verse können als direkter Appell an die Fürstin verstanden werden, das Ihre zum ‚wahren Leben' im Großherzogtum Sachsen-Weimar-Eisenach beizutragen.

Das Stück gehört nicht gerade zu jenen Texten von Schillers theatralischem Werk, die rege Aufmerksamkeit bei den Lesern erfahren haben. Ob dies an der scheinbar mangelnden ästhetischen Qualität selbst liegt oder ob es dem in der Rezeptionsgeschichte vorherrschenden Interesse an kanonisierten Texten zuzuschreiben ist, sei dahingestellt. Schon Körner spricht im Brief vom 2. Dezember 1804 an Schiller zutreffend vom „Geschäft der Bewillkommung" (NA 40/I, S. 260), einer Pflichterfüllung, die Schiller mit der Ausarbeitung seines Dramoletts übernommen habe. Die Schiller-Forschung hat den Gelegenheitscharakter dieser kleinen Dichtung zwar nie geleugnet. Doch oftmals wurde diese Feststellung mit einer entschiedenen Absage an die ästhetische Qualität des Textes verbunden. Zugleich wurde der Text aber auch schon früh zu einer Art „ästhetische[m] Testament"[82] stilisiert, worin Schillers ästhetisches und künstlerisches Programm seinen bleibenden Abschluss gefunden habe. Das führt in der Folge dazu, in diesem Dramolett bemüht nach allegorischen, symbolhaften Strukturen zu suchen, die dann als komplexes Verweisungssystem auf Schillers eigene ästhetisch-theoretische Arbeiten gelesen werden können. Somit böte das Stück eine „Epiphanie des Göttlichen im Schönen"[83] und fasse im Kern Schillers ästhetische Theorie zusammen. Dem steht allerdings deutlich der unmittelbare höfische Anlass und Verwendungszusammenhang entgegen.

In der *Huldigung der Künste* geht es Schiller auch um die beispielhafte grundsätzliche ästhetische Erziehung des Menschen mit dem Ziel, seine Idee des ästhetischen Staats zu verwirklichen. Am Ende seiner Abhandlung *Über die ästhetische Erziehung des Menschen in einer Reihe von Briefen* (1795) hatte er dieses Modell entworfen. *„Freiheit zu geben durch Freiheit"* (FA 8, S. 674) sei das Grundgesetz „im Kreise des schönen Umgangs, in dem *ästhetischen* Staat" (FA 8, S. 673). Auf die konkrete Situation am Weimarer Hof übertragen bedeutet dies, dass der Fürstin Maria Paulowna eine doppelte Rolle zugedacht wird: Einmal wird sie als eine Fürstin der ästhetischen Erziehung im real-historischen Kleinstaat von Weimar gesehen, zum anderen auch als Fürstin im ästhetischen Staat ersehnt. Ein Verzicht auf die ständische Ordnung erlauben weder der Anlass des Huldigungsgedichts noch die doppelte Zuschreibung. Jedoch bleibt bei dieser Referenz auf die *Ästhetischen Briefen* problematisch, dass ein Text aus dem Jahre 1805 mit den Schreib- und Denkbedingungen Schillers der 1790er Jahre verknüpft und damit eine Kontinuität politischer Reflexion in Anspruch genommen wird, die in dieser Form mehr als zweifelhaft ist.

Im Stück fasst ein Jüngling in Worte, was Erstaunen erregt und Voraussetzung der ästhetischen Bildung ist: „Bilder, wie wir nie sie sahen" (FA 5, S. 512), seien es, welche diese sieben Göttinnen hervorbringen. Demnach ist es die Kunst, die eine andere Wahrnehmung generiert; sie macht sehen, was ohne sie nicht zu sehen wäre. Der Genius erklärt – gleichsam in einer literarischen Variante zum Prometheus-Mythos –, dass sich die Künste dort niederlassen wollten, wo aufrichtige Menschen wohnen. Der Prozess der Kultivierung

---

82 Karl Hoffmeister: Schillers Leben, Geistesentwicklung und Werke. Stuttgart 1842, Tl. 5, S. 120.
83 Christa Vaerst-Pfarr: *Semele – Die Huldigung der Künste*, in: Schillers Dramen. Neue Interpretationen, S. 294–315, hier S. 312.

wird so mit einem anthropologischen Index versehen. Doch Aufrichtigkeit, das bedeutet Tugendhaftigkeit, ist in der schillerschen Perspektive wiederum abhängig von der Reflexionskraft der Vernunftideen. Regulative Vernunftideen und moralische Disziplinierung müssen daher Vorleistungen sein für einen kulturellen und künstlerischen Prozess. Kultur wird in der *Huldigung der Künste* zum Synonym für Kunst, und umgekehrt, die Huldigung der Künste ist eine Huldigung der Kultur geworden.

Der Huldigungsgestus und der kasuallyrische, höfische Funktionszusammenhang dieses Dramoletts sind offensichtlich. Schiller nutzt die Gelegenheit zur Formulierung eines ästhetischen Programms, insofern schreibt er – mit Blick auf sein Todesjahr – ein ‚ästhetisches Testament'. Sein Appell an die soziale und künstlerische Verantwortung Maria Paulownas als zukünftiger Landesmutter fand Gehör. Auf ihr Betreiben hin und aus Mitteln ihres privaten Vermögens wurde besonders die musikalische Kultur in Weimar gefördert, ferner wurden wieder gesellige Zirkel eingerichtet, populärwissenschaftliche Vortragsabende veranstaltet, Pflegehäuser für Arme und Kranke gegründet und Frauenvereine unterstützt.[84]

Die Zeitgenossen urteilten wohlwollend über die *Huldigung der Künste*. So bemerkte etwa Henriette von Knebel im November 1804: „Schillers Vorspiel in der Komödie war wirklich schön und rührend, die fatalen Chöre ausgenommen, die sich immer schlecht ausnehmen".[85] Körner schreibt Schiller am 18. Dezember 1804, nachdem er das Manuskript der *Huldigung* gelesen hatte, es habe ihm „viel Freude gemacht. [...]. Ein Product dieser Art gehört eigentlich mehr zur oratorischen Classe und hat nur eine poetische Aussenseite" (NA 40/I, S. 263f.). Goethe setzte Schillers Dramolett sogar ein kleines Denkmal in seinem Gedicht *Epilog zu Schillers Glocke* vom 10. August 1805:

---

84 Vgl. Ilse-Marie Barth: Literarisches Weimar. Kultur / Literatur / Sozialstruktur im 16.–20. Jahrhundert. Stuttgart 1971, S. 120f.
85 Aus Karl Ludwig von Knebels Briefwechsel mit seiner Schwester Henriette, S. 212.

Und so geschah's! Dem friedenreichen Klange
Bewegte sich das Land und segenbar
Ein frisches Glück erschien; im Hochgesange
Begrüßten wir das junge Fürstenpaar;
Im Vollgewühl, in lebensregem Drange
Vermischte sich die thät'ge Völkerschaar,
Und festlich ward an die geschmückten Stufen
Die *Huldigung der Künste* vorgerufen.[86]

Schiller freilich erlebte dies alles nicht mehr, er war am 9. Mai 1805 gestorben.

---

86 Goethes Werke [= Weimarer Ausgabe], Bd. I/16, S. 165.

Friedrich Schiller, handschriftliche Holzbestellung [GSA 83/614].[87]

---

87 Wir danken dem Goethe-Schiller-Archiv/Stiftung Weimarer Klassik, namentlich Frau Dr. Silke Henke, für gute Zusammenarbeit und die Erlaubnis zum
Abdruck.

Unterzeichneter erbittet sich von Fürstlicher Kammer an Holz für dises Jahr

– Sechs Klafter hartes holz
– Drei Wagen Stöcke, und
– Zehn Schock Wellen.

Weimar 1. May.
1805

Fridrich v Schiller

Klafter: „Als geviertmasz, quadratklafter. scheitholz wird nach der *klafter* gemessen, in *klaftern* aufgestellt, schichten von einer klafter höhe und einer klafter länge" (Jacob und Wilhelm Grimm: Deutsches Wörterbuch. Hgg. v. der Deutschen Akademie der Wissenschaften zu Berlin. Leipzig 1854–1960. Bd. 5, Sp. 903).

Wagen: „maszbezeichnung auch für dinge, die nicht mehr oder noch nicht auf wagen geladen sind: ‚da ligt ein wagen holtz, den haue klein'" (Grimm 13, Sp. 388).

Schock: „als einfaches zahlwort für 60 stück gebraucht" (Grimm 9, Sp. 1431).

Wellen: „häufig meint *welle* nicht das reisigbündel, sondern ein bund stangenholz, schlieszlich auch das einzelne stück stangenholz, das holzscheit" (Grimm 14 I/1, Sp. 1397).

7 Anhang

7.1 [Anon.:] *Schaudervolle Begebenheit* [ca. 1730]¹

Schaudervolle
Begebenheit,
welche sich in der Schweiz unweit Zürk durch
Carl Moor, als Anführer einer Räuberbande,
zugetragen hat, welcher in Zürk nebst 9 seiner Cameraden durch den Strang hingerichtet wurde.

Carl Moor wurde von ansehnlichen Eltern, 3 Meilen von Zürk, geboren, der Vater, Franz Moor, war Verwalter beim Grafen Sonnenschild, der Vater wendete alles an, um nur seinen Sohn, den er innigst liebte, einst als einen wohlgebildeten Mann zu sehen.

Aber Carl fand durch Unterstützung seiner Mutter, die ihm immer heimlich Geld nach Befort schickte, wo er die hohen Schulen studierte; und dieses gab ihm Gelegenheit zum liederlichen Leben, der Vater kam hinter die Spuren, und sogleich fand sich Carl verlassen. Nun erwachte Carl von seinem Schlafe, der mit liederlichen Weibspersonen Alles durchbrachte, und beschloß nach Hause zu reisen; er kam an einem Abend 3 Meilen von seiner Heimath in einem Dorfe an, kehrte im Wirthshaus ein, um hier zu übernachten, hier fand er vier junge Burschen, welche munter zechten, bald kam Moor mit ihnen in ein Gespräch, und erzählte allerhand lustige Streiche, welches ihnen wohl gefiel, und ihm wacker zu trinken gaben.

Als aber *Carl* sie fragte, welcher Profession sie wären? da sprach der eine: wir lassen andere arbeiten, wenn du willst, sey unser Camerad, so hast du Geld genug, Carl reichte ihnen ohne Bedenken die Hand, und so brachten sie die Nacht zu, und früh ging die Reise in die Gebirge.

Hundertjährige Bäume hatten ihre Aeste verschwestert, daß die Sonne unmöglich durchdringen konnte, hier fand er in einer geräumigen Höhle noch 15 rüstige Männer, welche beim Feuer lagen, und mit Jubelgeschrei sie empfingen.

---

1 Hinweis in FA 2, S. 910f. – Dem Goethe-Schiller-Archiv Weimar, welches das Original unter der Signatur GSA 83/47, 4 verwahrt, sei herzlich für die Druckvorlage und die Druckgenehmigung gedankt.

Moor zeigte bei jedem Raube sich aus, und weil er mehrere Sprachen reden konnte, erwählten sie ihn zu ihrem Hauptmann, und so verflossen vier Jahre. Während dieser Zeit starb seine Mutter, und der Vater konnte nichts von seinem Sohne erfahren.

Carl wurde krank, und um sich zu pflegen, wurde beschlossen, daß man ihn mit einem Mann als Bedienter nach Zürk bringen, und ihm da als einen Passagier beim goldenen Anker ein Zimmer miethen, und Hilfe durch einen Arzt zu suchen, welches auch geschah, ganze 6 Wochen dauerte die Krankheit. Während dieser Zeit reiste sein Vater zur Herrschaft nach Worms, wurde aber von Räubern angefallen; der alte Moor schoß einen Räuber mit einer Pistoll nieder, den Kutscher schoß man nieder, und der Alte wurde übermannt, gebunden, und in ihre Höhle geführt, weil er einen Räuber erschossen, so warf man ihn ins Gefängniß, und gab ihm so karge Nahrung, daß er kaum das Leben erhielt.

Nun kam Carl gesund zur Bande, man erzählte ihm die Geschichte, er befahl, diesen Alten zu bringen, zitternd brachte man den Alten, Carl that einen Schrei: Gott, mein Vater! und fiel ihm weinend um den Hals, der Vater schluchzte und lag todt in den Armen seines Sohnes, man hatte ihn begraben, und sogleich sann Carl auf einen Plan, das Schloß wurde überfallen, alles ermordet, alles wurde genommen, wie auch alle Habseligkeiten seines Vaters, die Pferde aus dem Stalle wurden beladen, und nach der Raubhöhle gebracht. Kurz darauf ging Moor auf Kunde aus, und brachte in Erfahrung, daß einem Pfarrer ein Kapital von 6000 Gulden erlegt sey worden, und er das Geld noch habe, sogleich nahm er seine Leute, überfiel um Mitternacht die Pfarrei, mit einigen Stichen wurde der Pfarrer im Bette ermordet, und was sich an Geld und Wäsche befand, genommen.

Als Graf Sonnenschild in Worms erfuhr, daß sein Schloß geplündert worden ist, traf er alle Anstalten, die Räuber aufzusuchen, von Zürk rückte das Militär aus, und nach einigen Tagen kam man ihnen auf die Spur, alles wurde umrungen, Moor mit 18 Räubern wollten lieber sterben als sich ergeben, er stellte sich zur Wehre, und Feuer flog von beiden Seiten, 9 Räuber lagen todt, und Moor stürzte schwer verwundet, fluchend zur Erde, die andern wurden gefangen, gebunden, mit Eisen belegt, und sammt ihrem Anführer nach Zürk gebracht.

Nach zwei Monaten wurden alle 10 Räuber durch den Strang hingerichtet, nun kann Jedermann ohne Gefahr beraubt zu werden, in der Gegend reisen.

Lied.

1.

In den steilen Felsen-Schlünden
   Hielt der Räuber Moor sich auf,
Als Anführer einer Bande,
   Schrecklich war sein Lebenslauf.
Jeder Reisende mußte sterben,
   Der in seine Hände kam,
Er und seine Mitgesellen
   Fielen jeden herzhaft an.

2.

In der Gegend bei St. Gallen
   Plündert er ein gräflichs Schloß,
Alles wurde hier ermordet,
   Im Stall die Pferde band man los,
Die man sogleich hat beladen
   Mit Geld und Sachen allerhand,
Denn es ward alles genommen,
   Was man nur im Schlosse fand.

3.

Graf Sonnenschild und seine Familie
   War in Worms bei Sommerszeit,
Wie traurig als er erfahren
   Die schreckliche Neuigkeit,
Man konnt nichts in Erfahrung bringen
   Von der ganzen Räuberbrut,
Welche in der ganzen Gegend
   So erschrecklich rauben thut.

4.

Endlich hat die Stund geschlagen,
   Wo das Rauben hat ein End,
Eine Pfarre, die sie anfielen,
   Gott dieses nicht mehr sehen konnt,
Der Pfarrherr wurd hier gemordet,
   Ja alles was nur Leben hat,
Und sehr schrecklich hat geendet
   Jene böß verübte That.

5.
Kaum hat Sonnenschild erfahren,
    Daß man sein Schloß geplündert hat,
Sogleich mußt Militär ausrücken,
    Bis man entdeckt hat ihren Pfad,
Neunzehn Räuber zur Wehre stellen,
    Schrecklich war es anzuseh'n,
Umringt war Moor von allen Seiten
    Keiner wollt sich gefangen geben.

6.
Endlich sank von Blei getroffen
    Moor im Leib, zur Erde hin,
Fliehen wollten jetzt die Räuber,
    Sie verlieren Herz und Sinn.
Doch sie waren ganz umrungen,
    Nicht half ihnen in der Noth,
Sie mußten sich gefangen geben.
    Keine Hilf ist, o großer Gott!

6. [!]
Neun der Räuber todt hier liegen,
    Die wälzen sich in ihrem Blut,
Den Hauptmann mit neun Gesellen
    Mit Fesseln man belegen thut,
Nach Zürk thut man sie einbringen
    Wo sie empfangen ihren Lohn,
Denn vor ihr ruchloses Leben
    Ist für sie hier kein Pardon.

8.
Zehn der Räuber mußten hangen,
    Schauderlich wars anzuseh'n,
Wie man sie zum Galgen führet
    Und Gott um seine Gnad anfleh'n,
Gott verzeih ihnen die Sünden,
    Sie sind schon zum Tod bereit,
Laß bei dir sie Gnade finden
    In der langen Ewigkeit.

[Rab in Ungarn, gedruckt in der Streubig'schen Buchdruckerei.]

7.2   Jakob Friedrich Abel: *Ueber die grausame Tugend* [1783]¹

[31]   Ueber die grausame Tugend

Unsere Natur erscheint nie in einer höhern Würde, als wenn wir einer gelieb-ten Neigung entsagen, oder freywillig einem Schmerzen uns unterwerfen, blos, weil Liebe zu Gott und Menschen, oder, welches im Grunde ganz dassel-bige ist, Pflicht und Tugend diese Aufopferung fodern. Ein Regulus, ein Fabrizius oder Aristides find noch jezt Gegenstände der höchsten Liebe und Bewunderung. Unsere Natur erhebt sich noch höher, wenn die Pflicht selbst auf die Seite des Vergnügens übertritt, um gegen eine minder angenehme, oder gar verhaßte Pflicht mit vereinigten Kräften zu streiten, und die lezte doch über die vereinigte Feinde [32] siegt. Mit abgewandtem Gesicht und Thränen im mitleidenden Auge, aber doch mit tiefester Ehrfurcht staunen wir die Grösse des Brutus an, der dem auch noch im lezten schreck-lichen Augenblick geliebten Freunde den Dolch in die Brust stoßt, mit tieferer selbst als die Tugend des Scipio, der in der Blüthe der Jahre und des Ruhms dem besiegten Feinde die schöne Sophonisbe zurückgiebt. Jede geliebte süsse Pflicht kann sich jeder verhaßten und höhern entgegen sezen, aber doch ist kein Kampf furchtbarer und häuffiger, und von wichtigern Folgen begleitet, als der, der sich zwischen *edler, tugendhafter Liebe*, auf einer und auf irgend einer andern, überhaupt oder in diesem besondern Falle, *höheren Pflicht*, z. E. Religion, Patriotismus etc. auf der andern Seite erhebt. Timoleon, noch ist mein Auge nicht trocken von den Thränen, die dein peinigender Schmerz, die Folge deiner furchtbaren, schrecklichen Tugend, mit entlockt hat.

Nachfolgende Abhandlung hat die Absicht, diesen furchtbarsten Kampf einer tugendhaften Seele zu untersuchen.

[33]
I. Abhandlung.

Zustand der Seele beym Kampf.

Beede kämpfende Parthien geniessen einer mächtigen Unterstüzung. Ich will erst die Stüzen beeder Theile aufzählen, und dann die Art anzeigen, wie sie sich derselbigen bedienen.

Stüzen der angenehmen Pflicht, oder der tugendhaften Liebe.

Schilderung der Liebe.
Eine genaue Zergliederung der Liebe verräth uns alles, was zu ihrem Vortheil in unserm Herzen streitet.

Vorstellung des geliebten Gegenstands.

Erst stellen wir uns eine oder mehrere Eigenschaften des geliebten Gegen-stands, z. E. seine Güte, seine Wohlthaten gegen uns, vor. Es ist hier nicht der

---

1   Wirtembergisches Repertorium der Litteratur. Erstes Stück. 1782, S. 31–71.

Ort, diese Eigenschaften näher zu bestimmen; ich begnüge mich überhaupt anzumerken, daß alle Eigenschaften Verhältnisse und Handlungen empfindender Wesen, so fern sie uns oder der Menschheit oder andern empfindenden überhaupt Vergnügen und Nuzen zu erwecken fähig sind, diese süs[34]seste aller Empfindungen hervorzubringen vermögen. Seine Sanftmuth, seine Großmuth, alle diese die Seele meines Freundes schmückende Tugenden, schweben mir vor, indem mein Herz von Empfindung gegen ihn überfließt.

Vergnügungen.

Die Vorstellungen sind entweder schon an sich selbst, ihrer eigenen Natur nach, mit einem bestimmten Vergnügen verbunden, wie z. E. jeder Gedanke des Erhabenen, der Kraft, der Harmonie etc. oder an sich selbst gleichgültig, erhalten sie einen Reiz durch ihre Verknüpfung mit angenehmen Vorstellungen, Neigungen und Empfindungen; der Rauch der von Ithaka aufsteigt, erfüllt den lang abwesenden Ulyß mit süssem Vergnügen. Besonders erlangt das Gleichgültige einen Reiz, wann die Erhaltung desselbigen eine glückliche Aussicht, das wirklich Reizende zu erhalten, eröffnet; nur daher sezt den Geizigen das Geld, den Ehrfürchtigen der Ruhm grosser Thaten, und überhaupt jeden die Befriedigung seiner Leidenschaften in so starke Entzückungen.

Alle diese Quellen vereinigen sich die Vorstellung der Liebe-weckenden Eigenschaften unserm Herzen angenehm zu machen. Das Erhabene, das Harmonische etc. wie überhaupt die Schönheit der Seele und des [35] Körpers, die den Freund schmückt, tragen schon ursprünglich nach den Grundgesezen des Geschmacks sanftes Vergnügen in unser Herz über; jede der geliebten Eigenschaften erweckte schon oft frohe Empfindungen, (z. E. das Mitleid rettete mich oder andere aus dem Unglück, und überströmte mit Freude die traurige Seele) stets bleiben daher beede nach den Assoziations-Gesezen mit einander verknüpft, und die Seele stellt sich die Eigenschaft nicht mehr vor, ohne die verknüpfte frohe Empfindungen aufs neue zu geniessen; aber besonders erfüllt uns die Aussicht auf die Befriedigung aller unserer Wünsche, welche uns die liebenswürdige Eigenschaften des andern, z. E. seine Menschenliebe, versprechen, mit unnennbarer Wonne. Kurz, jeder begreift nun leicht, daß das Vergnügen der Liebe das empfindlichste und stärkste in der Natur seyn müsse.

Die Mutter hört nur ihr Kind stammlen, sieht nur seine kleine Füsse sich bewegen, und Freude durchströmt sie. Der Liebhaber denkt nur diß Lächeln, diese Wangen, diesen Gang seiner Geliebten, und ist entzückt.

Richtung des Willens.

Das reizende süsse Vergnügen, das mit der Vorstellung der Liebe-weckenden Eigenschaften ver[36]knüpft ist, sezt sogleich unser Willens-Vermögen in Thätigkeit.

Begierde nach Umgang mit dem Geliebten.

Das Vergnügen, das aus der Vorstellung quillet, dauert nur so lang als die Vorstellung selbst, und steigt und sinket, wie diese, die Seele schmachtet, jedes Vergnügen zu erhalten und zu erhöhen: was ist also nothwendiger, als daß sie diese Vorstellung so dauerhaft und so lebhaft zu machen sich bemühe, als ihr möglich ist? Um sie dauerhaft zu machen, suchen wir den Besiz der geliebten Person. Um sie lebhafter zu machen, suchen wir, da Sinne stärker als Fantasie wirken, erst als Mittel die wirkliche Gegenwart der geliebten Person, und dann als Zweck und Mittel ihren Genuß durch alle Sinnen. Sehen, Hören, Fühlen, des geliebten Gegenstands sind daher so reizend.[2] Selbst die unedlere Sinnen sind nicht ganz ausgeschlossen. Ich seze noch einige Anmerkungen bey. Die Vorstellung überhaupt wie der Genuß durch die Sinnen, besonders durch Gefühl, scheinen uns am stärksten, wann wir dem Vorgestellten uns zu nähern, mit [37] ihm in Eins zerflossen, ganz mit ihm identificirt zu seyn wähnen: daher stammen jene Ergiessungen der höchsten Zärtlichkeit in den oft gehörten aber selten verstandenen mystischen Ausdrücken, siehe Zimmermanns Erfahrungen.

Neuheit erhebt die Lebhaftigkeit der Vorstellung, daher jede neue Handlung einer geliebten Person das Vergnügen vermehrt; der Tag, an dem das Kind das erste Wort stammlet, wird zum Festtag für die liebende Mutter.

Begierde nach Gegenliebe.

Wir bemühen uns überhaupt aus Sorge für uns selbst, und aus Ehrbegierde ins besondere, jeden für uns wichtigen Gegenstand, das heißt, jeden, der uns viel zu nuzen oder auch zu schaden fähig ist, in die genaueste Verknüpfung mit uns zu sezen. Die genaueste Verknüpfung ist Liebe, die wichtigste Person in unsern Augen der geliebte Gegenstand: können wir also etwas anders erwarten, als daß unsere ganze Seele sich sehne, von dem Geliebten wieder geliebt zu werden? wie können wir ferner unsere höchste Wünsche, den Genuß und das Glück des andern erreichen, wenn er nicht auch mit uns umzugehen sich sehnet, und wenn nicht auch ihm unser Vergnügen und unser Glück theuer ist? kurz, nie kann unsere Liebe be[38]friedigt werden, wenn wir nicht wieder geliebt werden.

Ich will jene nur in der höchsten Ausschweifung der Empfindung und der Fantasie statt findende Gründe, z. E. daß Annäherung und Identification meiner mit dem andern nicht ohne gegenseitige Annäherung und Identification seiner mit mir möglich sey, nicht anführen; schon das bisher angezeigte ist hinlänglich uns zu überzeugen, daß Liebe Gegenliebe heische. Ein Lächeln, ein Blick, der uns von Ferne die Gewogenheit des Geliebten verspricht, hat daher unendlichen Werth für das zweifelhafte Herz, und die fernste Ahndung eines Mißgefallens, einer Neigung gegen eine andere Person, sezt uns in die fürchterlichste Erschütterung.

---

2 Es versteht sich von selbst, daß wir die Bilder der Fantasie zu verstärken, uns anstrengen. Eine Coquette in Rom versicherte noch in ihrem Alter, daß sie den grossen Pompejus oft aus Liebe gebissen.

Begierde nach dem Glück des Andern.

Der Geliebte wird uns unser von ihm abhängendes Glück, seinen Umgang und Genuß, nicht gönnen, wenn wir nicht auch sein Vergnügen suchen. Erst zeigen wir daher, und zulezt fühlen wir Begierde nach seinem Glück.[3] Das Unglück macht ihn unfähig zu unserm Umgang, und raubt uns den gewünschten Genuß; dann schmerzt den eigennüzig [39] Liebenden das Unglück des Freundes nur deswegen, weil dem leztern seine gewohnte Heiterkeit, und ihm selbst eben deswegen die gute Unterhaltung fehlt, und wenn auch der andere unverändert bleibt, so stört doch der düstere Anblick seines Elends unser Vergnügen. Selbst die Eitelkeit mischt sich ein; wir fürchten, durch die Verknüpfung mit dem Herabgewürdigten, selbst herabgewürdiget zu werden, und hoffen durch seine Erhebung erhoben zu werden.

Die Association wirkt auch hier sehr mächtig. Nach ihren Gesezen wird der Zustand des Verknüpften, stets auch auf das andere, sonst Gleichgültige, übertragen; wir fühlen uns grösser, kleiner, glücklicher, unglücklicher, wenn der Freund unsers Herzens erhöht oder gedemüthigt, glücklich oder unglücklich wird.

Aber schon die blosse Vorstellung des Schmerzens und Elends (denn Wiedervorstellung einer Empfindung ist erneuerte Empfindung derselbigen) ist schmerzhaft, und erschüttert das zarte weichgeschaffne Herz. Im höchsten Grade der Vorstellung fühlen wir gerade wie der andere. Der Anblick des Leidenden sezt auch uns in die traurigste Zerrüttung. Diese Vorstellung wird um so stärker, je mehr es die Verknüpfung mit dem andern ist, mehr bey einer traurigen Nachricht von Teutschland als von China, von meinen Bekannten als von Unbekannten. Dann sezen wir uns ganz in die Stelle [40] des Freundes; sein Schmerz ist unser Schmerz, seine Freude unsere Freude.

Endlich haben wir schon nach der Einrichtung unsers Cörpers, und besonders der Fantasie, und der Empfindung und Willensgeseze, eine natürliche Begierde, gleiches mit gleichem zu vergelten, wir stossen den Stein, der uns gestossen. Othello ermordete seine Gemahlin im Bette, das er sie befleckt zu haben beschuldigte; umgekehrt bemühen wir uns dem Vergnügen zu geben, was uns Vergnügen gibt.

Kurz, es ist eine Menge von Triebfedern, die die Natur in Bewegung gesezt, um unser Herz zu der edelsten Begierde nach dem Glück des Andern zu entflammen. Der liebende Vater erträgt standhaft sein eignes Leiden, aber sein Herz erliegt unter der schrecklichen Last, wenn er die Kinder, die Lieblinge seiner Seele, leiden siehet. Das furchtsame Thier entflieht beym Angriff des stärkern, aber neue Kräfte und neuer Muth beseelen es, wann der Stärkere seine Jungen angreift.

Neue aus den vorigen abgeleitete Empfindungen und Richtungen des Willens.

Diß ohngefähr sind die wichtigste Bestandtheile der Liebe; es gibt noch mehrere, die aber, da [41] sie auf jenen beruhen, nicht besonders aufgezählt

---

3   Es sind mehrere Beyspiele, daß einer nur die Verbindung mit einem Mädchen suchte, blos um ihr Geld zu erhaschen, und doch zulezt sie wirklich liebte. Eine Nebenabsicht erzeugt bisweilen wirklich Liebe.

zu werden verdienen, z. E. die Begierde sein Herz in den Schoos des Andern auszuschütten, folgt aus der Begierde, die Theilnehmung und Liebe des Andern zu erringen; umgekehrt sehnet man sich die Begebenheiten des Freundes zu wissen, aus Begierde die Vorstellung von ihm lebhafter zu machen, aus heisser Sehnsucht nach seinem Glück.

Körperliche Empfindungen.

Alle Vorstellungen, Empfindungen und Neigungen sind von entsprechenden Bewegungen des Körpers begleitet, doch so, daß die Folgen des Denkens mehr im Hirn allein, der Empfindungen mehr im Herzen, und des Willens mehr in den äusserlichen Maschinen des Cörpers, sichtbar sind; besonders muß man anmerken, daß eine Art der Liebe, die oft allein herrscht, oft zugleich mit andern coexistirt, und also einen Bestandtheil des Ganzen ausmacht, oder wenigstens durch Association an die jezt herrschende Art angeknüpft ist, mit eigenthümlichen Maschinen des Cörpers verbunden sey, deren Bewegung sie erzeugt, und in die sie zu wirken gegenseitige Macht besizt.

Die also entstandene und auch in andere Theile sich mittheilende Bewegungen des Cörpers gehen nun aufs neue auf das Gehirn zurück, und erre[42]gen daselbst neue Empfindungen, aber verstärken die alte.

Revolution der Seele.

Alle Leidenschaften, so bald sie einen hohen Grad erreicht haben, erzeugen noch besondere Veränderungen der Seele, die ich, ob sie gleich bey der Liebe vorzüglich statt finden, nur im Allgemeinen berühre.

Die Lebhaftigkeit der Vorstellungen, die mit der Leidenschaft zusammen hangen, gibt den durch sie nach den Associations-Gesezen erweckten, gleiche Lebhaftigkeit, Schnelligkeit und Fruchtbarkeit, ein allgemeiner Schwung belebt die ganze Seele; aber entweder ist dieser Schwung auf jede Art der Gegenstände ausgedehnt, oder, und wenigstens zulezt immer, auf die Gegenstände der Leidenschaft eingeschränkt, indeß alle übrige gleichgültig, kalt, unfruchtbar, matt und dunkel einherschleichen. Es versteht sich von selbst, daß nun sogleich alle unsere Urtheile, Neigungen und Empfindungen nach gleichem Verhältniß verändert werden; die Welt theilt sich in zwey grosse Theile, den, der mit der Leidenschaft zusammenhangt, und den andern, ausser dem Gebiete derselbigen; den ersten faßt die Seele mit dem höchsten Feuer an, alles darinn ist göttlich oder abscheulich, das höchste einzige Ziel der innig[43]sten Sehnsucht, oder der Gegenstand unsers heissesten Fluches; in der andern ist alles gleichgültig, gefällt nicht, und mißfällt nicht, oder langweilig, schaal und abgestanden; selbst das Gedächtniß versagt uns seine gewohnte Dienste, wenn es die Eindrücke von dem leztern aufbewahren soll, und übertrifft sich selbst bey den erstern.

Insbesondere sezt uns die Heftigkeit unserer Sehnsucht die den Verstand täuscht, bald in Hoffnung sie zu befriedigen, und daher in frohe oft äusserst ausgelassene Laune, in Treu- und Gutherzigkeit und Stolz, bald in Furcht, und daher in Mißtrauen, finstere Laune, Menschenhaß, Demuth; und da diese Zustände um der Seichtheit ihres Grunds und ihrer Lebhaftigkeit willen stets abwechsln, so sind wir dabey immer veränderlich, immer das Gegentheil des vorigen Augenblicks.

Zugleich werden wir, da wir stets suchen, und nie finden, stets gefunden zu haben wähnen, und stets in unserer Hoffnung betrogen wieder zurückprallen, und nun neuen Mitteln, die Schmerzen der Sehnsucht zu stillen, nachjagen, rastlos in ewigem Taumel herumgewälzt. Je länger die Leidenschaft dauert, desto mehr nimmt sie die düstere Farbe an.

Associrte Eindrücke.

Noch ist etwas übrig, um die Bestandtheile der Liebe zu vollenden.

[44] Alle Empfindungen, Neigungen, Vorstellungen sind mit ungezählten andern durch die Association verknüpft; auch diese kehren jezt zurück, um die Gewalt der Leidenschaft zu vergrössern. Der Reiz des neuen Frühlings, indem ich ihn zum erstenmale sah, der Gesang der Vögel, die zu meiner Seite jauchzeten, und am meisten die Freuden selbst, die ich jezt zum erstenmal in seinem süssen Umgang fühlte, machen mir vielleicht noch nach fernen Jahren den Geliebten reizender und theurer.

Folgen zum Vortheile der Liebe.

Ich war genöthigt, diese an sich äusserst zusammengedrängte Schilderung der Liebe vorauszuschicken; aber nun begreift auch jeder, wie fürchterlich groß ihre Gewalt seyn müsse, wie gefährlich ihre siegreiche Anfälle gegen die Pflicht.

Die Unterlassung der pflichtmäßigen Handlung verspricht mir die gänzliche Befriedigung der grossen Leidenschaft; ich werde ihn in diese Arme drücken, den sehnlich gewünschten Freund, ich werde seine innigste Gegenliebe verdienen, ich werde sein Glück sehen, dessen Glück mein Glück ist, alle leiseste Wünsche meines Herzens sind gestillt. Die Erfüllung der Pflicht hingegen droht mir den Verlust des Geliebten, seinen tiefsten Haß, sein Unglück durch meine eigene grausame Hand erzeugt; alle [45] meine heisseste Wünsche und Hoffnungen sind auf Schrecklichste umgestürzt. Wer jemals den zärtlichen Umgang eines Geliebten verlohren, wer sein Kind oder seinen Freund vom grösten Glück ins tiefste Unglück stürzen gesehen, oder wer gar von dem gehaßt und verachtet worden, dessen Liebe sein einziger sehnsuchtsvoller Wunsch war, dem darf ich die Quaalen nicht schildern, die nun die unglückliche Seele durchwühlen.

Verstärkung der Freuden aus verabsä[u]mter, und der Schmerzen, aus erfüllter Pflicht.

Ausser dem, daß nach den obigen Anmerkungen die Gegenwart einer Leidenschaft die ganze Seele überhaupt in ausserordentliches Feuer sezt, und noch insbesondere ihren Schwung in allem dem, was mit ihr zusammenhängt, vermehrt, so wird beym Gewühl des Kampfes zweyer Leidenschaften[4]

---

4 Andere Leidenschaften, z. E. Ehrgeiz zu siegen etc. mischen sich nun auch ein.

jede durch die andere erhöht, indem der plözliche Sprung der Seele von einer zu der andern alle ihre Kräfte aufs tiefste erschüttert und aufregt. Noch mehr: der Contrast selbst ist schon fähig, beede sich einander entgegen setzende Gegner noch mehr zu verstärken; vorzüglich aber erhebt der drohende Verlust der [46] geliebten Leidenschaft ihre Reizungen auf den höchsten Grad, und von dem mächtigen Gegner bedroht, rafft sie alle Kräfte zusammen, ihn zu besiegen. Noch ein Umstand erhöht alles. Ein Verlust von Freuden, das Leiden von Schmerzen, denen ein nothwendiges Gesez des Schicksals uns unterworfen, peinigen nicht so fürchterlich, als wenn die Erhaltung jener, und die Abwendung dieser von unserm Willen abhienge; in dem leztern Falle, wenn ich auch nicht von der die Schmerzen verlängernden und verstärkenden Ungewißheit reden will, schärft sie der Vorwurf sich selbst ins Elend gestürzt zu haben aufs mächtigste, indem nicht nur das Bewußtseyn unsers Unvermögens und unserer Schwäche, sondern auch der Gedanke, wie nahe wir schon gewesen, wie wir jezt, wo wir es nicht selbst zerstört, ganz im Genusse des Glücks seyn würden, uns foltert.

Neue Verstärkung durch Verbindung mit der Pflicht insbesondere.

Das bisherige findet bey jedem Kampf statt; die Verbindung der Pflicht mit dem Vergnügen erzeugt noch einige eigenthümliche Folgen. Wären wir nicht überzeugt, daß die Pflicht die Aufopferung der Liebe fordere, so würden wir uns plözlich zum Vortheil der Liebe entscheiden; es ist daher, wenn wir mit kaltem Blut überlegen, diese [47] Aufopferung vielmehr Verdienst, als Verbrechen: aber, da der Verstand nur zu oft durch unsere Leidenschaften, und besonders durch Furcht und Schmerzen bestimmt wird, und uns zu glauben zwingt, was wir fürchten oder wünschen, so stellen wir uns wenigstens oft im Taumel der herrschenden Leidenschaft dieselbige so abscheulich vor, als sie ohne jene Collision mit der höhern Pflicht vielleicht wirklich seyn würde. Der edle Timoleon erblickt in sie nichts als einen verabscheuten Brudermörder, Brutus nichts als einen Undankbaren, und alle Foltern eines gebrandmarkten Gewissens, und eines so fürchterlichen Verbrechens überfallen die unglückliche Seele.

Stellen wir uns auch jezt unsere Handlung nicht von dieser Seite vor, so fürchten wir doch sie einst, wann sie vollbracht ist, aus diesem schreckvollen Gesichtspuncte vorzustellen; endlich fürchten wir die Vorwürfe der ganzen Welt, die sie gewiß von der schlimmsten Seite beurtheilt.

Keine Leidenschaft hat so viel Gewalt, unsern Verstand zu täuschen, als die heftigste unter allen Leidenschaften, die Liebe, keine Verbrechen, selbst nicht die grössere, foltern eben deswegen das des Lasters sich bewußte Herz so fürchterlich, es ist daher nur gar zu leicht, sich diese obgleich unverdiente Plagen zuzuziehen, und [48] daher quälen sie das unglückliche Herz so fürchterlich.[5]

---

5 Ich habe nicht nöthig besonders auszuführen, wie eben diese Umstände, die Freuden, die aus befriedigter Liebe fliessen würden, vermehren, da jeder diese Anwendung leicht machen kann.

Nicht genug, daß uns die Leidenschaft die Erfüllung unserer Pflicht als abscheulich darstellt, oft obgleich seltener treibt sie gar ihre Verführung bis auf so hohen Grad, daß sie uns die Vernachlässigung der Pflicht als Tugend, als rechtschaffene Handlung darstellt. Indem sie nemlich die Aufmerksamkeit, von der ihr nachtheiligen Seite, das heißt, von der höheren Pflicht weg, auf die ihr vortheilhafte Seite, das ist, auf das überhaupt, oder in andern Fällen pflichtmäßige unserer Liebe leitet, so wird unsere Ueberlegung und unser Urtheil nur einseitig, wir glauben unsere Pflicht zu thun, indem wir blos unsere Neigung stillen; ein neues reizendes Vergnügen durchströmt uns dann oft, weil nun aller Kampf vollendet, und wir von allen Qualen befreyt scheinen. Indeß kann diese Täuschung nicht lange dauern, weil sonst der Kampf sogleich aufhören würde, aber doch ist auch diese kurze Zeit hinlänglich, der Pflicht den gehofften Sieg zu entreissen, und mit neuen Kräften einen neuen Anfall derselbigen auf eine Zeitlang auszuhalten.

[49] Kurz, alles dieses vermehrt aufs stärkste die wirkliche und erwartete Schmerzen, die der Aufopferung der Liebe zum Vortheil der höhern Pflicht, aber auch aus den entgegen gesetzten Gründen die wirkliche und erwartete Freuden, die ihrer Befriedigung zum Nachtheil der Pflicht folgen, und also überhaupt die Macht der Liebe.

Stüzen auf Seiten der höhern Pflicht.

Die höhere Pflicht vertheidigt sich gegen diese gefährliche Angriffe der Liebe mit eben so furchtbaren Waffen.

Erst hat der besondere Gegenstand der höhern Pflicht (und zwar muß ein solcher immer vorhanden seyn, weil Religion und Tugend nichts gebieten und verbieten, das nicht Nuzen oder Schaden für uns oder andere Menschen hätte) eigenthümliche Reize, durch die er wankende Seele an sich lockt; das Vaterland (wenn z. E. Vaterlandsliebe der besondere Gegenstand meiner Pflicht ist) ruft mir die Schatten längst von der Erde, aber nicht aus dem Herzen der edlen entflohenen Helden, alle seine Lorbeere und Triumphe in die Seele, um mich zu seiner Vertheidigung aufzufodern, es wirft mir bald demüthig flehend, bald stolz und unwillig, die von ihm empfangene Wohlthaten vor, das Elend und der Fluch noch ungebohrner Enkel, und entfernter Generationen, wie [50] meiner gegenwärtigen Mitbürger, der Spott der Feinde wie das höhnende Mitleiden aller Fremden stellen sich meinen Augen dar, um meine Hülfe zu erzwingen, und mein Herz der siegenden Liebe zu entreissen. Die allgemeine Menschenliebe, die Liebe des Feindes, oder die auf mich allein sich beziehende Leidenschaften, z. E. der Ehrgeiz, alle haben eigenthümliche Reize, das zweifelhafte Herz zu erobern. Aber da ich um diese besonders aus einander zu sezen, eine Auseinandersezung und Schilderung aller Leidenschaften entwerfen müßte, so eile ich von ihnen weg zu den allgemeinen Mitteln fort, deren sich die höchste Pflicht, ihr Gegenstand mag seyn welcher er will, bedienet.

Zuerst erscheint uns das Bild des erhabensten Schöpfers. Die Liebe zu Gott wie zu Menschen schließt Begierde nach seiner lebhaftesten und dauerhaftesten Vorstellung und Umgang, Begierde alles zu thun, was ihm angenehm ist, und Sehnsucht nach seiner Gegenliebe ein, zu welchem allem noch besonders ein unerschütterliches Vertrauen seine Gegenliebe und dadurch auch seine Hülfe zu erhalten, tritt. Alle diese heisse Wünsche eines frommen Herzens sind umgestürzt, alle daraus fliessende Freuden und Hoffnungen verlohren, und dagegen ungezählte Schmerzen nicht nur durch jenen Verlust des Liebsten, was wir besassen, sondern besonders auch durch die furchtbare Aussicht auf [51] die Strafen des beleidigten Richters, über unserm Nacken zusammen gehäuft, wenn wir ungehorsam dem Gebot des Allmächtigen die höhere Pflicht einer partheyischen Leidenschaft aufopfern.

Die allgemeine Liebe zu Menschen, das ist, das Verlangen ihr Glück zu befördern, ihren Umgang zu geniessen, und ihre Liebe zu erhalten, ist aufs tiefste verletzt, indem wir das Ganze zum Vortheil eines Einzigen verrathen; auch diese Wünsche unsers Herzens also, und alle bisher daraus genossene und noch zu hoffende Freuden sind dann dahin, und dagegen quillen nur Schmerzen, gegenwärtige und zukünftige, aus der bisherigen Quelle unsers Vergnügens.

Es ist kein süsserer Gedanke, als der Gedanke Vortrefflich, und also (denn Tugend wird von den Tugendhaften für die höchste Vortrefflichkeit gehalten) tugendhaft zu seyn; ausser dem Reiz, den der Gedanke des Vortrefflichen an sich selbst ursprünglich hat, und ausser dem Vergnügen, das ihm tausend verknüpfte frohe Empfindungen geben, genießt man besonders zum voraus alle Freuden, die die Vollkommenheit, theils ihrer alles vermögenden Natur nach, theils durch die belohnende Hand Gottes geben wird. Auch diese Freuden werden durch jene unselige Partheylichkeit, und die dadurch entstehende Unvollkommenheit in die furchtbarste Schmerzen verwandelt.

[52]

Oft ist es nicht diese edle Begierde nach Vollkommenheit überhaupt, sondern eine besondere sehr unvollkommene Anwendung derselbigen, was unsern Entschluß der höhern Pflicht zu folgen, unterstüzt. Wir haben uns vorgenommen, in diesem Fall standhaft zu seyn, wir haben vielleicht lange schon der kämpfenden Leidenschaft widerstanden: Schande für uns, wenn wir nun klein genug wären, uns besiegen zu lassen! Auf diese Weise handelt man oft nur aus Eigensinn bös oder gut. Noch hat die Pflicht einige, obgleich weniger edle Waffen zur Vertheidigung.

Man fürchtet seinen Ruhm zu verliehren, jezt bey seinen Mitbürgern, einst bey der Nachwelt, und zu den gemeinen Menschenseelen herunter zu sinken; je größer unsere Ehrbegierde, je höher unser schon erlangter Ruhm, und je schwerer und blutiger diese erhaltene Triumphe, desto fürchterlicher der Gedanke, von den Menschen, vielleicht nur von einem, vielleicht nur von den Edlen unter denselbigen, gering geschäzt werden.

Vernunft und Vorurtheile, ächte Religion und Aberglauben, tausend wahre und falsche Beyspiele, alles vereinigt sich, uns die hohe Wahrheit einzuprägen,[6] daß [53] jede böse Handlung einst in künftigen Welten durch

---

6 Selbst das Wahre wissen die meiste Menschen nur aus Vorurtheil, nicht aus seinen ächten Gründen; so muß man diese Gegensäze verstehen.

die rächende Hand der Vorsehung gestraft werde. Von diesem Augenblick an erschüttert uns bange Angst beym Gedanken eines Verbrechens.

Noch mehr, da wir schon oft wirkliche oder eingebildete Beyspiele von den schlimmen Folgen böser Handlung wahrnahmen, da wir oft mit jenen die zufälliger oder nothwendiger Weise verknüpfte Uebel fühlten: so ist schon jezt, auch nach den Associations-Gesezen, um jede böse That ein schrecklicher Hauffen von Schmerzen, gleich einem Heere quälender Scorpionen, gelagert. Man kann hiebey noch eine besondere Anmerkung machen: alle Leidenschaften stehen in Gefahr verlezt, alle Freuden geraubt, alle Schmerzen über uns aufgehäuft zu werden, aber von allen quälen die Seele, es mag nun durch Furcht, oder durch Association geschehen, diejenige am meisten, die entweder der Verstand als die bestimmte Strafen eines gewissen Lasters ansieht, oder die aus Verlezung der liebsten Wünsche entstehen, oder endlich diejenige, die durch irgend eine Ursache am stärksten mit dem Gedanken der bösen Handlung verbunden sind. Der Lappländer fürchtet sein Rennthier zu verliehren, der Türke sein Serail. Die Ueberzeugung von einer auch schon jezt herrschenden Vorsehung, die Folgen, die die schlimme Meynung anderer von uns haben könnte, so wie [54] noch mehr jene dunkle Associationen von Furcht und Schrecken, die an schlimmen Handlungen angeknüpft liegen, machen uns auch ohne Rücksicht auf eine künftige Welt schon jezt beben vor dem Gedanken des Verbrechens, selbst wann keine menschliche Seele es kennt; Bange Unruhe, Reue, Schaam, Unzufriedenheit mit uns selbst, Unwillen über uns, bedrohen vor, und bestürmen nach der Handlung den Verbrecher.

Es ist leicht zu sehen, daß wie die Schmerzen, durch die sich die beleidigte höhere Pflicht zu rächen droht, eben so auch die umgekehrte Seite, die Freuden, die die Erfüllung derselbigen verspricht, sich darstellen, die Freuden aus befriedigter Liebe zu Gott und Menschen, aus Bewußtseyn seiner Vollkommenheit, aus der Hochachtung der Edlen, so wie endlich aus froher Aussicht in die zukünftige Tage dieser und einer andern Welt, gepaart mit froher Rücksicht in das Vergangene. Da man aber dieselbige alle aus der Anwendung der entgegengesezten Gründe leicht herleiten kann, so habe ich nicht nöthig, sie besonders zu durchlauffen.

Ich mache nur die Anmerkung, daß, da das Schmerzhafte stets stärker wirkt als das Angenehme, und die Seele überhaupt, und am meisten in einem Aufruhr aller ihrer Kräfte, die stärksten Eindrücke aufruft, die Schmerzen aus der Nichterfüllung viel stärker, als die Freuden aus der Erfüllung vorschweben.

[55]

Auch bemerke ich, daß der Kampf und die heftige Bewegung der ganzen Seele, die Begierde seine Pflicht zu thun, Abwechslungsweise eben so verstärkt, wie wir es von der Liebe gezeigt.

Ich habe jezt alles aufgezählt, was beide kämpfende Theile zu Besiegung des andern unterstüzt; aber beede begnügen sich nicht ihre eigene Gründe vorzulegen, sondern jede, so bald die eine sich zu vertheidigen angefangen, ist schon fertig, selbst die gebrauchte Gründe der andern umzustossen.

Vielleicht (so sophistisch grübelt die Liebe) daß die Pflicht wenigstens in diesem Fall nicht Gehorsam heischt, und es viel abscheulicher ist, die Liebe mit Füssen zu tretten, und wenn sie auch Gehorsam heischt, ist nicht vielleicht alles, was ihr von den Folgen des Lasters sagt, Chimäre, und wenn auch diß nicht, wird durch eine einzige sonst in allen Fällen lobenswürdige Handlung, die Gottheit, Menschenliebe, Vollkommenheit, und Ehre gekränkt, oder gar Strafen der gegenwärtigen und der künftigen Welt mir zugezogen werden, und wann selbst auch diß alles, ist nicht eine künftige Besserung, ein verdoppeltes Bemühen, in allen übrigen Dingen rechtschaffen zu handeln, hinlänglich, alle Strafen abzuwenden? So schwach diese Einwürfe sind, so bekommen sie doch, durch die Leidenschaft unterstüzt, eine [56] furchtbare Stärke. Der überzeugteste Gottes-Verehrer, (um von dem Unwahrscheinlichern ein Beyspiel anzuführen) wankt in diesen Augenblicken, weil er zu wanken wünscht, und das laurende Verbrechen benuzt diesen Augenblick, die Seele zu erobern.

Die Pflicht, obgleich durch ihre innere Stärke unterstüzt, läßt sich doch oft herab, Ränke zu gebrauchen: Vielleicht, so bethört sie den Verstand, daß die pflichtmäßige Handlung dem Geliebten nicht so viel Schaden thut, als es scheint, oder wenn auch, daß diese gefürchtete Schmerzen aus Verlezung der Liebe nicht so peinigen, der Verlust genossener oder gehoffter Freuden gering, oder daß er auch ohne diese Handlung erfolgt wäre; vielleicht lassen sich auch alle gefürchtete schlimme Folgen durch andere Mittel einst ersezen, und wo alles dieses auch falsch, was sind diese Schmerzen gegen diejenige, die schon jezt und fürchterlicher einst in einer andern Welt (diß leztere und bisweilen das vorhergehende allein ist wahr) die Nichterfüllung unserer Pflicht uns gewiß zuziehen wird?

Gebrauch dieser Stüzen von beeden Seiten.

Nun erst ist das wichtigste Schauspiel übrig: der Kampf selbst, den nun beede Gegner mit Hülfe der beschriebenen Waffen führen.

[57]

Der Kampf ist in mehrere Perioden getheilt.
Schon ist alles bereitet; jeder nicht partheyische Richter würde jezt das schreckliche Urtheil gegen die Liebe fällen, aber unsere Seele, zurückgeschreckt von der verhaßten Beschäftigung, oder gar schon die schreckliche Entscheidung ahnend und fürchtend, bebt vor der blossen Untersuchung ihrer Pflicht zurück, und bald unwissend, daß sie dadurch einen Fehler begeht, oder entschlossen, eher diesem kleinen, nicht zu untersuchen, als dem höhern, nicht nach der untersuchten Pflicht zu handeln, sich auszusezen, gelangt sie noch nicht zur Bestimmung des traurigen Urtheils.

II. Aber vielleicht, daß ihr nicht länger erlaubt ist, in der glücklichen Unwissenheit zu verharren; Ein anderer entdeckt ihr das gefürchtete Geheimniß, oder ihre eigene unselige Geschäfftigkeit treibt sie, es zu erforschen.

Die Einbildungskraft stellt uns diejenige Ideen und Verhältnisse und Verbindungen derselbigen vor, die auf irgend eine Weise, vielleicht nur durch Schmerzen und Furcht die größte Lebhaftigkeit besizen, und also unter der grossen Anzahl der vorüberschwindenden auch diese, die, und wie sie den Stoff zu jener unangenehmen Entdeckung enthalten; die Aufmerksamkeit wird genöthigt, sie auf gleiche durch die Lebhaftigkeit, und also auch diese [58] Furcht bestimmte Weise zu beachten, der Verstand, das dadurch dargestellte Verhältniß anzuschauen; plözlich springt daher wider unsern Willen das verhaßte Geheimniß hervor. Oder: Ermüdung, Gewohnheit, Zerstreuung, entgegen gesezte Eindrücke verringern unsern Abscheu, die Untersuchung wird erträglich, wir überlegen, und das fürchterliche Resultat erscheinet.

Das Urtheil erfolgt nach der Verschiedenheit der eben angezigten Ursachen bald allmählig, bald plözlich, erst in dunkler ferner Ahndung, dann näher, klarer, immer klarer, oder auf einmal in schrecklicher Klarheit. Im lezten Fall stürzt die Seele in plözlichen Schrecken oft selbst in Betäubung und Ohmacht hin; auch sich erholend, vermag sie doch noch nicht den furchtbaren Gedanken zu denken, sondern entflieht ihm, voll quälender Angst. Ich mache hier auf einige sonderbare Erscheinungen aufmerksam. Man weißt [!], daß die erschreckte, oder durch irgend einen Schmerz gequälte Seele jedes Mittel ergreift, den Gedanken, der sie quält, zu verjagen: daher strengt sie sich an, plözlich andere Gedanken zu rufen, daher ruft sie wo möglich grosse erschütternde, und also mehr zerstreuende Gedanken; der zerschmetternde Bliz, der verschlingende Abgrund, Zerstörung und Verderben der untergehenden Natur reizen sie dann mehr, als lachende Gefilde, oder die Wonne des Frühlings. Man denkt einen Gedanken stärker, schneller, wenn er in Wor[59]te ausbrechen kann; daher überrascht man oft sich selbst oder andere, daß sie mitten in einer ganz verschiedenen Reihe von Begriffen und Wörtern auf einmal ganz unzusammenhängende Worte mit Hastigkeit heraus werfen. Aus eben dieser Absicht den quälenden Gedanken zu entfliehen, sucht man auch von aussen neue Gegenstände: daher (vielleicht auch, weil man, wie bey körperlichen Schmerzen, durch Bewegung und Entfernung von der körperlichen Ursache des Schmerzens ihn zu lindern hofft) springt man plözlich ohne äussere Veranlassung von der Stelle auf, stürzt wüthend fort, und hin und her, oder steht still, und zittert plözlich wieder davon. Alle diese Aeusserungen des Schreckens und der heftigsten Seelenqual zeigen sich lange nach, aber vorzüglich im Anfange der entdeckten grausamen Pflicht, so oft der Gedanke derselbigen in der Seele vorüber flieht.

Wenn die Seele nur allmählig jenen Gedanken denkt, so ist die Wirkung und alle angezeigte Aeusserungen derselbigen nie so heftig: aber, da sie eben deswegen noch immer im Steigen ist, noch nie den höchsten Punct erreicht, so sind die Quaalen daurender, und die Fähigkeit, auch nur den Kampf zu beginnen, wird später erhalten.

III.   Ermattung, Gewohnheit, Zerstreuung, und geheime Angriffe sezen endlich die Empfindung [60] bis zu dem Grad herunter, daß die Seele den Gedanken der Pflicht wenigstens eine längere Zeit aushält; bald kommt es nun so weit, daß dieser den Gegner erwartet, bald endlich, daß er gar eine Vergleichung, und also einen Streit mit demselbigen wagt.

So bald der eine Gegner, z. E. der Patriotismus oder die Pflicht (denn dieser ist überhaupt die Ursache, und daher der Anfänger des Kriegs) den Angriff gemacht, so bald er durch die Hize seines Angriffs dem Siege sich nähert; so versammelt der andere durch die allgemeine Hize, den Contrast, und den drohenden Verlust, alle seine Kräfte, dem andern den Sieg zu entreissen, und beede wüten jezt zu gleicher Zeit in der gepreßten Seele. Vermag der leztere nicht durch die Anstrengung aller seiner Macht dem erstern das Gleichgewicht zu halten, oder erhält er ein so starkes Uebergewicht, daß der erstere ganz zu Boden sinkt, so ist der Kampf schon beym ersten Anfalle entschieden, wenn gleich auch der Besiegte noch neue schwache Angriffe wagt. Oft wird vielleicht auf diese Art im Anfange die Pflicht von der liebenden Leidenschaft plözlich zurückgetrieben.

Aber oft wird nach manchen vergeblichen Versuchen die Pflicht, die auf ewige und richtige Grundsäze gegründet ist, immer mächtiger, die Leidenschaft, die zum [61] Troz der richtigen Grundsäze meist nur auf zufälligen und unbeständigen Einbildungen beruhet, vermindert, und dann wird der Kampf schon dauerhafter und zweifelhafter.

Die Pflicht gebietet das grausame Werk, mit neuem Nachdruck, aber nicht, ohne daß sich nach den oben angeführten Gesezen der Fantasie die Liebe in Waffen gegen sie plözlich darstellt; obgleich entgegen gesezt,[7] treffen sich also beede zu gleicher Zeit in der Seele an. Der Kampf beginnt. Wird nun der eine Theil nicht sogleich überwunden, so siegt vielleicht eine Zeitlang keiner, beede halten sich gerade das Gleichgewicht, dann liegt die Seele in einer schmerzhaften Erstarrung und Unthätigkeit; ungewiß, ob sie da oder dorthin gehen soll, geht sie gar nicht.

Dieser Zustand kann wegen dem beständigen, und nicht leicht ganz gleichen Zufluß und Abfluß der Ideen nicht lange dauern; der Angegriffene oder der Angreiffende wird lebhafter, indem sie alle ihre Kräften plözlich zusammen raffen; schon fühlt man das Vergnügen des schrecklichen Kampfs losgeworden zu seyn, schon die Schmerzen, und [62] die Freuden, die mit der nun entschiedenen Befriedigung einer von beeden Neigungen, und Verlezung der andern verbunden sind, (wiewohl mit Abrechnung derjenigen, die eben durch diesen Entschluß, und durch den Grund derselbigen, die Unterdrückung der Gründe von einer und die Erhöhung der Gründe der andern wegfallen) schon dehnt man die Arme aus, und plözlich werden sie durch einen neuen verdoppelten Angriff der überwundenen Leidenschaft zurück gehalten. Es ist bey dieser Empfindung ein Unterschied, ob es die angegriffene oder die angreiffende, noch mehr aber, ob es die Pflicht oder die Liebe ist, die den Sieg in den Händen zu haben wähnt: die erstere gibt uns das hohe Gefühl unserer Tugend, unserer Grösse, obgleich nicht ohne eine sehr unangenehme Rücksicht auf den Verlust und die Marter des Geliebten; diese überfüllt uns mit der Wonne unsere verlohrne Liebe (denn längst sahen wir

---

7 Sonst konnten sie nicht mit einander verglichen werden, und die Eindrücke von beeden nicht in ein Ganzes zusammen fliessen, sie konnten gar nicht kämpfen?

sie als verlohren an) wieder erhalten zu haben, aber doch nicht ohne alle Rücksicht auf das Unwürdige unsers Zustandes.

Dieser neue Angriff, der die Ausführung des schon gefaßten Entschlusses so plözlich hinderte, stellt erst blos das Gleichgewicht her, dann erhält er gar das Uebergewicht, und der Sieger wankt erst, und sinkt dann ganz darnieder.

[63]

Nun ändert sich die Scene. Der vorher Besiegte spielt die Rolle des Siegers, stolz beginnt er schon das grosse Werk auszuführen, und wird plözlich von dem erst gedemüthigten Gegner zurückgehalten. Nun erhebt der erste Sieger sein Haupt aufs neue, und wird aufs neue gestürzt, und so kann der zweifelhafte Kampf lange Zeit fortdauern. Indeß dauert der Kampf nicht auf gleiche Art fort; erst nimmt er immer zu, immer schrecklicher, immer quälender ist jedes der Gefechte: aber wenn endlich die Seele dadurch geschwächt ist, so sind die Anfälle obgleich stets ungewiß, doch weniger heftig, nur bisweilen, wie bey einer jezt verlöschenden Lampe, wie beym lezten Todeskampf des Sterbenden, wird oft auf einmal ein stärkeres plözliches Feuer aufs neue sichtbar.

Auch jene Ingredienzien der streitenden Leidenschaften wechseln stets. Bald eine grösere, bald eine geringere Anzahl aus der ganzen Summe, bald diese, bald jene derselbigen strömen die Seele vorüber. Der Grad und die Dauer des Gleich- oder Uebergewichts, das beede Abwechslungsweise haben, sind eben so veränderlich.

II. Abhandlung.

Entscheidung des Kampfs.

Aber zulezt muß sich doch der lange Streit nach oft versuchten, und oft wieder zurückgeschlagenen Anfällen, seinem Ziele nähern.

[64]
Unentschiedenheit.

Bisweilen endet sich der Kampf eigentlich gar nicht. Indem wir noch unentschlossen diß oder jenes zu wählen, umher wanken, ist eines, oder beedes gänzlich, und auf immer entflohen. Dieser Fall erfolgt, so oft der Gegenstand des Kampfes noch eher aufhört, als einer jener unten angeführten Entscheidungsgründe statt findet. Wann, wie sehr oft geschieht, gar nicht handeln, nachtheiliger ist, als sich zum schlimmern von beeden bestimmen, so stürzt uns unsere Unentschiedenheit in ein grösseres Labyrinth, als das, so wir zu vermeiden suchten; oft ziehen wir uns auch dadurch die Nachtheile von beeden, ohne den Vortheil von einem zu. Bisweilen, wenn, auch gegen unsere Meinung, nicht handeln besser war, als das schlimmere wählen, so segnen wir nachmals unsere Unentschlossenheit, unsere Schwäche.

Wahl des mittlern Wegs.

Weil durch diß Mittel keines der streitenden Gefühle ganz verlezt, die Vortheile von beeden wenigstens zum theil erhalten, kurz, beede Neigungen befriediget scheinen, so wählen wir oft den mittlern Weg, wie der von zwey verschiedenen Seiten gestossene Körper die Diagonal-Linie. Bisweilen ist dieser mittlere Weg gerade die schlimmste Parthie, die wir [65] nur ergreiffen konnten. Wir verlieren dadurch die Vortheile von beeden, und ziehen uns die Nachtheile von beeden zu. Man straft in unserm Falle den Bösewicht, um der Pflicht, man straft ihn gelinde, um der Liebe gegen ihn Genüge zu leisten, und dadurch wird weder die Liebe des beleidigten Freundes, noch das Wohl des seufzenden Vaterlandes erhalten, sondern mit einem mal der Haß des einen, und das Verderben des andern bereitet. Indessen ist dieser mittlere Weg nicht immer so schädlich, ja oft wird der Entschluß, den wir nur aus Schwäche gefaßt und ausgeführt, durch einen glücklichen Zufall vortheilhafter, als wenn wir mit starker Seele nur das was uns das Weiseste geschienen, gewählt haben würden.

Wahl eines der entgegen gesezten.

Wählen wir eine von den entgegen gesezten Parthien, so sind überhaupt folgende Fälle möglich.

Entscheidungsgründe.

Eine von den beeden Leidenschaften erhält eine ausserordentliche Erhöhung, indem sie die Seele in einer für sie besonders vortheilhaften Stimmung antrifft, das heißt, indem durch vorhergehende und gegenwärtige Beschaffenheit der Eindrücke, des [66] Körpers, und der äusserlichen Umstände, Sinne, Einbildungskraft, Verstand, Neigungen und Empfindung, in einem solchen Grade und Richtung sind, daß sie mehr die Pflicht als die Liebe, oder mehr diese als jene begünstigen; z. E. die weiche in sanfte Empfindung zerschmolzene Seele in der Stille der Abenddämmerung öffnet sich der Liebe, und verschließt sich der strengen grausamen Pflicht.

Schon der Grad allein kann einer Neigung mehr als der andern vortheilhaft seyn, wie wir unten bey einer andern Gelegenheit zeigen werden.

Oft sind es andere gegenwärtig vorhandene Empfindungen, die sich mit einer der Leidenschaften verbinden, und dadurch derselbigen ein Uebergewicht geben. Ausser den, ihrer Natur nach einer mehr als der andern günstigen, und also zu ihrer Unterstüzung sich vereinigenden Eindrücken kann man das Gesetz festsezen: daß sich gewöhnlich die Schmerzen, die man jezt leidet, und die man durch Zerstreuung überhaupt, oder durch angenehme Empfindungen zu verbannen strebt, mit der geliebten Neigung, und Freuden, die uns jezt gegen Freuden anderer Art gleichgültiger, und gegen dem gütigen Schöpfer dankvoller machen, mit der Pflicht vereinigen. Ein Jüngling kämpfte lange mit einer wollüstigen Neigung, und stets sie[67]gend über seine Begierden, erlag er ihnen einmal nur, da sein Herz durch einen fürchterlichen Schmerzen gepeinigt war. Indessen kann doch der Schmerz auch die entgegen gesezte Wirkung haben, so fern wir ihn, wann wir einmal hineingesunken, weniger als aus der Ferne fürchten, und die Freude kann hingegen das Herz erweichen, daß es den drohenden Schmerzen nicht entgegen zu stehen vermag.

Schon die Abwesenheit zerstreuender Eindrücke bey einer, giebt, wenn die andere nicht gleichen Vortheil genießt, das Uebergewicht.

Man sieht leicht, daß, wenn nachtheilige Stimmung, und nachtheilige oder auch nur fremde zerstreuende Eindrücke gegen die andere Neigung streiten, gleicher Erfolg, der Sieg der ersten, dadurch erzeugt werde.

Aber wenn wir auch keine Rücksicht auf diejenige Veränderungen nehmen, die durch fremde Zufälle in der Seele gewirket werden, so liegt in dem Fortgang des Kampfes selbst etwas, das die Entscheidung auf eine Seite beschleunigt[8].

Je länger der Kampf dauert, desto leichter geschieht es, [68] daß man sich vornimmt nicht nachzugeben, weil man sonst alle bisherigen Qualen umsonst erlitten, alle erkämpfte Früchten mit einem mal verlieren würde, und der Fall jezt nur um so schändlicher wäre; diesem Entschluß, durchaus nicht nachzugeben, diesem Eigensinn, standhaft zu bleiben, können wir ausser obigen Folgen nicht ohne Beleidigung unserer Ehre, und unangenehmes Bewußtseyn unserer Unvollkommenheit ungetreu werden, und er kann daher bey sonst gänzlichem Gleichgewicht beeder Theile gar leicht der Neigung das Uebergewicht geben, auf die er sich wegen irgend einer oft zufälligen Ursache hinneigt. Doch gewinnt, von dieser Seite betrachtet, mehr die unangenehme Neigung.

Lange gequält vom Kampf, füllt nun die matte Brust eine heftige Begierde den Streit zu endigen, und diejenige siegt, bey der diese neue Begier die Seele zum erstenmal und am stärksten überfällt.

Endlich ermüdet der Streit die lang umher gewälzte Seele, alle ihre Kräften verschwinden, dann hat sie, indem eine Neigung sie erfüllt, und alle ihre noch übrige Kräfte an sich gerissen, keinen Raum mehr die entgegen gesezte aufzufassen. Diejenige siegt, die zum erstenmal die Seele in dieser Ermattung antraf, sie erfüllte, und ihr dadurch alle Kräfte zum Widerstand raubte. Man hat oft gesehen, daß einer bey einer Mattigkeit des Kör[69]pers, bey einer durch Hypochondrie und andere Ursachen geschwächten Seele, von einer Neigung überwältigt wurde, die er stets siegreich bekämpfet hatte. Ueberdiß kann der Zustand der Mattigkeit noch insbesondere mehr der einen als der andern günstig seyn.

Aber selbst der Schwung, in den der Kampf die Seele sezt, und der am Ende noch wenigstens Abwechslungsweise sich zeigt und verschwindet, kann einen so ausserordentlichen Grad erreichen, daß die Seele, ganz erfüllt von der einen Neigung, der andern keinen Raum mehr gestattet. Sie siegt, weil die andere gar nicht, oder nicht früh genug, mehr zu Hülfe eilen kann. Vielleicht daß die Stärke an sich für eine Art mehr als für die andre paßt, und daß daher der Sieg auf jene Seite übergeht. Man hat Erfahrungen daß gewis-

---

8 Die Fortdauer des Kampfs selbst schadet einer Neigung mehr als der andern, je weniger auf feste ewige Grundsäze und herrschenden Character der Seele sie gebauet, und je mehr schmerzhaft sie ist, deso mehr leidet sie von der Zeit Schaden.

se Menschen im Zustande der höchsten Lebhaftigkeit, der Trunkenheit etc. immer von gewissen bestimmten Vorstellungen und Affecten hingerissen worden, indeß andere fast gänzlich ausgeschlossen waren. Ein Jüngling war in diesem Zustand immer von Liebe erhizt, ein Weib immer von Furcht des jüngsten Gerichts geplagt. Je sinnlicher und lebhafter die Ideen, desto passender sind sie zu jenem Zustande der höchsten Lebhaftigkeit.

[70]
Wirkungs-Art dieser Entscheidungsgründe.

So bald durch alle diese Gründe eine der Neigungen Uebergewicht erhalten, so wird sie so lebhaft, wenigstens im Verhältniß gegen die andere, daß diese nun nicht länger sie umzustürzen vermag, Entschluß und Wille stehen unerschüttert, und die Handlung wird ausgeführt; es ist hiebey einerley, ob, wie im Anfang und Mitte die siegende Neigung sehr heftig, oder wie bisweilen am Ende schwach aber doch stärker als die andere ist, einerley, ob die Lebhaftigkeit aus der Menge, oder aus der intensiven Kraft der Eindrücke entsteht.

Oft ist es nicht einmal überwiegende Lebhaftigkeit, wodurch der Sieg erhalten wird, sondern nur ein so grosser Grad der Lebhaftigkeit in einer, daß die Ausführung nicht zurückgehalten werden kann, und plözlich erfolgt, ehe die andere zu Hülfe eilen kann. Dann ist die erstere nicht stärker, als die zweyte in ihrer vollen gesammelten Kraft wäre: aber, da sie plözlich zur Ausführung geschritten, so sammelt die andere nun vergebens ihre zerstreute Macht. Eben dieß erfolgt, wenn die erstere an sich so dauerhaft, die andere an sich so langsam ist, daß die Ausführung vor der Gegenwehr der andern vollendet ist.

Aber noch wirkt die Seele auf verschiedene Art. Die Leidenschaft verführt den Verstand auf ihre Seite zu tretten, und siegt dadurch. Mit einem [71] mal ist der ehrgeizige Cäsar überzeugt, daß er nur gegen seine und seines Vaterlands Feinde, nicht gegen sein Vaterland fechte, und plözlich ist der Kampf beendet, der Krieg entschieden, und er springt entschlossen über den Rubikon.

Oft siegt die Leidenschaft gegen Leidenschaft, Gefühl unmittelbar gegen Gefühl, die Bruderliebe sinkt, die Pflicht steigt in Timoleons Herzen, und die schreckliche Einwilligung zum Tode des Bruders ist gegeben.

Ich habe schon mehrmal die Bermerkung gemacht, daß dieser auf so mannigfaltige Art erlangte Sieg noch auf eine andere Art sich unterscheidet: jezt siegt die überwiegende Leidenschaft auf einmal, die gedemüthigte wagt keine oder nur vergebene schwache Anfälle, unvermögend den Entschluß wieder umzustürzen, oder der Sieg wird noch einmal noch mehrmalen nach Augenblicken, nach Stunden, nach Monaten, oder Jahren aufs neue angefochten, zweifelhaft gemacht, oder gar entrissen, und dann erst wieder aufs neue errungen.

7.3 Louis-Sébastien Mercier: *Schreiben des Herrn Mercier an die Verfasser des Pariser Journals* [1788][1]

Schreiben des Herrn *Mercier* an die Verfasser des Pariser Journals.

Mannheim, den 20. Okt. 1787.

Meine Herren,

Ich verstehe kein Wort Deutsch; und doch bin ich in der deutschen Komödie gewesen. Es ist doch immer ein Vergnügen, die Handlung eines Schauspiels zu errathen, die Gebehrden, die Blicke, alle Bewegungen der Scene, kurz, das ganze Spiel zu dolmetschen. Man verfertigt alsdann das Stück gemeinschaftlich mit dem Verfasser; und ich hab' es gefühlt, welch einen besondern Eindruck das macht. Meine lange Bekanntschaft mit dem Theater, und einige gefällige Leute, die neben mir saßen, setzten mich in den Stand, mich der Vorstellung deutscher Schauspiele zu freuen, ohne ihre Sprache zu verstehen. Welch ein Kontrast mit unserm französischen Theater! Hier befindet man sich sehr wohl dabei, daß man sich der Regeln, die unsre Nation so lieb sind, entledigt hat; dadurch gewinnt die Handlung an Größe, an Mannichfaltigkeit, an Eindruck; und – ich wag' es zu sagen – an Natur. Die schnelle Folge der veränderten Scenen bringt uns die Regeln aus den Gedanken, die uns auf einen engen Bezirk einzwingen und beschränken. Die Einbildungskraft hat eben so freies Spiel, als bei der Lesung eines Romans, eines epischen Gedichts. Was ist Zeit, was ist Raum für die im Genuß versenkte Seele? Hier in Deutschland spielt man Shakspeare's Stücke ganz, wie sie sind; und buchstäblich übersetzt gefällt er den Deutschen eben so sehr, als den Engländern; da sie hingegen unsre Trauerspiele zu kalt, zu leer von Handlung finden. Die Ankündigung eines Stücks jenes englischen Tragikers ist ein auf das Publikum gezogener Wechsel. Das sind denn doch zwei Nationen die hierin einander gleich denken, und ganz anders denken, als wir!

Aber unter der Menge deutscher Schauspiele, die man auf die Bühne bringt, sind die Räuber von Schiller in meinen Augen das ausserordentlichste. Man gab es auf mein Ersuchen; die Vorstellung, in sieben Akte getheilt, währt vier Stunden, und währt einem doch nicht zu lange. Die leidenschaftlichsten, die schrecklichsten, die zärtlichsten Scenen folgen unmittelbar auf einander. Man klatscht selten; dafür aber herrscht aufmerksame und tiefe Stille. Von jeder Scene fühlt man sich gerührt; denn man sieht eine Handlung vor sich, die der furchtbaren Wahrheit nahe kommt. Immerhin mache man einer Nation ihren Geschmack streitig; ihr Vergnügen kann man ihr doch nicht abstreiten; und wenn nun vollends die Nation aufgeklärt ist, die nun einmal auf diese Art unterhalten seyn will, nachdem sie mehrere Theater mit einander verglichen hat: wer wird ihr da den Vorwurf machen dürfen, daß ihr Geschmack schlecht sey?

---

1 Braunschweigisches Magazin, 5. Stück 1788, Sp. 73–78. – Vgl. Schillers Briefe an Huber vom 26. Oktober 1787 und an Körner vom 19. Dezember 1787; NA 24, S. 168–172 u. S. 184–186.

Ich theile Ihnen, meine Herren, hier nur das mit, was ich genoß, nicht, was ich dabei und darüber dachte. Wenn aber in Zukunft diejenige Bühne, welche die meisten und stärksten Eindrücke bewirkt, den Preis davon trägt, und einen allgemeinen Vorrang erhält; sollten da nicht unsre kleinen theatralischen Bräuche und Herkommen jener großen, einfachen, naturvollen Manier nachstehen müssen, welche die Bücher unsrer Nachbarn belebt? Durch Erfahrung find' ich jetzt alles das vollkommen bestätigt, was ich bloß aus innerm Drang in meinem Versuch über die dramatische Kunst geschrieben hatte; einer Schrift, die mir mit d[i]e meisten Angriffe zugezogen hat, und über deren Verfertigung ich mich doch noch bis diese Stunde freue. – Auch hier muß man Ruinen zeichnen! – Aber ich schliesse, und habe die Ehre zu seyn etc. Mercier.

Es wäre nicht das erstemal, daß der Deutsche, um den Werth vaterländischer Vorzüge zu schätzen, erst auf die Stimme des Ausländers gewartet hätte, und lieber hier einem einzelnen Urtheile, als dem allgemeinen, oft wiederholten, Ausspruche einheimischer Kunstkenner Gehör gäbe, wenn die Mittheilung des obigen Briefes auch auf einen Theil des hiesigen Publikums eine ganz neue Sensation machte. Für die seit acht Tagen hier befindliche deutsche Schauspielergesellschaft könnte dann leicht diese Sensation günstiger wirken, als alle, noch so dringende Auffoderung und Empfehlung; und die Uebersetzung dieses Briefes hätte ihre Absicht erreicht.

7.4 Gotthold Friedrich Stäudlin: *Das Kraftgenie* [1788][1]

Das Kraftgenie.
1782.

Ich bin und heiße Kraftgenie,
Ein Lieblingssohn der Fantasie!
Seit Vater *Lohenstein* erblich,
Gieng nie ein Geist hervor wie ich.

Ich weile, Sklavenseelen gleich,
Nicht in des Staubes dunkelm Reich;
Ich breche selbst mir eine Bahn
Und streb' und fliege himmelan.

Ich schwinge mich, ein Ritter groß,
Auf Schakesspear's rasches Flügelroß
Und renne stolz wie Philipps Sohn
Auf seinem Buzefal davon.

---

1 Gotthold Friedrich Stäudlin: Gedichte. Bd. 1. Stuttgart 1788, S. 82–86. Wiederabdruck in: „… Warlich ein herrlicher Mann …". Gotthold Friedrich Stäudlin. Lebensdokumente und Briefe. Hgg. v. Werner Volke. Stuttgart 1999, Nr. 99a.

Was kümmert mich die Kritlerzunft?
Was alle Zäune der Vernunft?
Was deine Heken, Aristot!
Der kleinen Geister groser Gott?

Ich flieg' in meinem freien Sinn
Hoch über Berg' und Thäler hin!
Wie schnaubt mein Roß! wie brennt mein Kopf
Und siedet wie ein heisser Topf.

Da gafft mit staunendem Gesicht
Das ganze Volk mich an und spricht:
Seht doch den grossen Wundersmann,
Seht Deutschlands neuen Shakespear an!

Was soll das Alltagsweib Natur?
Ich lobe mir Karrikatur!
Ich stelle nur Kolossen auf
Und drüke Shakesspear's Stempel drauf.

Da leset, habt ihr Kraftgefühl,
Da leset ,mal mein Trauerspiel!
Seht einen Halbgott hier der Welt,
Dort einen Teufel aufgestellt!

Erhub sich je in aller Welt
Ein Deklamator wie mein Held,
Mit Pfauenfedern schön geziert
Und mit Metafern ausstaffirt?

Laß sein, daß auch der Rezensent
Mich einen Sprachverhunzer nennt,
Mein Werk vergleicht der Mißgestalt,*)
Die uns der schaale Römer malt;

Mit Aristarchenblik mich straft,
Daß ich im Rausche meiner Kraft
Die alte Baase *Sittlichkeit*
Und den Orbil, *Geschmak*, entweiht.

Wie jammert mich der arme Wicht,
Er fühlt die Seelenschwungkraft nicht,
Den Genius, der hoch mich hebt,
In meinen Werken lebt und webt. –

Genie ist wilde Fantasei,
Nicht Einfalt und Empfindelei –
Und desto gröser der Poet,
Je minder ihn das Volk versteht. –

Wer nicht an Fesseln angeschmiegt,
Mit mir die Gränzen überfliegt –
Wie geißl' ich ihn mit scharfem Hohn,
Den nervenlosen Erdensohn!

Da tummelt vor dem Publikum
Mein Boksfußsatir sich herum,
Bespukt mit Geifer groß und klein,
Daß ihm die Jungen Beifall schrei'n.

So glänzt man in der Dichterzahl
Als Kraftmann und Original!
So wandl' ich immer eigne Bahn
Und Plimplamplasko bleibt mein Mann.

*) Humano capiti cervicem pictor equinam &c.

7.5 Moritz Carriere: *Trinkspruch auf Schiller* [1861][1]

Trinkspruch auf Schiller den Philosophen, bei der Feier seines hundertsten Geburtstages in München.

Schiller pries sich am Abend seines Lebens glücklich, daß dasselbe in das Zeitalter der Idealphilosophie gefallen sei; er wußte, was er der Einkehr in das Reich der Gedankens, was er der Forschung nach der Wahrheit um der Wahrheit willen verdankte. In jenen Tagen, da er nicht blos zur eigenen Fortbildung bei Kant in die Schule ging, sondern der Selbstthätigkeit seiner Natur gemäß, zugleich producirte wo er studirte, hat der große Weise von Königsberg selber die Abhandlung über Anmuth und Würde als eine meisterhafte begrüßt, und wie die Briefe über ästhetische Erziehung erschienen, äußerte Fichte zu Wilhelm von Humboldt, wenn Schiller seine Ideen systematisch entwickle, und die Einheit seiner Weltanschauung, welche in seinem Gefühle vorhanden sei, begründe und wissenschaftlich durchführe, so sei eine neue Epoche in der Philosophie von ihm zu erwarten. Das war mit dem Tiefblick des Genius wahrgenommen. Denn wenn auch Schiller wesentlich Dichter war, gerade damals im Begriffe stand, seine Gedanken in seiner Lyrik,

---

1 Schiller-Album der Allgemeinen deutschen National-Lotterie zum Besten der Schiller- und Tiedge-Stiftungen. Dresden 1861, S. 74f. – Philipp Moritz Carriere (1817–1895), im hessischen Butzbach geboren, in München gestorben, studierte Philosophie. Seit 1857 Professor für Kunstgeschichte an der Akademie der Künste in München, ab 1887 an der Universität. Zahlreiche philosophisch und kunsthistorische Publikationen, ferner: *Achim von Arnim und die Romantik – Die Günderode* (1841), *Lessing, Goethe, Schiller, Jean Paul* (1862), *Agnes. Liebeslieder und Gedankendichtungen* (1883), *Die Poesie. Ihr Wesen und ihre Formen mit Grundzügen der vergleichenden Literaturgeschichte* (²1884), *Bettina von Arnim* (1887). Vgl. Deutsches Literatur-Lexikon. 3. Aufl. Bern, München 1969, Bd. 2, Sp. 502–504.

in seinem Wallenstein künstlerisch zu gestalten, statt sie philosophisch zu erörtern, so hatte er doch erkannt und ausgesprochen, daß die Gesetze unsres Geistes zugleich die Weltgesetze sind, er hatte das Schöne für die Ineinsbildung des Idealen und Realen erklärt, und hier haben Schelling und Hegel angesetzt, das vom Dichter angedeutete auf alle Lebensgebiete auszubreiten und systematisch durchzuführen. Bald aber hat man vielfach gemeint, der Philosophie entrathen zu können, man hat statt auf die Ideale vielmehr auf das Gegebene, das sogenannte Positive hingewiesen, als ob das wirklich Positive die vergänglichen Dinge, die menschlichen Uebereinkömmlichkeiten, und nicht vielmehr die ewigen Gedanken, die göttlichen Principien wären! Man sollte und wollte nicht mehr fragen: was ist wahr, was ist recht, sondern was ist Ueberlieferung, was ist Satzung! Dergleichen will nicht blos mit dem Verstande, sondern auch mit dem Herzen überwunden sein. Darum lassen Sie mich in der begeisterten Huldigung, die Schiller in diesen Tagen gebracht wird, in dieser Erhebung der Gemüther nicht blos einen freudigen Ausdruck des Nationalgefühls, nicht blos die Bestätigung sehen, daß der am meisten philosophische Dichter auch der volksthümlichste in Deutschland ist, sondern daran auch die Hoffnung knüpfen, daß der Eifer für die freie und freimachende Wahrheit, der Dienst des Geistes im Leben und Wissen einen frischen Aufschwung nehme und lassen Sie in solchem Sinn uns Schillers eignen Ruf erheben: Dieses Glas dem guten Geist! Die Männer, die für ihn arbeiten, die Jugend, die ihn huldigt, sie leben hoch!

Moritz Carriere.

8 Literaturverzeichnis

8.1 Quellenliteratur

Schiller

FA: Friedrich Schiller: Werke und Briefe in zwölf Bänden. Hgg. v. Otto Dann, Heinz Gerd Ingenkamp, Rolf-Peter Janz, Gerhard Kluge, Herbert Kraft, Georg Kurscheidt, Matthias Luserke, Norbert Oellers, Mirjam Springer u. Frithjof Stock.

Bd. 1: Gedichte. Hgg. v. Georg Kurscheidt. Frankfurt a.M. 1992.
Bd. 2: Dramen I: Die Räuber, Fiesko, Kabale und Liebe, Kleine Dramen. Hgg. v. Gerhard Kluge. Frankfurt a.M. 1988.
Bd. 3: Dramen II: Don Karlos. Hgg. v. Gerhard Kluge. Frankfurt a.M. 1989.
Bd. 4: Dramen III: Wallenstein. Hgg. v. Frithjof Stock. Frankfurt a.M. 2000.
Bd. 5: Dramen IV: Maria Stuart, Die Jungfrau von Orleans, Die Braut von Messina, Wilhelm Tell, Die Huldigung der Künste. Hgg. v. Matthias Luserke. Frankfurt a.M. 1996.

Bd. 6: Historische Schriften und Erzählungen I. Hgg. v. Otto Dann. Frankfurt a.M. 2000.

Bd. 7: Historische Schriften und Erzählungen II. Hgg. v. Otto Dann. Frankfurt a.M. 2002.

Bd. 8: Theoretische Schriften. Hgg. v. Rolf-Peter Janz. Frankfurt a.M. 1992.

Bd. 9: Übersetzungen und Bearbeitungen. Hgg. v. Heinz Gerd Ingenkamp. Frankfurt a.M. 1995.

Bd. 10: Dramatischer Nachlass. Hgg. v. Herbert Kraft u. Mirjam Springer. Frankfurt a.M. 2004.

Bd. 11: Briefe. Hgg. v. Georg Kurscheidt. Frankfurt a.M. 2002.

Bd. 12: Briefe. Hgg. v. Norbert Oellers. Frankfurt a.M. 2002.

NA: Schillers Werke. Nationalausgabe. 1940 begründet v. Julius Petersen. Fortgeführt v. Lieselotte Blumenthal, Benno von Wiese, Siegfried Seidel. Hgg. v. Norbert Oellers. Bd. 1ff., Weimar 1943ff.

Anthologie auf das Jahr 1782. Herausgegeben von Friedrich Schiller. Faksimiledruck der bei Johann Benedict Metzler in Stuttgart anonym erschienenen ersten Auflage. Mit einem Nachwort u. Anmerkungen hgg. v. Katharina Mommsen. Stuttgart 1973.

Der *Volks*-Schiller. Gesänge aus der Ludlamshöhle. Pornographische Parodien aus dem Biedermeier. Hgg. v. Joseph Kiermeier-Debre u. Fritz Franz Vogel. Wien 1995.

Briefwechsel zwischen Schiller und Lotte. 1788–1805. Hgg. v. Wilhelm Fielik. Bd. 1. Stuttgart, Berlin 1855.

Friedrich Schiller. Eine Dokumentation in Bildern. Ausgewählt u. erläutert v. Bernhard Zeller u. Walter Scheffler. Frankfurt a.M. 1977.

Friedrich Schiller: Medizinische Schriften. Eine Buchgabe der Deutschen Hoffmann-La Roche AG aus Anlaß des 200. Geburtstages des Dichters 10. November 1959. Miesbach 1959.

Matten-Gohdes, Dagmar: Schiller ist gut. Ein Schiller-Lesebuch. Weinheim, Basel, Berlin 2002.

Schiller, Friedrich: Avanturen des neuen Telemachs. Eine Geschichte in Bildern. Texte von Ludwig Ferdinand Huber. Mit einem Nachwort hgg. v. Karl Riha. Frankfurt a.M. 1987.

Schiller, Friedrich: *Der Verbrecher aus verlorener Ehre.* Jacob Friedrich Abel: *Lebens-Geschichte Fridrich Schwans* mit Materialien. Ausgewählt u. eingeleitet v. Bernd Mahl. Stuttgart 1983.

Schiller, Friedrich: *Die Braut von Messina oder Die feindlichen Brüder. Ein Trauerspiel mit Chören.* Hgg. v. Matthias Luserke. Stuttgart 2002.

Schillers *Don Karlos.* Edition der ursprünglichen Fassung und entstehungsgeschichtlicher Kommentar v. Paul Böckmann. Stuttgart 1974.

Schillers Gespräche. Berichte seiner Zeitgenossen über ihn. Hgg. v. Julius Petersen. Leipzig 1911.

Schillers *Kabale und Liebe.* Das Mannheimer Soufflierbuch. Hgg. u. kommentiert v. Herbert Kraft. Mannheim 1963.

Schillers Kalender: Schillers Calender. Nach dem im Jahre 1865 erschienenen Text ergänzt u. bearbeitet v. Ernst Müller. Stuttgart 1893.

Wunderseltsame Historia. Ein politisches Gedicht aus dem Jahre 1783 von Friedrich Schiller. Faksimile der Handschrift und des Erstdrucks ausgelegt v. Georg Kurscheidt u. Volker Wahl. Marbach a.N. 1994.

Zum 9. Mai 1905. *Die Huldigung der Künste, Demetrius*: Marfa's Monolog, Der *Epilog zu Schillers Glocke* in handschriftlicher Gestalt mit einer Einleitung hgg. v. Bernhard Suphan. Weimar 1905 [= Schriften der Goethe-Gesellschaft Bd. 20].

Allgemein

150 nützliche Recepte. Das Kochbuch von Schillers Chère-mère, Louise von Lengefeld. Hgg. v. Viktoria Fuchs u. Ursula Weigl. Mit einem Vorwort v. Norbert Oellers u. Anmerkungen zur Lengefeldschen Küche v. Vincent Klink. Marbach a.N. 1997.

Abel, Jacob Friedrich: Eine Quellenedition zum Philosophieunterricht an der Stuttgarter Karlsschule (1773–1782). Mit Einleitung, Kommentar u. Bibliographie hgg. v. Wolfgang Riedel. Würzburg 1995.

Abel, Jacob Friedrich: Einleitung in die Seelenlehre. Nachdruck der Ausgabe 1786. Hildesheim, Zürich, New York 1985.

Abel, Jakob Friedrich: Rede über das Genie. Werden grosse Geister geboren oder erzogen und welches sind die Merkmale derselbigen? Mit einem Nachwort hgg. v. Walter Müller-Seidel. Marbach a.N. 1955.

[Abel, Jakob Friedrich:] Ueber die grausame Tugend, in: Wirtembergisches Repertorium der Litteratur 1 (1782), S. 31–71.

Andreas Streichers Schiller-Biographie. [1836]. Hgg. v. Herbert Kraft. Mannheim 1974.

[Anon.:] Vorzüge der Einsamkeit. Eine festliche Unterredung auf den 10. Jenner 1780 als das Geburts-Fest der Hochgebohrnen Frau Francisca, Reichs-Gräfin von Hohenheim, Auf Höchsten Befehl Sr. Herzoglichen Durchlaucht, dem Druck überlassen. Stuttgart 1780.

Aristoteles: Poetik. Griechisch / Deutsch. Übersetzt u. hgg. v. Manfred Fuhrmann. Stuttgart 1986.

Aus dem Briefwechsel des Herzogs Friedrich Christian zu Schleswig-Holstein. Briefanhang zur Biographie 1910. Hgg. v. Hans Schulz. Stuttgart 1913.

Aus Karl Ludwig von Knebels Briefwechsel mit seiner Schwester Henriette (1774–1813). Hgg. v. Heinrich Düntzer. Jena 1858.

Bach, Johann Christoph Friedrich u. Heinrich Wilhelm von Gerstenberg: Die Amerikanerinn, ein lyrisches Gemählde. Mit einem Nachwort hgg. v. Matthias Luserke u. Reiner Marx. Heidelberg 1998.

[Batz, August Friedrich:] Beschreibung der Hohen Karls-Schule zu Stuttgart. Stuttgart 1783. Nachdruck Stuttgart 1987.

Becker, Rudolph Zacharias: Noth- und Hülfsbüchlein für Bauersleute. Nachdruck der Erstausgabe v. 1788. Hgg. u. mit einem Nachwort v. Reinhart Siegert. Dortmund 1980.

Brecht, Bertolt: Werke. Große kommentierte Berliner und Frankfurter Ausgabe. Bd. 11: Gedichte I, bearbeitet v. Jan u. Gabriele Knopf. Frankfurt a.M. 1988.

Crueger, Johannes: Bodmer über Goethe. 1773–82. (Aus dem ungedruckten Nachlass Bodmers aus der Zürcher Stadtbibliothek), in: Goethe-Jahrbuch 5 (1884), S. 177–216.

D'Holbach, Paul Thiry: System der Natur oder von den Gesetzen der physischen und der moralischen Welt. [1770]. Übersetzt v. Fritz-Georg Voigt. Frankfurt a.M. 1978.

Das klassische Weimar. Texte und Zeugnisse. Hgg. v. Heinrich Pleticha. München 1983.

Der Briefwechsel Hofmannsthal – Fritz Mauthner. Eingeleitet u. hgg. v. Martin Stern, in: Hofmannsthal-Blätter 19/20 (1978), S. 21–38.

Der Sonnenwirth. Historisches Urbild des politischen Seelengemäldes: *Der Verbrecher aus verlorener Ehre*, von Schiller. Aus den Akten von Heinrich Ehregott Linck. Vaihingen 1850.

Die Briefe der Frau Rath Goethe. Gesammelt u. hgg. v. Albert Köster. 2 Bde. Leipzig 1904.

Ferguson, Adam: Grundsätze der Moralphilosophie. O.O. 1787.

Foucault, Michel: Sexualität und Wahrheit. Übersetzt v. Ulrich Raulff u. Walter Seitter. Bd. 1: Der Wille zum Wissen. Frankfurt a.M. 1977.

Gerard, Alexander: Versuch über das Genie. Translated by Christian Garve. Edited and introduced by Heiner F. Klemme and Manfred Kuehn. Nach der Ausgabe Leipzig 1776. Bristol 2001.

Geschichte des spanischen Prinzen Don Carlos. Aus den Werken des Abbts Saint Réal gezogen. Eisenach 1784.

Goethe, Johann Wolfgang: Goethes Werke. Hgg. im Auftrage der Großherzogin Sophie von Sachsen. Fotomechanischer Nachdruck der Ausgabe Weimar 1887–1919. München 1987. [= Weimarer Ausgabe].

Goethe, Johann Wolfgang: Sämtliche Werke nach Epochen seines Schaffens. Münchner Ausgabe. Hgg. v. Karl Richter in Zusammenarbeit mit Herbert G. Göpfert, Norbert Miller, Gerhard Sauder u. Edith Zehm. Bd. 1ff. München, Wien 1985ff.

Haller, Albrecht von: Die Alpen und andere Gedichte. Auswahl u. Nachwort v. Adalbert Elschenbroich. Stuttgart 1984.

Hamann, Johann Georg: Sämtliche Werke, Bd. 2: Schriften über Philosophie / Philologie / Kritik 1758–1763. Historisch-kritische Ausgabe, hgg. v. Josef Nadler. Wien 1950.

Hansjakob, Heinrich: Bauernblut. Erzählungen. [[1]1896]. Haslach i.K. 1991.

Hegel, Georg Wilhelm Friedrich: Werke in zwanzig Bänden. Theorie-Werkausgabe. Bd. 1. Frankfurt a.M. 1983.

Herder, Johann Gottfried: Sämtliche Werke. Hgg. v. Bernhard Suphan. Bd. 1ff. Berlin 1885ff. [Reprint Hildesheim, New York 1968].

Herder, Johann Gottfried: Werke in zehn Bänden. Bd. 6: Ideen zur Philosophie der Geschichte der Menschheit. Hgg. v. Martin Bollacher. Frankfurt a.M. 1989.

Herzog Karl Eugen von Württemberg und seine Zeit. Hgg. v. Württembergischen Geschichts- und Altertums-Verein. Bd. 1. Esslingen 1907.

[Horaz] Quintus Horatius Flaccus: Ars Poetica. Die Dichtkunst. Lateinisch / Deutsch. Übersetzt u. mit einem Nachwort hgg. v. Eckart Schäfer. Stuttgart 1972.

Jeanne d'Arc. Dokumente ihrer Verurteilung und Rechtfertigung 1431–1456. Übersetzt u. eingeleitet v. Ruth Schirmer-Imhoff. Köln 1956.

Kant, Immanuel: Werkausgabe. 12 Bde. Hgg. v. Wilhelm Weischedel. Frankfurt a.M. 1974.

Klinger, Friedrich Maximilian: Werke. Historisch-kritische Gesamtausgabe. Bd. 1: Otto. Das leidende Weib. Scenen aus Pyrrhus Leben und Tod. Hgg. v. Edward P. Harris. Tübingen 1987.

Klischnig, Karl Friedrich: Mein Freund Anton Reiser. Aus dem Leben des Karl Philipp Moritz [1794]. Hgg. u. mit Anmerkungen versehen v. Heide Hollmer u. Kirsten Erwentraut. Berlin o.J. [1993].

Lavater, Johann Caspar: Physiognomische Fragmente zur Beförderung der Menschenkenntnis und Menschenliebe [1775–78]. Eine Auswahl. Mit 101 Abb. Hgg. v. Christoph Siegrist. Stuttgart 1984.

Lenz, Jakob Michael Reinhold: Werke und Briefe in drei Bänden. Hgg. v. Sigrid Damm. München, Wien 1987.

Logau, Friedrich von: Sinngedichte. Hgg. v. Ernst-Peter Wieckenberg. Stuttgart 1984.

[Marmontel, Jean-François:] Des Herrn Marmontels Dichtkunst. aus [!] dem Französischen übersetzt und mit einigen Zusätzen vermehrt. 2 Tle. Bremen 1766.

Martersteig, Max (Hg.): Die Protokolle des Mannheimer Nationaltheaters unter Dalberg aus den Jahren 1781 bis 1789. Mannheim 1890.

Marx, Karl u. Friedrich Engels: Über Literatur. Ausgewählt u. hgg. v. Cornelius Sommer. Stuttgart 1979.

Mendelssohn, Moses: Ästhetische Schriften in Auswahl. Hgg. v. Otto F. Best. 2., unveränderte Aufl. Darmstadt 1986.

Mendelssohn, Moses: Gesammelte Schriften. Jubiläumsausgabe. Bd. 6/2: Kleinere Schriften II. Bearbeitet v. Eva J. Engel. Mit einem Beitrag v. Alexander Altmann. Stuttgart-Bad Cannstatt 1981.

Merck, Johann Heinrich: Briefe. Hgg. v. Herbert Kraft. Frankfurt a.M. 1968.

Mörike, Eduard: Werke in einem Band. Hgg. v. Herbert G. Göpfert. 4., durchgesehene Aufl. München, Wien 1993.

Mörike, Eduard: Werke und Briefe. Historisch-Kritische Gesamtausgabe. Bd. 12: Briefe 1833–1838. Hgg. v. Hans-Ulrich Simon. Stuttgart 1986.

Moritz, Karl Philipp: Werke. 2 Bde. Hgg. v. Horst Günther. Frankfurt a.M. 1981.

Müller, Wilhelmine: Schillers Andenken. Eine Kantate. Karlsruhe 1806.

Musil, Robert: Tagebücher. Hgg. v. Adolf Frisé. Neu durchgesehene u. ergänzte Aufl. 2 Bde. Reinbek bei Hamburg 1983.

Obscurus [= Leopold Friedrich Günther von Goeckingk]: Von der Freyheit zu denken, in: Hannoverisches Magazin 80. St. (1776), Sp. 1265–1280 vom 4. Oktober 1776; 81. St. (1776), Sp. 1281–1296 vom 7. Oktober 1776; 82. St. (1776), Sp. 1297–1312 vom 11. Oktober 1776; 83. St. (1776), Sp. 1313–1320 vom 14. Oktober 1776.

[Ovid] P. Ovidius Naso: Metamorphosen. Lateinisch / Deutsch. Übersetzt u. hgg. v. Michael von Albrecht. Stuttgart 1998.

[Pfeil, Johann Gottlob Benjamin:] Vom bürgerlichen Trauerspiele, in: Neue Erweiterungen der Erkenntnis und des Vergnügens 6/31 (1755), S. 1–25.

Pindar: Oden. Griechisch / Deutsch. Übersetzt u. hgg. v. Eugen Dönt. Stuttgart 1986.

Plutarch: Fünf Doppelbiographien. 1. Teil: Alexandros und Caesar, Aristeides und Marcus Cato, Perikles und Fabius Maximus. Griechisch / Deutsch. Übersetzt v. Konrat Ziegler u. Walter Wuhrmann, ausgewählt v. Manfred Fuhrmann. Mit einer Einführung u. Erläuterungen v. Konrat Ziegler. Darmstadt 1994.

Rousseau, Jean-Jacques: Bekenntnisse. Aus dem Französischen v. Ernst Hardt. Mit einer Einführung v. Werner Krauss. Frankfurt a.M. 1985.

Rousseau, Jean-Jacques: Correspondance complète. Édition critique établie et annotée par R.A. Leigh. Bd.18: Octobre – Décembre 1763. Oxfordshire 1973.

Rousseau, Jean-Jacques: Die Träumereien des einsamen Spaziergängers. Übersetzt v. Dietrich Leube. Zürich 1985.

Rousseau, Jean-Jacques: Rousseau richtet über Jean-Jacques, in: Ders.: Schriften Bd. 2. Hgg. v. Henning Ritter. Frankfurt a.M. 1988, S. 253–636.

Rousseau, Jean-Jacques: Vom Gesellschaftsvertrag oder Grundsätze des Staatsrechts. In Zusammenarbeit mit Eva Pietzcker neu übersetzt u. hgg. v. Hans Brockard. Stuttgart 1991.

Saint-Réal, Abbé de: Histoire de Dom Carlos. Nach der Ausgabe von 1691, hgg. v. Albert Leitzmann. Halle a.S. 1914.

Schiller im Urtheile seiner Zeitgenossen. Zeitungskritiken, Berichte und Notizen, Schiller und seine Werke betreffend, aus den Jahren 1801–1805. Gesammelt u. hgg. v. Julius Braun. Berlin 1882.

Schiller und Goethe im Urtheile ihrer Zeitgenossen. Zeitungskritiken, Berichte und Notizen, Schiller und Goethe und deren Werke betreffend, aus den Jahren 1773–1812. Gesammelt u. hgg. v. Julius Braun. Erste Abtheilung: Schiller. Bd 1: 1781–1793. Bd 2: 1794–1800. Leipzig 1882.

Schiller – Zeitgenosse aller Epochen. Dokumente zur Wirkungsgeschichte Schillers in Deutschland. Teil II: 1860–1966. Hgg., eingeleitet u. kommentiert v. Norbert Oellers. München 1976.

Schlegel, Friedrich: Kritische Friedrich-Schlegel-Ausgabe. Bd. 5: Dichtungen. Hgg. u. eingeleitet v. Hans Eichner. München, Paderborn, Wien 1962.

Schlegel, Friedrich: Kritische Friedrich-Schlegel-Ausgabe. Bd. 24: Friedrich Schlegel: Die Periode des Athenäums. 25. Juli 1797 – Ende August 1799. Mit Einleitung u. Kommentar hgg. v. Raymond Immerwahr. Paderborn, München, Wien, Zürich 1985.

Schlegel, Friedrich: Kritische Schriften und Fragmente. Studienausgabe in sechs Bänden. Hgg. v. Ernst Behler u. Hans Eichner. Bd. 2: Kritische Schriften und Fragmente [1798–1801]. Hgg. v. Ernst Behler u. Hans Eichner. Paderborn 1988.

Schlegel, Friedrich: Literary Notebooks 1797–1801. Edited with introduction and commentary by Hans Eichner. London 1957.

Shaftesbury, Anthony Ashley Cooper, Third Earl of: Standard Edition. Sämtliche Werke, ausgewählte Briefe und nachgelassene Schriften. In englischer Sprache mit paralleler deutscher Übersetzung. Hgg., übersetzt u. kommentiert v. Gerd Hemmerich u. Wolfram Benda. Stuttgart-Bad Cannstatt 1981.

Streicher, Andreas: Schillers Flucht von Stuttgart und Aufenthalt in Mannheim von 1782 bis 1785. Hgg. v. Paul Raabe. Stuttgart 1968.

Sturz, Peter Helfrich: Denkwürdigkeiten von Johann Jacob Rousseau. Erste Sammlung. Leipzig 1779.

[Thomasius, Christian:] Schertz- und Ernsthaffter / Vernünfftiger und Einfältiger Gedancken / über allerhand Lustige und nützliche Bücher und Fragen[.] Vierter Monat oder APRILIS, In einem Gespräch vorgestellet. Halle 1688, in: Ders.: Freimütige, lustige und ernsthafte, jedoch vernunftmässige Gedanken oder Monatsgespräche über allerhand, fürnehmlich aber neue Bücher. Bd. 1: Januar – Juni 1688. Reprint Frankfurt a.M. 1972, S. 447–588.

Titus Lucretius Carus: De rerum natura. Welt aus Atomen. Lateinisch u. deutsch. Übersetzt u. mit einem Nachwort hgg. v. Karl Büchner. Stuttgart 2000.

Wieland, C[hristoph] M[artin]: Sämmtliche Werke. Reprintausgabe. Hamburg 1984.

[Young, Edward:] Gedanken über die Original-Werke. Aus dem Englischen [v. H.E. von Teubern]. Faksimiledruck nach der Ausgabe von 1760. Nachwort u. Dokumentation zur Wirkungsgeschichte in Deutschland v. Gerhard Sauder. Heidelberg 1977.

Zedler, Johann Heinrich: Grosses vollständiges Universal Lexicon Aller Wissenschafften und Künste, Welche bißhero durch menschlichen Verstand und Witz erfunden worden. Bd. 1. Halle, Leipzig 1732.

8.2   Forschungsliteratur

Schiller – Allgemein

Albert, Claudia (Hg.): Deutsche Klassiker im Nationalsozialismus. Schiller, Kleist, Hölderlin. Stuttgart, Weimar 1994.

Alt, Peter-André: „Arbeit für mehr als ein Jahrhundert". Schillers Verständnis von Ästhetik und Politik in der Periode der Französischen Revolution (1790–1800), in: JbDSG 46 (2002), S. 102–133.

Alt, Peter-André: Auf den Schultern der Aufklärung. Überlegungen zu Schillers „nationalem" Kulturprogramm, in: Peter-André Alt, Alexander Košenina, Hartmut Reinhardt u.a. (Hg.): Prägnanter Moment. Studien zur deutschen Literatur der Aufklärung und Klassik. Festschrift für Hans-Jürgen Schings. Würzburg 2002, S. 215–237.

Alt, Peter-André: Friedrich Schiller. München 2004.

Alt, Peter-André: Schiller. Leben – Werk – Zeit. 2 Bde. München 2000.

Baker, Eric R.: Atomism and the sublime. On the reception of Epicurus and Lucretius in the aesthetics of Edmund Burke, Kant, and Schiller. Ann Arbor, Michigan 2002. [MF]

Bergen, Ingeborg: Biblische Thematik und Sprache im Werk des jungen Schiller. Einflüsse des Pietismus. Mainz 1967.

Berger, Karl: Schiller. Sein Leben und seine Werke. Bd. 1. 13. Aufl. [¹1904]. Bd. 2. 12. Aufl. [¹1908]. München 1921.

Berghahn, Klaus L.: Schiller. Ansichten eines Idealisten. Frankfurt a.M. 1986.

Bernhardt, Oliver: „Eines Freundes Freund zu seyn." Friedrich Schiller. Eine Biographie. 2., durchgesehene Aufl. Münster 2002.

Boas, Eduard: Schiller's Jugendjahre. Hgg. v. Wendelin von Maltzahn. Bd. 1. Hannover 1856.

Bolten, Jürgen: Friedrich Schiller. Poesie, Reflexion und gesellschaftliche Selbstdeutung. München 1985.

Borchmeyer, Dieter: Kritik der Aufklärung im Geiste der Aufklärung: Friedrich Schiller, in: Aufklärung und Gegenaufklärung in der europäischen Literatur, Philosophie und Politik von der Antike bis zur Gegenwart. Hgg. v. Jochen Schmidt. Darmstadt 1989, S. 361–376.

Borchmeyer, Dieter: Rhetorische und ästhetische Revolutionskritik: Edmund Burke und Schiller, in: Karl Richter u. Jörg Schönert (Hg.): Klassik und Moderne. Die Weimarer Klassik als historisches Ereignis und Herausforderung im literaturhistorischen Prozeß. Walter Müller-Seidel zum 65. Geburtstag. Stuttgart 1983, S. 56–79.

Brandt, Helmut (Hg.): Friedrich Schiller. Angebot und Diskurs. Zugänge, Dichtung, Zeitgenossenschaft. Berlin, Weimar 1987.

Bräutigam, Bernd: Schillers Überlegungen zu „Begriff" und „Bild". Der Mediziner, in: Bernd Bräutigam u. Burghard Damerau (Hg.): Offene Formen. Beiträge zur Literatur, Philosophie und Wissenschaft im 18. Jahrhundert. Frankfurt a.M. 1997, S. 96–117.

Bresky, Dushan: Schiller's Debt to Montesquieu and Adam Ferguson, in: Comparative Literature 13 (1961), S. 239–253.

Brodsky, Claudia: Freedom in Kant and Schiller: Criticism and Idealism, in: Friedrich von Schiller and the Drama of Human Existence. Hgg. v. Alexej Ugrinsky. New York, Westport, London 1988, S. 129–133.

Buchwald, Reinhard: Schiller. Bd. 1: Der junge Schiller. Neue, bearbeitete Ausgabe. Wiesbaden 1956. Bd. 2: Der Weg zur Vollendung. Neue, bearbeitete Ausgabe. Wiesbaden 1954.

Bürgel, J. Christoph: Schiller und Dschalal ed-din Rumi – ein Vergleich, in: Iranzamin: Echo der iranischen Kultur 12/4/5 (1999), S. 36–43.

Camigliano, Albert J.: Friedrich Schiller and Christian Gottfried Körner. A Critical Relationship. Stuttgart 1976.

Cassirer, Ernst: Idee und Gestalt. Goethe, Schiller, Hölderlin, Kleist. 2. Aufl. Berlin 1942. Nachdruck Darmstadt 1981.

Dann, Otto, Norbert Oellers u. Ernst Osterkamp (Hg.): Schiller als Historiker. Stuttgart, Weimar 1995.

Darsow, Götz-Lothar: Friedrich Schiller. Stuttgart 2000.

Dewhurst, Kenneth u. Nigel Reeves: Friedrich Schiller: Medicine, Psychology and Literature with the first English edition of his complete medical and psychological writings. Oxford 1978.

Eggli, Edmond: Schiller et le romantisme français. Paris 1927.

Fähnrich, Hermann: Schillers Musikalität und Musikanschauung. Hildesheim 1977.

Friedrich Schiller. Kunst, Humanität und Politik in der späten Aufklärung. Hgg. v. Wolfgang Wittkowski. Tübingen 1982.

Fries, Karl: Schiller und Plutarch, in: Neue Jahrbücher für das klassische Altertum, Geschichte und Deutsche Litteratur 1 (1898), S. 351–354 u. S. 418–431.

Fuhrmann, Helmut: Zur poetischen und philosophischen Anthropologie Schillers. Würzburg 2001.

Fuhrmann, Manfred: Revision des Parisurteils. „Bild" und „Gestalt" der Frau im Werk Friedrich Schillers, in: JbDSG 25 (1981), S. 316–366.

Gerhard, Ute: Schiller als „Religion". Literarische Signaturen des 19. Jahrhunderts. München 1994.

Gerhard, Ute: Schiller im 19. Jahrhundert, in: Schiller-Handbuch. Hgg. v. Helmut Koopmann in Zusammenarbeit mit der Deutschen Schillergesellschaft Marbach. Stuttgart 1998, S. 758–772.

Gilde, Luise: Persönlichkeiten um Schiller. Der Stuttgarter Kreis. London 1963.

Grathoff, Dirk u. Erwin Leibfried (Hg.): Schiller. Vorträge aus Anlaß seines 225. Geburtstages. Frankfurt a.M. 1991.

Hahn, Karl-Heinz: Der handschriftliche Nachlaß Friedrich Schillers im Goethe- und Schiller-Archiv in Weimar, in: JbDSG 3 (1959), S. 368–385.

Hatfield, Henry: Schiller, Winckelmann, and the Myth of Greece, in: John R. Frey (Hg.): Schiller 1759/1959. Commemorative American Studies. Urbana 1959, S. 12–35.

Hecker, Max u. Julius Petersen (Hg.): Schillers Persönlichkeit. Urtheile seiner Zeitgenossen und Documente. Nachdruck der Ausgabe Weimar 1904–1909. Hildesheim, New York 1976.

Hinderer, Walter: Freiheit und Gesellschaft beim jungen Schiller, in: Walter Hinck (Hg.): Sturm und Drang. Ein literaturwissenschaftliches Studienbuch. Kronberg i.Ts. 1978, S. 230–256.

Hinderer, Walter: Friedrich Schiller und die empirische Seelenlehre. Bemerkungen über die Funktion des Traumes und das „System der dunklen Idee", in: JbDSG 47 (2003), S. 187–213.

Hinderer, Walter: Schiller und Bürger: Die ästhetische Kontroverse als Paradigma, in: JbFDH 1986, S. 130–154.

Hinderer, Walter: Von der Idee des Menschen. Über Friedrich Schiller. Würzburg 1998.

Hofmann, Michael: Schiller. Epoche – Werk – Wirkung. München 2003.

Hucke, Karl-Heinz: Jene „Scheu vor allem Mercantilischen". Schillers „Arbeits- und Finanzplan". Tübingen 1984.

Huschke, Wolfram: Schiller-Vertonungen im frühen 19. Jahrhundert. Marbach a.N. 1993.

Johnston, Otto W.: Schillers politische Welt, in: Schiller-Handbuch. Hgg. v. Helmut Koopmann in Zusammenarbeit mit der Deutschen Schillergesellschaft Marbach. Stuttgart 1998, S. 44–69.

Jolles, Matthijs: Dichtkunst und Lebenskunst: Studien zum Problem der Sprache bei Friedrich Schiller. Hgg. v. Arthur Groos. Bonn 1980.

Kaiser, Gerhard: Vergötterung und Tod. Die thematische Einheit von Schillers Werk. Stuttgart 1967.

Kaiser, Gerhard: Von Arkadien nach Elysium. Schiller-Studien. Göttingen 1978.

Karthaus, Ulrich: Schiller und die Französische Revolution, in: JbDSG 33 (1989), S. 210–239.

Kittler, Friedrich: Die Laterna magica der Literatur: Schillers und Hoffmanns Medienstrategien, in: Athenäum 4 (1994), S. 219–237.

Knobloch, Hans-Jörg u. Helmut Koopmann (Hg.): Schiller heute. Tübingen 1996.

Koopmann, Helmut: Der Dichter als Kunstrichter. Zu Schillers Rezensionsstrategie, in: JbDSG 20 (1976), S. 229–246.

Koopmann, Helmut: Der junge Schiller, in: Bernhard Zeller u. Walter Schefeler (Hg.): Literatur im deutschen Südwesten. Stuttgart 1987, S. 72–81 u. S. 347–348.

Koopmann, Helmut: Forschungsgeschichte, in: Schiller-Handbuch. Hgg. v. Helmut Koopmann in Zusammenarbeit mit der Deutschen Schillergesellschaft Marbach. Stuttgart 1998, S. 809–932.

Körner, Josef: Romantiker und Klassiker. Die Brüder Schlegel in ihren Beziehungen zu Schiller und Goethe. Darmstadt 1971.

Kraft, Herbert: Um Schiller betrogen. Pfullingen 1978.

Krings, Marcel: Nachodine oder die empirische Freiheit. Goethes Ontophysik des Geistes als Reflexion auf Schillers Konzession des Realismus, in: Wirkendes Wort 52/1 (2002), S. 57–66.

Kühn, Rudolf A. (Hg.): Schillers Tod. Kommentierter Reprint der Studie „Schillers Krankheit" von Wolfgang H. Veil aus dem Jahre 1936. Jena 1992.

Kühnlenz, Fritz: Schiller in Thüringen. Stätten seines Lebens und Wirkens. Rudolstadt 1976.

Lashgari, Mahafarid: Schiller's Gender Theory as seen through his Classical Discourse. Los Angeles 1995.

Litzmann, Bertold: Schiller in Jena. Eine Festgabe zum 26. Mai 1889 aus dem deutschen Seminar. Jena 1889.

Lühr, Rosemarie: Abstrakta in der Sprache Friedrich Schillers, in: Akten des internationalen Germanistenkongresses Wien 2000 „Zeitenwende" – Die Germanistik auf dem Weg vom 20. ins 21. Jahrhundert. Hgg. v. Peter Wiesinger. Bd. 2: Entwicklungstendenzen der deutschen Gegenwartssprache – Lexikologie und Lexikographie. Bern 2002, S. 305–311.

Luserke, Matthias: Leidenschaften ad usum logicorum: Ketten, Krebs und Sklavensinn (Schiller und Kant), in: Ders.: Die Bändigung der wilden Seele. Literatur und Leidenschaft in der Aufklärung. Stuttgart, Weimar 1995, S. 319–338.

Luserke-Jaqui, Matthias: Über die literaturgeschichtlichen Ursprünge des ‚Klassikers Schiller', in: Deutsche Klassik. Epoche – Autoren – Werke. Hgg. v. Rolf Selbmann. Darmstadt 2005, S. 35–59.

Mann, Golo: Schiller als Historiker, in: JbDSG 4 (1960), S. 98–109.

Middell, Eike: Friedrich Schiller. Leben und Werk. Leipzig 1980.

Minor, J[akob]: Schiller. Sein Leben und seine Werke. 2 Bde. Berlin 1890.

Müller, Ernst: Der Herzog und das Genie. Friedrich Schillers Jugendjahre. Stuttgart 1955.

Müller-Seidel, Walter: Schiller im Verständnis Max Kommerells. Nachtrag zum Thema „Klassiker in finsteren Zeiten", in: Peter-André Alt, Alexander Košenina, Hartmut Reinhardt u.a. (Hg.): Prägnanter Moment. Studien zur deutschen Literatur der Aufklärung und Klassik. Festschrift für Hans-Jürgen Schings. Würzburg 2002, S. 275–308.

Nesseler, Olga u. Thomas: Auf des Messers Schneide: Zur Funktionsbestimmung literarischer Kreativität bei Schiller und Goethe. Eine psychoanalytische Studie. Würzburg 1994.

Neubauer, John: The Freedom of the Machine. On Mechanism, Materialism, and the Young Schiller, in: Eighteenth-Century Studies 15 (1981/82), S. 275–290.

Neumayr, Anton: Dichter und ihre Leiden. Rousseau, Schiller, Strindberg und Trakl im Brennpunkt der Medizin. Wien, München 2000.

Noltenius, Rainer: Dichterfeiern in Deutschland. Rezeptionsgeschichte als Sozialgeschichte am Beispiel der Schiller- und Freiligrath-Feiern. München 1984.

Noltenius, Rainer: Zur Sozialpsychologie der Rezeption von Literatur. Schiller 1859 in Deutschland: Der Dichter als Führer und Heiland, in: Psyche 39 (1985), S. 592–616.

Oellers, Norbert: Friedrich Schiller. Zur Modernität eines Klassikers. Hgg. v. Michael Hofmann. Frankfurt a.M., Leipzig 1996.

Oellers, Norbert: Schiller. Stuttgart 1993.

Osterkamp, Ernst: Friedrich Schiller als Historiker, in: Friedrich Schiller. Goethes großer Freund. Texte zur gegenwärtigen Einschätzung des Dichters. Halle a.d.S. 2002, S. 38–63.

Pester, Thomas: Schillers Gartenhaus in Jena und der historische Gartenplan von 1799. Jena 2003.

Peterson, Otto P.: Schiller in Russland 1785–1805. New York 1934.

Piana, Theo: Friedrich Schiller. Bild-Urkunden zu seinem Leben und Schaffen. München 1957.

Pilling, Claudia, Diana Schilling u. Mirjam Springer: Friedrich Schiller. Reinbek b. Hamburg 2002.

Pott, Hans-Georg: Schiller und Hölderlin. Studien zur Ästhetik und Poetik. Frankfurt a.M. 2002.

Prader, Florian: Schiller und Sophokles. Zürich 1954.

Prüfer, Thomas: Die Bildung der Geschichte. Friedrich Schiller und die Anfänge der modernen Geschichtswissenschaft. Köln, Weimar, Wien 2002.

Riedel, Wolfgang: „Weltgeschichte ein erhabenes Objekt". Zur Modernität von Schillers Geschichtsdenken, in: Peter-André Alt, Alexander Košenina, Hartmut Reinhardt u.a. (Hg.): Prägnanter Moment. Studien zur deutschen Literatur der Aufklärung und Klassik. Festschrift für Hans-Jürgen Schings. Würzburg 2002, S. 193–214.

Riedel, Wolfgang: Aufklärung und Macht. Schiller, Abel und die Illuminaten, in: Die Weimarer Klassik und ihre Geheimbünde. Hgg. v. Walter Müller-Seidel u. Wolfgang Riedel. Würzburg 2003, S. 107–125.

Ruppelt, Georg: Schiller im nationalsozialistischen Deutschland. Ein Versuch der Gleichschaltung. Stuttgart 1979.

Safranski, Rüdiger: Friedrich Schiller oder Die Erfindung des Deutschen Idealismus. München, Wien 2004.

Schiller – Zeitgenosse aller Epochen. Dokumente zur Wirkungsgeschichte Schillers in Deutschland. Teil I: 1782–1859. Hgg., eingeleitet u. kommentiert v. Norbert Oellers. Frankfurt a.M. 1970.

Schiller – Zeitgenosse aller Epochen. Dokumente zur Wirkungsgeschichte Schillers in Deutschland. Teil II: 1860–1966. Hgg., eingeleitet u. kommentiert v. Norbert Oellers. München 1976.

Schiller und sein Kreis in der Kritik ihrer Zeit. Die wesentlichen Rezensionen aus der periodischen Literatur bis zu Schillers Tod, begleitet von Schillers und seiner Freunde Äußerungen zu deren Gehalt. In Einzeldarstellungen mit einem Vorwort und Anhang: Bibliographie der Schiller-Kritik bis zu Schillers Tod [hgg.] v. Oscar Fambach. Berlin 1957. (= Ein Jahrhundert deutscher Literaturkritik, 1750–1850, Bd. 2).

Schiller. Bilder und Texte zu seinem Leben. Hgg. v. Axel Gellhaus und Norbert Oellers. Unter Mitarbeit von Georg Kurscheidt und Ursula Naumann mit einem Beitrag von Roswitha Klaiber. Köln 1999.

Schiller-Handbuch. Hgg. v. Helmut Koopmann in Zusammenarbeit mit der Deutschen Schillergesellschaft Marbach. Stuttgart 1998.

Schiller-Handbuch. Leben – Werk – Wirkung. Hgg. v. Matthias Luserke-Jaqui unter Mitarbeit v. Grit Dommes. Stuttgart, Weimar 2005.

Schillers Leben und Werk in Daten und Bildern. Hgg. v. Bernhard Zeller. Frankfurt a.M. 1966.

Schillers Tod und Bestattung. Nach den Zeugnissen der Zeit im Auftrag der Goethe-Gesellschaft dargestellt v. Max Hecker. Leipzig 1935.

Schiller und die höfische Welt. Hgg. v. Achim Aurnhammer, Klaus Manger u. Friedrich Strack. Tübingen 1990.

Schiller-Wörterbuch in 5 Bänden. Mit CD-ROM. Hgg. v. Rosemarie Lühr u. Susanne Zeilfelder. Berlin, New York 2005ff. [i. Vbr.].

Schläpfer, Bruno: Schillers Freiheitsbegriffe. Bern 1984.

Schmid, Gerhard: Die Verleihung des Bürgerrechts der Französischen Republik an Friedrich Schiller im Jahre 1792, in: Archivmitteilungen 39/3 (1989), S. 79–83.

Schneider, Sabine M.: Die schwierige Sprache des Schönen. Moritz' und Schillers Semiotik der Sinnlichkeit. Würzburg 1998.

Schüddekopf, Carl: Schillers Bibliothek, in: Bernhard Suphan: Zum 9. Mai 1905. Schiller Ausstellung im Goethe- und Schiller-Archiv. Weimar 1905, S. 47–83.

Schuller, Marianne: Körper. Fieber. Feuer. Medizinischer Diskurs und literarische Figur beim jungen Schiller, in: Wolfram Groddeck u. Ulrich Stadler (Hg.): Physiognomie und Pathognomie. Zur literarischen Darstellung von Individualität. Festschrift für Karl Pestalozzi zum 65. Geburtstag. Berlin 1994, S. 153–168.

Söhn, Gerhart: Die Schwestern von Lengefeld, in: Ders.: Frauen der Aufklärung und Romantik. Von der Karschin bis zur Droste. Düsseldorf 1998, S. 112–122.

Staiger, Emil: Friedrich Schiller. Zürich 1967.

Steinhagen, Harald: Der junge Schiller zwischen Marquis de Sade und Kant. Aufklärung und Idealismus, in: DVjs 56 (1982), S. 135–157.

Theopold, Wilhelm: Über Schillers körperliches Wachstum, in: Medizinisches Journal 23/1–2 (1988), S. 93–105.

Tschierske, Ulrich: Vernunftkritik und ästhetische Subjektivität. Studien zur Anthropologie Friedrich Schillers. Tübingen 1988.

Tümmler, Hans: „Signore Schiller". Der zunftfremde Geschichtsprofessor und die Jenaer Philosophische Fakultät 1798, in: Archiv für Kulturgeschichte 58 (1976), S. 444–458.

Ueding, Gert: Friedrich Schiller. München 1990.

Ueding, Gert: Schillers Rhetorik. Idealistische Wirkungsästhetik und rhetorische Tradition. Tübingen 1971.

Utz, Peter: Auge, Ohr und Herz. Schillers Dramaturgie der Sinne. Auge oder Ohr? – Die Spaltung der Sinne im Jahrhundert der Aufklärung, in: JbDSG 29 (1985), S. 62–97.

Weber, Peter: Die Freundschaft zwischen Schiller und Körner. Literaturgeschichte im Spiegel eines Briefwechsels, in: Impulse 5 (1982), S. 149–171.

Weltrich, Richard: Friedrich Schiller. Geschichte seines Lebens und Charakteristik seiner Werke. Unter kritischem Nachweis der biographischen Quellen. Bd. 1. Stuttgart 1899.

Weltrich, Richard: Schiller auf der Flucht. Hgg. v. Julius Petersen. Stuttgart 1923.

Wernly, Julia: Prolegomena zu einem Lexikon der ästhetisch-ethischen Terminologie Friedrich Schillers. Repographischer Nachdruck der Ausgabe Leipzig 1909. Hildesheim 1975.

Wiese, Benno von: Friedrich Schiller. 3., durchgesehene Aufl. Stuttgart 1963.

Wilpert, Gero von: Schiller-Chronik. Sein Leben und Schaffen. Stuttgart 2000 [[1]1958].

Wölfel, Kurt: Friedrich Schiller. München 2004.

Ziegler, Theobald: Friedrich Schiller. Schutterwald 1998.

Dramen

Allgemein

Berghahn, Klaus L.: Formen der Dialogführung in Schillers klassischen Dramen. Ein Beitrag zur Poetik des Dramas. Münster 1970.

Beyer, Karen: „Schön wie ein Gott und männlich wie ein Held". Zur Rolle des weiblichen Geschlechtscharakters für die Konstituierung des männlichen Aufklärungshelden in den frühen Dramen Schillers. Stuttgart 1993.

Binder, Wolfgang: Die Begriffe „naiv" und „sentimentalisch" und Schillers Drama, in: JbDSG 4 (1960), S. 140–157.

Bloch, Peter André: Schiller und die französische klassische Tragödie. Versuch eines Vergleichs. Düsseldorf 1968.

Borchmeyer, Dieter: Tragödie und Öffentlichkeit. Schillers Dramaturgie im Zusammenhang seiner ästhetisch-politischen Theorie und die rhetorische Tradition. München 1973.

Clasen, Thomas: „Nicht mein Geschlecht beschwöre! Nenne mich nicht Weib"? Zur Darstellung der Frau in Schillers „Frauen-Dramen", in: Dirk Grathoff u. Erwin Leibfried (Hg.): Schiller. Vorträge aus Anlaß seines 225. Geburtstages. Frankfurt a.M., Bern, New York 1991, S. 89–111.

Düsing, Wolfgang: Der Nemesisbegriff bei Herder und Schiller, in: Marion Heinz (Hg.): Herder und die Philosophie des deutschen Idealismus. Amsterdam 1997, S. 235–255.

Frey, John R.: Das Satirische beim frühen Schiller, in: Albert R. Schmitt (Hg.): Festschrift für Detlev W. Schumann zum 70. Geburtstag. München 1970, S. 173–184.

Garland, H.B.: Schiller. The Dramatic Writer. A Study of Style in the Plays. Oxford 1969.

Gellhaus, Axel: Ohne der Poesie das Geringste zu vergeben. Zu Schillers Dramenkonzeption auf dem Weg von der *Braut von Messina* zum *Wilhelm Tell*, in: Dorothea Kuhn u. Bernhard Zeller (Hg.): Genio huius loci. Dank an Leiva Petersen. Wien, Köln, Graz 1982, S. 111–126.

Guthke, Karl S.: Schillers Dramen. Idealismus und Skepsis. Tübingen, Basel 1994.

Hamburger, Käte: Schillers Fragment *Der Menschenfeind* und die Idee der Kalokagathie, in: DVjs 30 (1956), S. 367–400.

Heselhaus, Clemens: Die Nemesis-Tragödie. Fiesco – Wallenstein – Demetrius, in: Der Deutschunterricht 4/5 (1952), S. 40–59.

Inasaridse, Ethery: Schiller und die italienische Oper. Das Schillerdrama als Libretto des Belcanto. Frankfurt a.M. 1989.

Interpretationen. Schillers Dramen. Hgg. v. Walter Hinderer. Stuttgart 1992.

Jonnes, Denis: Pattern of Power. Family and State in Schiller's Early Drama, in: Colloquia Germanica 20 (1987), S. 138–162.

Jöns, Dietrich: Das Problem der Macht in Schillers Dramen von den *Räubern* bis zum *Wallenstein*, in: Karl Otto Conrady (Hg.): Deutsche Literatur zur Zeit der Klassik. Stuttgart 1977, S. 76–92.

Kittler, Friedrich A.: Schiller. Archäologie der Psychologie des bürgerlichen Dramas, in: Ders.: Dichter, Mutter, Kind. München 1991, S. 47–98.

Krauß, Rudolf: Die Erstaufführungen von Schillers Dramen auf dem Stuttgarter Hoftheater, in: Euphorion 12 (1905), S. 599–627.

Latacz, Joachim: Schiller und die griechische Tragödie, in: Hellmut Flashar (Hg.): Tragödie. Idee und Transformation. Stuttgart 1997, S. 235–257.

Linder, Jutta: Schillers Dramen. Bauprinzip und Wirkungsstrategie. Bonn 1989.

Maier, Anne M.: The Oath, History, and the Law in four Plays of Friedrich Schiller. *Die Räuber, Kabale und Liebe, Don Carlos* and *Wallenstein*. Philadelphia 1997.

Memmolo, Pasquale: Schillers Dramen. Die Entfaltung der Kraft und die Kontingenz der Subjektivität, in: Ders.: Strategen der Subjektivität. Intriganten in Dramen der Neuzeit. Würzburg 1995, S. 263–314.

Mentzel, E[lisabeth]: Schillers Jugenddramen zum ersten Male auf der Frankfurter Bühne. Nebst Beiträgen zur Frankfurter Theater- und Musikgeschichte von 1782 bis 1784. O.O. o.J.

Oellers, Norbert: Poetische Fiktion als Geschichte. Die Funktion erfundener Figuren in Geschichtsdramen Schillers, in: Otto Dann, Norbert Oellers u. Ernst Osterkamp (Hg.): Schiller als Historiker. Stuttgart, Weimar 1995, S. 205–217.

Oellers, Norbert: Schiller. Geschichte seiner Wirkung bis zu Goethes Tod 1805–1832. Bonn 1967.

Petersen, Julius: Schiller und die Bühne. Ein Beitrag zur Litteratur- und Theatergeschichte der klassischen Zeit. Berlin 1904.

Pfeiffer-Belli, Wilhelm: Schillers Beziehungen zum Frankfurter Theater, in: JbFDH 1916–1925, S. 45–66.

Pugh, David: Schiller's Early Dramas. A Critical History. Rochester, New York 2000.

Reinhardt, Hartmut: Das „Schicksal" als Schicksalsfrage. Schillers Dramatik in romantischer Sicht. Kritik und Nachfolge, in: Aurora 50 (1990), S. 63–86.

Rudloff-Hille, Gertrud: Schiller auf der deutschen Bühne seiner Zeit. Berlin, Weimar 1969.

Saranpa, Kathy: Schiller's *Wallenstein, Maria Stuart,* and *Die Jungfrau von Orleans.* The Critical Legacy. Rochester 2002.

Sautermeister, Gert: Idyllik und Dramatik im Werk Friedrich Schillers. Zum geschichtlichen Ort seiner klassischen Dramen. Stuttgart, Berlin, Köln, Mainz 1971.

Scheit, Gerhard: Heteronome Entsagung. Schillers klassische Dramen, in: Ders.: Dramaturgie der Geschlechter. Über die gemeinsame Geschichte von Drama und Oper. Frankfurt a.M. 1995, S. 176–185.

Schiller. Das dramatische Werk in Einzelinterpretationen. Hgg. v. Hans-Dietrich Dahnke u. Bernd Leistner. Leipzig 1982.

Schiller. Zur Theorie und Praxis der Dramen. Hgg. v. Klaus L. Berghahn u. Reinhold Grimm. Darmstadt 1972.

Schillers Dramen. Neue Interpretationen. Hgg. v. Walter Hinderer. Stuttgart 1979.

Schmidt, Ernst-Günther: Plutarch in der deutschen Klassik. Friedrich Schillers Projekt eines Themistokles-Dramas, in: International Journal of the Classical Tradition 1 (1994/95), S. 99–111.

Sharpe, Lesley: Friedrich Schiller. Drama, Thought, and Politics. Cambridge 1991.

Springer, Mirjam: „Legierungen aus Zinn und Blei." Schillers dramatische Fragmente. Frankfurt a.M., Berlin, Bern u.a. 2000.

Stellmacher, Wolfgang: Schillers späte Dramen: Experimente im klassischen Stil, in: Weimarer Beiträge 34 (1988), S. 761–780.

Stockinger, Claudia: Dramaturgie der Zerstreuung. Schiller und das romantische Drama, in: Uwe Japp, Stefan Scherer u. Claudia Stockinger (Hg.): Das romantische Drama. Produktive Synthese zwischen Tradition und Innovation. Tübingen 2000, S. 199–225.

Werber, Niels: Technologien der Macht. System- und medientheoretische Überlegungen zu Schillers Dramatik, in: JbDSG 40 (1996), S. 210–243.

Wittkowski, Wolfgang: „Der Übel größtes aber ist die Schuld". Nemesis und politische Ethik in Schillers Dramen, in: Friedrich Schiller. Kunst, Humanität und Politik in der späten Aufklärung. Hgg. v. Wolfgang Wittkowski. Tübingen 1982, S. 295–309.

Wittkowski, Wolfgang: Ethik und Politik in Schillers Dramen. Germanistik im Banne der materialistischen Geschichtsphilosophie oder worum es bei Schiller geht, in: Zeitschrift für Germanistik N.F. 2/1 (1992), S. 31–50.

Wittkowski, Wolfgang: Schillers Nemesis-Figuren, in: Amsterdamer Beiträge zur neueren Germanistik 45 (1999), S. 89–103.

Zymner, Rüdiger: Friedrich Schiller. Dramen. Berlin 2002.

Die Räuber

Best, Otto F.: Gerechtigkeit für Spiegelberg, in: JbDSG 22 (1978), S. 277–302.

Bohm, Arndt: Possessiv Individualism in Schiller's *Die Räuber*, in: Mosaic 20/1 (1987), S. 31–42.

Borchmeyer, Dieter: Die Tragödie vom verlorenen Vater. Der Dramatiker Schiller und die Aufklärung – Das Beispiel der *Räuber*, in: Helmut Brandt (Hg.): Schiller. Angebot und Diskurs. Zugänge, Dichtung, Zeitgenossenschaft. Berlin, Weimar 1987, S. 160–184.

Gray, Richard: Epistemic Conflict, Hermeneutical Disjunction and the Subl(im)ation of Revolt. A Sociosemiotic Investigation of Schiller's *Die Räuber*, in: Steven Taubeneck (Hg.): Fictions of Culture. Essays in Honor of Walter H. Sokel. New York 1991, S. 53–93.

Grenzmann, Wilhelm: Der junge Schiller: *Die Räuber – Kabale und Liebe.* Paderborn 1964.

Grosse, Wilhelm: Friedrich Schiller. *Die Räuber.* 2. Aufl. der Neufassung. Frankfurt a.M. 1991.

Guthrie, John: Schiller's Early Styles. Language and Gesture in *Die Räuber*, in: The Modern Language Review 94/2 (1999), S. 438–459.

Han, Mi Hi: Das Selbstbewußtsein der feindlichen Brüder in den Sturm- und Drang-Dramen. Unter besonderer Berücksichtigung von *Julius von Tarent* (J.A. Leisewitz), *Die Zwillinge* (F.M. Klinger) und *Die Räuber* (F. Schiller), in: Togil-munhak 36/3 (1995), S. 25–48.

Hauenherm, Eckhard: Pragmalinguistische Aspekte des dramatischen Dialogs. Dialoganalytische Untersuchungen zu Gottscheds *Sterbender Cato*, Lessings *Emilia Galotti* und Schillers *Die Räuber*. Frankfurt a.M. 2002.

Hinderer, Walter: *Die Räuber*, in: Interpretationen. Schillers Dramen. Hgg. v. Walter Hinderer. Stuttgart 1992, S. 11–63.

Hofmann, Michael: Friedrich Schiller. *Die Räuber*. Interpretation. München 1996.

Kluge, Gerhard: Zwischen Seelenmechanik und Gefühlspathos. Umrisse zum Verständnis der Gestalt Amalias in *Die Räuber*. Analyse der Szene I,3, in: JbDSG 20 (1976), S. 184–207.

Koc, Richard: Fathers and Sons. Ambivalence doubled in Schiller's *Räuber*, in: The Germanic Review 61 (1986), S. 91–104.

Koopmann, Helmut: Joseph und sein Vater. Zu den biblischen Anspielungen in Schillers *Räubern*, in: Gerald Gillespie (Hg.): Herkommen und Erneuerung. Essays für Oskar Seidlin. Tübingen 1976, S. 150–167.

Kraft, Günther: Historische Studien zu Schillers Schauspiel *Die Räuber*. Über eine mitteldeutsch-fränkische Räuberbande des 18. Jahrhunderts. Weimar 1959.

Kytzler, Bernhard: Der unterdrückte Bogen B in den *Räubern*, in: Hans-Jörg Knobloch u. Helmut Koopmann (Hg.): Schiller heute. Tübingen 1996, S. 75–82.

Leidner, Alan C.: A Fleeting Sense of Germany. Schiller's *Die Räuber*, in: Ders.: The Impatient Muse. Germany and the Sturm und Drang. London 1994, S. 78–91.

Leidner, Alan C.: Karl Moor's Charisma, in: Friedrich Schiller and the Drama of Human Existence. Hgg. v. Alexej Ugrinsky. New York, Westport, London 1988, S. 57–61.

Lipiński, Cezary: Neue Sicht auf alte Texte. Eine dekonstruktive *Räuber*-Analyse, in: Studia Germanica Gedanensia 9 (2001), S. 23–49.

Mann, Michael: Sturm-und-Drang-Drama. Studien und Vorstudien zu Schillers *Räubern*. Bern, München 1974.

Michelsen, Peter: Der Bruch mit der Vater-Welt. Studien zu Schillers *Räubern*. Heidelberg 1979.

Müller, Richard Matthias: Nachstrahl der Gottheit. Karl Moor, in: DVjs 63/4 (1989), S. 628–644.

Poppe, Reiner: Friedrich Schiller. *Die Räuber*. Stuttgart 2003 (= Lektüreschlüssel für Schüler).

Riedel, Wolfgang: Die Aufklärung und das Unbewusste. Die Inversionen des Franz Moor, in: JbDSG 37 (1993), S. 198–220.

Rochow, Christian: Karls Kutte. Zur politischen Funktion des Vaterbildes bei Schiller, in: GRM N.F. 45/2 (1995), S. 192–203.

Roebling, Irmgard: Friedrich Schillers Drama *Die Räuber* und einige Folgedichtungen im ausgehenden 18. Jahrhundert, in: Harald Siebenmorgen (Hg.): Schurke oder Held? Historische Räuber und Räuberbanden. Sigmaringen 1995, S. 181–190.

Sautermeister, Gert: „Die Seele bei ihren geheimsten Operationen ertappen". Unbotmäßiges zu den Brüdern Moor in Schillers *Räubern*, in: Thomas Metscher (Hg.): Kulturelles Erbe zwischen Tradition und Avantgarde. Köln 1991, S. 311–340.

Schäfer, Armin: Mord im politischen Affekt. Zu Friedrich Schillers *Die Räuber. Ein Schauspiel*. (Fünfter Akt. Zweyte Scene), in: Michael Niehaus u. Hans-Walter Schmidt-Hannisa (Hg.): Unzurechnungsfähigkeiten. Diskursivierungen unfreier Bewußtseinszustände seit dem 18. Jahrhundert. Frankfurt a.M. 1998, S. 157–188.

Schings, Hans-Jürgen: Philosophie der Liebe und Tragödie des Universalhasses. Die *Räuber* im Kontext von Schillers Jugendphilosophie (I), in: Jahrbuch des Wiener Goethe-Vereins 84/85 (1980/81), S. 71–95.

Schings, Hans-Jürgen: Schillers *Räuber*: Ein Experiment des Universalhasses, in: Friedrich Schiller. Kunst, Humanität und Politik in der späten Aufklärung. Hgg. v. Wolfgang Wittkowski. Tübingen 1982, S. 1–25.

Schlunk, Jürgen E.: Vertrauen als Ursache und Überwindung tragischer Verstrickung in Schillers *Räubern*. Zum Verständnis Karl Moors, in: JbDSG 27 (1983), S. 185–201.

Sharpe, Lesley: Die Reisen des verlorenen Sohns: Eine These zu Schillers *Räubern*, in: ZfdPh Sonderheft 109 (1990), S. 3–15.

Stransky-Stranka-Greifenfels, Werner von: „...so ists Symmetrie und Schönheit gewesen". Zu Vorlagen und Struktur von Friedrich Schillers Schauspiel *Die Räuber*. Stockholm 1998.

Veit, Philipp F.: Moritz Spiegelberg. Eine Charakterstudie zu Schillers *Räubern*, in: JbDSG 17 (1973), S. 273–290.

Wacker, Manfred: Schillers *Räuber* und der Sturm und Drang. Stilkritische und typologische Überprüfung eines Epochenbegriffs. Göppingen 1973.

Semele

Finscher, Ludwig: Was ist eine lyrische Operette? Anmerkungen zu Schillers *Semele*, in: Schiller und die höfische Welt. Hgg. v. Achim Aurnhammer, Klaus Manger u. Friedrich Strack. Tübingen 1990, S. 148–155.

Luserke-Jaqui, Matthias: Über Schillers *Semele* oder Beobachtungen über das Schreiben linker Hand, in: Ders.: Über Literatur und Literaturwissenschaft. Anagrammatische Lektüren. Tübingen, Basel 2003, S. 155–178.

Vaerst-Pfarr, Christa: *Semele – Die Huldigung der Künste*, in: Schillers Dramen. Neue Interpretationen. Hgg. v. Walter Hinderer. Stuttgart 1979, S. 294–315.

Vonhoff, Gert: Integration als Funktion. Aspekte editions-philologischer Arbeit mit Quellen und anderen Vorlagen, dargestellt an Schillers *Semele*, in: Anton Schwob (Hg.): Text – Quelle – Edition. Tübingen 1997, S. 195–202.

Fiesko

Blumenthal, Lieselotte: Aufführungen der *Verschwörung des Fiesko zu Genua* zu Schillers Lebzeiten (1783–1805), in: Goethe-Jahrbuch 17 (1955), S. 60–90.

Craig, C.: *Fiesco*'s Fable: A Portait in Political Demagogy, in: Modern Language Notes 86 (1971), S. 15–24.

Hinderer, Walter: „Ein Augenblick Fürst hat das Mark des ganzen Daseins verschlungen." Zum Problem der Person und der Existenz in Schillers *Die Verschwörung des Fiesko zu Genua*, in: JbDSG 14 (1970), S. 230–274.

Jamison, Robert L.: Politics and Nature in Schiller's *Fiesco* and *Wilhelm Tell*, in: Friedrich Schiller. Kunst, Humanität und Politik in der späten Aufklärung. Hgg. v. Wolfgang Wittkowski. Tübingen 1982, S. 59–68.

Janz, Rolf-Peter: *Die Verschwörung des Fiesco zu Genua*, in: Interpretationen. Schillers Dramen. Hgg. v. Walter Hinderer. Stuttgart 1992, S. 68–102.

Kleinschmidt, Erich: Brüchige Diskurse. Orientierungsprobleme in Friedrich Schillers *Die Verschwörung des Fiesko zu Genua*, in: JbFDH 2001, S. 100–121.

Lützeler, Paul Michael: „Die große Linie zu einem Brutuskopfe": Republikanismus und Cäsarismus in Schillers *Fiesko*, in: Monatshefte für deutschen Unterricht, deutsche Sprache und Literatur 70 (1978), S. 15–28.

Meier, Albert: Des Zuschauers Seele am Zügel. Die ästhetische Vermittlung des Republikanismus in Schillers *Die Verschwörung des Fiesko zu Genua*, in: JbDSG 31 (1987), S. 117–136.

Michelsen, Peter: Schillers *Fiesko*. Freiheitsheld und Tyrann, in: Schiller und die höfische Welt. Hgg. v. Achim Aurnhammer, Klaus Manger u. Friedrich Strack. Tübingen 1990, S. 341–358.

Moutoux, Eugene: Schiller's Use of History in *Fiesco* and in *Wallenstein*. [Diss. masch.] University of California. Santa Barbara 1981. [MF]

Mücke, Dorothea E. von: Play, power and politics in Schillers *Die Verschwörung des Fiesko zu Genua*, in: Michigan Germanic Studies 13 (1987), S. 1–18.

Phelps, R. H.: Schiller's *Fiesko* – A Republican Tragedy?, in: PMLA 89 (1974), S. 442–453.

Wertheim, Ursula: Schillers *Fiesko* und *Don Karlos*. Zu Problemen des historischen Stoffes. Weimar 1958.

Wischnewsky, Michael: Betting on Providence: *Die Verschwörung des Fiesko zu Genua*, in: Colloquia Germanica 35/1 (2002), S. 27–58.

Wölfel, Kurt: Pathos und Problem. Ein Beitrag zur Stilanalyse von Schillers *Fiesko*, in: GRM N.F. 7 (1957), S. 224–244.

Kabale und Liebe

Alt, Peter-André u. Hans-Jürgen Schings: *Kabale und Liebe* – ein Drama der Aufklärung? Marbach a.N. 1999.

Appelbaum-Graham, Ilse: Passions and possessions in Schillers *Kabale und Liebe*, in: German Life and Letters N.F. 6 (1952), S. 12–20.

Barry, Thomas F.: Love and Politics of Paternalism. Images of the Father in Schiller's *Kabale und Liebe*, in: Colloquia Germanica 22 (1989), S. 21–37.

Burger, Heinz Otto: Die bürgerliche Sitte. Schillers *Kabale und Liebe*, in: Ders.: „Dasein heißt eine Rolle spielen". Studien zur deutschen Literaturgeschichte. München 1963, S. 194–210.

Daly, Peter M. u. Claus O. Lappe: Text- und Variantenkonkordanz zu Schillers *Kabale und Liebe*. Berlin, New York 1976.

Duncan, Bruce: „An Worte läßt sich trefflich glauben". Die Sprache der Luise Millerin, in: Friedrich Schiller. Kunst, Humanität und Politik in der späten Aufklärung. Hgg. v. Wolfgang Wittkowski. Tübingen 1982, S. 26–32.

Fischer, Bernd: *Kabale und Liebe*. Skepsis und Melodrama in Schillers bürgerlichem Trauerspiel. Frankfurt a.M., Bern, New York, Paris 1987.

Grenzmann, Wilhelm: Der junge Schiller: *Die Räuber – Kabale und Liebe*. Paderborn 1964.

Gruenter, Rainer: Despotismus und Empfindsamkeit: Zu Schillers *Kabale und Liebe*, in: JbFDH 1981, S. 207–277.

Guthke, Karl S.: *Kabale und Liebe*. Tragödie der Säkularisation, in: Interpretationen. Schillers Dramen. Hgg. v. Walter Hinderer. Stuttgart 1992, S. 105–156.

Guthrie, John: Schiller. *Kabale und Liebe*, in: Peter Hutchinson (Ed.): Landmarks in German Drama. Bern, Oxford 2002, S. 31–45.

Heitner, Robert R.: A Neglected Model for *Kabale und Liebe*, in: Journal of English and Germanic Philology 57 (1958), S. 72–85.

Heitner, Robert R.: Luise Millerin and the Shock Motif in Schiller's Early Dramas, in: The Germanic Review 41 (1966), S. 27–44.

Henning, Hans: Schillers *Kabale und Liebe* in der zeitgenössischen Rezeption. Leipzig 1976.

Herrmann, Hans Peter u. Martina: Friedrich Schiller. *Kabale und Liebe*. 5., erweiterte Aufl. Frankfurt a.M. 1991.

Herrmann, Hans Peter: Musikmeister Miller, die Emanzipation der Töchter und der dritte Ort der Liebenden. Schillers bürgerliches Trauerspiel im 18. Jahrhundert, in: JbDSG 28 (1984), S. 223–247.

Janz, Rolf-Peter: Schillers *Kabale und Liebe* als bürgerliches Trauerspiel, in: JbDSG 20 (1976), S. 208–228.

Kaiser, Gerhard: Krise der Familie. Eine Perspektive auf Lessings *Emilia Galotti* und Schillers *Kabale und Liebe*, in: Recherches Germaniques 14 (1984), S. 7–22.

Koopmann, Helmut: *Kabale und Liebe* als Drama der Aufklärung, in: Verlorene Klassik? Hgg. v. Wolfgang Wittkowski. Tübingen 1986, S. 286–303.

Kraft, Herbert: Die dichterische Form der *Louise Millerin*, in: ZfdPh 85 (1966), S. 7–21.

Kraft, Herbert: Schillers *Kabale und Liebe*. Über die Schranken des Unterschieds, in: Bild-Sprache. Festschrift für Prof. Dr. Ludo Verbeek. Hgg. v. Luc Lamerecht u. Johan Nowé. Leuven 1990, S. 99–107.

Malsch, Wilfried: Der betrogene Deus iratus in Schillers Drama *Louise Millerin*, in: Collegium Philosophicum. Studien. Joachim Ritter zum 60. Geburtstag. Basel, Stuttgart 1965, S. 157–208.

Martini, Fritz: Schillers *Kabale und Liebe*. Bemerkungen zur Interpretation des bürgerlichen Trauerspiels, in: Der Deutschunterricht 4/5 (1952), S. 18–39.

Michelsen, Peter: Ordnung und Eigensinn. Über Schillers *Kabale und Liebe*, in: JbFDH 1984, S. 198–222.

Müller, Joachim: Der Begriff des Herzens in Schillers *Kabale und Liebe*, in: GRM 22 (1934), S. 429–437. (Auch in: Ders.: Das Edle in der Freiheit. Leipzig 1959, S. 93–107.)

Müller, Joachim: Schillers *Kabale und Liebe* als Höhepunkt seines Jugendwerkes, in: Ders.: Wirklichkeit und Klassik. Beiträge zur Deutschen Klassik von Lessing bis Heine. Berlin 1955, S. 116–148.

Müller-Seidel, Walter: Das stumme Drama der Luise Millerin, in: Goethe-Jahrbuch 17 (1955), S. 91–103.

Pape, Walter: „Ein merkwürdiges Beispiel productiver Kritik". Schillers *Kabale und Liebe* und das zeitgenössische Publikum, in: ZfdPh 107 (1988), S. 190–211.

Pilling, Claudia: Linguistische Poetik und literaturwissenschaftliche Linguistik? Anmerkungen zu Schillers *Kabale und Liebe*, in: Sprachspiel und Bedeutung. Festschrift für Franz Hundsnurscher zum 65. Geburtstag. Hgg. v. Susanne Beckmann, Peter-Paul König u. Georg Wolf. Tübingen 2000, S. 439–449.

Roßbach, Nikola: „Das Geweb ist satanisch fein." Friedrich Schillers *Kabale und Liebe* als Text der Gewalt. Würzburg 2001.

Saße, Günter: „Daß die Zärtlichkeit noch barbarischer zwingt, als Tyrannen-wut." Zum Verhältnis von Liebe und Macht in Schillers *Kabale und Liebe*, in: Ders.: Die Ordnung der Gefühle. Das Drama der Liebesheirat im 18. Jahrhundert. Darmstadt 1996, S. 263–289.

Saße, Günter: „Der Herr Major ist in der Eifersucht schrecklich, wie in der Liebe". Schillers Liebeskonzeption in den *Philosophischen Briefen* und in *Kabale und Liebe*, in: Jürgen Lehmann (Hg.): Konflikt – Grenze – Dialog. Kulturkontrastive und interdisziplinäre Textzugänge. Festschrift für Horst Turk zum 60. Geburtstag. Frankfurt a.M. 1997, S. 173–184.

Scheuer, Helmut: Theater der Vorstellung – Lessings *Emilia Galotti* und Schillers *Kabale und Liebe*, in: Der Deutschunterricht 43/6 (1991), S. 58–74.

Schmidt, Michael: Kommunikation und Konvention. Über den Gebrauch von Anredeformen in Schillers *Kabale und Liebe*, in: „Mir ekelt vor diesem Tintenkleksenden Sekulum". Beiträge des Studentenkolloquiums im Rahmen der Weimarer Schiller-Tage 1995. Hgg. v. Michael Klees u. Gerhard Nasdala. Fernwald 1996, S. 43–65.

Stern, Martin: „Kein Dolchstoß ins Herz des Absolutismus" – Überlegungen zum bürgerlichen Trauerspiel anhand von Lessings *Emilia Galotti* und Schillers *Kabale und Liebe*, in: Théâtre, nation et société en Allemagne au XVIIIe siècle. Études rassemblées par Roland Krebs et Jean-Marie Valentin. Nancy 1990, S. 91–106.

Struck, Hans-Erich: Friedrich Schiller. *Kabale und Liebe*. Interpretation, 2., überarbeitete Aufl. München 1998.

Wells, George A.: Interpretation and misinterpretation of Schiller's *Kabale und Liebe*, in: German Life and Letters 38 (1984/85), S. 448–461.

Wich, Joachim: Ferdinands Unfähigkeit zur Reue. Ein Beitrag zur Deutung von Schillers *Kabale und Liebe*, in: Literaturwissenschaftliches Jahrbuch der Görres-Gesellschaft N.F. 15 (1974), S. 1–15.

Wittkowski, Wolfgang: Verzeichnet, verfälscht, verweigert. Schillers *Kabale und Liebe*. Tendenzen der Forschung, alt und neu, in: Jahrbuch des Wiener Goethe-Vereins 99 (1995), S. 37–68.

Don Karlos

Albrecht, Rolf: Schillers dramatischer Jambus. Vers und Prosa in den ersten Fassungen des *Don Karlos*. [Diss. masch.] Tübingen 1967.

Beaujean, Marion: Zweimal Prinzenerziehung: *Don Carlos* und *Geisterseher*, in: Poetica 10 (1978), S. 217–235.

Becker-Cantarino, Bärbel: Die „schwarze Legende". Ideal und Ideologie in Schillers *Don Carlos*, in: JbFDH 1975, S. 153–173.

Berns, Gisela N.: Moderner und antiker Idealismus. Schillers *Don Karlos* und Sophokles' *Antigone*, in: ZfdPh Sonderheft 109 (1990), S. 41–76.

Blunden, Allan G.: Nature and Politics in Schiller's *Don Carlos*, in: DVjs 52 (1978), S. 241–256.

Böckmann, Paul: Glossen zur „Gedankenfreiheit", in: Karl-Heinz Schirmer u. Bernhard Sowinski (Hg.): Zeiten und Formen in Sprache und Dichtung. Festschrift für Fritz Tschirch zum 70. Geburtstag. Köln, Wien 1972, S. 264–277.

Böckmann, Paul: Schillers *Don Karlos*. Die politische Idee unter dem Vorzeichen des Inzestmotivs, in: Friedrich Schiller. Kunst, Humanität und Politik in der späten Aufklärung. Hgg. v. Wolfgang Wittkowski. Tübingen 1982, S. 33–47.

Böckmann, Paul: Schillers *Don Karlos*. Edition der ursprünglichen Fassung und entstehungsgeschichtlicher Kommentar. Stuttgart 1974.

Böckmann, Paul: Strukturprobleme in Schillers *Don Karlos*. Heidelberg 1982 [= Sitzungsberichte der Heidelberger Akademie der Wissenschaften. Philosophisch-historische Klasse. Jahrgang 1982. Bericht 1. 1982].

Bohnen, Klaus: Politik im Drama. Anmerkungen zu Schillers *Don Carlos*, in: JbDSG 24 (1980), S. 15–31.

Borchmeyer, Dieter: „Marquis Posa ist große Mode". Schillers Tragödie *Don Carlos* und die Dialektik der Gesinnungsethik, in: Walter Müller-Seidel u. Wolfgang Riedel (Hg.): Die Weimarer Klassik und ihre Geheimbünde. Würzburg 2003, S. 127–144.

Crawford, Ronald L.: Masks of Deception in Schiller's *Don Carlos*, in: Germanic Notes 17 (1986), S. 34f.

Düsing, Wolfgang: „Das kühne Traumbild eines neuen Staates". Die Utopie in Schillers *Don Karlos*, in: Hans Esselborn u. Werner Keller (Hg.): Geschichtlichkeit und Gegenwart. Festschrift für Hans-Dietrich Irmscher. Köln, Weimar, Wien 1994, S. 194–208.

Ebstein, F.: In Defense of Marquis Posa, in: The Germanic Review 36 (1961), S. 205–220.

Esaka, Tetsuya: Zur Entstehungsgeschichte von Schillers *Dom Karlos*, in: JbDSG 45 (2001), S. 131–146.

Fullenwider, Henry F.: „Gedankenfreiheit" before Schiller, in: Neuphilologische Mitteilungen 1976, S. 332–333.

Fullenwider, Henry F.: Schiller and the German Tradition of Freedom of Thought, in: Lessing Yearbook 8 (1976), S. 117–124.

Genton, François: *Don Carlos*, doch ein Frauengemälde?, in: Aurora 60 (2000), S. 1–11.

Hamlet-Metz, Mario: The Full Circle: *Don Carlos* of Spain in History, Schiller, and Verdi, in: Friedrich von Schiller and the Drama of Human Existence. Hgg. v. Alexej Ugrinsky. New York, Westport, London 1988, S. 29–35.

Heftrich, Eckhard: Schillers *Don Karlos* – ein Weg zur Klassik?, in: Roger Bauer (Hg.): Der theatralische Neoklassizismus um 1800. Ein europäisches Phänomen? Bern 1986, S. 26–39.

Hofmann, Michael: Bürgerliche Aufklärung als Konditionierung der Gefühle in Schillers *Don Carlos*, in: JbDSG 44 (2000), S. 95–117.

Kluge, G[erhard]: Fehlgeleitetes Verstehen. Kritische Anmerkungen zu Edition und Interpretation von Schillers *Don Karlos*, in: Neophilologus 68 (1984), S. 81–97.

Kluge, Gerhard: Die Kartäuserszenen in Schillers *Don Karlos*, in: ZfdPh, Sonderheft 109 (1990), S. 27–40.

Kluge, Gerhard: Um Eboli betrogen. Vom Auf- und Abbau einer dramatischen Figur in Schillers *Don Karlos*, in: Genio huius loci. Dank an Leiva

Petersen. Hgg. v. Dorothea Kuhn u. Bernhard Zeller. Wien, Köln, Graz 1982, S. 79–109.

Koopmann, Helmut: *Don Carlos*, in: Interpretationen. Schillers Dramen. Hgg. v. Walter Hinderer. Stuttgart 1992, S. 159–199.

Kufner, Stephanie: Die Frau in der politischen Welt. Zu Elisabeth und Eboli in Schillers *Don Carlos*, in: Käthchen und seine Schwestern. Frauenfiguren im Drama um 1800. Heilbronner Kleist-Kolloquien I. Hgg. v. Günther Emig u. Anton Philipp Knittel. Heilbronn 2000, S. 129–150.

Kühlmann, Wilhelm: *Don Carlos* in der deutschen Literatur des Spätbarock. Zu geistlichen und galanten Texttraditionen im Vorfeld zu Schillers Drama, in: JbDSG 26 (1982), S. 81–103.

Levy, Sigmund: Schillers *Don Carlos* in seiner Abhängigkeit von Lessings *Nathan*, in: Zeitschrift für deutsches Altertum und deutsche Literatur 21 (1877), S. 277–302.

Luserke-Jaqui, Matthias: *Don Karlos* und *Briefe über Don Karlos*, in: Schiller-Handbuch. Hgg. v. Matthias Luserke-Jaqui unter Mitarbeit v. Grit Dommes. Stuttgart, Weimar 2005.

Maillard, Christine (Hg.): Friedrich Schiller. *Don Carlos*. Théâtre, psychologie et politique. Strasbourg 1998.

Malsch, Wilfried: Moral und Politik in Schillers *Don Karlos*, in: Verantwortung und Utopie. Zur Literatur der Goethezeit. Hgg. v. Wolfgang Wittkowski. Tübingen 1988, S. 207–237.

Malsch, Wilfried: Robespierre ad portas? Zur Deutungsgeschichte der *Briefe über Don Karlos* von Schiller, in: Gertrud Bauer Pickar u. Sabine Cramer (Hg.): The Age of Goethe Today. Critical Reexamination and Literary Reflection. München 1990, S. 69–103.

Manger, Klaus u. Regine Otto: Die „ganze moralische Welt" und die Despotie des Ideals. Marbach a.N. 2000.

Möller, Max: Studien zum *Don Karlos*. Greifswald 1896.

Müller, Klaus-Detlev: Die Aufhebung des bürgerlichen Trauerspiels in Schillers *Don Karlos*, in: Helmut Brandt (Hg.): Friedrich Schiller. Angebot und Diskurs. Zugänge, Dichtung, Zeitgenossenschaft. Berlin, Weimar 1987, S. 218–234.

Müller-Seidel, Walter: Der Zweck und die Mittel. Zum Bild des handelnden Menschen in Schillers *Don Carlos*, in: JbDSG 43 (1999), S. 188–221.

Orton, Graham: Schiller. *Don Carlos*. London 1967.

Polheim, Karl Konrad: Von der Einheit des *Don Karlos*, in: JbFDH 1985, S. 64–100.

Pörnbacher, Karl: Friedrich Schiller. *Don Karlos*. Erläuterungen und Dokumente. Bibliographisch ergänzte Ausgabe. Stuttgart 2002.

Reinhardt, Hartmut: *Don Karlos*, in: Schiller-Handbuch. Hgg. v. Helmut Koopmann in Zusammenarbeit mit der Deutschen Schillergesellschaft Marbach. Stuttgart 1998, S. 379–394.

Schäublin, Peter: Don Carlos und die Königin. Ein Beitrag zur Interpretation von Schillers *Don Carlos*, in: GRM N.F. 23 (1973), S. 302–320.

Schings, Hans-Jürgen: Die Brüder des Marquis Posa. Schiller und der Geheimbund der Illuminaten. Tübingen 1996.

Seidlin, Oskar: Schillers *Don Carlos* – nach 200 Jahren, in: JbDSG 27 (1983), S. 477–492.

Storz, Gerhard: Der Bauerbacher Plan zum *Don Carlos*, in: JbDSG 8 (1964), S. 112–129.

Vazsonyi, Nicholas: Schiller's *Don Carlos*: Historical Drama or Dramatized History?, in: New German Review 7 (1991), S. 26–41.

Werner, Hans-Georg: Vergegenwärtigung von Geschichte in Schillers *Dom Karlos*, in: Helmut Brandt (Hg.): Friedrich Schiller. Angebot und Diskurs. Zugänge, Dichtung, Zeitgenossenschaft. Berlin, Weimar 1987, S. 235–249.

Wertheim, Ursula: Schillers *Fiesko* und *Don Karlos*. Zu Problemen des historischen Stoffes. Weimar 1958.

Wallenstein

Baasner, Rainer: „Laß es jetzt gut sein, Seni". Zu Schillers Umarbeitung der Eröffnungsszene von *Wallensteins Tod*, in: Textkritik und Interpretation. Festschrift für Karl Konrad Polheim zum 60. Geburtstag. Hgg. v. Heimo Reinitzer. Bern 1987, S. 177–196.

Balestrini, Daniel: Schillers absolute Ethik. Eine Deutung der Max und Thekla-Handlung, in: Focus on German Studies 9 (2002), S. 73–86.

Beetz, Manfred: Vom „selbsttätigen Widerstand" des Schönen. Schillers Dramaturgie des Publikums in *Wallenstein*, in: Peter Heßelmann (Hg.): „Das Schöne soll sein". „Aisthesis" in der deutschen Literatur. Festschift für Wolfgang Bender. Bielefeld 2001, S. 205–230.

Borchmeyer, Dieter: Ethik und Politik in Schillers *Wallenstein*, in: Verantwortung und Utopie. Zur Literatur der Goethezeit. Hgg. v. Wolfgang Wittkowski. Tübingen 1988, S. 256–282.

Borchmeyer, Dieter: Macht und Melancholie. Schillers *Wallenstein*. Frankfurt a.M. 1988.

Die Hauptquellen zu Schillers *Wallenstein*. Hgg. v. Albert Leitzmann. Halle a.d.S. 1915.

Dwars, Jens-F.: Dichtung im Epochenumbruch. Schillers *Wallenstein* im Wandel von Alltag und Öffentlichkeit, in: JbDSG 35 (1991), S. 150–179.

Elm, Theo: „Ein Ganzes der Kunst und der Wahrheit". Zum Verhältnis von Poesie und Historie in Schillers *Wallenstein*, in: Hans-Jörg Knobloch u. Helmut Koopmann (Hg.): Schiller heute. Tübingen 1996, S. 83–97.

Geiger, Angelika: *Wallensteins* Astrologie bei Schiller, in: Dies.: Wallensteins Astrologie. Eine kritische Überprüfung der Überlieferung nach dem gegenwärtigen Quellenbestand. Graz 1983, S. 23–43 u. S. 331–352.

Gille, Klaus F.: Das astrologische Motiv in Schillers *Wallenstein*, in: Amsterdamer Beiträge zur neueren Germanistik 1 (1972), S. 103–118.

Glück, Alfons: Schillers *Wallenstein*. München 1976.

Godel, Rainer: Schillers *Wallenstein*-Trilogie. Eine produktionstheoretische Analyse. St. Ingbert 1999.

Greis, Jutta: Poetische Bilanz eines dramatischen Jahrhunderts: Schillers *Wallenstein*, in: ZfdPh, Sonderheft 109 (1990), S. 117–133.

Hansen, Uffe: Schiller und die Persönlichkeitspsychologie des animalischen Magnetismus. Überlegungen zum *Wallenstein*, in: JbDSG 39 (1995), S. 195–229.

Hartmann, Horst: *Wallenstein*. Geschichte und Dichtung. Berlin 1977.

Heftrich, Eckhard: Das Schicksal in Schillers *Wallenstein*, in: Inevitabilis vis fatorum. Hgg. v. Roger Bauer. Bern, Frankfurt a.M. 1990, S. 114.

Heuer, Fritz u. Werner Keller (Hg.): Schillers *Wallenstein*. Darmstadt 1977.

Heyer, Elfriede: The Genesis of *Wallenstein*. From History to Drama, in: Friedrich Schiller and the Drama of Human Existence. Hgg. v. Alexej Ugrinsky. New York, Westport, London 1988, S. 71–79.

Hinderer, Walter: Der Mensch in der Geschichte. Ein Versuch über Schillers *Wallenstein*. Mit einer Bibliographie von Helmut G. Hermann. Königstein i.Ts. 1980.

Hinderer, Walter: *Wallenstein*, in: Interpretationen. Schillers Dramen. Hgg. v. Walter Hinderer. Stuttgart 1992, S. 202–273.

Hofmann, Michael u. Thomas Edelmann: Friedrich Schiller. *Wallenstein*. Interpretation. München 1998.

Kaiser, Gerhard: *Wallensteins* Lager. Schiller als Dichter und Theoretiker der Komödie, in: JbDSG 14 (1970), S. 323–346.

Koopmann, Helmut: Die Tragödie der verhinderten Selbstbestimmung. Schillers Aufklärungsdenken, die Französische Revolution und *Wallenstein* als politische Antwort, in: Ders.: Freiheitssonne und Revolutionsgewitter. Reflexe der Französischen Revolution im literarischen Deutschland zwischen 1789 und 1840. Tübingen 1989, S. 13–58.

Koopmann, Helmut: Schillers *Wallenstein*. Antiker Mythos und moderne Geschichte. Zur Begründung der klassischen Tragödie um 1800, in: Beda Allemann u. Erwin Koppen (Hg.): Teilnahme und Spiegelung. Festschrift für Horst Rüdiger. New York 1975, S. 263–274.

Lange, Barbara: Die Sprache von Schillers *Wallenstein*. Berlin 1973.

Michelsen, Peter: Der „große Gegenstand". Einige Betrachtungen zum Prolog zu Schillers *Wallenstein*, in: Hans-Günther Schwarz u. Jane V. Curran (Hg.): Denken und Geschichte. Festschrift für Friedrich Gaede zum 65. Geburtstag von seinen Freunden und Kollegen. München 2002, S. 74–78.

Moutoux, Eugene: Schiller's Use of History in *Fiesco* and in *Wallenstein*. [Diss. masch.] University of California. Santa Barbara 1981. [MF]

Müller-Seidel, Walter: Die Idee des neuen Lebens. Eine Betrachtung über Schillers *Wallenstein*, in: Peter F. Ganz (Hg.): The Discontinuous Tradition. Studies in German Literature in Honor of Ernest L. Stahl. Oxford 1971, S. 79–98.

Müller-Seidel, Walter: Episches im Theater der deutschen Klassik. Eine Betrachtung über Schillers *Wallenstein*, in: JbDSG 20 (1976), S. 338–386.

Oehme, Matthias: Furcht und Schrecken. Dramaturgische und wirkungsästhetische Überlegungen Schillers nach dem *Wallenstein*, in: Helmut Brandt (Hg.): Friedrich Schiller. Angebot und Diskurs. Zugänge, Dichtung, Zeitgenossenschaft. Berlin, Weimar 1987, S. 293–298.

Pelzer, Barthold: Tragische Nemesis und historischer Sinn in Schillers *Wallenstein*-Trilogie. Eine rekonstruierende Lektüre. Frankfurt a.M. 1997.

Ranke, Wolfgang: Dichtung unter den Bedingungen der Reflexion. Interpretationen zu Schillers philosophischer Poetik und ihren Auswirkungen im *Wallenstein*. Würzburg 1990.

Reinhardt, Hartmut: Die Wege der Freiheit. Schillers *Wallenstein*-Trilogie und die Idee des Erhabenen, in: Friedrich Schiller. Kunst, Humanität und Politik in der späten Aufklärung. Hgg. v. Wolfgang Wittkowski. Tübingen 1982, S. 252–272.

Reinhardt, Hartmut: Schillers *Wallenstein* und Aristoteles, in: JbDSG 20 (1976), S. 278–337.

Schings, Hans-Jürgen: Das Haupt der Gorgone. Tragische Analysis und Politik in Schillers *Wallenstein*, in: Gerhard Buhr, Friedrich A. Kittler u. Horst Turk (Hg.): Das Subjekt in der Dichtung. Festschrift für Gerhard Kaiser. Würzburg 1990, S. 283–307.

Schmidt, Meinolf: Die ästhetischen Kategorien Schillers als Weg zum Verständnis und zur Vermittlung des *Wallenstein*. Frankfurt a.M., Bern, New York 1988.

Schulz, Gerhard: Schillers *Wallenstein* zwischen den Zeiten, in: Geschichte als Schauspiel. Hgg. v. Walter Hinderer. Frankfurt a.M. 1981, S. 116–132.

Steinhagen, Harald: Schillers *Wallenstein* und die Französische Revolution, in: ZfdPh, Sonderheft 109 (1990), S. 77–98.

Weimar, Klaus: Die Begründung der Normalität. Zu Schillers *Wallenstein*, in: ZfdPh, Sonderheft 109 (1990), S. 99–116.

Wittkowski, Wolfgang: Theodizee oder Nemesistragödie? Schillers *Wallenstein* zwischen Hegel und politischer Ethik, in: JbFDH 1980, S. 177–237.

Wolf, Maria: Der politische Himmel. Zum astrologischen Motiv in Schillers *Wallenstein*, in: Schiller und die höfische Welt. Hgg. v. Achim Aurnhammer, Klaus Manger u. Friedrich Strack. Tübingen 1990, S. 223–232.

Wolf, Maria: *Wallenstein* als Dramenheld. Literarische Gestaltungen von Vernulaeus bis Schiller. Heidelberg 1993. [MF]

Maria Stuart

Diecks, Thomas: „Schuldige Unschuld". Schillers *Maria Stuart* vor dem Hintergrund barocker Dramatisierungen des Stoffes, in: Schiller und die höfische Welt. Hgg. v. Achim Aurnhammer, Klaus Manger u. Friedrich Strack. Tübingen 1990, S. 233–246.

Grawe, Christian: Friedrich Schiller. *Maria Stuart*. Stuttgart 1992.

Greiner, Bernhard: Tragödie als Negativ des „ästhetischen Zustands". Schillers Tragödienentwurf jenseits des „Pathetischerhabenen" in *Maria Stuart*, in: Geschichtserfahrung im Spiegel der Literatur. Festschrift für Jürgen Schröder zum 65. Geburtstag. Hgg. v. Cornelia Blasberg u. Franz-Josef Deiters. Tübingen 2000, S. 89–107.

Henkel, Arthur: Wie Schiller Königinnen reden läßt. Zur Szene III,4 in der *Maria Stuart*, in: Schiller und die höfische Welt. Hgg. v. Achim Aurnhammer, Klaus Manger u. Friedrich Strack. Tübingen 1990, S. 398–406.

Herrmann, Hans Peter u. Martina: Friedrich Schiller: *Maria Stuart*. 2. Aufl. Frankfurt a.M. 1992.

Ingen, Ferdinand van: Macht und Gewissen: Schillers *Maria Stuart*, in: Verantwortung und Utopie. Zur Literatur der Goethezeit. Hgg. v. Wolfgang Wittkowski. Tübingen 1988, S. 283–309.

Kipka, Karl: *Maria Stuart* im Drama der Weltliteratur vornehmlich des 17. und 18. Jahrhunderts. Ein Beitrag zur vergleichenden Literaturgeschichte. Leipzig 1907.

Kipka, Karl: *Maria Stuart* im Drama der Weltliteratur. Einleitung – Vorklänge – Ordensschuldrama des 17. Jahrhunderts. Ein Beitrag zur vergleichenden Literaturgeschichte. Leipzig 1905.

Köhnke, Klaus: Schillers *Maria Stuart*. Philosophische Theorie und dramatische Praxis, in: Hans-Jörg Knobloch u. Helmut Koopmann (Hg.): Schiller heute. Tübingen 1996, S. 99–113.

Lamport, F.J.: Krise und Legitimitätsanspruch. *Maria Stuart* als Geschichtstragödie, in: ZfdPh, Sonderheft 109 (1990), S. 134–144.

Mielke, Andreas: *Maria Stuart*: Hermeneutical Problems of „One" Tragedy with „Two" Queens, in: Friedrich von Schiller and the Drama of Human Existence. Hgg. v. Alexej Ugrinsky. New York, Westport, London 1988, S. 49–56.

Port, Ulrich: „Künste des Affekts". Die Aporien des Pathetischerhabenen und die Bildrhetorik in Schillers *Maria Stuart*, in: JbDSG 46 (2002), S. 134–159.

Sautermeister, Gert: *Maria Stuart*. Ästhetik, Seelenkunde, historisch-gesellschaftlicher Ort, in: Interpretationen. Schillers Dramen. Hgg. v. Walter Hinderer. Stuttgart 1992, S. 280–335.

Schäublin, Peter: Der moralphilosophische Diskurs in Schillers *Maria Stuart*, in: Sprachkunst 17 (1986), S. 141–187.

Witte, William: Schiller's *Maria Stuart* and Mary, Queen of Scots, in: Albert Fuchs u. Helmut Motekat (Hg.): Stoffe, Formen, Strukturen. Studien zur deutschen Literatur. Hans Heinrich Borcherdt zum 75. Geburtstag. München 1962, S. 238–250.

Die Jungfrau von Orleans

Betz, Albrecht: Vom Krieg des Schönen mit dem Witz. Die Jungfrau, Schiller und Voltaire, in: Sprachen der Ironie – Sprachen des Ernstes. Hgg. v. Karl Heinz Bohrer. Frankfurt a.M. 2000, S. 60–75.

Braemer, Edith: Schillers romantische Tragödie *Die Jungfrau von Orleans*, in: Edith Braemer u. Ursula Wertheim: Studien zur deutschen Klassik. Berlin 1960, S. 215–296.

Fowler, Frank M.: Storm and Thunder in Gluck's and Goethe's *Iphigenie auf Tauris* and in Schiller's *Die Jungfrau von Orleans*, in: Papers Read Before the Society N.S. 43 (1973), S. 28–56.

Freese, Wolfgang u. Ulrich Karthaus: Friedrich Schiller: *Die Jungfrau von Orleans*. Erläuterungen und Dokumente. Stuttgart 1992.

Frey, John R.: Schillers Schwarzer Ritter, in: The German Quarterly 32 (1959), S. 302–315.

Grenzmann, Wilhelm: *Die Jungfrau von Orleans* in der Dichtung. Berlin, Leipzig 1929.

Harrison, Robin: Heilige oder Hexe? Schillers *Jungfrau von Orleans*, in: JbDSG 30 (1986), S. 265–305.

Jan, Eduard von: Das literarische Bild der Jeanne d'Arc (1429–1926). Halle a.d.S. 1928.

Jeanne d'Arc. Dokumente ihrer Verurteilung und Rechtfertigung 1431–1456. Übersetzt u. eingeleitet v. Ruth Schirmer-Imhoff. Köln 1956.

Luserke-Jaqui, Matthias: Über Schillers *Jungfrau von Orleans* als Zeugnis eines Epochenumbruchs, in: Ders.: Über Literatur und Literaturwissenschaft. Anagrammatische Lektüren. Tübingen, Basel 2003, S. 79–94.

Pfaff, Peter: König René oder die Geschichte. Zu Schillers *Jungfrau von Orleans*, in: Schiller und die höfische Welt. Hgg. v. Achim Aurnhammer, Klaus Manger u. Friedrich Strack. Tübingen 1990, S. 407–421.

Quiquerez, Ivan: Quellenstudien zu Schillers *Jungfrau von Orleans*. Eine literaturhistorische Untersuchung. Leipzig 1893.

Sauder, Gerhard: *Die Jungfrau von Orleans*, in: Interpretationen. Schillers Dramen. Hgg. v. Walter Hinderer. Stuttgart 1992, S. 336–384.

Stephan, Inge: Hexe oder Heilige? Zur Geschichte der Jeanne d'Arc und ihrer literarischen Verarbeitung, in: Inge Stephan u. Sigrid Weigel. Die verborgene Frau. Sechs Beiträge zu einer feministischen Literaturwissenschaft. Berlin 1983, S. 35–66.

Die Braut von Messina

Albrecht, Wolfgang: „Der freie Tod nur bricht die Kette des Geschickes". *Die Braut von Messina oder Die feindlichen Brüder*, in: Schiller. Das dramatische Werk in Einzelinterpretationen. Hgg. v. Hans-Dietrich Dahnke u. Bernd Leistner. Leipzig 1982, S. 218–247.

Böhler, Michael: Die Zuschauerrolle in Schillers Dramaturgie. Zwischen Außendruck und Innenlenkung. Der Chor in der *Braut von Messina* und die Darstellungsform des Erhabenen, in: Friedrich Schiller. Kunst, Humanität und Politik in der späten Aufklärung. Hgg. v. Wolfgang Wittkowski. Tübingen 1982, S. 273–293.

Endres, Johannes: Nathan, entzaubert. Kontinuität und Diskontinuität der Aufklärung in Schillers *Die Braut von Messina*, in: JbFDH 2000, S. 164–188.

Gerlinger, Babtist: Die griechischen Elemente in Schiller's *Braut von Messina*. Ein Beitrag zur deutschen Literaturgeschichte. Eingeleitet durch Franz Dingelstedt. Neue umgearbeitete u. bereicherte Aufl. Augsburg 1858.

Janz, Rolf-Peter: Antike und Moderne in Schillers *Braut von Messina*, in: Unser Commercium. Goethes und Schillers Literaturpolitik. Hgg. v. Wilfried Barner, Eberhard Lämmert u. Norbert Oellers. Stuttgart 1984, S. 329–349.

Kluge, Gerhard: *Die Braut von Messina*, in: Schillers Dramen. Neue Interpretationen. Hgg. v. Walter Hinderer. Stuttgart 1979, S. 242–270.

Kohm, Josef: Schillers *Braut von Messina* und ihr Verhältnis zu Sophokles' *Oidipus Tyrannos*. Gotha 1901.

Langner, Beatrix: Der Name der Blume. Schillers Trauerspiel *Die Braut von Messina* als Dramaturgie der geschichtlichen Vernunft, in: Otto Dann, Norbert Oellers u. Ernst Osterkamp (Hg.): Schiller als Historiker. Stuttgart 1995, S. 219–242.

Luserke, Matthias: Nachwort, in: Friedrich Schiller: *Die Braut von Messina oder Die feindlichen Brüder. Ein Trauerspiel mit Chören.* Hgg. v. Matthias Luserke. Stuttgart 2002, S. 141–164.

Müller, Joachim: Choreographische Strategie. Zur Funktion der Chöre in Schillers Tragödie *Die Braut von Messina*, in: Helmut Brandt (Hg.): Friedrich Schiller. Angebot und Diskurs. Zugänge, Dichtung, Zeitgenossenschaft. Berlin, Weimar 1987, S. 431–448.

Ritzer, Monika: Not und Schuld. Zur Funktion des antiken Schicksalsbegriffs in Schillers *Braut von Messina*, in: Hans-Jörg Knobloch u. Helmut Koopmann (Hg.): Schiller heute. Tübingen 1996, S. 131–150.

Schadewaldt, Wolfgang: Antikes und Modernes in Schillers *Braut von Messina*, in: JbDSG 13 (1969), S. 286–307.

Seidler, Herbert: Schillers *Braut von Messina*, in: Literaturwissenschaftliches Jahrbuch N.F. 1 (1960), S. 27–52.

Sengle, Friedrich: *Die Braut von Messina*, in: Schiller. Zur Theorie und Praxis der Dramen. Hgg. v. Klaus L. Berghahn u. Reinhold Grimm. Darmstadt 1972, S. 249–273.

Sergl, Anton: Das Problem des Chors im deutschen Klassizismus. Schillers Verständnis der *Iphigenie auf Tauris* und seine *Braut von Messina*, in: JbDSG 42 (1998), S. 165–194.

Sullivan, Henry W.: The Motifs of Incest and Fratricide in Friedrich Schiller's *The Bride of Messina* and their Possible Calderonian Sources, in: The Lion and the Eagle. Hgg. v. Conrad Kent, Thomas K. Wolber u. Cameron M. K. Hewitt. New York, Oxford 2000, S. 133–151.

Weigand, Hermann: Oedipus Tyrannus and *Die Braut von Messina*, in: John R. Frey (Hg.): Schiller 1759/1959. Commemorative American Studies. Urbana 1959, S. 171–202.

Wilhelm Tell

Albertsen, Leif Ludwig: Ein Festspiel und kein Drama. Größe und Grenzen der volkshaften Vaterlandphilosophie in Schillers *Wilhelm Tell*, in: Helmut Brandt (Hg.): Friedrich Schiller. Angebot und Diskurs. Zugänge, Dichtung, Zeitgenossenschaft. Berlin, Weimar 1987, S. 329–337.

Altenburg, Detlef: Zur dramaturgischen Funktion der Musik in Friedrich Schillers *Wilhelm Tell*, in: Resonanzen. Festschrift für Hans Joachim Kreutzer zum 65. Geburtstag. Hgg. v. Sabine Doering, Waltraud Maierhofer u. Peter Philipp Riedl. Würzburg 2000, S. 171–189.

Borchmeyer, Dieter: Altes Recht und Revolution. Schillers *Wilhelm Tell*, in: Friedrich Schiller. Kunst, Humanität und Politik in der späten Aufklärung. Hgg. v. Wolfgang Wittkowski. Tübingen 1982, S. 69–111.

Borchmeyer, Dieter: Um einen anderen *Wilhelm Tell* für die Schule bittend, in: Der Deutschunterricht 35/1 (1983), S. 78–90.

Braemer, Edith: *Wilhelm Tell*, in: Edith Braemer u. Ursula Wertheim: Studien zur deutschen Klassik. Berlin 1960, S. 297–330.

Die Quellen von Schillers *Wilhelm Tell*. Zusammengestellt v. Albert Leitzmann. Bonn 1912.

Fink, Gonthier-Louis: Schillers *Wilhelm Tell*. Ein antijakobinisches republikanisches Schauspiel, in: Aufklärung 1/1 (1986), S. 57–81.

Hentschel, Uwe: Schillers *Wilhelm Tell* – ein Beitrag zum Philhelvetismus, in: Literatur für Leser 23/1 (2000), S. 61–77.

Hinderer, Walter: Jenseits von Eden: Zu Schillers *Wilhelm Tell*, in: Geschichte als Schauspiel. Hgg. v. Walter Hinderer. Frankfurt a.M. 1981, S. 133–145.

Höhle, Thomas: Die Helvetische Republik [1798–1803] als zeitgeschichtlicher Hintergrund der Entstehung und Problematik von Schillers *Wilhelm Tell*, in: Helmut Brandt (Hg.): Friedrich Schiller. Angebot und Diskurs. Zugänge, Dichtung, Zeitgenossenschaft. Berlin, Weimar 1987, S. 320–328.

Jamison, Robert L.: Politics and Nature in Schiller's *Fiesco* and *Wilhelm Tell*, in: Friedrich Schiller. Kunst, Humanität und Politik in der späten Aufklärung. Hgg. v. Wolfgang Wittkowski. Tübingen 1982, S. 59–68.

Korte, Hermann: Ein Festspiel auf dem Kanon-Gipfel. Schillers *Wilhelm Tell*, in: Schulklassiker lesen in der Medienkultur. Hgg. v. Jürgen Förster. Stuttgart 2000, S. 119–151.

Leibfried, Erwin: *Wilhelm Tell*, in: Ders.: Schiller. Notizen zum heutigen Verständnis seiner Dramen. Frankfurt a.M., Bern, New York 1985, S. 372–413.

Martini, Fritz: *Wilhelm Tell*. Der ästhetische Staat und der ästhetische Mensch, in: Schiller. Zur Theorie und Praxis der Dramen. Hgg. v. Klaus L. Berghahn u. Reinhold Grimm. Darmstadt 1972, S. 368–406.

Roethe, Gustav: Die dramatischen Quellen des Schillerschen *Tell*, in: Forschungen zur deutschen Philologie. Festgabe für Rudolf Hillebrand. Hgg. v. Wilhelm Braune, Konrad Burdach, Ernst Elster u.a. Leipzig 1894, S. 224–276.

Salis, Jean-Rodolphe von: Ursprung, Gestalt und Wirkung des schweizerischen Mythos von Tell, in: Lilly Stunzi (Hg.): Tell. Werden und Wandern eines Mythos. Bern, Stuttgart 1973, S. 9–29.

Schmidt, Josef: Friedrich Schiller: *Wilhelm Tell*. Durchgesehene u. bibliographisch ergänzte Ausgabe. Stuttgart 1993.

Thalheim, Hans-Günther: Notwendigkeit und Rechtlichkeit der Selbsthilfe in Schillers *Wilhelm Tell*, in: Goethe-Jahrbuch 18 (1956), S. 216–257.

Ueding, Gert: *Wilhelm Tell*, in: Interpretationen. Schillers Dramen. Hgg. v. Walter Hinderer. Stuttgart 1992, S. 385–425.

Utz, Peter: Die ausgehöhlte Gasse. Stationen der Wirkungsgeschichte von Schillers *Wilhelm Tell*. Königstein i.Ts. 1984.

Die Huldigung der Künste

Hofe, Gerhard vom: Die Verkündigung des „ästhetischen Staats": *Die Huldigung der Künste*, in: Schiller und die höfische Welt. Hgg. v. Achim Aurnhammer, Klaus Manger u. Friedrich Strack. Tübingen 1990, S. 168–183.

Luserke-Jaqui, Matthias: *Die Huldigung der Künste*, in: Schiller-Handbuch. Hgg. v. Matthias Luserke-Jaqui unter Mitarbeit v. Grit Dommes. Stuttgart, Weimar 2005.

Simon, Philipp: *Die Huldigung der Künste*, in: Neue Jahrbücher für das klassische Altertum, Geschichte und deutsche Literatur 11 (1908), S. 714–721.

Vaerst-Pfarr, Christa: *Semele – Die Huldigung der Künste,* in: Schillers Dramen. Neue Interpretationen. Hgg. v. Walter Hinderer. Stuttgart 1979, S. 294–315.

Prosa

Aurnhammer, Achim: Engagiertes Erzählen: *Der Verbrecher aus verlorener Ehre,* in: Schiller und die höfische Welt. Hgg. v. Achim Aurnhammer, Klaus Manger u. Friedrich Strack. Tübingen 1990, S. 254–270.

Beaujean, Marion: Zweimal Prinzenerziehung: *Don Carlos* und *Geisterseher,* in: Poetica 10 (1978), S. 217–235.

Bürger, Christa: Schiller als Erzähler? Von der Kunst des Erzählens zum Erzählen als Kunst, in: Helmut Brandt (Hg.): Friedrich Schiller. Angebot und Diskurs. Zugänge, Dichtung, Zeitgenossenschaft. Berlin, Weimar 1987, S. 33–48.

Bußmann, Walter: Schillers *Geisterseher* und sein Fortsetzer. Ein Beitrag zur Struktur des Geheimbundromans. Göttingen 1960.

Deinet, Klaus: Friedrich Schiller: *Der Geisterseher.* München 1991.

Gille, Klaus F.: Schillers Rezension *Über Bürgers Gedichte* im Lichte der zeitgenössischen Bürger-Kritik, in: Ders.: Konstellationen. Gesammelte Aufsätze zur Literatur der Goethe-Zeit. Berlin 2002, S. 41–61.

Hanstein, Adalbert von: Wie entstand Schillers *Geisterseher*? Berlin 1903. Nachdruck Hildesheim 1977.

Jacobsen, Roswitha: Die Entscheidung zur Sittlichkeit. Friedrich Schiller: *Der Verbrecher aus verlorener Ehre* (1786), in: Winfried Freund (Hg.): Deutsche Novellen. Von der Klassik bis zur Gegenwart. München 1993, S. 15–25.

Jacobsen, Roswitha: Schillers *Der Verbrecher aus verlorener Ehre,* in: Weimarer Beiträge 34 (1988), S. 746–759.

Kaiser, Gerhard: Der Held in den Novellen *Eine großmütige Handlung, aus der neuesten Geschichte* und *Der Verbrecher aus verlorener Ehre,* in: Ders.: Von Arkadien nach Elysium. Schiller-Studien. Göttingen 1978, S. 45–58.

Kawa, Rainer: Friedrich Schiller: *Der Verbrecher aus verlorener Ehre.* Frankfurt a.M. 1999.

Kiefer, Klaus H.: Okkultismus und Aufklärung aus medienkritischer Sicht: Zur Cagliostro-Rezeption Goethes und Schillers im zeitgenössischen Kontext, in: Karl Richter u. Jörg Schönert (Hg.): Klassik und Moderne. Stuttgart 1983, S. 207–227.

Koopmann, Helmut: Schillers Erzählungen, in: Schiller-Handbuch. Hgg. v. Helmut Koopmann in Zusammenarbeit mit der Deutschen Schillergesellschaft Marbach. Stuttgart 1998, S. 699–710.

Köpf, Gerhard: Friedrich Schiller *Der Verbrecher aus verlorener Ehre.* Geschichtlichkeit, Erzählstrategie und „republikanische Freiheit" des Lesers. München 1978.

Lau, Victor: „Hier muß die ganze Gegend aufgeboten werden, als wenn ein Wolf sich hätte blicken lassen." Zur Interaktion von Jurisprudenz und Literatur in der Spätaufklärung am Beispiel von Friedrich Schillers Erzählung *Der Verbrecher aus verlorener Ehre*, in: Scientia Poetica 4 (2000), S. 83–114.

Liebrand, Claudia: „Ich bin der Sonnenwirt." Subjektkonstitution in Schillers *Der Verbrecher aus verlorener Ehre*, in: Diskrete Gebote. Geschichten der Macht um 1800. Festschrift für Heinrich Bosse. Hgg. v. Roland Borgards u. Johannes Friedrich Lehmann. Würzburg 2002, S. 117–129.

Luserke-Jaqui, Matthias: Friedrich Schillers Erzählung *Der Verbrecher aus verlorener Ehre*, in: Der Deutschunterricht 6 (2004), S. 43–49.

Madsen, Hendrik u. Rainer: Friedrich Schiller. *Der Verbrecher aus verlorener Ehre*. Hgg. v. Johannes Diekhans. Paderborn 2002.

Martini, Fritz: Der Erzähler Friedrich Schiller, in: Schiller: Reden im Gedenkjahr. Im Auftrag der deutschen Schillergesellschaft hgg. v. Bernhard Zeller. Stuttgart 1961, S. 124–158.

Martini, Fritz: Erzählte Szene, stummes Spiel. Zum Siebenten Brief des Baron von F... in Schillers *Der Geisterseher*, in: Ders.: Geschichte im Drama – Drama in der Geschichte. Spätbarock, Sturm und Drang, Klassik, Frührealismus. Stuttgart 1979, S. 217–243.

McCarthy, J.A.: Die republikanische Freiheit des Lesers. Zum Lesepublikum von Schillers *Der Verbrecher aus verlorener Ehre*, in: Wirkendes Wort 29 (1979), S. 28–43.

Neumann, Gerhard: Die Anfänge deutscher Novellistik. Schillers *Verbrecher aus verlorener Ehre* – Goethes *Unterhaltungen deutscher Ausgewanderten*, in: Wilfried Barner, Eberhard Lämmert u. Norbert Oellers (Hg.): Unser Commercium. Goethes und Schillers Literaturpolitik. Stuttgart 1984, S. 433–460.

Nutz, Thomas: Vergeltung oder Versöhnung? Strafvollzug und Ehre in Schillers *Verbrecher aus Infamie*, in: JbDSG 42 (1998), S. 146–164.

Oettinger, Klaus: Schillers Erzählung *Der Verbrecher aus Infamie*. Ein Beitrag zur Rechtsaufklärung der Zeit, in: JbDSG 16 (1972), S. 266–276.

Por, Peter: Schillers *Spiel des Schicksals* – oder Spiel der Vernunft, in: Michael Clyne (Hg.): Antipodische Aufklärungen. Festschrift für Leslie Bodi. Frankfurt a.M. 1987, S. 377–388.

Rainer, Ulrike: Schillers Prosa. Poetologie und Praxis. Berlin 1988.

Rautenberg, Hans Hermann, Almut Hoppe u. Wilhelm Dehn: Friedrich Schiller. *Der Verbrecher aus verlorener Ehre*. Einführung in rezeptionsästhetische Betrachtungsweisen. Text- und Arbeitsbuch. Frankfurt a.M. 1978 u.ö.

Sachs, Hans: Schillers *Geisterseher*, in: Imago 4 (1915/16), S. 69–95 u. S. 145–179.

Sharpe, Lesley: *Der Verbrecher aus verlorener Ehre*: An Early Exercise in Schillerian Psychology, in: German Life and Letters 33 (1979/80), S. 102–110.

Treder, Uta: Wundermann oder Scharlatan? Die Figur Cagliostros bei Schiller und Goethe, in: Monatshefte für deutschen Unterricht 79 (1987), S. 30–43.

Weizmann, Ernst: Die Geisterbeschwörung in Schillers *Geisterseher*, in: Jahrbuch der Goethe-Gesellschaft 12 (1926), S. 174–193.

Lyrik

Berger, Franz: *Die Künstler* von Friedrich Schiller. Entstehungsgeschichte und Interpretation. Zürich 1964.

Berghahn, Klaus L.: *Das Lied von der Glocke*. Der Deutschen liebstes Lied, in: Interpretationen. Gedichte von Friedrich Schiller. Hgg. v. Norbert Oellers. Stuttgart 1996, S. 255–281.

Berghahn, Klaus L.: Schillers mythologische Symbolik, erläutert am Beispiel der *Götter Griechenlands*, in: Helmut Brandt (Hg.): Friedrich Schiller. Angebot und Diskurs. Zugänge, Dichtung, Zeitgenossenschaft. Berlin, Weimar 1987, S. 361–381.

Bernauer, Joachim: „Schöne Welt, wo bist du?". Über das Verhältnis von Lyrik und Poetik bei Schiller. Berlin 1995.

Brechenmacher, Josef Karlmann: Schillers *Bürgschaft*. Zur Literaturgeschichte des Balladenstoffs. Eine Untersuchung, in: Pädagogische Warte 18/24 (1911), S. 1433–1448.

Bruckmann, Christoph: „Freude! Sangen wir in Thränen, / Freude! In dem tiefsten Leid." Zur Interpretation und Rezeption des Gedichts *An die Freude* von Friedrich Schiller, in: JbDSG 35 (1991), S. 96–112.

Costazza, Alessandro: „Wenn er auf einen Hügel mit euch steiget / Und seinem Auge sich, in mildem Abendschein, / Das malerische Tal – auf einmal zeiget." Die ästhetische Theorie in Schillers Gedicht *Die Künstler*, in: Prägnanter Moment. Studien zur deutschen Literatur der Aufklärung und Klassik. Festschrift für Hans-Jürgen Schings. Hgg. v. Peter-André Alt, Alexander Košenina, Hartmut Reinhardt u. Wolfgang Riedel. Würzburg 2002, S. 239–263.

Demmer, Sybille: Von der Kunst über Religion zur Kunst-Religion. Zu Schillers Gedicht *Die Götter Griechenlands*, in: Gedichte und Interpretationen. Band 3: Klassik und Romantik. Hgg. v. Wulf Segebrecht. Stuttgart 1991, S. 33–47.

Dyck, Martin: Die Gedichte Schillers. Figuren der Dynamik des Bildes. Bern, München 1967.

Emmrich, Irma: Die Balladen Schillers in ihrer Beziehung zur philosophischen und künstlerischen Entwicklung des Dichters. Ein Beitrag zum Schillerjahr 1955, in: Wissenschaftliche Zeitschrift der Friedrich-Schiller-Universität Jena 5/1 (1955/56), S. 111–139.

Fechner, Jörg-Ulrich: Schillers *Anthologie auf das Jahr 1782*. Drei kleine Beiträge, in: JbDSG 17 (1973), S. 291–303.

Freund, Winfried: Friedrich Schiller: *Die Bürgschaft*, in: Ders.: Die Deutsche Ballade. Theorie, Analysen, Didaktik. Paderborn 1978, S. 43–50.

Friedl, Gerhard: Verhüllte Wahrheit und entfesselte Phantasie. Die Mythologie in der vorklassischen und klassischen Lyrik Schillers. Würzburg 1987.

Frühwald, Wolfgang: Die Auseinandersetzung um Schillers Gedicht *Die Götter Griechenlandes*, in: JbDSG 13 (1969), S. 251–271.

Gerhard, Melitta: Antike Götterwelt in Wielands und in Schillers Sicht: Zur Entstehung und Auffassung der *Götter Griechenlands*, in: John R. Frey (Ed.): Schiller 1759/1959. Commemorative american studies. Urbana 1959, S. 1–11.

Glück, Georg: *Die Bürgschaft* von Schiller und ihre literarischen Vorlagen, in: Anregung. Zeitschrift für Gymnasialpädagogik 28 (1982), S. 165–171.

Grawe, Christian: Schillers Gedichtentwurf *Deutsche Größe*: „Ein Nationalhymnus im höchsten Stil?" Ein Beispiel ideologischen Mißbrauchs in der Germanistik seit 1871, in: JbDSG 36 (1992), S. 167–196.

Hinck, Walter: Wissenschaft zum Kunstwerk geadelt: Schillers poetologische Lyrik, in: Wolfgang Wittkowski (Hg.): Revolution und Autonomie. Deutsche Autonomieästhetik im Zeitalter der Französischen Revolution. Ein Symposium. Tübingen 1990, S. 297–313.

Hochwälder, Fritz: *Die Bürgschaft*, in: Literatur und Kritik 136/137 (1979), S. 331–342.

Interpretationen. Gedichte von Friedrich Schiller. Hgg. v. Norbert Oellers. Stuttgart 1996.

Kaiser, Gerhard: „Als ob die Gottheit nahe wär ...". Mensch und Weltlauf in Schillers Balladen, in: Ders.: Von Arkadien nach Elysium. Schiller-Studien. Göttingen 1978, S. 59–78.

Keller, Werner: Das Pathos in Schillers Jugendlyrik. Berlin 1964.

Koopmann, Helmut: *Die Götter Griechenlandes*. Poetischer Rückruf, in: Interpretationen. Gedichte von Friedrich Schiller. Hgg. v. Norbert Oellers. Stuttgart 1996, S. 64–83.

Kurscheidt, Georg: *Die schlimmen Monarchen*. Der zornige Dichter, in: Interpretationen. Gedichte von Friedrich Schiller. Hgg. v. Norbert Oellers. Stuttgart 1996, S. 27–47.

Kurscheidt, Georg: *Kassandra*. Zur Deutung der Figur in Schillers Gedicht, in: ZfdPh, Sonderheft 109 (1990), S. 145–159.

Leitzmann, Albert: Die Quellen von Schillers und Goethes Balladen. Zweite Aufl. Bonn 1923.

Luserke-Jaqui, Matthias: *Die Bürgschaft*, in: Schiller-Handbuch. Hgg. v. Matthias Luserke-Jaqui unter Mitarbeit v. Grit Dommes. Stuttgart, Weimar 2005.

Luserke-Jaqui, Matthias: *Die Kindsmörderin*, in: Schiller-Handbuch. Hgg. v. Matthias Luserke-Jaqui unter Mitarbeit v. Grit Dommes. Stuttgart, Weimar 2005.

Luserke-Jaqui, Matthias: Schillers *Kindsmörderin* (1784), in: Ders.: Medea. Studien zur Kulturgeschichte der Literatur. Tübingen, Basel 2002, S. 172–178.

Madland, Helga Stipa: Infanticide as fiction. Goethe's *Urfaust* and Schiller's *Kindsmörderin* as models, in: The German quarterly 62 (1989), S. 27–38.

Malles, Hans-Jürgen: *Die Künstler*. Fortschrittsglaube und Ästhetik, in: Interpretationen. Gedichte von Friedrich Schiller. Hgg. v. Norbert Oellers. Stuttgart 1996, S. 84–111.

Malles, Hans-Jürgen: Friedrich Schillers Gedichtfragment *Deutsche Größe*. Eine Interpretation, in: Impulse 11 (1988), S. 61–96.

Mayer, Hans: Schillers Gedichte und die Traditionen deutscher Lyrik, in: JbDSG 4 (1960), S. 72–89.

Mickel, Karl: Stufen des Verstehens. Zu Schiller: *Die Bürgschaft*, in: Ders.: Gelehrtenrepublik. Aufsätze und Studien. Essay. Halle a.d.S. 1976, S. 42–46.

Oellers, Norbert: Das verlorene Schöne in bewahrender Klage. Zu Schillers *Nänie*, in: Gedichte und Interpretationen. Band 3: Klassik und Romantik. Hgg. v. Wulf Segebrecht. Stuttgart 1991, S. 182–195.

Osterkamp, Ernst: *Nänie*. Das Schöne in Mnemosynes Schoß, in: Interpretationen. Gedichte von Friedrich Schiller. Hgg. v. Norbert Oellers. Stuttgart 1996, S. 282–297.

Plassmann, Sybille: „Man muß es weit im Leichtsinn gebracht haben, um an solchen Parodien Gefallen zu finden" – Parodien klassischer Balladen, in: Klassik-Rezeption. Auseinandersetzung mit einer Tradition. Festschrift für Wolfgang Düsing. Hgg. v. Peter Ensberg u. Jürgen Kost. Würzburg 2003, S. 225–242.

Politzer, Heinz: Szene und Tribunal. Zur Dramaturgie einer Schiller-Ballade, in: Neue Rundschau 78 (1967), S. 454–468.

Riedel, Wolfgang: *Der Spaziergang*. Ästhetik der Landschaft und Geschichtsphilosophie der Natur bei Schiller. Würzburg 1989.

Riedel, Wolfgang: *Resignation*. Abschied von der Ewigkeit, in: Interpretationen. Gedichte von Friedrich Schiller. Hgg. v. Norbert Oellers. Stuttgart 1996, S. 48–63.

Schlaffer, Hannelore: Die Ausweisung des Lyrischen aus der Lyrik. Schillers Gedichte, in: Gerhard Buhr, Friedrich A. Kittler u. Horst Turk (Hg.): Das Subjekt der Dichtung. Festschrift für Gerhard Kaiser. Würzburg 1990, S. 519–532.

Schmidt, Georg: Friedrich Schillers *Deutsche Größe* und der nationale Universalismus, in: Werner Greiling (Hg.): Tradition und Umbruch. Geschichte zwischen Wissenschaft, Kultur und Politik. Rudolstadt 2002, S. 11–32.

Schulz, Georg-Michael: *Die Kindsmörderin*. Lust an kühnen Bildern, in: Interpretationen. Gedichte von Friedrich Schiller. Hgg. v. Norbert Oellers. Stuttgart 1996, S. 11–26.

Schwarzbauer, Franz: Die Xenien. Studien zur Vorgeschichte der Weimarer Klassik. Stuttgart, Weimar 1992.

Seeba, Hinrich C.: Das wirkende Wort in Schillers Balladen, in: JbDSG 14 (1970), S. 275–322.

Siewert, Gustav: Friedrich Schiller, der Erzieher der Deutschen und der Dichter der *Bürgschaft*, in: Erbe und Entscheidung 13 (1959), S. 235–254.

Simon, Philipp: Schillers *Nänie*, in: Neue Jahrbücher für das klassische Altertum, Geschichte und neue deutsche Literatur 11 (1908), S. 351–357.

Sprenger R.: Zu Schillers *Bürgschaft*, in: Zeitschrift für den deutschen Unterricht 7 (1893), S. 563–564.

Springer, Mirjam: „Kein Auge thränenleer". Schillers *Bürgschaft* und der Kanon, in: Text und Kritik, Sonderband, 2002, S. 118–128.

Steinert, Daniel A.: Max Bruch's Dramatic Cantata on Friedrich Schiller's Poem *Das Lied von der Glocke*. A Conductor's Analysis for Performance. Greensboro 1995.

Stenzel, Jürgen: Über die ästhetische Erziehung eines Tyrannen. Zu Schillers Ballade *Die Bürgschaft*, in: Gedichte und Interpretationen. Bd. 3: Klassik und Romantik. Hgg. v. Wulf Segebrecht. Stuttgart 1991, S. 169–180.

Stolze, Helmuth: Urbilder des Menschlichen in Schillers Balladen. München 1997.

Struck, Wolfgang: Elysium auf der Kerkerwand? Friedrich Schillers Balladendichtung, in: Hans Krah u. Claus-Michael Ort (Hg.): Weltentwürfe in Literatur und Medien. Phantastische Wirklichkeiten – realistische Imaginationen. Kiel 2002, S. 53–69.

Vosskamp, Wilhelm: Emblematisches Zitat und emblematische Struktur in Schillers Gedichten, in: JbDSG 18 (1974), S. 388–406.

Essays

Barnouw, Jeffrey: The Morality of the Sublime. Kant and Schiller, in: Studies in Romanticism 19/4 (1980), S. 497–514.

Benett, Jane: „How is it, then, that we still remain barbarians?" Foucault, Schiller, and the Aestheticization of Ethics, in: Political Theory 24/4 (1996), S. 653–672.

Boos, Stephen: Rethinking the Aesthetic. Kant, Schiller, and Hegel, in: Stephen Boos u. Dorota Glowacka (Hg.): Between Ethics and Aesthetics. Crossing the Boundaries. Albany, New York 2002, S. 15–27.

Borchmeyer, Dieter: Ästhetische und politische Autonomie: Schillers *Ästhetische Briefe* im Gegenlicht der Französischen Revolution, in: Revolution und Autonomie. Deutsche Autonomieästhetik im Zeitalter der Französischen Revolution. Hgg. v. Wolfgang Wittkowski. Tübingen 1990, S. 277–296.

Bräutigam, Bernd: „Generalisierte Individualität". Eine Formel für Schillers philosophische Prosa, in: Eckehard Czucka, Thomas Althaus u. Burkhard Spinnen (Hg.): „Die in dem alten Haus der Sprache wohnen". Beiträge zum Sprachdenken in der Literaturgeschichte. Helmut Arntzen zum 60. Geburtstag. Münster 1991, S. 147–158.

De Man, Paul: Kant and Schiller, in: Ders.: Aesthetic Ideology. Minnesota, London 1997, S. 129–162.

Dod, Elmar: Die Vernünftigkeit der Imagination in Aufklärung und Romantik. Eine komparatistische Studie zu Schillers und Shelleys ästhetischen Theorien in ihrem europäischen Kontext. Tübingen 1985.

Düsing, Wolfgang: Ästhetische Form als Darstellung der Subjektivität. Zur Rezeption Kantischer Begriffe in Schillers Ästhetik, in: Schillers Briefe über die ästhetische Erziehung. Hgg. v. Jürgen Bolten. Frankfurt a.M. 1984, S. 185–228.

Düsing, Wolfgang: Friedrich Schiller *Über die ästhetische Erziehung des Menschen.* Text, Materialien, Kommentar. München, Wien 1981.

Eicheldinger, Martina: Rhetorische Elemente in den Reden der Karlsschüler auf Franziska von Hohenheim (1779), in: Schiller und die höfische Welt. Hgg. v. Achim Aurnhammer, Klaus Manger u. Friedrich Strack. Tübingen 1990, S. 94–110.

Fischer, Bernhard: Goethes Klassizismus und Schillers Poetologie der Moderne: *Über naive und sentimentalische Dichtung,* in: ZfdPh (1994), S. 225–245.

Friedl, Gerhard: Die Karlsschüler bei höfischen Festen, in: Schiller und die höfische Welt. Hgg. v. Achim Aurnhammer, Klaus Manger u. Friedrich Strack. Tübingen 1990, S. 47–76.

Gethmann-Siefert, Annemarie: Idylle und Utopie. Zur gesellschaftskritischen Funktion der Kunst in Schillers Ästhetik, in: JbDSG 24 (1980), 32–67.

Gille, Klaus F.: „Ein angenehmer Traum eines guten Kopfs". Friedrich Nicolai und Schillers *Briefe über die ästhetische Erziehung*. Mit einigen methodologischen Nachbemerkungen, in: Ders.: Konstellationen. Gesammelte Aufsätze zur Literatur der Goethe-Zeit. Berlin 2002, S. 63–84.

Haupt, Johannes: Geschichtsperspektive und Griechenverständnis im ästhetischen Programm Schillers, in: JbDSG 18 (1974), S. 407–430.

Heeg, Günther: Das „Edle" als Modell der Versöhnung des Männlichen und Weiblichen. Schiller: *Über Anmut und Würde*, in: Das Phantasma der natürlichen Gestalt. Körper, Sprache und Bild im Theater des 18. Jahrhunderts. Frankfurt a.M. 2000, S. 393–398.

Henrich, Dieter: Der Begriff der Schönheit in Schillers Ästhetik, in: Zeitschrift für philosophische Forschung 11 (1974), S. 527–547.

Hinderer, Walter: Konnotationen von Freundschaft und Liebe in Schillers *Philosophischen Briefen* und Hölderlins *Hyperion*, in: ZfdPh 119/4 (2000), S. 498–516.

Hogrebe, Wolfram: Fichte und Schiller. Eine Skizze, in: Schillers *Briefe über die ästhetische Erziehung*. Hgg. v. Jürgen Bolten. Frankfurt a.M. 1984, S. 276–289.

Hohr, Hansjörg: Does Beauty Matter in Education? Friedrich Schiller's Neohumanistic Approach, in: Journal of Curriculum Studies 34/1 (2002), S. 59–75.

Janz, Rolf-Peter: Die ästhetische Bewältigung des Schreckens. Zu Schillers Theorie des Erhabenen, in: Hartmut Eggert, Ulrich Profitlich u. Klaus R. Scherpe (Hg.): Geschichte als Literatur. Formen und Grenzen der Repräsentation von Vergangenheit. Stuttgart 1990, S. 151–160.

Koopmann, Helmut: Denken in Bildern. Zu Schillers philosophischem Stil, in: JbDSG 30 (1986), S. 219–250.

Koopmann, Helmut: Schillers *Philosophische Briefe* – ein Briefroman?, in: Hermann Meyer (Hg.): Wissen aus Erfahrung. Tübingen 1967, S. 193–216.

Köpke, Wulf: „… das Werk einer glücklichen Konstellation": Schillers *Horen* und die deutsche Literaturgeschichte, in: Friedrich Schiller. Kunst, Humanität und Politik in der späten Aufklärung. Hgg. v. Wolfgang Wittkowski. Tübingen 1982.

Luserke, Matthias: Die Suche nach dem objektiven Begriff des Schönen. Von der Ästhetik Schillers zur Metaphysik des Schönen bei Schopenhauer, in: Zeitschrift für Germanistik 1 (1994), S. 24–34.

Luserke-Jaqui, Matthias: Schriften aus der Karlsschulzeit, in: Schiller-Handbuch. Hgg. v. Matthias Luserke-Jaqui unter Mitarbeit v. Grit Dommes. Stuttgart, Weimar 2005.

Meier, Albert: Die Schaubühne als eine moralische Arznei betrachtet. Schillers erfahrungsseelenkundliche Umdeutung der Katharsis-Theorie Lessings, in: Lenz-Jahrbuch 2 (1992), S. 151–162.

Mein, Georg: Die Konzeption des Schönen. Der ästhetische Diskurs zwischen Aufklärung und Romantik. Kant – Moritz – Hölderlin – Schiller. Bielefeld 2000.

Menges, Karl: Schönheit als Freiheit in der Erscheinung. Zur semiotischen Transformation des Autonomiegedankens in den ästhetischen Schriften Schillers, in: Friedrich Schiller. Kunst, Humanität und Politik in der späten Aufklärung. Hgg. v. Wolfgang Wittkowski. Tübingen 1982, S. 181–198.

Merrill, Bruce: Rousseau's Influence on Schiller's Program of Aesthetic Regeneration, in: Melissa Butler (Hg.): Rousseau on Arts and Politics. Autour de la Lettre à d'Alembert. Ottawa 1997, S. 191–200.

Muehleck-Müller, Cathleen: Schönheit und Freiheit. Die Vollendung der Moderne in der Kunst. Schiller – Kant. Würzburg 1989.

Müller Nielaba, Daniel: Die „Gewalt" der „Vergleichung". Zur Freiheit in Schillers Kant-Lektüre, in: JbDSG 43 (1999), S. 222–240.

Müller, Hermann: Schillers journalistische Tätigkeit an den *Nachrichten zum Nutzen und Vergnügen*, in: Württembergische Vierteljahreshefte für Landesgeschichte N.F. 24 (1915), S. 1–66.

Pott, Hans-Georg: Die schöne Freiheit. Eine Interpretation zu Schillers Schrift *Über die ästhetische Erziehung des* Menschen in einer Reihe von Briefen. München 1980.

Pugh, David: Dialectic Love. Platonism in Schiller's Aesthetics. Montreal 1997.

Ranke, Wolfgang: Dichtung unter den Bedingungen der Reflexion. Interpretationen zu Schillers philosophischer Poetik und ihren Auswirkungen im *Wallenstein*. Würzburg 1990.

Regener, Ursula: „Kühnheit des Zwecks" – „Seltsamkeit der Mittel". Zur Paradoxie einer ästhetischen Erziehung, in: Helmut Koopmann (Hg.): Grenzgänge. Studien zur Literatur der Moderne. Festschrift für Hans-Jörg Knobloch. Paderborn 2002, S. 25–37.

Riecke-Niklewski, Rose: Die Metaphorik des Schönen. Eine kritische Lektüre der Versöhnung in Schillers *Über die ästhetische Erziehung des Menschen in einer Reihe von Briefen*. Tübingen 1986.

Riedel, Wolfgang: *Der Spaziergang*. Ästhetik der Landschaft und Geschichtsphilosophie der Natur bei Schiller. Würzburg 1989.

Riedel, Wolfgang: Die Anthropologie des jungen Schiller. Zur Ideengeschichte der medizinischen Schriften und der *Philosophischen Briefe*. Würzburg 1985.

Römpp, Georg: Schönheit als Erfahrung von Freiheit. Zur transzendentallogischen Bedeutung des Schönen in Schillers Ästhetik, in: Kant-Studien 89 (1998), S. 428–445.

Sandkaulen, Birgit: Die „schöne Seele" und der „gute Ton". Zum Theorieprofil von Schillers ästhetischem Staat, in: DVjs 76/1 (2002), S. 74–85.

Saße, Günter: „Der Herr Major ist in der Eifersucht schrecklich, wie in der Liebe". Schillers Liebeskonzeption in den *Philosophischen Briefen* und in *Kabale und Liebe*, in: Jürgen Lehmann (Hg.): Konflikt – Grenze – Dialog. Kulturkontrastive und interdisziplinäre Textzugänge. Festschrift für Horst Turk zum 60. Geburtstag. Frankfurt a.M. 1997, S. 173–184.

Schaefer, Ulfried: Philosophie und Essayistik bei Friedrich Schiller. Subordination – Koordination – Synthese. Philosophische Begründung und begriffliche Praxis der philosophischen Essayistik Friedrich Schillers. Würzburg 1996.

Schillers *Briefe über die ästhetische Erziehung*. Hgg. v. Jürgen Bolten. Frankfurt a.M. 1984.

Schröder, Bianca: Schillers Erweiterung der Ästhetik Kants. Hamburg 2002.

Schröder, Gert: Schillers Theorie ästhetischer Bildung zwischen neukantianischer Vereinnahmung und ideologiekritischer Verurteilung. Frankfurt a.M. 1998.

Schulz, Günter: Schillers *Horen*. Politik und Erziehung. Analyse einer deutschen Zeitschrift. Heidelberg 1960.

Sokel, Walter H.: Die politische Funktion botschaftsloser Kunst. Zum Verhältnis von Politik und Ästhetik in Schillers Briefen *Über die ästhetische Erziehung des Menschen*, in: Revolution und Autonomie. Deutsche Autonomieästhetik im Zeitalter der Französischen Revolution. Hgg. v. Wolfgang Wittkowski. Tübingen 1990, S. 264–276.

Strack, Friedrich: Ein Herold höfischer Musen. Schiller in der Karlsschule, in: Christoph Jamme u. Otto Pöggeler (Hg.): „O Fürstin der Heimath! Glükliches Stutgard". Politik, Kultur und Gesellschaft im deutschen Südwesten um 1800. Stuttgart 1988, S. 187–203.

Strack, Friedrich: Schillers Festreden, in: Schiller und die höfische Welt. Hgg. v. Achim Aurnhammer, Klaus Manger u. Friedrich Strack. Tübingen 1990, S. 111–126.

Ueding, Gert: Rhetorik und Ästhetik in Schillers theoretischen Abhandlungen, in: Klaus L. Berghahn (Hg.): Friedrich Schiller. Zur Geschichtlichkeit seines Werkes. Kronberg i.Ts. 1975, S. 159–195.

Uhland, Robert: Geschichte der Hohen Karlsschule in Stuttgart. Stuttgart 1953.

Vorländer, Karl: Ein bisher noch unentdeckter Zusammenhang Kants mit Schiller, in: Philosophische Monatshefte 30 (1894), S. 57–62.

Weber, Peter: Schillers *Horen* – Ein zeitgerechtes Journal? Aspekte publizistischer Strategien im ausgehenden 18. Jahrhundert, in: Helmut Brandt (Hg.): Friedrich Schiller – Angebot und Diskurs. Zugänge, Dichtung, Zeitgenossenschaft. Berlin, Weimar 1987, S. 451–463.

Wilkinson, Elisabeth M. u. L.A. Willoughby: Schillers *Ästhetische Erziehung des Menschen*. Eine Einführung. München 1977.

Wirth, Andreas: Das schwierige Schöne. Zu Schillers Ästhetik. Auch eine Interpretation der Abhandlung *Über Matthissons Gedichte* (1794). Bonn 1975.

Forschungsliteratur – Allgemein

Alt, Peter-André, Alexander Košenina, Hartmut Reinhardt u.a. (Hg.): Prägnanter Moment. Studien zur deutschen Literatur der Aufklärung und Klassik. Festschrift für Hans-Jürgen Schings. Würzburg 2002.

Alt, Peter-André: Aufklärung. Lehrbuch Germanistik. Stuttgart 1996.

Alt, Peter-André: Tragödie der Aufklärung. Eine Einführung. Tübingen, Basel 1994.

Anderegg, J.: Schreibe mir oft! Zum Medium Brief zwischen 1750 und 1830. Göttingen 2001.

Anton, Annette C.: Authentizität als Fiktion. Briefkultur im 18. und 19. Jahrhundert. Stuttgart 1995.

Barth, Ilse-Marie: Literarisches Weimar. Kultur / Literatur / Sozialstruktur im 16.-20. Jahrhundert. Stuttgart 1971.

Bauer, Roger, Michael de Graat u. Jürgen Wertheimer (Hg.): Der theatralische Neoklassizismus um 1800. Ein europäisches Phänomen? Bern 1986.

Begemann, Christian: Erhabene Natur. Zur Übertragung des Begriffs des Erhabenen auf Gegenstände der äußeren Natur in den deutschen Kunsttheorien des 18. Jahrhunderts, in: DVjs 58/1 (1984), S. 74–110.

Behle, Carsten: „Heil dem Bürger des kleinen Städtchens". Studien zur sozialen Theorie der Idylle im 18. Jahrhundert. Tübingen 2002.

Berger, Willy R.: Das Tableau. Rührende Schluß-Szenen im Drama, in: Arcadia 24 (1989), S. 131–147.

Berghahn, Klaus L.: Mit dem Rücken zum Publikum: Autonomie der Kunst und literarische Öffentlichkeit in der Weimarer Klassik, in: Revolution und Autonomie. Deutsche Autonomieästhetik im Zeitalter der Französischen Revolution. Hgg. v. Wolfgang Wittkowski. Tübingen 1990, S. 207–233.

Berghahn, Klaus L.: Volkstümlichkeit ohne Volk?, in: Reinhold Grimm u. Jost Hermand (Hg.): Popularität und Trivialität. Frankfurt a.M. 1974, S. 51–75.

Bollenbeck, Georg: Bildung und Kultur. Glanz und Elend eines deutschen Deutungsmusters. Frankfurt a.M. 1996.

Borchmeyer, Dieter: Weimarer Klassik. Portrait einer Epoche. Weinheim 1994.

Braemer, Edith u. Ursula Wertheim: Studien zur deutschen Klassik. Berlin 1960.

Bruford, Walter H.: Kultur und Gesellschaft im klassischen Weimar 1775–1806. Göttingen 1966.

Caduff, Corina: Die „Gewalt der Musik" und das Erhabene, in: Weimarer Beiträge 48/4 (2002), S. 485–519.

Carl, Rolf-Peter: Sophokles und Shakespeare? Zur deutschen Tragödie um 1800, in: Karl Otto Conrady (Hg.): Deutsche Literatur zur Zeit der Klassik. Stuttgart 1977, S. 296–318.

Catholy, Eckehard: Das deutsche Lustspiel. Von der Aufklärung bis zur Romantik. Stuttgart, Berlin, Köln 1982.

Conze, Werner: Proletariat, Pöbel, Pauperismus, in: Geschichtliche Grundbegriffe. Historisches Lexikon zur politisch-sozialen Sprache in Deutschland. Bd. 5. Hgg. v. Otto Brunner, Werner Conze u. Reinhart Kosseleck. Stuttgart 1984, S. 27–68.

Dainat, Holger: Abaellino, Rinaldini und Konsorten. Zur Geschichte der Räuberromane in Deutschland. Tübingen 1996.

Dülmen, Richard van: Die Gesellschaft der Aufklärer. Zur bürgerlichen Emanzipation und aufklärerischen Kultur in Deutschland. Frankfurt a.M. 1986.

Dulong, Gustave: L'abbé de Saint Réal. Étude sur les rapports de l'histoire et du roman au XVIIe siècle. Genève 1980.

Einfalt, Michael: Autonomie, in: Ästhetische Grundbegriffe. Hgg. v. Karlheinz Barck, Martin Fontius, Dieter Schlenstedt u.a. Bd. 1. Stuttgart 2000, S. 431–479.

Emblemata. Handbuch zur Sinnbildkunst des XVI. und XVII. Jahrhunderts. Hgg. v. Arthur Henkel u. Albrecht Schöne. Stuttgart, Weimar 1996.

Engel, Manfred: The Dream Theory of Romantic Anthropology, in: Romantic Dreams. Hgg. v. Sheila Dickson u. Mark G. Ward. Glasgow 1998, S. 1–15.

Ensberg, Peter u. Jürgen Kost (Hg.): Klassik-Rezeption. Auseinandersetzung mit einer Tradition. Festschrift für Wolfgang Düsing. Würzburg 2003.

Federmann, Arnold: Johann Heinrich Füssli. Dichter und Maler 1741–1825. Zürich, Leipzig 1927.

Fick, Monika: Pfeiler der klassischen Ästhetik: Das Schöne, in: Monika Fick u. Sybille Goessl (Hg.): Der Schein der Dinge. Einführung in die Ästhetik. Tübingen 2002, S. 16–38.

Fiederer, Margrit: Geld und Besitz im bürgerlichen Trauerspiel. Würzburg 2002.

Frauenfreundschaft – Männerfreundschaft. Literarische Diskurse im 18. Jahrhundert. Hgg. v. Wolfram Mauser u. Barbara Becker-Cantarino. Tübingen 1991.

Frey, Manuel: Der reinliche Bürger. Entstehung und Verbreitung bürgerlicher Tugenden in Deutschland 1760–1860. Göttingen 1997.

Fullenwider, Henry F.: Friedrich Christoph Oetinger. Wirkungen auf Literatur und Philosophie seiner Zeit. Göppingen 1975.

Geitner, Ursula: Sprache der Verstellung. Studien zum rhetorischen und anthropologischen Wissen im 17. und 18. Jahrhundert. Tübingen 1992.

Genin, L.E.: Die volkstümlichen deutschen Räuberdichtungen im 18. Jahrhundert als Protest gegen den Feudalismus, in: Weimarer Beiträge 6 (1960), S. 727–746.

Gerth, Klaus: „Moralische Anstalt" und „Sittliche Natur". Zur Typologie des Dramas im Sturm und Drang, in: Revolution und Autonomie. Deutsche Autonomieästhetik im Zeitalter der Französischen Revolution. Hgg. v. Wolfgang Wittkowski. Tübingen 1990, S. 30–46.

Gethmann-Siefert, Annemarie: Die Funktion der Kunst in der Geschichte. Untersuchungen zu Hegels Ästhetik. Bonn 1984.

Gross, Michael: Ästhetik und Öffentlichkeit. Die Publizistik der Weimarer Klassik. Hildesheim, Zürich, New York 1994.

Grünewald, Bernward: Das Theater – eine moralische Anstalt?, in: Zeitschrift für Ästhetik und allgemeine Kunstwissenschaft 29/2 (1984), S. 162–181.

Guthke, Karl S.: Das deutsche bürgerliche Trauerspiel. 5., durchgesehene Aufl. Stuttgart 1994.

Hartwig, Ina: Aufklärung der Gewalt (in der Literatur), in: Kursbuch 147 (2002), S. 39–51.

Haubrich, Joachim: Die Begriffe „Schönheit" und „Vollkommenheit" in der Ästhetik des 18. Jahrhunderts. Mainz 1998.

Hentschel, Uwe: Mythos Schweiz. Zum deutschen literarischen Philhelvetismus zwischen 1700 und 1850. Tübingen 2002.

Hess, Peter: Vom republikanischen zum bürgerlichen Trauerspiel: Zu Patzkes Virginia-Drama und dessen Einfluß auf Lessing, in: Archiv für das Studium der neueren Sprachen und Literaturen 221 (1984), S. 43–53.

Hinderer, Walter: Die Entmündigung der Mündigkeit. Zum Paradigmawechsel eines anthropologischen Konzepts im philosophischen und literarischen Diskurs der Kunstperiode, in: Rainer Schöwerling, Hartmut Stein-ecke u. Günter Tiggesbäumker (Hg.): Literatur und Erfahrungswandel 1789–1830. München 1996, S. 79–101.

Hohendahl, Peter Uwe: German Classicism and the Law of the Father, in: Gerhard Richter (Hg.): Literary Paternity, Literary Friendship. Essays in Honor of Stanley Corngold. Chapel Hill, London 2002, S. 63–85.

Houben, H.H.: Verbotene Literatur. Von der klassischen Zeit bis zur Gegenwart. Ein kritisch-historisches Lexikon über verbotene Bücher, Zeitschriften und Theaterstücke, Schriftsteller und Verleger. 2., verbesserte Aufl. Dessau 1925.

Hundsnurscher, Franz: Dialoganalyse und Literaturbetrachtung, in: Edda Weigand (Hg.): Concepts of Dialogue. Considered from the Perspective of Different Disciplines. Tübingen 1994, S. 77–105.

Inevitabilis Vis Fatorum. Der Triumph des Schicksalsdramas auf der europäischen Bühne um 1800. Hgg. v. Roger Bauer in Verbindung mit Michael de Graat u. Johannes von Schlebrügge. Bern 1990.

Jamme, Christoph u. Helmut Schneider (Hg.): Mythologie der Vernunft. Hegels ,ältestes Systemprogramm des deutschen Idealismus'. Frankfurt a.M. 1984.

Kapp, Friedrich: Der Soldatenhandel deutscher Fürsten nach Amerika. Ein Beitrag zur Kulturgeschichte des 18. Jahrhunderts. 2., vermehrte u. umgearbeitete Aufl. Berlin 1874.

Kiesel, Helmuth: ,Bei Hof bei Höll'. Untersuchungen zur literarischen Hofkritik von Sebastian Brant bis Friedrich Schiller. Tübingen 1979.

Koopmann, Helmut: Freiheitssonne und Revolutionsgewitter. Reflexe der Französischen Revolution im literarischen Deutschland zwischen 1789 und 1840. Tübingen 1989.

Krauss, Werner: Über die Konstellation der Aufklärung in Deutschland, in: Sinn und Form 13/1 (1961), S. 65–100 u. S. 223–288.

Krauss, Werner: Zur Anthropologie des 18. Jahrhunderts. Die Frühgeschichte der Menschheit im Blickpunkt der Aufklärung. Hgg. v. Hans Kortum u. Christa Gohrisch. München 1979.

Laufhütte, Hartmut: Die deutsche Kunstballade. Grundlegung einer Gattungsgeschichte. Heidelberg 1979.

Leidner, Alan C.: A Titan in Extenuating Circumstances. Sturm und Drang and the „Kraftmensch", in: PMLA 104 (1989), S. 178–189.

Linden, Mareta: Untersuchungen zum Anthropologiebegriff des 18. Jahrhunderts. Frankfurt a.M., Bern 1976.

Literatur und Kriminalität. Die gesellschaftliche Erfahrung von Verbrechen und Strafverfolgung als Gegenstand des Erzählens. Deutschland, England und Frankreich 1850–1880. Unter Mitarbeit von Joachim Linder hgg. v. Jörg Schönert. Tübingen 1983.

Luserke, Matthias: „O vis superba formae!" Über die *Basia*-Gedichte des Johannes Secundus (1511–1536) und ihr Nachspiel bei Goethe, in: Literatur und Kultur des Rokoko. Hgg. v. Matthias Luserke, Reiner Marx u. Reiner Wild. Göttingen 2001, S. 9–32.

Luserke, Matthias: Lenz-Studien. Literaturgeschichte – Werke – Themen. St. Ingbert 2001.

Luserke, Matthias: Sturm und Drang. Autoren – Texte – Themen. 3. Aufl. Stuttgart 2004.

Luserke-Jaqui, Matthias: Medea. Studien zur Kulturgeschichte der Literatur. Tübingen, Basel 2002.

Luserke-Jaqui, Matthias: Über Literatur und Literaturwissenschaft. Anagrammatische Lektüren. Tübingen, Basel 2003.

Lüthe, Rudolf: Der Ernst der Ironie. Studien zur Grundlegung einer ironistischen Kulturphilosophie der Kunst. Würzburg 2002.

Marsch, Edgar: Die Kriminalerzählung. Theorie – Geschichte – Analyse. München 1972.

Martens, Wolfgang: Der redliche Mann am Hof. Politisches Wunschbild und literarisches Thema im 18. Jahrhundert, in: Anzeiger der Österreichischen Akademie der Wissenschaften. Philosophisch-historische Klasse 124/1 (1987), S. 33–50.

Maurer-Schmoock, Sybille: Deutsches Theater im 18. Jahrhundert. Tübingen 1982.

Mayer, Friderike u. Mathias: Verflüchtigung, Vergeistigung, Vernichtung. Zu Hofmannsthals Fragment *Jupiter und Semele*, in: Literaturwissenschaftliches Jahrbuch 31 (1990), S. 199–210.

Meier, Albert: Dramaturgie der Bewunderung. Untersuchungen zur politisch-klassizistischen Tragödie des 18. Jahrhunderts. Frankfurt a.M. 1993.

Memmolo, Pasquale: Strategen der Subjektivität. Intriganten in Dramen der Neuzeit. Würzburg 1995.

Mix, York-Gothart: Die deutschen Musenalmanache des 18. Jahrhunderts. München 1987.

Modelle für den altsprachlichen Unterricht Latein. Antike Mythen. Hyginus, Fabulae. Mit Worterklärungen u. Erläuterungen v. Gerhard Röttger. Frankfurt a.M. 1978.

Mojem, Helmuth: „Glükseelig Suevien…" Die Entdeckung Württembergs in der Literatur. Marbach a.N. 2001.

Mönch, Cornelia: Abschrecken oder Mitleiden. Das deutsche bürgerliche Trauerspiel im 18. Jahrhundert. Versuch einer Typologie. Tübingen 1993.

Mönikes, Wolfgang: Gewalt anno 1773, in: Eremitage 4 (2002), S. 134–143.

Moore, John Gerard: Wonder and Sublimity. Revisions of a Classical Topos in the Philosophy and Aesthetics of the German Enlightenment. Emory 1998.

Müller, Joachim: Wirklichkeit und Klassik. Beiträge zur deutschen Literaturgeschichte von Lessing bis Heine. Berlin 1957.

Müller-Seidel, Walter: Cagliostro und die Vorgeschichte der deutschen Klassik, in: Literaturwissenschaft und Geistesgeschichte. Festschrift für Richard Brinkmann. Tübingen 1981, S. 136–163.

Neuhaus, Stefan: Literatur und nationale Einheit in Deutschland. Tübingen, Basel 2002.

Nonnenmacher, Hartmut: Natur und Fatum. Inzest als Motiv und Thema in der französischen und deutschen Literatur des 18. Jahrhunderts. Frankfurt a.M. 2002.

Nowitzki, Hans-Peter: Der wohltemperierte Mensch. Aufklärungsanthropologien im Widerstreit. Berlin 2003.

Oehler-Klein, Sigrid u. Manfred Wenzel: Reizbarkeit – Bildungstrieb – See-lenorgan. Aspekte der Mediengeschichte der Goethezeit, in: Hölderlin-Jahrbuch 30 (1996/97), S. 83–101.

Peters, Günter: Der zerrissene Engel. Genieästhetik und literarische Selbstdar-stellung im achtzehnten Jahrhundert. Stuttgart 1982.

Petrowski, Andrejs: Weltverschlinger, Manipulatoren und Schwärmer. Pro-blematische Individualität in der Literatur des späten 18. Jahrhunderts. Heidelberg 2002.

Pfeiffer, Joachim: „ ... in eurem Bunde der Dritte". Männerfreundschaften in der Literatur des 18. Jahrhunderts, in: Therese Steffen (Hg.): Masculinities – Maskulinitäten. Mythos, Realität, Repräsentation, Rollendruck. Stuttgart 2002, S. 194–208.

Pfotenhauer, Helmut: Um 1800. Tübingen 1991.

Pikulik, Lothar: Die Mündigkeit des Herzens. Über die Empfindsamkeit als Emanzipations- und Autonomiebewegung, in: Aufklärung 13 (2001), S. 9–32.

Plassmann, Sybille: „Man muß es weit im Leichtsinn gebracht haben, um an solchen Parodien Gefallen zu finden" – Parodien klassischer Balladen, in: Klassik-Rezeption. Auseinandersetzung mit einer Tradition. Festschrift für Wolfgang Düsing. Hgg. v. Peter Ensberg u. Jürgen Kost. Würzburg 2003, S. 225–242.

Pott, Hans-Georg: Sentimentalisch, in: Reallexikon der deutschen Literatur-wissenschaft. Bd. 3. Hgg. v. Jan-Dirk Müller. Berlin 2003, S. 427–429.

Quack, Josef: Geschichtsroman und Geschichtskritik. Zu Alfred Döblins *Wallenstein*. Würzburg 2004.

Reed, T[erence] J.: Ecclesia militans: Weimarer Klassik als Opposition, in: Wilfried Barner, Eberhard Lämmert u. Norbert Oellers (Hg.): Unser Commercium. Goethes und Schillers Literaturpolitik. Stuttgart 1984, S. 37–53.

Reiss, Hans: Literatur und Politik in Deutschland 1770–1789, in: Bodo Plach-ta u. Winfried Woesler (Hg.): Sturm und Drang. Geistiger Aufbruch 1770–1790 im Spiegel der Literatur. Tübingen 1997, S. 1–21.

Revolution und Autonomie. Deutsche Autonomieästhetik im Zeitalter der Französischen Revolution. Hgg. v. Wolfgang Wittkowski. Tübingen 1990.

Richter, Karl u. Jörg Schönert (Hg.): Klassik und Moderne. Die Weimarer Klassik als historisches Ereignis und Herausforderung im kulturgeschicht-lichen Prozeß. Stuttgart 1983.

Riedel, Manfred: Kunst als „Auslegerin der Natur". Naturästhetik und Herme-neutik in der klassischen Dichtung und Philosophie. Köln, Weimar, Wien 2001.

Riedel, Wolfgang: Influxus Physicus und Seelenstärke. Empirische Psycholo-gie und moralische Erzählung in der deutschen Spätaufklärung und bei Jacob Friedrich Abel, in: Anthropologie und Literatur um 1800. Hgg. v. Jürgen Barkhoff. München 1992, S. 24–52.

Sadée, Leopold: Vom deutschen Plutarch. Ein Beitrag zur Entwicklungs-geschichte des deutschen Klassizismus. Wiesbaden 1911.

Sauder, Gerhard: Ästhetische Autonomie als Norm der Weimarer Klassik, in: Normen und Werte. Hgg. v. Friedrich Hiller. Heidelberg 1982, S. 130–150.

Sauder, Gerhard: Empfindsamkeit. Bd. I. Stuttgart 1974.

Sauder, Gerhard: Geniekult im Sturm und Drang, in: Hansers Sozialgeschichte der deutschen Literatur vom 16. Jahrhundert bis zur Gegenwart. Hgg. v. Rolf Grimminger. Bd. 3/1: Deutsche Aufklärung bis zur Französischen Revolution 1680–1789. Hgg. v. Rolf Grimminger. 2., durchgesehene Aufl. München, Wien 1984, S. 327–340.

Schäfer, Else: „Das größte Epitaphium". Die Gräber der Dichtermütter in Cleversulzbach. Marbach a.N. 1989.

Schings, Hans-Jürgen: Der anthropologische Roman. Seine Entstehung und Krise im Zeitalter der Spätaufklärung, in: Studien zum achtzehnten Jahrhundert 2/3 (1980), S. 247–275.

Schings, Hans-Jürgen: Der mitleidigste Mensch ist der beste Mensch. Poetik des Mitleids von Lessing bis Büchner. München 1980.

Schings, Hans-Jürgen: Melancholie und Aufklärung. Melancholiker und ihre Kritiker in Erfahrungsseelenkunde und Literatur des 18. Jahrhunderts. Stuttgart 1977.

Schlich, Jutta: Literarische Authentizität. Prinzip und Geschichte. Tübingen 2002.

Schneider, Sabine M.: Klassizismus und Romantik. Zwei Konfigurationen der „einen" ästhetischen Moderne. Konzeptuelle Überlegungen und neuere Forschungsperspektiven, in: Jahrbuch der Jean-Paul-Gesellschaft 37 (2002), S. 86–128.

Schultz, Stefan H.: „Moralisch unmöglich", in: Vincent J. Günther, Helmut Koopmann, Peter Pütz u.a. (Hg.): Untersuchungen zur Literatur als Geschichte. Festschrift für Benno von Wiese. Berlin 1973, S. 85–91.

Schulz, Georg-Michael: Tugend, Gewalt und Tod. Das Trauerspiel der Aufklärung und die Dramaturgie des Pathetischen und des Erhabenen. Tübingen 1988.

Schulz, Hans: Friedrich Christian Herzog zu Schleswig-Holstein. Ein Lebenslauf. Stuttgart, Leipzig 1910.

Schuster, Jörg: Poetologie der Distanz. Die „klassische" deutsche Elegie 1750–1800. Freiburg i.Br. 2002.

Sengle, Friedrich: Biedermeierzeit. Deutsche Literatur im Spannungsfeld zwischen Restauration und Revolution 1815–1848. 3 Bde. Stuttgart 1971, 1972, 1980.

Sørensen, Bengt Algot: Herrschaft und Zärtlichkeit. Der Patriarchalismus und das Drama im 18. Jahrhundert. München 1984.

Sowinski, Bernhard: Aristoteles als Liebhaber in den deutschen Dichtungen des Spätmittelalters, in: Archiv für Kulturgeschichte 69 (1987), S. 315–329.

Stammler, Wolfgang: Der Philosoph als Liebhaber, in: Ders.: Wort und Bild. Studien zu den Wechselbeziehungen zwischen Schrifttum und Bildkunst im Mittelalter. Berlin 1962, S. 12–44.

Storz, Gerhard: Karl Eugen. Der Fürst und das „alte gute Recht". Stuttgart 1981.

Tobin, Robert: The Love That Is Called Friendship and the Rise of Sexual Identity, in: Gerhard Richter (Hg.): Literary Paternity, Literary Friendship. Essays in Honor of Stanley Corngold. Chapel Hill, London 2002, S. 175–196.

Torra-Mattenklott, Caroline: Metaphorologie der Rührung. Ästhetische Theorie und Mechanik im 18. Jahrhundert. München 2002.

Trumpke, Ulrike: Balladendichtungen um 1770. Ihre soziale und religiöse Thematik. Stuttgart 1975.

Verlorene Klassik? Hgg. v. Wolfgang Wittkowski. Tübingen 1986.

Vierhaus, Rudolf: Deutschland im 18. Jahrhundert. Politische Verfassung, soziales Gefüge, geistige Bewegung. Göttingen 1987.

Vogel, Juliane: Die Furie und das Gesetz. Zur Dramaturgie der „großen Szene" in der Tragödie des 19. Jahrhunderts. Freiburg i.Br. 2002.

Voßkamp, Wilhelm: Klassik als Epoche. Zur Typologie und Funktion der Weimarer Klassik, in: Hans-Joachim Simm (Hg.): Literarische Klassik. Frankfurt a.M. 1988, S. 248–277.

Weissberg, Liliane: Geistersprache. Philosophischer und literarischer Diskurs im späten achtzehnten Jahrhundert. Würzburg 1990.

Wenzel, Stefanie: Das Motiv der feindlichen Brüder im Drama des Sturm und Drang. Frankfurt a.M., Berlin, Bern 1993.

Wild, Christopher Joachim: Representatio immaculata. Zur Theatralisierung des jungfräulichen Körpers im deutschen Drama des 17. und 18. Jahrhunderts. Baltimore, Maryland 1997.

9 Register

9.1 Schillers Werke

9.2   Sonstige Werke

9.3 Personen

UTB Literaturwissenschaft

Matthias Luserke-Jaqui

Eduard Mörike

Ein Kommentar

UTB 2530 S, 2004, 240 Seiten,
div. Abb., € 17,90/SFr 31,70
UTB-ISBN 3-8252-2530-5

Dieses Buch plädiert für einen vorurteilsfreien Umgang mit Mörike und seiner Dichtung, indem es einen biografischen Abriss mit einer Einführung in die wichtigsten Werke des Dichters verbindet. Es öffnet damit neue Deutungsansätze für das Werk und dient zur ersten Orientierung über den Autor, dessen Geburtstag sich 2004 zum 200. Male jährte.

Am Beginn dieses Buchs steht nach einem biografischen Abriss und einer Einführung in die Ästhetik des Biedermeier eine Interpretation des großen Romans *Maler Nolten*. Am Beispiel von vier ausgewählten Einzelanalysen (*Um Mitternacht, Peregrina-Zyklus, Er ists, Auf eine Lampe*) wird Mörikes eigenständige lyrische Sprache und die Bedeutung seiner Gedichte untersucht. Die Märchen, Novellen, und Idyllen werden ausführlich gewürdigt. Das Buch enthält außerdem erstmals den bislang unveröffentlichten Text von Mörikes Dramolett *Das Fest im Gebirge*.

Preisänderungen vorbehalten

A. Francke